中央编译局文库编辑委员会

主　　任：贾高建
副 主 任：魏海生　柴方国　季正聚　崔友平
委　　员（按姓氏笔画排序）：
　　　　　冯　雷　牟建君　杨雪冬　沈红文　张凤宝
　　　　　陈家刚　胡长栓　郗卫东　葛海彦

马克思主义研究资料

第10卷

主　编　杨金海
副主编　冯　雷（常务）　薛晓源

《资本论》基本理论问题研究

本卷主编　苑　洁

《马克思主义研究资料》顾问委员会

贾高建　俞可平　宋书声　殷叙彝　詹汝琮　张钟朴

李洙泗　冯文光　赵家祥　梁树发　郭建宁

《马克思主义研究资料》编辑委员会

主　编：杨金海

副主编：冯　雷（常务）　薛晓源

编　委（按姓名拼音排序）

陈喜贵　冯　章　黄晓武　江　洋　李百玲　李义天

李媛媛　林进平　刘仁胜　刘　英　刘元琪　吕增奎

马　瑞　苗永姝　盛菊艳　史清竹　武锡申　姚　颖

苑　洁　郑　锦　郑天喆　周艳辉

参加本卷编辑出版工作的有

薛迎春　苗永姝　薛晓源

总　序

呈献给读者的这套《马克思主义研究资料》丛书，旨在服务于我国正在实施的马克思主义理论研究和建设工程，积极吸收和借鉴国外马克思主义研究成果，对改革开放以来中央编译局编译的有关国外学者研究马克思主义的成果，以及少量相关的国内学者的研究成果整理出版，为我国马克思主义研究提供基础性的参考资料。本丛书计划出版37卷，三年内陆续完成编辑和出版工作。

编译国外学者关于马克思主义的研究成果，并对相关问题展开深入探讨，是马克思主义经典著作编译研究的基础性工作。中央编译局作为马克思主义经典著作编译研究的专门机构，历来十分重视这项工作。20世纪50年代以来，特别是改革开放以来，中央编译局的同志们编译了大量国外学者关于马克思主义的研究文献，也发表了不少自己的相关研究成果。这些成果曾经在中央编译局编辑的《马列著作编译资料》、《马列主义研究资料》、《马克思主义与现实》等刊物公开发表，或在内部刊物《马克思恩格斯研究》、《列宁研究》等刊载。这些成果对于推进马克思主义经典著作的编译和研究工作发挥了重要作用，时至今日，一些学者仍然把它们当做研究马克思主义的珍贵资料。

然而，随着近年来中央实施马克思主义理论研究和建设工程的深入推进以及马克思主义学科建设的快速发展，这些研究资料的留存情况已经远远不能适应形势发展的需要了。《马列著作编译资料》和《马列主义研究资料》早已停止出版，很多人难以找到原有资料；《马克思恩格斯研究》等内部刊物刊载的文章没有公开面世，也难以为人们广泛使用；而新编译的文献资料又很零散。因而，希望中央编译局提供马克思主义研究资料的呼声越来越高。

为了继承前辈的事业，适应学界的需要，尽可能全面系统地收集整理中央编译局近几十年来编译的国外学者关于马克思主义的研究成果以及相关的国内学者的研究成果，中央编译局专门成立了《马克思主义研究资料》丛书课题组，并对该项工作提供了基金资助。课题组不仅在局内组织力量进行工作，而且争取到社会力量的支持。经过课题组同仁两年多努力，已经形成一批编辑成果，还将继续补充、完善并陆续推出。这套《马克思主义研究资料》丛书就是这些成果的集中体现。

本丛书力求体现如下四个特点，这也是丛书编辑工作所力求遵循的四条原则：第一，保证文献性。本丛书主要收集改革开放以来中央编译局刊物发表的有关马克思主义理论编译和研究方面的成果，这些刊物包括公开出版的《马列著作编译资料》、《马列主义研究资料》、《马克思主义与现实》、《当代世界与社会主义》、《经济社会体制比较》、《国外理论动态》等，也包括内部刊物《马克思恩格斯研究》、《列宁研究》、《斯大林研究》、《马克思恩格斯列宁斯大林研究》等；少量收集其他杂志发表的中央编译局学者编译或撰写的有关文章；个别收集与中央编译局长期合作的其他学者的相关文章；对所收商榷性文章涉及的其他学者的成果，也作为附文收入，以示对相关学者的尊重，也便于读者在阅读正文时参考。收集整理这些学术成果的目的主要是为学界研究马克思主义提供参考资料，同时帮助人们了解马克思主义研究的历史进程和思想脉络。因此，本丛书所收文献力求保持其历史原貌，包括其中的人名、地名、术语、引文等，都不作改动，以便读者进行文献考证之用，只对个别错漏文字等进行校正，对于文中可能产生歧义的地方，以"本丛书编者注"的方式加以说明。其中读者特别应当留意的是译名、术语的不统一问题，例如关于《马克思恩格斯全集》历史考证版，就有多种表达方式：原文版、国际版和 MEGA 版，其中，往往又以"老"、"新"、"MEGA^1"、"MEGA^2"、"MEGA1"、"MEGA2"等来区分历史考证版第 1 版和第 2 版。第二，突出编译性。本丛书所收文献中，以国外学者的成果为主，包括国外学者关于马克思主义经典作家的著作、思想、生平事业，乃至书信往来、工作生活等方面的研究文献，凡比较有资料价值的，均在收集之列。如上所述，国内学者的相关考证性成果，包括经典著作翻译、版本、传播、重要术语考据等文献，凡具有资料价值的，也一并收入，但这部分内容所占比例较小。第三，力求系统性。上述几十年来形成的这些编译研究资料繁茂芜杂，十分零散，使用起来很不方便，编辑整理就更为困难。为把这些宝贵文献整理面世，使之更好地发挥作用，编辑人员下了很大功夫。在收集整理中，我们力图分门别类，尽可能将同类资料按照一定逻辑顺序编排，使之呈现一定的系统性，以便读者全面掌握有关资料。第四，力争权威性。本丛书力争选编国内外在相关研究领域具有一定权威性的专家学者的具有代表性和影响力的文献。为保证文献的权威性和准确性，我们对文献的引文进行了校订，特别是对有关马克思主义经典著作的引文进行了原版原文核对，并对注释尽可能地作了规范化处理，以便读者更准确地了解引文及其出处。

基于上述考虑，本丛书的编排体系大体分四个部分。第一部分是经典著作研究，包括关于《共产党宣言》、《资本论》等手稿、创作、版本、传播诸方面的研究文献；第二部分是基本理论研究，包括哲学、政治经济学、科学社会主义以及政治学、法学等方面的研究文献；第三部分是版本和传播、编译以及生平事业研究；第四部分是国外马克思主义研究。每一部分包括若干卷。每一卷都有本卷编辑说明，对本卷编辑的思路、内容和有关技术问题作简要交代。各卷内容按照逻辑顺序进行编排，在此基础上再按照时间顺序编排。各卷内容一般要作分类，并加分类标题，以便读者阅读研究。

需要说明的是，由于本丛书是整理编辑已有的文献，而且主要限于整理编辑中央编译局学者编译和研究的部分成果，这就决定了本丛书不可避免地存在一些缺憾。一是这些文献中有的观点不一定正确。选编这些文献并不意味着编者赞同其中的观点，我们的目的仅仅在于为人们研究马克思主义提供参考资料，其中正确的思想成果可以作为我们研究借鉴的思想资源，而错误的观点可以作为我们研究批评的对象。例如，对有关马恩对立论的观点，我们是不赞成的，但为了让研究者了解、研究和批评这种观点，也收入了相关文章。所以，谨请读者在使用这些文献时注意辨别是非。二是这些文献存在质量参差不齐的情况。由于这些文章的作者、译者水平不同，写作时间、背景、针对的问题、产生的影响以及发表的刊物等不同，其质量也就有一定差别。例如，有的概念和译文在今天看来不一定科学、准确，有的文献曾经很有价值而在今天看来最多只有学术史的价值。在选编过程中，我们尽量收入那些分量较重、影响较大的文献，但为了比较全面地反映学术史的原貌并提供尽可能详细的研究参考资料，也收入了一些篇幅较短、影响不大但有一定资料或史料价值的文献。另外，有少量比较重要的文献，由于作者或译者不同意收入，也不得不忍痛割爱。三是这些文献的系统性、规范性不太强。尽管我们努力按照上述编辑原则工作，对这些文献进行了分类整理，力求全面系统地提供给读者相关方面的文献资料，但由于这些资料十分繁杂，彼此之间的关联性不强，有的方面资料较多，有的较少，且发表的刊物、时间等不同，体例也很不统一，整理起来难度极大，加之各位编者的研究角度不同，水平各异，所以，每一卷书的结构、篇章、内容、观点等都不尽相同，其规范程度也不尽一致。对本丛书存在的以上不足或缺憾，谨请读者鉴谅；对其中可能存在的疏漏和错误之处，谨请读者批评指正。

本丛书在编写和出版过程中，得到了各个方面的大力支持。中央编译局对此项工作高度重视，始终给予鼎力支持。国家出版基金将本丛书列入2013年度资助项目。中央编译出版社为本丛书申报国家出版基金项目并最终立项，以及为丛书出版做了大量工作。本丛书所收文献的译者、作者和出版者，凡已联系上的，均给予我们大力支持，同意使用这些文献；对尚未联系上的，我们将尽力联系，也请相关同仁主动联系我们。丛书顾问委员会的专家对丛书的编写工作给予热情指导，编委会成员和课题组同仁为丛书的编写付出了辛勤劳动。在此一并致以衷心的谢意！

《马克思主义研究资料》
编辑委员会
2013年12月10日

编辑说明

本卷选收了有关《资本论》基本理论问题的研究文章共42篇，分为"总论"、"对象、方法和哲学意义"、"价值理论"、"剩余价值和机器理论"、"积累理论"、"平均利润问题和公平正义问题"、"转形问题"七个部分。其中前两部分从宏观上探讨了《资本论》的体系结构、历史演变、理论斗争、研究对象、逻辑方法和哲学意义，其余各部分则具体研究了《资本论》的基本理论问题，涉及马克思的劳动价值理论、剩余价值理论、资本积累理论、所有制理论、机器理论、分配理论、中介理论、异化理论以及生态思想、转形问题等。

需要说明的是，在有关"转形问题"的文章中，鲍尔特凯维茨运用了大量复杂的数学公式和推理来论证劳动价值的转化过程，逻辑非常严密。但是，我们在重新编辑这些文章时发现，上世纪80年代翻译和刊发的这几篇文章中的公式均存在不同程度的错误。有的错误是在翻译或编辑排版的过程中出现的，有的错误或许是因为作者的原文本身就存在问题。对明显的错误，我们进行了订正，不过由于公式过于复杂、专业，编辑的水平有限，难免仍有错误存在，在此敬请读者指正。

为了保持文献性，本丛书的注释基本保持原貌，不作改动；但对原注释有错误或有遗漏的，我们尽可能查阅了有关文献，作了必要的规范和完善；对有些查找不到的，保留原来的内容和格式。

目 录

总 论 ············· 1

关于马克思《资本论》体系的研究

〔德〕埃克·柯普夫 ············· 3

《资本论》形象的百年变迁及其当代反思

孙乐强 ············· 8

第二国际社会党内围绕马克思《资本论》所进行的理论斗争

〔苏〕Б. А. 阿季 ············· 23

卡·马克思的《资本论》及其现代资产阶级批评者

〔苏〕И. Н. 德沃尔金 ············· 53

对象、方法和哲学意义 ············· 81

《资本论》的对象和方法（摘译）

〔日〕林直道 ············· 83

《资本论》第一章的逻辑演绎方法探析

迟维东 ············· 100

《读〈资本论〉》译序

　　李其庆 ……………………………………………………… 109

价值理论 …………………………………………………… 125

马克思《资本论》中"使用价值"范畴的发展过程

　　〔苏〕P. 齐亚勃留克 ……………………………………… 127

浅谈对商品使用价值属性的理解

　　——重读《资本论》第一卷第一篇札记

　　侯廷智 ……………………………………………………… 145

马克思生前对《资本论》中价值理论的发展（1867—1883年）

　　〔民主德国〕罗尔夫·黑克尔 …………………………… 152

关于《资本论》第2卷与第3卷中劳动价值论的

　　矛盾论述之解疑

　　刘　锋　〔日〕宫川彰 …………………………………… 198

日本学者对马克思价值理论的争论和历史考证版

　　〔日〕小黑正夫 …………………………………………… 214

关于马克思的《资本论》第1卷和第3卷中的货币理论

　　〔德〕沃尔弗冈·米勒 …………………………………… 226

剩余价值和机器理论 ……………………………………… 235

黑格尔的目的性理论和马克思的劳动过程理论

　　〔日〕吉田文和 …………………………………………… 237

《资本论》中的分工与人的发展思想探析

　　张爱华　邓小伟 …………… 264

马克思在《资本论》及其手稿中对自然科学和技术科学的研究

　　刘　焱 …………… 283

对查理·拜比吉《论机器和工厂的节约》一书的分析

　　——马克思"机器理论"形成史研究（一）

　　〔日〕吉田文和 …………… 290

《各国的工业》和《资本论》（摘译）

　　——马克思"机器理论"形成史研究（二）

　　〔日〕吉田文和 …………… 313

罗伯特·韦利斯的机构理论和马克思

　　——马克思"机器理论"形成史研究（三）

　　〔日〕吉田文和 …………… 342

约·亨·摩·波佩《从科学复兴到十八世纪末的工艺学历史》和马克思

　　——马克思"机器理论"形成史研究（四）

　　〔日〕吉田文和 …………… 355

论马克思《资本论》中的生态观

　　陈　凡　杜秀娟 …………… 386

马克思《资本论》中的中介理论

　　冯文光 …………… 395

国外关于《资本论》中"劳动异化"的不同见解（摘译）
　　〔日〕向井公敏 …………………………………… 404

积累理论 ……………………………………………… 419
关于"资本主义积累的一般规律"的"订正"
　　〔日〕佐藤金三郎 ………………………………… 421
"重建个人所有制"的马恩本义
　　唐宗焜 ……………………………………………… 432
在社会主义条件下重建个人所有制的含义
　　〔苏〕瓦·吉·康德拉索夫 ……………………… 436
近年来关于马克思"重新建立个人所有制"研究综述
　　严小龙 ……………………………………………… 445
理解"重新建立个人所有制"的方法论问题
　　应克复 ……………………………………………… 454
关于社会所有制的几点思考
　　王学东 ……………………………………………… 467
《资本论》与超越资本主义体系
　　冯　雷 ……………………………………………… 480
《资本论》与历史科学
　　〔苏〕尼基塔·科尔平斯基 ……………………… 489

平均利润问题和公平正义问题 …………………… 497
日本经济学界关于《资本论》第三卷第十章的若干不同观点
　　周铁山 ……………………………………………… 499

对外贸易、世界市场和利润率
　　——关于马克思《资本论》第3卷中的对外贸易
　　　理论的几个问题
　　〔德〕克劳斯-迪特尔·布洛克 …………… 516
《资本论》的公平正义思想研究
　　陈传胜 …………… 531
马克思认为"与生产方式相适应,相一致就是正义的"吗?
　　——对中央编译局《资本论》第三卷一段
　　　译文的质疑与重译
　　段忠桥 …………… 546
关于马克思《资本论》第三卷一段论述的理解与翻译
　　——对段忠桥教授质疑的回应
　　李其庆 …………… 569

"转形问题" …………… 587
马克思体系中的价值计算和价格计算(一)
　第一篇论文
　　〔德〕拉·冯·鲍尔特凯维茨 …………… 589
马克思体系中的价值计算和价格计算(二)
　第一篇论文(续)
　　〔德〕拉·冯·鲍尔特凯维茨 …………… 619
马克思体系中的价值计算和价格计算(三)
　第二篇论文
　　〔德〕拉·冯·鲍尔特凯维茨 …………… 641

马克思体系中的价值计算和价格计算（四）

　　第三篇论文

　　　　〔德〕拉·冯·鲍尔特凯维茨 ················· 678

关于"转形问题"的产生以及五十年代以前国外的研究情况

　　　　〔日〕种瀬茂 ································· 713

七十年代以来国外关于"转形问题"的研究情况

　　　　〔日〕高须贺义博 ····························· 728

总　论

关于马克思《资本论》体系的研究[*]

〔德〕埃克·柯普夫

马克思、恩格斯的出身并不卑微。马克思的父亲是律师,恩格斯的父亲是纺织品制造商。马克思了解普鲁士农民和穷人的境况,他在1843年年底决定为劳动人民创造一个革命的理论。

当时的普鲁士是一个封建国家,无论是从宗教上还是从政治上看,这个社会都应被批判。在1841年出版的《基督教的本质》一书中,费尔巴哈已经对普鲁士的宗教提出了批判。因此,马克思希望批判普鲁士的封建土地制度,于是他撰写了《〈黑格尔法哲学批判〉导言》。这是马克思对当时社会统治秩序批判的第一个计划。

1843年,马克思成为《德法年鉴》的副主编,他阅读了恩格斯的《政治经济学批判大纲》。在文中,恩格斯指出,在生产资料私有制下,所有的人类关系都以经济竞争的方式表现出特征。由此,马克思进一步认识到,经济关系而不是政治和法律关系是人类发展的基础。为此,马克思开始了第二项计划,在1844年摘录了经济学著作,并将之详细阐述为《1844年经济学哲学手稿》。恩格斯在1844—1845年撰写了《英国工人阶级的状况》。1845年马克思和恩格斯同行前往伦敦和曼彻斯特。马克思也因此得以认识英国的工业、经济和社会发展状况。

---

[*] 本文选自《上海行政学院学报》2007年第6期。作者系中央编译局外国专家、教授。

马克思和恩格斯从理论创造的一开始就带有这样的意图，即他们的革命理论并不是理论的终结，它必须成为彻底改变劳动人民生存状况的手段和途径。中国共产党为人民服务、让人民过上好日子的努力就是这种理论的表现形式之一。

马克思和恩格斯认识到，劳动人民与必须保证他们生存的生产资料之间在日复一日的联系中造就了社会阶级本身。劳动分工的发展阶段决定了财产的形式和人类历史的进步程度。他们写道："随着制造业的兴起，各种国家间形成了相互竞争的关系，包括商业斗争、战争、关税保护和禁令。而此前这些国家从事非攻击性的相互交换。贸易现在呈现出政治意义。"总体上看，随着美洲的发现和西印度航线的开辟，通过扩展与外部的交换，制造业和生产活动得到了巨大的推动。新产品的进口，尤其是黄金和白银的大量流通，彻底颠覆了各个阶级的地位，严重冲击了封建土地财产关系；远征者的探险、殖民化以及在全世界扩展市场的行为现在都变得可能，并日益成为现实，历史发展也由此进入新阶段。

资本主义发展的第二阶段起始于17世纪中期，持续至18世纪末。商业和航海比制造业扩张得更快，制造业也因此退为第二位的角色；殖民地正在变成相当可观的消费群体，经过长期的斗争，各种各样的国家瓜分了这一开放的世界市场。这一时期的特征是，黄金和白银的出口被禁止被废除，货币贸易、银行、国债、纸币、股票投机开始出现，金融总体上获得了发展。17世纪，贸易和制造业集中于英国一国并取得了迅猛的发展，英国也逐渐在世界上获得了一个较大的市场，世界上对英国制造业商品的需求已经超出了英国现存的工业生产力。

竞争很快就迫使每一个希望保留自己历史性角色的国家通过更新海关制度来保护自身的制造业（旧的税收制度在面对大规模工业冲击时已经不再有用），它们不久也在保护性关税下引入大规模工业生产。尽管有这些保护性措施，大规模的工业化还是使竞争广泛存在，已经形成的交通方式、现代世界市场以及从属性贸易，促使资金转变为工业资本，产生了资本循环（金融体系的发展）以及资本的集中。在广泛竞争下，资本迫使所有个体最大化地发挥它的能量。它尽一切可能摧毁了意识形态、宗教、道德等等。在无法摧毁的地方，资本也让这些因素成为谎言。它创造了世界的历史，让所有的文明国家以及每一个成员依赖于从外部世界获得他们的需要，因而摧毁了单个国家的自然属性。它让自然科学屈从于自己，撕掉了劳动分工的原有的外表，改变了劳动的自然属性，将所有的自然关系变为金钱关系。

在1848年的《共产党宣言》中，马克思、恩格斯写道："资产阶级曾经在历史上起着非常革命的作用……不断扩大产品销路的需要，驱使资产阶级奔走于全球各地，它必须到处落户，到处开发，到处建立联系。……资产阶级，由于开拓了世界市场，使一切国家的生产和消费都成为世界性的了。"1858年10月8日，马克思对恩格斯写道："资产阶级社会的固有的任务至少在总体上就是创造一个世界市场，创造基于世界市场的生产。因为地球是圆的，加利福尼亚、澳大利亚的殖民化以及中国、日本的开国似乎都被卷入了这一过程之中。"

1858年马克思出版了《〈政治经济学批判〉序言》。在扉页中马克思写道，他希望写六本书：《资本论》、《土地所有权》、《工资与劳动》、《国家》、《外贸》、《世界市场》。这是他的第三个计划。前三本书通过对税收、关税、货币制度、津贴、贸易战争等因素进行概括，对每一国家在世界市场上的表现进行分析，研究每一个资本主义国家中三大阶级（资产阶级、土地所有者和无产阶级）的经济生活状况。

所有这些总体上都是关于经济问题，而经济是人类社会真正的社会基础，从这一基础最终将引申出社会结构（阶级和阶层）、政治、法律、宗教、艺术以及作为上层建筑的哲学等等。马克思关于《资本论》

的写作计划（体系）包括：生产过程（第一卷）、流通过程（第二卷）、资本主义生产过程总论（第三卷）、剩余价值理论（第四卷）。第一卷他自己出版于1867年和1872—1873年，恩格斯编辑了第二卷（1885年）和第三卷（1894年），卡尔·考茨基编辑了第四卷（1905—1910）。

《资本论》主要是马克思的研究成果，它也是世界文献的一部分。为了解释他的经济分析理论，马克思分别在1857—1858年、1861—1863年以及1863—1867年阐述了3个手稿。对于人类经济关系的科学知识来说，《资本论》是重要文献。在文中，马克思还分析了资本主义以前的社会经济关系和经济形态。不言而喻，《资本论》对于理解资本主义生产方式和资本主义社会是重要的。只要世界上还存在着资本家和工人，对工人阶级而言，就没有哪一本书的重要性能够与《资本论》相提并论。对于社会主义国家的从事对外贸易的商人来说，也应该理解《资本论》，这对他将有很大帮助，会使他更为有效地理解其他商人的利益所在。对于从事市场经济的社会主义国家而言，《资本论》的意义也是十分重大的。我们必须谨记，经济关系会产生两个相反的结果：物质形态和社会形态（通过财产关系和所有制关系决定）。

让我们更为细致地观察一些对于理解资本主义和社会主义企业中经济关系非常重要、依然具有当代价值的事实和判断吧。在《资本论》第一卷中，马克思提出的重要概念和范畴有：目标、起点、生产方式的基础和经济法则、人类需求；产品、使用价值、交换、商品、价值、交换价值、金钱；劳动、劳动过程及其基本要素：人的个体行为、劳动的主题及其手段；机器、生产资料、劳动力、生产力、剩余劳动、剩余产品、剩余价值；合作、劳动分工、制造、机器、现代工业、科学技术、再生产、积累、投资；商品形式的价值和资本。《资本论》第二卷中有：货币形式的价值和资本；资本循环、准备金；自然经济、货币经济和信用经济；买卖时间；循环代价；周转资金；固定资本、循环资本；

简单再生产、扩大再生产。《资本论》第三卷中有：利润、利润率；资本组织结构；商业资本、货币交易资本；银行、信用和证券交换；税收、关税；运输；地租；剩余价值分配；社会阶级关系；阶级斗争。

马列主义理论体系涵盖了哲学、政治经济学和政治学；《资本论》位于马克思主义理论体系的核心位置，它在当代依然具有伟大的价值。

中国共产党创造的和谐社会和和谐世界的概念符合马克思在1871年提出的社会主义国家的两个根本任务：劳动与和平。

（王公龙 编译）

《资本论》形象的百年变迁及其当代反思*

孙乐强

《资本论》形象的历史演变是我们理解马克思主义发展史的一个重要风向标，它在西方的命运沉浮，从一个侧面反映了资本主义的现实演变以及马克思主义逻辑发展的内在变迁。因此，在此背景下，系统梳理《资本论》形象的百年变迁，无疑会有助于我们完整把握和理解马克思主义发展的总体逻辑，全面反思西方学界对马克思《资本论》理解的历史得失，从而为我们进一步挖掘《资本论》的当下中国意义，构建具有中国特色的马克思主义自主叙事范式提供一定的借鉴意义。

一、从"工人阶级的圣经"到"失效的旧约"：《资本论》政治形象的演变

《资本论》是马克思一生智慧的科学结晶，它在工人运动史上具有无比辉煌的历史价值。它的出现，对无产阶级革命的继续发展以及世界无产阶级革命意识的形成，产生了不可磨灭的影响。然而，《资本论》并不是一出版就立即成为无产阶级解放的强大武器，相反，这种政治形象的建构是与当时无产阶级革命实践需要紧密联系在一起的。

---

* 本文选自《马克思主义与现实》2013年第2期。作者系南京大学马克思主义社会理论研究中心暨哲学系副教授。

在第一国际（1864）成立之初，工人虽然已经具备了一定的斗争经验，成立了一些工会组织，但他们在指导思想和政治策略上显然还不成熟，陷入到各种宗派主义和改良主义之中，根本无法适应当时工人阶级斗争的需要。首先，在理论上，他们缺乏统一的科学指导：在英国工人中居于统治地位的是自由派工联主义，他们认为单纯地通过合作发展运动，就能彻底改变工人阶级状况；在法国、比利时居于支配地位的是蒲鲁东主义，他们反对武装斗争，主张通过和平的方式过渡到没有剥削的小生产社会，这种思想是一种典型的小资产阶级的改良主义道路；而在德国，占主导地位的是拉萨尔主义，大肆宣扬命定论，鼓吹和平长入"自由国家"的改良路径。这些理论完全缺乏对资本主义社会的科学分析，无法为无产阶级革命提供内在的科学依据。其次，在政治纲领上，第一国际也缺乏统一的理论指导，对无产阶级的历史使命以及斗争策略，都缺乏科学的认知，纷纷陷入到改良主义和折中主义的窠臼之中，对工人的政治运动产生了极为消极的影响。

在这种情况下，《资本论》第1卷（1867）的出版，恰恰迎合了当时政治斗争的需要，犹如恩格斯评价的那样："自地球上有资本家和工人以来，没有一本书像我们面前这本书那样，对于工人具有如此重要的意义。"① 总体来看，《资本论》的作用体现在以下三个方面：首先，《资本论》为工人阶级的日常斗争提供了科学依据。当时，工人最为关心的是"工作日、工资以及资本主义制度下机器的应用"② 等问题，而《资本论》恰恰为这些问题作出了科学解答，彻底驳倒了拉萨尔的"铁的工资规律"，为工人阶级的日常斗争提供了科学依据。其次，《资本

---

① 《马克思恩格斯全集》第1版第16卷第263页。
② 苏共中央马克思列宁主义研究院编：《围绕马克思〈资本论〉所进行的思想斗争史概论》，济南：山东人民出版社1983年版，第63页。

论》有力地清除了第一国际中的蒲鲁东主义和巴枯宁主义，为工人阶级的内部团结和思想统一奠定了理论基础。再次，随着《资本论》各种版本的出版和进一步传播，马克思主义逐渐在工人阶级中占据主导，为后面各国无产阶级政党的建立以及社会主义纲领的制定奠定坚实的理论根基。也正是以此为由，第一国际著名活动家约翰·菲力浦·贝克尔将《资本论》誉为"工人阶级的圣经"，而梅林也将其称为"共产主义的圣经"①。

这一形象在后续的发展过程（1895年恩格斯逝世之前）中得到了进一步的强化与巩固。马克思逝世后，恩格斯作为战友继承了马克思遗愿，承担起《资本论》剩余卷的编辑出版工作，先后于1885年和1894年编辑出版了《资本论》第2卷和第3卷，完整再现了"工人阶级的政治经济学"的全貌，进一步巩固了《资本论》的政治形象。其次，随着《资本论》的广泛翻译与传播，马克思主义已经在工人阶级中占据主导，截止到80年代中后期，各国都相继成立了以马克思主义为指导思想的工人阶级政党和组织，并以马克思的经济学说为依据制定了社会主义革命纲领，进一步扩大了马克思学说的政治影响力，系统强化了《资本论》的这一形象。犹如恩格斯在《资本论》的英译版序言（1886）中描述的那样："《资本论》在大陆上常常被称为'工人阶级的圣经'。任何一个熟悉工人运动的人都不会否认：本书所作的结论日益成为伟大的工人阶级运动的基本原则。"②

然而，在恩格斯逝世之后，特别是随着第二国际修正主义的泛滥，《资本论》的政治形象出现了重大"分裂"，从而在社会主义工人运动内部撕开了一道裂缝，对《资本论》形象的建构产生极为恶劣的影响。

---

① 《马克思恩格斯全集》第2版第44卷第900页。
② 《马克思恩格斯全集》第2版第44卷第34页。

自19世纪70年代以来，资本主义在经济、政治、文化和社会结构方面都出现了重大变化，这与马克思《资本论》所揭示的情形出现了巨大反差，第二国际修正主义的"鼻祖"伯恩施坦正是以此为由，全面否定了马克思《资本论》的政治价值。首先，他彻底否定了唯物史观和历史辩证法的科学意义，彻底阉割了《资本论》的合法性。其次，用资产阶级的"边际效用论"代替了马克思的劳动价值论，彻底颠覆了《资本论》的科学基石。最后，以资本主义的经济、社会结构的转型（由自由竞争资本主义转变为"有组织的资本主义"）为由，全面否定马克思主义的革命理论，宣扬"和平长入资本主义"的改良主义道路，彻底解构了《资本论》的政治立场和党性原则。结果，原本作为工人阶级"圣经"的《资本论》，在伯恩施坦这里转变为一种错误的、失效的"假说"，《资本论》的经典形象被解构了。与此相对，第二国际的正统理论家虽然对伯恩施坦的修正主义作出了尖锐的批判和反击，但由于他们对《资本论》的理解存在着巨大的缺陷，这在一定程度上又削弱了《资本论》的政治形象。总之，第二国际内部正统主义与修正主义的对立，致使《资本论》在工人阶级中的政治形象开始分裂，由此挖开了一条反对《资本论》的理论堑壕，对后来的欧美左翼经济学家产生了重大影响。

随着国际形势的巨大变化，特别是第二次世界大战之后，《资本论》在欧美工人阶级中的政治形象进一步萎缩。首先，第二次世界大战之后，发达资本主义国家进入黄金发展时期，欧美工人运动全面陷入低潮，致使《资本论》的政治影响力趋于衰退。其次，随着冷战的开始，马克思主义作为一种社会主义学说在欧美国家遭到了禁锢，全面斩断了《资本论》在工人阶级中的传播途径及其政治效应。再次，随着福特制资本主义的到来，资本主义的社会结构发生了巨大变化，原初的工人阶级逐渐转变为"白领"阶层，而资产阶级的统治策略也由原初的暴力统治转变为意识形态的全面渗透,从而实现了对工人日常生活和心理结构的全面殖民,使工人阶层逐渐成为资本主义制度的认同者,这也使得《资本论》的政治形象丧失了合法的阶级基础。

结果,在战后的欧美资本主义国家中,《资本论》的政治形象和历史地位也发生了巨大转变,由原初工人阶级的"圣经"转变为一种政治上失效的"旧约",20世纪七八十年代,欧洲众多工人阶级政党公开宣布放弃马克思主义,就是这一形象转变的有力证明。

二、从"科学的新大陆"到"虚构的伪书":
《资本论》学术形象的嬗变

马克思作为无产阶级革命家,其最根本的目的是要"为我们的党取得科学上的胜利"①,而《资本论》恰恰是这一目的的完美实现。在这一著作中,马克思从劳动力商品理论出发,创立了科学的剩余价值理论,揭示了资本主义灭亡的必然性,实现了由空想社会主义到科学社会主义的重大转变。从这种意义上来讲,《资本论》实现了阶级性与科学性、人道主义与客观历史分析的完美统一。然而,这一形象在其后的西方马克思主义和西方左翼经济学那里,发生了内在分裂,建构出了不同的学术形象。

19世纪末20世纪初,西方资本主义实现了由自由竞争到垄断帝国主义的转变,从根基上进一步压缩了马克思主义和工人运动的生存空间。在帝国主义的强力镇压下,西欧无产阶级革命最终全面失败,也是在此背景下,西方马克思主义开始作为一种理论思潮登上了历史舞台。如安德森所言:"西方马克思主义是第一次世界大战后欧洲资本主义先

---

① 《马克思恩格斯全集》第1版第29卷第554页。

进地区无产阶级革命失败的产物，它是在社会主义理论和工人阶级实践之间愈益分离的情况下发展起来的。因此，整个西方马克思主义的隐蔽标志只是一个失败的产物而已。"① 这一特征决定了早期西方马克思主义对《资本论》形象的建构，必然会出现一个重大的撤退：由原初的政治实践演变为一种学术解读。而这种解读的逻辑起点恰恰是从反叛第二国际的经济决定论开始的。

第二国际时期，正统马克思主义虽然也强调《资本论》的科学形象，但由于他们方法论上的缺陷，致使他们根本无法准确把握《资本论》的科学内涵，最终陷入到经济决定论和实证主义的窠臼之中，淹没了《资本论》的批判性，沦为一种"人学的空场"。而列宁对阶级意识的强调以及十月革命的成功，恰恰为早期西方马克思主义重构《资本论》的学术形象提供了事实依据。青年卢卡奇正是以阶级意识为主线，上演了一部将《资本论》人本化的滑稽剧，建构了一条人本主义的解读路径。而葛兰西更是认为，十月革命颠覆了《资本论》的逻辑，将其标示为"反对《资本论》的胜利"，并由此出发，建构了一种以人本主义为后盾的文化霸权理论。从一定意义上来说，这种形象的翻转在学术史上具有非常重要的理论价值，恢复了《资本论》的内在批判性；然而，在一定程度上又走向了另一种极端，即把整个人类历史彻底意识形态化，抹杀了历史发展的客观规律，阉割了《资本论》的科学形象。

到了20世纪30年代，随着大批马克思早期著作的出版，特别是《1844年经济学哲学手稿》的出版，对《资本论》的形象建构产生了重大影响。西方马克思学学者由此发掘了一个全新的马克思，即"人道主义的马克思"，并将其看做马克思哲学发展的最高峰，由此制造了"两

---

① 〔英〕佩里·安德森：《西方马克思主义探讨》，北京：人民出版社1981年版，第58页。

个马克思"的对立。结果,《资本论》等成熟时期的著作被指认是青年马克思的一种理论倒退,沦为一种"吃人不吐骨头"的"经济主义"。这种做法既没有看到二者之间的内在联系,也没有看到后者对前者的内在扬弃和发展,更没有科学把握后者所特有的人道主义意蕴,完全阉割了《资本论》的光辉形象,是对《资本论》的故意诋毁和谋杀。针对这种"对立论",第二代西方马克思主义主要代表弗洛姆作出了重要反驳。他认为,《资本论》决不是对早期人本主义逻辑的遗弃,相反,是它的进一步展开和延伸,二者在本质上是内在一致的。① 结果,《资本论》的人本主义化形象达到了登峰造极的地步。这种建构虽然强调了马克思前后期著作之间的学术联系,但却完全忽视了二者之间的本质差异,淹没了《资本论》特有的科学价值。同样,科西克虽然从哲学与经济学相结合的方法出发,深入挖掘了《资本论》的社会批判理论,在一定程度上恢复了《资本论》的"光辉形象";然而,这种建构本身却是从海德格尔存在主义出发的,它在最终归宿上又陷入到抽象人本主义的窠臼之中,削弱了对《资本论》精髓的科学把握。

以此来看,在《资本论》的形象建构上,从卢卡奇到弗洛姆的西方马克思主义基本上都是从抽象的人本主义立场出发来解读《资本论》的,他们在恢复《资本论》批判性的同时,又完全阉割了《资本论》的科学性,建构出了一种完全不同于第二国际和苏联马克思主义的人本化形象,在《资本论》的理解史上产生了重大影响,然而也带来了不少缺陷。

20世纪60年代,为了反对这种人本主义的泛滥,捍卫马克思主义

---

① 〔德〕弗洛姆:《马克思关于人的概念》,载复旦大学哲学系现代西方哲学研究室编译:《西方学者论〈1844年经济学哲学手稿〉》,上海:复旦大学出版社1983年版,第78页。

的科学性,西方马克思主义内部兴起了一种与此相对的解读模式,即科学主义的马克思主义,他们率先扛起了反抗人本主义的大旗,由此,实现了西方马克思主义逻辑发展的科学转向,建构出一种与人本主义相对的《资本论》形象。而这主要以法国哲学家阿尔都塞和意大利新实证主义哲学家德拉-沃尔佩、卢西奥·科莱蒂为代表。在阿尔都塞看来,马克思主义理论包含两部分:一是哲学,即辩证唯物主义;二是科学,即历史唯物主义。而《资本论》恰恰是二者的完美结合。他认为,只有在《资本论》中,才可以读到马克思真正的哲学;[①] 同样,也只有在《资本论》中,才能真正发掘马克思的历史科学。[②] 相对于人本主义的解读模式来看,这无疑具有着重大理论意义。但这种解读本身仍具有内在不可克服的缺陷。首先,这一解读模式是建立在"认识论断裂"之上的,它虽然"恢复"了《资本论》的哲学和科学意义,但却完全忽视了前后期著作的连续性;其次,在建构路径上,阿尔都塞完全停留在认识论的层面上,直接将阶级斗争的历史转化为知识的历史,实现了《资本论》研究的知识论转向;再次,他从结构主义立场出发,走上了彻底反人道主义的道路,完全泯灭了《资本论》的人文意蕴,陷入到结构崇拜的漩涡之中。同样,德拉-沃尔佩和科莱蒂虽然也力图把《资本论》当做"科学"的典范,但在"科学"的理解上却又陷入到"自然科学"的崇拜之中,将其等同于伽利略的"实验物理学",完全抹杀了《资本论》的阶级性和党性原则。

总体说来,西方马克思主义对《资本论》的形象建构基本上都停

---

① 〔法〕阿尔都塞:《读〈资本论〉》,北京:中央编译出版社2001年版,第24页。
② 〔法〕阿尔都塞:《列宁与哲学》,台湾:远流出版公司1990年版,第75页。

留在文化批判或知识论的层面上,这种解读线索无疑弥补了第二国际经济决定论所留下的理论空白,在《资本论》的理解史上具有重大的理论意义。然而,这种形象建构的背后却隐含着一个不言而喻的前提,即传统固有的经济线索已无法成为《资本论》形象建构的主导线索,只有从文化批判或知识论层面才能真正建构《资本论》的内在形象。可以说,这一判断是值得讨论的。这一点在西方左翼经济学那里得到了明显的印证。他们并没有沿着西方马克思主义文化批判的线索来重构《资本论》的形象,而是坚持从政治经济学批判的线索来挖掘《资本论》的科学内涵及其当代价值,由此建构了一种不同于西方马克思主义的《资本论》形象。

众多西方左翼经济学家都基本上认为,《资本论》构成了马克思政治经济学批判的科学结晶,从经济线索或生产过程的内在矛盾出发来建构资本主义批判理论,这一点构成了《资本论》的内在精髓。但是,他们在《资本论》的有效性上又作出了明确限定,认为《资本论》仅仅适应于自由资本主义,随着当代资本主义的发展,《资本论》的核心理论已经全面过时。如,保罗·斯威齐和保罗·巴兰认为,随着资本主义由自由竞争时代向垄断资本主义的过渡,《资本论》中的剩余价值理论已经全面失效,主张用"经济剩余"理论来全面取代马克思的剩余价值理论。比利时经济学家曼德尔也认为,在"晚期资本主义"时期,马克思的《资本论》已无法涵盖资本主义的最新变化,主张用"自主变量"理论来弥补马克思的《资本论》。再譬如,法国调节学派也直接抛弃了《资本论》的本质线索,主张从经验层面来重构《资本论》;而加拿大经济学家莱博维奇更是喊出了"超越《资本论》"的口号,力图在新时期建构一种全新的工人阶级的政治经济学。可以看出,在他们这里,《资本论》的学术形象已经发生了重大变化:它已经不再是一种顺应时代发展的历史科学,而是转变为一种只适应于自由资本主义的政治经济学，随着当代资本主义的演变和发展，《资本论》必将被超越和扬弃。

如果说在西方马克思主义和西方左翼经济学那里，《资本论》还具有一定的正面形象的话，那么，到了后马克思主义这里，一切都被解构了。在他们看来，《资本论》的历史观和方法论仍然滞留在西方近代形而上学的思辨之中，进而将《资本论》判定为一部充满神话预言的虚构小说，结果，《资本论》的学术形象完全被颠覆了。特别是随着MEGA2 第 2 部分的公开出版，这种形象解构变得更加彻底。在新MEGA 编委会（1990 年之后）看来，目前所通行的《资本论》都是经过恩格斯编辑定稿的：《资本论》第 1 卷的"通行版"是按照恩格斯最后编定的德文第 4 版刊印的，第 2、3 卷更是恩格斯在马克思遗稿基础上整理编辑的。这些编辑已经改变了马克思的原意，使《资本论》成为恩格斯中介过的"马克思思想"。也正以此为由，众多西方学者普遍断言"马克思撰写的三卷本《资本论》从来都没有真实存在过"[①]。于是，他们主张，为了恢复马克思《资本论》的原初面貌，必须要去除恩格斯的一切编辑和修订，按照马克思的原初手稿的顺序，重新编辑《资本论》，还原《资本论》特别是第 2、3 卷的真实面目。结果，原本作为有机整体的《资本论》被还原为各不相关的独立手稿片断，实现了由"完整著作"向"虚构伪书"的全面退化，完全消解了《资本论》在马克思主义发展史上的历史地位。

可以说，《资本论》学术形象的历史变迁，并不仅仅是西方学术界理论嬗变的逻辑产物，而且也是西方资本主义现实发展和演变的客观产物。因此，系统梳理《资本论》学术形象的演变，不仅有助于我们清

[①] 〔意〕理查德·贝洛菲尔等主编：《重读马克思》，北京：东方出版社2010年版，第 121 页。

晰把握西方马克思主义和西方左翼经济学发展的内在逻辑,而且也能够为我们全面剖析当代资本主义的演变机制及其内在规律提供一定的理论借鉴。

三、从"资产阶级的判决书"到"资产阶级的代言人":资产阶级对《资本论》形象认知的变迁

《资本论》作为无产阶级的政治经济学,宣判了资本主义的死刑。然而,在《资本论》发表伊始,资产阶级的官方科学和报刊并没有给予普遍的反击,而是纷纷选择沉默的方式来应对科学共产主义的理论成果,企图"用沉默置《资本论》于死地"①。随着《资本论》在工人阶级中的广泛传播以及政治效应的不断扩大,资产阶级再也不能无视《资本论》的存在了。于是,资产阶级经济学家纷纷放弃沉默的策略,拉开了资产阶级反击《资本论》的序幕。而这种反击战最先是从反对劳动价值论开始的,因为他们清楚地知道,只要彻底驳倒了劳动价值论,也就全面瓦解了《资本论》的合法性。

总体来看,这种"反攻"可以概括为四种模式:第一种是"道德论模式",他们认为,价值在本质上只是"一种评价,是一种精神行为",它与所谓的劳动根本没有任何内在的联系,而马克思却试图从劳动出发来引出价值的规定,这种做法只能是一种缘木求鱼,南辕北辙,而以这种学说为基础的《资本论》只能是一种任意的理论虚构,毫无任何科学所言。第二是"边际效用论",这种观点认为,所谓的政治经济学并不是研究人与人之间的关系,而是探讨人对物质财富的需要关系,因此,单纯地把价值归咎于劳动是完全错误的,真实的价值并不取

---

① 《马克思恩格斯全集》第 2 版第 44 卷第 18 页。

决于劳动，而是取决于买者的主观需求，取决于消费者在消费商品时所感受到的主观满足程度。由此出发，他们认为，《资本论》纯粹是马克思运用唯心主义思辨方法捏造的产物，根本不具有任何说服力。第三是"剽窃论"，这种模式认为，马克思的劳动价值论和剩余价值学说绝不是马克思的原创，而是从资产阶级经济学家洛贝尔图斯、巴师夏和凯里等人的理论中剽窃过来的，进而将《资本论》诬蔑为庸俗经济学的延伸，企图彻底瓦解科学社会主义的科学根基。最后是"概念演绎论"，这种观点认为，马克思的《资本论》虽然名为经济学著作，但实际上却是德国玄学的变种，是以黑格尔思辨逻辑为基础，随意炮制出来的概念王国，他所谓的"科学社会主义"实际上只是一种逻辑推演的结果，仍像空想社会主义一样滞留在虚妄的乌托邦之中，根本不具有任何现实性可言。可以说，这四种模式基本上构成了《资本论》第1卷发表后不久资产阶级对劳动价值论批判的主导路径。

随着《资本论》第3卷发表，这种批判又得到进一步延伸。除了继续用各种资产阶级观点扭曲劳动价值论外，一种"新"的批判又应运而生。1896年奥地利经济学家庞巴维克在《卡尔·马克思及其体系的终结》一书中指出，马克思在《资本论》第1卷和第3卷中分别设定了两个彼此独立的领域：一个是价值上的，它是肉眼看不到的；另一个是价格（或货币）上的，它是肉眼看得到的，并断定二者之间是自相矛盾的。这一问题也就是后来公开争论的"转型问题"。可以说，从博特凯维兹到萨谬尔森再到后来的斯拉法等人的讨论，全都是围绕这一问题展开的。他们一致认为，马克思的劳动价值论实际上是一个"不必要的弯路"，是可以抹去的。这种批判思路实际上直接将劳动价值论当做一个不必要的问题予以悬置起来，从根基上彻底抹杀了《资本论》的合法性。总而言之，这一时期，资产阶级对《资本论》完全持一种批判态度：几乎没有一个资产阶级愿意接受马克思的劳动价值论，更不消说公开承认《资本论》的科学价值了。

然而，1929年资本主义经济危机的爆发，在某种程度上改变了资产阶级对《资本论》彻底敌视的态度。在资产阶级辩护士看来，资本主义制度是自然的永恒制度，根本不可能产生危机。而1929年的经济大危机，给资产阶级的正统学说以致命打击，迫使资产阶级承认资本主义制度存在内在缺陷。为了进一步维护资本主义制度，资产阶级经济学家被迫改变原有策略，寻求拯救资本主义制度的良方。也就是在这种情况下，马克思的《资本论》开始以一定的正面形象出现在资产阶级的著作之中，成为西方主流经济学得以借鉴的理论资源。可以说，这是西方主流经济学在对《资本论》态度上的一个重大转变。然而，通过分析，不难发现，这种转变背后隐藏的却是一种更深的"阴谋"，即彻底去除《资本论》的"毒瘤"，使其"资产阶级化"，成为服务于资本主义制度的无害之物。

这一目的是通过以下几种策略实现的。首先是进一步歪曲劳动价值论和剩余价值理论，否定科学社会主义的理论根基，对《资本论》进行去意识形态化处理，消除《资本论》的政治意蕴。其次，直接用凯恩斯的"有效需求不足"理论来诠释《资本论》的危机理论，将资本主义生产关系的内在危机还原为可以克服的外在危机，完全阉割了二者的本质差异，实现了危机理论的无害化"转型"。再次，根据马克思的再生产图式将其与凯恩斯的总投资—总需求理论嫁接起来，将马克思的再生产理论诠释为一种均衡增长的再生产模型，以此让马克思来"分享"凯恩斯的荣誉。可以说，这种单纯的嫁接，在赋予马克思过多荣誉的同时，也是对马克思的一种侮辱。最后，用纯粹的供需理论来解释马克思的资本积累、失业常备军和利润率下降理论，掩盖了资本主义的内在矛盾，实现了《资本论》的经验主义转向。经过这些变形，《资本论》已经不再是资产阶级社会的判决书，不再是科学社会主义的集中体现，而是转变为资本主义和谐发展的科学指南。结果，马克思一跃由资产阶级的公开敌人转变为资产阶级的同路人。

资产阶级经济学家对《资本论》的吸收和借鉴，从侧面反映出《资本论》强大的生命力。然而，在这种借鉴的背后引发的却是对《资本论》政治立场的消解和颠覆，这不得不引起我们的重视和反思，如果任凭这种趋势发展下去，必将会对马克思主义以及国际工人运动产生不可估量的负面影响。

四、《资本论》形象的重构及其当下中国意义

由上可见，在西方学术界中，《资本论》的形象出现了四重"分裂"：首先，由原来的"工人阶级的圣经"转化为一种"失效的旧约"，政治影响力日益衰退；其次，由原来集哲学、经济学于一体的《资本论》，被解读为各自独立的哲学或经济学著作，在整体形象上出现了重大分裂；再次，由原来作为有机整体的"完整著作"被解构为各自独立的"手稿片断"，实现了由"科学著作"到"虚构伪书"的全面退化；最后，在资产阶级经济学家眼中，《资本论》的形象也由原初的"资产阶级的判决书"转变为资本主义均衡发展的"科学指南"，抹杀了《资本论》的党性原则。《资本论》的形象出现了节节败退的迹象。在这种情况下，我们如何立足于当下中国现实来重新理解《资本论》的历史贡献及其当代价值，重构《资本论》的内在形象，无疑具有极其重要的理论价值和现实意义。

首先，从政治效应来看，这一任务对于我们清晰界划各种哲学社会思潮之间的本质差异，捍卫马克思主义意识形态的指导地位，具有非常重大的实践意义。今天我们正处在资本主义经济全球化的外部环境和完善社会主义市场经济体制的内部环境中，市场经济自发产生的意识形

态、各种西方外来思潮,纷至沓来,纵横交织,意识形态领域斗争十分复杂。准确把握《资本论》的政治遗产,对于我们反对自由主义和民主社会主义,抵御旧的形而上学和极"左"的激进思潮,坚持科学的批判的马克思主义立场,巩固社会主义意识形态,都具有极其重要的实践意义。

其次,从学术价值来看,开展这项研究,有助于我们全面把握《资本论》在马克思主义发展史上的历史地位,系统深化对马克思的历史观、政治经济学批判以及"马克思恩格斯思想关系"的理解,全面捍卫《资本论》的科学价值;同时,也有助于我们全面审视西方马克思主义、左翼经济学以及主流经济学发展演变的内在逻辑,客观公正地评价它们的历史贡献和不足之处,在实践中进一步坚持和发展马克思主义,为中国特色的马克思主义理论体系的建构提供重要的理论资源。

最后,从应用价值来看,开展这项研究,能够为我们理解当代资本主义的最新变化提供重要的理论参照系和方法论武器,有助于我们进一步深化对当代资本主义运行机制和内在本质的理解,从而为中国特色社会主义事业的健康发展提供重要的理论支撑。

第二国际社会党内围绕马克思《资本论》所进行的理论斗争[*]

〔苏〕Б. А. 阿季

一、爱·伯恩施坦、康·施米特等人对马克思经济学说的批判

修正主义者首先批评马克思主义的世界观原理，反对马克思主义的哲学——辩证唯物主义和历史唯物主义，竭力想动摇和摧毁科学共产主义的理论基础。这样一来他们就有理由消灭马克思的整个科学体系，包括他所创立的经济科学。

弗·伊·列宁指出，在政治经济学方面，修正主义者"竭力用'经济发展中的新材料'来影响公众。他们说，积聚和大生产排挤小生产的过程，在农业方面完全没有发生，而在商业和工业方面也进行得极其缓慢。他们说，现在危机已经更少见，更微弱了，卡特尔和托拉斯大概会给资本提供根本消除危机的可能。他们说，阶级矛盾有减弱和缓和下去的趋势，所以资本主义必然'崩溃的理论'是站不住脚的。最后他们说，

---

* 本文选自《马列著作编译资料》1981 年第 17 辑。苏共中央马克思列宁主义研究院为纪念马克思《资本论》第 1 卷出版一百周年发表了《围绕马克思〈资本论〉所进行的思想斗争史概论》（1968 年莫斯科政治书籍出版社版），由 Б. А. 阿季等七人撰写。本文是该书第三章《对社会党内修正主义的批判》（作者 Б. А. 阿季），有删节。本文标题和文内小标题都为译者所加。

就连马克思的价值理论也不妨按照柏姆-巴维克的观点来加以纠正"①。

修正主义者跟在卫护资本主义的直接的资产阶级辩护士、庸俗政治经济学的代表人物后面，千方百计美化资本主义，否认和掩盖它的极其深重的症结和矛盾，掩饰剥削无产阶级和其他劳动阶层的事实，否定马克思所揭示和论证的资本主义积累的一般规律，从这一规律就必定得出资本主义必然崩溃和社会主义必然以革命的方式取代资本主义的结论；他们硬说资本主义趋向于"组织"经济、"协调"社会生活、建立"阶级和平"，硬说资本主义有着巨大的发展能力和发展前途。他们在经济学方面的才智是从卡·门格尔、欧·柏姆-巴维克、路·布伦坦诺、格·舒尔采-格弗尼茨、亨·赫克纳、鲁·什塔姆列尔、阿·马歇尔、尤·沃尔弗以及其他资产阶级科学权威们的著作中汲取来的。伯恩施坦公开要求感谢资产阶级经济学家，特别是弗·巴师夏，因为他揭示了资本主义体制中的"经济协调"。伯恩施坦同时伪善地补充说："真理并没有因为它首先被社会主义的敌人所揭示而失去任何意义。"②

马克思主义的劳动价值和剩余价值理论首先成了修正主义攻击的中心。这不是偶然的。如果背弃马克思的基本发现，那就意味着毁坏整个马克思主义经济科学，导致掩盖资本主义生产关系的对抗性的实质，即掩盖资本对劳动的剥削，归根到底导致否定社会主义革命的必然性。

伯恩施坦断言，劳动价值没有现实性，在马克思的著作里，劳动价值所具有的"只是抽象的公式或者是科学的假设"的意义。劳动价值规律是虚构的事物，它在资本主义条件下不起作用，而是生产价格规律

---

① 《列宁全集》第1版第15卷第16页。
② 〔德〕爱·伯恩施坦：《社会主义问题和社会民主党的任务》，莫斯科1901年版，第333页。（原著书名为《社会主义的前提和社会民主党的任务》，可参阅北京：三联书店1965年版。——译者注）

起作用。至于马克思认为生产价格只是价值的变化了的形式，价值规律的表现在资本主义制度下由于平均利润率规律，由于剩余价值在资本家之间的再分配而变形——关于所有这一切，这位修正主义批评家就宁愿闭口不言了。此外，伯恩施坦还硬说，资本主义剥削的事实根本不需要用劳动价值理论来论证，工人的剩余劳动的存在是"一个经验的、可以根据经验证明的现象，并不需要任何演绎的证明"。在这位修正主义思想家看来，马克思的劳动价值理论甚至是"有害的"，因为它"产生出某些关于资本家剥削工人的规模的观念"。①

伯恩施坦在宣布价值规律只是"抽象公式"或"科学假设"的同时，把平均利润率看做"实际事实"，而不看做"理论结构"，因为，他硬说，资本似乎远不总是追求最大的利润。② 他把一个庸俗经济学的代表人物（斯提贝林）所说的以下思想加在马克思的头上：似乎随着"资本的凝聚"对工人的剥削程度下降。伯恩施坦建议，不是在生产领域中寻找利润源泉，而是到实际没有这种源泉的地方——流通领域中去寻找。他把利润问题变成价格形成问题，变成减价和加价的问题，变成完全决定于资本家的善良的心意，决定于他们的经济政策的英明的问题。从这个"理论"得出了一个结论：资本家通过巧妙地提高价格，可以获得必要的手段，来同时提高利润和提高工人的工资。这样，这位"社会和谐"的鼓吹者掩盖了资产阶级剥削工人阶级的事实，掩盖了他们之间的利益对立不可调和的事实，实质上是重复了庸俗政治经济学的观点，使经济科学倒退了整整一个世纪，因为，众所周知，大·李嘉图

---

① 〔德〕爱·伯恩施坦：《社会主义问题和社会民主党的任务》，莫斯科1901年版，第79页及以下各页。

② 〔德〕爱·伯恩施坦：《社会主义问题和社会民主党的任务》，莫斯科1901年版，第237—238页。

已经承认利润和工资两个范畴的对立是一条公理。

这时候已经离开了马克思主义的康拉德·施米特，就是企图（如他所说）使这一理论同实际"相一致"而开始修正马克思的理论的。施米特硬说，在实际中似乎"剩余产品的价值不决定于劳动"①，他不过是想用平庸的资产阶级"节欲论"②来代替马克思揭示的剩余价值理论。施米特没有把商品价值同商品价格区别开，而是把它们等同起来，并以价格偏离价值的理由得出结论说，不是任何社会必要劳动创造价值，不是价值规律，而是与这一规律对立的（按施米特的观点）和限制这一规律的作用的竞争才是价格形成的真正因素。③

在19世纪快结束时，修正主义理论家康·施米特就已经提出了一个论点，这个论点成为后来广为流传的所谓"有组织的资本主义"理论的奠基石之一，按照这个理论，竞争、无政府状态、危机及其他资本主义的弊病同资本主义的基本规律的作用，其中也包括价值规律的作用，没有有机的联系。

施米特从企图尽量限制价值规律的表现范围立即转而坚决否定这一规律本身的存在，跟在伯恩施坦后面也宣称这一规律是简单的"理论上的假定"，马克思"先验地"、没有"必然因果关系根据地"采用了这一假定，不合理地把它作为分析整个资本主义经济的基础。④ 施米特继

---

① 〔德〕康·施米特：《价值和价格》，载《新时代》第11年卷（1892—1893）第2册，第138页。

② 《对现代修正主义的先驱的经济理论的批判》，莫斯科1960年版，第77页。

③ 《对现代修正主义的先驱的经济理论的批判》，莫斯科1960年版，第78—79页。

④ 〔德〕康·施米特：《桑巴特论现代资本主义的著作》，载《社会主义月刊》1902年第9期，第679页。

续说道，马克思"持非经验的观点"，他"简单地从一个未被证明的命题演绎出自己的劳动等价交换规律，而这个命题是事先提出的，并力求使之发挥原理的作用"①，他没有估计到购买者的动因，忽视在价格形成过程中的主观—心理因素。施米特写道，在马克思著作里出现的不是由消费的力量推动的活的商品生产者，而是商品的概念，这种商品"从纯粹逻辑数学来说"是与其他商品相平等的。②

同时施米特对马克思主义政治经济学的其他重要原理也作了"批判的"修正。他主观唯心主义地"解决"问题，实际上是重弹庸俗政治经济学思想的老调，用这种办法来反对马克思的利润和生产价格的理论。按照施米特的"理论"，追逐利润是决定资本主义规律性的主观—心理动因。因为商品生产者的生产目的是出售商品和获得利润——而价格就应当保证商品所有者获得利润。要使任何人都不受委屈，利润就必须是同样的。③ 企业主们自行提高价格。因此，资本家的利润源泉存在于流通领域中而不是存在于生产领域中。因为这时受商品所有者掠夺的购买者不仅有工人，还有其他社会阶层，其中包括资产者的购买者，所以谈不上剥削的阶级性，谈不上资本家和工人的利益的对抗性。相反，

---

① 〔德〕康·施米特：《价值论》，载《社会主义月刊》1909 年第 10 期，第 671—672 页（又见《马克思的〈资本论〉》，载《社会主义月刊》1914 年第 10 期，第 640 页；《关于理论国民经济学的方法》，载《社会主义月刊》1916 年第 10—11 期，第 567 页）。

② 〔德〕康·施米特：《理论国民经济学体系概论》，载《社会主义月刊》1909 年第 19—20 期，第 1201 页。

③ 〔德〕康·施米特：《理论国民经济学体系概论》，载《社会主义月刊》1909 年第 19—20 期，第 1328—1329 页；〔德〕康·施米特：《马克思的方法》，载《社会主义月刊》1911 年第 1 期，第 81 页；《马克思的〈资本论〉》，载《社会主义月刊》1914 年第 20 期，第 640 页。

工人同作为购买者的资产者在共同对抗其他的企业主集团——商品出售者时有着共同的利益。

修正主义者企图"按自己的观点"解决工资问题,这种做法毫无根据并且漏洞百出。施米特跟在资产阶级经济学家后面拒绝区分劳动和劳动力,否定劳动力价值范畴的存在,而是说作为特殊商品的劳动,说"劳动"的买卖、价格和报酬。他把马克思的理论,把马克思揭示和论证的科学的工资规律,同拉萨尔的观点、同臭名昭著的拉萨尔的工资的"铁的规律"混为一谈。

按照修正主义者的观点,工资的水平丝毫不取决于客观经济规律的作用,不是由于工人没有生产资料而被迫出卖劳动力和由于经常存在着的劳动后备军的压力而预先决定的。施米特断言,决定工资水平的不是这些因素,而是市场流通的过程、工人本身的主观愿望、纯粹心理特征的因素,最后是资本主义国家的可能的干涉和经济政策。施米特同意资产阶级经济学家提出的所谓"社会"分配理论,这个理论认为,在资本主义社会,产品的分配中不存在任何对抗性,此外,随着劳动生产率的提高,利润和工资也可能同时提高。修正主义者硬要使人相信,对于工人来说,在资本主义制度下提高工资的途径,不是组织起来同资本家作斗争,而是提高生产率,而且并不是工资的任何提高都对工人有利,而只有不触犯资本主义利润的重大利益的那种提高才对工人有利。伯恩施坦武断地说:"工资问题实际上是要找到这样一个点,达到这一个点就能够提高工资而无害于工人本身,并且为此选择合适的时机。"① 这个"理论"认为,资本家也"关心"提高工人的工资(在获得高额利润的条件下),因为它导致提高购买能力和在很大程度上促使解决对资

---

① 〔德〕爱·伯恩施坦:《工会和工资问题》,载《社会主义月刊》1914年第12—13期,第734页。

本来说是尖锐的销路问题。按照修正主义理论家的意见，这里还包含着剥削者和被剥削者进行富有成效的阶级合作的可能性，建立所希望的"社会和谐"的可能性。

修正主义者在系统地美化小生产的同时，还否定基本历史趋势的作用，否定资本主义发展的基本规律的作用，反对马克思主义关于资本主义经济的矛盾尖锐化的论题。伯恩施坦及其同伙别有用心地利用伪造的资产阶级统计材料来反驳资本集中和生产集中的规律，硬说由于成立股份公司而使资本"民主化"，说通过资本主义的垄断完全"克服"生产的无政府状态而使资本主义"得到协调"。伯恩施坦和其他反马克思的"批评家"散布说，小生产"能长久存在"，小生产能够抵抗大资本的进攻，特别是在农业方面，在那里似乎马克思的生产集中规律完全不起作用。[①]

修正主义者对马克思的生产过剩危机理论的修正同样是蛮横无理和毫无根据。伯恩施坦不仅忽视危机的根本原因，即生产的社会性和私人占有之间的矛盾，而且企图伪造马克思的观点，搜寻《资本论》第三卷和第二卷之间以及马克思和恩格斯的言论之间不存在的"矛盾"，似乎他们认为危机的直接原因一方面是资本主义生产的无政府状态，另一方面是群众的消费不足，并且在后一场合是重复（伯恩施坦认为）洛贝尔图斯的观点。伯恩施坦对马克思揭示的生产过剩危机的这些直接原因同它们的主要原因即同资本主义的基本矛盾之间的联系，则默不作声。伯恩施坦及其同伙认为，随着世界市场的扩大、运输和通讯的改善、托拉斯和卡特尔的产生、信贷的规模和弹性的扩大，危机有可能完全消除。伯恩施坦硬说科学共产主义的奠基人是重复萨伊和李嘉图的关于生产过剩总危机"不可思议"和"不可能"的思想。他认为，对于

---

① 关于小农业生产稳固性的修正主义理论的详细情况，见本书第4章。

可能的局部的和地方性的危机现象的原因不应当在实际上不包含这些现象的地方——生产领域中去寻找，而是要到流通领域中，到货币市场的投机活动中去寻找。①

马克思揭示的资本主义一般积累的规律，关于社会主义革命和剥夺资产阶级的不可避免性的结论遭到了修正主义者的特别猛烈的攻击。例如，施米特断然肯定，这个结论根本不能用马克思发挥的前提来证明。②

伯恩施坦和其他修正主义者千方百计地来论证关于填平劳动和资本之间、有产者和无产者之间的鸿沟的错误论点，关于在资本主义制度下有产者人数增长和工人阶级状况不断改善的错误论点。他们硬说，由于"资本家及其仆从"据说无法消费由他们支配的大量的剩余产品，这就必然导致"有产者"人数的增长和工人福利的提高。③ 在这里他们故意粗暴地歪曲事实，只考虑剩余价值在个人消费领域中的实现，而把主要的东西——生产消费完全忽略了。

施米特不顾明显的事实而证明说，在资本主义条件下，对妇女劳动的使用日益增多，并不会导致男子劳动被排挤出生产过程，不会导致劳动后备军的扩大。④ 照他看来，在新企业和年轻的生产部门中大量需求工人，居民日益都市主义化，这似乎完全能补偿个别生产部门中的部分

---

① 〔德〕爱·伯恩施坦：《社会主义问题和社会民主党的任务》，莫斯科1901年版，第133页及以下各页。

② 〔德〕康·施米特：《论产业后备军的理论》，载《社会主义月刊》1904年第2期，第124页。

③ 〔德〕爱·伯恩施坦：《社会主义问题和社会民主党的任务》，莫斯科1901年版，第106页。

④ 〔德〕康·施米特：《一本关于妇女问题的新书》，载《社会主义月刊》1902年第1期，第58—59页。

失业现象。①

同伯恩施坦和其他修正主义者一样,施米特断然否定马克思创立的社会主义理论的科学性,他写道,因为社会主义理论"归根到底是建立在资本主义崩溃的理论基础上的,而这个理论与近几十年来的事实、经验材料完全不相符合"②。施米特断言,马克思的"崩溃"论已经站不住脚,因为"虽然资本主义有了强大的发展,但是资本主义的社会结构并没有因为社会分裂为两个敌对的阶级阵营而简单化,而是相反,社会结构由于新的中间阶层的出现而复杂化了"③。对于马克思关于资本主义命运的预测,施米特得出结论说:"马克思用来论证社会主义的历史必然性的预测,在某些重要的方面没有得到证实。"④

二、卡·考茨基、鲁·希法亭、奥·鲍威尔等人对爱·伯恩施坦及其同伙的批判

修正主义"批评家"的言论与反对马克思主义的资产阶级敌人的攻击密切相结合,这些言论从一开始就在第二国际的社会党内引起了深深的忧虑,并遭到了第二国际的站在马克思主义立场上的著名领袖们的比较坚决的谴责。奥·倍倍尔和格·瓦·普列汉诺夫、威·李卜克内西

---

① 〔德〕康·施米特:《论产业后备军的理论》,载《社会主义月刊》1904年第2期,第123页。

② 〔德〕康·施米特:《马克思主义正统派》,载《社会主义月刊》1913年第8期,第484页。

③ 〔德〕康·施米特:《论文艺》,载《社会主义月刊》1909年第22期,第1451页。

④ 〔德〕康·施米特:《马克思主义正统派》,载《社会主义月刊》1913年第8期,第484页。

和卡·考茨基、罗·卢森堡和弗·梅林、克·蔡特金和安·潘涅库克、保·拉法格和阿·拉布里奥拉、尤·马尔赫列夫斯基和季·布拉戈耶夫以及其他许多第二国际的著名领袖和理论家对反马克思主义的修正主义敌人进行了严正的批判，维护了马克思主义的理论基础。弗·伊·列宁的著作对修正主义和其他脱离马克思主义的倾向进行了最深刻、最全面、彻底马克思主义的批判。列宁的名字同一个具有重大意义的新阶段，即适应新的历史时代和无产阶级阶级斗争的新任务创造性地发展马克思主义的阶段联系在一起。

但是，在马克思主义者阵营内缺乏应有的团结，在许多基本的理论和实践问题上不统一，在必须无条件地和坚决地批判修正主义这个问题上也意见不一致。西方的这样一些革命的马克思主义代表人物，如罗·卢森堡、弗·梅林、尤·马尔赫列夫斯基、季·布拉戈耶夫以及其他人对修正主义进行了尖锐的批判，并力图发展马克思主义理论，以适应新的历史条件，捍卫革命的马克思主义原则。诚然，他们有时在理论上和政治上也犯有重大的错误。

同时，卡·考茨基、鲁·希法亭、奥·鲍威尔等人在马克思主义理论的极重大的原则问题上为修正主义者让出了阵地，对资产阶级自由主义思想作了不可容忍的让步，表现出了教条主义，阉割了马克思主义的革命内容。德国社会民主党和第二国际的最杰出的理论家考茨基自己承认，反对他的老朋友伯恩施坦并不是没有痛苦、没有犹豫的，但他也认为，甚至必须感谢这位修正主义思想家，因为他对马克思主义的批评"迫使我们去思考"①。

许多"正统派"领袖终于离开了革命的马克思主义的基地，转入

---

① 《1898年德国社会民主党斯图加特代表大会会议记录》，柏林1898年版，第130页。

了中派这种隐蔽的机会主义的立场，实际上是在思想上和政治上同修正主义者打成了一片。

在政治经济学方面，第二国际的领袖们在19世纪末—20世纪初就对反马克思的修正主义批评家们进行了一定的反击。考茨基在这个时期内写了不少著作，捍卫和宣传了马克思主义政治经济学的思想，驳斥了修正主义者的许多谰言。考茨基的这些著作，如《伯恩施坦和社会民主党的纲领。反批评》（1899年），《土地问题》（1899年），《社会革命》（1902年），《取得政权的道路》（1909年），还有一系列专门的经济研究著作和某些其他的研究著作，总起来说，对马克思主义者反对修正主义的总斗争作出了有益的贡献。

考茨基指出，修正主义对马克思的价值论的"反驳"毫无根据，指出伯恩施坦的立场是折中主义，说伯恩施坦离开了对问题的严肃的科学的考察而企图机械地把不能结合在一起的东西结合起来：即企图把马克思的观点同柏姆－巴维克的反科学的"边际效用"论结合起来。考茨基谈到伯恩施坦在这个问题上的肤浅的无根据的论断时说道："因此，问题在这里仍然没有解决。"① 同时考茨基公正地指出，伯恩施坦攻击马克思的劳动价值学说就是动摇和破坏马克思主义经济科学这座大厦的基础，其中包括剩余价值学说、资本及其同无产阶级的关系的学说等等。②

考茨基依据许多统计材料指出，伯恩施坦反对马克思揭示和科学地阐明的资本主义发展的总趋势——资本集中、小生产受大生产排挤、无

---

① 〔德〕卡·考茨基：《论对马克思主义的理论和实践的批评》（《反对伯恩施坦》），莫斯科1922年版，第40页。

② 〔德〕卡·考茨基：《论对马克思主义的理论和实践的批评》（《反对伯恩施坦》），莫斯科1922年版，第45页。

产阶级状况恶化的规律——是毫无根据的;他驳斥了修正主义者反对马克思的实现理论、经济危机理论的论据,驳斥了关于在股份公司中似乎正在发生资本的"民主化"的观点、关于可以借助于垄断和信贷消除危机的观点、关于在资本主义制度下"有产者"人数增加和无产阶级状况日益"改善"的观点等等。考茨基批驳了伯恩施坦及其同伙对马克思的无产阶级革命学说的可笑的描绘,他们把无产阶级革命说成是资本主义由于发生巨大而全面的经济危机而遭到的某种一次的总崩溃(所谓的"总崩溃论")。考茨基详细地回答了伯恩施坦对马克思经济学说最重要的原理的反驳,得出结论说,这实质上就是"自由主义经济学早已提出的反对社会主义的论点"[①]。考茨基很有道理地问道:"如果说资本主义生产方式的最大缺点仅仅是它在萌芽阶段所固有的,而且会随着它的进一步发展而减少,如果说有产者会增加,社会对立会不断缓和,无产者成为独立者或者获得满意的境况的期望会日益牢固,那么社会主义有什么用处?"[②]

同时,他指出,反对马克思主义的资产阶级敌人提出的和伯恩施坦加以重复的关于科学共产主义奠基人的观点有某种"进化"的论断,关于《资本论》第一卷中描绘的资本主义积累的历史趋势"缺乏客观性"的论断,关于马克思的伟大创作存在什么"二元论"的论断,完全是奇谈怪论和毫无根据。

鲁·希法亭也指出,资产阶级经济学家和修正主义者对马克思的资本集中理论的批评,关于小生产"稳固性"的论断等等,是完全站不

[①] 〔德〕卡·考茨基:《论对马克思主义的理论和实践的批评》(《反对伯恩施坦》),莫斯科1922年版,第155页。

[②] 〔德〕卡·考茨基:《论对马克思主义的理论和实践的批评》(《反对伯恩施坦》),莫斯科1922年版,第155页。

住脚的。他写道："马克思的集中理论在遭到数十年的反驳以后,现在变成了众所周知的真理。"[1] 希法亭指出,伯恩施坦关于股份公司中的资本"民主化"的思想,关于可以借助垄断来防止危机的思想简直荒诞无稽。[2]

奥·鲍威尔也在马克思主义政治经济学的某些重要问题上批判了修正主义者。他尤其是批驳了资本主义"长入"社会主义的改良主义理论,他指出,改良主义者关于在资本主义制度下无产阶级的福利似乎在不断增长的幻想,是毫无依据的,他注意到了在垄断的统治下工人的经济斗争条件恶化的事实等等。

亨·库诺也注意到了修正主义者伪造马克思主义政治经济学基本原理的事实。他驳斥了他们的错误论据,这些论据反对承认马克思揭示的资本主义经济发展的客观规律的现实性,反对承认马克思主义经济科学的极重要范畴的现实性。库诺指出,修正主义者对价值规律的批评是完全没有根据的。正如库诺强调指出的,政治经济学的客观规律并不会由于它们交错地互相影响因而不能完全和以"纯粹的"形式表现出来便不再存在和不再发生作用。由于例如资本积累和资本集中的规律的作用,不是到处都能看见,不是在一切生产领域或者一切国家都能看到,就否定这种作用,"这就像某人以绝顶聪明的样子声称,因为有时看不到任何引力,所以根本不存在引力定律这种说法一样的科学"[3]。

第二国际的理论家们不仅同修正主义者论战,他们也批判(尽管还

---

[1] 〔奥〕鲁·希法亭:《金融资本》,莫斯科1959年版,第445页。
[2] 〔奥〕鲁·希法亭:《金融资本》,莫斯科1959年版,第147页及其以下各页,第383、385、488页。
[3] 〔德〕亨·库诺:《对马克思研究方法的理解》,载《政治经济学基本问题》,莫斯科1922年版,第63页。

远不一贯、远不彻底）门格尔、柏姆-巴维克、布伦坦诺、杜冈-巴拉诺夫斯基、施穆勒以及资产阶级经济科学的各种"学派"和"流派"的其他代表人物。

但是，第二国际领袖们作为出发点的错误的方法论立场、有重大缺陷的政治路线，自然不能不影响到他们对马克思主义经济理论的根本问题的态度。他们在那个时期就已经常常在实质上修改马克思主义政治经济学的某些重要原理，伪造马克思主义革命理论并使之庸俗化，把马克思主义（用弗·伊·列宁的话来说）变成了"司徒卢威主义"或"布伦坦诺主义"。① 掩盖与缓和资本主义最深刻的矛盾、颂扬资本主义经济的"组织"和"协调"、调和资产阶级社会的阶级对抗、对一系列尖锐的经济问题沉默不语，——所有这些倾向在"正统派"理论家的著作中暴露得越来越明显，这些理论家在一些问题上实际上已转到了反马克思主义的公开的改良主义批评家的立场上。

在规定政治经济学的对象上，第二国际的许多理论家离开了马克思主义，把政治经济学局限在仅仅是资本主义形态的范围内。他们从唯心主义的立场上来观察马克思主义政治经济学的某些重要范畴，否定这些范畴的客观性。

考茨基认为，可以说马克思的劳动价值论有些"不完备"。② 鲍威尔不认为价值是资本主义商品生产的客观范畴，他反驳马克思主义的这一原理，即价值是劳动力这种商品内在固有的，就像其他一切商品内在

---

① 《列宁全集》第 1 版第 21 卷第 291 页。
② 〔德〕卡·考茨基：《论对马克思主义的理论和实践的批评》，莫斯科 1922 年版，第 44 页。

固有的一样，他把价值规律只看做思维的"辅助手段"。①

鲁·希法亭的理论探索在本质上脱离了马克思的劳动价值学说，他认为，价值规律不是在商品生产领域，而只是在交换领域发生和起作用，并从这些极其错误的立场出发去发展自己的错误的货币理论。希法亭说，纸币的价值不决定于生产由纸的符号来代替的金或其他货币商品所需的社会必要劳动量，而是取决于"流通的社会必要价值"。②

在第二国际理论家中间盛行着一种思想，认为马克思的危机理论和再生产理论"尚未完成"而必须予以"完成"，这种思想为各种伪造马克思学说的行为开辟了广阔的余地。例如，考茨基在同伯恩施坦论战时，完全不谈经济危机的最深刻的原因，不谈资本主义的基本矛盾——生产的社会性和私人占有之间的矛盾。③

鲁·希法亭不是把资本主义生产的基本规律的作用，不是把商品生产领域，而是把商品流通领域看做危机的源泉。他和修正主义者及庸俗资产阶级经济学家一样，把实际上只是危机的征兆——货币流通的困难看做是危机的主要原因。④

奥·鲍威尔口头上不同意修正主义者关于在资本主义制度下可以消除危机的论点，但实际上却得出了同修正主义和庸俗政治经济学的基本论点完全一致的结论。和考茨基一样，鲍威尔也忽视危机的主要的决定

---

① 〔奥〕奥·鲍威尔：《文艺评论》，载《新时代》第25年卷1907年第2册，第716—717页；《〈资本论〉史》，载《基本问题》，第48页。

② 〔奥〕鲁·希法亭：《金融资本》，莫斯科1959年版，第72页。

③ 〔德〕卡·考茨基：《论对马克思主义的理论和实践的批评》，莫斯科1922年版，第134页及以下几页。

④ 〔奥〕鲁·希法亭：《金融资本》，莫斯科1959年版，第320、346、371页及以下各页。

性的原因——资本主义的基本矛盾,离开了这个矛盾和其他深刻的资本主义矛盾来研究危机问题,片面地和简单地只用固定资本的运动来说明周期运动。① 鲍威尔把危机描绘成是脱离资本主义最深刻的实质的东西,是与此无关的东西,他实质上为各种关于在资本主义制度下可以消除危机的说法打开了缺口。同时他把危机同周期分开,把它们对立起来,跟着资产阶级政治经济学的代表人物掩盖周期中的"危机的紧张因素",并使人相信,连马克思自己也似乎试图说明的其实不是危机的因素,而只是"繁荣和停滞的有规律的连贯性"。② 鲍威尔实质上把周期仅仅归结为繁荣和停滞这两个阶段,舍去了"危机的紧张因素",简单地用"停滞"、"萧条"时期来代替这个因素。

鲍威尔认为,马克思的再生产理论"尚未完成",并且提出了永恒的"超历史的"人口规律,按照这个规律,生产的增长、积累似乎总是在绝对平衡的基础上与人口的增加相适应,就像与自己的界限、与某种"外部的界限"相适应一样。③ 从这种"理论"出发,鲍威尔认为无产阶级应当力求最大限度地增长人口。他认为,每个国家的资产者也应当关心这件事,而这一点也就可能成为两个对抗阶级进行有成效的"合作"的适当的基础。④

考茨基在一系列著作中发挥了根本错误的思想,似乎资本主义扩大

---

① 〔德〕卡·考茨基和〔奥〕奥·鲍威尔:《卡尔·马克思的〈资本论〉第二卷的说明》,哈尔科夫1923年版,第71页。

② 〔德〕卡·考茨基和〔奥〕奥·鲍威尔:《卡尔·马克思的〈资本论〉第二卷的说明》,哈尔科夫1923年版,第83页。

③ 〔奥〕奥·鲍威尔:《资本积累》,载《基本问题》,第371页和以下各页。

④ 〔奥〕奥·鲍威尔:《人口增加和社会发展》,载《斗争》杂志第7年卷1914年第7期,第324页及以下各页。

再生产过程的经济界限、外部界限是销售的困难、市场——起初是国内市场,而由于领土的限制归根到底也是国外市场——的狭小。按照考茨基的观点,国外市场的这种"不足"必然意味着资本主义生产的停止或极端缓慢,意味着资本主义的实际终结。①

考茨基在土地问题上完全采取了马克思主义立场,但就是在考察土地问题时他也认为可以离开马克思主义。特别是涉及绝对地租理论时是这样,考茨基错误地把绝对地租首先同农业中低的资本有机构成联系起来,而把它的主要基础——土地私有制的垄断——放到了次要的地位。考茨基把马克思的绝对地租理论说成是继续和发展了德国庸俗经济学家洛贝尔图斯的思想。②

三、格·瓦·普列汉诺夫、奥·倍倍尔、保·拉法格、安·拉布里奥拉、弗·梅林、罗·卢森堡等人对修正主义者的批判

另外有相当一批马克思主义者比许多"正统派"理论家更坚定和更彻底地捍卫了革命的马克思主义,对修正主义进行了无比坚决的斗争,试图在无产阶级的阶级斗争的实践中创造性地发展和运用马克思学说的最重要的原理。这一批马克思主义者的代表人物的紧张的理论活动在很大程度上促使马克思主义的革命路线在国际工人运动中即使在科学共产主义奠基人逝世以后也未被中断。罗·卢森堡、弗·梅林、威·李卜克内西、尤·马尔赫列夫斯基、季·布拉戈耶夫以及这一批马克思主

---

① 〔德〕卡·考茨基:《论对马克思主义的理论和实践的批评》,莫斯科1922年版,第140页;《土地问题》,基辅1923年版,第167员。

② 〔德〕卡·考茨基:《土地问题》,基辅1923年版,第52—57页。

义者的其他著名代表人物，后来接受了列宁主义的思想，成为国际共产主义运动的杰出领袖，第三共产国际的创始人。

天才的俄国马克思主义者，国际工人运动的著名代表人物格·瓦·普列汉诺夫的言论在捍卫马克思主义反对修正主义的攻击中起了很大的作用。普列汉诺夫在自己最好的活动年代里，即在1904年转入孟什维克阵营以前，是革命的马克思主义思想的最出色的捍卫者和通俗化者之一。他创造性地发展了马克思主义理论的某些重要原理。普列汉诺夫认为，揭露修正主义者在经济科学问题方面破绽百出的观点具有重大的意义，指出伯恩施坦企图否定马克思揭示的资本主义发展倾向的作用是毫无根据的。与修正主义者们关于"有产者"人数在增加、资本主义矛盾在缓和、经济危机得到克服这些毫无根据的议论相对立，他提出了经济不平衡现象在发展、无产阶级状况在恶化、资本主义下经济危机不可避免等经过科学地论证的马克思主义原理。① 普列汉诺夫揭露了修正主义者强加给马克思的、而实际上是资产阶级教授们臆造出来的所谓的"崩溃论"这种"反驳词"的虚伪性。②

普列汉诺夫在作出了"伯恩施坦先生的观点与无产阶级的社会主义学说根本矛盾"③ 这一结论后，指出修正主义具有很大的危险性，考茨基和第二国际其他"正统派"领袖们对修正主义采取调和的态度是不

---

① 〔俄〕格·瓦·普列汉诺夫：《Cant 反对康德》，载《普列汉诺夫全集》第11卷，第57—58页及其他各页。（可参阅《普列汉诺夫哲学著作选集》第2卷，北京：三联书店1961年版，第449—452页。——译者注）

② 〔俄〕格·瓦·普列汉诺夫：《我们为什么应该感谢他?》，载《普列汉诺夫全集》第11卷，第24、32页。（可参阅《普列汉诺夫哲学著作选集》第2卷，北京：三联书店1961年版，第405—418页。——译者注）

③ 〔俄〕格·瓦·普列汉诺夫：《红色国家里的红色代表大会》，载《普列汉诺夫全集》第12卷，第154页。

能允许的，他要求坚决同这种危险作斗争。这里说的是，普列汉诺夫正确地提出了警告："是谁埋葬谁：**是伯恩施坦埋葬社会民主党，还是社会民主党埋葬伯恩施坦?**"①

普列汉诺夫反对爱·伯恩施坦和康·施米特的修正主义的行动得到了德国社会民主党的领袖奥古斯特·倍倍尔的赞同。倍倍尔断然驳斥了修正主义者们伪造的论断：似乎马克思还没有研究经济材料，只是依靠辩证法的规律，就"事先"、"有偏见地"设计了自己的资本主义进化和灭亡的方案。②倍倍尔坚定地站在马克思主义政治经济学的基础上，以马克思对资本主义生产运动的规律性所作的分析为出发点，以关于资本主义制度的过渡性质和社会主义必然以革命方式取代资本主义的原理为出发点。他揭露了伯恩施坦为反驳马克思揭示的资本主义发展规律而使用的统计材料缺乏客观性，并且提出了与修正主义者们的赝品相对立的许多无可争辩的事实和材料，这些事实和材料雄辩地证实了马克思关于资本集中、小生产者的破产、无产阶级状况的恶化、经济危机不可避免、阶级矛盾和阶级斗争尖锐化、无产阶级和资产阶级的利益的对抗不可调和等的结论。倍倍尔根据马克思提出的资本主义是社会生产力发展的障碍的原理，强调指出社会主义革命、无产阶级夺取政权、剥夺资产阶级和按社会主义原则改造经济的必要性和不可避免性。倍倍尔依据马克思在《资本论》中所作的结论，说："总之，我们将始终站在剥夺的立场上。我们不会放弃剥夺。"③

---

① 〔俄〕格·瓦·普列汉诺夫：《我们为什么应该感谢他？》，载《普列汉诺夫全集》第11卷，第35页。（可参阅《普列汉诺夫哲学著作选集》第2卷，北京：三联书店1961年版，第405—418页。——译者注）

② 《汉诺威党代表大会》，1899年版，第79页。

③ 《汉诺威党代表大会》，1899年版，第121页。

法国天才的社会党人保尔·拉法格，对马克思主义的理论宝库、对马克思主义学说的传播和捍卫马克思主义学说免遭资产阶级和小资产阶级的种种歪曲作出了重大的贡献。

　　拉法格热情地捍卫和巧妙地宣传了马克思主义经济科学的基本原则。他打击了资产阶级的和改良主义的伪造和反对马克思主义的人，这些人歪曲了马克思的政治经济学的许多原理，反对它的革命的结论。他捍卫了马克思关于价值和剩余价值的学说不受庸俗经济学家和修正主义者的攻击，其中包括证明修正主义者康·施米特企图把价值和剩余价值的规律说成仅仅是"假设"或"必要的虚构"① 是完全站不住脚的，驳斥了庸俗经济学家和他们的"社会主义的"追随者们的论断：似乎价值和剩余价值不是在生产过程中创造的，而是在交换过程中创造的，② 反驳了修正主义者关于股份公司资本"民主化"的论断，强调指出，这种"民主化"实际上"是大资本家掠夺存款户"，③ 捍卫了马克思关于资本集中和"群众无产阶级化和赤贫化"④ 日益严重的学说，捍卫了马克思主义关于在资本主义下经济危机不可避免的原理，同时证明了资本家的托拉斯和其他垄断组织，不像修正主义者们说的那样导致危机的缓和，而是导致危机的加深，不是导致阶级矛盾的缓和和阶级

---

① 〔法〕保·拉法格：《马克思的价值和剩余价值理论与资产阶级经济学家》，载《拉法格全集》第 2 卷，第 3—12 页；《交易所的经济职能（价值理论探讨）》，载《拉法格全集》第 2 卷，第 36、56 页。

② 〔法〕保·拉法格：《答卡尔·马克思的批评》，载《拉法格全集》第 2 卷，第 12—36 页，《美国的托拉斯》，载《拉法格全集》第 2 卷，第 262 页。

③ 〔法〕保尔·拉法格：《美国的托拉斯》，载《拉法格全集》第 2 卷，第 270 页。

④ 〔法〕保尔·拉法格：《美国的托拉斯》，载《拉法格全集》第 2 卷，第 275 页。

斗争的"熄灭",而是相反,导致阶级斗争严重的尖锐化。① 拉法格写道,托拉斯的统治所加剧的资本主义的矛盾,使资本主义面临这样一些问题,这些问题只有在无产阶级的社会革命中才能得到解决,而这个革命,按照这位法国的马克思主义者的信念,日益成为"今天的历史必然性"②。

19世纪末20世纪初,著名的意大利社会党人安东尼奥·拉布里奥拉发表了若干在马克思主义的理论和历史方面、首先是马克思主义社会学方面的天才著作。拉布里奥拉深刻精通马克思和恩格斯的学说,是一位有独创性的思想家和有才干的学者,他是马克思主义理论的热情的捍卫者和出色的宣传家。

拉布里奥拉强调指出,正是在《资本论》中,马克思"充分地论证了自己的理论"③。拉布里奥拉写道:"《资本论》详尽地说明了资产阶级时代的形成过程,非常充分地描述了它的内部的经济结构,《资本论》在精神上远远超过了资产阶级时代,因为它阐述了资产阶级时代的发展道路、它所固有的特殊规律和它有机地产生的并有机地导致它崩溃的那些矛盾。"④ 拉布里奥拉坚决地驳斥了反对马克思主义的资产阶级和修正主义批评家们用折中主义的手法企图把统一的完整的马克思主义学说割裂成"几部分"、把马克思主义的哲学和它的经济理论割裂开

---

① 〔法〕保尔·拉法格:《美国的托拉斯》,载《拉法格全集》第2卷,第267页。

② 〔法〕保尔·拉法格:《美国的托拉斯》,载《拉法格全集》第2卷,第218页;《阶级斗争》,载《拉法格全集》第1卷,第287页。

③ 〔意〕安·拉布里奥拉:《历史唯物主义和哲学(给索列尔的信)》,圣彼得堡1900年版,第13、14、46页。

④ 〔意〕安·拉布里奥拉:《唯物史观概论》,莫斯科1960年版,第37页。

来，使它们相互对立起来的做法。① 他捍卫了马克思主义政治经济学的原理，反对"边际效用"论，坚决保卫马克思的劳动价值论。② 拉布里奥拉一针见血地指出，关于《资本论》第三卷和第一卷之间有某些"矛盾"的那种"枯燥无味的争论"只是证明，"大多数批评家没有清楚地认识现象的辩证发展"。③ 同资产阶级政治经济学的代表人物、新康德主义的理论家相对立，拉布里奥拉着重指出了资本主义经济规律的客观性质和历史过渡性质，这些资本主义经济规律随着资本主义制度本身的灭亡和被社会主义制度所代替而终止自己的作用。④

杰出的德国马克思主义者弗兰茨·梅林，为揭露资产阶级和改良主义的意识形态，为宣传和建立工人运动中的革命的马克思主义原则，做了许多工作。

梅林的巨大功绩就是他积极地捍卫马克思的革命辩证法，首先是在历史领域，不受修正主义者和其他反对马克思主义的批评家们的攻击。梅林是德国第一批起来反对伯恩施坦修正主义的人之一，他特别注意揭露伯恩施坦诋毁马克思的"历史辩证法"、用诡辩手法把它同黑格尔的唯心主义辩证法等同起来、把《资本论》的作者描绘成思辨的黑格尔的"矛盾逻辑"的俘虏等企图。梅林认为伯恩施坦的下述论断是"不可思议的"：似乎马克思在《资本论》这部"历史唯物主义的经典代表

---

① 〔意〕安·拉布里奥拉：《历史唯物主义和哲学（给索列尔的信）》，圣彼得堡 1900 年版，第 46 页。

② 〔意〕安·拉布里奥拉：《历史唯物主义和哲学（给索列尔的信）》，圣彼得堡 1900 年版，第 51 页。

③ 〔意〕安·拉布里奥拉：《历史唯物主义和哲学（给索列尔的信）》，圣彼得堡 1900 年版，第 14 页。

④ 〔意〕安·拉布里奥拉：《唯物史观概论》，莫斯科 1960 年版，第 72 页。

作"①中是借助于简单的类推法，引用例如"否定之否定"的辩证法规律等等来证明历史过程的。对此，梅林指出："只要抱着稍微公正的态度来谈一谈《资本论》，马上就可以看出，在那两三处地方，即马克思在极仔细极周密地阐述了历史的相互依存性之后还引用黑格尔的'类推法'的地方，他这样做，目的是举例来说明问题，而不是来证明问题。"②梅林嘲笑了伯恩施坦关于马克思和恩格斯学说中存在某些臆造的"矛盾"这种不切实际的论点和修正主义者关于似乎马克思在《资本论》中是发挥事先准备好的方案的论点。梅林写道："伯恩施坦怎么也不能弄明白《资本论》第一卷的最后一章……他不能理解，随着贫困、奴役压迫、穷苦和剥削的增长，在资本主义生产过程中得到严格训练、团结和组织起来的工人阶级……的愤怒也随之增长。"伯恩施坦站在空想的立场上，认为这就是马克思体系的"二元论"。梅林着重指出："实际上，伯恩施坦自己把这个二元论加进了马克思的《资本论》……他这样做……是因为他自己不能理解《资本论》中指出的历史发展的辩证联系。"③梅林在自己的科学研究著作和尖锐的政治论文中出色地运用了"历史辩证法"，他强调指出，放弃辩证法就等于放弃无产阶级的阶级政策，放弃对社会的革命改造。

但是，像梅林这样精通马克思主义的大师和革命的马克思主义理论家，仍然没能避免西方的许多革命马克思主义的代表人物对辩证法这个普遍的方法、马克思主义的"灵魂"有某种程度的估计不足这种通病。

---

① 〔德〕弗·梅林：《模仿者》，载《捍卫马克思主义》，第124页。
② 〔德〕弗·梅林：《关于马克思主义的理论和实践的几点意见》，圣彼得堡1907年版，第15页。
③ 〔德〕弗·梅林：《关于马克思主义的理论和实践的几点意见》，圣彼得堡1907年版，第23—24页。

不言而喻，这不能不在一定程度上给梅林和第二国际其他革命马克思主义的代表人物同敌视马克思主义的资产阶级和改良主义思想家作斗争时增加了困难，并导致他们犯机械论的错误，得出一系列不正确的理论结论和政治结论。

在20世纪初的一辈杰出的无产阶级思想家和革命领袖中，罗莎·卢森堡享有光荣的地位。虽然在长时期内她也和西方其他许多革命的马克思主义者一样，不能完全摆脱某些有缺陷的考茨基主义的思想和理论，但她以旺盛的精力和素有的热情捍卫马克思主义的理论、无产阶级斗争的马克思主义的战略和策略，反对资产阶级和改良主义"批评家"的攻击，反对考茨基主义的庸俗化。

卢森堡在开始参加波兰工人运动的革命活动后不久（1897年）就到了德国，在那里她立即就投入了反对伯恩施坦及其同伙的斗争。她在驳斥伯恩施坦的修正主义谬论时，着重指出：资本主义社会的发展过程"是纯粹辩证的过程"，伯恩施坦"不愿意矛盾达到完全成熟的地步，从而通过革命的变革来消灭这些矛盾"，相反，他力图"折断它们的锋芒，钝化它们"。[①] 卢森堡得出结论说，伯恩施坦实际上"力图消灭的仅仅是资本主义的赘疣，而不是资本主义本身"[②]。

卢森堡出色地捍卫了马克思的经济学说原理、伟大理论遗产《资本论》不受修正主义者和资本主义的资产阶级辩护士的攻击。她嘲笑伯恩施坦的这样一种论断：似乎马克思的价值规律是一种简单的"抽象"，同"边际效用"规律的抽象实质上没有什么区别。卢森堡写道，马克

[①]〔德〕罗·卢森堡：《社会改良还是社会革命》，莫斯科1959年版，第28、46页。（可参阅北京：三联书店1958年版。——译者注）

[②]〔德〕罗·卢森堡：《社会改良还是社会革命》，莫斯科1959年版，第71页。（可参阅北京：三联书店1958年版。——译者注）

思的抽象"不是臆想，而是发现……它不是存在于马克思的头脑中，而是存在于商品经济中……它不是生存于想象中，而是生存于现实的社会生活中……相反，贝姆－杰文斯的抽象效用，实际上不过是'想象的形象'，或者确切些说，是思想贫乏和愚蠢的典型"①。卢森堡认为，伯恩施坦表现出完全不能理解马克思的价值和剩余价值规律，而不理解这个规律，"资本主义经济和与之相联系的一切就必然成为神秘的东西"②。卢森堡驳斥了伯恩施坦和其他修正主义者认为马克思的理论中有"二元论"这一臭名昭著的观点，她公正地指出，这种"二元论""无非是社会主义的未来和资本主义的现在、资本和劳动、资产阶级和无产阶级这种二元论，它是**资产阶级社会中存在着的二元论即资产阶级阶级矛盾的伟大的科学反映**"。相反，伯恩施坦坚持的"一元论"，"这是资本主义制度永存的一元论，这是放弃了最终目的、把唯一的和不变的资产阶级社会看做是人类发展的极限的那种人的观点"。③ 卢森堡指出，伯恩施坦的观点同庸俗政治经济学在思想上有着密切的血缘关系，指出了伯恩施坦的下述论断的唯心主义、形而上学的性质：似乎随着信贷、交通工具、卡特尔等等的发展，资本主义"适应"的可能性，它的矛盾"缓和"的可能性日益增长。她强调指出，所有这些手段不仅救不了资本主义的必然崩溃，相反，尖锐地加深了资本主义的矛盾，使资本主义无可

---

① 〔德〕罗·卢森堡：《社会改良还是社会革命》，莫斯科1959年版，第56—57页。(可参阅北京：三联书店1958年版。——译者注)
② 〔德〕罗·卢森堡：《社会改良还是社会革命》，莫斯科1959年版，第57页。(可参阅北京：三联书店1958年版。——译者注)
③ 〔德〕罗·卢森堡：《社会改良还是社会革命》，莫斯科1959年版，第58页。(可参阅北京：三联书店1958年版。——译者注)

救药地灭亡的时刻即将到来。①罗·卢森堡指出了伯恩施坦特有的对危机的形而上学、机械论观念：危机对资本主义来说是某种外部的、甚至是与资本主义异己的、而不是它有机地固有的东西。②罗·卢森堡作出结论说：伯恩施坦的观点"实际上同科学社会主义思想的全部过程相矛盾"，同庸俗资产阶级政治经济学和反动的社会学的庸俗观念完全一致；这个结论是完全有根据的。卢森堡写道："马克思的体系这座极其雄伟、匀称和优美的大厦，在他那里变成了一个大垃圾堆，这座垃圾堆成了一切大大小小的思想家——马克思和蒲鲁东、列奥·冯·布赫和弗兰茨·奥本海姆、弗里德里希-阿尔伯特·朗格和康德、普罗柯波维奇和诺伊保尔男爵博士、赫克纳和舒尔采、格韦尔尼茨、拉萨尔和尤利乌斯·沃尔弗教授等的各种体系的残骸、思想碎段的公墓；大家都尽了自己的力量为伯恩施坦的体系作了贡献，他在所有的人那里学到了某种东西。"③

卢森堡在自己专门研究政治经济学的著作和政论性的演说中，从马克思主义的立场出发，除了以充分的理由批判了修正主义者的"思想"以外，还批判了马克思以前的政治经济学的、与它同时代的庸俗辩护论经济思想的代表人物，政治经济学的所谓"奥地利"学派和"历史"学派的泰斗、讲坛社会主义者——西斯蒙第和马尔图斯、萨伊和麦克-库洛赫、杜冈-巴拉诺夫斯基和布伦坦诺、司徒卢威和施穆勒、柏姆-巴

---

① 〔德〕罗·卢森堡：《社会改良还是社会革命》，莫斯科1959年版，第21、23、25、47页。（可参阅北京：三联书店1958年版。——译者注）

② 〔德〕罗·卢森堡：《社会改良还是社会革命》，莫斯科1959年版，第48—49页。（可参阅北京：三联书店1958年版。——译者注）

③ 〔德〕罗·卢森堡：《社会改良还是社会革命》，莫斯科1959年版，第80页。（可参阅北京：三联书店1958年版。——译者注）

维克和赫克纳、桑巴特和沃龙佐夫等人的观点。由于卢森堡令人信服地批判了资产阶级社会学家和经济学家的观点,从而打击了工人运动中的修正主义和其他形式的机会主义的思想根源。

罗·卢森堡根据丰富的实际材料,透彻地考察了资本主义积累过程的历史条件。她在《资本积累论》(1913年)一书中考察了资本在亚洲、非洲、美洲进行的经济和政治扩张,分析了对分布在资本主义世界周围的各国人民的殖民奴役和极其残酷的剥削的历史途径、手段和方法;这些内容丰富的篇章是马克思主义文献的典范,在许多方面堪称马克思《资本论》相应篇章的继续和发展。

可惜的是,罗·卢森堡在自己的理论著作中没有避免掉某些形而上学、机械论性质的重大错误。这反映在卢森堡的经济观点上,她狭隘地理解政治经济学这门科学的对象本身,似乎政治经济学的使命仅仅是研究资本主义的生产方式,而不适用于其他的社会经济形态。以下事实也说明了这一点,她对价值的内容和形式问题、劳动的二重性问题阐述得不明确(诚然,是在尚未完成的《政治经济学入门》一书里阐述的),夸大了交换的作用,把交换说成是商品经济的主要调节者,是建立社会联系的"唯一"手段。"交换支配社会",——卢森堡这样简短地给自己在这个问题上的不准确的论断作了基本的总结。①

由于夸大交换的作用,卢森堡不自觉地十分重视所谓的社会必要劳动的"消费论",根据这种论点,这种劳动取决于通过交换行为表现出来的社会需要。②

---

① 〔德〕罗·卢森堡:《政治经济学入门》,莫斯科1960年版,第236页。(原著书名为《国民经济学入门》,可参阅北京:三联书店1962年版。——译者注)

② 〔德〕罗·卢森堡:《政治经济学入门》,莫斯科1960年版,第232页。(原著书名为《国民经济学入门》,可参阅北京:三联书店1962年版。——译者注)

卢森堡从马克思主义的立场出发，批评了拉萨尔的反科学的工资的"铁的规律"。但是她在阐明工资问题时也犯了一系列错误，不合理地以某种"绝对"和"相对"工资问题来代替绝对和相对剩余价值的生产方法问题。

在解释资本积累、资本主义扩大再生产理论时，卢森堡也犯了一系列错误。她不理解马克思关于再生产的学说，认为这个学说有某些"矛盾"、"轻视"技术进步，把这个学说归结为仅仅是剩余价值的实现问题，她错误地断言：似乎在"纯粹"资本主义的条件下，在仅仅由资本家和工人组成的社会里，在缺乏"外部环境"——资本主义前的经济形式和资本主义前的社会阶层（农民、手工业者、落后的殖民地人民，等等）的情况下，这种实现，因而资本主义积累，是"不可能的"。按照卢森堡的意见，只有在同这种"外部环境"进行经常的"物质变换"的过程中，只有存在足够的外部市场的情况下，资本积累才有可能，从而资本主义生产才能正常地发挥职能。卢森堡写道，资本浸入"外部环境"后，就"侵蚀"和同化它们从而使资本主义的灭亡早日到来，加速达到这样的经济界限：那时随着这种非资本主义环境的消失，资本积累、生产力的发展、资本主义生产方式的存在本身似乎都将成为不可能。[①] 继考茨基之后，卢森堡认为：这里存在着资本主义灭亡、社会主义代替资本主义的客观必然性和历史的不可避免性。[②]

---

① 〔德〕罗·卢森堡：《资本积累论（关于从经济上解释帝国主义的问题）》第1、2卷，莫斯科—列宁格勒1931年版，第256—257、296页。（可参阅北京：三联书店1959年版。——译者注）

② 〔德〕罗·卢森堡：《资本积累论（关于从经济上解释帝国主义的问题）》第1、2卷，莫斯科—列宁格勒1931年版，第336页。（可参阅北京：三联书店1959年版。——译者注）

卢森堡离开了马克思创立的资本主义扩大再生产理论而从个别资本家的错误的"个人"观点出发来考察再生产问题，宣称《资本论》作者关于在"纯粹的"资本主义社会里积累的可能性的论题，不过是一种"理论设想"、"科学假设",① 因此她实际上复活了西斯蒙第、民粹派对资本主义的批评，列宁还在19世纪90年代在自己的著作中就英明地指出，这种批评是站不住脚的。

卢森堡了解到世界工人运动特别是俄国工人运动的教训和经验，研究了布尔什维主义这个具有历史意义的例子，深刻地分析了革命的实践，逐渐地摆脱了缠在她身上的第二国际"正统"思想的罗网，同自己的战友一起日益接近当代唯一科学的创造性的马克思主义——列宁主义。

在马克思主义者反对修正主义和资产阶级自由主义的意识形态的斗争中，保加利亚杰出的革命家、"紧密派"社会主义者的保加利亚社会民主党即后来的保加利亚共产党的创始人——季米特里·布拉戈耶夫的著作具有重要的意义。马克思和恩格斯的忠实的坚定不移的学生布拉戈耶夫积极地捍卫马克思主义理论不受它的许多敌人的攻击，他把马克思和恩格斯的一系列著作，其中包括《资本论》第一卷译成保加利亚文，他是一位精通马克思主义哲学的杰出人物。

布拉戈耶夫指出，伯恩施坦及其保加利亚的追随者的理论观点和政治观点是完全站不住脚的。他说，伯恩施坦的《社会主义的前提和社会民主党的任务》一书是"集对马克思主义学说所进行的一切肤浅的、甚至是无耻的'批评'、歪曲之大成"，是"**资产阶级思想家和资产阶**

---

① 〔德〕罗·卢森堡：《资本积累论（关于从经济上解释帝国主义的问题）》第1、2卷，莫斯科—列宁格勒1931年版，第296、297页。（可参阅北京：三联书店1959年版。——译者注）

级社会主义思想家对马克思所进行的一切'批评'的比较系统化的叙述"。① 他认为伯恩施坦的行为是对无产阶级的露骨的背叛。布拉戈耶夫用很大的力量揭露了伯恩施坦及其同伙诋毁马克思主义辩证法、把马克思主义辩证法同黑格尔的思辨辩证法混为一谈、指责马克思的结论中有"先验论"、"有偏见"等行为。布拉戈耶夫在指出马克思的唯物主义辩证法同黑格尔的唯心主义辩证法的深刻差别之后,嘲笑伯恩施坦用建立在形而上学地把发展看成纯粹量变过程这一基础上的"旧的不成体统的发展观"来偷换马克思主义的辩证的社会发展理论,说这是"侏儒的努力"。这位"紧密派"的领袖捍卫了马克思主义学说,驳斥了"有偏见"、"内在矛盾"这种指责,他以生活中的实例、用阶级斗争的经验证明,伯恩施坦对马克思主义的"批评"是毫无意义的。

为了捍卫马克思主义学说的原理不受资产阶级思想家及其改良主义走狗的攻击,不受形形色色机会主义的攻击,还有社会党的其他著名的革命派代表人物——特别是克拉拉·蔡特金、尤利安·马尔赫列夫斯基(卡尔斯基)、安东·潘涅库克也做了许多工作。他们中间的每一个人对革命的理论和实践、工人阶级争取社会主义斗争的战略和策略的各个方面的发展,都作出了自己的贡献。

(王燕华译)

---

① 〔保〕季·布拉戈耶夫:《马克思主义还是伯恩施坦主义?》,载《什么是社会主义,它在我国有没有基础?》,莫斯科1960年版,第95页。

卡·马克思的《资本论》及其现代资产阶级批评者*

〔苏〕И. Н. 德沃尔金

60年代下半期和70年代初，在资产阶级文献中涌现出大量这样的著作，其基本内容是批评马克思主义的政治经济学，首先是马克思的《资本论》。所有的人，从马克思的激烈反对者直至所谓联合者，都进行了这种批评。

遭受到最猖狂攻击的是价值理论。熊彼特当年就宣称，劳动价值理论"已经死了并且已被埋葬了"①，因此他用奥地利学派的"边际效用"、约·巴·克拉克的"边际生产率"、生产要素（劳动、资本、土地）这些理论来"代替"它。

乔·罗宾逊断言，全部价值问题，其中包括劳动力价值问题，"分析地加以考察"，是"无事烦恼"，② 是"纯粹神秘主义"，是"信仰的象征"，③ 甚至只是"一个词"④。但是，为了解释商品价格的运动，必

---

* 本文选自《马列主义研究资料》1983年第2辑，是苏联经济学家德沃尔金《现代资产阶级政治经济学和马克思主义》一书（政治书籍出版社1979年版）第四章。

① 〔美〕熊彼特：《资本主义、社会主义和民主主义》，北京：商务印书馆1979年版，第35页。

② 〔英〕乔·罗宾逊：《经济哲学》，1964年版，第41页。

③ 〔英〕乔·罗宾逊：《经济学文集》第3卷，第149页。

④ 〔英〕乔·罗宾逊：《经济哲学》，1964年版，第47页。

须揭示这一运动的规律,而罗宾逊也不得不持维护主观价值理论的立场。她写道:"边际效用等于价格……这之所以如此,是因为价格是价值的衡量者。"①

然而,对乔·罗宾逊来说,正如对主观流派的一切经济学家来说一样,效用是消费者的个人愿望、他的心理的表现。在她那里,价值是由使用价值决定的。随着购买者的需要得到满足,似乎被消费的商品的总效用增长了,然而最后的产品单位的追加用途却下降了。被消费的商品单位的"边际效用"似乎也决定商品的价格。与现实明显矛盾的是,同一商品按照满足需要的程度,在同一市场具有不同的价值。

罗宾逊完全根据主观价值的理论,否定货币与劳动消耗的任何联系,否定黄金本身的价值。她宣称价值是一种函数,竟然把这一主观形式的函数当做价格运动的基础。大多数其他资产阶级经济学家,从保·萨谬尔森直至阿·勒讷和尼·卡尔多也以类似方式行事。

在这里如下情况有意被忽视了:只有在分析价值范围的基础上,才能解释以私有制和雇佣劳动剥削为基础的社会生产的运动规律。马克思写道:"资本主义生产建立在**价值**上,或者说,建立在包含在产品中的作为社会劳动的劳动的发展上。"②

只有从劳动价值理论出发,才能解释劳动消耗和社会需要之间、与社会产品的生产和分配相连的各个阶级之间的关系。但这一点也是资产阶级经济学家所害怕的,因为一旦站在劳动价值理论的立场上,就必然要追随马克思,就必须得出资本剥削劳动的结论以及资本主义生产的对抗性质和消除这种对抗性质的必要性的结论。

资产阶级经济学家除了把价值看做是个人的感觉、主观评价的总和

---

① 〔英〕乔·罗宾逊:《经济学文集》第3卷,第160页。
② 《马克思恩格斯全集》第1版第26卷第3册第278页。

这一臭名昭著的观点以外，提不出任何其他观点来与马克思的价值理论相对抗。这类观点的拥护者一百多年来就竭力解决衡量消耗和产品之间、消耗和实际社会需要之间的对比关系的问题，但他们除了关于孤立个人的主观需要和资本追加支出的"生产率递减"的论点以外，提不出任何其他论点来与马克思的劳动价值理论相对抗。

主观价值的概念也旨在反对马克思的剩余价值理论。在这方面，资产阶级经济学家通常小心翼翼地回避问题的实质。M. 布劳格写道："把利润看做非工资收入这一问题，是马克思主义者和非马克思主义者之间争论的基点。"但他又补充说："这在文献中几乎从来没有明显地表现出来。"①

自从欧·柏姆－巴维克以来，资产阶级经济学家千方百计企图证明，仿佛《资本论》第一卷中所表述的价值和剩余价值规律与《资本论》第三卷所阐述的平均利润率和生产价格的规律不能相容。

正如马克思指出的，在简单的商品经济中，价值支配价格的运动，价格围绕价值波动，而不依赖于商品的供求。在资本主义条件下，资本有机构成差别很大，商品不是直接按照价值，即按照生产该商品所耗费的社会必要劳动时间出卖的，而是按照生产价格出卖的。商品的市场价值由于资本的流动转化为生产价格，后者等于商品生产费用加上所耗费资本的平均利润。

在全社会范围内，一切商品生产价格的总额等于它们的价值总额。资本有机构成高于社会平均构成的那些部门的资本家，会占有资本有机构成低于平均构成的那些部门的工人所创造的一部分剩余价值。整个说来，资本家阶级在工人阶级面前表现为按照投入生产的资本的比例占有剩余价值的股份公司。

---

① 〔英〕M. 布劳格：《经济理论的回顾》，第240页。

资产阶级经济学家死皮赖脸地谈论《资本论》第一卷和第三卷之间的虚构矛盾不是偶然的。这不仅仅是做徒劳无益的事情。资本主义的现实,资本主义在世界很大部分地区的失败,证明了马克思学说的真理性。劳动和资本之间的斗争越尖锐,资本主义经济矛盾越加剧,想一而再再而三地"消灭"马克思主义政治经济学以便为垂死的社会制度辩护的企图就越多。这一政策的用意是力求"取消"资本主义生产的内在规律性,只是限于分析经济生活的表面现象。

资产阶级经济学家宣称,劳动力价值和剩余价值是马克思和马克思主义者的捏造,实际上只存在利润和工资,马克思在《资本论》第一卷中所发现和阐述的规律是一种神话。他们力图论证劳动和资本之间的对抗并不存在的论点。不是工人的剩余劳动,而是作为生产要素的资本,被说成是利润的源泉。按照他们的论断,在资本和劳动之间存在的是利益的和谐,而不是它们的对抗。对资产阶级经济学家说来,消除资本的统治是多余的事。社会主义革命是不需要的和不许可的——从《资本论》第一卷和第三卷之间的虚构矛盾的没完没了的议论中得出的结论就是如此。

因此,现代资产阶级经济学家的"泰斗"萨谬尔森在1971年爆发的围绕价值、剩余价值和利润问题的争论(参加这次争论的有:勒讷、布朗芬布伦纳、森岛通夫、鲍墨尔等著名经济学家)中,一再重复关于《资本论》第一卷和第三卷之间的虚构矛盾的论据,就不是偶然的了。萨谬尔森断言,生产价格取消了价值,而利润理论与剩余价值理论相矛盾。他写道:"价值模式转变为生产价格模式的计算过程是否定原先的模式(价值模式)并代之以生产价格模式的过程。"① 因此,在他看来,应当把劳动价值理论和剩余价值理论排除在分析之外。另外,美国资产

---

① 《经济文献杂志》1974年第1期,第64页。

阶级经济学家施比格尔也阐发了类似的论点，他断言："当马克思考察转化（价值转化为生产价格）问题时，他实际上离开了价值理论。"①

萨谬尔森企图使读者相信，《资本论》第一卷是马克思自己在第三卷中所推翻的"迂回道路"。萨谬尔森写道："价值转化为生产价格像一块橡皮，用来擦掉以往的东西，之后可以有新的开端，这是达到最终目标的起点。"②

换句话说，如果马克思使自己的学说从劳动价值、劳动力价值和剩余价值的观点"解放出来"，并把它与"边际效用"的观点相结合，而把生产价格理论与萨伊和瓦尔拉的"统计平衡"相结合，那么马克思现在就会免受资产阶级经济学家的攻击。资产阶级经济学家得出的结论就是如此。

所有这些文字上的鬼把戏，只是改头换面地再现资产阶级庸俗政治经济学家在过去几十年中为反对马克思主义经济理论而提出的种种论据。萨谬尔森宣称必须"擦掉"《资本论》第一卷，而只留下第三卷，这样他只是以另一种形式叙述庸俗政治经济学的方法，即停留在资本主义现实的表面，拒绝分析资本主义生产的内在规律性。然而这与马克思主义政治经济学的本质是大相径庭的。

马克思的从抽象到具体、从价值到生产价格的运动，同时也反映出实际的历史现实中发生的从简单商品经济到资本主义商品经济的转化。马克思的逻辑分析再现了历史发展在其全部多样性上的运动。由于简单生产者社会发展为资本主义社会，价值就转化为生产价格。只有对马克思在《资本论》第一卷中所揭示的资本剥削劳动的关系、资本积累过程进行分析，才能理解这一客观过程。P. 马蒂克承认："萨谬尔森在问

---

① 〔美〕H. 施比格尔：《经济思想的发展》，1971年版，第174页。
② 《经济文献杂志》1971年第1期，第421页。

题中所加进的有意制造的代数学的和理论的混乱,是由于害怕马克思的利润平均化规律会使人们正确理解资本主义剥削的性质。"①

在读到萨谬尔森、勒讷等现代资产阶级经济学家的辩护性"启示"时,人们会以为,在资产阶级的辩护中什么也没改变,一成不变地重复反对马克思主义政治经济学的陈旧论据是这种辩护的不变属性。但实际上,在资产阶级政治经济学一百多年来不断反对《资本论》的斗争中发生了一些变化。

萨谬尔森关于马克思用《资本论》第三卷完全勾销第一卷的老调,甚至使某些资产阶级经济学家感到愤慨。鲍墨尔这个还在50年代就为"粉碎"马克思主义政治经济学出了力的人,认为必须反对萨谬尔森的花招。他写道:"我们经济学家总是热忱地对待第三卷,并竭力把第一卷当做解决现实问题即解释具体的价格形成问题方面的不必要的'迂回'道路。但这只说明我们资产阶级经济学家本身抱有成见。对马克思来说,为了……揭示生产剩余价值的途径而进行的研究,是很重要的,因此,第一卷对马克思及其追随者具有重要的意义。认为马克思和恩格斯把暴露自己的分析的弱点作为自己的任务,这就表明不理解马克思的目的。"②

鲍墨尔根本不否定对马克思经济观点的批判。他只是担心现今没有人会相信这些论断。因此,他不得不提醒人们,《资本论》第三卷的初稿是马克思在1864—1865年,即在第一卷问世前几年写的。他承认萨谬尔森在其著作中"对马克思的价值理论和李嘉图的价值理论作了错误的类比",并强调指出:"像乔·罗宾逊夫人和萨谬尔森教授这样杰出的解释者都把价值转化为生产价格看做争论问题,而对马克思来说,这

---

① 《科学和社会》1972年第3期,第260—261页。
② 《经济文献杂志》1974年第1期,第58页。

个问题是从来不存在的。"①

资产阶级经济学家森岛通夫与鲍墨尔一起反对勾销《资本论》第一卷。森岛通夫认为，萨谬尔森把马克思的价值范畴与生产价格对立起来，把《资本论》第一卷与第三卷对立起来，是不适合资产阶级政治经济学的现今的辩护任务的。因此，森岛通夫建议从两方面即从价值转化为生产价格的角度和从统计平衡转化为动态平衡的角度，来看马克思的经济理论。按照森岛通夫的意见，马克思在《资本论》第二卷中论证了"资本主义生产平衡增长"的理论。把马克思说成是平衡理论家的企图并不是什么新玩意儿。例如布朗芬布伦纳就这样干过。他断言："马克思是普遍平衡的理论家，是瓦尔拉的前驱。"② 萨谬尔森也采取这种手法。

森岛通夫的论点的"新东西"是企图制定所谓"双重转化"理论，这一理论把马克思的社会资本再生产的公式解释为全部马克思主义政治经济学的中心点。森岛通夫认为平衡观念是马克思经济理论中的基本点，他断言，劳动价值理论适合生产的统计平衡，而生产价格理论适合生产的动态平衡。

森岛通夫在颂扬马克思的伟大时声称："《资本论》第二卷中的再生产公式作为马克思的同时展开的等式……动摇并破坏了劳动、价值理论在其原初形式上的基础"，因而必须把它与门格尔和柏姆－巴维克的边际效用概念结合起来。如果马克思知道这个概念，他本人似乎也会这样做。

这类断言是完全站不住脚的。马克思在评瓦格纳的书中彻底摧毁了

---

① 《经济文献杂志》1974 年第 1 期，第 58 页。
② 《美国经济评论》1967 年第 5 期，第 628 页。

把商品的价值定义为使用价值的论点。① 恩格斯1885年1月5日给尼·丹尼尔逊的信中写道:"现在这里最时髦的理论是斯坦利·杰文斯的理论,按照这种理论,价值由**效用**决定,就是说,交换价值＝使用价值,另一方面,价值又由供应限度(即生产费用)决定,这不过是用混乱的说法转弯抹角地说,价值是由需求和供应决定的。庸俗政治经济学真是比比皆是!"②

这样,森岛通夫的结论归结为如下论断:马克思的社会资本再生产公式和生产价格概念是统一的"双重转化"理论的部分,而这一理论似乎是萨谬尔森所不理解的。森岛通夫之所以批评萨谬尔森的理论论据,不是因为他站在马克思的立场上,而是因为他认为按照柏姆-巴维克的模子批评马克思的公式已明显破产,在现今历史情况下不可能再加以支持,他寄望于从平衡概念中产生的反对马克思主义的新方法。

"双重转化"理论的基本任务,与萨谬尔森的论点一样,是反对马克思的价值理论和剩余价值理论的,但采用的办法不是把《资本论》第一卷同第三卷对立起来,而是把第二卷同第一卷对立起来。同时把如下论点强加给马克思:《资本论》的中心点是再生产公式,而这些公式又是同劳动价值理论、同资本主义的积累和再生产、劳动后备军的形成、资本的积聚和集中的规律性没有联系的,而且是相对立的。

新凯恩斯学派利用社会资本的简单再生产和扩大再生产的公式,来论证资本主义的无危机发展的可能性。而现在,森岛通夫企图整个地利用马克思的社会资本再生产理论,首先推翻马克思主义关于资本剥削劳动的结论,其次用庸俗政治经济学的精神把马克思描绘成平衡理论家。森岛通夫得出结论说,对马克思主义的这类"新解释"的目的,是证

---

① 《马克思恩格斯全集》第1版第19卷第396—429页。
② 《马克思恩格斯全集》第1版第37卷第8页。

明"马克思所阐述的革命理论是论据不足和不正确的"。①

我们看到,"批判"马克思主义的上述目的与许多其他资产阶级经济学家的目的是相同的,只是采用了"独创的"方法。但是这些方法同以前的那些"推翻"马克思主义的企图一样,也是不中用的。

首先不正确的是,认为马克思是平衡理论家,认为平衡观念就其本身来说构成马克思的理论的中心点,而《资本论》第一卷和第三卷是这一观念的附属品。

马克思给自己提出的主要任务是揭示资本主义生产的运动规律,而不是揭示它的平衡规律。表现为不同形式(产业利润、商业利润、利息、地租)的剩余价值的规律是资本主义生产方式的这种运动规律,对这一规律的作用机制的分析构成马克思主义政治经济学的基石。正是对剩余价值的追求是资本主义生产的动机,它决定资本对雇佣劳动的剥削,刺激资本主义积累、扩大生产市场的过程。马克思根据剩余价值理论揭示出资本主义生产方式的矛盾和对抗,而这些矛盾和对抗以自然历史过程的必然性导致这一生产方式革命地转化为更高级的社会主义的生产方式。

马克思在《资本论》第二卷中举出生产资料生产和消费资料"均衡"生产的公式,但同时表明,在资本主义的实际现实中,各生产部门之间和各生产部门内部的比例性是通过它的不断破坏来实现的。马克思写道,在资本主义制度下,简单再生产和扩大再生产的正常条件"转变为同样多的造成过程失常的条件,转变为同样多的危机的可能性……"②

---

① 〔日〕森岛通夫:《马克思的经济学。一种双重的价值和增长理论》,第163页。

② 《马克思恩格斯全集》第1版第24卷第558页。

61

不管问题涉及的是对社会生产各个要素相互关系的分析，还是社会总产品的实现，我们到处遇到资本主义再生产的注定引起经济危机的对抗性矛盾。

现代资产阶级经济学家总想掩饰资本主义生产方式的对抗性质，力图在马克思那里找到支柱来"论证"他们关于通过国家垄断调节达到"无危机资本主义"的论点。这一切不仅与马克思主义政治经济学的本质相矛盾，而且为现代现实生活所推翻。尽管有国家垄断调节的种种措施，资本主义再生产周期的不可避免性仍为它的战后发展的进程所证实，特别为70年代初广泛的世界经济危机所证实。

M. 瓦尔拉企图寻找资本主义的生产和消费、买和卖、求和供之间的平衡，他依据的是许多数学计算，而这些计算本身并不证明也不能证明什么东西。他的"经济发展"理论的基础是"边际效用"范畴。连资产阶级经济思想史家 B. 塞里格曼也不得不承认，瓦尔拉的理论"表现出幻想和与现实缺乏联系"。①

森岛通夫想把马克思的经济理论与约·诺伊曼的博弈论连接起来的企图，也是同样没有根据的。诺伊曼所制定的博弈论本身是借用数论、群论和数学逻辑中的各种概念而形成的数学分支。约·诺伊曼提出的任务在于：根据个人力图赢得多输得少这个原则（例如在象棋比赛和交易所赌博中就是这样）来论证平衡理论。在这方面，诺伊曼同瓦尔拉一样，把个人购买商品时的"偏好"序列和商品的"边际效用"当做出发点。博弈论的基础，与全部现代"传统的"资产阶级政治经济学的基础一样，是心理说，"边际效用"概念；这种理论是建立在存在风险条件下取赢的基础上的，是建立在两人赌博时赢输抵消的基础上的。从分析经济过程的观点来看，言之无物和形式化是诺伊曼理论的特征，甚

---

① 〔美〕B. 塞里格曼：《现代经济思想的主要流派》，第243页。

至某些资产阶级经济学家也承认这一点。①

森岛通夫想把马克思说成是平衡理论家的企图,与萨谬尔森想完全勾销《资本论》第一卷并把生产价格理论与庸俗的"生产要素"理论结合起来的企图,是同样站不住脚的。同时,森岛通夫企图根据具体劳动多种多样来推翻马克思关于工人反对资本主义剥削的利益的一致性。他写道:"既然考虑到劳动是各种各样的,劳动价值理论就与马克思的在全社会范围内剥削率相等的规律相抵触,如果各种劳动不按照它们的工资水平的比例化为统一的抽象劳动的话。"②

按照森岛通夫的意见,在各种工人集团中间存在着不同的剥削率,因此他就得出不可能建立社会范围内统一的剥削率的结论。而森岛通夫认为抽象人类劳动取决于工资,并据此宣称价值规律是不存在的。尽管他对萨谬尔森的经济观点进行了批判,实际上他也采取了萨谬尔森的方法,即把简单商品经济和资本主义商品经济混为一谈,把商品生产者抽象的社会劳动所创造的价值和工人为资本家劳动而取得的工资混为一谈。

实际上,各种具体劳动化为统一的抽象的、社会的社会必要劳动,也就是化为可用劳动时间来衡量的人的精力的耗费。作为种类不同和熟练程度不同的劳动的产物的商品互相交换这一事实本身就证明了这一点。马克思写道:"比较复杂的劳动只是**自乘的**或不如说**多倍的**简单劳动,因此,少量的复杂劳动等于多量的简单劳动。经验证明,这种简化

---

① 例如 B. 塞里格曼写道,约·诺伊曼理论的形式主义可以使这种理论成为完全空洞无物的东西。参看〔美〕B. 塞里格曼:《现代经济思想的主要流派》,第527页。

② 〔日〕森岛通夫:《马克思的经济学。一种双重的价值和增长理论》,第180页。

是经常进行的。"①

如果就使用价值说，有意义的是质量、技艺、耗费在商品生产上的劳动的具体形式，那么就价值量说，有意义的只是作为一般人类劳动的劳动量。劳动，作为可用社会必要劳动时间来衡量的这种抽象劳动的耗费，也就形成商品价值。

森岛通夫看到了，具体劳动是在与抽象劳动的统一中存在的，但他并没有由此得出如下的逻辑结论：具有不同职业和专业的工人，从事各种具体劳动的工人，形成受资本家阶级剥削的统一阶级。如果得出了这样的结论，也就必然会得出工人在与资本家斗争中有一致的利益这个结论。但这对资产阶级辩护士是不利的。

萨谬尔森在近几年的多次演说中企图把工资的生理上的最低界限的论点强加给马克思。萨谬尔森写道："实际工资束缚于最低限度的生活资料或劳动力再生产的价值。"② 人们硬说马克思提出了如下论点：剥削只有在工人报酬与上述生理上的最低界限相适应的条件下才可能实现。这就是断言，马克思的剩余价值理论是以剥削率不变（百分之百）为出发点的。这类论断是完全站不住脚的。

首先，萨谬尔森（卡尔多和勒讷也是如此）关于马克思维护工资的生理上的最低界限的论点是错误的，拉萨尔以"铁的工资规律"的形式曾捍卫过这个论点。

事实上，马克思在《资本论》第一卷中就分析了反映资本对劳动的剥削的剩余价值规律的作用机制。并且他批判了李嘉图—拉萨尔的所谓"铁的工资规律"。按照这个规律，工资取决于工人生存所必需的生理上最低限度的生活资料。马克思指出，工资水平取决于多种多样的情

---

① 《马克思恩格斯全集》第 1 版第 23 卷第 58 页。
② 《经济文献杂志》1972 年第 1 期，第 53 页。

况，其中包括市场情况、就业人数和失业人数之比、历史条件。

马克思强调指出：维持工人的生理生存所必要的生活资料的价值，只是形成劳动力价值的最低界限。他写道："除了这种纯粹生理的要素以外，劳动的价值还取决于每个国家的**传统生活水平**。这种生活水平不仅包括满足生理上的需要，而且包括满足由人们赖以生息教养的那些社会条件所产生的一定需要。"① 同时马克思指出，工人阶级的组织性，工会的力量，无产阶级的罢工斗争和政治斗争，是工人反对资本要求的强有力的手段。

硬说马克思提出了剥削率不变的论点以及"工资的生理上最低界限"的论点，只是资产阶级经济学家几十年为反对马克思主义而相互袭用的许多臆造中的一个例子。

乔·罗宾逊在1971年出版的《经济邪说》一书中，杜撰了新的见解，并企图把《资本论》第一卷与第三卷对立起来。她硬说，在《资本论》第一卷中假定，实际工资在从小农经济和手工业经济这种简单商品经济过渡到资本主义经济的条件下是不变的，而剩余价值在生产扩大的条件下却增长着。这也就导致阶级矛盾的尖锐化和革命爆发。

罗宾逊接着说，在第三卷中假定剥削率不变，因而实际工资会随着按人口计算的生产的增长而增长。在罗宾逊看来，《资本论》第一卷的原理涉及的是发展着的国家，那里工资低或缩减，而利润率很高。而在现代的发达的资本主义国家，"就业充分"，工会强大，还有社会立法，贫困正在缩小和消失，剥削率稳定，社会矛盾正在削弱。罗宾逊得出结论说："这就把资本主义从马克思所期望加以消灭的矛盾中拯救了出来，就有可能克服工人的骚动，并把福利和服务的市场扩大保持在这样的水平上，即在有充分的利润水平的情况下能使工人有固定的生活水平和充

---

① 《马克思恩格斯全集》第1版第16卷第164页。

分的生存资料。"①

我们看到,罗宾逊的论点与萨谬尔森的有所不同,但是结论是类似的。她承认在资本主义发展的最初阶段以及目前在经济发展薄弱的国家中存在着贫困化,这就使她有可能从资产阶级立场出发来解释如下问题:为什么在世界一系列国家中不顾资产阶级政治经济学的一切教条发生了社会主义革命。但是既然现代资本主义保证了高工资、工人的充分就业、资本家的高额利润,资本家就不会惧怕发达资本主义国家的阶级斗争,而这种发达的资本主义可以被认为是"永久的"。

大多数资产阶级经济学家在个别场合也承认过去资本对劳动进行过剥削。他们中间的有些人甚至也承认在经济落后国家还存在着剥削。但是他们全都认为,在发达的资本主义国家剥削几乎已完全消失。R.汉尔勃朗纳在《美国资本主义的界限》一书中认为,剥削只在流通领域才存在。汉尔勃朗纳写道:"工人和资本家这些生产者剥削购买商品和支付商业加价的消费者。"② 工人和资本家原来是统一的"生产者"阶级。

关于现代资本主义条件下剥削已经消失的论断是站不住脚的。工人像在19世纪一样,把自己的劳动力出卖给资本家。资本对劳动的剥削是现代资本主义的基础。否认马克思主义的价值理论和剩余价值理论是现代资产阶级关于"资本主义变态"的论点的前提和出发点。这些论点把现代资本主义看成是消除了自己以往的对抗性和矛盾的制度。剥削,剩余价值在这种"发生变态的"资本主义制度下似乎已经消失。工人和行政管理、资本和劳动的利益也已"一致"。

---

① 〔英〕乔·罗宾逊:《经济邪说》,第43页。
② R. 汉尔勃朗纳:《美国资本主义的界限》,纽约1966年版,第121—127页。

至于谈到股东按照股票和证券以红利和利息形式获得收入，那么这里帮助资产阶级经济学家的是"人民资本主义"的理论，这种理论把获得奖金、占有微不足道的股份的工人，甚至把那些把自己的积蓄交给保险公司的人称为资本家。所有这些理论的意义是要证明新资本主义与旧资本主义必无相似之处。

乍一看来可能不理解，为什么现代资产阶级经济学家研究价值和剩余价值问题，而且把多年以前为反对马克思早就提出过的理由加以改头换面。英国经济学家梅·德赛好像要就这个问题作出解释，他写道，既然在现代资本主义国家中，"工人阶级的战斗性衰退了，许多人（指资产阶级经济学家伊·德沃尔金）就认为那种主张阶级社会存在的思想本身是大可怀疑的"①。70年代这些国家阶级斗争的尖锐化，工人阶级生活水平的降低，促使许多资产阶级经济学家去证明，马克思的经济理论不仅是过去的东西、19世纪资本主义的命运产物，而且它是内在矛盾的，同现实毫无关系。

对马克思经济理论所作的类似反驳是荒唐的。马克思所发现的资本主义客观规律，在现代资本主义条件下也继续发生作用，决定资本主义必然通过革命为社会主义所代替。正是这一点说明了资产阶级经济学家（不管他们属于哪一学派）一贯攻击马克思的价值理论和剩余价值理论的原因。

资产阶级经济学家批评马克思的价值、剩余价值、利润、生产价格的理论的流派之一，是断言它们属于不同的经济认识领域。许多资产阶级经济学家（保·萨谬尔森、施比格尔、阿·勒讷等人）断言，剩余价值理论和生产价格理论是不能相容的，理由是：价值这个范畴属于微观经济学，属于个别企业，而生产价格和平均利润是宏观经济学的范

---

① 〔英〕梅·德赛：《马克思的经济理论》，1974年版，第70—71页。

畴。其实，在马克思那里，宏观经济学和微观经济学并没有对立起来。在他那里，价值与生产价格一样，也是社会经济范畴，尽管它们是在不同的分析水平上加以考察的。同时马克思强调指出，个别企业和整个资本主义经济的问题是内在地、不可分割地联系在一起的。他写道："正如每一单个资本家只是资本家阶级的一个分子一样，每一单个资本只是社会总资本中一个独立的、可以说赋有个体生命的部分。"①

生产价格是价值的转化形式，正如平均利润是按社会总资本来计算的全部剩余价值一样。单个资本的周转是社会资本循环中的一环。因此，马克思主义经济理论并不把个别企业的问题同国民经济问题割裂开来。马克思主义政治经济学把商品交换关系同商品生产者之间生产关系的本质联系起来；把工人和资本家、土地占有者和农业资本家、商人、银行家和企业主之间的关系同资本主义生产的本质联系起来，这一点是如此明显，甚至 B. 塞里格曼也承认，马克思的劳动价值理论是宏观经济学的理论。

从方法论的观点来看，资产阶级理论家把个别企业的经济学同国民经济学对立起来的做法，其根源在于以下各个方面之间的矛盾，这就是主观范畴同国民收入、国家调节的客观问题之间以及同现代资产阶级经济理论为了防止群众性失业现象和危机、为了为国家对经济干预进行辩护而不得不研究的另一些宏观经济范畴之间的矛盾。把宏观经济学的国民经济范畴同微观经济范畴人为地割裂开来，与马克思主义毫无共同之点。马克思主义既是微观经济学说，又是宏观经济学说。

可见，除了寻找现代资产阶级经济理论同马克思主义政治经济学的"接近之处"之外，也产生了反对马克思主义的主要路线——攻击马克思的经济理论和寻找反对它的"新论据"。同时，马克思主义的现代资

---

① 《马克思恩格斯全集》第 1 版第 24 卷第 390 页。

产阶级批评者在杜撰反对马克思主义的新理由的时候，企图依靠国家垄断资本主义发展中的新现象。

现在我们来剖析现代资产阶级经济学家直接对《资本论》第三卷问题的批评。这里首先遭到攻击的，是马克思关于作为剩余价值转化形式的利润和生产价格的理论，以及利润率趋向下降的规律，特别是利润率趋向下降的规律，因为在这里资本主义生产方式的矛盾得到了总的表现。

现代垄断资本以及辩护士对利润率下降的恐惧，不亚于"自由竞争"时代的资本家。马克思写道："在他们（指资产阶级经济学家伊·德沃尔金）对利润率下降所感到的恐惧中，重要的是这样一种感觉：资本主义生产方式在生产力的发展中遇到一种同财富生产本身无关的限制；而这种特有的限制证明了资本主义生产方式的局限性和它的仅仅历史的、过渡的性质；证明了它不是财富生产的绝对的生产方式，反而在一定阶段上同财富的进一步发展发生冲突。"①

奥维德说过："罪恶要用话来掩饰。"自从资本主义生产方式与生产力发展所达到的水平发生冲突以来，资产阶级辩护论就开始特别起劲地来"掩饰罪恶"。进行这种掩饰的最重要手法之一，是企图驳倒马克思的利润率趋向下降的理论。

一些资产阶级经济学家断言，利润率从未下降过（保·萨谬尔森、约·克拉克、K.凯尔、尼·卡尔多）。另一些资产阶级经济学家（其中包括约·加尔布雷思）支持关于以往发生作用的规律已经消失的论点。乔·罗宾逊写道："马克思的利润率下降的理论在发达的资本主义经济中已不再发生作用，即使它在资本主义发展的先前的阶段中是正确

---

① 《马克思恩格斯全集》第1版第25卷第270页。

的。"① 为了无论如何要在像利润率趋向下降的规律这样重要的点上"驳倒"马克思的经济理论,她很少注意逻辑的一贯性。接着她写道:"他(指卡·马克思——伊·德沃尔金)对利润率趋势的解释根本不说明什么问题。"②

必须强调指出,马克思是根据资本有机构成的提高来论证利润率趋向下降的规律的。在 c:v 比例不同的部门,所耗费的同量资本的利润率也就不同。上面已经指出,资本的竞争导致确立相同的利润率,而不管该部门的有机构成的高低如何。

技术提高,劳动生产率增长,是资本主义客观的发展趋势,这就导致资本有机构成的提高。但这种提高的结果是所耗费的每一百资本所带来的剩余价值量从而利润量也就越来越少。可见,利润率的降低是与资本有机构成的提高相联系的。

为了"驳倒"马克思主义关于资本有机构成随着资本主义的发展而提高的论点,资产阶级经济学家使用各种"理由"。例如乔·罗宾逊硬说马克思提出过这样一个论点,按照这个论点,资本对产品的比例在提高,由此马克思得出了利润率趋向下降的规律。她写道:"马克思认为,工艺的发展应当使资本对产品的比例降低。在这种情况下,如果利润不变,利润率就下降。"③ 这样一来,罗宾逊就歪曲了马克思关于资本有机构成提高的原理,用 (c+v):(c+v+m) 的比例来偷换 c:v 的比例。这只是歪曲马克思学说的例子之一。

乔·罗宾逊反对马克思的利润率趋向下降规律的基本"理由"就

---

① 〔英〕乔·罗宾逊:《经济学文集》第 3 卷,第 165 页。
② 〔英〕乔·罗宾逊:《经济学文集》第 3 卷,第 165 页。
③ 〔英〕乔·罗宾逊:《经济邪说》,第 43 页。

是如此。她写道："在当代，资本有机构成不变或者下降，从未提高过。"① 在这方面，罗宾逊接受了阿·庇古和约·希克斯的论点，他们两人把技术革新分为节省劳动的革新和节省资本的革新。他们把既节省劳动又节省资本的技术革新宣称为典型的和占主要地位的革新，并把它们叫做"中性"革新，后来罗·哈罗德又对"中性的"革新这个概念加以补充，按照哈罗德的意见，"中性"意味着利润率在技术进步的条件下没有改变。

正是由罗宾逊、希克斯等经济学家所表述的"中性的技术进步"这个概念成为现代资产阶级的那些旨在"驳倒"马克思的利润率趋向下降规律的论点的基础。但是，这个已经变成教条的原理与现实发生明显的矛盾。在技术加速进步的条件下，现代资本主义的发展伴随着而且应当伴随着资本有机构成的提高。

研究资本主义经济发展的最有名的资产阶级学者之一库兹涅茨的著作中所包含的实际材料，令人信服地证明了这一点。按照他的计算，美国从1869年到1955年这一长时期内"按人口计算用于劳动力总额的资本不断增长了，而且按人口计算的纯固定资本在整个这个时期内比它的原来水平增长了3倍"②。

保·马蒂克在其《马克思和凯恩斯》的著作中正确地指出，虽然这些按人口和按包括失业在内的劳动力计算的不变资本增长额的计算结果，与马克思的资本有机构成的规定并不完全相符，但它们还是证明了资本有机构成的不断提高。事实上，根据西·库兹涅茨的计算，美国的资本有机构成在上述86年内比人口的增长快3倍，而且这个过程在第二次世界大战以后时期进行得特别猛烈。

---

① 〔英〕乔·罗宾逊：《经济学文集》第3卷，第162页。
② 〔美〕西·库兹涅茨：《美国经济中的资本》，纽约1961年版，第66页。

资本有机构成提高的加速，促进了固定资本本身结构的改变。还在19世纪最后几十年，特别是在20世纪，同建筑物相比，设备价值的比重增加得很快。根据S.斯里契特的材料，在1850年前，建筑物的价值占固定资本的价值一半以上，在50至60年代，"设备的价值几乎等于建筑物的价值"①。同时，设备的投资（设备的更新在最近几十年内大大加快了）的增长比固定资本中其他不动部分（建筑物和基础设施）的增长快得多。社会资本有机构成的提高在60至70年代更快了，那时在科学技术革命条件下资本积累过程的强度大大加强了，技术进步加快了。法国马克思主义经济学家薄卡拉在《经济和政治》杂志中强调指出，由于科学技术的进步，资本有机构成大大提高了。

所有这一切驳倒了从罗·哈罗德到乔·罗宾逊这些资产阶级经济学家关于在现代条件下"中性"技术进步占优势的理由，他们在竭力"谴责"马克思的资本有机构成提高和利润率趋向下降规律的论点时，通常小心谨慎地回避那些会驳倒他们自己的观点的统计材料。资产阶级经济学家对马克思主义经济理论的关键问题发起的类似进攻，从现代科学技术革命开展时起，也就是约从50年代中开始，特别加强了。从这个时期起，由于采用了半自动化和自动化设备，对就业工人的需要与不变资本相比大大缩减了，资本的有机构成飞跃式地提高了。根据各种材料，在半自动化和自动化的生产部门，资本的有机构成由300%提高到800%或者更多。

如果在产品制造过程本身中以及在企业、公司、康采恩的管理中采用电子计算设备的全部自动化生产席卷了工业、运输业和创造剩余价值的其他资本主义再生产领域，那么，平均利润率就会同时大大下降。这是就业工人的绝对人数急剧缩减和按每个工人计算的不变资本耗费的巨

---

① S. 斯里契特：《美国的经济增长》，纽约1966年版，第69页。

大增长，即资本的平均有机构成的提高的必然结果。

现代科学技术革命的特点是趋向于今后转到综合性的自动化阶段，而资本有机构成也就极大提高，这种革命会使利润率下降以及与此相连的技术进步的步伐放慢这种前景成为现实。资本主义每存在10年，马克思的如下原理也就越加成为现实：在利润率的下降中，正如在就业人口绝对缩减的危险中一样，表现出资本主义生产方式的限度。马克思写道："只要生产力的发展，会使工人绝对人数减少，就是说，只要它实际上会使整个国家能在较少的时间内完成自己的全部生产，它就会引起革命，因为它会断绝大多数人口的活路。"①

因此，出现了资产阶级经济学家中整整一个学派，他们号召放弃任何经济增长并转向简单再生产，这就不是偶然的了。

马克思所发现的利润率趋向下降的规律，揭示了现代资本主义矛盾尖锐化的不可避免性。因此，资产阶级经济学家齐心协力地反对这个规律。

马克思在《资本论》第三卷中指出，社会劳动生产力的发展导致资本有机构成的提高，同时也伴随有阻碍利润率下降的一系列因素。除了不变资本要素的价值降低以外，马克思还把剥削程度的提高、相对过剩人口的增长、外贸的发展和股份资本的增加，列入这些因素之内。马克思指出，这些起反作用的因素"阻挠和抵销这个一般规律的作用，使它只有趋势的性质，因此，我们也就把一般利润率的下降叫作趋向下降"②。

资产阶级经济学家对利润率下降这个资本主义生产方式的动力感到恐惧，这种恐惧不是比马克思的时代更小而是更大，他们在过去15至20年间企图把局部的对利润率的下降起反作用的因素说成是某种绝对

---

① 《马克思恩格斯全集》第1版第25卷第293页。
② 《马克思恩格斯全集》第1版第25卷第258页。

经济规律的作用，这样他们就力图把利润率趋向下降的规律变成利润率趋向提高或稳定的规律。

资产阶级经济学家在寻找马克思的利润率趋向下降的规律时，很少求助于工资理论。同时他们企图证明，似乎在《资本论》第一卷中阐述的马克思主义工资观点是与利润率趋向下降的规律相矛盾的。在这方面有代表性的是H.施比格尔的如下论断："马克思关于无产阶级贫困化增长的理论是从工资趋向下降中得出的，这一理论是与他的利润率下降的规律不相容的。"①

资产阶级经济学家硬说马克思主张拉萨尔的"铁的工资规律"，并宣称它与利润率下降规律不能相容。例如乔·罗宾逊维护在国民收入同时增长的情况下的"工资稳定规律"，在她看来，这证明了利润率稳定或提高的永恒规律的作用。

她写道："如果技术和积累率的发展使资本对劳动的比例保持不变……同时劳动市场上剥削率又维持不变，那么，工资在不断进步的资本主义经济的增长着的国民产品中的份额，或多或少也保持不变。既然就业的劳动力没有像国民收入增长得那么快，实际工资也就提高了。现代资本主义经济之所以能继续生存即在于此，而这是马克思所没有预见到的。"②

在罗宾逊看来，资本主义现在正处于它的"黄金时代"，因为对资本主义来说具有特征的似乎是"中性的"技术进步，工资的"稳定"，利润率的"稳定"。她认为，资本主义战后的发展最明显地"驳倒了"马克思的利润率趋向下降的规律。她写道："资本主义正经历利润率不变情况下不断增长的漫长时期。"③

---

① H.施比格尔：《经济思想的发展》，1971年版，第178页。
② 〔英〕乔·罗宾逊：《经济学文集》第3卷，第165页。
③ 〔英〕乔·罗宾逊：《论马克思主义经济学》，第XVII页。

但是这类阴谋伎俩是站不住脚的。它们是建立在对马克思主义经济理论的关键问题采取曲解和保持沉默的基础之上的。首先马克思指出,劳动生产率的增长,在提高剥削率的同时,也对利润率的下降起着反作用。

对工人剥削的增强,在提高剩余价值率和剩余价值量的同时,阻挠利润率的下降。根据德国有名的经济学家尤·库钦斯基的计算,美国的剩余价值率在1965—1969年为1849—1858年的1200%。剩余价值率从而剩余价值量的这种巨大增长没有在利润率上具体地表现出来,部分原因是与上一世纪50年相比,资本家在贸易、银行、广告的领域以及在其他非生产部门中所占有的那部分剩余价值极大地增加了。

乔·罗宾逊和保·萨谬尔森企图把剥削率不变的论点强加于马克思并由此得出利润率不变的结论,这些企图与《资本论》的原理、与历史发展的现实进程发生明显的矛盾。

现在我们考察一下利润率的具体运动。

吉尔曼这位为研究马克思的利润率趋向下降规律而写有专著的学者指出,美国的利润率在1910—1956年与1849年以后的前一时期中的长期提高相比,有某些下降。由于列举这么长时期的材料,吉尔曼也就掩盖了真实情况,即1929—1939年战前10年期间利润率曾急剧下降。

根据美国国家经济研究局的材料,1869至1918年期间的积累率,总的说来在美国波动不大(1869—1878年为13.7%,1884—1893年为16%,1904—1913年为13.1%),保持在23%的水平。但是在第一次世界大战以后,随着伟大十月社会主义革命的胜利和资本主义总危机的到来,积累率就开始急剧下降。例如,美国的积累率在1919—1928年为10.2%,在1929—1933年为6%,而在1929—1938年降到微不足道的1.4%。

国家对经济的干预的加强,把资本主义从利润率不寻常的下降中救了出来，其办法是通过课税、信贷、适度的通货膨胀等等再分配剩余价值和国民收入，以有利于垄断组织。在第二次世界大战以后，利润率以及积累率都增长了。科学技术革命的开展，没有深刻的经济危机，靠提高劳动生产率和劳动强度、增加军事订货、加强经济军事化而对工人阶级加强剥削，大大地促进了这一点。1974—1975年的经济危机伴随着美国股票行情大大下降（下降60%—70%），这反映出利润率已经开始再次急剧下降。

在资本主义总危机的进一步尖锐化和70年代最后几年深刻的危机性衰退的影响下，出现了这样一些经济著作，其中清醒地谈到利润率下降的危险。这里首先应提到英国经济学家 E. 格林和 B. 萨克里夫的著作《处于危机状态的资本主义》，该书证明，资本主义企业由于缺少利润用于大的投资而面临危机。根据该书引用的材料，1950—1954年英国公司的利润占纯产值的25.2%，1955—1961年占17.4%，1970年占12.1%。两位作者据此作出了关于"资本主义处于绝望的经济状况"的结论，并号召对工人阶级的生活水平发动有组织的进攻。巴黎荷兰金融银行研究部主任德尼兹也有类似看法：利润率下降是以现代经济危机为基础的。

利润率趋向下降规律在未来的继续发生作用的危险性，使资产阶级经济学家感到恐惧。但是需要解释的不是利润率的这种下降（这对美国和一系列其他资本主义国家可能部分地是景气现象的结果），而是战后时期特别是60年代垄断组织利润的巨大增长。国家垄断资本主义的整个体系是这种增长（尽管在开展科学技术革命的条件下资本有机构成迅速提高）的最重要原因。

国家调节对私人企业给以国家资助，对垄断组织的科学研究项目给以资助，国家信贷制度对垄断组织给以课税优惠，这一切的用意在于刺激积累的增长和促使垄断资本利润率的提高。垄断组织与国家实行联盟，以及垄断组织的经济实力，都致力于再分配国民收入以有利于提高垄断资本的剥削和利润率。

资产阶级经济学家——不论是新凯恩斯学派还是"自由营业"理论家——都赞同地对待国家政权旨在提高垄断组织利润的措施。通过国家垄断调节，国民收入的再分配使垄断组织能在战后时期获得不断增长的利润。

但是垄断利润的这种急剧增长完全不是资产阶级经济学家所发明的虚构的"利润率提高的规律"发生作用的结果，而首先是对剩余价值进行国家垄断再分配以有利于垄断组织而损害没有联合在垄断组织中的资本家的结果。利润的这种增长既绝不否定资本有机构成的提高，也绝不否定利润率趋向下降的规律本身。此外，垄断组织的利润总额和利润率掩盖了利润在垄断组织中间以及在非垄断集团中间的分配的极端不平衡性。大蛋糕中最好的部分为军事垄断组织所占有，它们获得由国家保证的订货，获得对科学研究的主要资助。

现代资产阶级经济学家中间的悲观情绪在很大程度上是由目前经济危机条件下一系列垄断组织利润下降决定的，这在许多场合要求对破产的公司提供国家资助。法国马克思主义经济学家吉·佩拉托关于这一点写道："大的垄断组织所积累的资本是如此之大，以致要求大大增加利润额，以便使利润率保持在一定的水平上。但这是不可能无止境地继续下去的。由于剥削劳动者而榨取的剩余价值已经不足以保证全部资本量的赢利。换句话说，提高资本'赢利性'的困难……是由垄断组织本身的矛盾造成的。因此，资本主义的垄断组织求助于通货膨胀和提高价格以增加利润，求助于对劳动者的购买力施加压力，对小占有者进行掠夺。"[①]

---

① 《和平和社会主义》1975年第6期，第51页。

1974—1975年的世界经济危机是利润率趋向下降规律目前正在起作用的明显表现。"零增长"的理论家在"文明末日"的哀叫的掩饰下坚决地要求降低劳动者的生活水平,这在很大程度上是由于人们力图通过提高剥削程度以防止利润率的下降。

最近,由于中小资本家利润急剧下降造成的垄断组织和非垄断资产阶级集团之间矛盾的尖锐化,出现了捍卫提高非垄断企业所有者的利润率的要求的意见。其中约·加尔布雷思在《经济理论和社会目标》的著作中提出的"新的"或"实际的"社会主义的纲领就归结为这一点。加尔布雷思同时关心整个资产阶级的利润,担心由于大垄断组织(或者用他的术语来说就是"计划体系")占有剩余价值的份额过大,造成资产阶级内部的分裂。

最近几年由于深刻的危机性衰退,股票行情和很大一部分企业(除一部分大垄断组织外)的利润开始不断地猛烈下降,在许多资产阶级经济学家那里产生了阴郁的情绪和预感。他们中间出现了忐忑不安,同时也作出了在几年前不可思议的坦白承认。这首先是指现代资产阶级政治经济学的著名代表乔·罗宾逊。

在1971年12月美国经济学会会议的报告中,乔·罗宾逊不得不承认,资产阶级政治经济学不能提出有根据的理论来与马克思主义利润理论相对抗。她宣称:"许多年以前,我打算写一本小书来分析马克思主义经济理论。在完成马克思的利润理论那一章之后,我想,作为方法论上的等价物,应当用正统的(即资产阶级的——伊·德沃尔金)理论来对该问题作出解释。"[①]

罗宾逊确认了如下事实:在资产阶级的利润论点中占统治地位的是一种混乱,它证明"经济理论在目前的破产",这样,罗宾逊实际上就

---

① 《美国经济评论》1972年第1期,第118页。

承认了资产阶级经济学家在"批评"马克思的剩余价值分配理论上是无能为力的。他们在反对马克思的利润、利息和地租的论点时,过去和现在不仅没有自己的利润理论,而且没有分配利润的论点。乔·罗宾逊写道:"我们没有分配理论",① 因为"边际生产率"理论没有解决也不能解决分配问题。

罗宾逊在谈到资产阶级政治经济学的危机两阶段(30年代和70年代)时承认,在资产阶级政治经济学中没有可以与马克思剩余价值分配理论相对抗的基本的分配论点,而这是"把政治经济学危机的第一阶段与第二阶段联系起来的共同的东西"②。同时,全部资产阶级政治经济学过去和现在借以向马克思主义的利润理论进行"讨伐"的基本论点是:贫困化理论是"站不住脚的",贫困"消失了",劳动和资本之间的关系是"和谐一致"的。

在战后时期,贫困并未消失,但工资有所提高。为此,资产阶级经济学家开始向"普遍福利"国家献殷勤,这种国家似乎促使劳动和资本之间的"关系和谐一致"。他们广泛利用发达资本主义国家工资增长这一点,来"驳斥"《资本论》的理论原理,来宣扬关于现代资本主义获得了"第二次青春"的论点。美国资产阶级经济学家 R. 列克曼写道,与卡·马克思的学说相反,"阶级并不两极分化"。乔·罗宾逊认为,工资由于国民产值的增加而提高这一事实是有利于"资本主义继续生存"的论据。

但是这类幻想现在烟消云散了。最近几年,许多资产阶级经济学家开始谈论发达资本主义国家在通货膨胀和失业增长的影响下贫困化增长了。乔·罗宾逊现在不得不写道:"甚至在最富裕的国家,贫困也始终

---

① 《美国经济评论》1972 年第 1 期,第 118 页。
② 《美国经济评论》1972 年第 1 期,第 118 页。

存在，城市瓦解了，商品出卖者进行欺骗。"① 现在我们在她那里读到，"最近25年来，现代资本主义的成功是同军备竞赛和军火买卖（更不必说使用武器的战争了）紧密相连的，可是在克服它们本国的贫困方面没有取得成功"②。换句话说，乔·罗宾逊开始谈论发达资本主义国家劳动者状况的恶化。这也为实际材料所证实，例如，美国工人的实际工资在1974年下降了6.5%。资产阶级经济学家越来越经常地开始号召劳动者勒紧裤带，为生活水平不断下降做好准备。但是，他们决不把造成这类后果的过错归之于资本主义的内在规律性的作用和矛盾的尖锐化。

除此之外，现在资产阶级经济学家对由失业增加和价格提高而造成的工人状况恶化，对贫民人数急剧增加感到非常不安。甚至梅·德赛这位还期望凯恩斯主义复兴的人也不得不确认，现代资本主义保证很大一部分产品按照凯恩斯方案即通过军备竞赛来实现。他写道：军费"保证私人经济的高额利润率，使现实问题易于解决"，因为这个"第三部门即军火部门形成了收入，而没有为市场创造产品。然而这种浪费并没有永久地解决资本主义的问题：矛盾迟早会更加尖锐地重新产生，并吞没资本主义体系"③。

这是对战后时期特别是最近几年资产阶级围绕所谓马克思的经济理论和《资本论》中虚构矛盾"站不住脚"这一论点而写的无数著述所作的不坏的墓志铭。

（马兵译）

---

① 〔英〕乔·罗宾逊：《经济邪说》，第 XIV 页。
② 〔英〕乔·罗宾逊：《经济邪说》，第143页。
③ 〔英〕梅·德赛：《马克思的经济理论》，第113页。

对象、方法和哲学意义

《资本论》的对象和方法（摘译）*

〔日〕林直道

马克思在《资本论》第一卷第二版的序言中说："我要在本书研究的，是资本主义生产方式以及和它相适应的生产关系和交换关系"；又说：从"社会经济形态的发展是一种自然历史过程"的立场出发，"本书的最终目的就是揭示现代社会的经济运动规律"。

这里所高度概述的作为《资本论》基础的历史观和社会观以及方法论等问题，就是本文的研究课题。

历史唯物主义

历史唯物主义是从人类为了生存，解决衣食住，尤其最先要解决粮食，人类必须消费这个生活的第一前提出发的。可是，为了使这一消费得以进行下去，就必须"生产"必要的财货。而一旦生产了财货，人人就得"分得"一份，进一步在人们之间，按照欲望的多样性进行"交换"，以此达到"消费"。人们在获得消费资料之前的消费、生产、分配、交换的总体便是物质的生活条件，人们通俗地称之为经济。这四个要素尽管相互影响，但是其中处于最重要的地位的是生产。生产的进

---

* 本文选自《马列主义研究资料》1984年第2辑。作者系日本大阪市立大学名誉教授、经济学家。

行方式，生产中所形成的人们的社会关系，规定交换和分配的方式。人们常常把资本主义经济说成是资本主义生产，是因为生产是经济的最重要的基础。

而且，生产具有两个方面。首先第一，所谓生产，是指劳动过程，即人类借用劳动资料作用于自然界，制造财货的过程。劳动过程由作为主体要素的劳动本身、作为客体要素的劳动资料和劳动对象（二者合为生产资料）组成，这些要素构成"生产力"。

第二，人们在生产中相互间结成一定的关系。在生产过程中，这种人同人的社会关系叫做"生产关系"。构成生产关系的基础的是生产资料的所有权关系，或是生产资料所有者和直接生产者的关系。生产关系的总体形成社会经济的基础。

生产关系分成五种基本类型，即（1）原始共同体类型，（2）奴隶制类型，（3）封建类型，（4）资本主义类型，（5）社会主义类型。这里所说的"基本类型"，只意味着形成一种社会的基础。除了这五种生产关系外，不可能再构成别的社会，只能有从属类型的生产关系。直接生产者是分散地握有生产资料的小所有者或小经营者，他们在各种历史时期广泛地存在着。

人们是不能随意制造生产关系的。生产关系的主要类型是受以往的发展制约的，而且这些生产关系是按照一定顺序登上历史舞台的。人们不能从中自由地选择并采用称心如意的生产关系。尽管在奴隶制社会一部分人把另一部分人当成牛马占有，从人道上看，人们对此加以谴责，但是从原始共同体崩溃的过程中所产生的生产关系只能如此。其次，人们尽管想到了人人平等，社会主义是美好的，但是从古代和中世纪中是不可能产生社会主义的生产关系的。那么，这是为什么呢？

首先第一，人们在生产中是不能任意选择生产力的，总是继承前一辈人所达到的生产力水平，并以此为出发点。要想多少减轻一些劳动，或者造出较高级的和多样的财富，根据这种欲望，就得改进劳动工具和生产方法，稍许发展生产力，并把这一成果留给后代。可是第二，生产关系的形成是同体现这种生产关系自身的、物质发展秩序的生产力的每一发展阶段相适应的。

因此，不同生产关系所表现的顺序是不由人们的意志和意识决定的。

在太古时代，人类以原生的群体形式栖息，以当时的石器为中心，生产力低下，是孤立的个人，他们是完全无力的。人们处于血缘关系的群体之中，只有成为它的一个肢体，才能同自然进行斗争。在这种状态之下，生产资料为整个部族共同所有，这是非常自然的。这种原始共同体的生产关系便是人类社会的原始形态。

可是，在金属工具，特别是出现铁器的生产力阶段，人们依靠劳动有可能制造超过自己需要的剩余。财富有了积蓄（以房屋、劳动工具、家畜、货币、奴隶等顺序），私有财产产生了，最后耕地也私有了，共同体的土地财产分解了。以前共同体的首领和军事首领、宗教首领把大部分共有土地据为己有，并转化为大土地所有者。他们起初把部族之间进行争斗时捕获他族的俘虏，继而把本族中的神圣不可侵犯的人和流浪者变成了奴隶，榨取他们的剩余劳动。于是，奴隶制度产生了。奴隶制度建筑在最初的阶级分裂的这种生产关系之上。奴隶是直接生产者，没有任何生产资料，奴隶主阶级把奴隶人身据为己有。

再有，建筑在这种奴隶制之上的古代社会中，奴隶制有两种主要形式，一种是得到全面发展的古希腊罗马型（古典古代型），另一种是东方专制主义即东方奴隶制，这种奴隶制虽然也是奴隶制，但它统治和剥削的是整个古代共同体农民。

接着生产力更加发展了，产量增加了，于是奴隶和东方隶农在一定的程度上向大土地所有者提出强烈要求，要求扩大自己的占有量，这样的奴隶和隶农就成了占有土地、自行生产的农奴，而大土地所有者则变成封建领主。领主通过封建地租（劳动地租即劳役、实物地租即年贡、货币地租）去剥削农奴的剩余劳动。这就是封建的生产关系。

到了近代，以世界市场的发展为背景，出现了分工制手工业，特别是机器的登场，使生产力得到了飞跃的发展。与此相适应，一方面，货币财产接连不断地转化为产业资本。另一方面，过去的小生产急速地解体了，以前的农民和手工业者大众从封建的压迫下解放出来的同时，也割断了同一切生产资料的关系，他们成了这两重意义上的"自由的"雇佣工人，被抛到了劳动力市场上。

奴隶制、封建制和资本主义这三者的共同之处就是，社会的一部分人拥有生产资料，剥削直接生产者大众的剩余劳动。因此，社会分裂为经济利益彼此相对立的"阶级"，生产关系向阶级关系的形态发展。

社会生产总是由生产力和生产关系两个侧面的统一组成的，不具有任何生产关系的、所谓光秃秃的劳动过程的社会生产，在世界上是不存在的。因此，作为生产力的侧面和与此相适应的生产关系的统一和结合的现实生产，即具有生产力的发展水平和特定的生产关系这两种意义的一定方法和方式的生产，是"生产方式"。

于是，同生产力的各个发展阶段相适应的生产关系就这样形成了。

生产关系一旦形成，便在其结构上固定下来。可是，与此相反，生产力却不断地在发展。在与生产力相适应的既存的生产关系的沸腾的内部，也发生了某种程度的变化和发展（例如，与重工业和化学工业相适应的资本主义从自由竞争阶段过渡到垄断资本主义阶段）。可是，这毕竟是部分变化，它不改变生产关系的基本结构。因此，生产力一旦超越某种限度，现在的生产关系就不再适合生产力的发展。生产力和生产关系的矛盾激化了。劳动大众的经济生活困难加剧。最后，这种生产关系被抛弃，不得不换成同生产力的进一步发展相适应的更加进步的生产关系。这种生产关系的新旧交替在阶级社会中是通过"阶级斗争和革命"进行的。

因此，社会生产尽管是通过人们的意志行为进行的，但是，却是根据不以他们自身的即人们的意识为转移的客观规律，从较低形态向较高形态发展的。

下面我们援引著名的《政治经济学批判》一书的《序言》中的一段话，对上述观点作一简括。"人们在自己生活的社会生产中发生一定的、必然的、不以他们的意志为转移的关系，即同他们的物质生产力的一定发展阶段相适合的生产关系。这些生产关系的总和构成社会的经济结构，即有法律的和政治的上层建筑竖立其上并有一定的社会意识形式与之相适应的现实基础。物质生活的生产方式制约着整个社会生活、政治生活和精神生活的过程。不是人们的意识决定人们的存在，相反，是人们的社会存在决定人们的意识。社会的物质生产力发展到一定阶段，便同它们一直在其中活动的现存生产关系或财产关系（这只是生产关系的法律用语）发生矛盾。于是这些关系便由生产力的发展形式变成生产力的桎梏。那时社会革命的时代就到来了。随着经济基础的变更，全部庞大的上层建筑也或慢或快地发生变革……无论哪一个社会形态，在它们所能容纳的全部生产力发挥出来以前，是决不会灭亡的；而新的更高的生产关系，在它存在的物质条件在旧社会的胎胞里成熟以前，是决不会出现的。所以人类始终只提出自己能够解决的任务，因为只要仔细考察就可以发现，任务本身，只有在解决它的物质条件已经存在或者至少是在形成过程中的时候，才会产生。"①

---

① 《马克思恩格斯全集》第 1 版第 13 卷第 8—9 页。

下降法和上升法

现在我们来研究一下有关资本主义的内部结构,不过,摆在我们面前的是些无数复杂的现象——物价、工资、利润、利息、货币、租税,或者贸易、银行、职业、阶级等等。到底怎样研究才好呢?显然,具体的现实本身是认识之母,我们总是从这里出发,并只能返回到这里。但是,能否如实地、具体地、原封不动地认识这些具体的现实呢?因为现实是极为复杂的和多方面的,所以,尽管我们尽力去认识身边的具体现象,结果只能触摸现象的表面。剩下的依然是没有消化的混沌的整体。

试举一例。门外汉烧鸡,不分青红皂白,拿来便剁,使尽了力气,却狼狈不堪。如果是位老练的烹饪师,他就会首先去毛,接着开膛,切成小块,再放在锅里。做鸡如此,做鸭也一样。何况研究资本主义经济结构是件相当困难的事情,要使它获得成功,无论如何要有正确的认识方法。

马克思在《导言》一文的《3. 政治经济学的方法》中指出:"从实在和具体开始,从现实的前提开始,因而,例如在经济学上从作为全部社会生产行为的基础和主体的人口开始,似乎是正确的。但是,更仔细地考察起来,这是错误的。如果我抛开构成人口的阶级,人口就是一个抽象。如果我不知道这些阶级所依据的因素,如雇佣劳动、资本等等,阶级又是一句空话。而这些因素是以交换、分工、价格等等为前提的。比如资本,如果没有雇佣劳动、价值、货币、价格等等,它就什么也不是。因此,如果我从人口着手,那么,这就是一个混沌的关于整体的表象,经过更切近的规定之后,我就会在分析中达到越来越简单的概念;从表象中的具体达到越来越稀薄的抽象,直到我达到一些最简单的规定。于是行程又得从那里回过头来,直到我最后又回到人口,但是这回人口已不是一个混沌的关于整体的表象,而是一个具有许多规定和关系的丰富的总体了。

第一条道路是经济学在它产生时期在历史上走过的道路。例如,17世纪的经济学家总是从生动的整体,从人口、民族、国家、若干国家等等开始;但是他们最后总是从分析中找出一些有决定意义的抽象的一般的关系,如分工、货币、价值等等。这些个别要素一旦多少确定下来和抽象出来,从劳动、分工、需要、交换价值等等这些简单的东西上升到国家、国际交换和世界市场的各种经济学体系就开始出现了。

后一种方法显然是科学上正确的方法。"①

为了达到这里列举的一个最简单的范畴——劳动一般,就要研究近代的政治经济学的历史。最早把政治经济学考察的重心从流通过程移向生产过程的是重农学派,他们认为,只有农业劳动才是生产劳动。彻底打破这种限制,不管是农业还是工业都是劳动一般,都是财富的源泉,并且把这些当做政治经济学的基础的,是亚当·斯密的功绩。

因此,经过"下降"的道路得出最简单的范畴,从这一范畴"向上"攀登,再一次把现实的具体关系当成目标的过程,才是政治经济学的科学体系,而把这一点作为严密的科学、集理论大成的是《资本论》。

作为最初的商品

政治经济学体系应从哪里开始?我们在前节谈到的"上升"体系的起点在哪里?应从商品开始,应在商品这里。

所谓资本主义,简单地说来,就是这样一种经济体制——资本家是

---

① 《马克思恩格斯全集》第1版第46卷上册第37—38页。

生产资料的所有者，工人被雇用，获取利润（剩余价值）是生产的目的。但是，要想突然得出这种本质是不可能的，这是因为：第一，所谓资本，是自行增殖的货币，所以要想知道资本，首先必须知道货币。要想知道货币，必须知道商品，因为在货币尚未产生的时候，就已存在商品，即所谓商品是货币的祖先。第二，所谓雇佣劳动，是以把劳动力作为商品出卖为前提的。要想知道劳动力商品，首先必须知道一般商品。第三，所谓利润（剩余价值），是产品价格同业已消费的原料价格和机器补偿以及工资之间的差额。而且，要想了解利润的结构，首先就必须知道价格，和必须知道早于价格的商品的价值。因此，无论如何，首先要研究商品。

所谓商品，是资本主义社会中最大量出现和消失的、最常见的对象。因此，马克思在《资本论》的开头说道："资本主义生产方式占统治地位的社会的财富，表现为'庞大的商品堆积'，单个的商品表现为这种财富的元素形式。因此，我们的研究就从分析商品开始。"[①]

商品首先表现为满足人们的某种欲望的物即使用价值。另一方面，商品又是一定的交换价值，可以用来同别的一定量的商品进行交换。可是所谓交换价值，实质上无非是在它的背后某一价值的表现形式。因此，所谓商品，是价值和使用价值这两种要素的统一物。

《资本论》通过对商品的分析解决了一个重大的命题：价值的实体是劳动（抽象人类劳动），劳动量（＝劳动时间）规定价值量。这种劳动价值理论是揭示资本主义经济秘密的最强大的武器。

《资本论》分析了商品中内在具有的价值在表现过程中所采取的形式即价值形式，在价值概念的基础上说明产生货币的必然性。通过对同商品生产不可分的拜物教的说明和对货币本质、货币职能的分析，进而

---

① 《马克思恩格斯全集》第 1 版第 23 卷第 47 页。

研究了目的在于无限增殖的货币即资本。

本书的后一部分对此问题将要详细说明，在这里，只想列举一两个方法论问题。

第一，使用价值是怎样成为政治经济学的对象的？

首先，一般说来，"作为使用价值的使用价值"是政治经济学考察范围以外的事。它只不过是"商品学的对象"。

然而其次，这并不是说，在任何场合，使用价值都处于政治经济学的范围之外，政治经济学也有把使用价值当成分析对象的场合。这就是"当使用价值本身是形式规定的时候"[①]。例如，金银最适合充当货币商品，因为它们具有不易腐坏、质地一致和高贵的光泽等等这种只有金银才具有的使用价值的特质；在等价交换的前提下，为了说明剩余价值产生的秘密，必须通过劳动力的消费，去分析能够把超过自身价值以上的价值对象化的这种劳动力商品的使用价值；在对社会总资本的再生产的分析中，必须从使用价值的观点出发，把全部产品分成两个部门，即生产资料部门和消费资料部门；商品的使用价值在劳动期间、生产期间和流通期间是不同的，在资本有机构成上是不同的；再有，投机之所以盛行，是因为质地一致的、大量被消费的、产量受到气候限制的这种使用价值的商品有限等等。因此，使用价值本身的研究对政治经济学来说，具有极其重要的意义。

上面虽然说的是不同商品种类的特质问题，但是一般说来，商品的使用价值是"为别人生产使用价值"，是"社会的使用价值"，具有"特殊的历史性质"[②]。因此，使用价值只能在价值形式理论中起价值的表现形式的作用，表现为"作为资本的货币的使用价值"（具有产生平

---

① 《马克思恩格斯全集》第 1 版第 13 卷第 16 页。

② 《马克思恩格斯全集》第 1 版第 19 卷第 413 页。

均利润的能力）这种资本主义特有的使用价值。

第二，对商品拜物教的分析。

在这里有两点非常清楚：一方面，社会分工是由相互独立、相互分离的私人生产者通过他们的产品交换进行的，这是商品生产所特有的社会关系（社会劳动同私人劳动的矛盾）；另一方面，在这种关系下，必然发生拜物教（人同人的关系表现为物同物的关系这种性质）。

第三，价值规律的意义。

支配商品生产的经济规律是价值规律，这种规律大体有两个内容。第一个内容是《资本论》第一卷第一章所展开的"价值规定"。第二个内容是作为"调节"——按照社会的愿望，对社会总劳动，对各生产部门按比例"调节"分配——所起的作用。关于分配劳动的这种调节问题，马克思写道："这种按一定比例**分配**社会劳动的**必要性**，决不可能被社会生产的**一定形式**所取消，而可能改变的只是**它的表现形式**，这是不言而喻的。自然规律是根本不能取消的。在不同的历史条件下能够发生变化的，只是这些规律借以实现的**形式**。而在社会劳动的联系体现为个人劳动产品的**私人交换**的社会制度下，这种劳动按比例分配所借以实现的形式，正是这些产品的**交换价值**。"①

这里所说的劳动分配问题，在社会主义经济中，在所谓的经济平衡论的这种形式上，具有现实意义，其次，这个问题在资本主义经济中，表现为每隔十年发生一次经济危机，并成为生产无政府状态和无秩序状态的震源地。

---

① 《马克思恩格斯全集》第 1 版第 32 卷第 541 页。

逻辑的和历史的

在《资本论》的体系中，在《资本论》的每一个地方，都存在着逻辑的顺序和历史的顺序相适应和相一致的关系。例如，价值形式的逻辑的发展同商品交换的历史的发展大体一致（只不过现实交换的历史是从尚完全不具有简单价值形式的直接产品交换开始）。接着是绝对剩余价值的生产（工作日的延长）和相对剩余价值的生产的关系；协作、工场手工业、机器大工业的顺序；简单再生产和扩大再生产；利润和平均利润；价值和生产价格；商业信用和银行信用，等等。

在所有这些场合，概念的逻辑的发展同现实关系的历史的发展是相适应的。

那么，这种逻辑的和历史的相互适应到底是怎样产生的呢？一言以蔽之，这是因为，现实的商品生产即资本主义生产本身也同概念的逻辑的发展一样，是由低级阶段向高级阶段发展，由简单结构向复杂结构发展的。

这种关系从《资本论》一开始论述商品中就可以看到。这种商品是资本主义社会的商品呢，还是资本主义以前的历史上存在的小商品呢？关于这个问题，人们总是不断地在议论。首先，在资本主义以前的生产方式中，商品生产只不过是社会的部分现象。因此，商品脱离不开产品的支配形式，在《资本论》的开头，不可能在充分的内涵和外延上发展上述所论述的各种关系。因此结论是，开头谈到的商品是作为"资本主义生产方式占统治地位的社会的财富……的元素形式"的商品，是得到全面发展的资本主义生产中的商品，而不是以外的什么东西。

不过，《资本论》开头所阐明的价值规定，显然只是说明了资本主义商品的这种极为复杂的整体物的最抽象的一个方面。资本主义商品的价值不仅仅是劳动一般的物化,也还包含着作为工人的剩余劳动的物化的剩余价值。其次,剩余价值转化为平均利润,价值转化为生产价格,这些转化都是以资本在各部门之间的转移为媒介的。因此,资本主义下的价值的原理,虽然在整个商品世界的运动的基础上无可争辩地说在得到贯彻,但是面对各类商品的市场价格的变动,直接规定者的作用只不过是制定生产价格,价值在这一基础上则成为内在的东西。

与此相反,历史上的小商品(这种商品不过是社会的部分现象,多半偶然成为商品,是不成熟的商品)不受生产价格规律制约,不包括《资本论》开头所阐述的简单原理——价值由劳动时间规定。因此,马克思写道:"因此,商品按照它们的价值或接近于它们的价值进行的交换,比那种按照它们的生产价格进行的交换,所要求的发展阶段要低得多。而按照它们的生产价格进行的交换,则需要资本主义的发展达到一定的高度。

不同商品的价格不管最初用什么方式来互相确定或调节,它们的变动总是受价值规律的支配。在其他条件相同的情况下,如果生产商品所必需的劳动时间减少了,价格就会降低;如果增加了,价格就会提高。

因此,撇开价格和价格变动受价值规律支配不说,把商品价值看做不仅在理论上,而且在历史上先于生产价格,是完全恰当的。这适用于生产资料归劳动者所有的那种状态;这种状态,无论在古代世界还是近代世界,都可以在自耕农和手工业者那里看到。"①

也就是说,在这里弄清了下面这种关系的形成:

"因此,从这一方面看来,可以说,比较简单的范畴可以表现一个比较不发展的整体的处于支配地位的关系或者一个比较发展的整体的从

---

① 《马克思恩格斯全集》第1版第25卷第197—198页。

属关系，这些关系在整体向着以一个比较具体的范畴表现出来的方面发展之前，在历史上已经存在。在这个限度内，从最简单上升到复杂这个抽象思维的进程符合现实的历史过程。"①

以上是对逻辑的和历史的相互适应这个极为有趣的命题的简要说明。

不过，《资本论》的理论尽管是以如上面所谈到的逻辑—历史的发展由简单到复杂为根据，但决不是说仅仅限于这种结构。在这里，为了彻底说明资本主义生产方式的内在结构，就要运用一切科学的研究方法。例如，首先"分析"对象的相互对立的各个侧面，之后将它们"综合"起来；首先说明"本质"，之后论述"表现形式"；首先"提出问题"，之后证明用老观点是不能"解决问题"的；在确定"规律"之后，要用具体的经验过的事实"证实"规律；首先明确"一般"形式，之后进到"特殊"形式；首先论证"全体"，之后转向"部分"；等等。在所有这些场合，靠的是相应的方法，运用的是研究的手术刀，这样，所有这些便构成了《资本论》的各篇。

然而，不管在哪种场合，对象自身都是同时存在的，但是很明显，逻辑的运动并非同对象自身的历史发展完全一致。逻辑的和历史的一致性这一命题是极为重要的，我反对对此给予过小的评价，但是我认为，把它机械地转嫁给《资本论》结构的一切部分，则是完全无聊的，其结果必然无视《资本论》所运用的千变万化的极为丰富的科学方法这一事实。

再有，为了避免在这里发生混乱，我还要补充一句：虽然《资本论》中多处分析了资本主义以前的即原始共同体的、古代的、封建的等等历史形态，但是，这同本节所谈的逻辑和历史的一致性的场合所说的

---

① 《马克思恩格斯全集》第1版第46卷上册第40页。

"历史的"这一概念（资本主义生产方式本身的萌芽状态以至内部的阶梯）是不同的。这是同资本主义生产方式不同性质的形态，由于摧毁、统治和变形，它开始转化为资本主义生产方式的一个要素。因此，关于它们的历史形态在逻辑上所采取的顺序，同它们在历史上表现的形式是不同的。

例如，就原始积累来说，首先说明了"资本主义积累"的内部结构（第一卷第七篇），之后，才从资本主义前形态怎样产生出被分解出来的资本关系这个角度，论述了"资本的原始积累"。其次，就商人资本、生息资本和地租来说，首先分别分析了作为资本主义生产方式本身的构成部分的、参与剩余价值再分配的"商人资本"（第三卷第四篇）、"生息资本"（第三卷第五篇）、"地租"（第三卷第六篇），之后，才进一步论述它们的资本主义前的形态［《关于商人资本的历史考察》、《资本主义以前的（生息资本、资本主义地租的形成——作者注）状态》］。这是正确的处理方法。《〈政治经济学批判〉导言》对此作了如下说明："把经济范畴按它们在历史上起决定作用的先后次序来排列是不行的、错误的。它们的次序倒是由它们在现代资产阶级社会中的相互关系决定的，这种关系同表现出来的它们的自然次序或者符合历史发展的次序恰好相反。问题不在于各种经济关系在不同社会形式的相继更替的序列中在历史上占有什么地位。"[1]

分析的方法和发生论的方法

《资本论》的体系贯穿着严密的科学方法，《资本论》通过这种方法得出了正确的认识和理论，但是，这一点只有通过同古典学派的优秀

---

[1] 《马克思恩格斯全集》第1版第46卷上册第45页。

代表人物李嘉图的理论体系进行比较,才更加清楚。

先于李嘉图古典学派的一位代表人物是亚当·斯密,"一方面,他探索各种经济范畴的内在联系,或者说,资产阶级经济制度的隐蔽结构。另一方面,他同时又按照联系在竞争现象中表面上所表现的那个样子,也就是按照它在非科学的观察者眼中,同样在那些被实际卷入资产阶级生产过程并同这一过程有实际利害关系的人们眼中所表现的那个样子,把联系提出来"①。因此,例如,关于商品的价值,斯密一方面没有科学地认识到,价值是由"所投下的劳动量"决定的,没有彻底地坚持这一点,另一方面,把商品的价值同这一商品在市场上由"所支配的劳动"量决定的这种错误的供求理论混同在一起。

李嘉图提出了比较正确的劳动价值理论,彻底地解决了斯密的这种混乱。李嘉图说:"财货的价值〔量〕是由生产财货的必要的相对的劳动量决定的,但不是由针对这一劳动所支付的报酬的多寡决定的",并把价值的规定原理归于一元性生产中的必要劳动量。在这样的基础上,他试图根据这一劳动价值理论,统一地把握住资本主义的经济关系,把地租还原为超额利润,把利息当做利润的一部分,把利润还原为劳动价值。因此,李嘉图通过尽管财富形式不同,但其源泉是同一的这一点,把握住多种多样的经济现象中的内在联系,说明经济范畴在理论和内容方面是没有矛盾的。

这一点一方面无疑是李嘉图的功绩,但是另一方面,在他的体系中却包含着重大的方法论的缺陷。马克思在《剩余价值理论》一书中指出:"李嘉图的方法是这样的:李嘉图从商品的价值量决定于劳动时间这个规定出发,然后**研究**其他经济关系(其他经济范畴)是否同这个价值规定相**矛盾**,或者说,它们在多大的程度上改变着这个价值规定。

---

① 《马克思恩格斯全集》第1版第26卷第2册第181—182页。

人们一眼就可以看出这种方法的历史合理性，它在政治经济学史上的科学必然性，同时也可以看出它在科学上的不完备性，这种不完备性不仅表现在叙述的方式上（形式方面），而且导致错误的结论，因为这种方法跳过必要的中介环节，企图直接证明各种经济范畴相互一致。"①

在《资本论》的商品分析中，首先论述了商品价值的"量"的规定（社会必要劳动时间），阐明了价值的"质"的规定（作为实体的抽象人类劳动）。而价值关系，"价值形式"必然是从价值概念中展开的，从而揭示了"货币"的秘密。——随后，把价值理论用于分析"劳动力"商品，并以此作为钥匙，解开了"剩余价值"之谜。——在不仅包括可变资本，也包括不变资本的总资本同剩余价值发生关系的场合，剩余价值表现为利润。证明，总剩余价值＝总利润，通过有机构成和周转率不同的资本竞争，即通过资本在不同部门之间的转移进行再分配以及"平均利润率"的形成；证明，价值转化为作为费用价格加平均利润的"生产价格"。——最后，有产阶级这一帮人的收入，如"企业主收入"、"商业利润"、"利息"、"地租"等无非是剩余价值的第二次分配，说明这种第二次分配的原因以及规定这种分配的规律。——因此，针对资本主义经济本身的多层次的结构，精确地采取了多种多样的对策，巧妙地贯彻了严密的科学的方法。

与此相反，李嘉图却自始至终避开了复杂范畴和简单范畴之间的必要阶梯和中项，将它们直接地联在一起。也就是说，没有把剩余价值同它的特殊形式——利润、地租、利息区别开来。一开始就把剩余价值称做利润，而论述商品价值时，又突然出现利润。在资本主义制度下，商品的价格并非直接由价值决定，而是由生产价格（费用价格加平均利润）决定。这一重要事实李嘉图终于未能解决。这个谜留下来了。

---

① 《马克思恩格斯全集》第1版第26卷第2册第181页。

关于李嘉图的这一理论的缺陷,马克思说道:"在进行这种分析的时候,古典政治经济学有时也陷入矛盾;它往往试图不揭示中介环节就直接进行这种还原和证明不同形式的源泉的同一性。但这是它的分析方法的必然结果,批判和理解必须从这一方法开始。"①

(原载《马克思〈资本论〉研究》新日本出版社 1980 年版)

(刘西喻 译)

---

① 《马克思恩格斯全集》第 1 版第 26 卷第 3 册第 556 页。

《资本论》第一章的逻辑演绎方法探析*

迟维东

探讨《资本论》第一章的写作方法，有利于把握马克思《资本论》第一章的深刻内涵，也是理解其中深奥的政治经济学理论的重要前提，对我们分析解决日常其他问题也是大有裨益的。在此，笔者试图从形式逻辑和辩证逻辑两个视角，概括出《资本论》第一章的逻辑方法。通览《资本论》，我们不难发现：马克思在这部百科全书式的论著中，确实作到了研究方法与叙述方法的统一、历史方法与逻辑方法的统一、分析方法与综合方法的统一、归纳法与演绎法的统一。但我们在这里仅从演绎方法的角度略述拙见，以飨读者。

一、《资本论》第一章的形式逻辑演绎方法

搞清《资本论》第一章的论述方法对于理解本书关于政治经济学的理论十分必要。笔者认为，《资本论》第一章的表达方法主要是逻辑上的演绎法。这里讲的"演绎法"，首先是形式逻辑的三段论，马克思在《资本论》第一卷第一章中所运用的主要论证方式正是三段论式。马克思引用了"一切事的开头总是困难的"这句为实践证实了的鲜为

---

* 本文选自《马克思主义与现实》2007年第6期。作者为鲁东大学政法学院教授。

人知的"公理"为依据,通过三段论第一格的 AAA 式,证明了"第一章是最难理解的"这一论题。如果把这一论证过程展开,就是下面两个三段论推理:(1)一切事情的开头总是困难的;所有科学的开头都是事情的开头;所以,所有科学的开头总是困难的。(2)所有科学的开头理解起来是困难的;《资本论》第一章是科学的开头;所以,对《资本论》第一章的理解是困难的。马克思只不过用了极其精炼的语言表述了这一复杂论证过程而已。再如,马克思在《资本论》第一篇第一章中说:"一切价值形式的秘密都隐藏在这个简单的价值形式中。因此,分析这个形式确实困难。"① 这实际上是形式逻辑中三段论省略式的运用。如果把省略的大前提补充上,其完整形式的三段论则是:凡隐藏在简单价值形式中的东西分析起来都是困难的;一切价值形式的秘密都是隐藏在这个简单价值形式中的东西;所以,一切价值形式的秘密分析起来都是困难的。在论及"从一般价值形态到货币形式的过渡"时,马克思说:"一般等价形式是价值本身的一种形式。因此,它可以属于任何一种商品。"② 这当然也是一个三段论省略式。将其展现出来就是:凡具有价值形式的(物)都可归于一种商品;一般等价形式是价值的一种形式;所以,它(一般等价形式)可归于一种商品。像这样采用形式三段论方式进行的论述,在《资本论》第一章中可以说俯拾皆是。我们知道,三段论是传统逻辑演绎方法的代表,只要前提真实、形式有效,其结论必真无疑。应该说,马克思所用的传统逻辑三段论演绎法,不仅形式有效(符合逻辑规则),而且据以为推的前提命题也都是真实可靠的,具有莫大的论证性与说服力,有着无可辩驳的逻辑力量,为我们科学严谨地论证问题树立了光辉的典范。

---

① 《马克思恩格斯全集》第 2 版第 44 卷第 62 页。
② 《马克思恩格斯全集》第 2 版第 44 卷第 86 页。

二、《资本论》第一章的辩证逻辑演绎方法

在表述上，《资本论》第一篇第一章除了运用了形式逻辑三段论法之外，更主要的是运用辩证演绎法。因为这一章的逻辑结构与黑格尔的辩证逻辑方法密切相关。对此，我们可以从马克思在这里所用的论证方法与黑格尔的辩证逻辑三段式的比较分析中加以说明。黑格尔在其晚期的最后一部著作《法哲学原理》中，曾经就他所使用的逻辑方法作过一个总结性的论述，他指出："这里同样以（我在）逻辑学中所阐明了的方法为前提。根据这种方法，在科学中，概念是从它本身发展起来的，这种发展纯粹是概念规定内在的前进运动和产物。""概念的运动原则不仅消融而且产生普遍物的特殊化，我把这个原则叫做辩证法。"①话语虽简约，却极其深刻地体现了黑格尔辩证方法的精髓。事实上，马克思在《资本论》中所应用的逻辑方法，尤其是第一篇第一章关于价值理论的演绎法，正是对黑格尔上述逻辑思想的具体运用。马克思本人也曾说过："我公开承认我是这位大思想家的学生，并且在关于价值理论的一章中，有些地方我甚至卖弄起黑格尔特有的表达方式。"② 黑格尔对于科学的最大贡献，是创造了一种令人耳目一新的辩证逻辑方法。根据这种方法，各种科学领域中的概念系统，都应该被组织成一个体现事物历史发展进程的历史概念的集合。黑格尔在他的逻辑学中曾证明，一切历史概念的集合，概念的自身运动，都是通过由个别物向普遍物以及由普遍物向特殊物的对立运动而实现的。他说："个别的东西被提高到它的普遍性之中，或者说，普遍的东西在其现实中个别化了，两者是

---

① 〔德〕黑格尔：《法哲学原理》，北京：商务印书馆1961年版，第38页。
② 《马克思恩格斯全集》第2版第44卷第22页。

一回事。"① 因此，在《逻辑学》中，黑格尔提出了这样一个演绎三段式：

个别——普遍——特殊
（正题）（反题）（合题——个别与普遍的综合）

黑格尔认为："'个别——普遍——特殊'这种推论，就其本身看来，是形式推论的真理。"② 从商品价值的逻辑分析中，不难看出：马克思两次运用了黑格尔逻辑学的这个演绎三段式。

马克思对于商品价值的逻辑分析，首先是从分析商品价值的二重性开始的。他指出，一切商品都是对人类具有效用、具有"使用价值"的单一物。而在个别商品与个别商品的交换中，这些单一的商品显示了自身隐蔽着的普遍性价值——交换价值。马克思说："在商品的交换关系本身中，商品的交换价值表现为同它们的使用价值完全无关的东西。如果真正把劳动产品的使用价值抽去，就得到刚才已经规定的它们的价值。"③ 商品之所以具有交换关系，就在于抽去商品的使用价值。这是由单一商品的个别性价值向一般性价值的逻辑发展。由此我们可以领会到，马克思实际上是在将"单一使用价值"和"普遍使用价值"抽象化为一般交换价值，又将一般交换价值具体化为"单一使用价值"和"普遍使用价值"。这里体现了他的辩证思维的亮点。

马克思进而讨论了商品之所以能从使用价值抽象为交换价值的原因。他指出："如果把商品体的使用价值撇开，商品体就只剩下一个属性，即劳动产品这个属性。"④ 商品作为劳动产品的交换，实际上就是

---

① 〔德〕黑格尔：《逻辑学》下卷，北京：商务印书馆1976年版，第302页。
② 〔德〕黑格尔：《逻辑学》下卷，北京：商务印书馆1976年版，第358页。
③ 《马克思恩格斯全集》第2版第44卷第51页。
④ 《马克思恩格斯全集》第2版第44卷第50—51页。

不同生产者之间的劳动交换。在这种交换中，单一的、具体的劳动，通过物化和异化的形式，被转化为抽象的、普遍的劳动。马克思说："私人劳动应该直接表现为它的对立面，即社会劳动；……抽象的一般劳动……个人劳动只有通过异化，才实际表现为它的对立面。"[①] 由此又可以把"普遍的人类劳动"抽象为"单独的具体劳动"和"单独的抽象劳动"。马克思指出，由具体劳动向抽象劳动的转化，绝非仅仅发生于经济学家的头脑中，而是时时刻刻现实地发生在商品交换的市场上："私人生产者的头脑把他们的私人劳动的这种二重的社会性质，只是反映在从实际交易，产品交换中表现出来的那些形式中。"[②] 请注意，马克思关于商品的"二重性"一说，是就剖析商品体内部的矛盾的两个方面说的，并未上升到哲学的高度，只是停留在直观的抽象上面。《资本论》属于政治经济学理论，黑格尔的辩证法是纯逻辑的东西，属于哲学范畴。马克思在这里只是借用了黑格尔的方法来说明经济问题。因此，这种逻辑抽象同时也是对客观的抽象，亦即黑格尔所说的："这种辩证法不是主观思维的外部活动，而是内容固有的灵魂。"[③] 在论证了具体劳动向抽象劳动的转化后，马克思指出："这些物现在只是表示，在它们的生产上耗费了人类劳动力，积累了人类劳动。这些物，作为它们共有的这个社会实体的结晶，就是价值——商品价值。"[④] 由上面的简要分析不难看出，在由商品价值二重性向价值实体范畴的演绎分析中，马克思运用了黑格尔"个别——一般——特殊"的辩证三段式，即：

---

① 《马克思恩格斯全集》第 1 版第 26 卷第 3 册第 146 页。
② 《马克思恩格斯全集》第 2 版第 44 卷第 91 页。
③ 〔德〕黑格尔：《法哲学原理》，北京：商务印书馆 1961 年版，第 38 页。
④ 《马克思恩格斯全集》第 2 版第 44 卷第 51 页。

$$\left.\begin{array}{c}\text{使用价值} \\ \text{具体劳动}\end{array}\right\} \rightarrow \left.\begin{array}{c}\text{交换价值} \\ \text{抽象劳动}\end{array}\right\} \rightarrow$$

（个别） → （一般） → （特殊）

不仅如此，马克思在分析商品由简单价值关系向货币形式转化时，再次运用了黑格尔的三段式："最简单的价值关系就是一个商品同另一个不同种的商品（不管是哪一种商品都一样）的价值关系。"即"简单的、个别的或偶然的价值形式"："x 量商品 A = y 量商品 B，或 x 量商品 A 值 y 量商品 B。"①

马克思进而分析了简单价值形式的总体——总和的或扩大的价值形式。他指出："个别的价值形式会自行过渡到更完全的形式"；"商品的个别的价值表现就转化为一个可以不断延长的、不同的简单价值表现的系列。"即：

"z 量商品 A = u 量商品 B，或 = v 量商品 C，或 = w 量商品 D，或 = x 量商品 E，或 = 其他。"②

在这里，实现了个别商品的价值关系向商品的一般等价形式的过渡，即：

A = B = C = D = …… n = x（这里的 x，表示商品的一般等价形式）

马克思指出："一般价值形式的出现只是商品世界共同活动的结果。一个商品所以获得一般的价值表现，只是因为其他一切商品同时也用同一个等价物来表现自己的价值，而每一种新出现的商品都要这样做。"③这"同一个等价物"就是所谓的货币。

马克思通过考察商品和货币的发展史指出，许多种不同的特殊商

---

① 《马克思恩格斯全集》第 2 版第 44 卷第 62 页。
② 《马克思恩格斯全集》第 2 版第 44 卷第 78 页。
③ 《马克思恩格斯全集》第 2 版第 44 卷第 82—83 页。

品——例如贝壳、牲畜、粮食、金属,在交换史上都曾经担当过这种一般等价物、价值实体的功能。因此货币的产生具有必然性。由于金银天然具有美学的和其他属性的优点,因此最终被人类选择为最宜于担任货币职能的金属。所以,"'金银天然不是货币,但货币天然是金银',这句话已为金银的自然属性适于担任货币的职能而得到证明。"① 通过货币的产生,"商品成为一般交换价值","交换价值成为一种特殊商品";因为一切商品能够共同用一个特殊的商品来计量自己的价值,这样,这个特殊的商品就成为它们共同的价值尺度或货币。于是,由商品的个别交换关系出发,通过过渡为商品普遍交换的一般等价形式,直到商品的一般价值凝集于一种特殊商品——贵金属物上,就又经历了一个"个别——一般——特殊"的三段式过程。即:

实物交易 → 抽象价值 → 货币
(具体价值)(不确定等价值)(贵金属)

通过这个三段式的分析,马克思同时也揭示了货币起源和货币崇拜的形式,即:"货币拜物教的谜就是商品拜物教的谜,只不过变得明显了,耀眼了。"②

还应当指出,马克思对于商品、劳动、价值的分析,既是逻辑分析又是历史分析。因为,货币的逻辑发生过程,同时显示了它自身的历史发生过程。从个别性的以物易物式的交换,到普遍的市场经营贸易,再到一般等价物的选择和金银货币的出现,这正是一切民族早期经济史的共同历程。

---

① 《马克思恩格斯全集》第 2 版第 44 卷第 108 页。
② 《马克思恩格斯全集》第 2 版第 44 卷第 113 页。

三、结　语

综上所述，我们可以大体上解读《资本论》第一章所用的形式逻辑演绎方法，也可在一定程度上理解其中所用的辩证演绎法与黑格尔先验三段式之间存在的关系。与古典经济学所应用的经验分析方法不同，马克思在他的经济研究中，自觉地引入了思辨的逻辑方法（即辩证法），所以他在1858年1月14日致恩格斯的一封信中谈到自己的经济方法时说："我又把黑格尔的《逻辑学》浏览了一遍，这在材料加工的**方法**上帮了我很大的忙。"① 所不同的是，在黑格尔看来，历史的东西是对逻辑理性的证明；而在马克思看来，恰恰相反，逻辑的东西来自于对历史过程的分析与综合。黑格尔说："在哲学的认识中，概念的必然性是主要的东西；生成运动的过程，作为成果来说，是概念的证明和演绎。"② 而马克思则在《资本论》中指出："对人类生活形式的思索，从而对这些形式的科学分析，总是采取同实际发展相反的道路。这种思索是从事后开始的，就是说，是从发展过程的完成的结果开始的。"③ 马克思还告诫人们："当然，在形式上，叙述方法必须与研究方法不同。研究必须充分地占有材料，分析它的各种发展形式，探寻这些形式的内在联系。只有这项工作完成以后，现实的运动才能适当地叙述出来。这点一旦作到，材料的生命一旦在观念上反映出来，呈现在我们面前的就好像是一个先验的结构了。"④

---

① 《马克思恩格斯全集》第1版第29卷第250页。
② 〔德〕黑格尔：《法哲学原理》，北京：商务印书馆1961年版，第3页。
③ 《马克思恩格斯全集》第2版第44卷第93页。
④ 《马克思恩格斯全集》第2版第44卷第21—22页。

《资本论》的读者们如果不深入思索，往往会陷入一个误区，认为"商品"一章的论述只不过是沿用了黑格尔的"个别——一般——特殊"这样一个先验的三段式结构演绎出来的。但马克思与黑格尔的前提或出发点不同：黑格尔的辩证思维方法从总体来说是唯心的、先验的，而马克思在这里只是借用了黑格尔的那种长于分析问题的辩证法的合理内核，把"倒立着的辩证法"给顺过来了，其关键在于加入了唯物主义的前提，即由唯物主义的历史前提出发，而不是由先验的范畴结构出发，这也正是《资本论》的方法与黑格尔体系的根本区别之所在。由此我们可以说，马克思对"商品——劳动——货币"的演化史的探讨，是前无古人的极其深刻的历史研究成果，是无产阶级和广大劳苦大众的宝贵精神财富。

《读〈资本论〉》译序*

李其庆

阿尔都塞、巴里巴尔等法国学者合著的《读〈资本论〉》一书发表于1965年。该书在1968年再版时,只保留了阿尔都塞和巴里巴尔的著作。这个版本在国际学术界有很大影响。该书的英译本和德译本都以这个版本为原版本。我们这个中译本也是根据这个版本翻译的。

《读〈资本论〉》第二版的第一部分即主要部分是阿尔都塞1965年初在巴黎高等师范学校举办的《资本论》研究会上所作的几篇哲学报告。这些哲学论文是阿尔都塞在特定的意识形态和理论斗争中构思、写作和发表的。阿尔都塞本人在1970年5月《读〈资本论〉》英文版正文前面的按语中写道:"关于这部著作写作时(1965年)的形势,关于它作为对这种形势的理论和意识形态干预的性质,以及关于它在理论上的局限、缺陷和错误,读者应该读读《保卫马克思》中的介绍——《致我的英语读者》。"阿尔都塞这里所说的形势就是指苏共"二十大"以后在国际共产主义运动中以及在法国共产党内和法国哲学界出现的意识形态和理论的形势。阿尔都塞这一时期的重要理论著作《保卫马克思》和《读〈资本论〉》就是对这种形势所作的"干预"和"反应"。

阿尔都塞著作涉及的不是这种形势的政治方面,而是在这种政治形势下产生和发展起来的意识形态和理论问题。这些问题主要集中在以下

---

* 本文选自《马克思主义研究》2001年第3期。作者为中央编译局研究员。

两个方面：（1）关于马克思的早期著作与成熟期著作之间关系的争论；（2）关于"斯大林主义"问题的争论。阿尔都塞进行"干预"的目的就是要在马克思主义的科学理论与非马克思主义的意识形态之间划清界限。关于马克思早期著作和成熟期著作关系的争论发端于本世纪二三十年代，而在五六十年代则形成了高潮。这场争论涉及的范围很广，主要集中于马克思早期著作《1844年经济学哲学手稿》在马克思思想发展史中的地位、异化理论、人道主义等问题。

《手稿》是马克思早期的一部重要著作，它标志着马克思从唯心主义和革命民主主义向唯物主义和共产主义的转变，因而在马克思主义哲学的历史形成过程中占有特殊的地位。《手稿》首先反映了马克思当时在哲学、经济学和共产主义理论方面的研究成果。这些成果是在直接继续19世纪马克思以前的哲学、经济学和社会主义的先进理论，同时对这些理论进行革命改造而取得的。但是，《手稿》是马克思未完成的著作。它无论在观点上还是在术语上都反映了马克思思想发展的这个阶段的历史特点。这个特点主要表现在《手稿》的内容和表达形式之间的矛盾上，同时也反映在某些人本主义的模糊不清的论述中。这说明马克思在《手稿》中已经作为唯物主义者和共产主义者出现，但是这些新的唯物主义和共产主义观点还没有得到适当的明确表述，还没有采取与内容相符合的论述形式，同时也说明新的马克思主义哲学还没有同它脱胎而来的旧的哲学学说完全划清界限。

《手稿》与马克思以前的各种学说之间的这种批判和继承的复杂关系遭到了某些西方学者和马克思主义者的歪曲和误解。他们夸大马克思继承德国古典哲学的因素，抹杀马克思异化观和黑格尔唯心主义异化观以及费尔巴哈人本主义异化观的本质区别，否定马克思主义人道主义和资产阶级人道主义的根本界限，把《手稿》的中心思想归结为人本主义，提出"异化"是马克思主义的基本理论，异化劳动学说是马克思主义人道主义的出发点，消除异化是共产主义的实质和最终目的等等。与此同时，他们把青年马克思同"成熟的"马克思、马克思的早期著作同成熟著作对立起来，把青年马克思的思想说成是马克思思想的顶峰，把马克思在哲学、经济学和共产主义方面的经典著作说成是这一学说的退化。他们制造这种对立的实质就是要否定马克思主义唯物史观、剩余价值学说，否认阶级斗争和无产阶级革命学说，用他们所歪曲了的马克思早期著作的观点来取代马克思主义。这就是所谓的用人道主义重新解释马克思主义的思潮。阿尔都塞的《读〈资本论〉》就是对这种用《手稿》中的异化、人道主义、人的本质去解释和统一《资本论》和马克思思想的错误观点的回答。

阿尔都塞的另一个"干预"是指由苏共"二十大"所引起的关于"斯大林主义"问题的争论。苏共"二十大"的召开是50年代国际共产主义运动史上的重大事件。赫鲁晓夫在会上发起的"非斯大林化运动"，不仅在政治方面，而且在意识形态等方面都产生了深刻的影响。阿尔都塞在《保卫马克思》英文版《致我的英语读者》一文中描述这种情况时写道：

> "对斯大林'教条主义'的批判，普遍地被共产党人知识分子当做一种'解放'。这种'解放'产生了一种具有深远意义的意识形态反应，即'自由'和'伦理'倾向，它自发地重新发现了'自由'、'人'、'属于人的人'和'异化'等陈旧的哲学论题。这种意识形态的倾向在马克思的早期著作中寻找理论根据，而马克思的早期著作也确实包含了一种关于人、人的异化和人的解放哲学的全部论点。这些情况自相矛盾地改变了马克思主义哲学的局面。自30年代以来，马克思的早期著作成了小资产阶级知识分子用以反对马克思主义的'工具'。这些早期著作，开始是一点一点地、以后又是大规模地被用来对马克思主义作一种新的解释。今天，许许多多被苏共'二十大'从斯大林'教条主义'中'解放'出来的共产党人知识分子，正公开地发展这种新的解释，'马克思主

义的人道主义'的论题和对马克思著作所作的'人道主义'解释,正逐步地不可抗拒地把自己的影响强加给当代的马克思主义哲学,甚至在苏联和西方的共产党内部也不例外。"

阿尔都塞认为,苏共"二十大"批判斯大林后在国际共产主义运动中出现的人道主义思潮是对"非斯大林化运动"的一种反动,是马克思、列宁早已批判过的资产阶级意识形态在新的历史条件下的复活。阿尔都塞反对对"斯大林主义"采取简单的、全盘否定的态度,他认为斯大林虽然犯有"偏向"的毛病,但对马克思主义仍然作出了贡献。他称赞斯大林的《列宁主义问题》是一部"在许多方面很出色的著作",并高度评价斯大林拒绝黑格尔的"否定之否定"的理论观点。他也曾批评过斯大林的"教条主义",他不赞成斯大林主义的"经济决定论",认为这是一种简单的决定论,而主张政治和意识形态有相对的自由性。他认为,从人道主义出发来批判斯大林的错误并没有击中问题的要害,而是找错了原因。批判这些错误,首先必须分析产生这些错误的政治条件、意识形态条件和理论条件,从而划清马克思主义科学和资产阶级意识形态的界限,分清理论是非,为马克思主义的发展开辟新的道路。为此,阿尔都塞给自己规定了两项理论任务。

1. 维护马克思主义的革命纯洁性,反对在批判斯大林教条主义、"个人迷信"、机械主义、形而上学的口号下,复活人道主义、黑格尔主义等资产阶级意识形态。他明确指出:"要是没有苏共'二十大'和赫鲁晓夫批评斯大林以及后来的自由化,我永远不会写任何东西……因此,我的靶子是很清楚的,就是这些人道主义的胡言乱语,这些关于自由、劳动或异化的苍白论述。"① 他认为,共产主义运动"在理论方面

---

① 转引自美国《激进哲学》1975年冬季号,第12页。

的决定性任务之一，是反对时刻威胁着马克思主义理论、并且今天在深深浸透着它的资产阶级和小资产阶级世界观，这种世界观的一般形式是：经济主义（今天的'技术统治'）及其'精神补充'伦理唯心主义（今天的'人道主义'）"①。

2. 从理论上建立马克思主义哲学。阿尔都塞认为，要想彻底地清除斯大林的教条主义就必须对马克思主义学说作出科学的解释。因为教条主义所产生的种种理论问题并不是偶然的、人为的现象，它们的产生在很大程度上是由于马克思主义哲学还处在不完善状态。那些在马克思早期著作中公开以哲学面目出现的思想并不是马克思主义的哲学，对于这些意识形态的著作，应该用辩证唯物主义去批判，决不能把意识形态论题同科学的论题混淆起来，而人们从教条主义那里解放出来的东西恰恰是马克思后来与之决裂的意识形态（人道主义、历史主义等等）。哲学教条主义的结束并没有使人们能够完整地恢复马克思主义哲学。马克思主义理论工作者的任务就在于重建马克思主义哲学。这种哲学以理论实践的形式存在于马克思的科学著作《资本论》中，只有把马克思的实践的哲学上升到理论，才能找到真正的马克思哲学，从而打开被斯大林的教条主义所堵塞的马克思主义哲学的道路。阿尔都塞就是本着这样的目的去研读《资本论》的。阿尔都塞的论著主要有两方面的理论内容：（1）从《资本论》到马克思的哲学。这是全书的序言。阿尔都塞主要论述了对《资本论》进行哲学阅读的含义、重要性和方法，从而阐明《资本论》与马克思主义哲学的关系。（2）《资本论》的对象。这一部分主要是通过对《资本论》对象同古典经济学对象的比较分析，阐明了马克思主义哲学的基本特点。

---

① 〔法〕阿尔都塞：《哲学是革命的武器》，载《马克思主义研究资料》1983年第5辑。

一、《资本论》与马克思主义哲学的关系

《读〈资本论〉》是阿尔都塞研读《资本论》心得体会的记录,他认为每个人"都以各自不同的方式在《资本论》这个茫茫森林中为自己开辟道路"。他是作为哲学家来阅读《资本论》的。为什么要对《资本论》进行哲学的阅读呢?在回答这个问题以前,阿尔都塞首先对科学与哲学的关系问题作了说明。阿尔都塞认为马克思主义理论包括科学(历史唯物主义)和哲学(辩证唯物主义),马克思主义理论代表着人类认识史上空前的革命。继泰勒斯创建数学,伽利略创建物理学之后,马克思创立了一门新的科学:历史科学。这一"新大陆"的开拓必将在哲学中引起革命,因为哲学同科学是联系在一起的,"哲学改造总是伟大科学发现的回声"。马克思在创立历史唯物主义的同时,打破了他从前的意识形态哲学,并建立了一种新的哲学:辩证唯物主义。但是总的来看,在马克思主义理论中,哲学落后于科学。因为历史理论已为马克思的成熟著作所记载,并为阶级斗争实践所丰富,而由马克思在创立他的历史理论的实践中所创立的马克思主义哲学却多半还要加以制定。阿尔都塞认为:"马克思的哲学主要体现在《资本论》中,只有在《资本论》中,才可以读到马克思真正的哲学。"(见本书第24页)他提出:"应该赋予马克思的哲学的实践的存在以一种对这种实践的存在和对我们来说都是不可缺少的理论的存在形式,因为马克思主义哲学实践的存在本身只是以实践的状态存在于分析资本主义生产方式的科学实践即《资本论》中。"(见本书第26页)阿尔都塞对《资本论》进行哲学阅读的目的就是要把尚未完全理论化的辩证唯物主义上升为科学理论,从而完成制定辩证唯物主义哲学的任务。另一方面,阿尔都塞认为,只有少数哲学家意识到了马克思主义哲学同《资本论》的关系,对《资

本论》的对象进行了真正认识论的研究。但是，"只有更严格、更充分地说明马克思主义哲学才能深刻理解《资本论》的理论结果。换句话说，或者用经典的术语来说，历史唯物主义的理论前景在今天还取决于辩证唯物主义的深化，而辩证唯物主义的深化本身又取决于对《资本论》的严格的批判性研究"。（见本书第82、83页）因此，他认为，对《资本论》的哲学阅读是理解《资本论》内容的理论前提。"《资本论》的对象问题不仅仅是一个哲学问题。如果从科学阅读角度所作的阐述有充分根据，那么对《资本论》对象的特点的说明就会提供深刻理解《资本论》的经济内容和历史内容的手段。"（见本书第83页）这就是阿尔都塞对《资本论》进行哲学阅读的双重目的。

那么，什么是对《资本论》的哲学的阅读呢？阿尔都塞认为，对《资本论》的哲学阅读就是提出《资本论》同它的对象的关系问题，同时提出它的对象的特殊性问题以及它同这个对象的关系的特殊性问题，从而提出它的认识论和方法论的特殊性问题。哲学的阅读不同于其他形式的阅读。其他形式的阅读只是就《资本论》某一特定领域的内容进行阅读。无论是经济学的阅读、历史的阅读还是逻辑学的阅读都只是对《资本论》的有关论述同在它以外就确定了的对象加以比较，而并不对这个对象提出问题。而哲学的阅读恰恰是要对《资本论》这种特殊论述的特殊对象以及这种论述同它的对象的特殊关系提出问题。这就是要对《资本论》的论述—对象的统一提出认识论问题。《资本论》的这一认识论上的统一与经验主义、思辨主义等意识形态的论述—对象的统一完全不同。对《资本论》进行哲学的阅读就是要把《资本论》的科学认识论同种种意识形态的认识论区分开来，从这个意义上说，对《资本论》的哲学阅读也就是对《资本论》的认识论的阅读。具体地说，对《资本论》的哲学阅读就是要明确，"《资本论》的对象究竟在哪些方面不仅区别于古典（甚至是现代）经济学的对象，而且也区别于青年马克思的著作特别是《1844年手稿》的对象"（见本书第3页），"《资本论》是不是某种单纯的意识形态的产物，一种黑格尔形式的古典经济学，是不是青年马克思哲学著作中制定的人本学范畴在经济现实领域的应用，是不是《论犹太人问题》和《1844年手稿》中理想主义愿望的实现？《资本论》是不是古典经济学的简单的继续和完成，而马克思则继承了它的对象和概念？《资本论》同古典经济学的区别是不是仅仅表现在方法即从黑格尔那里借用的辩证法上，而没有表现在它的对象上，或者完全相反，《资本论》在其对象、理论和方法上构成了认识论的根本变革？……这就是我们由于对《资本论》进行哲学阅读而对它提出的认识论问题的含义"。（见本书第4页）

如何对《资本论》进行哲学的阅读呢？为此阿尔都塞提出一种新的阅读方法即征候读法。征候读法是同直接读法相对立的。直接读法以经验主义认识论为基础。这种认识论认为文章的意义可以直接理解，即只需阅读就可以理解。例如，既然"异化"这个词在《手稿》和在《资本论》中都出现过，那就是说，这个词所指的概念在两部著作中是一样的。阿尔都塞认为对科学的阅读起决定作用的不是读者和文章的这种直接关系，而是支配阅读的理论原则和文章中所包含的理论之间的辩证关系。对马克思主义著作的理解必须以马克思主义哲学为前提，在这里，阿尔都塞提出了双重阅读和循环阅读的概念，他指出："对《资本论》的哲学的阅读只有在应用我们正在寻找的对象本身即马克思的哲学的情况下才有可能。这个循环只有通过马克思主义的著作中所包含的马克思的哲学才有可能在认识论上完成。因此，这里涉及的是本来意义上的生产。生产这个词表面上意味着把隐藏的东西表现出来，而实际上意味着改变在某种意义上说已经存在的东西，以便赋予已经存在的基本材料以某种符合目的的对象形式。这种生产在其双重意义上说使生产过程具有循环的必然形式。"（见本书第29页）对《资本论》的哲学阅读要求把马克思主义哲学应用于马克思本人的著作,而马克思主义哲学的发展又要求深入阅读《资本论》,"不借助马克思主义哲学就不能真正阅读《资本论》,而我们同时也应该在《资本论》中读出马克思主义哲学。这种双重的阅读也就是不断从科学阅读回复到哲学的阅读,再从哲学的阅读回复到科学的阅读"。(见本书第81页)通过这种循环的阅读把没有在字面上写明的马克思主义哲学和《资本论》的对象、理论和方法读出来,这就是征候阅读的目的。

阿尔都塞认为征候读法的关键在于找出在某一篇著作中起决定作用的理论问题体系即理论结构。任何科学或意识形态都有自己的问题体系,这种问题体系决定了它们所能提出的问题、提出问题的形式以及解决问题的方法。"看"不过是问题体系对它的对象的反思。可以看得见的东西是在一定基础上和范围内,即在某一理论问题体系所决定的结构领域内的一切对象和问题,同样,看不见的东西,作为被排除的东西,也是由问题体系固有的存在和结构决定的。新的对象和问题在现有的问题体系中是看不见的,例如氧气在燃素说化学理论中或剩余价值概念在古典经济学中都是看不见的,因为它们不是旧的问题体系的对象,因而必然是与这个问题体系所规定的看得见的领域没有必然联系的对象和问题,"看不见的东西就是理论问题体系不看自己的非对象……看不见的东西就是黑暗,就是理论问题体系自身反思的失明,因为理论问题体系对自己的非对象,对自己的非问题视而不见"。(见本书18页)这些新的对象和问题在旧的问题体系中只是在特定的征候条件下,以空白、空缺、沉默、不出现的形式出现的。征候读法就是要把这些概念空缺所包含和规定的问题揭示出来。马克思正是运用了这种阅读方法,看到了古典经济学家看不到的东西。例如,马克思建立了劳动力的概念,这一概念实际上已经作为空缺存在于古典经济学所作出的什么是劳动的价值的回答之中。马克思揭示了以隐蔽的形式存在于回答的空白中的这个概念,并用劳动力概念的表述重新建立了回答同问题之间的联系,从而提出了他以前没有提出过的问题。因此,"马克思的理论革命不是在于回答的革命而是在于问题的革命"。(见本书第74页)阿尔都塞主张把征候读法也运用到马克思的著作上。因为在马克思的著作中同样存在着概念的空缺、空白和不出现,或者说存在着没有相应问题的回答。例如马克思在表述自己的辩证法同黑格尔辩证法的关系时使用的"颠倒"一词就代表了一个空缺,运用征候读法就可以恢复这个空缺,即这个回答的相应的问题。他指出,在《工资篇》中可以看到这个"颠倒"实际上就是"场所的变换"或者问题体系的变换。马克思的沉默或空白表明他当时还"没有掌握一个使他能够思考他带来的结果的概念,即一个结构对它的各个要素的作用这个概念"。阿尔都塞认为,马克思的哲学意识尚未使他能够在严格意义上思考他所做的事情,他有时把对问题体系起着变革作用的关键概念的不出现仅仅看做是术语的不出现,同时,马克思也不可能一下子完成自己的批判,他对自身的判断也是逐步加深的。因此在马克思的著作中,不可避免地会出现沉默和空白。其中有些沉默和空白可以在马克思著作的其他地方,甚至在恩格斯的著作中找到答案。例如恩格斯在《资本论》第二卷序言中,就把对黑格尔辩证法的"颠倒"明确地解释为问题体系的革命。因此阿尔都塞认为,对马克思著作决不能从字面上阅读,而必须"进行'征候阅读',即系统地不断地生产出问题体系对它的对象的反思,这些对象只有通过这种反思才能够被看得见。对最深刻的问题体系的揭示和生产使我们能够看到仅仅是以隐蔽和实践形式存在的东西"。(见本书第26页)

二、马克思主义哲学的特征

阿尔都塞认为《资本论》包含了马克思主义哲学,通过对《资本论》的哲学阅读，可以把马克思主义哲学即辩证唯物主义提炼出来。那么，什么是马克思主义哲学呢？它的基本特征又是什么呢？阿尔都塞认为，马克思主义哲学及其特征就体现在《资本论》的对象与古典经济学对象的差别之中，因为，从来的定义都不过是事物的区别。阿尔都塞通过对二者的比较分析，为马克思主义哲学归纳出以下特征：（1）反经验主义；（2）反还原主义；（3）反历史主义；（4）反人道主义。

1. 反经验主义。阿尔都塞认为，经验主义的范畴是古典哲学问题的中心。古典哲学认识论的主要特点，就是把认识对象和现实对象混为一谈。阿尔都塞认为，马克思主义哲学是一种理论实践的理论。在马克思那里，理论实践像生产实践、政治实践一样，也是一种实践。它同样具有原料、加工、产品这三个要素。它是以理论材料为原料，经过加工，生产出产品的过程。而经验主义的错误就在于把理论实践的最初的对象或原料当做实在本身。在这种错误认识论指导下，政治经济学以"经济事实"领域作为自己的对象，实际上把这种既定存在当做自己的对象。因此，政治经济学不过是它的既定对象的镜子式的反映。阿尔都塞认为，古典经济学家从配第、重农学派、斯密到李嘉图都没有能摆脱经验主义的认识论。而那些对《资本论》的攻击，如指责马克思的基本概念是非经济的，指责价值规定是理论的虚构，指责马克思的剩余价值概念是不可计量的等等，这些都同经验主义的认识论有关。阿尔都塞认为，马克思在《资本论》中所作的全部哲学批判，既针对古典经济学的对象，同时也针对经验主义认识论。

2. 反还原主义。阿尔都塞认为，黑格尔的辩证法是一元决定的辩证法。它在社会科学方面的应用，就是把社会整体的各个要素的作用还原为一种内在本质的表现。因为黑格尔认为，社会整体是理念的一种简单的原始的统一。在这种统一中，不同的社会现实只是理念发展的外在化。根据这种一元决定的辩证法，政治经济学把资本主义生产过程还原为一般生产过程,把生产关系和社会关系还原为主体间的关系。

阿尔都塞认为,马克思的辩证法和一元决定的辩证法相反,是多元决定的辩证法。马克思的整体是一个复杂性结构,它包含着许多不可还原的、各不相同的要素。这些要素或层次之间的关系受制于一种特殊的"结构因果",其前提既是整体各要素的相对独立,也是各个要素对整体的共同依存。这就既保持了整体结构对局部结构的决定作用、局部结构对其组成要素的决定作用,又坚持局部结构对整体结构、局部结构各组成要素对局部结构的相对自主性。阿尔都塞认为,按照马克思的整体观念,经济现象是一个复杂而深刻的空间,而这个空间又是另一个复杂而深刻的空间的组成部分。用经济现象的概念来说明经济现象,就是用这种复杂性或多元性来说明经济现象。"只有明确经济领域在整体结构中所占的位置,明确存在于这一领域和其他领域(政治的以及意识形态的上层建筑)之间的联系,我们才能理解经济的实质。"(见本书第208页)

3. 反历史主义。阿尔都塞认为,历史主义虽有各种不同表现,但有一个基本原则,就是把历史解释为时间上连续发生的同质过程,把历史变化的原因归结为一种内在发展逻辑的逐渐显露。用历史主义看问题,就改变了马克思主义的整体结构,取消了它的各个层次之间的差别。在生产力和生产关系统一的基础上,也就是在经济结构的基础上,把上层建筑各个领域同一化,把哲学还原为政治,还原为现实历史,把理论还原为实践。

阿尔都塞认为,马克思主义不是这样。马克思历史观的核心是结构。马克思解释历史的依据是把社会整体看做一个结构,这个结构"由某种复杂性构成,是一个被构成的整体的统一性,因此包含着人们所说的不同的和'相对独立性'的层次。这些层次按照各种特殊的、最终由经济层次决定的规定相互联系,共同存在于这种复杂的、构成的统一性中"。(见本书第107、108页)社会整体的每一个层次都有自己相对独立的历史,不仅有经济结构的历史,而且还有上层建筑的历史、意识形态的历史、科学的历史等等,这些历史都有自己的断裂、节拍和韵律。因此不能在同一历史时代中思考整体的不同层次的发展过程。"本质的切割"即横断历史过程的断面,"不可能产生出同整体的表现的统一和思辨的统一相一致的现实存在"(见本书第116页),"只有确定了每一个历史的特殊的历史时间性概念以及它的节拍划分(连续发展、革命、断裂等等),这种历史才能够被认识"(见本书第111页)。此外,社会整体的各个环节和各种关系在整体中的共同存在,受到占统治地位的结构的支配,这种占统治地位的结构以特殊的方式把各个环节和各种关系联系在一起,因此必须首先思考整体的特殊结构,才能够理解结构的各个环节和构成关系的共同存在形式,从而理解历史的结构本身。

4. 反人道主义。阿尔都塞认为,人本学是古典经济学、资产阶级自由派经济学、各庸俗社会流派以及现代经济学的理论基础。意识形态人本学的特点就是把它的空间的各种现象的经济性质建立在人即有需要的主体的基础上。它的逻辑是:经济是主体需要的结果,正是人的主体的需要决定了经济学中的经济。既然所有的主体都是有需要的主体,那么人们在考虑主体的作用时,就可以把主体的整体排除在外,因为这些主体的普遍性反映在主体需要的普遍性中,在这种情况下,政治经济学就完全有理由把过去的、现在的和未来的一切社会形式都看做是绝对的、永恒的东西。正是这种意识形态的人本学决定了政治经济学对象的结构。在这种结构中,"既定现象的同质空间与那种把它的空间的各种现象的经济性质建立在人即有需要的主体(经济的人的既定存在)基础上的意识形态人本学直接联系在一起了"(见本书第188页)。

阿尔都塞认为,马克思在《资本论》中批判了这一理论结构,从根本上动摇了人本学的基础。马克思的批判取得了这样一些理论成果:

(1) 马克思把消费划分为生产消费和个人消费，在此基础上作出了对于资本主义生产方式具有决定性意义的区分，即区分出不变资本和可变资本以及生产的第一部类和第二部类，从而规定了生产的物质性，摆脱了人本学关于需要的经济唯心主义的规定；(2) 马克思证明了生产是经济的真正规定，生产支配消费和分配；(3) 马克思明确指出了劳动过程条件的物质性和生产资料在劳动过程中的支配作用，批判了关于人的劳动是纯粹的创造的人道主义观点；(4) 马克思指出了生产关系是生产当事人和生产过程的物质条件的特殊结合，批判了古典经济学关于生产关系是主体间相互关系的观点；(5) 马克思用生产关系和生产力的统一的经济学对象结构代替了古典经济学关于经济现象的同质的"平面空间"的对象结构。

阿尔都塞认为，马克思在建立《资本论》对象的同时，彻底抛弃了人道主义的论题。《资本论》的最大成就是把资本主义理解为"没有主体的过程"。在马克思那里真正的主体不是人类学的"既定存在"的"事实"，不是"具体的个性"、"现实的人"，而是生产关系。马克思分析社会时的着眼点是生产关系，他用社会发展规律而不是用人的需要来说明历史的变化，这就是把人概念化为他们身处其中的社会结构关系的"承担者"，这种理论的反人道主义从根本上否定了从"人的需要"和"人的本质"出发去解释社会发展的人道主义观点。

《读〈资本论〉》第二版的第二部分是阿尔都塞的亲密朋友和学生巴里巴尔关于历史唯物主义的基本概念的论文。这篇论文具有相对独立性，但同第一部分阿尔都塞的论著又有着紧密的内在联系。这种联系主要表现在以下两个方面：(1) 巴里巴尔深化和具体化了阿尔都塞的论题，论述了马克思在创立历史唯物论时所实现的认识论的飞跃和革命，指出了历史唯物主义同马克思以前的唯物主义和唯心主义意识形态诸如"人本主义"、"经济决定论"等等的根本分界线；(2) 巴里巴尔运用

"征候读法"对历史唯物主义基本概念——生产力、生产关系、生产方式、结构、规律等——作了解读,并赋予这些概念以新的涵义。这是对阿尔都塞提出的独特的阅读方法的实际尝试。

《读〈资本论〉》是阿尔都塞的代表作之一,包含了他许多重要的理论研究成果,特别是他关于马克思主义经济学和哲学之间联系的研究,是他的独特贡献。这部著作的译介对于我们了解阿尔都塞的思想和国外马克思主义研究将有所裨益。但是由于这部著作涉及面广,跳跃性大,语言艰深,而我们的水平又十分有限,译文一定会有不当之处,希望得到读者的批评指正。

价值理论

马克思《资本论》中"使用价值"范畴的发展过程*

〔苏〕P. 齐亚勃留克

关于"使用价值"范畴的内容、关于它在资本主义关系体系中的地位和作用的问题,经济学文献中的解释不只有一个含义。有时它被解释为能满足人们需要的物,有时又被解释为"财富的物质内容,它不依赖于财富的社会形式"。① 它经常被说成是价值的实物承担者,是生产关系的前提,只在某些场合——在货币商品和劳动力商品中——表现为生产关系。然而对现象本身没有作出解释:使用价值是怎样从物质变为生产关系的(尽管在上述两种场合)?②

马克思对这个问题的直接说明,初看似乎是彼此矛盾、互相排斥的。他在《资本论》前几页中写道,商品的使用价值构成商品学的对象。另一方面,马克思多次说明,使用价值本身表现为经济的形式规定

---

* 本文选自《马列主义研究资料》1986年第3—4辑合刊。作者系苏联副教授、经济学博士。

① 〔苏〕B. 舍米亚坚科夫:《使用价值》,载《经济学百科全书》第3卷,莫斯科1979年版,第307页。

② 研究使用价值问题,首先对于社会主义的理论和实践是迫切的。关于社会主义情况下使用价值的主导的、支配的和独立的作用的论点是很好的,但是我们坚信这些论点在理论上并未被揭示出来。关于使用价值即生产关系的实物承担者的概念,却起了妨碍作用。

性，即作为生产关系出现。① 他严厉驳斥认为他轻视使用价值作用的指责时说，"只有对我的《资本论》一窍不通的 vir obscurus，才会作出"这种"结论"。② 而问题不在于，没有使用价值，资本主义关系就丧失物质基础。物质基础存在于价值自身的内容中。要知道，价值不是简单地和抽象劳动相等的，而是体现在物质中的抽象劳动。这是物质的特性，而不是劳动的特性。初看，马克思的不同说法怎样一致呢？

使用价值只作为价值的实物承担者的解释，在马克思以前就已存在。李嘉图认为，资产阶级社会的政治经济学只同交换价值打交道，而使用价值只是表面上作为自己的实物承担者才被涉及到。马克思在批判这种论点时指出，李嘉图实际上对交换价值的最重要规定"恰恰是从使用价值，从使用价值与交换价值的关系中得出的"③。

问题的实质在于，《资本论》中无论价值还是使用价值，都是表现生产关系的范畴，但是，是从不同的方面说明生产关系的范畴。

使用价值也和经济学体系的任何范畴一样，是从抽象上升到具体的过程中不断发展的复杂范畴。马克思关于使用价值的表达之所以不同，是因为与生产关系体系的各个阶段有关。单独地说，使用价值的规定产生出相互矛盾的外观。如果严格始终一贯地和整个地说，使用价值的规定揭示了使用价值内容的全部丰富性。让我们分析一下使用价值的基本要素。

商品是资本主义生产关系体系的出发点。起初它作为外部对象，即由于自身特性能满足人们的需要，也就是具有效用的物。效用使物成为

---

① 《马克思恩格斯全集》第 1 版第 19 卷第 412 页，第 26 卷第 2 册第 558 页，第 46 卷下册第 154 页。

② 《马克思恩格斯全集》第 1 版第 19 卷第 412—413 页。

③ 《马克思恩格斯全集》第 1 版第 46 卷下册第 154 页。

使用价值。在这个最初的规定中，只有人对物或对自身即自己需要的关系。使用价值在体系的出发点中是在最直接的、具体感觉到的形式中作为同生产关系毫不相关的物的质的规定性出现的。这里暂时没有关系主体（即他的需要该予以满足的人）的经济规定性。但是，在转而研究交换价值时，使用价值已经作为它的物质承担者了。在使用价值的这第二个规定中，使用价值开始转向生产关系，两个商品占有者的关系。这同由它执行社会职能有关，有用物只在商品交换中才具有社会职能。

使用价值的规定作为商品的一个方面，同价值构成辩证的统一体，这是使用价值范畴发展的下一个阶段。商品两方面的联系常常得出"是一非"的公式：为使商品具有价值，商品必须有使用价值，反之亦然。这是正确的，但还不全面。对立统一的辩证关系的每个方面，在自身中潜在地也是另一方面。因此互相转化是可能的，在转化中"两个矛盾方面……融合成一个新范畴"①。列宁坚定地指出了辩证法的这个因素。例如，在《黑格尔〈逻辑学〉一书摘要》中，他作出这样的辩证法规定："辩证法是一种学说，它研究对立面怎样才能够同一，是怎样（怎样成为）同一的——在什么条件下它们是同一的、是相互转化的，——为什么人的头脑不应该把这些对立面当做僵死的、凝固的东西，而应该当做活生生的、有条件的、活动的、互相转化的东西。"②

否定商品的使用价值是生产关系，其最深刻的原因在于，对立面的同一只作为它们的共同存在才是允许的，而不是作为相互转化才是允许的。这就造成它们发展的界限。对立面是凝固的，变成了绝对的。列宁指出的它们的相对性，在这种解释中消失了。实际上，这就否定了辩证方法的主要因素。

---

① 《马克思恩格斯全集》第1版第4卷第146页。
② 《列宁全集》第1版第38卷第111页。

价值和使用价值的相互转化在交换行为中很容易表现出来。价值在购买行为中转化为使用价值，在销售行为中又实现相反的转化。但是，为使在以物交换中能实行相互转化，这种转化应在事前，即在交换以前，作为一种可能性的"减缩的"形式中存在。

相互转化的能力在于对价值和使用价值本身的理解。价值在可能性上是任何一种使用价值。反之亦然。①

抽象掉商品的质的特性，即抽象掉使用价值——这不是抛弃，而是在扬弃的形式上、在价值中保留它。价值的大小也取决于劳动的质的特征，因而也取决于商品的质的特征。社会必要劳动量的变化，是由劳动的生产率和强度引起的。后者说明劳动的差别，种类不同，由于这些情况，就要考虑到使用价值对价值的影响。实际上，作为价值大小的基础的劳动消耗平均水平的规定，没有单个劳动力的劳动消耗的规定，是不可能的，单个劳动力的特点表现为复杂性、技能、强度、生产率以及其他等等的许多质的特征。劳动量的测定，不反映劳动的质的要素是不可能。二者都是在复杂劳动化为简单劳动的情况下测定的。原来，商品价值的测定过程即表现过程，是同时和并行地测定"劳动产品的有益性质"和"劳动产品中代表的劳动种类"即使用价值的有益性质的过程。正是由于要使劳动及其产品的不同种类的特征得到表现，差别也消失了，自灭了，并且劳动成为该社会中劳动技能和强度平均水平下的社会劳动力的同样的消耗。由于使用价值化为价值是在市场上，在商品生产者背后自发地进行的，这一过程并未变得较少现实性。

价值和使用价值的发展（在现实和理论中）是同时进行的。马克思写道："同一规定，时而表现在使用价值的规定上，时而表现在交换

---

① 详见〔苏〕K. N. 特罗涅夫：《政治经济学中的对立面的统一和斗争的规律》，载《莫斯科大学学报（经济学版）》1976 年第 3 期。

价值的规定上。"① 众所周知，弄清价值实体是价值规定中的重要一步。对使用价值实体的考察，同样也是从本质上具体说明使用价值的内容。现在我们就对这个研究得不够的问题作比较详细的叙述。

使用价值有两个来源：自然界和劳动，——但是它们在使用价值的形成中起着不同的作用。自然物质是使用价值的基础、条件、物质基质。具体形式的劳动在改造自然物质时，在其中体现了一定目的，让它适应人们的需要，使它具有效用。由于这个缘故，劳动是效用的实体（产生别的东西的原因）。效用没有丝毫的神秘性。效用是具体劳动在产品中的物质化，即"晶体化"，产品表明劳动的合理性并区别于其他产品、物品。这是物的社会职能，因为它的目的就是满足人们的需要。效用不是"悬在空气中"。它体现在物中，把物变为使用价值。在物的物质基质不变的情况下，效益的变化导致使用价值产生量和质的变化。"因此，具体劳动是使用价值的实体。具体劳动首先是由自己的目的、作业的性质、对象、设备和成果决定的，并表现为人们生存的自然条件。可是，商品中具体劳动不只是体现在自己的这一性质中。具体劳动同抽象劳动构成矛盾的统一，因此在这里上述性质被社会地涂上了颜色。这一新的联系从本质上发展了具体劳动的内容。大家都知道，私人劳动和社会劳动是体现在商品中的劳动二重性的原因。"

抽象劳动的概念不限于只是身体上人的精力的耗费。这是社会平均劳动力的耗费。所以抽象劳动是社会劳动的特殊形式。具体劳动的内容不只归结为劳动的技术特点，而是作为自己的本质要素包含着私人劳动。在辩证法体系中没有不互相依赖的范畴。在这里，一种范畴在起源上就同另一范畴联系在一起，向另一范畴过渡，完全地、"毫无保留地"进入后一范畴，但已处于被改造了的形式之中。

---

① 《马克思恩格斯全集》第 1 版第 46 卷下册第 149 页。

私人劳动和社会劳动的矛盾说明生产者在社会中的双重地位，他同其他生产者无关和由于分工产生的同时在各方面的全面依赖。可见，阐明具体劳动和抽象劳动同私人劳动和社会劳动的联系，我们也就用抽象劳动和具体劳动的范畴把握了人们之间关系的性质。商品的使用价值，包括作为自己的实体的私人劳动的具体形式在内，是已相当发展的生产关系。

劳动永远是所有生产关系的实体（变化的最大理由，积极的原因）。在生产者完全孤独的条件下，这个唯一的实体分裂成具体劳动和抽象劳动。劳动以自己的两个方面完全地体现在商品中。具体劳动作为物的效用结晶在物中，把物变成使用价值，抽象劳动作为物的价值结晶在物中。

从一方面来看，上述情况是大家都清楚的。的确，价值，抽象劳动和社会劳动的相互依赖，是无异议的。价值是一致被作为抽象劳动，从而社会劳动的物质化形式来认识的。但是，并非说其他许多关系也是如此。商品的使用价值、具体劳动和私人劳动的相互联系在多数情况下被人为地割裂了。前面两个概念同后者即私人劳动分割开了，并被变成空洞的抽象，这种抽象没有生产关系的任何信息，因而在生产关系体系中不起任何作用，这是马克思所激烈反驳的，因为这歪曲了整个体系的辩证关系。

潜藏在商品中的两方面相互转化的能力在交换关系中实现。商品的价值在交换行为中变成自己相对的形式时，只借助于等价物商品的使用价值很好地表现出来。这意味着赋予使用价值以新的特殊的社会职能：充当价值的表现形式。由于这个缘故，商品的使用价值由不重要的交换价值的承担者变成交换价值本身的内在要素、价值发展的手段。使用价值变成相对价值表现的形式。体现在等价物商品中（在发达的形式中——在货币中）的具体劳动，成为规定包含在被交换的商品中的抽象劳动的手段、衡量价值大小的媒介。价值形式的产生是在交换关系中所实现的价值和使用价值相互转化的最终结果。在商品的价格中,商品的价值是通过货币商品的使用价值表现出来的。马克思谈到价格形式时写道:"这样,商品价值就转化为大小不同的想象的金量……"① 具体劳动和商品的使用价值在交换关系中执行的社会职能,构成交换关系的经济内容的新要素。

在交换过程中彼此对立的不只是各个商品,而且也是商品所有者,在这种交换过程中显露出:"一切商品对它们的所有者是非使用价值,对它们的非所有者是使用价值。"② 同一物对关系中的一个当事人来说表现为使用价值,而对另一个当事人来说就不是这样。这清楚地证明,商品的使用价值——这不单是物,而是商品所有者的关系。交换过程矛盾的解决,是由于一个确定的商品——金被挑选出来,所有其他商品在金中反映出自己的价值。这个商品的自然形式成为一般等价物。

货币商品的使用价值在于它能直接进行交换,充当价值独立存在的形式、一般等价物。商品两方面之间的内在矛盾转变为货币的矛盾。这是货币的质的无限性即体现在任何使用价值上的能力和货币的每一具体数量的有限性之间的矛盾。在这种矛盾中存在着不断增加货币、增殖货币或使货币转化为资本的冲动。

购买劳动力商品是货币转化为资本的条件。劳动力商品的使用价值在于能创造比它自身再生产的价值更多的价值,即成为价值和剩余价值的源泉。

货币商品和劳动力商品的使用价值是相当发达的生产关系。因此,这种生产关系是容易被感觉到的。通常在著作中,这些形式被当做例子

---

① 《马克思恩格斯全集》第 1 版第 23 卷第 115 页。
② 《马克思恩格斯全集》第 1 版第 23 卷第 103 页。

来说明使用价值是经济范畴。但是问题在于，它们的出现不是偶然的。此外，商品使用价值的发展不只是到这些形式就告结束。在资本主义生产关系体系的进一步运动中能否找到这样一些范畴呢？即在其中使用价值表现为独特的资本主义属性，并且和资本、剩余价值等等这样一些范畴一样，只是资本主义特有的范畴呢？我们认为，资本的使用价值是这样的范畴。

资本及其形式经常被认为只是有价值的东西。看来，资本作为自行增殖的价值的最初的、最抽象的规定在某种程度上促进了这一点。其实，资本在自己发展的每一瞬间，都是价值和使用价值的统一；马克思指出："……资本就如同简单商品一样，具有使用价值和交换价值的二重形式。但是，在这二重形式中却包含着与独立考察的简单商品的规定不同的进一步规定，即进一步发展了的规定性。"① 对资本的创造和运动过程中的使用价值的作用估计不足，是造成现在不能准确认识资本本质的原因。

在说明资本主义生产的二重性质时，资本主义生产的两个方面起先是彼此无关的、外在的。关于使用价值本身生产过程的分析显示出个人生产要素和物的生产要素间的差别。起初，这种差别同生产关系的形式没有关系。分析生产的第二个方面的结果，是把创造剩余价值的过程规定为和创造价值的过程同质的过程，但是越过某一点的往下延伸的过程。然后，把生产的两个方面在它们的相互作用中加以考察，便能发现个人生产要素和物的生产要素在创造和增加价值中的不同作用。结果，起先同生产关系性质无关的这些要素，本身也变成这种生产关系，现在作为不变资本和可变资本出现了。雇佣工人用自己劳动的抽象方面创造

---

① 《马克思恩格斯全集》第 1 版第 49 卷第 37 页。

了新价值，而用具体方面使旧价值附加到新价值上去，把旧价值从生产资料上转移到新产品上。这一社会职能构成雇佣工人具体劳动范畴的内容本身的要素。生产资料的使用价值在制造新产品时在物质上改变了。但是，在资本主义生产中这种使用价值同时也完成了纯社会职能——使自己原来的价值转移到新产品上。这意味着生产资料的使用价值比具体感觉到的物具有更多的内容。

只从价值方面来考察不变资本和可变资本，难以理解剩余价值的创造过程。如果说可变资本是耗费在购买劳动力商品上的价值部分，那么这部分价值怎么能改变自己的量呢？须知，价值——这是过去的、死的、完成了的抽象劳动，它已凝固在商品之中。了解剩余价值的创造过程，就能不仅从价值方面，而且从商品使用价值的形式方面来规定可变资本。在后一关系中，可变资本以三种形式出现：耗费在购买劳动力上的货币形式、工人的生活资料形式和活的执行生产职能的劳动形式。在货币和生活资料的形式中，可变资本是作为形式上的资本出现的。这是原价值，它不会改变。原价值只是由之引起价值真正变化的那一过程的象征。只有发挥作用的活劳动是真正的可变资本。这种使用价值直接和间接地转化为新的价值。

相对剩余价值的生产过程是以机器生产为基础的。机器是使用价值的简单的非经济的职能形式。可是，机器是缩减必要劳动时间和延长剩余时间的手段，它取得不变资本的形式，它对劳动和资本关系的影响在许多明显的社会现象中表现出来。

对剩余价值生产的一个过程的分析，通过对劳动力价格和剩余价值之间关系的研究就完成了。剩余价值的生产取决于劳动生产率、劳动强度、工作日的长度，也取决于这些要素的相互关系。第一个要素的影响是最本质的，因为它和其他两个要素不同，是加强剥削雇佣劳动的无限的手段。劳动生产率的增长降低了劳动力的价值和价格，并增加了剩余价值。工人的生活资料的规模增加了。但是，资本家的生活资料的量更快得多地增加了。结果，工人和资本家的生活条件之间的鸿沟变得更深了。在这一更加具体的形式中，雇佣劳动和资本的矛盾表现得尖锐化了。

与简单商品不同，劳动力商品的价值并未以转化为价格而完成自己的发展；劳动力的价格转化为工资形式。在这一形式中劳动力的价值直接同它的使用价值相联系。然而实际上它们在时间上是彼此分开的。劳动力的价值早在生产以前就已确定，并构成耗费在劳动力生产上的一定量的劳动。劳动力的使用价值在于它以后表现在活劳动的每日耗费中，每日的耗费包括必要时间和剩余时间。像在简单的交换关系中一样，在劳动力买卖的实际行为中这一商品的使用价值充当表现自己的对立面——价值的手段。结果，劳动力的价格同劳动力耗费的全部劳动相比，也就是通过中间环节（使用价值）转变为工资。因此，尽管工资是劳动力价值的转化形式，它同时也是劳动力价值和使用价值的具体统一的形式。

只从价值方面来看，工资表现为名义工资；从价值和使用价值的统一来看，则表现为实际工资。李嘉图就已弄清实际工资在劳动力价值下降的情况下能够增加。但是，就连名义工资在劳动力价值降低的情况下也能增加。须知，劳动力的价格也和任何其他价格一样，只是最近似地和间接地反映劳动力价值的运动，它能向与自己本身基础相反变化的方面变化。

资本的使用价值对于说明资本积累过程中工人阶级在其活动中的状况起着重要的作用。这里价值和使用价值在资本构成中形成统一体。随着资本的有机构成的增加，可变资本的份额相对减少，劳动力的价值降低，阶级的两极化加强，雇佣劳动和资本之间的矛盾尖锐化。这并不排除工人的实际工资及其实际需求的增加。然而，对于工人阶级的状况来说，可变资本份额降低的趋向才是最本质的，因为这种趋向反映资本积累进程中劳动实际上从属于资本的加强过程。在这当中，表现出资本主义下合乎规律的现象，即价值对使用价值所占的主导地位。

当资本在流通中取得的那些形式产生的时候，起本质作用的是这一或那一使用价值的特点。产业资本的概念是研究资本循环对价值自行增殖过程的影响时的中心概念。这一循环是不停的运动，是价值从一种形式转化成另一种形式的过程。但是，价值是无个性的和同质的。它只有同某一使用价值联系起来才取得形式的规定性。例如，只有在货币把分散的生产资料和劳动力连接起来时，货币才变成货币资本。并且，它们彼此的分离和连接的方式证实，货币不是同生产的非历史的（自然的）要素相对立，而是同资本主义制约的要素相对立。生产资本是价值的形式，同时又是价值的严格规定的形式——为资本主义目的而发挥职能的资本的个人要素和物的要素。商品资本是反映在大量商品中的价值，这些商品本身包含剩余价值，它们的使命是实现剩余价值。

应该指出，没有使用价值，只从价值出发，也不能相当准确和完全地反映资本主义的目的。把资本的目的规定为价值自行增殖即剩余价值的生产，虽反映价值的最主要和最本质的要素，但仍不是详尽无遗的要素。资本的目的在作为三种循环的统一体的产业资本概念中具体化了。目的在这里是三种不同要素的统一。剩余价值的生产是资本运动的目的（第一种循环）；这一点是在不断重复的和扩大的生产过程中达到的（第二种循环）；得到剩余价值的条件不是任何生产，而是符合买主——资本家和工人——的各种需要的那种质量和品种的商品的生产（第三种循环）。这不是三种不同的目的，而是同一目的的三个要素；因此，全部目的是同时达到的。支配生产目的的所有要素的特点，是由第一种循环直接表现出来的,也就是剩余价值的生产。这里又一次显示出价值在资本主义制度下的统治地位。

不断重复的循环或周转中显示出来的资本价值各个部分运动性质中的差别,产生出两种新的资本形式——固定资本和流动资本。由生产要素的价值向新产品转移的方式造成的价值流通的方式,是这些形式差别的直接标准。可是,这种方式是由各生产要素的使用价值在对这种产品的关系上的运动性质造成的。除了制造新产品时随同生产要素发生的纯粹物质上的变化以外,生产要素的使用价值执行新的社会职能,即资本主义职能——实现价值的流通。这就发展并丰富了资本的使用价值的内容。

如果仅仅从价值方面说明固定资本和流动资本的形式,那很容易发现它们同不变资本和可变资本的差别,这对于揭示剩余价值的源泉是非常重要的。但是,在这些形式中忽视使用价值,便不能看到这些形式同不变资本和可变资本的统一。而这有碍于了解下述现象的原因:形式的单纯变化——流通——对于剩余价值的创造过程是本质的事情。马克思强调指出,固定资本和流动资本除了与不变资本和可变资本有区别之外,也包含着同它们的共同性,也就是后者的转化形式。马克思写道:"……这种特别的流通方式,是由劳动资料把它的价值转移到产品中去,或者说,在生产过程中充当价值形成要素的特殊方式产生的。而这种方式本身,又是由劳动资料在劳动过程中执行职能的特殊方式产生的。"①

资本使用价值的内容在资本周转作为总周转和实际周转的进一步规定中得到发展,这种使用价值参加总周转和实际周转的形成。如果说预付资本的总周转在价值上说明资本的再生产,那么实际周转除此之外还

---

① 《马克思恩格斯全集》第 1 版第 24 卷第 179 页。

说明资本的使用价值的再生产。正是在固定资本的使用价值的周转中，包含着周期性经济危机的物质基础。

大家知道，周转时间影响预付资本的大小，而生产时间和流通时间之间的对比关系决定着货币资本、生产资本和商品资本之间的比例，以及这各种形式中腾出的或占用的资本的大小。但是，周转时间的长短及其结构本身取决于这一或那一使用价值的周转的特点。

在剩余价值年率的概念中，单个资本的流通对剩余价值生产的影响得到充分的表现。这一影响的最深刻原因在于，流通在剩余价值源泉本身——可变资本中产生差别。出现了预付的可变资本和实际使用的或生产中消耗的可变资本的形式。这是价值和使用价值的新形式。实际使用的可变资本——这是首先从它的使用价值，即活劳动的耗费方面加以说明的资本。须知，耗费的不是资本的价值：价值是不能耗费的，它只是由一点转移到另一点。在预付的可变资本和实际使用的可变资本的形式中，出现了先前提到的形式的可变资本和实际的可变资本之间的差别。因此，忽视资本的使用价值的作用，便不能解释剩余价值发展中的最重要阶段，剩余价值逐渐向利润转化的过程。

社会资本作为单个资本的相互联系或相互交织，是资本的价值和使用价值矛盾发展的新阶段。这种资本的二重性表现在社会总产品在价值方面的划分（分成 c、v 和 m）和在使用价值方面的划分（分成第 I 部类和第 II 部类）。初看起来，第 I 部类和第 II 部类的划分似乎是非历史的、任何生产方式都有的。这好像被社会主义下社会生产进行这样的划分仍有重要性所证实。但是，这种划分是与资本主义物质技术基础和共产主义第一阶段的物质技术基础具有共同性联系在一起的，这种物质技术基础就是由三部分组成的机器体系。实际上，社会生产分为第 I 部类和第 II 部类，也像它在价值方面的划分一样，是历史形成的。社会总资本的价值和使用价值的矛盾，是在实现条件的形式中解决的。

资本的外在生活的范畴（在这里，资本表现为有机的整体，而直接地表现为资本彼此间的关系）也是价值和使用价值矛盾统一的形式。而价值和使用价值的内容也是在这个外在领域中继续发展的。须知，内容和形式的辩证法决不意味着，内容恰恰并永远是既定的和独立的，只是采取不同的形式而已。充分发展的内容不外是互为条件的形式的总体。

利润作为剩余价值的形式，取决于整个资本执行职能的质的要素，而不只是它的可变部分。可变资本创造剩余价值，但剩余价值体现在整个使用价值中，而不是体现在使用价值的某一部分中。新商品的使用价值是全部资本创造的。这是剩余价值同整个资本对比，剩余价值转化为利润形式的根据之一。故而，利润变化的要素（它使利润同剩余价值相区别）是由资本执行职能的质的性质造成的。后者归结为下列要素对利润的影响：固定资本的节约，原料价格，周转速度，资本家的业务积极性。这些因素并不直接触及到新价值和剩余价值，但是影响到使用价值的生产，因此它们是利润大小的极重要的因素。

利润在资本彼此的竞争过程中转化为一般（平均）利润，而价值则转化为生产价格。市场价值是生产价格的基础。这是价值发展的最具体的水平，在这个水平上，价值受到市场行情的影响。由价值的最初规定能产生一种印象：价值的形成是与单独的商品有关的。对市场价值的分析消除了这种表面现象。市场价值最初是与商品总量有关而形成的。单个商品的价值是分割的结果，而不是相反。

对于市场价值的规定来说，只要市场价值表现的是商品总量，社会需求的大小，供求的比例，部门内部竞争的关系，就成为最重要的了。"社会需要，即社会规模的使用价值，对于社会总劳动时间分别用在各个特殊生产领域的份额来说，是有决定意义的。"①

这些关系使社会必要劳动的概念复杂化。在竞争的影响下社会必要劳动分成两方面。一方面，这是实际体现在生产出来的商品量中并构成它的价值的社会劳动。另一方面，"……必要劳动时间在这里包含着另一种意义，为了满足社会需要，只有这样多的劳动时间才是必要的"②。第二种意义上的社会必要劳动，反映出社会需要的范围和结构或社会规模的使用价值。社会必要劳动构成需求的基础。第一种和第二种意义上的社会必要劳动的对比，决定价格偏离市场价值或生产价格的性质。不难看出，简单交换关系中表现的价值和使用价值的单独的、独立的存在，在竞争中获得了第一种和第二种意义上的社会必要劳动的对立形式。

需求和供给的波动起初使市场价格偏离生产价格，而后这种偏离本身又自发地使成为市场价值基础的那些耗费准确起来。

单个商品的价值是市场价值的抽象。所以，同需要的联系一开始就包含在价值的大小中，但采取的是"紧缩的形式"，处于形成过程，是一种前提，它在后来的发展中作为结果再现出来。

随着价值转化为生产价格，资本的使用价值表现为社会规模的使用价值。这就包含部门内部和部门之间的竞争的关系。部门之间的竞争决定生产领域之间，即不同使用价值量之间分配的劳动时间的份额，而部门内部的竞争则决定同种使用价值生产中的劳动时间的分配。在生产价格中，价值通过全面反映使用价值而达到自己的充分表现。另一方面，使用价值通过市场价值和生产价格而最充分地表现自己。

---

① 《马克思恩格斯全集》第 1 版第 25 卷第 716 页。
② 《马克思恩格斯全集》第 1 版第 25 卷第 717 页。

价值和使用价值的相互表现归根结底在于，不仅使用价值充当价值的表现形式，而且市场价值作为唯一的物化社会劳动，仍然间接表现和衡量使用价值及其效益。同时，只有价值才能对商品作出社会评定，表现它的"社会身份"。包含在恩格斯指出的商品使用价值内的衡量效益的价值的方式①，首先归结于，社会的需要通过供求的波动，影响同种商品量的总价值的大小，然后通过这个总价值的大小分在实际生产出来的商品量上而影响单个商品价值的大小。其次，这一方式归结于，在供求的作用下市场价格偏离生产价格。

表现为利润率趋向下降规律的积累过程中的一般利润率的变化，也是基于资本的价值和使用价值的相互作用。它们的矛盾运动表现在利润率下降和利润量的增长，表现在单个商品价格中利润率和利润量的下降，还表现在全部商品量的总价格中利润量增长而利润率下降。

一般利润率趋向下降的规律内在矛盾的发展，暴露出资本本身造成的价值自我增殖的界限。然而，规律内在矛盾的整个体系——一般利润率下降和资本积累之间、剩余价值生产和剩余价值实现的条件之间、扩大生产的无限可能性和生产目的的有限性之间、资本过剩和人口过剩之间、社会生产力和购买力之间的矛盾，都是价值和使用价值矛盾的新形式。例如，技术进步会缩减工人人数，损害剩余价值的来源，这就导致同量资本的平均利润的降低，并使资本积累遇到困难。另一方面，技术进步引起使用价值数量，其中包括生产资料数量的增长，这样就增加了

---

① 恩格斯第一次在自己的早期著作《政治经济学批判大纲》中指出了这一点（见《马克思恩格斯全集》第1版第1卷第605页），该著作中包含天才的预测的同时，还含有作者后来放弃的一些思想。但是关于价值间接衡量效益的猜测是正确的；恩格斯在《反杜林论》中强调了这一点（见《马克思恩格斯全集》第1版第20卷第334—335页）。

大量工人就业的可能性，扩大了资本的积累。

由于本文的范围所限，我们不能考察使用价值在产业资本这种独特形式中的发展。我们只指出，使用价值在这个过程中的作用已由马克思的下述说法指明："价值借以存在的使用价值，或者说，现在表现为资本躯体的使用价值所具有的特殊性质，本身在这里表现为规定资本的形式和活动的东西，它赋予某一资本一种与其他资本不同的特殊属性，使资本特殊化。"①

可见，使用价值和价值一道是马克思《资本论》的基本范畴。起初，在第一个规定中，使用价值是作为具体的可以感觉到的物出现的，它与生产关系无关。它作为价值运动的媒介，转化为不断变化的生产关系。它在这种媒介作用中执行的多种多样的职能，构成生产关系的内容。这种内容是由互为条件的各种不同规定的体系揭示出来的。价值和使用价值的发展过程同时在它们的相互转化的结果中得以实现。全部三卷《资本论》包含着对这一过程的揭示。任何范畴"都是作为价值和使用价值在它们彼此相互转化过程所经过的变形之一出现的"②。

这个过程的一些最重要阶段是：具体感觉到的物转化为商品的使用价值，商品的使用价值发展为货币的使用价值，然后又发展为资本的使用价值。使用价值同样也不是"静止的属性"。使用价值从资本的不断发展的特点方面说明资本，而价值则从普遍的规定性方面说明资本。在直接的生产过程中，"……资本的使用价值在这里表现为一种生产使用价值的过程，生产资料在这种过程中按照这个特殊规定性，作为合乎目的地起作用的、与生产资料的特定性质相适应的**特殊劳动能力**的生产资

---

① 《马克思恩格斯全集》第 1 版第 46 卷下册第 154 页。
② 〔苏〕Э. В. 伊利延科夫：《辩证逻辑》，莫斯科 1974 年版，第 246 页。

料执行职能"①。在资本的后来活动中,使用价值使资本具有特殊属性,规定资本的职能,使资本的形式独立出来。虽说资本的使用价值表现资本主义生产的从属于价值的次要的方面,但是正如马克思所预言的,没有使用价值,就根本无法弄懂《资本论》。

(原载苏联《经济科学》1985年第1期)

(晓鸣 译)

---

① 《马克思恩格斯全集》第1版第49卷第39页。

浅谈对商品使用价值属性的理解

——重读《资本论》第一卷第一篇札记*

侯廷智

国有企业亏损问题是社会各界普遍关注的焦点,提高国有企业经济效益、扭亏为盈已成为当前经济工作的中心任务之一。在这方面探讨的文章,有许多见仁见智的思想。然而,笔者在最近重读马克思《资本论》时,感到增强企业商品生产意识是一个不能忽视的重要问题。要增强企业的商品生产意识,就要对商品的属性,尤其是对商品使用价值属性有充分的正确的理解和认识。这既是一个基础理论问题,也是一个现实生产问题。

长期以来,我们对商品二重性的认识是这样的:价值是商品的社会属性,使用价值是商品的自然属性。并且把这种认识作为马克思对商品属性认识的本意写进教科书中。事实上,这是对马克思关于商品属性理论的误解。价值固然是商品的社会属性,然而作为商品的使用价值并非只是具有自然属性。马克思也从未这样论述过。这种理论认识上的片面性,势必导致企业界长期以来只注意商品使用价值的自然属性,而忽视了商品使用价值的另一属性——社会交换性的问题,结果使企业不能面向市场的需求,产品不能及时更新换代,片面追求产品数量,造成库存

---

* 本文选自《马克思主义与现实》1997 年第 5 期。作者系中央政法管理干部学院马列部副教授。

积压，经济效益滑坡。因此，对商品使用价值的属性，有必要根据马克思的论述来端正认识和理解。

商品的使用价值具有自然物质属性，马克思对此有过明确的论述：产品由于其自然属性，而具有某种使用价值；商品首先是一个外界的对象，一个靠自己的属性来满足人的某种需要的物。但是，这仅仅是商品使用价值一个方面的表现，即一般使用价值。另一方面，作为商品的使用价值还具有其特殊的属性，而且是更为重要的属性，即可供交换之用的社会属性。因为，商品是用来交换的劳动产品，要想使劳动产品转化为交换形式，就必须使它具有作为他人的使用价值的性质。对此，马克思在《资本论》中表述得十分清楚："一个物可以有用，而且是人类劳动产品，但不是商品。谁用自己的产品来满足自己的需要，他生产的就只是使用价值，而不是商品。要生产商品，他不仅要生产使用价值，而且要为别人生产使用价值，即生产社会的使用价值。"[①] 恩格斯在《资本论》第四版中，于上面那段论述之后，紧接着加了一段注释，进一步指出商品的使用价值不只是单纯为别人，"要成为商品，产品必须通过交换，转到把它当做使用价值使用的人的手里"[②]。这说明作为商品的使用价值的存在意义，不仅具有一般使用价值的物质属性，而且还必须具有社会交换的功能，能满足社会的某种需求，不具有社会交换功能的使用价值，就不具有价值的意义。

商品的使用价值的这种社会属性在价值的实现上表现得尤为明显。社会生产领域包括许多部门，彼此之间是相互关联的，使用价值在社会交换过程中就具有更加重要的作用。因为，要想实现商品的价值，使用价值必须能够符合社会需求。在一定时期内，社会对某种使用价值的需

---

① 《马克思恩格斯全集》第 1 版第 23 卷第 54 页。
② 《马克思恩格斯全集》第 1 版第 23 卷第 54 页。

要量是有一定限度的,如果超过了社会需求总量,超过的部分就不具有社会的使用价值,从而造成产品的积压滞销,其价值也就得不到实现。这时作为商品的使用价值也仅仅是一般意义上的物质属性,只是可能意义上的使用价值,而不具有社会性。可见,商品的使用价值是交换价值的前提,从而也是它的价值的前提。如果失去商品的使用价值的社会属性,商品的价值也就无从谈起了。恩格斯曾说过:"价值首先是用来解决某种物品是否应该生产的问题,即这种物品的效用是否能抵偿生产费用的问题。只有在这个问题解决之后才谈得上运用价值来进行交换的问题。如果两种物品的生产费用相等,那么效用就是确定它们的比较价值的决定性因素。"① 这里所说的"效用",指的就是商品的使用价值。当企业进行生产时,首先考虑的应该是产品是否具有销路,具有销路的产品,说明它具有社会的使用价值,其价值的实现就能抵偿生产费用;销路越大,社会的使用价值越大,企业的经济效益就越好。反之,如果产品造成滞销,说明该产品的社会使用价值不大或不具有社会的使用价值,因而其价值也就不能实现,更谈不上抵偿生产费用的问题。其次,如果两种产品的生产费用相同,其价值的确定会受到产品的效用即使用价值的影响。社会使用价值大的产品会比社会使用价值小的产品具有较高的比较价值,即供不应求的商品要比供大于求的商品有较高的价格,这种供求关系的变化不是作为商品的使用价值所具有的社会属性的表现形式。马克思在《资本论》第三卷中谈到价值规律的影响时也明确讲过:"事实上价值规律所影响的不是个别商品或物品,而总是各个特殊的因分工而互相独立的社会生产领域的总产品;因此,不仅在每个商品上只使用必要的劳动时间,而且在社会总劳动时间中,也只把必要的比

---

① 《马克思恩格斯全集》第 1 版第 1 卷第 605 页。

例量使用在不同类的商品上。这是因为条件仍然是使用价值。"① 这说明满足社会需求是通过使用价值合理地分配在社会各个特殊生产部门的数量界限而表现出来的。因此，在社会生产各部门的比例中，社会规模的使用价值对于社会总劳动时间分配在各个特殊生产领域的份额来说，具有决定的意义。这就是社会自然资源得到合理配置和利用的问题。

商品的使用价值的社会属性，在价值规律的运动形式中也得到充分的表现。价值规律是通过商品价格围绕其价值的上下波动而表现出来的，引起这种价格与价值偏离现象的原因是商品供求关系的经常变化，求过于供时，价格高于价值；供过于求时，价格低于价值。正是商品的使用价值这种供求之间的关系，影响着价格不断地偏离价值。因此，企业在进行商品生产时必须充分注意到商品的社会需求弹性的问题，不断提高产品质量，增加新品种，保证供给，才能长期保持企业有较好的经济效益。如果从消费心理来考察，消费者对那些品质高、价格合理的产品是青睐的，这其中的一个重要因素，就说明了一个商品的使用价值不仅仅是某个"自在之物"的属性，同时还表现为一种社会评价，这种社会评价正是通过对商品的购买体现出来的。它表明在一定时期内，某种商品有多少通过交换开始进入社会消费领域。因此，商品的使用价值是影响商品价格的重要因素，它具有特殊的社会规定性。这是马克思对商品生产和市场关系的最深刻的认识之一。

通过上述分析可以看出，商品的使用价值具有二重属性：一方面是物的有用性，为一切物共有，这是自然物质属性；另一方面，又是交换价值的物质承担者，具有可交换性，这是社会交换属性。所以，发展社会主义市场经济不仅要重视价值的生产，而且更要重视使用价值的生产。如果以为使用价值根本不属于经济的形式规定，从而忽视它的作

---

① 《马克思恩格斯全集》第 1 版第 25 卷第 716 页。

用，那是莫大的错误，"使用价值本身起着经济范畴的作用"①。从交换的双方来说，对于买者需要的是某种商品的使用价值的自然属性——有用物，对于卖者则需要的是这种商品的使用价值的社会属性——交换物。商品使用价值的这种两重属性，在货币形态上表现得最为典型。马克思说："货币商品的使用价值二重化了。它作为商品具有特殊的使用价值，如金可以镶牙，可以用作奢侈品的原料等等，此外，它又取得一种由它的特殊的社会职能产生的形式上的使用价值。"② 一方面，金银这种贵金属有自身的某种特殊的自然属性。另一方面，它又可以充当一般等价物，作为交换手段，具有社会属性。

商品使用价值的这种二重属性，源于生产商品的劳动所特有的社会规定性，这就是商品生产者的个别劳动取得了二重的社会性质。马克思对此进行了深刻的剖析：商品生产者的个别劳动是一种具体劳动，这种具体劳动，一方面必须作为一定的有用劳动来满足一定社会的需要，从而证明它是社会总劳动的一部分；另一方面，它只有同其他对社会有用的商品生产者的个别劳动相交换，从而相等时，才能满足生产者本人的多种需要。这种二重性只有在实际交易中才能表现出来。在交换过程中，前者表现为劳动的社会有用性，反映在劳动产品必须有用，而且是对别人有用的使用价值形式中；后者则表现为劳动的社会同一性，反映在劳动产品具有共同的价值形式，而且是对自己所需的价值形式中，价值只有依附在使用价值上才能得到实现。这样，"使用物品当做价值，正像语言一样，是人们的社会产物"③。这就是说如果使商品具有交换价值，能够交换，必须扬弃它的片面性，"扬弃了只同一定的个人相联

---

① 参阅《马克思恩格斯全集》第1版第46卷下册第154页。
② 《马克思恩格斯全集》第1版第23卷第108页。
③ 《马克思恩格斯全集》第1版第23卷第91页。

系的、从而直接为一定的个人而存在的有用性即使用价值，——但不是扬弃这种使用价值本身；相反，它把使用价值表现为他人的使用价值，以自己为媒介让使用价值成为他人的使用价值"①。正是商品生产者的具体劳动具有这种二重性：一方面生产出一个有用物，另一方面生产的这个有用物是交换物，决定了商品使用价值的二重属性：自然属性和社会属性。从这里我们可以得出这样的结论：虽然使用价值本身属于人与物之间的自然关系，它由人的具体劳动和自然物相结合而产生，只是在消费中得到实现，但是，由于在商品经济条件下，商品生产者的具体劳动取得了二重的表现，因而也就使商品的使用价值具有了商品经济关系加给它的社会规定性。

作为商品使用价值的这种社会属性，并非是一个永恒的范畴。它伴随着商品交换的出现而产生，随着商品经济形式的发达而表现得更加充分，与商品经济形式的消失而一同完成历史使命。在非商品经济形式的生产中，流通领域不需要"交换"插手其间，劳动产品就不会转化为商品，这时的使用价值仅仅表现为人与自然之间的自然物质属性，表现为物的有用性，不具有充当价值载体的作用，因而也就不会有作为"交换物"的这种社会属性了。因此，如果说价值只是一切社会形式内部存在的那种东西——人类劳动——的一定的历史形式，那么，使用价值——作为商品的使用价值，而不是一般劳动产品的使用价值——本身也具有特殊的社会历史性质。

对商品使用价值属性这一基础理论的再认识，对我们今天的社会主义市场经济的建立和发展有着重要的现实意义。社会主义的基本经济规律决定了社会主义生产目的是为了满足人民日益增长的各方面的物质文化的需要。由于社会主义时期仍然存在着商品经济形式，因

---

① 《马克思恩格斯全集》第 1 版第 46 卷上册第 224 页。

此，社会主义生产目的的实现必须通过市场交换的方式。这就要求企业进行生产时，要面向市场，不仅要重视产品使用价值的自然物质属性，而且更要注重产品使用价值的社会交换属性。这是商品生产中同一问题两个相互紧密关联的不可分割的方面。没有商品使用价值的自然物质属性作保证，就不会实现商品使用价值的社会交换属性。反之，不重视商品使用价值的社会交换性，商品使用价值的自然物质属性也就不能实现其作用。因此，我们在发展社会主义市场经济中，必须提高企业经营者对商品使用价值二重属性的认识和理解，充分重视商品使用价值的社会交换属性，合理应时地调整产品结构，生产适销对路的商品，不断改进商品性能，增加花色品种。只有这样才能避免商品的滞销积压，提高企业的经济效益，从而搞好社会主义商品生产，促进社会主义市场经济的完善和发展，这也是当前我国转变企业经营机制过程中不可忽视的一个重要问题。

马克思生前对《资本论》中价值理论的发展（1867—1883年）*

〔民主德国〕罗尔夫·黑克尔

一、马克思价值理论的形成和发展的几个阶段

马克思花费了25年多的时间制定无产阶级的政治经济学，直到在《资本论》中对这一学说作出了全面的阐述。他的价值理论的形成和发展，便是这一过程的一个组成部分。如果仔细考察一下价值理论的形成过程，它可以分为三个阶段。第一阶段：从否认到承认并且批判地克服资产阶级古典政治经济学的劳动价值理论（1843—1850年）；第二阶段：始于对价值理论和货币理论的深入研究（《1850—1853年伦敦笔记》①），直到在《资本论》草稿中论证和创立自己的价值理论（《政治经济学批判大纲（1857—1858年）》）；第三阶段：始于1859年发表的《政治经济学批判》第1分册中对价值理论的阐述，经过第2稿（《1861—1863年手稿》）和第3稿（《1863—1865年手稿》），直到《资本论》第1版中对价值理论和剩余价值理论作出辩证的阐述（1867年）。

---

* 本文选自《马克思恩格斯研究》1990年总第4期。作者系原民主德国马列主义研究院科研人员、经济学博士。

① 《马克思恩格斯全集》原文版第4部分第7卷第20—38页。

《政治经济学批判大纲》第一次包含了对价值的若干基本规定。马克思首先在他的手稿中着手深入研究了蒲鲁东和达里蒙的货币观点，对分析货币来说必不可少的第一个价值定义是："每一个商品（产品或生产工具）都等于一定劳动时间的物化。它的价值，即它交换其他商品或其他商品交换它的比例，等于在它身上实现的劳动时间量。"① 虽然在别的地方他曾把一般劳动的"一定量"即社会劳动时间②的概念当做交换过程中商品实现的基础，但是，马克思在 1857—1858 年还没有提出社会必要劳动时间的问题，生产商品的劳动的二重性在术语上还没有固定下来，因此还使用一般劳动、**劳动本身，抽象劳动**"③ 等等概念。

《政治经济学批判大纲》中阐述交换价值的一个重要特征是，马克思研究了商品在流通领域中的运动。简单流通是实现交换价值运动即商品和货币交换的领域，它是分析资本主义生产过程的前提。

在马克思撰写这一手稿的后期，他确定了起始范畴，得出了阐述必须从商品开始的结论。他提出了一个经典性的名言："表现资产阶级财富的第一个范畴是商品的范畴。"④

1859 年，随着《政治经济学批判。第 1 分册》一书的发表，马克思把他的价值理论和货币理论的基本思想第一次公之于众。他明确表示，在这部著作中，"通过最简单的形式、即**商品**形式，阐明了资产阶级生产的**特殊**社会的，而决不是**绝对**的性质"⑤。因此，马克思当时开宗明义的第一句话就是："最初一看，资产阶级的财富表现为一个惊人

---

① 《马克思恩格斯全集》第 1 版第 46 卷上册第 84 页。
② 《马克思恩格斯全集》第 1 版第 46 卷上册第 154 页。
③ 《马克思恩格斯全集》第 1 版第 46 卷上册第 253 页。
④ 《马克思恩格斯全集》第 1 版第 46 卷下册第 11 页。
⑤ 《马克思恩格斯全集》第 1 版第 29 卷第 445 页。

庞大的商品堆积,单个的商品则表现为这种财富的原素存在。"① 马克思在这部著作中论证了商品与生产商品的劳动的二重性,并且用社会必要劳动来规定价值量。他从劳动的社会规定性出发,阐述了他的商品拜物教和货币拜物教理论。他强调说:"最后,生产交换价值的劳动还有一个特征:人和人之间的社会关系可以说是颠倒地表现出来的,就是说,表现为物和物之间的社会关系。"②

在论述商品交换的时候,马克思没有仔细研究价值形式的发展。虽然他阐述了交换向一般等价物、向货币的发展,但是他没有分析这一发展的各个阶段。他后来对此作了说明:"只是当价值表现已经以发展的形式即作为货币表现出现时",③ 他才对价值表现作出特别的分析。他在自己的著作中就是这样来避免阐述这一发展时出现的困难的。由此可见,马克思在1859年还没有从商品价值的叙述中辩证地推导出货币的历史的、逻辑的必然性。

《政治经济学批判。第1分册》的特点是,马克思用了单独一章的篇幅科学地批判了他的前辈们的理论,评价了他们对经济学理论发展作出的成就。与此相联系,他第一次把李嘉图称做是"把交换价值决定于劳动时间这一规定作了最透彻的表述和发挥"④ 的人。这样一来,马克思就在对资产阶级古典的劳动价值论进行马克思主义的评价方面奠定了基础。这一评价成为他在以后的手稿和《资本论》第1卷中阐述其经济学理论的不可分割的组成部分。

1861年到1863年期间,马克思完成了《政治经济学批判手

---

① 《马克思恩格斯全集》第1版第13卷第15页。
② 《马克思恩格斯全集》第1版第13卷第22页。
③ 《马克思恩格斯全集》第1版第31卷第311页。
④ 《马克思恩格斯全集》第1版第13卷第51页。

稿》——《资本论》第 2 稿。由于马克思的价值理论及对这一理论的阐述的高度成熟,这一手稿就经济学理论的总体而言具有特殊的意义。通过马克思对资本生产过程的阐述,价值理论获得了一系列新的规定。马克思感到有必要概述他 1859 年著作中的《商品》章和《货币》章的若干重要论点。值得注意的是,马克思又回到了他的出发前提,并且指出:"在研究资本时重要的是要牢牢记住:作为我们出发点的唯一的前提,即唯一的材料,是商品流通和货币流通,是商品和货币,而个人只是作为商品所有者相对立。第二个前提是,商品在流通过程中所经历的形式变换只是形式上的,这就是说,任何形式的价值始终不变,商品一次作为使用价值存在,另一次作为货币存在,但它的价值量没有改变,因而商品是按照它的**价值**,按照它所包含的劳动时间来买卖的,换句话说,只是等价物相交换。"① 因此,就研究资本生产过程来说,从商品流通中导出价值实体、价值量和价值形式,具有决定性的意义。

在 1861—1863 年手稿中,马克思对资产阶级庸俗空想的价值理论、剩余价值理论和利润理论的批判,占了很大篇幅。众所周知,这部分手稿题名为《剩余价值理论》。马克思在这一著作中阐述了对资产阶级政治经济学古典学家的劳动价值论的认识,这是他进而建立自己的经济学理论的重要组成部分。此外,在《剩余价值理论》中,马克思也论证了他自己的平均利润率和生产价值理论,这一理论表明价值理论在阐述资本主义生产方式的范畴和规律体系的更高的和更具体的层次上继续向前发展了。

1863—1865 年手稿即《资本论》第 3 稿的撰写,结束了《资本论》第 1 卷的准备工作。在这一时期,马克思完成了《资本论》第 1 卷,并且已经为第 2 卷和第 3 卷撰写了手稿。作为第 1 卷手稿的组成部分,他

---

① 《马克思恩格斯全集》第 1 版第 47 卷第 31 页。

写下了唯一流传下来的第6章:《直接生产过程的结果》。在这一章中,他把商品当做资本主义生产过程的结果来看待,这样,商品就取得了一系列其他的规定性。例如,马克思强调,在分析商品时必须注意:"(1)作为**资本产物的商品**,作为资本主义生产的**产物的商品**;(2)资本主义生产是**剩余价值的生产**;(3)最后,资本主义生产是使这个直接生产过程具有**特殊资本主义特征**的**整个关系的生产和再生产**。"① 在这些前提下,就像在叙述开始时的情形那样,商品价值就转化为总产品的价值亦即商品总量的价值,在这一价值中,物化着必要劳动和剩余劳动。作为商品总量的生产过程的结果来看,其价值由三个要素组成:不变资本的价值(c),可变资本的价值(v)和剩余价值(m),也就是由 c+v+m 组成。

从对第6章手稿的这些不多的评介中,我们可以清楚地看到,马克思是怎样致力于资本生产过程的阐述的,是怎样始终注重过程分析的总体联系的。这种做法的结果是,价值理论的制定逐步向全面发展。在《资本论》第1卷发表以前,马克思的价值理论的成熟程度总的来说有以下几个主要特点:第一,发现了生产商品的劳动的二重性;第二,阐述了价值形式的最发达形态——货币;第三,揭示了在商品分析中已经反映出来的特殊的资本主义生产方式;第四,发现了商品是资本主义的经济细胞。

二、1867年《资本论》第1卷第1版第1章和附录中对价值理论的阐述

在《资本论》第1卷完稿准备付印的过程中,马克思这样写道,

---

① 《马克思恩格斯全集》第1版第49卷第3页。

他"认为在第1册中必须从头开始",也就是把他过去"在敦克尔那里出版的书加以概括而编成专论商品和货币的一章"。① 这样做的目的不仅仅是出于完整性的考虑,而且出于进一步改进自己的理论阐述的必要性的考虑。因为"即使很有头脑的人对这个题目也了解得不完全正确。显然,最早的叙述,特别是关于**商品的分析**,是不够清楚的"②。在第1版序言中,他叙述了第1章的形成史,在这里他再次强调了上述事实。"在情况许可的范围内,前书只是略略提到的许多论点,这里都作了进一步的阐述;相反地,前书已经详细阐述的论点,这里只略略提到。"针对商品分析,马克思把这些提法说得更具体:"其中对价值实体和价值目的分析,我已经尽可能地作到通俗易懂。对价值形式的分析则不一样。它是很难理解的,因为辩证法比在最初的叙述中强烈得多。"③

马克思在《资本论》第1卷中的阐述是从单个的商品开始的。资本主义生产方式的财富表现为"庞大的商品堆积"④,而单个的商品则表现为这一庞大的商品堆积的元素形式。作为使用价值,每个商品都构成财富的物质内容,同时又是交换价值的物质承担者。重要的是必须肯定,作为商品的一个方面的交换价值是进一步研究的对象,而使用价值则是一门特有的学科即商品学的对象。⑤

交换价值始终表示两个商品之间的一定的量的比例。但是,如果我

---

① 《马克思恩格斯全集》第1版第31卷第536页。
② 《马克思恩格斯全集》第1版第31卷第536页。
③ 《资本论》第1卷德文第1版中译本,北京:经济科学出版社版1987年版,第1页。
④ 《资本论》第1卷德文第1版中译本,北京:经济科学出版社1987年版,第9页。
⑤ 《资本论》第1卷德文第1版中译本,北京:经济科学出版社1987年版,第10页。

们抽去物质的外壳来考察商品，那么商品就是价值。马克思是这样推导出这一联系的："交换价值的实体是与商品物体上可以捉摸的存在或作为使用价值的存在完全不同的东西和无关的东西，这从它的交换关系上一眼就可以看得出来，这一特点正在于抽象掉使用价值。从交换价值方面来看，只要比例适当，一种商品就同其他任何一种商品完全一样。因此，首先要撇开商品的交换关系或商品表现为交换价值的形式，把商品作为价值本身来考察。"① 而马克思在脚注中强调指出："如果我们以后对'价值'这个词不作进一步的规定，那就总是指交换价值。"② 虽然马克思早就明确认识到，价值概念与作为价值表现形式的交换价值概念之间是有区别的，但是，他在这里如此强调这一区别尚属首次。他显然已经意识到，在当时已经达到的抽象层次上，对这两个概念的阐述从客观上说还没有可能严加区分。

接下去，马克思研究了价值实体。"作为使用物品或财物，商品在物体上是不同的物。相反，它们的价值存在构成它们的统一。这种统一不是产生于自然界，而是产生于社会。这个在不同的使用价值中只是得到不同表现的共同社会实体就是劳动。作为价值，商品无非是结晶的劳动。"③

在进一步分析作为价值实体的劳动之前，马克思规定了价值量，即"形成价值的实体"的量。他给价值量下的定义是："社会必要劳动，

---

① 《资本论》第 1 卷德文第 1 版中译本，北京：经济科学出版社 1987 年版，第 12 页。

② 《资本论》第 1 卷德文第 1 版中译本，北京：经济科学出版社 1987 年版，第 12 页。

③ 《资本论》第 1 卷德文第 1 版中译本，北京：经济科学出版社 1987 年版，第 12 页。

或生产使用价值的社会必要劳动时间",[1] 接下去对商品的研究表明,不仅这些商品是"二重性"的,而且物化在商品中的劳动也是"二重性"的,马克思把这一发现称做是理解政治经济学的"枢纽"[2],从方法论的角度看,这一发现首先意味着,对抽象劳动和具体劳动的辩证统一所进行的阐述,是理解其他一切范畴尤其是剩余价值范畴的出发点。此外,阐述抽象劳动和具体劳动涉及作为资本主义生产方式的基础的社会条件,特别是在这里分析使用价值和价值的实体时,实现了从具体(商品)上升到抽象(抽象劳动和具体劳动)的辩证运动向从抽象回到具体(资本主义生产和再生产的总过程)的辩证运动的过渡。

马克思考察了商品在交换过程中是怎样互相对立的。商品作为不同质的使用价值必须满足一种特殊的需要,因而它们也是"不同质的有用劳动"[3] 的产品,也就是说,要普遍实现交换过程,就必须有社会分工。产品只有互相对立,用于交换,才会变成商品。马克思从结果的观点出发,阐述了作为商品二重性的实体的劳动的二重性,也就是说,他指出了商品在交换过程中怎样互相对立。但是他没有指出商品是怎样生产出来的,是在什么条件下生产出来的。商品的生产过程不是研究的对象。因此,马克思虽然谈到了人类劳动力的耗费,然而在这里他还不能引进劳动力商品的价值这个概念。所以他强调说:"这里指的不是工人得到的一个工作日的工资或价值,而是指工人的一个工作日物化成的商

---

[1] 《资本论》第1卷德文第1版中译本,北京:经济科学出版社1987年版,第1页。

[2] 《资本论》第1卷德文第1版中译本,北京:经济科学出版社1987年版,第15页。

[3] 《资本论》第1卷德文第1版中译本,北京:经济科学出版社1987年版,第19页。

品价值。在我们叙述的这个阶段,工资这个范畴根本还不存在。"①

马克思在进一步的分析中抽去了生产商品的劳动的特殊的质,抽去了创造使用价值的"有用的具体的劳动"②。一切商品本身具有相同的质,即"人类劳动的质"③。在《资本论》第1卷第1版中马克思得出的结论是:"从以上的论述可以看出,在商品中不是包含着两种不同的劳动,而是同一劳动,看它是同作为它的产品的商品使用价值相联系,还是同作为它的单纯物化表现的商品价值相联系,而得到不同的甚至对立的规定。正如商品首先必须是使用物品才能成为价值一样,劳动首先必须是有用劳动,是有目的的生产活动,才能算做人类劳动力的耗费,从而算做一般人类劳动。"④ 而《资本论》第1卷第2版则用关于抽象劳动的更明确的表述代替了上面这段话,况且马克思在第1版中只是在分析价值形式时才使用了"抽象人类劳动"⑤ 和"抽象劳动的凝结物"⑥ 的概念。

马克思确定了价值实体和价值之后,便着手分析价值形式:"首先

---

① 《资本论》第1卷德文第1版中译本,北京:经济科学出版社1987年版,第19页。

② 《资本论》第1卷德文第1版中译本,北京:经济科学出版社1987年版,第20—21页。

③ 《资本论》第1卷德文第1版中译本,北京:经济科学出版社1987年版,第19页。

④ 《资本论》第1卷德文第1版中译本,北京:经济科学出版社1987年版,第21页。

⑤ 《资本论》第1卷德文第1版中译本,北京:经济科学出版社1987年版,第27页。

⑥ 《资本论》第1卷德文第1版中译本,北京:经济科学出版社1987年版,第28页。

我们回到商品价值的第一种表现形式。"① 这样，在第 1 版中，就开始从价值（交换价值的本质）过渡到交换价值（价值的表现形式）。实现这一过渡的客观根源在于商品中物化的价值和使用价值这二者的矛盾的统一。因此，这里不是简单地回到第一种表现形式上去，而是随着从抽象上升到具体的过程进到另一个抽象层次上去。对价值形式的分析已经辩证地包含在第 1 章中，并且是这一章的不可分割的研究对象。

首先我们要谈一谈马克思对形式的理解。他在《资本论》的开头就已经使用了诸如商品形式、价值形式或货币形式等等概念。例如他把商品称做"庞大的商品堆积"的元素形式。在这里他把一个商品纳入大量的商品之中，把一个元素纳入某一联系之中。在马克思看来。形式既是研究对象的结构，又是外在的东西，即本质的现象。

马克思在附录末尾指出："货币形式的秘密"② 在于简单的商品形式。直到《资本论》第 1 卷第 2 版，他才明确指出，分析价值形式就是"指明这种货币形式的起源"③，货币是商品的独立的、"共同的价值形式"，它作为交换手段使元素（商品）纳入联系（商品生产的商品堆积）之中。在阐述价值形式开头的地方，马克思在写给懂"辩证法"的读者的章节中说，分析第一种或简单的价值形式之所以困难，正因为它是简单的。为此，马克思在脚注中强调说："它在一定程度上是细胞

---

① 《资本论》第 1 卷德文第 1 版中译本，北京：经济科学出版社 1987 年版，第 21 页。

② 《资本论》第 1 卷德文第 1 版中译本，北京：经济科学出版社 1987 年版，第 777 页。

③ 《马克思恩格斯全集》第 1 版第 23 卷第 61 页。

形式，或者照黑格尔的说法，是货币的自在。"① 从这里就可以看出，马克思在这一章中研究的不是别的形式，而是价值形式，这就是说，从商品的交换价值出发来阐述货币的本质："货币不是物，而是价值的一定的形式，因而又以价值为前提。"②

在《资本论》第1卷第1版附录中，马克思精辟地说明了价值形式和商品形式的关系。"自然形式上的劳动产品，就是使用价值的形式。因此，劳动产品要再具有价值形式，它就会具有商品形式，也就是说，会表现为使用价值和交换价值的对立的统一。可见，价值形式的发展是同商品形式的发展一致的。"③ 如果说价值形式的发展与商品形式的发展没有区别，那么，马克思在《附录》中对这些概念的运用仅仅是形式不同而已。他在阐明内在发展时提到了价值形式，但是当问题涉及同货币形式的对立时，他又提到"商品形式"。这样一来，就阐明了商品和货币之间的天然区别以及两者之间的价值联系。

还有一个情况值得注意。在《资本论》第1卷第1版中马克思已经说明了他的观点与前人特别是与资产阶级古典经济学家的区别。他强调指出，他们之所以在分析价值形式时一无所获，"这首先是因为他们把价值形式同价值混为一谈。其次，是因为在讲求实在的资产者的粗鄙的影响下，他们一开始就只注意量的规定性"④，而马克思却继续向前走

---

① 《资本论》第1卷德文第1版中译本，北京：经济科学出版社1987年版，第24页。
② 《马克思恩格斯全集》第1版第25卷第975页。
③ 《资本论》第1卷德文第1版中译本，北京：经济科学出版社1987年版，第767页。
④ 《资本论》第1卷德文第1版中译本，北京：经济科学出版社1987年版，第24页。

下去。因为古典政治经济学的这一"根本缺点"有更深刻的原因。"劳动产品的价值形式是资产阶级生产方式的最抽象的,但也是最一般的形式。这就使资产阶级生产方式成为一种特殊的社会生产类型,因而同时具有历史的特征。因此,如果把资产阶级生产方式误认为是社会生产的永恒的自然形式,那就必然会忽略价值形式的特殊性,从而忽略商品形式及其进一步发展——货币形式、资本形式等等的特殊性。"① 这里清楚地表明,马克思明确地强调了价值形式的社会内容。资本主义生产方式的劳动产品的特殊性,以最抽象的形式表现在价值形式中。

在《资本论》第1卷第1版中,马克思还没有用单独一节来分析商品的拜物教性质。然而他强调指出,商品、货币和资本的形式构成了资产阶级经济学的范畴。"对于这个历史上一定的社会生产方式的生产关系来说,这些范畴是有社会效力的,因而是客观的思维形式。"② 这样,马克思就把对商品的分析以及对价值形式和货币的分析理解为阐述资本主义生产关系的不可分割的组成部分。

对马克思来说,价值形式分析是指"探讨商品价值关系中包含的价值表现,怎样从最简单的最不显眼的样子一直发展到炫目的货币形式"③。马克思在《资本论》第1卷第2版中第一次提到了这项任务,它同第1版《附录》中的提法大不相同:"如果我们知道使用价值和交换价值是什么,我们就会发现,第一种形式是使任何劳动产品,例如麻布,表现为商品,即表现为使用价值和交换价值的对立统一的最简单、

---

① 《资本论》第1卷德文第1版中译本,北京:经济科学出版社1987年版,第43页。

② 《资本论》第1卷德文第1版中译本,北京:经济科学出版社1987年版,第47页。

③ 《马克思恩格斯全集》第1版第23卷第61页。

最不发展的方式。同时我们也就很容易看出……简单的商品形式,为获得它的完成的形态……即获得货币形式所必须经过的一系列形态变化。"①

简单的价值形式被表述为一个商品与其他任何一个商品之间的最简单的关系,例如,x量商品麻布 = y量商品上衣。在这一关系中,资本主义商品—货币关系的多样性被归结为简单的买卖关系。即 W—G—W。这一循环可分为 W—G 和 G—W 两个行为,每个行为本身都表现了两种商品(例如麻布和金)的简单的关系。因此,这里碰到的是表现得最简单的货币形式:x量商品 A = 2 英镑;如果其他任何一个商品代替了2英镑即代替了作为货币的金的货币形式,那么我们就获得了与货币形式相应的简单价值关系,即价值的最简单的表现:x量商品 A = y量商品 B。因此,后一个公式无非是现实地存在于资本主义中的货币形式,它被归结为货币形式的最基本、最抽象的关系,在第1版《附录》中,马克思用归纳法描述了这种用演绎法来表述的思路。"如果我们用:'20码麻布 = 2 镑'或'20码麻布值2镑'来代替'20码麻布 = 1件上衣'或'20码麻布值1件上衣',那么,一眼就可以看出,货币形式无非就是商品的简单价值形式的进一步发展,从而是劳动产品的简单商品形式的进一步发展的形态。因为货币形式不过是发展了的商品形式,所以它显然是从简单商品形式产生出来的。"②

在谈到简单价值形式的时候,马克思首先研究了价值表现,即相对价值形式和等价形式的两极的统一和对立。其结果是:"与一个商品的

---

① 《资本论》第1卷德文第1版中译本,北京:经济科学出版社1987年版,第778页。

② 《资本论》第1卷德文第1版中译本,北京:经济科学出版社1987年版,第767页。

简单相对价值形式相适应的,是另一个商品的个别等价形式。或者说,被用来表现价值的那个商品,在这里只是作为个别等价物起作用。所以,在麻布的相对价值表现中,上衣只是对麻布这一种商品来说,具有等价形式或能直接交换的形式。"①

简单价值形式的等式必然包含着 x 量商品 A 能够以不同的商品表现出来。"因此,麻布的完全的相对价值表现,实际上不是一个个别的简单相对价值表现,而是它的简单相对价值表现的总和。"② 这里涉及到总和的或扩大的价值形式:x 量商品 A = y 量商品 B = z 量商品 C = 其他。把这一等式倒转过来,就得出第三种形式即反身的或一般的价值形式。"相对价值形式现在具有一个完全变化了的形态。一切商品的价值的表现:第一,是简单的,也就是表现在唯一的其他商品体上,第二,是统一的,也就是表现在同一的其他商品体上。"③ 从这个第三种形式到第四种形式即货币形式还有一步之差:如果我们用商品货币代替商品 A,那么我们就获得货币形式。这样,马克思以此证明,货币形式的秘密是以简单的商品形式为基础的。"但是决定性的重要之点是要发现价值形式、价值实体和价值量之间的内在必然联系,也就是从观念上说,要证明价值形式产生于价值概念。"④

《资本论》第 1 卷第 1 版正文对价值形式的分析,非常清楚地表明,

---

① 《资本论》第 1 卷德文第 1 版中译本,北京:经济科学出版社 1987 年版,第 765 页。

② 《资本论》第 1 卷德文第 1 版中译本,北京:经济科学出版社 1987 年版,第 765 页。

③ 《资本论》第 1 卷德文第 1 版中译本,北京:经济科学出版社 1987 年版,第 771 页。

④ 《资本论》第 1 卷德文第 1 版中译本,北京:经济科学出版社 1987 年版,第 42 页。

马克思多么重视黑格尔的逻辑学。众所周知,他在第2版《跋》中提到,他在关于价值理论一章中的某些地方卖弄过"黑格尔特有的表达方式"①。这指的不只是一些注释中出现的对黑格尔的直接提示,倒不如说,价值形式分析严格遵循了黑格尔的下述要求:概念应能成为"把自身实在化的冲动"②。当然,马克思非常清楚,价值形式的发展是不能用黑格尔的方式来理解的。他指出,价值形式的发展并不是指某个起初是主观的概念无须外在的质料而自行客观化。③ 但是,例如在《资本论》第1卷第1版中,马克思仍然提出:"商品是使用价值和交换价值的直接统一……商品的这种内在矛盾一直存在,直到商品外化为商品和货币。"④ 他在1872年第2版中加的一些注释说明,他已经意识到,有必要在第1版之后明确划清价值形式分析与黑格尔表达方式之间的界限。因此,马克思强调了他和黑格尔在方法上的差别,并且着重指出他阐述政治经济学所依据的唯物主义基础。

马克思在《资本论》第1卷第1版中关于价值形式的分析有两种写法,经比较得出结果如下:

1. 马克思劝"不懂辩证法的读者"跳过第1章正文中的一部分,在这一部分中,价值形式是严格遵循商品的内在矛盾而进行阐述的,这一阐述在文献中被称做是取得外在表现的总交换过程的客观矛盾的某种反映。

---

① 《马克思恩格斯全集》第1版第23卷第24页。
② 参看〔德〕黑格尔《逻辑学》下卷,北京:商务印书馆1976年版,第522页。
③ 参看《资本论》第1卷德文第1版中译本,北京:经济科学出版社1987年版,第26页。
④ 参看《资本论》第1卷德文第1版中译本,北京:经济科学出版社1987年版,第55页。

2. 虽然恩格斯劝告马克思在编写附录时加强历史的叙述，但是值得注意的是，马克思并没有引用商品生产史上或货币史上的任何例证，而是辩证地阐述了价值形式。就是说，首先分节更加详细了。

3. 此外，具有重要意义的是，正文中没有提到"货币形式"，马克思把它称做第四种形式，而把一般价值形式叫做"第三种即相反的或倒转过来的第二种相对价值形式"。

到此为止的分析表明，在马克思那里，对全面理解资本主义生产方式具有决定意义的价值理论至此还没有找到最终的叙述形式。已取得的重大进展主要反映在对生产商品的劳动的二重性的分析上，反映在对价值形式和商品拜物教性质的分析上。但是，同时也正是在马克思准备《资本论》第 1 卷第 2 版时所极为重视的那些章节中，某些方法论问题起着决定的作用。

三、价值理论的阐述和进一步发展的若干方法论问题（1867—1872 年）

马克思价值理论的形成和发展是制定无产阶级政治经济学不可分割的组成部分，这一发展过程反映了关于资本主义生产方式的研究与叙述的统一。在这方面，方法上的考虑是由唯物辩证法决定的。虽然马克思没有为我们留下关于辩证法的著作，但是照列宁的话来说，辩证法在《资本论》中被合理地运用于政治经济学。此外，马克思在手稿和《资本论》中为了使读者理解他自己的研究方法和叙述方法而撰写了若干提示和注释，《政治经济学批判大纲》的《导言》和《资本论》第 1 卷第 1 版《跋》中的阐述就属于这一类。从中可以看出，马克思在批判政治经济学的同时努力以最恰当的形式阐述资本主义生产方式的范畴和规律体系。在《资本论》的准备工作中，研究过程表现得最清楚。笔记、草稿以及手稿,例如《1850—1853年伦敦笔记》、草稿《反思》(1851年)以及《大纲》(1857—1858年)之间的相互作用,表明经多年研究的结果才逐渐形成适当的叙述形式。在这一过程中,对价值理论的叙述具有十分重要的意义,它是获得始发范畴和后来建立范畴体系的基础。因此,马克思一再努力使叙述更加完善。马克思为《资本论》第1卷第2版修订第1章《商品和货币》所做的准备工作,也证实了这一点。

马克思辩证地运用了逻辑和历史的关系,这在对价值形式的叙述中表现得最为清楚。在《导言》中他就写道:"因此,把经济范畴按它们在历史上起决定作用的先后次序来排列是不行的,错误的。它们的次序倒是由它们在现代资产阶级社会中的相互关系决定的,这种关系同表现出来的它们的自然次序或者符合历史发展的次序恰好相反。"① 当然,为了分析资本主义生产方式,马克思有必要了解货币史和商品生产史。然而,只是历史地考察商业上的货币流通的发展是揭示不了资本主义商品生产和与之相适应的生产关系之间的内在联系的;反之,如果不了解历史,也同样不可能掌握对这些关系的逻辑的研究方法。但是,逻辑和历史的统一无疑也要完成叙述范围内的特殊任务。政治经济学范畴和规律的逻辑的叙述方法,需要有历史的理解。马克思发现,这些范畴和规律具有历史性质,同当时的某一生产方式的性质相适应。而且只适用于这一生产方式,但是,对它们的系统阐述同时也必须受逻辑方法的规定。恩格斯特别强调这一观点:"逻辑的研究方式是唯一适用的方式。"②

理解这一方法论的前提是很重要的。我们应该把这一前提运用于对整个《资本论》的解释,当然也包括论述价值形式的段落在内。

---

① 《马克思恩格斯全集》第1版第46卷上册第45页。
② 《马克思恩格斯全集》第1版第13卷第532页。

历史和逻辑的范畴同唯物辩证法的某些范畴，如抽象与具体，一般、特殊与个别，本质与现象等等的联系尤其紧密。这里不可能研究所有与此有关的特殊问题，而只能突出列宁通过研究黑格尔《逻辑学》而获得的诸多宝贵见解中的一个。列宁总是把它同马克思的《资本论》尤其是价值理论的基本思想联系在一起，"当思维从具体的东西上升到抽象的东西时，它不是离开——如果它是正确的……——真理，而是接近真理。物质的抽象，自然规律的抽象，价值的抽象及其他等等，一句话，那一切科学的……抽象，都更深刻、更正确、更完全地反映着自然"①。这样一来，列宁就提醒人们注意：必须认识研究过程的各个抽象阶段并作出相应的叙述。在《资本论》中，在每一个抽象层次上，先前的规定都得到充实和丰富，从而更深刻、更正确、更完全地反映客观现实。作为《资本论》第1篇的前提和资本主义生产过程的结果的商品价值的规定就是如此。

马克思发现，叙述资本主义生产过程的起始范畴是商品，他因此作出了决定性的贡献。列宁强调说："开始是最简单的、普遍的、常见的、直接的'存在'：个别的商品（政治经济学中的'存在'），把它当做社会关系来加以分析。"② 另外他还指出："马克思在《资本论》中首先分析资产阶级社会（商品社会）里最简单、最普通、最基本、最常见、最平凡、碰到过亿万次的关系——商品交换。这一分析从这个最简单的现象中（在资产阶级社会的这个'细胞'中）揭示出现代社会的一切矛盾……往后的叙述为我们揭明了这些矛盾以及这个社会在这个社会的各个部分的总和中，在这个社会的开始直到终结的过程中的发展（和生

---

① 《列宁全集》第1版第38卷第181页。
② 《列宁全集》第1版第38卷第357页。

长，和运动）。"① 同时还应强调，马克思在《资本论》中把商品和货币当做资本主义生产方式的范畴来对待。因此，第1篇是这一分析的不可分割的组成部分。如果说第1篇以最简单、最抽象的形式研究了商品和商品生产范畴，即排除了资本主义商品生产的历史形式和偶然性，那么，这正是使用了唯一恰当的逻辑叙述方法的结果，决不意味着马克思在这里是在研究资本主义以前的简单的商品生产关系。

以上提到的几个问题在马克思列宁主义的讨论中有重要意义。《资本论》第1卷第1篇研究对象的确定，就属于讨论的问题之一。常常听见这样的意见：马克思叙述的是简单商品生产的历史发展过程，亦即马克思把按资本主义方式生产的商品的简单流通排在了对生产过程的分析阐述的前面。因此，讨论的一个重要方面就是对逻辑和历史的关系的理解。就价值形式分析来说，情形尤其如此。各种解释之间的差别在政治经济学教科书中表现得尤其清楚。特别在说明马克思关于简单价值形式的叙述的时候，更是如此。例如，在一部《政治经济学教科书》（霍斯特·里希特编）中就说："当生产力的发展还很低下，最初出现在原始社会不同共同体之间的交换尚且具有偶然性的时候，在历史上就出现了简单价值形式。"在一本《资本主义政治经济学教科书》（阿尔弗雷德·莱姆尼茨编）中，则克服了这种表达方式。那里强调说："对价值形式的分析表明了……价值形式发展的客观逻辑。"这个例子说明，对这一问题经常发生的激烈争论，其结果促使人们更加注重从总体联系上去解释马克思的主要著作。

对于编写有关《资本论》的教科书和入门书来说，通俗的叙述形式的作用不可小视。马克思对《资本论》的最初一些通俗解说非常留意。他在收到卡洛·卡菲埃罗的小册子后，写信告诉后者说，他不久前

---

① 《列宁全集》第1版第38卷第409页。

收到了另外两种通俗解说本，这两本书都有一个毛病：虽然他们想对《资本论》作一个简明通俗的概述，但同时却过于学究式地拘泥于叙述上的科学形式。"我觉得，由于这种毛病他们没有完全达到自己的主要目的——对公众产生影响。"① 例如1873年出版的约·莫斯特的小册子《资本和劳动》就是如此。这本书是以通俗的方式叙述马克思经济学说的尝试。马克思校订了这本书。他接受恩格斯的劝告，把用辩证法获得的东西，从历史上稍微详细地加以证实。②

马克思对斐迪南·多梅拉·纽文胡斯的《资本与劳动》一书的批注，也证明他对《资本论》第1卷的通俗版本很感兴趣。批注一开头就说，作者对《资本论》开头第一句话作了删节，没有完整地翻译出来，而是变成了这样："资本主义生产方式占统治地位的社会"的财富，表现为庞大的商品堆积。马克思的批注以《资本论》第1卷第2版为依据并且指出，他认为在通俗本中也应当尽可能准确地复述《资本论》中的重要表述。马克思表示他决不同意对重要的理论段落作删节性的解释的办法。具体来说，他首先强调对他发现生产商品的劳动的二重性起决定作用的那些范畴。

这些关于马克思的研究与叙述方法的方法论观点所作的简短提示表明，价值理论的叙述具有关键的作用。讨论较多的问题之一就是马克思对价值形式的制定和叙述。在1867年《资本论》第1卷第1版中，价值形式第一次得到全面的研究，因此，马克思在《序言》中首先说明，这一章不易理解，然而他设想读者都是"想学到一些新东西、因而愿意自己思考"③ 的人。同时，价值形式这一章也是马克思、恩格斯和路易

---

① 《马克思恩格斯全集》第1版第34卷第358页。
② 《马克思恩格斯全集》第1版第31卷第308页。
③ 《马克思恩格斯全集》第1版第23卷第8页。

斯·库格曼在准备付印该卷期间交换意见的主题。恩格斯和库格曼向马克思指出了在理解他的文章时遇到的某些困难,并要他改进这一章的叙述,也就是说,不仅增加章节的划分,而且从历史上更加详细地证实用辩证法已获得的东西:"从而用历史方法向庸人证明货币形成的必然性并表明货币形成的过程。"① 马克思回信告诉恩格斯说:"至于说到价值形式的阐述,那么我是既接受了你的建议,又**没有**接受你的建议,因为我想在这方面也采取辩证的态度。这就是说:第一,我写了一篇**附录**,把这个问题尽可能简单地和尽可能教科书式地加以叙述,第二,根据你的建议,把每一个阐述上的段落都变成**章节**等等,**加上特有的小标题**。我要在**序言**中告诉那些'**不懂辩证法的**'读者,要他们跳过 x—y 页而去读附录。"② 这样一来,第 1 版在第 1 章正文和附录中就都阐述了价值形式。库格曼也建议作这种双重叙述:"大多数读者需要有一个关于价值形式的更带讲义性的补充说明。"③ 如前所述,这种叙述形式使马克思不得不彻底修订这一卷的第 2 版。

价值形式分析的形成史清楚地表明,马克思怎样致力于以尽可能易懂的而又严守逻辑的形式叙述资本主义生产方式的总体。

随着《资本论》第 1 卷的发表,马克思对政治经济学尤其是对价值理论的叙述方法立刻遭到资产阶级政治经济学的曲解亦即篡改。他们首先把这种叙述方法等同于黑格尔的辩证法。也就是说,德国《资本论》评论家大谈"黑格尔的诡辩"④。所以马克思认为有必要在《资本论》第 1 卷第 2 版的《跋》中明白无误地加以澄清:"我的辩证方法,

---

① 《马克思恩格斯全集》第 1 版第 31 卷第 308 页。
② 《马克思恩格斯全集》第 1 版第 31 卷第 311 页。
③ 《马克思恩格斯全集》第 1 版第 23 卷第 14 页。
④ 《马克思恩格斯全集》第 1 版第 23 卷第 20 页。

从根本上来说，不仅和黑格尔的辩证方法不同，而且和它截然相反。在黑格尔看来，思维过程，即他称为观念而甚至把它变成独立主体的思维过程，是现实事物的创造主，而现实事物只是思维过程的外部表现。我的看法则相反，观念的东西不外是移入人的头脑并在人的头脑中改造过的物质的东西而已。将近三十年以前，当黑格尔辩证法还很流行的时候，我就批判过黑格尔辩证法的神秘方面。但是，正当我写《资本论》第一卷时，愤懑的、自负的、平庸的、今天在德国知识界发号施令的模仿者们，却已高兴得像莱辛时代大胆的莫泽斯·门德尔森对待斯宾诺莎那样对待黑格尔，即把他当做一条'死狗'了。因此，我要公开承认我是这位大思想家的学生，并且在关于价值理论的一章中，有些地方我甚至卖弄起黑格尔特有的表达方式。辩证法在黑格尔手中神秘化了，但这决不妨碍他第一个全面地有意识地叙述了辩证法的一般运动形式。在他那里，辩证法是倒立着的。必须把它倒过来，以便发现神秘外壳中的合理内核。"① 尽管如此，直到今天，价值形式分析在资产阶级对马克思的批判中仍然常常被解释为黑格尔的方法。

列宁有句名言道出了黑格尔辩证法的实际价值："不钻研和不理解黑格尔的全部逻辑学，就不能完全理解马克思的《资本论》，特别是它的第 1 章。"② 《资本论》的结构以及对资本主义生产方式的范畴和规律的逻辑的叙述，都证明了这一点，但是这里有一个原则的区别。马克思为阐述政治经济学而发挥的辩证方法反映了他在说明资本主义规律性时运用的彻底的唯物主义。马克思的独到之处不是使观念从存在进到本质，进到现象并再进到现实，而是对资本主义生产关系的物质存在形式作出阐述。因此，马克思方法的性质就表现为唯物主义与辩证法的统一。

---

① 《马克思恩格斯全集》第 1 版第 23 卷第 24 页。
② 《列宁全集》第 1 版第 38 卷第 191 页。

资产阶级批判马克思的另一个重要特点是,掩盖商品价值的本质,把商品价值说成是商品交换的量的比例。早在《剩余价值理论》中,马克思就着重指出,在资产阶级辩护士看来,"从表面进入深处"① 是不允许的。马克思并不像一些马克思学家所喋喋不休的那样,把价值简单地看做是交换过程中商品之间的比例,而把它看做是商品所有者的社会关系。"商品作为价值是**社会的量**,因而,和它们作为'物'的'属性'是绝对不同的。商品作为价值只是代表人们在其生产活动中的关系。价值确实包含交换,但是这种交换是人们之间物的交换;这种交换同物本身是绝对无关的。"② 对于马克思来说,重要的是要把作为资产阶级财富最一般形式的商品及其与另一个(表现为商品价值的)商品之间的关系,亦即资本主义生产关系中最简单的关系当做出发点,并且从分析商品流通和货币流通出发来说明直接生产过程中的雇佣劳动与资本的关系,也就是揭示剩余价值的生产。

四、《资本论》第 1 卷第 2 版经过修订的第 1 篇中对价值理论的叙述

1871 年 12 月至 1872 年 1 月马克思准备好《资本论》第 1 卷第 2 版并付印。在标明日期为 1 月 24 日的《跋》中,马克思详述了他作的改动。不过他认为:"原文中局部的、往往只是修辞上的修改,用不着一一列举出来。"③ 换句话说,他主要要强调那些变动较大的章节。"第一章第一节更加科学而严密地从表现每个交换价值的等式的分析中引出了

---

① 《马克思恩格斯全集》第 1 版第 26 卷第 3 册第 150 页。
② 《马克思恩格斯全集》第 1 版第 26 卷第 3 册第 139 页。
③ 《马克思恩格斯全集》第 1 版第 23 卷第 14 页。

价值,而且明确地突出了在第一版中只是略略提到的价值实体和由社会必要劳动时间决定的价值量之间的联系。第一章第三节(价值形式)全部改写了,第一版的双重叙述就要求这样做……第一章最后一节《商品的拜物教性质及其秘密》大部分修改了。第三章第一节(价值尺度)作了详细的修改,因为在第一版中,考虑到《政治经济学批判》(1859年柏林版)已有的说明,这一节是写得不够细致的。"①

这样一来,马克思所作的这些提示对于进一步分析由他所作的修改来说同时也是必不可少的。之所以要作这些修改,不只是因为有统一第1版中价值形式的双重叙述的必要。对马克思来说,倒不如说是要通过改善叙述使他的这部基本著作整个说来更加易于理解。因此,他修改的宗旨在于更加前后一致地、辩证地阐述资本主义生产方式的范畴和规律,这就要求章节的划分更加清晰。对这些范畴和规律性从概念上划定界限和给以规定。在表述第1篇《商品与货币》中的起始范畴时,情况尤其如此。

对马克思在第1章中所作的修改的考察表明,他重新撰述了有关价值形式、商品拜物教性质和价值尺度的章节。并进一步改进了这一篇的整体结构。此外,他用22个脚注充实了正文,并且还作了内容以及文字上的大小不等的种种修改。

马克思对价值实体和价值量的定义有哪些新的表述呢?

首先,强调要在给价值量下定义之前概述一下对价值实体的分析。在《资本论》第1卷第1版中马克思写道:"这个在不同的使用价值中只是得到不同表现的共同社会实体就是劳动。作为价值、商品无非是结

---

① 《马克思恩格斯全集》第1版第23卷第14页。

晶的劳动。"① 在第 2 版中马克思阐明了生产交换价值的劳动的实体基础："随着劳动产品的有用性质的消失，包含在劳动产品中的劳动的有用性质也消失了。因而，一种劳动生产这种使用物品，另一种劳动生产那种使用物品的一定的具体形式也消失了……这些物，作为它们共有的这个社会实体的结晶，就是价值。"② 马克思第一次表述了价值量的定义："但是形成商品价值实体的劳动是相同的人类劳动，是同一的人类劳动力的耗费。体现在商品世界中的全部劳动力，在这里是一个同一的人类劳动力。虽然它是由无数的单个劳动力构成的。每一个这种单个劳动力，同别一个劳动力一样，都是同一的人类劳动力。只要它具有社会平均劳动力的性质，起着这种社会平均劳动力的作用，从而在商品的生产上只使用平均必要劳动时间和社会必要劳动时间。"③

其次，还有一个情况值得注意，即马克思在《资本论》第 1 卷第 2 版中将体现在商品中的劳动的二重性作了如下概括，并由此过渡到《货币形式或交换价值》这一节："一切劳动，从一方面看，是人类劳动力在生理学意义上的耗费；作为相同的或抽象的人类劳动，它形成商品价值。一切劳动，从另一方面看，是人类劳动力在特殊的有一定目的的形式上的耗费；作为具体的有用劳动，它生产使用价值。"④

从上述有关《资本论》第 1 卷第 2 版中新的表述的例子中可以得出若干结论来。有一些出版物断言，马克思写于《资本论》之前的著作在概念上还没有把交换价值和价值严格地加以区分。但是，这种说法忽

---

① 《资本论》第 1 卷德文第 1 版中译本，北京：经济科学出版社 1987 年版，第 12 页。
② 《马克思恩格斯全集》原文版第 2 部分第 6 卷第 72 页。
③ 《马克思恩格斯全集》原文版第 2 部分第 6 卷第 73 页。
④ 《马克思恩格斯全集》原文版第 2 部分第 6 卷第 79—80 页。

略了马克思早已意识到价值及其表现形式交换价值之间的区别。然而，正如他在1867年第1版脚注9中补充说明的那样，只要各个范畴还没有通过明确的表述而加以规定，只要还没有进行价值形式的分析，那么，他使用的"价值"一词始终是指"交换价值"。在第2版中他删去了这个脚注，并且把交换价值规定为价值表现方式或表现形式。从这个方面来看，马克思还使一系列的提法更加精确了，在这些地方，他用交换价值取代了价值，或者是相反。

我们已经说过，马克思在《资本论》第1卷第1版中多次谈到"人类劳动一般"和"有用劳动"，用这二者来说明物化在商品中的劳动的二重性的特征。只是在1873年第2版中，马克思才对抽象的人类劳动和具体的有用劳动作了经典的表述。

相反，社会必要劳动时间的定义在第1版中就有了。但是在第2版中，马克思并不是把这一概念简单地看做前提条件，而是从个人劳动力的耗费中推导出这一概念。这样一来，对这一范畴的阐述也更加严格地遵循从个别到一般的辩证运动。

在第2版中，马克思第一次用"人类劳动力在生理学意义上的耗费"① 这一表述来说明人脑、肌肉、神经和感觉器官等等在各种生产活动中的消耗。这是理解抽象劳动的一个极重要的依据，因为抽象劳动反映了人类劳动力在生理学意义上的耗费的特性。

对价值形式分析的文字表述有个发展过程，经研究表明，马克思在很大程度上接受了恩格斯的建议，优先采用更具教学性质的叙述方法，就像《资本论》第1卷第1版附录所力图要做的那样。因此，这里的问题就不是第1版的两稿的"有机统一"的问题了。例如像《B. 总和的或扩大的价值形式》和《D. 货币形式》这些章节，除少数段落以外，

---

① 《马克思恩格斯全集》第1版第23卷第60页。

均来自附录。准备用于第2版的手稿表明马克思为了表述这些重要章节可以说是经过一番"苦斗"的,他既要忌用黑格尔的叙述风格,又要把辩证法万无一失地运用于价值形式分析。

在手稿中重新得到表述并被收入《资本论》第1卷第2版中的那些改动,非常清楚地表现在有关价值形式分析的三小节中。例如,马克思在阐述《相对价值形式的内容》时,是要指出价值实体只能表现为与另一个商品的关系。所以他说:"商品作为价值只是人类劳动的凝结,那么,我们的分析就是把商品化为价值抽象。但是并没有使它们具有与它们的自然形式不同的价值形式。在一个商品与另一个商品的价值关系中,情形就不是这样。在这里一个商品的价值性质通过该商品与另一个商品的关系而显露出来"①,其结果是,他要再一次强调价值形成过程与价值形式之间的区别。就这个问题马克思在手稿中说:"然而,麻布与上衣的等同关系把包含在麻布价值中的抽象人类劳动性质表现出来"② 还是不够的。人类劳动或处于流动状态的人类劳动力形成价值,但本身不是价值,它在凝固的状态中"物化的形式上才成为价值"③。在第2版中,他压缩了第一句话,并且写道:"只把构成麻布价值的劳动的特征性质表现出来"是不够的。从这句话里可以清楚地看出与分析生产商品的劳动的二重性的联系。

在手稿中重新得到论述的《简单价值形式的总体》这一节也表明,马克思认为简单价值形式就是最抽象、最基本的交换关系。他强调:"我们的分析表明,商品的价值形式或价值表现由商品价值的本性产生,而不是相反。"他同时强调指出,劳动产品向商品的转化,是与"历史

---

① 《马克思恩格斯全集》原文版第2部分第6卷第83页。
② 《马克思恩格斯全集》原文版第2部分第6卷第12页。
③ 《马克思恩格斯全集》原文版第2部分第6卷第83—84页。

上一定的发展时代"相联系的,"商品形式的发展是同价值形式的发展相一致的"①。这一发展过程的特点正如马克思所说,在于简单价值形式作为"一种胚胎形式"通过"形态变化"从自身过渡到较完全的形式,最终变成"价格形式"。继之而来的对价值形式各因素(形态变化)的规定,反映了资产阶级社会各交换关系之间的客观的和内在的联系。这些联系在交换关系的表面上是看不见的。对价值形式的分析表明,商品和货币通过中介运动互相联系。价值形式分析是资产阶级交换领域的界限以内不断实现的过程的抽象反映。这一过程的结果则是商品和货币的再生产,它们是资本主义经济制度的必不可少的要素。

值得注意的是,同在价值形式的叙述上也作出的这些改动相适应,马克思在第3章第1节《价值尺度》中也作了修改。这是对价值理论的各种联系进行新的阐述所带来的合乎逻辑的结果,并引出关于货币作为价值尺度这一性质的更精确的规定。非常重要的是,马克思此时在价值形式的叙述之后紧接着分析了商品拜物教。《政治经济学批判》第1分册中还没有详细叙述价值形式,因而不可能对商品拜物教进行专门的考察。而第1版附录中则首次为此单设了一节。在这里,马克思研究了作为等价形式第四特点的商品形式的拜物教。马克思为第2版充实并增补了这一节,置于第1章的末尾。

在这一节中马克思详细探讨了商品生产的社会条件,并且说明一切过去的政治经济学都"不能从商品的分析,而特别是商品价值的分析中,发现那些正是使价值成为交换价值的价值形式"②。"但是,要揭示商品形式的秘密,必须作到这一点才行。这是因为:商品形式在人们面前把人们本身劳动的社会性质反映成劳动产品本身的物的性质,反映成

---

① 《马克思恩格斯全集》原文版第2部分第6卷第92—93页。
② 《马克思恩格斯全集》原文版第2部分第6卷第111页。

这些物的天然的社会属性,从而把生产者同总劳动的社会关系反映成存在于生产者之外的物与物之间的社会关系。"① 因此,马克思把劳动产品对单个商品生产者和他们的总体的统治以及由此产生的人格的物化和物的人格化这一现象称之为商品拜物教。

马克思在《资本论》第1卷第2版中以对生产商品的劳动的二重性和隐藏在后面的社会关系的叙述以及对价值形式和商品拜物教的叙述,极大地丰富了价值理论。正文的创作过程表明,他在第2版中是如何依照他的辩证方法把自己的价值理论的各个组成部分更加紧密地结合在一起的。这也符合前述第2版《跋》的提示。在这个《跋》中,除了别的修改之外,马克思还提醒人们注意,价值的引出也更严密和更科学了。

不过,马克思在第2版《跋》中还得说明:"德文原本某些部分需要更彻底地修改,某些部分需要更好地修辞或更仔细地消除一些偶然的疏忽。"② 这是他在校阅和翻译《资本论》第1卷法文版时就已经得出的相应结果。马克思认为:"有些论述要简化,另一些要加以完善。一些补充的历史材料或统计材料要加进去,一些批判性评注要增加,等等。"这个译本经过这样的处理以后,就"在原本之外有独立的科学价值"③。也就是说,马克思不仅力求使著作有个出色的译文和更出色的结构,而且始终没有中断始于第2版的修订工作,亦即从内容上继续完善正文。法文版以1873—1875年分册刊行,随即以整部书的形式出版。

马克思为法文版作的补充和修改主要涉及下列几个问题。

---

① 《马克思恩格斯全集》原文版第2部分第6卷第103页。
② 《马克思恩格斯全集》第1版第23卷第14页。
③ 《马克思恩格斯全集》第1版第23卷第29页。

1. 有关商品拜物教性质的章节得到更通俗更清楚的表达。在这里，马克思为读者着想删去了一些难以理解的脚注，主要是删去了那些在法国鲜为人知的有关黑格尔哲学遗产的提示。

2. 马克思补充并发展了他的生产劳动与非生产劳动的学说。

3. 马克思详细地研究了技术进步对社会生产力发展的影响，指出了科学和技术如何促进资本关系的发展。

4. 在第7章，马克思重新撰写了论述相对人口过剩的有关部分。

5. 此外，马克思对资本主义生产发展的周期性，尤其是对资本主义再生产周期可能发生的变形作了某些新的说明。

五、1873—1883年马克思从事价值理论研究的若干方面

《资本论》第1卷出版后不久，很多人就敦促马克思出一个通俗本。也就是对某些章节作一些通俗的解说，马克思对这些请求持肯定态度。但是主要由于时间关系，他无法满足这些要求。然而，当莫斯特1873年在克姆尼茨发表了选自《资本论》的题为《资本和劳动》的摘录本以后，马克思不得不加以修订，因为这本书"太拘泥于叙述的科学形式"。莫斯特的摘录本既没有详细摘录《资本论》第1卷的重要段落，也没有概括地加以复述。他的欠缺主要在于，他没有从精神上充分把握《资本论》的某些要点，因此，马克思认为有必要用自己的表述来纠正莫斯特在叙述上的不足之处。马克思为此付出了很大的精力，直到1876年4月11日，《克姆尼茨自由新闻》报道了这一通俗摘录本修订第2版出版的消息。

马克思曾给弗里德里希·阿道夫·左尔格寄去这一修订版的样本，1876年6月14日马克思在给他的信中说："我没有署名，否则我就要作更多的修改（一切涉及到价值、货币、工资以及其他许多问题的地

方，我已不得不全部删去并换上自己的话）。"①

把这两个版本的正文加以比较可以看出，马克思的所有内容上的修改（这种修改占多数）都是以《资本论》的思想为依据的。它们主要涉及对商品价值的本质、剩余价值的形成以及工资这三者之间的紧密联系所作的论证，这项任务只有马克思本人才能胜任。马克思结合工人直接的利益，首先是旨在保障生存的利益，以简易明显的例证揭示了剥削的本质，同时也没有忽略去正确运用他极其重视的经济学范畴，例如价值和交换价值、劳动和劳动力、劳动力价值和价格等等。

尽可能通俗地叙述第1篇《商品和货币》，对理解经济学理论来说是绝对必要的。马克思采用了《资本论》第1卷中的表述来给价值实体和价值下定义。当然，对他来说问题是要在叙述中撇开抽象劳动或劳动二重性这样的范畴和概念而来论证社会平均劳动构成价值实体和价值量的原理。

对莫斯特著作第2版开头段落的研究也表明，马克思接受了本文多次提到的恩格斯的建议，尝试从历史方面证明在《资本论》中用辩证法获得的东西。② 例如，马克思在论证劳动是价值的源泉时开头是这样说的："在不发达的社会状态下，同一个人要交替从事各种不同种类的劳动，他时而耕作，时而织布，时而打铁，时而做木工活等等。"与此同时，马克思说明了分工如何通过社会进步而发展，并指出："只有当生产已经发展成为独立的、互相并存的有用劳动方式的多支体系的时候，资本主义社会才是可能的。"这段话清楚地说明商品价值是由平均劳动决定的。

在《资本和劳动》第2版中，价值形式分析获得了新的表述，篇

---

① 《马克思恩格斯全集》第1版第34卷第172页。
② 《马克思恩格斯全集》第1版第31卷第308页。

幅只占寥寥几段。马克思第一次如此精辟地把价值形式概括为四个发展阶段，而且没有使用《资本论》的术语。但是他不只是简单地加以概括，而是第一次把价值形式的历史起源视为质上不同的各交换形式的顺序更迭。价值与使用价值之间的矛盾的展开在历史发展上是通过产品交换转化为商品交换而实现的。马克思说："这种价值形式是从产品交换中并同产品交换一起逐渐发展起来的。"①

产品交换的前提是物品只为自身需要而生产。因此交换带有偶然性质。兽皮与盐的交换就是如此。从表面上看，这一交换关系与简单的或偶然的价值形式相一致，但是马克思有意识地没有使用这个概念。

交换价值的下一个形式发生在这样的情况下：一个部落——用马克思的话来说就是"西伯利亚的狩猎部落"——为另一个部落提供产品，于是换回了许多别的产品。然后，马克思从其他商品所有者的角度来考察这种交易。由此（而不是用说明更长的历史过程的办法）来实现向下一个形式的过渡。这样一来，就可以引出一般等价物。它是其他一切产品的"一般价值表现"。"换句话说，在产品交换的这一范围内，兽皮成为货币。"② 在《资本论》第1卷中，马克思只在论述商品交换过程的地方（不是在分析价值形式的时候），对产品交换的历史作了下列补充说明："只要不是两种不同的使用物品相交换，而是像在野蛮人中间常见的那样，把一堆混杂的东西当做一种东西的等价物，那么，连直

---

① 〔德〕约翰·莫斯特：《资本和劳动》，第9页（参看《马列著作编译资料》第15辑第5页）。

② 〔德〕约翰·莫斯特：《资本和劳动》，第9页（参看《马列著作编译资料》第15辑第6页）。

接的产品交换也还处于它的初期阶段。"① 这段话表明，简单价值形式是不能用原始社会的例子来说明的，那时产品交换本身才刚刚出现。产品交换向商品交换的转变是"在共同体的尽头，在它们与别的共同体或其成员接触的地方"② 开始的。

在《资本和劳动》中，马克思把价值形式的历史起源看做质上不同的各种交换形式的顺序更迭。质上不同的交换形式表现为它们的传播范围在量上的扩大。例如，我们可以把交换形式确定为三个发展阶段：1. 交换很少发生并且发生的只是剩余物品的交换；2. 交换正常化，但仅限于一定的范围；3. 交换遍及各地，带有普遍性。当然，从历史上来叙述产品交换的发展，还不能把握马克思在《资本论》第1卷分析价值形式时所探讨的各种规定的全部多样性。因此，马克思也没有使用《资本论》的术语和例子。我们从对莫斯特著作第2版的分析中可以清楚地看到，马克思是怎样坚持他的叙述价值理论的方法论原则的，又是怎样使这些原则变得通俗易懂的。

在莫斯特著作修订版出版以后，马克思和恩格斯始终视其为一本有价值的政治经济学入门书，并向他人推荐。例如，前面已经提到过，马克思曾寄给左尔格一册，由奥托·魏德迈设法译成英文。并在1878年首先以连载的形式发表在《劳动旗帜》上，接着又以小册子的形式出版。

1877年夏，马克思对价值理论的研究开始进入另一个阶段，即全面批判欧根·杜林的伪科学观点和社会主义概念，其中也包括他的经济

---

① 《资本论》第1卷德文第1版中译本，北京：经济科学出版社1987年版，第56页。

② 《资本论》第1卷德文第1版中译本，北京：经济科学出版社1987年版，第56页。

学论点在内。在这一方面，承担主要工作任务的恩格斯得到了马克思的大力支持。对杜林的《国民经济学批判史》的摘录、提纲和边注，对《经济表》的批注以及对亚当·斯密和约翰·卡尔·洛贝尔图斯等人关于收入性质和财产社会保险金的摘录等，说明马克思研究课题的多样性和广泛性，因而能够为恩格斯提供相应的材料，例如1877年8月8日就寄去了第2编第5节价值论的有关材料。① 马克思和恩格斯就《反杜林论》这一章进行合作并不仅仅限于对杜林的价值理论观点进行批判，他们的目的也是要批驳1876—1877年在工人报刊上出现的关于劳动价值理论的错误解释。

在批判杜林对价值理论的解释的过程中，马克思和恩格斯不得不主要分析杜林从价值理论推导出来的分配原则。也就是说，杜林根据价值理论也提出取得不折不扣的全部劳动收益的权利。他把工资等同于商品价值："在亚当·斯密那里，工资决定商品价值的意见还常常和劳动时间决定价值的意见混在一起，自李嘉图以来，前一种意见就被逐出科学的经济学之外了，今天，它仅仅还流行于庸俗经济学中。正是现存资本主义社会制度的最平庸的颂扬者宣扬工资决定价值的意见，并且还把资本家的利润说成一种比较高的工资。"② 因此，马克思和恩格斯又回到了价值的出发定义，对澄清一切别的范畴来说，对这一定义的理解具有决定的意义。"商品的价值是由体现在商品中的社会必要的、一般人的劳动决定的，而劳动又由劳动时间的长短来计量。劳动是一切价值的尺度，但是它本身是没有价值的。"③ 为了更清楚地说明价值实体问题，马克思和恩格斯认为有必要为单一劳动和混合劳动专设一章。就是这

---

① 《马克思恩格斯全集》第1版第34卷第68页。
② 《马克思恩格斯全集》第1版第20卷第209—210页。
③ 《马克思恩格斯全集》第1版第20卷第208页。

里，也引证了《资本论》第 1 卷中的有关段落，以便使人易于理解社会必要劳动的内容。

最后，我们还要强调指出，由于马克思为《反杜林论》第 2 编准备了第 10 节《〈批判史〉论述》，因而使这一编单独成篇。正如自 1859 年马克思的《政治经济学批判。第 1 分册》一书发表以来我们能够断定的那样，这是马克思深入研究资产阶级古典政治经济学和庸俗经济学的结果。对杜林价值理论观点的批判，使马克思和恩格斯得出了这样的结论：即杜林决不会给科学带来什么新的东西，而只会阻碍科学的进步。

与工作方式相应，他在 1876—1881 年也写下了若干摘录笔记。这些笔记反映他进行了广泛的经济学研究。马克思深入研究了洛克、配第、休谟、魁奈、科贝特、罗塔、科沙、沃克、考夫曼、休耳曼、冯·恩舒特、瓦格纳、洛桑和其他人的著作。此外，他还分析了一些很有现实意义的统计材料，例如美国土地官方报告（United States Land Office Report）、英国大使馆关于手工制造业的报告（British Embassies' Report on Manufactures）以及新闻报道等等。就内容而言，他的研究重点主要放在贸易和金融史、金银生产、货币流通与汇率、危机与生产以及农业生产的某些问题等方面。它们涉及《资本论》第 2 卷和第 3 卷研究的课题，它们表明马克思始终在分析资本主义经济学的新现象。马克思对《资本论》第 1 卷的后续工作主要集中在如何使自己的主要著作的观点通俗化的研究、探讨和著述方面。

在着手进行《反杜林论》工作的同时，马克思也开始校订《资本论》第 1 卷德文第 2 版（1872 年）。1877 年 9 月 5 日弗里德里希·阿道夫·左尔格请马克思为美国版本提几点要求。于是，马克思将德文第 2 版与法文版进行比较，并用墨水笔在两本书上标出了有出入的段落。马克思就这些不同之处为左尔格编制了一份《编辑说明》和抄件。早在

1877年10月19日马克思就给左尔格寄去这一抄件和法文手稿。① 他们两人都打算出美国版本，虽然由于种种原因没有付诸实施，但是这些手稿仍为后来的德文第3版作出了重要的贡献。

一年后，即1878年11月28日，当马克思寄给尼古拉·弗兰策维奇·丹尼尔逊关于《资本论》第1卷俄文第2版的一些补充提示时，他依据的是他自己编的《资本论》第1卷必须加以修改的目录。同时他也明确指出，前两章的正文是依据德文第2版翻译过来的。只是在第86页上我们要读成："事实上，每一码的价值也只是耗费在麻布总量上的社会劳动量的一部分的化身"，② 这一提示明确指出，"社会决定的同种人类劳动量"与麻布的总量有关，第2版中也是这么说的，然而，在后来的《资本论》第1卷第3版中，却没有得到重视。前述那封信中的另一个重要提法在德文第3版中才真正得到了重视，它涉及到关于约翰·斯图亚特·穆勒的一个脚注。这一脚注也与第2版中必须修改的目录相符，其目的是要对穆勒对剩余价值起源的解释进行更广泛的分析。

马克思在10月20日开始的《资本的循环》第Ⅵ手稿也同样证实了马克思在1877年秋进行了广泛的理论研究。这篇6页的手稿广泛地指出了《资本论》第2卷的下一步的工作要点，其中有些论述直接以《资本论》第1卷最后一篇中关于简单再生产这一节即《资本的积累过程》的修改提示为出发点。

两年后，马克思分析了阿道夫·瓦格纳的政治经济学教科书，并给后者的摘录加了重要的批注。他在这里明确提出，他的"不是从人出发、而是从一定的社会经济时期出发的分析方法"③，同瓦格纳的"德

---

① 《马克思恩格斯全集》第1版第34卷第280页。
② 《马克思恩格斯全集》第1版第34卷第336页。
③ 《马克思恩格斯全集》第1版第19卷第415页。

国教授们把概念归并在一起的方法毫无共同之点"。马克思的研究是从"分析一定的经济结构"得出的,而不是"从空谈'使用价值'和'价值'这些概念和词得出的"。① 因此马克思极其明确地反对瓦格纳的"从某一个'概念'中得出'价值'这一经济学范畴"② 的方法论。批注包含了大量其他的重要的方法论提示。例如马克思说明了他研究的出发点:"我的出发点是劳动产品在现代社会所表现的最简单的社会形式,这就是'商品'。我分析商品,并且最先是在**它所表现的形式**上加以分析。"③ 接着他写道:"如果要对'商品'这个最简单的经济的具体物进行分析,那就必须把一切不涉及这个分析对象的关系放在一边。"④ 例如马克思也向《资本论》第1卷通俗本作者卡洛·卡菲埃罗强调了上述的重要提法,他要求卡洛·卡菲埃罗"更多地强调《资本论》的唯物主义基础"⑤。

1880年夏,马克思研究了另一本关于《资本论》第1卷的小册子,即已经提到过的斐迪南·多梅拉·纽文胡斯的《马克思。资本与劳动》。1881年这一小册子在海牙出版,马克思毫不怀疑纽文胡斯撰写通俗本的能力。但是他仍提醒纽文胡斯注意卡尔·奥古斯特·施拉姆阐述价值理论时的一些缺点:他本来从《资本论》的一个注里就可以看到:"'价值'和围绕'生产价格'而波动的市场价格之间的关系,根本不属于价值理论本身。"⑥ 这样一来,马克思就清楚地说明了,在把商品

---

① 《马克思恩格斯全集》第1版第19卷第414页。
② 《马克思恩格斯全集》第1版第19卷第406页。
③ 《马克思恩格斯全集》第1版第19卷第412页。
④ 《马克思恩格斯全集》第1版第19卷第413页。
⑤ 《马克思恩格斯全集》第1版第34卷第359页。
⑥ 《马克思恩格斯全集》第1版第34卷第423页。

表现为出发点时要论述的是商品的价值，而不是要论述通过竞争形成的生产价格和市场价格。虽然纽文胡斯知道这个问题，但是马克思在这本书出版以后仍然提出了在论述价值理论尤其是商品生产劳动二重性时存在的一系列不足，在自己的那一样本中对此作了记录。遗憾的是他未能达到自己的目的，也就是没有寄给作者必须修改的目录，他只能说，"问题的实质"[①]已经讲清楚了。

在1875年《资本论》第1卷法文版出版不久，加布里埃尔·杰维尔建议马克思发表法文摘录本。他的计划得到马克思的同意。但是直到1883年恩格斯才收到审阅手稿，而且照他的话来说，"细心校订"[②]。杰维尔在论述价值与剩余价值理论的前几章（他的"理论部分"）中，以《资本论》的章节划分为依据，但也用了其他的过渡段。例如，他把"体现在商品中的劳动的二重性"这一节又分为"劳动的两重方面"、"私人劳动的社会二重性"以及"一切劳动归结为一定量的简单劳动"。特别令人感兴趣的是，对价值形式的论述大大缩短了，《资本论》中价值形式分析的划分也未被采用。这也许是马克思同杰维尔1882年在巴黎相遇时他自己建议的。此外，莫斯特小册子的模式大概也起了一定的作用。

六、1883年《资本论》第1卷第3版中对价值理论的进一步阐述

《资本论》第1卷第3版的形成史其实直接始于这一卷的德文第2版和这一卷的法文版发表之后。它在这里不是广泛论述的对象，但是，

[①] 《马克思恩格斯全集》第1版第35卷第153页。
[②] 《马克思恩格斯全集》第1版第36卷第54页。

其中有些方面对《资本论》第 1 卷正文内容的发展具有一定的意义。

在这方面,马克思德文第 2 版的手稿占有特殊的地位,因为在这里,马克思记下了在不同时间所作的重大的和必要的修改。必须指出,首先是《资本论》第 1 卷开头几页上用铅笔作的改动。它们生动地证实了马克思要"把某些论点表达得更明确一些,把新的论点增添进去"① 的尝试。很久以后,恩格斯在致卡尔·考茨基的一封信中作了如下说明:"《资本论》第三版中关于交换价值和价值的新材料,是来自马克思补写的手稿;……马克思用了很长时间寻求一个正确的表述,并做了多次修改。"② 正如恩格斯所说,最后能添入第 3 版正文中的只有少量极其必要的修改。

这些用铅笔作的修改的起因,可能是马克思认为有必要使研究他的著作的人易于入门。在修订约翰·莫斯特的著作时,马克思也许就已经意识到这一必要性了,尽管修改的起因可能同马克思参与《反杜林论》的工作有联系,而且主要同为恩格斯收集的用于第 2 编《价值论》第 5 节的材料汇编有联系。用墨水笔所作的改动也许同马克思 1877 年 9、10 月份编制的手写的修改目录有关。③

四个与《资本论》第 1 卷第 1 章价值理论阐述有关的例子说明了马克思所作改动的特点。

第一个例子。在第 2 版阐述的开头部分,马克思是这样来描述商品的特征的:"商品首先是一个外界的对象,一个靠自己的属性来满足人的某种需要的物。这种需要的性质如何,例如是由胃产生还是由幻想产生,是与问题无关的。这里的问题也不在于物怎样来满足人的需要,是

---

① 《马克思恩格斯全集》第 1 版第 23 卷第 30 页。
② 《马克思恩格斯全集》第 1 版第 38 卷第 241 页。
③ 《马克思恩格斯全集》第 1 版第 34 卷第 273 页。

作为生活资料即消费品来直接满足,还是作为生产资料来间接满足。"①在马克思第2版手稿中关于这一段话有三种修改异文。

1. 在正文中马克思修改为:"商品首先是一个外界的对象,一个靠自己的属性来满足人的需要的物。问题不在于这些需要例如是由胃产生还是由幻想产生,不在于物怎样满足需要,是作为生活资料,作为消费品,还是作为生产资料来间接满足。"

2. 在相对一页的中间部位马克思这样写道:"商品首先是一个外界的对象,一个靠自己的属性来满足人的需要的物,无论这一需要例如是由胃产生还是由幻想产生,它总是物。这里的问题也不在于物怎样来满足需要,是否作为生活资料,作为物品来直接满足。"

3. 在这一页下边的空白处马克思写道:"商品首先是一个外界的对象,一个靠自己的属性来满足人的某种例如是由胃产生或是由幻想产生的需要的物。这里的问题也不在于物怎样来满足人的需要,是否作为生活资料即物品来直接满足。"

马克思试图通过这些铅笔作的修改来简明扼要地把商品的特征表现为使用价值。但是这些修改在编辑第3版时都没有采用。同样,还有对证明使用价值"为商品学这门学科提供材料"②起决定作用的一些提法也没有采用。

第二个例子。在第2版中马克思写道:"物的有用性使物成为使用价值。但这种有用性不是悬在空中的。它决定于商品体的属性,离开了商品体就不存在。因此,商品体本身,例如铁、小麦、金刚石等等,就是使用价值,或财物。商品体的这种性质,同人取得它的使用属性所耗费的劳动的多少没有关系。在考察使用价值时,总是以它们有一定的量

---

① 《马克思恩格斯全集》第1版第23卷第47—48页。
② 《马克思恩格斯全集》第1版第23卷第48页。

为前提。如几打表，几码布，几吨铁等等。"① 对此，正文中有两种修改异文。

1. 马克思的铅笔修改："在考察使用价值时，以它们有一定的量为前提，如几打表，几码布，几吨铁等等。物的实用性即它的有用性使物成为使用价值。但这种有用性决定于商品体的属性，离开了商品体就不存在。因此，商品体本身，例如铁、小麦、金刚石等等，就是使用价值，或财物。商品体的这种有用性，同人取得它的使用属性所耗费的劳动的多少没有关系。"

2. 他用墨水笔作的修改："物的实用性使物成为使用价值。但这种有用性决定于商品体的属性。离开了商品体就不存在。因此，商品体本身，例如铁、小麦、金刚石等等，就是使用价值，或财物。商品体的这种性质，同人取得它所耗费的劳动的多少没有关系。"

第三个例子。马克思在从事《资本论》第 1 卷第 3 版的编辑工作时显然并不认为急需考虑上述对使用价值特征的修改，然而，下述修改确实被采用了。在第 2 版中有这样一段话："某一种商品，例如一夸特小麦，按照各种极不相同的比例同其他种物品相交换。但是，它的交换价值却保持不变。不管是 x 量鞋油、y 量绸缎、z 量金，还是其他等等来表现。因此，交换价值必须有一个与这些不同的表现方式区别开来的内容。"这段话也有两种修改异文。

1. 马克思首先用铅笔修改为："某一种商品，例如一夸特小麦，按照各种极不相同的比例同其他种物品相交换，同 x 量鞋油、y 量绸缎、z 量金等等相交换。因此，交换价值必须有一个与这些不同的表现形式区别开来的内容。"

2. 马克思用墨水笔把"某一种商品"先改为"一定量商品"，后又

---

① 《马克思恩格斯全集》第 1 版第 23 卷第 48 页。

改为"特殊的商品",但后来这两个形容词都被删掉了。在第3版中这段话终于被重新编辑:"某种一定量的商品,例如一夸特小麦,同 x 量鞋油或 y 量绸缎或 z 量金等等交换,总之,按各种极不相同的比例同别的商品交换。因此,小麦有许多种交换价值,而不是只有一种。既然 x 量鞋油、y 量绸缎、z 量金等等都是一夸特小麦的交换价值,那么,x 量鞋油、y 量绸缎、z 量金等等就必定是能够互相代替的或同样大的交换价值。由此可见,第一,同一种商品的各种有效的交换价值表示一个等同的东西。第二,交换价值只能是可以与它相区别的某种内容的表现方式,'表现形式'。"① 通过对这一段落的重新表述,马克思明确了对交换价值的叙述,这段话是对价值形式的简洁概括,它成了马克思考察使用价值交换比例时的出发点。同时他也指出,交换价值是价值的表现形式。从某种意义上讲,《资本论》第1卷第1版中的注释9反映的就是这种方式,这一注释在第2版中被删去了。毫无疑问,这一段话对理解价值实体的分析有一定的意义。

第四个例子。在第2版中有这样一段话:"另一方面,商品交换关系的明显特点是抽去商品的使用价值。在商品交换关系中,只要比例适当,一种使用价值就和其他任何一种使用价值完全相等。"在手稿正文中马克思用墨水作了下列修改:"另一方面,商品的交换价值明显地撇开了商品的有用性。在交换关系中一种使用价值和其他任何一种使用价值完全相等。"在第3版中,这一段话最后的结果是:"另一方面,商品交换关系的明显特点,正在于抽去商品的使用价值。在商品交换关系中,只要比例适当,一种使用价值就和其他任何一种使用价值完全相等。"② 马克思的这些修改是前述修改的继续,因为他更加明确地向读

---

① 《马克思恩格斯全集》第1版第23卷第49页。
② 《马克思恩格斯全集》第1版第23卷第50页。

者表明，在交换关系中起决定作用的不是商品的使用价值，而是商品的交换价值，同时，马克思也从这些改动出发引出下列提法："作为使用价值，商品首先有质的差别；作为交换价值，商品只能有量的差别。因而不包含任何一个使用价值的原子。"①

从这些例子中可以看出，马克思认为《资本论》第1卷第2版第1章的论述值得修改的地方虽然不多，但并非不重要。为了强调这一论断还应指出，马克思在他的手稿中把"商品价值"概念定义为商品"共同社会实体"的反映。随着马克思的修改，交换价值以变化了的方式得到说明，它与使用价值以及与商品价值之间的关系得到了更加明确的论述。对马克思来说，这也许比改变使用价值引言的表述更为重要。

当然，《资本论》第1卷第3版第1章的修改与马克思为第2版所作的对第1篇《商品与货币》相当多的章节的重新论述与扩充，其价值是不同的。第3版的关键问题是要依照法文版修订关于剩余价值理论与积累理论的章节。这一意图主要表现在德文第2版和法文版的手稿以及1877年编制的修改目录上。马克思修改其主要著作中的这一部分的主要原因，可能是这两个因素在起作用：第一，对价值、剩余价值和积累之间内在联系的阐述的必要修改是《资本论》第1卷第2版中对价值理论进行了深入广泛的阐述的结果；第二，内容上的某些修改同逻辑与历史、抽象与具体这种叙述方式的进一步形成有关。

《资本论》第1卷第3版作了修改的章节不仅表现出新的思路，而且也显示出对已有的思考的精确表达。这样，马克思和恩格斯就为进一步论述范畴体系，深化同资产阶级政治经济学代表人物的论战作出了贡献。他们采用了大量的新的统计资料，主要是为了更详细地证明和阐述资本主义生产关系中机器的发展和原始积累的过程。

---

① 《马克思恩格斯全集》第1版第23卷第50页。

在准备第 3 版的过程中，马克思对于资本流通过程的阐述赋予了特殊的意义。对这一点是应该列出一系列原因的，但是首先，马克思在 70 年代后半期正紧张地致力于《资本论》第 2 卷的研究，并获得了一些对第 1 卷的阐述有所影响的认识，尤其是有一点越来越清楚，即在第 2 卷出版之前可能还有一些时间，因此第 1 卷中再生产的基本特征应该得到更全面的阐述。但是，在内容上阐明第 1 卷中资本主义生产过程的本身也要求对流通和生产有个明确的界限。例如，这时马克思在阐述简单商品流通的公式时就更加强调商品和货币以及货币的再转化在时间上的先后次序，后来，在第 7 篇《资本的积累过程》中，马克思则直接以第 2 篇《货币转化为资本》中得到阐述的资本的一般公式 G—W—G′ 为出发点。

《资本论》第 1 卷第 3 版的全部修改以详尽的理论论述为主旨，特别是根据流通的基本特征来论述流通过程。

这类修改大部分是在第 7 篇中，它们涉及阐述范畴体系的某些观点，例如首次提出的积聚和集中之间的区别。当然，在内容方面，集中在第 2 版中就已经确定下来。但除此之外，马克思在那里还专门使用了积聚的概念。这一划分对解释垄断的形成是十分重要的。它提示了马克思从自由竞争的资本主义发展新趋势中得出哪些结论。还应指出，第一次用"过剩人口"的概念取代了"人口过剩"。在这一方面，马克思精辟地说明了相对过剩人口的三种存在形式——流动的形式、潜在的形式和停滞的形式——的表现形式，最后这一概念取代了前两个德文版中运用过的"停滞"（"stagnierend"和"stockend"都有"停滞"的意思，前两版用的是"stagnierend"，后来用的是"stockend"——译者注）的过剩人口。

《资本论》第 1 卷第 3 版的直接准备工作始于 1881 年 10 月 22 日，就在那天，奥托·迈斯纳告诉马克思有出新版本的必要性。虽然马克思还留有一个 1877 年寄给左尔格的《编辑说明》的完整的副本和第 2 版的手稿，但就各方面的情形来说，他都不宜作这样的工作。马克思可能还是开始了编辑工作。马克思逝世后，这个工作由恩格斯深入继续下去并得以完成。恩格斯显然也利用了左尔格大概在 1883 年 3 月 19 日与其他文件一起寄给他的法文版手稿。1883 年 8 月 12 日恩格斯宣布，他已结束了最后的编辑工作，1883 年 12 月 13 日德文第 3 版问世。它的形成史也证明了马克思对其主要著作的创造性劳动，证明了马克思并不把自己的著作看做是最后的和完结了的意向。此外，马克思还考虑到革命理论与工人运动实践斗争之间的紧密联系。第 3 版发表在 19 世纪 80 年代亦即马克思主义意识形态转入攻势的初期。

马克思未能活到他的主要著作出齐的那一天。因此，恩格斯把完成自己朋友的著作看做是自己的首要任务。在审阅、辨认和编辑《资本论》第 2 卷和第 3 卷手稿时，他做了大量的工作。早在 1885 年，第 2 版就出版了。1894 年，当恩格斯把第 1 卷译成英文并完成这一卷的德文第 4 版编辑工作后，第 3 卷也问世了。《资本论》所有 3 卷书的出版都经过恩格斯之手。随着《资本论》的出版，它们在国际上通过工人运动广为传播，并不断为工人运动所接受。《资本论》的观点作为无产阶级意识形态阶级斗争中的锐利武器已深入人心。

在工作中，恩格斯以价值理论的重大意义为出发点，不顾种种攻击，仗义执言，为之辩护。在《资本论》第 2 卷的《序言》中他总结概括了他的战友的科学发现："要知道什么是剩余价值，他就必须知道什么是价值。李嘉图的价值理论本身必须首先加以批判。于是，马克思研究了劳动形成价值的特性，第一次确定了**什么样的**劳动形成价值，为什么形成价值以及怎样形成价值，并确定了价值不外就是**这种**劳动的凝固，而这一点是洛贝尔图斯始终没有理解的。马克思进而研究商品和货币的关系，并且论证了商品和商品交换怎样和为什么由于商品内在的价值属性必然要造成商品和货币的对立。他的建立在这个基础上的货币理论是第一个详尽无遗的货币理论，今天已为大家所默认了。他研究了货币向资本的转化，并证明这种转化是以劳动力的买卖为基础的。他以劳动力这一创造价值的属性代替了劳动，因而一下子就解决了使李嘉图学派破产的一个难题，也就是解决了资本和劳动的相互交换与李嘉图的劳动决定价值这一规律无法相容这个难题。他确定了资本分为不变资本和可变资本，就第一个详尽地阐述了剩余价值形成的实际过程。"[①]

价值理论发展是经济学理论的重要组成部分，马克思对它的研究表明，他力求使《资本论》第1卷各个版本中的论述日臻完善。这一论述的核心是价值形式分析。价值理论的完善过程，马克思在通俗著作中对阐述价值理论所抱的态度，展示了马克思主义政治经济学的一系列重要的方法论原则。马克思的价值理论没有以《资本论》第1卷而告结束，而是在第3卷中得到进一步的阐述。

[原载《马克思恩格斯年鉴》（柏林版）第10卷]

（裘挹红 译　张念东 校）

[①] 《马克思恩格斯全集》第1版第24卷第22页。

关于《资本论》第2卷与第3卷中劳动价值论的矛盾论述之解疑*

刘 锋 〔日〕官川彰

收录马克思晚年《资本论》手稿的新MEGA卷于2008年刊行,即《马克思恩格斯全集(历史考证版)》第2部分第11卷。由此,包括此前未发表的手稿,《资本论》手稿的全貌得以面世。称之为新MEGA的新《马克思恩格斯全集》,是网罗了《资本论》及其准备性著作和笔记、批注等文献遗产,并经过忠实且严密考证以期留传后世的学术出版事业。我们在为这一人类引为自豪的知识遗产的资料整理工作取得划时代进步而欣喜的同时,也期待对《资本论》和马克思经济学的研究更加繁荣。

基于新MEGA版的原始手稿资料的对《资本论》的再度解读正如火如荼地进行着,其中也开始提及对以往通行观点的重新认识。在现行本中难以看清的理论形成与发展的内部过程开始变得清晰可见,新的观点不断涌现,曾经处于胶着状态的论争也有了新的突破口。在本文中,我们将介绍一个笔者参与的事例,即对《资本论》第2卷和第3卷中的理论矛盾的澄清(这种说法也许显得有些夸大其辞?),也就是对马克思对古典经济学价值理论的批判谱系的传统评价的再认识。

---

* 本文选自《马克思主义与现实》2011年第4期。作者刘锋系中央编译局博士后;官川彰系日本首都大学东京社会研究科教授。

一、对新 MEGA 手稿的研究改变了经济学的传统观点

1. 有关劳动价值论谱系的传统观点

对于古典经济学派亚当·斯密所倡导的劳动价值说，在价值形成这一点上有两种截然不同的理解方式纠葛在一起：一种是认为商品价值由"工资"、"利润"、"地租"三种收入构成的"价值构成"说；一种与之相反，认为价值是可分解为以上三个收入部分的"价值分解"说。这种学说被马克思称为"斯密教条"，即："每一个单个商品——从而合起来构成社会年产品的一切商品（他到处都正确地以资本主义生产为前提）——的价格或交换价值，都是由三个组成部分构成，或者说分解为：工资、利润和地租。"①

随着时代的发展，古典经济学派双雄 T. R. 马尔萨斯和 D. 李嘉图登上历史舞台，他们分别继承了"价值构成"说和"价值分解"说。一般认为马克思对此进行了深入的研究，批判地汲取了李嘉图的"价值分解"说。在日本经济学界，也基本认为李嘉图的"价值分解"说和马克思的劳动价值学说是一脉相承的。

劳动价值论是马克思经济学说的标签及血统证明，但如果说马克思的劳动价值论也有摇摆不定的情况，读者肯定会觉得很诧异。如果说正是在《资本论》第 2 卷与第 3 卷中，价值论基础不停转变甚至前后矛盾，读者一定会觉得更加惊奇。

但是事实正是如此，如果我们按现行版《资本论》第 2 卷、第 3 卷的顺序阅读下来，就会发现在第 2 卷中不仅否定"价值构成"说，而

---

① 《资本论》第 2 卷，北京：人民出版社 2004 年版，第 410 页。

且"价值分解"说也被批判为"同样是错误的"。但在第3卷中,则变成了在继续批判"价值构成"说的同时,却像变脸般地承认了与之相反的"价值分解"说,称其"完全正确"。在第2卷中被批判为"错误"的命题,却在第3卷中突然被承认为正确的,这让人觉得太不自然了。

2. 马克思理论发展的一贯性与手稿编辑上的脉络冲突

如上所述,现行版《资本论》第2卷中对"价值分解"说的批判与第3卷中对它的接受这两种截然相反的立场同时并存。不过,这种叙述上的不一致现在可以通过探寻马克思的理论发展史而得以解释。

先概要地阐明结论。马克思在作为《资本论》第3卷素材的1864—1865年执笔的"主要手稿"中,接受了"价值分解"说。第3卷第7篇以对描述收入现象的经济学"三位一体公式"的批判为主题,马克思在彻底批判收入论的理论基础即古典经济学"价值构成"说的同时,将"价值分解"说作为正确的理论接受了,甚至将其作为批判"价值构成"说的盾牌来维护。

但是,15年后即1880年执笔的《资本论》第2卷的最后改订稿"第8草稿"中,他对"价值分解"说的评价来了个180度的大转弯,认为它"同样是错误的",从而达到了否定的认识。再从手稿的使用状况来看,首先是1885年刊行的第2卷中收录了1880年执笔的"第8手稿",而9年后即1894年刊行的第3卷中则收录了1865年执笔的"主要手稿"。也就是说,从马克思的理论发展史来看,从《资本论》第3卷"主要草稿"中对"价值分解"说的肯定评价到第2卷"第8草稿"中的否定评价,其实是他认识深化的前进过程。

再进一步来看,恩格斯在从"第8手稿"中编辑第2卷第3篇时,变换了原始手稿的叙述顺序，结果造成了成熟度迥异的价值学说认识的章节前后颠倒，使得现行版第3篇第19章第2节中批判亚当·斯密价值学说的文章脉络前后交错，从而晦涩难懂。在同一章节中，呈现出对"价值分解"说的"接受→批判→再接受→再批判"这样一种不同评价态度相混杂的叙述。

简单说来，就是对古典经济学"价值分解"说在第2卷和第3卷之间产生了评价态度的歧义和落差；并且由于"第8草稿"的编辑手法，在产生理论转换的第2卷第19章中，出现了评价态度迥异的叙述前后交错。

2008年新MEGA"第8手稿"首次公开，原始手稿的全貌得以面世。通过对这些素材的仔细研究，使我们更确信自己多年来的观点是正确的，并可以据此推断在"第8手稿"叙述中马克思的评价态度转换的时间点和过程。本文将在下面进行详细介绍并进一步论证。

二、在"主要手稿"中马克思批判了"价值构成"说，接受了"价值分解"说

《资本论》第3卷第7篇（主要手稿）对经济学的"三位一体公式"的批判性研究，是按照否定"价值构成"说和拥护"价值分解"说这种对照结构展开的。有关论述见以下（1）和（2）。

（1）引自第3卷第7篇第49章"关于生产过程的分析"：

"构成不变资本的商品组成部分，像其他所有商品价值一样，对生产者和生产资料的所有者来说可以归结为那些分解为工资、利润和地租的价值部分，这种说法是完全正确的。"[①]

---

① 《资本论》第3卷，北京：人民出版社2004年版，第964页。

(2) 引自第 3 卷第 7 篇第 50 章"竞争的假象"：

"商品价值就其代表新追加的劳动来说，不断分解为三个部分，这三个部分形成三种收入形式，即工资、利润和地租，它们各自的价值量，即它们各自在总价值中所占的部分，是由不同的、特有的、以前已经说明过的规律决定的。但是反过来，说工资的价值、利润率和地租率是构成价值的独立要素，而商品的价值（如果把不变部分撇开不说）就是由这些要素结合而成，却是错误的；换句话说，说它们是商品价值或生产价格的组成部分，是错误的。"①

诚如所见，马克思对于新增加商品价值部分的规定，在我上述引用的（1）和（2）的前半部分中，是完全认可"价值分解"说的，而在引用的（2）的后半部分，则严肃地批判了"价值构成"说，指出正是"价值构成"说才是将价值的真正源泉乃至内容视为投入劳动的观点，引发了将作为生产要素的劳动、资本以及土地这三者视为价值源泉的非科学的流行的"三位一体"理论的原因。

也就是说，如果组成价值的各部分（工资、利润以及地租）相互之间毫无关联且遵循各自的规则而形成的话，那么各组成部分自身可被视为独立的"交换价值的源泉"，进而这些独立的源泉（劳动、资本以及土地）分别被结合在一起，形成了"三位一体"的因果关系。这种将各种收入视为源泉的"价值构成"说的理解方式，就像梨树结出梨一样作为一种自然表象在我们的日常意识世界里根深蒂固。

在"主要手稿"中，为了批判这种"三位一体"的"价值构成"说，"价值分解"说被赋予了批判的后盾及堡垒的作用。在生产过程中被创造出来的实际价值，当然也包括商品价值，无论其各组成部分的功能如何，都绝不是由各种收入所构成的。价值的实体就是劳动，由对象

---

① 《资本论》第 3 卷，北京：人民出版社 2004 年版，第 967 页。

化劳动所生成的价值量是本源和基础。"价值构成"说承认劳动外因素的价值创造性，消除了价值规定的界限。以上就是这一时期马克思积极接受并维护"价值分解"说的目的所在，也是严肃批判"价值构成"说的原因所在。

三、在"第8手稿"中，"价值构成"说和"价值分解"说都得到了批判

在1880年的"第8手稿"中，在写批判"亚当·斯密"的再生产理论（第2卷第3篇第19章第2节）的过程中，情况发生了戏剧性的转变，出现了在此前的叙述中从未见过的对"分解"说的批判。有关论述见以下（3）和（4）。

（3）引自第2卷第3篇第19章第2节"亚当·斯密"：

"工资、利润、地租这三种收入形成商品价值的三个'组成部分'这个荒谬的公式，在亚·斯密那里，是来源于下面这个似乎较为可信的公式：商品价值分解为这三个组成部分。但是后一种说法，即使假设商品价值只能分成所消费的劳动力的等价物和劳动力所创造的剩余价值，也是错误的。"[①]

（4）引自第2卷第3篇第19章第2节"亚当·斯密"：

"商品……这个价值的量，是由所耗费的劳动的量来计量的；商品价值不分解为任何别的东西，也不由任何别的东西构成。"[②]

与之相同的论述还可在同书"5. 总结"中看到。上述引用全部表明，即便商品价值是"收入的源泉"，但从本性来看，它既不由其他各

---

① 《资本论》第2卷，北京：人民出版社2004年版，第427页。
② 《资本论》第2卷，北京：人民出版社2004年版，第428页。

收入成分"构成",也不可"分解"为各收入成分。这样,伴随着对古典经济学价值理论的双重批判的逐渐深入,实现了对"斯密教条"的全面批判。

随着"第8手稿"对亚当·斯密再生产理论的探讨的深入,一个与"主要手稿"中接受的立场不同的、对"价值分解"持保留态度(虽然已不再接受,但还未达到批判的高度)的转变发生了。到了最后的归纳部分第19章第2节"5. 总结",评价开始逆转,在以往的叙述(同章同节"亚当·斯密"的1—4前)中从未有过的对"价值分解"说的深入批判跃入眼帘,由此开始至"第8手稿"结尾不再对"价值分解"说持任何接纳态度。在这里,我们看到了马克思扬弃古典经济学派劳动价值论的转换点,换而言之,马克思迈出了全面克服"斯密教条"的关键一步。

如上所述,马克思的理论是随着"第8手稿"的论述而逐渐深化的。这里要提醒的是,我们现在看现行版时应注意一个特别的问题:恩格斯根据"第8手稿"编辑了第19章第2节的内容,当时他把原属于"5. 总结"的一些叙述,即对亚当·斯密的资本和收入转化的理解的批判,提前到了现行版"4. 亚当·斯密所说的资本和收入"中。① 其结果就是在现行版本中,理论成熟度迥异的论述被混杂在一起了。

从"第8手稿"的论述脉络来看,"4. 亚当·斯密所说的资本和收入"中仍然对"价值分解"说采取了无批判的保留态度,相应地,对亚当·斯密的资本和收入转化的理解也采取了同样的处理。而到"5. 总结"中,"价值分解"说以及对资本和收入转化的理解都得到了完全批判。

由于恩格斯的编辑把理论成熟度迥异的章节前后颠倒了,使得现行

---

① 《资本论》第2卷,北京:人民出版社2004年版,第422页。

版第19章第2节"4—5"的展开论述显得相当混乱。"4. 亚当·斯密所说的资本和收入"中呈现出这种局面：接受"价值分解"说→批判"价值分解"说→再度接受"价值分解"说，而在"5. 总结"中则再次也是最终对"价值分解"说进行了批判并否定了"价值分解"说。对古典经济学派价值理论的接受、保留和批判，这种翻来覆去就是使其晦涩难懂的原因所在。

四、向批判"价值分解"说转化的旁证

我们说马克思关于"价值分解"说的认识产生了180度的剧烈转变，并最终否定"价值分解"说，是有旁证的。根据马克思使用的直线与其分割的比喻手法就能看到他明显的变化，请注意以下（5）和（6）的比喻对照。

（5）引自第3篇第19章第2节"亚当·斯密"中的"4. 亚当·斯密所说的资本和收入"：

"如果我任意确定三条不同直线的长短，然后用这三条线作为'组成部分'，构成同这三条直线之和一样长的第四条直线；另一方面如果我取一条一定长度的直线，为了某种目的把它分成也可以说'分解'成三个不同的部分，那么，这两种情况决不是同一程序。在前一个场合，线的长短完全随构成此线的那三条线的长短而变化；在后一个场合，线的三个部分的长短一开始就由它们是一条一定长度的线的各个部分而受到限制。"①

这个比喻中，通过比较所给的直线与其分割的各部分之和的量的关系，揭示了"构成"和"分解"（分割）的不同。请注意，比喻的目的

---

① 《资本论》第2卷，北京：人民出版社2004年版，第425页。

始终是比较两者量的不同,这是我们所关注的重点。

(6) 引自第 3 篇第 19 章第 2 节 "亚当·斯密" 中的 "5. 总结":

"如果我画一条一定长度的直线,那我首先是用那种按照某些不以我为转移的规则(规律)的画法'生产'(当然只是象征性地'生产',这一点我事先就知道)一条直线。如果我把这条线分成三段(为的是再和我们当前的问题相适应),这三段的每一段仍然是直线;由这三段线构成的整个这条线,并不会因这种分割而变成和直线不同的东西,例如某种曲线。同样,我在分割一条一定长度的线时,也不能使它的各段线之和比未分割的原线长。因此,未分割的原线的长度,也不是由各段线的随意决定的长度决定的。"①

与前面引用的(5)相同,还是采用直线和其组成部分的比喻,但这里引入了新的"曲线"概念,分析了直线与分割的组成部分之间的本质关系。不会因为这种分割"就变成类似于什么曲线之类的",换句话说,没有发生范畴改变从而生出别的异质成分的事情。马克思要说明的是,即使商品价值被分割成各个成分作为收入的源泉发挥作用,但价值自身的本性决没有"分解"为收入等,也不会转化或变质为与价值本性不同的收入范畴或资本范畴。

就像我们所看到的那样,与马克思在"4. 亚当·斯密所说的资本和收入"中所采用的直线分割的比喻不同,"5. 总结"中直线分割的比喻基调发生了变化,探究"分解"的质的关联的论述一再出现。当然,谈到基于商品价值本性的不变性,就一定会和意味着向不同成分转化变质的(斯密之流的)"分解"相关批判紧密相连,这就是在第 19 章第 2 节 "4. 亚当·斯密所说的资本和收入" 之前的部分中没有出现过的焦点的基调转换。

---

① 《资本论》第 2 卷,北京:人民出版社 2004 年版,第 428—429 页。

那么，究竟是什么理由促成了这样的评价转变呢？

五、促成放弃"价值分解"说的契机

围绕资本和收入间的关联，亚当·斯密和古典经济学派总是老生常谈地说："为维持生产劳动者而投入的资本部分，在为资本家实现完资本的功能后，就会转变为劳动者的收入"，也就是常说的"人工费就是工资"或"人工费变成工资"。我们把它称为对资本和收入（命题）转化的理解。围绕如何评价这种理解，可以说马克思曾进行了艰难的搏斗。与从肯定"价值分解"说到否定它相伴随，发生了对资本和收入（命题）转化的理解的转变。有关论述见以下（7）、（8）和（9）。

1. "主要手稿"接受了资本和收入转化的认识

1865年的"主要手稿"，即《资本论》第3卷第7篇中，马克思是接受了对资本和收入转化的理解的。

（7）引自"主要手稿"第3卷第7篇第49章"关于生产过程的分析"：

"（生产物的价值中）再转化为工资的价值部分，首先会作为可变资本，作为必须重新预付在再生产上的资本的组成部分流回。这个组成部分执行双重职能。它先以资本的形式存在，并且作为资本和劳动力相交换。在工人手里，它转化为工人出卖自己的劳动力所取得的收入，并且作为收入转化为生活资料并被消费掉。"[①]

在同一章节中还有类似的叙述，例如：

[①] 《资本论》第3卷，北京：人民出版社2004年版，第951页。

"就每个单个资本家来说,他的一部分产品必须再转化为资本(这里也撇开再生产的扩大或积累不说),不仅要转化为可变资本(这种资本本身又要再转化为工人的收入,因而要转化为一种收入形式),而且要转化为不变资本(这种资本决不能转化为收入),要认识到这一点自然是非常容易的。"①

"资本的每个部分产品的价值,每个商品的价值,都包含:一个价值部分 = 不变资本,一个价值部分 = 可变资本(它转化为工人的工资)和一个价值部分 = 剩余价值(它后来分为利润和地租)。"②

2. "第 8 手稿"批判了对资本和收入转化的认识

在 1880 年的"第 8 手稿"中,马克思对资本和收入转化的理解进行了坚决的和详细的批判。

(8)引自"第 8 手稿"第 2 卷第 3 篇第 19 章第 2 节"4. 亚·斯密所说的资本和收入":

"亚·斯密所说的(第 223 页),是完全错误的:维持生产劳动所使用的资本部分……在为他(资本家)执行资本的职能之后……就形成他们(工人)的收入。"③

(9)引自第 2 卷第 3 篇第 20 章"X. 资本和收入:可变资本和工资":

"一部分政治经济学家为了摆脱理论上的困难,即对现实联系的理解,提出了一种流行的看法:对一个人是资本的东西,对另一个人就是

---

① 《资本论》第 3 卷,北京:人民出版社 2004 年版,第 953 页。
② 《资本论》第 3 卷,北京:人民出版社 2004 年版,第 955 页。
③ 《资本论》第 2 卷,北京:人民出版社 2004 年版,第 422 页。

收入；反过来说也一样。这种看法部分地说是正确的，如果使它具有普遍意义，那就是完全错误的。（所以，这种看法包括对在年再生产中进行的全部交换过程的根本误解，也就是对这种部分正确的东西的事实根据的误解）……"①

"因为可变资本总是以某种形式保留在资本家手中，所以无论如何也不能说，它会转化为某人的收入。"②

3. 对亚当·斯密的资本和收入理解（即人工费变为工资）的批判

在"第8手稿"中，马克思在致力于对亚当·斯密再生产理论进行最后清算的过程中（即第2卷第3篇第19章第2节"亚当·斯密"），再三引用了资本和收入命题及其相关语句（不管是单纯引用也好，基于保留性判断也好，还是为了展开淋漓尽致的批判也好）。

在亚当·斯密的理解中，不变资本部分 c （第四要素）均可以被置换为新的附加价值（可变资本 v 加上剩余价值 m），而可变资本 v 被认为可以进一步转化为工资。这样，按照亚当·斯密的说法可以归结为：商品价值毫无保留地被"分解"为工资、利润和地租等各项收入（或者相反，价值由各项收入构成）。

这里，亚当·斯密古典经济学派的价值论＝再生产论的结论的荒谬之处就暴露无遗。首先，他们将"资本"范畴消解到了"收入"范畴中（人工费变为工资！），这样就取消了资本占有的归属，进而消除了私有制这一资本主义前提，因而变成了一种十分草率的论辩。其次，这样就导致年复一年的社会再生产不得不从不变资本为零来重新开始——

---

① 《资本论》第2卷，北京：人民出版社2004年版，第489—490页。
② 《资本论》第2卷，北京：人民出版社2004年版，第500页。

这是连小孩子都看得出来的讲不通的武断的教条。

4. 对资本和收入的理解的批判和对"斯密教条"的克服

诚如所见，商品价格的各项收入"分解"，或者由各项收入"构成"，实质是受到资本价值向收入或者收入向资本相互"转化"逻辑的支撑。"价值分解"说与资本和收入的把握是这一教条不可或缺的支柱。虽说如此，但对"价值分解"说与资本和收入的理解，以及对这两方面的批判在"第8手稿"前，也就是在"第8手稿"的对亚当·斯密再生产理论的总结之前，并没有受到充分的重视。

这项批判工作对马克思自己来说，意味着自我批判性的清算，这也是他克服古典经济学价值理论和再生产理论的最后一道难关。

踏出这关键一步的理论准备的契机，是1870年后半期马克思在不断充实完善改订稿基础上最终完成的资本循环理论。在这段时期的研究中，资本终于脱下了货币资本、生产资本、商品资本等外衣，回到了出发点，即完成价值增殖的循环运动，即"货币资本"是"货币"和"资本"所规定的，"商品资本"是"商品"和"资本"所规定的双重承担者。通过理解它们之间的区别与联系，就能首尾呼应，准确把握商品价值的本源性与资本和收入的各项具体规定之间的相互纠葛。

顺便说一句，如果忽略"商品价值"与"资本"规定的多重形态规定上的区别与联系，就难以摆脱"人工费就是工资"的混乱理解。

总结以上深层次的认识，就能找到古典经济学派"价值分解"学说与资本和收入转化理解的突破口。对于晚年的马克思来说，"第8手稿"（第19章第2节）对于亚当·斯密再生产理论的批判性总结，使他最终克服了"斯密教条"这最后一道横亘在眼前的难关。

六、结　语

《资本论》原始手稿全貌的面世加快了对以往通行观点的重新认识。本文以新 MEGA 发表的马克思晚年的《资本论》遗稿为素材，揭示了马克思劳动价值理论的来历和到达的高度，对以往通行的观点进行了重新审视。现归纳要点如下：

1. 在劳动价值理论的传承谱系中，马克思被认为是批判性地汲取了古典经济学派价值论的"价值分解"说。但在《资本论》第 2 卷和第 3 卷中存在着完全相反的评价，由此产生了矛盾。马克思在第 2 卷中将"价值分解"说批判为错误的论点并予以否定，却在第 3 卷中接受其为正确的论点并加以认可。

通过根据手稿执笔顺序考察理论发展史，我们能够理解这种叙述上的前后矛盾。马克思的经济学批判的轨迹是这样的：1865 年的"主要手稿"中接受并认可当时的"价值分解"说，1880 年的"第 8 手稿"则实现了对其进行批判和否定，继而通过对"价值构成"说和"价值分解"说进行双重批判，最终完成了对古典经济学派价值理论即"斯密教条"的克服。在理论形成过程中，马克思的思想过程是不断深化的、连续的。

2. 古典经济学派描述的资本范畴和收入范畴相互转化的表面化的理解方式（人工费变为工资），与将商品价值理解为由各项收入"构成"或可"分解"为各项收入的"斯密教条"一脉相承，两者之间密不可分。在批判"价值分解"学说的过程中，伴随着马克思对批判资本和收入转化理解的进步。

此外，围绕这种评价的转变，马克思在做"直线分割的比喻"时针对质的关系出现的叙述的变化，反映出他对"分解"问题的认识态度的转变。

3. 那么是什么时候出现了这个转换点呢？在"第8手稿"第19章第2节"亚当·斯密"的撰写过程中，他对亚当·斯密古典经济学派价值理论的评述有了大幅变化。同一章第2节"4. 亚当·斯密所说的资本和收入"与"5. 总结"之间的理论内容在成熟度上迥异，论述基调也彻底转换，此后马克思对"价值分解"说以及资本和收入转化理解的批判态度再未动摇过。因此，将"第8手稿"中第19章第2节"5. 总结"视为分水岭应该是合理的。

4. 恩格斯在《资本论》第2卷和第3卷出版时，将编辑方针定为"把最后的文稿作为根据，并参照以前的文稿"，从1880年执笔的"第8手稿"2卷第3篇，从1865年执笔的"主要手稿"中选编了第3卷第7篇。我们在《资本论》的第2卷和第3卷中所看到的围绕马克思劳动价值论的矛盾性叙述，应该是恩格斯重视马克思本人反复推敲过的最新理论成果的编辑方针造成的。

恩格斯在编者《序言》中发出这样的感慨：马克思"是以多么无比认真的态度，以多么严格的自我批评精神，力求使这些伟大发现达到最完善的程度。正是这种自我批评的精神，使他的论述很少能够作到在形式上和内容上都适应他的由于不断进行新的研究而日益扩大的眼界"①。马克思在他生命的最后时期写作的1880年"资本论遗稿"，即编入第2卷第3篇的"第8手稿"中，到达了批判古典经济学派价值理论"斯密教条"的最高峰。但是这时候马克思已经筋疲力尽，在他以前所撰写的第3卷、第2卷及其他《资本论》稿件中，没能反映出"第8手稿"的最新成果，马克思尚未来得及对这些书稿进行改订便于1883年与世长辞了，本文所展示的关于《资本论》叙述前后矛盾的这

---

① 《资本论》第2卷，北京：人民出版社2004年版，第4页。

一段故事，就是在这样的背景下发生的。

5. 新MEGA研究将推动对传统观点的再审视，重塑劳动价值论。我们已经不能再对马克思劳动价值论的所谓通常的理解坐视不理了，对于"价值分解"说谱系的传统解释应该给予纠正。那是马克思在理论形成过程中所遇到并将被克服的、暂时不成熟的片面的认识片断，我们不应该忽视和低估晚年马克思拖着病体经过反复研究所取得的劳动价值论的最高成就。这是我们今天新MEGA编辑者和研究者义不容辞的责任。

新MEGA手稿的研究昭示着《资本论》新纪元的到来。

（刘锋译　冯雷校）

日本学者对马克思价值理论的争论和历史考证版[*]

〔日〕小黑正夫

开头语

日本学术界在围绕《资本论》体系的研究中，关于价值理论，尤其是关于价值形式的研究，无论在质的方面或在量的方面，都是十分引人注目的。这可以说是由特殊的日本状况造成的，而我这样说，并非无理由。理由之一是，价值理论在整个马克思的经济学体系中占有一定的位置。对学习马克思的政治经济学的人来说，既不能回避也不能无视这一价值理论。于是势必造成集中地讨论价值理论这一事实。理由之二是，马克思本人所论述的"价值理论"，有数处是难以理解的。众所周知，马克思在《第一版序言》中指出："万事开头难，每门科学都是如此。所以本书第一章，特别是分析商品的部分，是最难理解的。"关于价值形式，马克思进而指出，"两千多年来人类智慧在这方面进行探讨的努力，并未得到什么结果"，说明自己有一种抱负感。于是人们集中地研究了这种商品理论和价值理论，特别是价值形式理论，而我们不得不说，在讨论中产生了多种多样的理解，并对此争论不休。

下面我要说明战后早期通过业已展开的同宇野弘藏先生的争论，说

---

[*] 本文选自《马克思恩格斯研究》1994年总第16期。作者小黑正夫系日本旭川大学经济学系教授，专门研究经济学原理。

明由久留间鲛造先生对马克思的价值理论的理解的概要，说明此后围绕对久留间的理论的评价所展开的争论，以及说明近来围绕价值实体的争论所展开的有关对价值理论的理解，最后指出这些讨论同 MEGA 版的出版所取得的成果之间的关系。

一、关于久留间的理论

1. 关于怎样、为什么和通过什么的问题

久留间理论的最主要特征之一就是，他明确指出了价值形式理论、拜物教理论和交换过程理论的各自的课题，阐明了这三者之间的区别及其相互关系，从而从体系上对它们加以解释。久留间在1957年出版的《价值形式理论和交换过程理论》一书中说："现在我认为，在价值形式理论中论述的是'怎样'，在拜物教理论中论述的是'为什么'，在交换过程理论中论述的是'通过什么'。马克思本人在《资本论》第1卷第2章《交换过程》快要终了的地方写道：'困难不在于了解货币是商品，而在于了解商品怎样、为什么、通过什么成为货币'。马克思本人在指出这三个困难的同时，也暗示了他巧妙地克服了这些困难，不过他没有暗示这些困难是在什么地方得到解决的。据我的理解，'怎样'、'为什么'和'通过什么'是分别在第1章第3节、第4节和第2章中分别给予回答的。据此，可以说，马克思在这里指出三个困难的时候，根据上述《资本论》的顺序克服了这些困难。"久留间极为重视马克思所说的"困难不在于了解货币是商品，而在于了解商品怎样、为什么、通过什么成为货币"这句话，所以据他的理解，设定了如上所说的价值形式理论解决了"怎样"问题，拜物教理论解决了"为什么"问题，交换过程理论解决了"通过什么"问题这一课题。关于这些货币问题，

他进而认为："不解决这些问题，对货币的认识就是不全面的……因为这是一个现实的问题"。他说，因为商品"怎样"、"为什么"和"通过什么"成为货币是相当难懂的问题，所以在这一意义上他要作若干说明。他说，首先，所谓货币"怎样"的问题，就是"货币是怎样形成的"问题，所谓货币"为什么"的问题，就是"在商品的生产中，社会必要劳动为什么取得商品的价值这一形式，或商品的价值为什么取得货币这一形式"，而所谓货币"通过什么"的问题，就是"货币的形式通过哪种事情才成为必然，或货币通过哪种实践才得以形成。"

由此可见，久留间先生明确了《资本论》第1章第3节价值形式理论、第4节拜物教理论、第2章交换理论各自所论述的课题，并阐明了它们的相互关系。它就是久留间的理论的最大的特征之一。

2. 久留间先生所说的"迂回的道路"的问题

久留间先生针对马克思本人所提出的"商品怎样、为什么、通过什么成为货币"这一问题，并未仅仅停留在从体系上去理解马克思的货币的形成理论，还深刻地理解了各自相关的内容。在这里，关于价值形式理论，我们应以先生的理解为中心。这一点，我们可以从同宇野弘藏先生的争议中得到启示。

大家知道，马克思对价值理论的论述，从大的方面看有两点，一点是价值表现的机制，另一点是价值形式向货币形式的发展。所谓价值表现的机制，正如久留间在《价值形式理论和交换过程理论》一书中所说的，"就是货币之谜"，即"作为物的金的重量表现商品的价值"，"而这到底怎样才成为可能的呢？"马克思使商品同"作为物的金"相分离，使某种的使用价值表现商品的价值、在这个怎样才成为可能的问题上，可以说是一般化了。马克思在这里论述了简单的价值形式，即

20 码麻布 = 1 件上衣，通过分析，就是说通过这一等式，阐明了使用价值上衣怎样有可能表现价值。久留间先生认为，马克思"通过对这种简单的价值形式的分析，发现了形成表现价值的根本秘密的所谓的'迂回的道路'"。关于这条"迂回的道路"，久留间说明如下："在这种场合，上衣的使用价值——它的自然形态——对麻布来说，之所以成为价值形式，是因为麻布'通过上衣同自己等值'，对上衣作为价值物进行了形式规定，上衣作为已定的价值物存在，才表现了麻布的价值"。在这里，久留间特别指出，麻布**通过上衣同自己**等值这一行为，才使上衣作为价值物给予形式规定，而这是久留间的论点的中心支柱。"也就是说，商品不是直接地通过把自己等值于其他商品，自称自己的价值，而是首先通过使其他商品等值于自己，把该物作为价值物而定在，并在这一基础上，通过别的商品的自然形式才有可能表现自身的价值，而这就是真正意义上的迂回的道路，即马克思所说的迂回的道路。"

我们已经谈到，久留间先生的这一见解是通过同宇野先生的争论提出的。关于这次争论的重点大致如下：

首先，宇野先生在《价值理论研究》一书中说，关于"迂回的道路"上的"麻布必须使自己等值于上衣"，即"通过上衣与自己等值"这种表现，"我不认为是商品的价值形式理论的根本要点"，从而否定了这种意义。关于引起这场争论的始初，宇野说："我想提出一个带根本性的问题。在麻布处于相对的价值形式上和上衣处于等价形式上的场合，麻布为什么要让上衣处于等价形式？这是否以麻布的占有者的欲望为前提？人们能不能离开这种关系？"对此久留间说："在价值形式理论上……20 码麻布 = 1 件上衣是假定的……并对此进行了分析"，因此，"人们不去考虑为什么……上衣处于等价形式上以及麻布占有者的欲望，因为这不属于价值形式理论的任务"。可见，久留间的见解同宇野的见解是针锋相对的。

二、围绕久留间理论所展开的争论

1. 对久留间的"图解"的批判

在上一节中我们概括了久留间的理论构想的大胆，构成的细密，对马克思理论的深入思考，因此，分析得非常得体，博得了学术界的强有力的支持。从70年代到80年代，有人从正面批判久留间的这一理论。针对这种批判，久留间出版了《货币理论》一书，于是争论进一步展开了。

首先，我们看一下武田信照先生对久留间的批判。第一，武田承认久留间所说的商品"怎样、为什么、通过什么"成为货币是分别在《资本论》第1章第3节、第4节和第2章中论述的观点，但是对"图解"进行了批判。他在《价值形式和货币》一书中说："不过，这种图解具有调和性，由于只是简单地思考拜物教理论的内容及其它在《资本论》中所处的位置，所以是失败的。因为拜物教理论没有论证货币'为什么'形成……拜物理论是围绕劳动为什么具有价值，从而是以劳动产品为什么采取商品形式这一中心论题进行论述的。"或者说，第4节说明的是，"劳动产品总是具有价值，但这只不过是一个外观，换句话说，它在说明劳动并非总是具有价值的同时，指出劳动具有价值，需要一定的历史条件，也就是说，必须有特殊的社会关系的存在。"武田先生针对久留间的"图解"，提出了他自己的特有的"图解"："如果从货币形成的观点出发，那应抓住以下两种场合，一种场合是价值表现过程必然使货币成为价值尺度，一种场合是交换过程必然使货币成为以货币作为这一价值尺度为前提的流通手段。"换句话说，武田所提出的"图解"强调的是，货币作为价值尺度是在价值形式理论中形成的，货币作为流通手段是在交换过程理论中形成的。那么，对本文开头所提出的"作为货币的货币"是怎样形成的这一疑问，武田是这样解释的："我们必须注意这样一点，即作为货币的货币这些属性或职能就是价值尺度和流通手段的统一本身所产生的属性或职能。因此，从货币形成史的观点去看，只要论证作为价值尺度的货币形成史和作为流通手段的形成史就足够了。"

针对这一点，久留间在他的1979年出版的《货币论》一书中直接进行了反批判，反批判的观点来自1977年他与玉野井芳朗合著的《经济学史》一书。

此外，林直道先生根据《资本论》法文本对久留间的"图解"也进行了批判。"怎么、为什么、通过什么"三个词在德文中是 wie, warum, wodurch，但在法文本中是 comment et pourquoi（怎么和为什么）林直道通过这一探讨认为，"怎么"是在价值形式理论中，"为什么"和"通过什么"是在交换过程理论中论述的。针对这一点，林直道接受了《货币论》一书中大谷先生同他对话的说明，反驳说，"总而言之，wodurch 被吸收到 comment et pourquoi 中了，如果更严密地说，被吸收到 comment 中了"，并强调指出，他的图解是根据"马克思的远大构想"。

2. 关于价值物和价值体的争论

围绕价值物和价值体的范畴所展开的争论，始于刊登在1971年和歌山大学《经济理论》上的浅野敞先生的《对"价值形式"的考察——关于"价值物"范畴和"价值体"范畴》一文。

如果从结论上说，浅野先生的主张是，"价值物"是一切商品即处于价值表现两边的商品所共有的范畴，而"价值体"则只能看做是处于等价形式中的商品上的范畴。他批评说，久留间和宇野弘藏两位先生"都完全忽略了'价值体'范畴"。以浅野先生的这一批判为开端，此后不久便展开了对价值物、价值体的争论。久留间在他的《货币论》一书中接受了浅野先生的批评。他根据同大谷先生的谈话和浅野先生关于"价值物"和"价值体"的范畴援引的马克思的用例，针对"如果从用例来看，'价值体'这一自然形态表示价值这种意义的概念"时说："关于这一点，您的观点完全正确，这是我很大的失误，因此，应当把'价值体'或'作为价值物通用的物'看做是'价值物'。"

关于笔者对这一问题的看法，我认为未必像浅野先生所指出的，马克思自《资本论》第1版以来，一贯地在浅野论述的内容上使用"价值物"和"价值体"。关于这一点，笔者同真田哲也的看法一样："因为对所谓等价物这一价值形式理论来说才具有决定意义，因为具有二重性，所以别的'价值体'、'价值物'等用语也都是一样的。也就是说，不能孤立地研究这一用语，而应以逻辑的、按照上下文的标准去研究这一用语。"这种见解在现实中是否恰当，请读者研究。

3. 关于价值实体理论

70年代以来在欧洲和美国形成马克思政治经济学热，其中最大的争论之一就是有关价值理论的争论，这对日本的马克思政治经济学界产生了很大影响。其中之一就是如下争论：作为价值实体，由马克思规定的"抽象人类劳动"，是特殊的历史概念呢，还是超历史的概念？这一问题可以说是一个既古又新的问题。就是说，在20年代苏联曾进行过一场非常活跃的争论——鲁宾—科恩争论，而且直到现在仍在进行。如果谈到这一问题同价值形式理论的关系，那么就没这样一种观点：从另一角度出发，应把价值形式理论重新估价为"对价值形式理论中的实体理论的规定的把握",并同"实体理论"结合起来。总之,关于超历史的概念和历史的概念的关系,人们认为,马克思没有明确说明是在"形式规定"的意义上,还是在"形式规定性"的意义上使用的。

三、关于同 MEGA 版的关系问题

1. 关于《资本论》形成史中的价值理论部分的问题

马克思在《资本论》第1版序言中说:"现在我把这部著作的第一卷交给读者。这部著作是我1859年发表的《政治经济学批判》的续篇……前书的内容已经概述在这一卷的第一章中。这样做不仅是为了连贯和完整,叙述方式也改进了。在情况许可的范围内,前书只是略略提到的许多论点,这里都作了进一步的阐述,相反地,前书已经详细阐述的论点,这里只略略提到。"① 在这里应指出两点。第一是《政治经济学批判》同《资本论》的关系,第二是《政治经济学批判》的叙述内容同《资本论》第1章(现行版的第1篇)的叙述的关系。前者是有关整个《资本论》的形成过程的问题,后者是有关其中所包括的商品理论、货币理论或价值理论、价值形式理论的形成的问题。

马克思在写完《政治经济学批判》后由于种种事情不得不中断对政治经济学的研究。1861年6月马克思再一次研究政治经济学,开始写作包括所谓《剩余价值学说史》在内的共23册的庞大的手稿。的确,是在继续写作《政治经济学批判》,即为第3章《资本》做准备工作。而我之所以这样说,是因为价值理论、价值形式理论这些论

---

① 《马克思恩格斯全集》第1版第23卷第7页。

点，对马克思来说，虽然是在《政治经济学批判》一书中展开的，但是尚未把它们当成主要题目加以追求。关于此事以至马克思对此事的认识，可以说是发生在1866年2月10日恩格斯写信给马克思时或在这以后①。马克思说的把以前的著作加以概括成《资本论》的商品和货币的这一部分，至少发生在1866年11月20日之前，甚至发生在1867年年初。②

从马克思1859年出版《政治经济学批判》到1867年出版《资本论》第1卷第1版这一期间，在研究政治经济学的过程中所写的种种手稿里，几乎没有直接论述和展开商品理论和价值理论。当然，我们在《剩余价值学说史》中也看到了部分与此有关的重要部分。关于有关商品理论和价值理论的各种资料，由于《资本论》版本在日本比较齐全，所以不难收集。《资本论》第1版从青木版到1959年版，从德文第2版和法文的莫里斯·拉沙特尔版到1967年和1969年分别出版的影印版，在日本都出全了。其次，与此有关的书信，也都翻译出来，均刊载在大月书店版的《马克思恩格斯全集》中。所以我们说，有关价值理论和价值形式理论的各种资料，应当说是齐全的。但是，尽管如此，我们认为，这些资料现在重新刊登在MEGA版的第2部分的各卷中，其意义也是很大的。

---

① 《马克思恩格斯全集》第1版第31卷第179页。关于此事的来龙去脉，可参看杉原四郎的《1866年1月至1867年9月》一文，该文收在经济学史会编《〈资本论〉的形成史》（1967年岩波书店版）一书中。编译局图书馆藏有此书。

② 1866年10月13日马克思致库格曼的信，《马克思恩格斯全集》第1版第31卷第536页。

2. 关于马克思的手稿《〈资本论〉第1卷①的补充和修改（1871年12月—1872年1月）》

MEGA版第2部分第6卷（其中主要内容是《资本论》德文第2版）第一次刊载了《〈资本论〉第1卷的补充和修改（1871年12月—1872年1月）》一文，其中谈到了以上谈到的价值理论的一些情况，所以这篇文章是不无意义的。

首先，可以说在这篇《补充和修改》的执笔过程中，马克思本人就已明确了价值和交换价值之间的区别。这一点虽然我们通过严密的探讨我们所整理的材料就能得出，但是通过马克思的手稿可再一次得到证明。就是说，马克思在第1版中曾有两次在脚注中将"价值"和"交换价值"同一看待而加以论述。一处在MEGA版第2部分第5卷第19页，另一处在第28页。一方面，尽管关于第1章注9没有论述任何问题，但是关于第2章注37，在手稿中却指出要在第2版中删除。结果，以上两处在第2版中均被删除。

再有，马克思在这份《补充和修改》手稿中指出，要把总共11处写成"交换价值"的地方改成"价值"。这与其说是单纯的校正上的问题，不如说是在这份手稿的执笔过程中更明确了"价值"和"交换价值"的区别，结果，自然要对这些地方进行订正。

马克思在这份手稿中把《资本论》第1章第1节的标题确定为《商品的两个因素：使用价值和交换价值》（MEGA版第2部分第6卷第3页）。当然，在现行版中这一标题是《商品的两个因素：使用价值和价值》。虽然这一"节"的确立是在撰写这一手稿之初，但是《使用价

---

① 此处中译文为"第1版"。参看中央编译局编《马列主义研究资料》1989年1月出版的第55辑第1页。

值和交换价值》这一标题在为第 2 版打印的原稿中却已改成《使用价值和价值》。这一点也可以证明，马克思在撰写这份手稿的过程中已经比较明确地将价值和交换价值区别开来了。

不言而喻，这份手稿的主要内容是对《价值形式》这一节进行改订。例如，随着价值形式理论这一节的独立化，这一节的课题也就明确起来，这就是著名的下述论述："在这里，我们要做资产阶级经济学从来没有打算做的事情：指明这种货币形式的起源……。"而这一点是在这份手稿中第一次写进去的。

如果说到"迂回的道路"，那么在这份手稿中有两处使用"迂回的道路"一词。第一处是在 MEGA 版第 12 页，而这里的用语几乎同第 2 版以后正文中的用语一样。① 另一处是在第 28 页上，全文是："虽然是以上衣或麻布中包含的劳动说出的一切，但实际上，是以商品的价值或形成价值的劳动，通过迂回的道路说出了。"如果我们研究一下这句话，那么可以说，马克思使用"迂回的道路"一词时，是把以下两点联系在一起的，其中一点是价值的实体理论，即劳动的层次，另一点是价值形式，即某一种商品的实体形式本身成为价值的具体物。

与价值物—价值体争论有关的，在这份手稿中还有许多用语，而特别引人注意的有"价值体"、"商品体"、"上衣体"和"麻布体"等等。关于"价值体"，马克思是否常常在"其自然形态完全表现价值"这个意义上使用？例如，我们读一读下面的一句话就明白了。"麻布是价值体，其他一切商品也是，否则它们的物体就不是价值承担者了。"

---

① 这里是指《资本论》第 1 卷（即《马克思恩格斯全集》第 1 版第 23 卷）始于第 65 页第 2 行中的一句话："通过这种间接的办法还说明，织就它织出价值而论，也和缝毫无区别，所以是抽象人类劳动。"这里的"间接的办法"，德文是 Umweg，日文本译成"迂回的道路。"——译者注

(MEGA 版第 2 部分第 6 卷第 28 页）总之，如果认为在写作这份手稿的过程中，就将价值和交换价值之间的区别完全区别开来，那么认为自第 1 版以来，马克思就一贯地使用价值物、价值体这些用语，也就很勉强了。

结束语

本文概括地论述了日本学术界有关价值理论的争论，并设定了这一争论同 MEGA 版的关系这一课题。正如我们所指出的，有关资料相当齐全，在这种条件下，在日本进行的这场价值理论争论是非常严密的。我们了解了《资本论》在 MEGA 版的第 2 部分中的位置，收罗了有关的各种资料，同时出齐了《资本论》各种版本，这自然再一次大大刺激了日本学者对价值理论的研究。特别是 MEGA 版第 2 部分第 6 卷刊登了《〈资本论〉第 1 版的补充和修改（1871 年 12 月—1872 年 1 月）》一文这件事，可以说对日本马克思政治经济学的研究具有重大意义，因为日本的争论中心是价值形式理论。我希望，对这些资料的进一步探讨，必将进一步了解马克思的各种论点的真正含义。

（原载日本大村泉和宫川彰编《现代对马克思的探究》
八朔社 1992 年版）

（刘焱 译）

关于马克思的《资本论》第 1 卷和第 3 卷中的货币理论*

〔德〕沃尔弗冈·米勒

在《资本论》第 1 卷中，马克思根据他的货币理论首先证明，商品生产的发展必然导致商品的二重化，即商品和货币。货币是一般等价物。作为这种等价物它在商品交换中起中介作用，直接体现价值（社会劳动），赋予商品价值统一的表现。没有货币，私人商品生产者所耗费的劳动就不能在交换过程中实现为社会必要劳动的一部分，也就不可能存在迫使独立的商品生产者按照社会的需要合理地进行生产的等价交换。

价值规律对社会生产的这种调节，只是随着资本主义的出现才成为组织社会生产的决定形式。因此，在《资本论》第 1 卷中，马克思关于商品和货币的论述首先是关于资本主义商品生产的论述。[①]

马克思关于货币的各种职能的论述特别清楚地表明，他在《资本论》第 1 卷的《商品和货币》一篇中就已经开始探讨发达资本主义社

---

* 本文选自《马克思恩格斯研究》1992 年总第 9 期。

① 马克思《资本论》第 1 卷第 1 篇中已经把价值规律表述为对资产阶级社会来说是典型的、社会劳动按不同的社会需要量在各个生产部门之间进行分配的一般经济规律的实现形式，这一点在马克思 1868 年 7 月 11 日致路德维希·库格曼的信中表达得特别清楚（参看《马克思恩格斯全集》第 1 版第 32 卷第 540—542 页）。

会中货币的作用。

例如，马克思在论述货币作为支付手段的职能时着重指出，"信用货币"是从这一职能中"产生的"①，而且这种信用货币所要求的条件"从简单商品流通的观点来看还是根本不知道的"②。这里要补充说明的是，随着信用的提供产生了能流通的债券和可以互相抵消的债权，以此来代替和节省金属货币。

马克思在论述贵金属在不同国家之间的运动时谈到，金银在不同国家之间的流入和流出是按照"汇率的不断变化"发生的。③ 这在资本主义前的生产方式中是不存在的。马克思已经注意到的那些由于把金属贮藏减少到最低限度以及随着信用事业发展而产生的贮藏货币的各种职能，例如作为银行券可兑换性的保证基金职能所产生的冲突，在资本主义前的生产方式中也是不存在的。④

马克思首先是在他的主要著作《资本论》第3卷中进一步全面深入地阐述具体的资本主义货币关系的，而第3卷在撰写第1卷之前就已经有了草稿并以大量的研究材料为依据。马克思在这一卷中具体阐述他的货币理论时特别重视信用对货币流通的影响，提出了以下若干要点：

——信用造成显著的"流通费用的减少"⑤，有利于资本增殖。

——信用加速了货币流通，使货币准备金的相对减少成为可能。⑥

——信用的发展产生了信用货币的不同形式：汇票、银行券和账面

---

① 《马克思恩格斯全集》第1版第23卷第160页。
② 《马克思恩格斯全集》第1版第23卷第146页。
③ 《马克思恩格斯全集》第1版第23卷第166页。
④ 《马克思恩格斯全集》第1版第23卷第166页。
⑤ 《马克思恩格斯全集》第1版第25卷第492页。
⑥ 《马克思恩格斯全集》第1版第25卷第492—493页。

货币。信用形成账面货币的方式是：提供信用账户，银行把存在它那里的货币重新借贷出去，并由此创造出作为单纯的账面项目使无现金的往来支付成为可能的想象的货币。①

——信用货币是一种债务契约，是对其他货币的索取权。但是这样的债权很少用金属货币兑现，通常只是为了对外国支付才用金属货币。例如汇票和账面货币所体现的债权往往可以相互抵销。剩余的差额用银行券来平衡；而银行券又是信用货币的一种形式。这样，信用货币在没有金银的情况下也能实现商品的价值且最终结清各项付款。这是社会财富的一种一般形式。②

——信用货币的形成方式和它的发行方式使它能回流。信用货币在信用偿还时又从流通渠道流出，作为账面货币被废止。这是信用货币的价值稳定的主要保证，是它所代表的价值的价值稳定的主要保证。信用货币可以兑换金属货币的法律保证只是这种价值稳定的一种更重要的保证。③

——信用货币有别于强制流通的国家纸币，它是直接从金属流通和货币作为支付手段的职能中产生的，有可能发行过多，它的价值稳定没有保证。④

---

① "关于作为信用货币的汇票和银行券"，参看《马克思恩格斯全集》第 1 版第 25 卷第 450—451 页。"关于账面货币"，参看《马克思恩格斯全集》第 1 版第 25 卷第 518、533—535 页。

② 参看《马克思恩格斯全集》第 1 版第 25 卷第 450—451 页。

③ 这一观点在马克思《金银条块。完成的货币体系》中表述得特别清楚（参看《马克思恩格斯研究》1989 年总第 2 期第 36—37 页）。

④ 马克思在《资本论》第 1 卷中也已经在"顺便"提及时强调指出："正如本来意义的纸币是从货币作为流通手段的职能中产生出来的一样，信用货币的自然根源是货币作为支付手段的职能。"（《马克思恩格斯全集》第 1 版第 23 卷第 146 页。）

——随着资本主义生产方式越来越国际化，信用在世界市场中的地位也提高了，在这里，汇票在很大程度上作为支付手段代替了金银。汇票只是在支付差额不平衡和汇总率偏离汇总平价时才起支付手段的职能。①

——经济危机和政治危机动摇了信用，从而动摇了信用货币。信用降低，不再采用支付凭据作为支付手段。支付凭据的流通能力减弱了，或者说它兑换成具有巨大流通能力的信用货币的可能性减少了，它不再被看做是社会财富的代表，金属货币又重新更明确地表现为社会财富的绝对代表，表现为在任何时候、任何场合都适合的货币。②

马克思在《资本论》第1卷中开始研究具体的货币关系，不仅仅是为了建立起连结点，以便以后展开叙述，而且还由于货币的本质、它的所有基本职能和形式只是随着资本主义的发展而充分发展起来，还由于《资本论》第1卷中马克思的货币理论的真正对象不是简单商品生产中的货币，而是正在发展的资本主义生产方式中的货币，以及——这是必然的——世界市场条件下的货币。与此同时，也必须把《资本论》第3卷的货币理论看做是向《资本论》第1卷的货币理论的复归，看做是在第1卷中已经展开的规定的进一步论证。

例如，马克思在《资本论》第3卷通过对信用货币的各种不同形式的论述更进一步地证明：货币是物质形式上的社会关系，不应把货币的某种物质形式看做货币本身，货币是生产关系总体系中的社会关系并受到这种总体系的影响，随着这种总体系的变化而变化。

---

① 《马克思恩格斯全集》第1版第25卷第650—651、667—670页。
② 马克思在《资本论》第3卷《贵金属和汇兑率》一章中集中论述了"信用主义转变为货币主义"（参看《马克思恩格斯全集》第1版第25卷第647—650页）。

马克思在《资本论》第 1 卷中在论述货币作为价值尺度的职能时指出，充当价值尺度的金属货币首先是金，商品"在价格上有观念的价值形态或想象的金的形态"。① 金"充当观念的价值尺度"，因为它"在交换过程中已作为货币商品流通"。②《资本论》第 3 卷对这一点也作了更进一步的说明：更详细地分析了资本主义的危机易发性和贵金属作为世界货币的作用。只要贵金属作为货币没有完全被排挤，信用货币单位就保留着一定的代表金属货币的性质，即使国内"没有一克冷金在流通"，金仍然是"本位"。③

把马克思的货币理论看做有机整体，把三卷《资本论》作为整体来看，这对创造性地继续发展马克思的货币理论、对回答新的问题都具有十分重要的意义。

一个重要的问题是：今天在资本主义国家存在着哪几种形式的货币：信用货币，强制流通的国家纸币，还是两者的融合？应该是最后一种。发达的信用关系固然产生了信用货币，但信用货币又被淡化了。首先，由于向国家提出过高的信用要求，信用货币的回流受到了阻碍。此外，银行券不能兑换成金，从而使得有可能出现含金纸币的过量发行并导致通货膨胀，追求垄断价值增殖、高的垄断出售价格以及有利于垄断资本的国家的垄断的经济调节与真正的信用货币和它的高度价值稳定不相适应。

特别有争议的问题是：今天在资本主义的货币体系中，金有着什么样的地位。金币不再流通了，也不再直接使用金来平衡支付差额，而是

---

① 《马克思恩格斯全集》第 1 版第 23 卷第 121 页。
② 《马克思恩格斯全集》第 1 版第 23 卷第 122 页。
③ 马克思：《金银条块。完成的货币体系》(参看《马克思恩格斯研究》1989 年第 2 辑第 37 页)。

使用国际通用的充当信用货币的国家纸币以及像特别提款权和欧洲货币单位这样一些新的支付手段。货币单位的固定的金平价及其按照这种平价的可兑性和马克思时代就已普及的保证金规定被放弃了。一个国家想要确定本国货币的汇兑平价,就必须考虑到别国的货币,考虑到特别提款权或其他货币单位。

另一方面,金在资本主义的货币体系中仍有稳固的地位。今天,资本主义工业国家和发展中国家的中央银行的国家黄金储备总共约10亿盎司,价值约4500亿美元。这同各中央银行的外国货币储备基本相当。① 这些黄金不一定是用于工业目的。它使价值以可支付的形式保存下来,而且这种价值不像纸币那样会受到贬值的威胁。此外,这种价值保证各国特别是对美国来说具有更大的主权、更独立的货币和信贷政策。金在黄金市场上被买卖,于是在各中央银行储备和各国之间流动,因而也充当平衡支付逆差的可支付商品。它退出主要的职能即作为世界货币的职能,在次要的职能中发挥作用。但是,随着美元的金平价取消以来金价格上涨了几倍,金的这种地位甚至提高了。对于保证国际间的国家和私人的银行信用来说,金的意义更大了。此外,金还被用做抵押。在法律上,将来的支付也要同金价格联系起来。所以,金作为一种价值尺度,作为"纸币贬值的尺度"② 起作用。

我认为,金也不再完全或单独作为价值尺度起作用。取消货币的金平价并把金从直接的货币流通中排挤出去的结果是商品的价值在不断的价格形成过程中,不能用一定量的金来表示。从以前的金价目表可以知道,货币是代表金的。货币代表金的这种性质在发展过程中发生强烈

---

① 参看米哈伊尔·布尔拉考夫:《哪种货币形式是正确的?》,载《新时代》(莫斯科)1988年第35期,第21页。

② 安得烈·阿尼金:《金》,柏林1987年第3版,第319页。

的，首先也是由于投机活动引起的波动，但是商品价格并没有随着波动。因此，货币代表金的这种性质在当前的价格形成中不能充当尺度。因为价格必须不断地进行计算，所以也不需要用货币代表金的这种性质充当价格尺度，货币代表多少金可以通过较长时期内的金价格计算出平均量。按照马克思的观点，商品会变成"作为价值尺度和流通手段的统一"① 的货币。随着金从直接流通中的消失，这种统一被破坏了，因而也妨碍了金作为价值尺度的职能。也许还要纸信用货币一起充当价值尺度。关于这一点，阿尼金曾经写道："思考这种情况是好还是不好这样的问题没有多大的意义。十分简单，这是唯一可能的道路。"② 许多马克思主义经济学家都同意这一观点，与此同时，另外一些人则认为，这种观点几乎是令人难以置信的。我认为，这一观点与马克思的价值理论完全一致，在货币理论中必须以此为出发点。根据这个理论，价值是商品所包含的社会必要劳动，这种劳动只能表现为在私人商品生产的条件下实现社会劳动的按比例分配的交换价值。为了提供社会必要产品部分，商品生产者必须有再生产的能力和发展能力，而他们只是在他们为社会付出的劳动耗费有可能通过交换重新得到补偿的情况下才具有这种能力。货币的形式丝毫不能改变这一点。商品生产者即使在纸信用货币流通的条件下也能够和必须要求可以支付的、能保证他们进行再生产的价格。因此价值规律继续起作用，在用纸信用货币计算和实现的价格中反映出商品之间存在的价值比例关系。纸信用货币作为商品交换的一般中介和社会财富的代表不仅证实进入交换过程的商品是社会劳动的体现，而且也表现它们的价值，使它们能够在量上互相进行比较。即使不具有价值，纸信用货币也是它所代表的价值的价值尺度，而且这种价值

---

① 《马克思恩格斯全集》第 1 版第 13 卷第 113 页。
② 安得烈·阿尼金：《金》，柏林 1987 年第 3 版，第 317 页。

尺度不再是一定量金的价值，而是通过纸信用货币的购买力所获得的商品价值。

针对纸信用货币作为价值尺度存在着这样一种反对意见，即商品必须在交换过程之前确定价格，而这种定价在货币单位的价值也取决于交换过程的情况下是不可能的。这种矛盾确实存在，但是它会在价格确定与价格实现始终相互依赖的运动中得到解决。固然，纸信用货币单位所代表的价值量同样是不稳定的，而且没有人知道有多少小时的社会必要劳动时间属于这个价值量。但是即使金是必不可少的流通手段，并完全作为价值尺度起作用，人们也不清楚，金体现了多少数量的社会劳动。

（原载柏林《马克思恩格斯研究论丛》第 27 辑）

（刘咏梅 译　冯文光 校）

剩余价值和机器理论

黑格尔的目的性理论和马克思的劳动过程理论[*]

〔日〕吉田文和

前　言

马克思在《资本论》第一卷第五章中论述劳动过程并给劳动资料下定义时引用了黑格尔的一段话:"理性何等强大,就何等狡猾。理性的狡猾总是在于它的间接活动,这种间接活动让对象按照它们本身的性质互相影响,互相作用,它自己并不直接参与这个过程,而只是实现自己的目的。"[①] 这段话是黑格尔在《小逻辑》第三篇《概念论》B节《客体》的（C）《目的性》一节中说的。马克思为什么在给劳动资料下定义时要援引黑格尔的这段话呢？他又怎样利用了这段话呢？在从前研究技术理论时,人们对这个问题未必取得了一致意见。从前,研究黑格尔的学者就曾围绕"理性的狡猾"进行过讨论,但是没有取得一致意见。我们知道,在技术理论领域中同这一问题有关的是,围绕劳动资料体系学说在体系上的论据曾进行过一系列争论。例如,三枝博音主张"作为过程的手段"说,星野芳郎和大谷省三主张"手段包含主体"说

---

[*] 本文选自《马列主义研究资料》1985年第5辑。作者吉田文和是日本北海道大学经济学系副教授。

[①] 参看〔德〕黑格尔:《小逻辑》,北京:商务印书馆1982年版,第394页。下面有关《小逻辑》的引文,均参考了该版译文。——译者注

等等，他们的这些观点，都同对黑格尔的"理性的狡猾"和手段的理解有关。

我们从近几年来出版的《经济学手稿（1857—1858年）》的"劳动过程"理论中，看到了《资本论》的"劳动过程"理论的雏形以及马克思本人对这一理论所进行的严密思考的经过。其次，我们在这里还看到了向"劳动资料"定义、"需求体系"和"非有机自然"等理论过渡的情况，以及使用黑格尔的目的性、劳动理论等概念的情况。

本文试图探讨作为马克思劳动过程理论源泉的黑格尔的目的性理论，阐述马克思在制定劳动过程理论中是怎样吸收黑格尔的目的性理论的。当然不必说，我们的目的不在于说明马克思的劳动过程理论源出于黑格尔的目的性，我们的目的是想通过关于黑格尔的目的性的研究，进一步深入理解马克思的劳动过程理论。因此，马克思的批判地吸收和他的脱胎换骨的方法就成了问题的焦点。为此，我们首先必须说明黑格尔的目的性在他的《逻辑学》中的地位，说明黑格尔的目的性的结构和特性，并在这一基础上，说明工具理论、机器理论和"理性的狡猾"等。

关于马克思的劳动过程理论批判地吸收和继承关系问题，虽然我们以劳动资料的定义为核心，向整个"劳动过程"理论过渡，但是，我们是通过对《经济学手稿（1857—1858年）》、《经济学手稿（1861—1863年）》和《资本论》的比较和研究进行考察的。这样，我们就会说明，马克思在吸收黑格尔的目的性时，是怎样在理论上克服黑格尔的弱点的。我们认为，通过这种研究，在一定程度上会有助于解决技术理论领域中的争论。

一、黑格尔对目的性的分析

(一) 目的性在黑格尔的《逻辑学》中的地位

黑格尔的目的性(Die Teleologie)是在黑格尔《逻辑学》(通称《大逻辑》)[①] 第三编《概念论》第二部分《客观性》第三章《目的性》中论述的。第二部分的第一章是《机械性》(机械关系),第二章是《化学性》(化学关系)。接下去是第三部分《理念》,其第一章是《生命》。在黑格尔看来,**表现中介和统一关系的概念**就是"客观性从其**内在性发生**的并过渡到实有中去的**实在的概念**"。这里所说的"实在的概念"就是中介和统一的关系通过具体所表现的东西。在《哲学入门》第三课程《概念论》中,这个《客观性》篇改为《概念的实现》,突出了目的性,接下去才是机械性和化学性。我们在这里看到的说明观念东西的现实关系的概念,在通过客观性实现目的这一目的性中,非常典型地表现出来了。

其次,机械性、化学性和目的性这三者的关系怎样呢?

黑格尔在《小逻辑》中说:"客观性包含有**机械性**、**化学性**和**目的性**三个形式。**机械性**的客体就是直接的无差别的客体。诚然,机械的物体包含有差别,不过这些机械物体的差别彼此是漠不相干的,而它们的联系也只是外在的。反之,到了化学性的阶段,客体本质上表现出差别,即客体之所以如此,只是由于它们彼此的关系,而这种差别构成它们的质。客观性的第三个形式,**目的的关系**,这是机械性和

[①] 下面有关《大逻辑》的引文,均参考了1981年商务印书馆出版的此书译文。——译者注

化学性的统一。目的，正如机械的客体那样，是一个自身有始有终的整体。但又被从化学性中展开出来的质的差别的原则所丰富了。这样，目的便使它自身和同它对立的客体相联系了。所以目的的实现就形成了到**理念**的过渡。"

我们看到，机械性和化学性被统一到目的性中了（在《哲学入门》中，机械性和化学性就已隶属于目的性了）；从说明相互无关和外在性的机械性出发，经过说明相互关系（亲和性）的化学性，再进到现实关系的目的性，关系规定进一步深化了。继目的性之后是生命论及其关系，在这种关系中，目的性涉及到**外在的**合目的性，在生命论中，涉及到了**内在的**合目的性，并通过这种论述，使目的性成为生命论的前提。

（二）黑格尔的目的性的特殊性质

黑格尔的目的性和以前的目的性相比，其内容有很大不同。关于自然神学的目的性，他在《大逻辑》中说："目的性原则越是与一个**在世界以外**的知性这样的概念相联系，并且在这种情况下受到虔敬的赞助，这个原则也就似乎离开真正的自然研究越远。"与此相反，机械性（机械的自然性）比目的性更加重视内在的见解。这是因为，机械性企图把自然就其自身当做一个整体来把握。黑格尔对自然神学的批判显然继承了康德对自然神学的批判。康德认为，目的性并非客观的东西，它只不过是主观原理，只有作为方法论原理，作为业已发现的原理，它才有可能用于对有机体的观察。如果人们不在一般自然中研究目的性关系，那么他们要到哪里去研究呢？关于作为"判断力批判"的"目的性体系的自然最终目的"，康德是这样论述的："人类知道设定自然和人类自身之间某种目的的关系，并具有这样做的意志，不过，只有在自然界中才能求得这种最终目的。"①

黑格尔是在人类同自然关系这种人类有目的的现实活动中研究和阐述目的性关系的。当然，关于康德的"主观原理"，黑格尔对它没有进行批判，只是把康德的相对的外在的合目的性和内在的合目的性（生命）区别开来，并加以评论，试图把前者用于目的性，把后者用于理念中的生命。关于康德的目的性原理，黑格尔评价说，他把普遍归结为特殊化的"反思的判断力"。这是因为，目的就是"具体的普遍"，"它在本身中就具有特殊性和外在性的环节"，在客观上特殊化起了作用。

由此我们可以看到，黑格尔的目的性虽然冠以目的性的标题，但他是以批判前人的自然神学的目的性为其目的的，并有一种极新的设想，试图将人类的目的现实关系同目的性这一题目结合起来。黑格尔指出，"机械的或化学的技术，由于必须外在地被规定为这一特性，就不得不把自身奉献于目的关系"，从而暗示了目的性和技术的关系。因此，这种设想把康德在《判断力批判》一书中所说的"目的性的判断力的批判"这一主题，通过黑格尔的《逻辑学》的体系，进行了改造。

（三）黑格尔的目的性的结构——A 主观目的

黑格尔说："概念作为目的，当然是一个客观的判断。"对概念进行"原始的分割"（判断），使概念特殊化，在客观性中实现正在发挥作用的目的。在这种场合，概念（普遍）进行自我分割和限定（特殊化），成为在客观性中发挥作用、不断进行"客观判断"的东西。黑格尔又说："目的关系不只是判断，它是独立自由概念的推论。"这是因为目的本身是在客观性中达到的，在这里，目的关系显示了自我实现并

---

① 〔德〕康德：《判断力批判》（1790年），第431页。

返回到自身的这种关系。因此，黑格尔在概念论之前使用了"判断"、"推理"等范畴，把目的关系逻辑化。这是黑格尔的目的性的最大特征。

首先关于目的，黑格尔说，它不表现为"力和原因"。这使他想起了亚里士多德。目的"作为一个原因，它就是自己的原因，或者其结果直接就是原因"。"目的就是在客观性中达到了自身的概念"，这是因为，目的是在客观性中实现正在发挥作用的目的，并说明返回到目的自身的这种媒介关系。目的是在客观性中发挥作用的，是由有限的客观性规定的，它同理念不同，不产生这种前提本身。从这里产生了"目的的有限性"。

这里的"目的的运动"是要扬弃目的的前提，也就是要扬弃客观性的"直接性"（独立性、无中介性），并且要建立由概念（目的）规定的那种客体。因此，"目的"和"客观性"以及"实现"之间在概念上的关系开始发挥作用，这是因为"概念环节的规定性是外在性"，"目的"和"实现"之间的缝隙有限。因此，"在一个环节中，目的主体规定自身，在那同一个环节中，主体与一个漠不相关的、外在的客观性相关，这种客观性，目的使它等同于那种内在的规定性"。也就是说，从客观中产生出"手段"，同主观一样，成为内在的"规定性"。

（四）黑格尔的目的性的结构——B 手段

黑格尔在《大逻辑》中说："手段是推论的中项。""一种手段，即是说中项，它同时又具有外在的实有的形态，对目的本身及目的的实现都漠不相关。"这样，黑格尔就把"目的本身"当成前提，把"目的实现"当成结论，把"手段"当成"中项"。目的→手段→结果，虽然是一种推论的联结，但是各种结合并非浑然一体。手段作为客观，有别于主观,是独立存在的。这种关系对手段来说,只是一种形式。黑格尔说:"手段是一个**形式推论**的**形式**的中项。"

黑格尔进一步说:"抽象的活动和外在的手段构成其中的两端,客体的规定性通过目的构成两端的中项。"黑格尔的这种看法,在把"抽象的活动"和"外在的手段"的关系当成"推论"的两极的场合,是由设定目的的客观规定的,但是在构成这两者的中项、设定目的、具有非主观的客观方面,"**普遍性**又是目的活动和手段的关系"。因此,目的由于具有手段和活动性,也就具有"不再仅仅是冲动和趋向"的理性性。

(五)黑格尔的目的性的结构——C 实现了的目的

黑格尔说:"目的通过手段的活动之对外在客体的关系,首先是推论的**第二个前提**——**一种**中项对另一端的**直接**关系。"另一方面,他又说:"目的证明了自身是这种关系的真正中项和统一。"关于这一点,我们认为有必要解释一下。首先,在"主观的目的→手段→外在客观性"的推论中,成为中项的手段是"外在客观性"自身,在对待外在客观性上是"直接关系"。其次,同一推论由于主观目的的中介,形成"手段→主观的目的→客观的目的"这种推论。因此,"目的证明了自身是这种关系的真正中项和统一"。再次,通过以上两种推论,由于目的造成手段,形成以外在客观性为前提的这样一种推论——"主观的目的→外在客观性→手段"。如果把以上三种推论称之为"三重推论"的话,就说明有三个极和三重的结合关系。

关于"理性的狡猾",黑格尔在《大逻辑》中说:"既然目的自身直接与一个客体相关,并使它成为手段,而且通过手段来规定另一客体,这就可以看做**强力**,在这种情况下,目的显出与客体完全不同的性质，而这两种客体又同是相互独立的总体。但目的既然把自身建立为与客体的**直接**关系，并在自身和那个客体**之间**插入另一客体，这就可以认为是理性的**狡猾**。合理性的有限性，具有这样一个方面，即目的是关系到事先建立（前提），即客体的外在性。在对客体的直接关系中，目的本身像是进入了机械性或化学性之中，从而像是从属于偶然和它的成为自在自为之有的概念这一规定的没落。所以目的又摆出一个客体来作为手段，让这个客体代替它外在地消耗，把这客体委之于磨损，而面对机械的强力时则躲在这个客体的后面来保存自己。"

首先，在我们理解"理性的狡猾"时，最为重要的是通过同机械性的对比抓住目的性的特质。也就是说，目的一旦在机械性中直接地、客观地发挥作用，它就接受反作用，相反也接受支配。但是，它在目的性中，在它同这一客观性中，不断吸收另一客观性，并成为一种手段。其次，目的一旦把这种关系纳入上述的"三重推论"，就把手段看成目的活动性即能动性的结果，认为手段具有客观性以及手段和活动性是由设定目的的客观性中介的。再次，黑格尔说："手段是一个比**外在的**合目的性的**有限**目的**更高的东西**……工具保存下来，而直接的享受则会消逝并忘却。"也就是说，手段是一个比外在合目的性更高的东西，应放在《理念》论中生命的内在合目的性之前。关于黑格尔在《小逻辑》中有关"理性的狡猾"，我们在下面即将谈到。

其次，关于原因和结果的关系，以及这种关系同目的性的区别，当黑格尔说"概念通过自己，与自己融合"，"终结即开始，结论即根据，结果即原因"时，我们想起了亚里士多德的《博物学》。也就是说，"原因—结果"关系是反思论的规定，原因不表现结果，相反，目的的普遍性从一开始就已存在。在目的性的关系中，相关规定（始和终）和反思规定（原因和结果）在概念上是同一的，不构成另一规定，处于"目的→手段→目的"这种关系之中，很少分离和比较统一。

黑格尔列举了作为"目的**单纯的形式**"的三个因素,即"主观目的"、"作为手段和中介的活动"、"客观目的",但是这个推论"总有形式推论的一般缺点",因为推论的各极尽管统一,但三者又相互有别,归根到底,"目的→手段→结果"不过是对物加工,而非"直接关系"和真正统一。其次,还因为推论的形式以及因为"把结论当成了前提"。所谓"形式推论"就是,例如"苏格拉底之死"这个结论是从"苏格拉底是人"(大前提)和"人会死"(小前提)中得出的。但是,"苏格拉底之死"这个结论属于大前提,为了证明这一点,就要有无限累进归纳法这种手段,而这是"形式推论"所缺少的。

乍一看来,黑格尔是从逻辑主义的要求中得出"手段的无限累进"的。所谓"手段的无限累进"就是已经实现了的目的,是自身以前的手段,是彻底的相对的东西,是目的对大目的的手段,是一种磨损关系。因此,手段充其量能达到外在的合目的性,而达不到"客观的目的"(理念)。不过,"说目的在手段中达到了,而且手段和中介都保持在已完成的目的之中,——这样的反思却是**外在的目的关系的最后结局**"。我们在这里可以看到,黑格尔强调目的的实现、过程中的中介和中介的消失等概念。

(六)黑格尔的工具理论和机械理论

在我们研究了斯图亚特和斯密的经济学,并以此分析劳动以后,对黑格尔的目的性中的手段理论就更容易理解了。在我们说明"理性的狡猾"理论的背景时,需要研究一下黑格尔各手稿中有关的工具理论和机械(机器)理论。

1802—1803年(或1804年)黑格尔写了《伦理学体系》,其中谈到在人们相互关系中起中介作用的有三个要素,即"儿童"、"工具"

和"语言",现在我们来看一看其中之一的"工具"要素。

黑格尔说:"谁会制造工具,谁就会劳动。在这个限度内,工具是劳动的守常规则(die beständige Regel)。由于工具的这一理性性质,工具作为中介物,比劳动、比加工过的客观、比享乐或者比目的,都要高出一头,因此,处于自然界中的每个民族没有不尊重工具的。我们看到,人类对工具极为尊敬,关于工具的意义具有极高的表现。"在这里,黑格尔对工具作了高度评价,认为工具还是规定作为劳动结晶的其他主体的劳动的东西。关于机器,黑格尔说,由于劳动分工,劳动成了这样的劳动,它"比较机器化了"。斯密认为,首先是分工,经过劳动的简化,最后向机器过渡。黑格尔的看法不同,他认为,首先是分工,经过劳动的"物"化,最后向机器过渡。

接着,黑格尔从1803年秋冬开始到第二年的冬季写了《思辨哲学体系(自然和精神哲学讲义手稿片断)》。他在这份讲义中,详细研究了工具理论,同时利用斯密的分工理论,分析了人类劳动。他说:"人类使用多种多样的机器加工自然……人类所残存的劳动使人类自身越来越机器化了。"这样,他对分工和机器给予了否定的评价。

1805年秋到1806年,黑格尔在《自然哲学和精神哲学(实在哲学讲义草稿)》中,从"理性的狡猾"的立场出发,考察了工具。他说:"我不肯出力,因为在我和外在的物性中间插进了狡猾,并为我的规定性进行辩护。工具在使用中不断磨损……作为一般原理,人们在运用自然所固有的活动性,这个活动性就是蒸气、水、风的弹力,这些东西自身在其感性的定在上进行同其志向完全不同的行动,对它们来说,把不过是盲目的行动变成合目的的东西。这样一来,把被利用的东西变成了反对其自身的东西。在被利用之物的外在的**定在**中,出现了自然规律的合理的举动。在**自然本身中**虽然没有发生什么,但是,自然存在的每一目的都已成为普遍之物。在这里,冲动完全退走。冲动劝使自然通过自身发挥作用,并不动声色地观察,只用少许之力便可统治整体。这就是狡猾。"

十分明显,所谓"狡猾"(List)就是"不肯出力"或利用他物,在使用工具的情况下,通过利用自然力和自然规律,"使自然通过自身发挥作用,并不动声色地观察,只用少许之力便可统治整体"。同给予工具以高度评价相比,黑格尔对机器的评价如何呢?黑格尔在《自然哲学和精神哲学》一书中,运用斯密的分工理论,描绘了如下图式:分工→劳动机器化→劳动抽象化→更换机器→人的节约→失业。

1822年到1823年,黑格尔写了《法哲学原理》讲义,在这份讲义中他就这一问题说:"劳动的完成应归于机器,正是机器节约了人的劳动并使其价格低廉。因此,现在发生了人对机器的控诉。在英格兰,机器使工人失业,发生部分工人毁坏机器的事件。然而人们还会使用机器,因为它会更好地完成工作。"

1824年到1825年,黑格尔在《法哲学原理》讲义中又说:"人可以用机器、武器、蒸气、火等等代替自己,精神的归结不过是使人监督它们而已。因此,由于劳动的完成使工人变愚蠢,最后使人成为不必要。这无异于悟性劳动,并作为此物被陶冶和被修正。"黑格尔由于想到英国罢工,由于想到使用机器使工人"变愚蠢",指出了"使人成为不必要"的机器的消极作用。但是事情决非仅仅如此。机器会产生使人进行相应工作的可能性,通过机器劳动"陶冶"自身的另一方面。但是,黑格尔对这一方面的分析,总括起来说,是抽象的。

同黑格尔一样,马克思在《经济学手稿(1857—1858年)》中分析了劳动过程。他说:"机器的特征决不是像[单个工人的]劳动资料那样,对工人的活动作用于劳动对象起中介作用","工人不再是生产过程的主要当事者，而是站在生产过程的旁边。"① 在这里，马克思把"机器"和"劳动资料"区别开来，指出黑格尔所说的工具就是"劳动资料""对工人的活动作用于劳动对象起中介作用"。他认为，在有"机器"的场合，工人同"生产过程"并列。因此，马克思的分析没有把机器当做"真正意义上的劳动资料"，只是着眼于机器代替人劳动的一面。这一弱点在1861—1863年手稿中通过对"劳动过程"和"机器理论手稿"的分析得到了克服。

（七）什么是"理性的狡猾"？

据德文格林辞典称，List包括以下含义：1. 知识和工艺；2. 熟练；3. 科学；4. 谋略；5. 贤明；6. 狡猾；7. 活动，等等。黑格尔所使用的List同阴谋（Pfiffigkeit）不同，包括有贤明、科学和技艺的意思。因此，在日语中把List译成"狡猾"未必恰当。

如我们在上面的研究中所指出的，黑格尔论述工具时所说的"理性的狡猾"是指人不肯出力，利用自然力和自然规律。黑格尔在《自然哲学》第245节中谈到"人的理性狡猾"时明白地指出："不管自然展示和发出什么力量——严寒、猛兽、洪水、大火——来反对人，人也精通对付它们的手段，而且人是从自然界取得这些手段，运用这些手段对付自然本身的；人的理性的狡猾使他能用其他自然事物抵御自然力量，让这些事物去承受那些力量的磋磨，在这些事物背后维护和保存自己。"

显然，人从自然中取得手段，根据自然本性，使自然同自然相对抗，这就是"理性的狡猾"。因此，在马克思给劳动资料下定义援引黑格尔的"理性的狡猾"以后说："这样，自然物本身就成为他的活动的

---

① 《马克思恩格斯全集》第1版第46卷下册第208、218页。

器官,他把这种器官加到他身体的器官上,不顾圣经的训诫,延长了他的自然的肢体"①,于是发生了劳动者把自然作为自己的手段并同自然相对抗的关系。

不过,问题在于马克思援引《小逻辑》那段引文之后有关同"天意"的关系的那段话。黑格尔是这样说的:"在这种意义下,天意对于世界和世界过程可以说是具有绝对的狡猾。上帝放任人们纵其特殊情欲,谋其个别利益,但所达到的结果,不是完成他们的意图,而是完成**他的**目的,而上帝的目的与他所利用的人们原来想努力追寻的目的,是大不相同的。"不用说,在《历史哲学》中也有类似的内容。

田烟稔曾对"理性的狡猾"做过整理,② 据他说其中包括如下一些问题:1. 历史变革实践的盲目性;2. 离开行为的结果和意图;3. 向对立物的转化,特殊东西的没落;4. 作为手段的特殊意志的利用和理性的无为主义;5. 目的的意识性等等。不过,比较有代表性的看法是,他认为,黑格尔虽然在自然同人的关系中看到了理性的狡猾,但是在历史过程中却没有看到这种狡猾,而是乞求神得到这种狡猾。不过,黑格尔说到神的场合到底意味着什么,这是一个相当复杂的问题,因为**既有可能**把"天意"读成历史规律,也有可能把它积极地看成与人相关的"理性的狡猾",是人同自然的关系。正因为如此,马克思在引证《小逻辑》的"理性的狡猾"时,对前半部分给予了积极的评价。

---

① 《马克思恩格斯全集》第 1 版第 23 卷第 203 页。
② 〔日〕田烟稔:《黑格尔历史哲学和理性的狡猾》,载大阪大学文学系《哲学论丛》1979 年第 4 号。

(八) 主体和手段

如上所述,"目的单纯形式"是由"主观目的"、"作为手段和中介的活动"和"客观目的"这三个要素构成的。在这种场合,根据推论,"主观目的"和"客观目的"是两极,"作为手段和中介的活动"是中项。因此,在中项(Mitte)中不仅包含手段(Mittel),而且也包含活动。可是,星野芳郎因此解释说:"主体自行反抗,把自身规定为手段";"这种手段不单单成为工具"①。我们必须把"中项"和手段(Mittel)区别开来,不过在这种场合,即作为推论的中项,却包含着"作为手段和中介的活动"这两者。因此,我们不能一视同仁地对待"手段"和"中介的活动"。

我们已经看到,黑格尔虽然说过,对神来说人是手段,人成为手段,但对黑格尔来说,并未限定在同神的关系上。黑格尔在《法哲学原理》的《市民社会》一章中说:"在市民社会中,每个人都以自身为目的,其他一切在他看来都是虚无。但是,如果他不同别人发生关系,他就不能达到他的全部目的,因此,其他人便成为特殊的人达到目的的手段。"

在这里我们看到,作为市民社会的人们相互关系的原理是,每个人对自己来说是目的,又成为他人的手段。"目的—手段"关系统一了。马克思在《论犹太人问题》中同意黑格尔《法哲学原理》的内容,他说:"在这个社会中,人作为**私人**进行活动,把别人看做工具,把自己

---

① 〔日〕星野芳郎:《技术理论笔记》(1948年),载《星野芳郎著作集》第1卷,劲草书房1977年版。

也降为工具,成为外力随意摆布的玩物。"① 像马克思批评黑格尔"到处去寻找逻辑概念的规定"② 那样,对彻底主张逻辑的关系规定的黑格尔来说,使用人的手段去实现有目的的活动和市民社会中人们的相互关系,也都被规定为同一的"目的—手段"关系。因此,在上述的意义上,人主体虽然已进入黑格尔的手段概念中,但是人主体是由使用人类的手段去实现有目的的活动和具有不同层次的人们的社会关系规定的。

(九) 过程、原因、手段

关于目的性中的过程和要素这个问题,黑格尔在《哲学入门》中说:"在从推论要素的自身的自然性方面去看是内部关系这种意义上,推论要素成为过程。"这就是说,作为推论要素的"主观目的"、"中介和手段"、"实现了的目的"等等在内部关系这种意义上都成为过程。因此,如果问到过程和手段的关系,那么手段是过程的第一个要素,成为同其他要素一起形成"内部关系"的过程,但是手段自身不成为过程。关于这一点,三枝博音极力主张"作为过程的手段"这种提法,对他的这种观点我们必须批判地进行研究。③ 三枝从"作为劳动过程的一个要素的劳动手段"这一定义中,硬是把"劳动"一词抹去,接着把"作为过程的一个要素的手段"改为"作为过程的手段"。

---

① 《马克思恩格斯全集》第 1 版第 1 卷第 428 页。
② 《马克思恩格斯全集》第 1 版第 1 卷第 359 页。
③ 〔日〕三枝博音:《现代日本文明史——技术史》,1940 年版,第 5—8 页。

(十) 手段的无限累进性和体系性

如上所述，黑格尔既说明了手段的相对性，也指出了手段的无限累进性。所谓手段的无限累进性就是指，为了实现某一目的，必须要有手段，其次是指为了这一手段就要有另一手段，手段必须具有连接性。黑格尔认为，应把手段的无限累进看成是同推论形式问题密不可分的一个实际问题。这一点可以从黑格尔在《大逻辑》第三章《目的性》中所说的"石头、梁柱或轮、轴等等构成了目的的现实"中看到。在黑格尔那里，这个问题作为说明手段的相对性和磨损性占有一定的地位，并且是通往理念论的桥梁。

过去曾讨论过，作为技术定义，为什么必须强调劳动手段的**体系性**这一问题。在把手段的无限累进问题看做技术理论的场合，这个问题就表现为手段的体系性问题。也就是说，当某一手段成为必要时，为了这种手段，便有必要创造和分化出另一种新的手段。就这种意义来说，手段本身已经是把体系性作为前提的概念了。

顺便指出，在《法哲学原理》中，手段的体系是同需求的体系相对而论的。黑格尔说："无限多样化的手段及其在相互生产和交换上同样无限地交叉起来的运动，由于其内容固有的普遍性而**集合起来**，并**区分为各种普遍的集团**，全部的集合就这样地形成在需求、有关需求的手段和劳动、满足的方式和方法以及理论教育和实践教育等各方面**特殊体系**——个别的人则分属于这些体系——，也就是说，形成**等级的差别**。"

二、对马克思的劳动过程理论的继承关系的分析

到此为止,我们对黑格尔的目的性进行了分析。下面,我们根据这一分析,并根据马克思的劳动过程理论的内容,试图就马克思批判地吸取黑格尔的目的性即继承问题进行分析。我们在研究过程中,一方面要对照黑格尔的目的性,一方面还要参照黑格尔在《法哲学原理》中积极开展的劳动理论。

(一)"劳动过程"概念

在黑格尔那里,在过程和手段的关系中,手段是过程的第一个要素,它同别的要素一起,成为结成"内部关系"的过程。马克思在法文版《资本论》中论述劳动过程理论时,为"过程"一词专门写了一条注,他指出:"'过程'这个词表示一种从其全部现实条件上来考察的发展过程。"① 发展是概念性的对象,在这个概念性中就包含有目的性,从这里我们应当认真思考马克思所说的"全部现实条件"和黑格尔所说的"因素构成内部关系的过程"。

(二)劳动是控制人和自然之间的物质变换的过程

关于劳动过程,马克思首先指出:"劳动首先是人和自然之间的过程,是人以自身的活动来引起、调整和控制人和自然之间的物质变换的

---

① 《资本论》法文版中译本,北京:中国社会科学出版社1983年版,第166页。

过程。"① 在这里,劳动过程是从物质变换方面和由人中介、控制方面规定的。黑格尔则把劳动规定为人对自然的中介活动。他在《法哲学原理》中说:"替**特异化了**的需要准备和获得适宜的,同样是**特异化了**的手段,其中介就是**劳动**。劳动通过各色各样的过程,加工自然界所直接提供的物资,使合乎这些殊多的目的。"

因此,黑格尔是从通过劳动的中介这个方面和从对自然材料的特殊化即物质变换这个方面规定劳动的。因此,马克思针对黑格尔把劳动规定为对自然的材料的特殊化,指出"人和自然之间的物质变换",针对黑格尔说的通过手段去中介,指出物质变换的"中介、调整、控制"这一公式。

(三) 人类劳动是有目的有意识的

关于人类劳动是有目的有意识的问题,马克思指出,建筑师的劳动同蜘蛛和蜜蜂的"本能"劳动相比,建筑师"在用蜂蜡建筑蜂房以前,已经在自己的头脑中把它建成了"②。黑格尔也谈到了蜜蜂的"本能"劳动。关于动物的本能和有目的有意识的人类劳动问题,他在《法哲学原理》中说:"动物按本能而行动,受内在的东西驱使,从而也是实践的。但动物不具有意志,因为它并不使自己所渴望的东西出现在想象中。"据我们推测,马克思以上的论述有可能参考了黑格尔的这一论述和达尔文的《物种起源》的论述。

---

① 《马克思恩格斯全集》第 1 版第 23 卷第 201—202 页。
② 《马克思恩格斯全集》第 1 版第 23 卷第 202 页。

(四)在"结束"时包含有"开始"

关于人类劳动的有意识的目的,马克思还援引了亚里士多德和黑格尔的目的性的用语。他说:"劳动过程结束时得到的结果,在这个过程开始时就已经在劳动者的表象中存在着,即已经观念地存在着。"① 正如我们在同有论和反思论进行对比时看到的,黑格尔在《小逻辑》中说:"目的还包含效果在自身内,因此在效果里目的并没有过渡到外面,而是仍然**保持**其自身,这就是说,目的仅通过效果而实现其自身,而且它在**结束**和在**开始**或原始性里是一样的。"

(五)在"自然物"中"实现自己的目的"

在黑格尔论述目的性的场合,"主观目的"从客观性中得到手段,在客观性中发挥作用,并"实现自己的目的"。马克思把黑格尔的客观性变成"自然物",指出劳动者"不仅使自然物发生形式变化,同时他还在自然物中实现自己的目的"②。

(六)"有目的的意志"

为了使意志从属于目的,马克思接着说:"除了从事劳动的那些器官紧张之外,在整个劳动时间内还需要有作为注意力表现出来的有目的

---

① 《马克思恩格斯全集》第 1 版第 23 卷第 202 页。
② 《马克思恩格斯全集》第 1 版第 23 卷第 202 页。

的意志。"① 而黑格尔却主张，"意志的活动"使目的转向客观性，在客观性中继续发挥作用。黑格尔在《法哲学原理》中说："意志的活动在于扬弃主观性和客观性之间的矛盾而使它的目的由主观性变为客观性，并且即使在客观性中同时仍留守**在自己那里**。"马克思把黑格尔所说的"意志的活动"改为"有目的的意志"的持续。

（七）劳动过程的三个要素

马克思在《资本论》中把"有目的的活动或劳动本身"、"劳动对象"和"劳动资料"作为"劳动过程的简单要素"。② 黑格尔则把"手段和中介活动"作为"主观目的"和"实现了的（客观）目的"。

马克思通过"手段和中介活动"把"中介活动"当做"有目的的活动或劳动本身"，把手段解释成"对象"和手段。马克思在《经济学手稿（1861—1863年）》论述劳动过程理论时，根据黑格尔的观点，把物即对象要素——在德语中 Gegenstand（对象）与法语中的 objectum（客观）是一个意思，因此，可以把"对象要素"换成"客观要素"——当成"劳动资料"，劳动资料又分为本来意义的劳动资料和劳动材料。③ 接着，马克思指出，资本为了"进入实际的**劳动过程**"，除了要购买劳动力外，还必须购买"物的条件"④。不过，我们在这份手稿中还看到，马克思又把"劳动"、"劳动材料"和"劳动资料"当做劳动过程的三个要素。

---

① 《马克思恩格斯全集》第1版第23卷第202页。
② 《马克思恩格斯全集》第1版第23卷第202页。
③ 《马克思恩格斯全集》第1版第47卷第56—57页。
④ 《马克思恩格斯全集》第1版第47卷第58页。

正如我在另一篇文章中所指出的,从《经济学手稿(1861—1863年)》起到写成《资本论》止,马克思在明确把握劳动资料的价值转移和制定出公式以后,才把劳动资料和劳动对象区别开来。因此,在这里我们必须承认,马克思当初把劳动对象(材料)和本来意义的劳动资料合在一起称为劳动资料,这是因为他所依据的是黑格尔的观点。①

(八)关于原料

关于劳动对象中的原料,马克思说:"劳动对象只有在它已经通过劳动而发生变化的情况下,才是原料。"② 黑格尔在《法哲学原理》中也说:"用不着加工的直接物质为数极少。"

马克思在制定《经济学手稿(1861—1863年)》的劳动过程理论时使用了黑格尔的中介(媒介)理论,他说:"使用价值越高级,组成新形成的使用价值的那些要素所经历的劳动过程就越多;因此新使用价值的存在所经过的媒介也就越多。"③ 其次,马克思论述这一劳动过程理论的实际劳动时指出:"实际劳动是生产使用价值的、以与一定的需求相应的方式占有自然物质的有目的的活动。在这种活动中,肌肉耗费多还是神经耗费多是无关紧要的,同样,与自然物质理想化的高低程度也毫无关系。"④ 其中的"理想化"是德语 idealisiert 一词,德语中的这个词虽然也可以理解为"理想化",但是它的原义是"观念化"。据

---

① 参看〔日〕吉田文和:《对马克思〈经济学手稿(1861—1863年)〉的劳动过程理论中的技术理论的探讨》,载《科学史研究》1977年第122号。
② 《马克思恩格斯全集》第1版第23卷第203页。
③ 《马克思恩格斯全集》第1版第47卷第60页。
④ 《马克思恩格斯全集》第1版第47卷第55页。

黑格尔说，这个词意味着失去直接性，是中介（媒介）的意思。因此，在这种情况下，所谓自然物质观念化、被媒介，表明它已成为原料。

（九）劳动资料的定义

关于劳动资料，马克思指出，其定义是："劳动资料是劳动者置于自己和劳动对象之间、用来把自己的活动传导到劳动对象上去的物或物的综合体。"① 正如我们在上面考察"理性的狡猾"时所看到的，问题的焦点在于，马克思是怎样把"理性的狡猾"的逻辑吸收到劳动资料的定义中的？马克思在《经济学手稿（1861—1863年）》中就劳动资料说道："不言而喻，从事物的本性可以得出，人的劳动能力的发展特别表现在**劳动资料**或者说**生产工具**的发展上。正是这种发展表明，人通过在两者之间插入一个为其劳动目的而安排规定的、并作为传导体服从于他的意志的自然物，在多大的程度上加强了他的直接劳动对自然物的影响。"②

正如我们在前面确认的，人从自然中取出手段，使自然同自然相对抗，这就是"理性的狡猾"。在这里，我们找到了为什么"人的劳动能力的发展表现在劳动资料的发展上"的原因。马克思的这个"理性的狡猾"理论就是前面我们介绍过的黑格尔的"理性的狡猾"理论。

---

① 《马克思恩格斯全集》第1版第23卷第203页。
② 《马克思恩格斯全集》第1版第47卷第57页。

（十）发挥力量的手段，物的特性

马克思继续为劳动资料下定义说："劳动者利用物的机械的、物理的和化学的属性（Eigenschaft），以便把这些物（Ding）当做发挥力量的手段（Machtmittel），依照自己的目的作用于其他的物。"① 值得注意的是马克思在这里所说的"发挥力量的手段"（Machtmittel）。马克思在这里为什么不用 Kraft（力），也不用 Gewalt（暴力、强力），而用 Macht（威力）呢？据黑格尔说，强力或暴力是外来力，相反，威力是内在力，是自身中的力，例如他在《宗教哲学》中说，"狡猾是强力的否定"。

Ding（物）和 Eigenschaft（属性）是本质论的范畴，属性同物自身难以分开，是一个东西，这种看法不用说是对物自身论的一种批判。有人认为，本质论的属性（Eigenschaft）在转变中具有自身同一性即恒常性，而有论的性质（Beschaffenheit）是转变物即偶然物。② 全部引证黑格尔的用语去解释马克思的用语，这样做未必正确。我们应当看到，马克思的用语选择是非常慎重的，但是我想，考虑黑格尔的用语也还是必要的。

（十一）把手段加到身体的器官上

关于把手段加到人的身体器官上，马克思说："这样，自然物本身就成为他的活动的器官，他把这种器官加到他身体的器官上，不顾圣经

---

① 《马克思恩格斯全集》第 1 版第 23 卷第 203 页。
② 〔日〕坂本贤三：《劳动资料的逻辑结构》，载桃山学院大学《经济学论集》1964 年第 5 卷第 4 号。

的训诫,延长了他的自然的肢体。"①关于这一段话,法文版《资本论》是这样的:"这样,他把外在物变成为他自身的活动的器官,他把这种器官加到他的器官上,不顾圣经的训诫,延长了他的自然的肢体。"②

以上是指:第一,人把外在物(自然)变成为自身的活动的器官;第二,人把这种器官加到他的器官上,延长了自己的肢体。上边的第一点说明了黑格尔的辩证法的一个特征——客观(自然)主观化(人化)。黑格尔在《大逻辑》第三章《目的性》中说,"这种客观性,目的使它等同于那种内在的规定性",就是说,从客观中取出手段,同主观一样,成为"内在的规定性"。他在另一处说:"当手段是站在目的一边并自身具有目的和活动那样的客体时……便回归到概念中",从而把手段看成是目的的活动性即能动性的表现。我们在前面援引的马克思的那句话就是包括这样一点的公式化。

上边的第二点所说的人把这种器官加到他的器官上,延长了自己的肢体,这只不过是一种比喻。正如黑格尔在《法哲学原理》中所说的"动物是一种特异的东西,它有其本能和满足的手段,但这些手段是有限度而不能越出的",在这里,黑格尔通过同动物相对比,说明人会使他的劳动手段超出他的身体的限制,并说明人的劳动主体和劳动手段是一种相互促进的关系。

(十二)手段的体系性

我们在上面论述了黑格尔的手段的无限累进性,这种论述说明了手

---

① 《马克思恩格斯全集》第1版第23卷第203页。
② 《资本论》法文版中译本,北京:中国社会科学出版社1987年版,第167页。

段的体系性,不过是按照黑格尔的方式进行的。马克思关于这一问题指出:"土地本身是劳动资料,但是它在农业上要起劳动资料的作用,还要以一系列其他的劳动资料和劳动力的较高的发展为前提。"① 在这里,马克思是以农业为例说明劳动资料的互为前提的关系。"同一个使用价值,既是这种劳动的产品,又是那种劳动的生产资料。所以,产品不仅是劳动过程的结果,同时还是劳动过程的条件。"② 这说明,产品(结果)成为生产资料(条件),别的生产资料创造出别的产品,这一产品又成为另一种生产资料,而在这种社会生产中,生产资料是通过产品才互相发生关系的。这里所说的劳动资料和生产资料互为前提的这种关系,就是技术理论所要研究的"手段的体系性"。

(十三)以劳动资料划分时代

马克思接着说:"各种经济时代的区别,不在于生产什么,而在于怎样生产,用什么劳动资料生产。"③ 这显然继承了黑格尔所主张的同外在合目的性相比,更应平视手段的观点,因为黑格尔说过:"犁是比由犁所造成的、作为目的的、直接的享受更尊贵些。工具保存下来,而直接的享受则会消失并忘却。"

(十四)过程中的中介和中介在结果中的消失

在黑格尔那里,所谓真正的中介就是中介的痕迹消失在结果中。马

---

① 《马克思恩格斯全集》第 1 版第 23 卷第 203—204 页。
② 《马克思恩格斯全集》第 1 版第 23 卷第 205 页。
③ 《马克思恩格斯全集》第 1 版第 23 卷第 204 页。

克思把这一逻辑运用在货币理论和劳动过程理论中。他在《资本论》中说："过程消失在产品中。"① "尤其是说到劳动资料,那么就是最肤浅的眼光也会发现,它们的绝大多数都有过去劳动的痕迹。"② "就好的产品来说,它的使用属性由过去劳动创造这一点就看不出来了。"③

（十五）生产资料和生产劳动

关于生产资料和生产劳动,马克思说："如果整个过程从其结果的角度,从产品的角度加以考察,那么劳动资料和劳动对象表现为生产资料,劳动本身则表现为生产劳动。"④ 按照黑格尔目的性的"主观目的→中项→客观目的"这种推论,中项就是"手段和中介活动"。如果我们从作为结果的产品即客观目的的角度去看,"手段"就成为"生产手段"⑤,"中介活动"就成为生产劳动。于是生产手段分解为劳动资料和劳动对象。

结束语

介绍黑格尔的目的性理论,深入分析马克思的劳动过程理论,这就是本文的宗旨。黑格尔的目的性大大改变了从前的目的性的主题,因为他把人类劳动过程当成了这一理论的逻辑化的素材。因此正是在黑格尔

---

① 《马克思恩格斯全集》第1版第23卷第205页。
② 《马克思恩格斯全集》第1版第23卷第206页。
③ 《马克思恩格斯全集》第1版第23卷第207页。
④ 《马克思恩格斯全集》第1版第23卷第205页。
⑤ 即生产资料。——译者注

的目的性中发现了劳动过程的逻辑的马克思，在构筑自己的劳动过程理论时，把黑格尔的目的性（以及《法哲学原理》中的劳动理论）当成了他的这一理论的出发点。

我们通过以上从第一点"劳动过程"到第十五点"生产资料和生产劳动"的叙述，可以清楚地看到，马克思的劳动过程理论是怎样吸收黑格尔的目的性和劳动理论的。

另一方面，马克思当时继承黑格尔，把对劳动资料的分析事实上只限于工具，把劳动对象消融在劳动资料中，是经过《经济学手稿（1861—1863年）》最后在《资本论》中得到克服的。

同技术理论的争论有关的是，黑格尔所说的"理性的狡猾"是指人从自然中获取手段，按其本性使自然同自然相对抗，使自然直接进入过程。因此，马克思在制定劳动资料的定义时援引了这段话。

（原载日本北海道大学经济学系《经济学研究》
1984年3月第33卷第4号）

（刘焱 译）

《资本论》中的分工与人的发展思想探析

张爱华　邓小伟

马克思在《德意志意识形态》中已经把人的片面发展同分工联系起来，考察了社会内部的分工及其对人的发展的影响，但没有把社会内部分工与生产机构内部分工区分开来，没有阐述生产机构内部分工对人的发展的影响。在《经济学手稿（1861—1863）》中，马克思第一次明确地把分工分成两类，一是社会内部分工，在这种分工中产品作为商品进行交换；一是生产机构内部的分工，生产某种商品的工场手工业的分工是"同一个工厂内部的社会分工"。马克思在区分这两种分工的前提下，阐述了分工的历史根源和作用。在《资本论》中，马克思着重从生产机构内部分工的角度考察了资本主义社会中人的片面发展的原因，提出了人的全面发展的途径，使人的全面发展理论前进了一大步。

一、马克思社会历史形态视野中的分工与人的发展思想

在《政治经济学批判》中，马克思联系资本主义社会前后的社会形态，以资本主义为主体，把人类社会划分为三大历史阶段。马克思说："人的依赖关系（起初完全是自然发生的），是最初的社会形态，

---

* 本文选自《马克思主义与现实》2010年第4期。作者张爱华单位为厦门大学；邓小伟单位为井冈山大学。

在这种形态下，人的生产能力只是在狭窄的范围内和孤立的地点上发展着。以物的依赖性为基础的人的独立性，是第二大形态，在这种形态下，才形成普遍的社会物质变换，全面的关系，多方面的需求以及全面的能力的体系。建立在个人全面发展和他们共同的社会生产能力成为他们的社会财富这一基础上的自由个性，是第三个阶段。第二个阶段为第三个阶段创造条件。"① 马克思的三形态论，包含了社会内部分工与人的发展的联系及其相互作用的丰富思想。下面我们展开来论述。

（一）原始自然经济形态：自然分工与人的"原始圆满性"

在原始自然经济时代的早期，没有社会分工，存在的只是自然分工，即在原始公社内部以生理、年龄、性别和体质等为基础的分工与在公社外部以自然条件为基础的共同体之间的地域分工。自然分工使得各种不同的具体劳动统一在一个主体上，因此，人的活动表现为一种天然融合体。

总之，在原始自然经济形态的早期，由于不存在社会分工，所以，每个人既是物质产品又是精神产品的生产者，既是文明财富的创造者又是文明财富的受用者；人的活动本身自始至终都呈现着一种浑然综合性，人与对象条件呈现着一种自然一体性，个人的发展呈现着一种圆融的状态。但这种人的发展状况，马克思称为"原始的丰富"："在发展的早期阶段，单个人显得比较全面，那正是因为他还没有造成自己丰富的关系"，并认为"留恋那种原始的丰富，是可笑的"。② 因为"在这里，无论个人还是社会，都不能想象会有自由而充分的发展，因为这样

---

① 《马克思恩格斯全集》第 1 版第 46 卷上册第 104 页。
② 《马克思恩格斯全集》第 1 版第 46 卷上册第 109 页。

的发展是同［个人和社会之间的］原始关系相矛盾的"①。

（二）自给自足的自然经济形态：物质活动和精神活动的分离与人的不发达的完满性

到了原始自然经济形态的后期，随着生产力的增长和剩余产品的出现，生产资料的私有制产生了。精神劳动和物质劳动随之分离，少量社会成员从整个人群中游离出来，公共事务的管理、艺术、宗教、教育等活动成为他们的专门领地。

不过，马克思认为，在分离的起始阶段，它对人的原始完整性的肢解尚不十分严重。因为在资本主义之前，物质劳动与精神劳动的分离主要表现在社会活动领域，在物质生产过程内部，二者还是融为一体的。在整个自然经济形态中，自给自足的生活方式使劳动者的活动始终保有一种不发达的完满，单个人必须生产自己的生活资料和生产工具的全部或大部，必须熟悉生产的全过程，通晓多种劳动技能。马克思和恩格斯在《德意志意识形态》中曾指出："在封建制度的繁荣时代，分工是很少的。每一个国家都存在着城乡之间的对立；等级结构固然表现得非常鲜明，但是除了在乡村里有王公、贵族、僧侣和农民的划分，在城市里有师傅、帮工、学徒以及后来的平民短工的划分之外，就再没有什么大的分工了。在农业中，分工因土地的小块耕作而受到阻碍，与这种耕作方式同时产生的还有农民自己的家庭工业；在工业中，各业手工业内部根本没有实行分工，而各业手工业之间的分工也是非常少的。"② 西欧中世纪的领主庄园经济，不仅经营农业而且经营各种手工业，纺织麻布和生产羊毛，制造生产工具，从森林中取得木材和燃料等等。自然经济

---

① 《马克思恩格斯全集》第 1 版第 46 卷上册第 485 页。
② 《马克思恩格斯选集》第 2 版第 1 卷第 71 页。

形态下的分工使个人开始被固定在某一特定的劳动部门，分工具有强制性，但个人在某一范围内，完整的劳动能力并未被肢解。

虽然专门的精神劳动领域已出现，专门的精神劳动领域高悬在广大劳动阶层之上，为他们所难步入。但人的活动的物质因素和精神因素的分离还尚未深入到劳动活动本身。劳动过程本身所包含的智力精神因素还没有分离为这个过程之外的独立力量。在自然经济中以自给自足的生活方式为特征的劳动者还保持着一种不发达的圆满，单个人必须统一运用自己的智力和体力生产自己所需要的大部分生活资料和工具。马克思认为，自给自足的经济形态下的人的不发达的圆满状态，是不可留恋的。马克思曾讥讽蒲鲁东所鼓吹的"综合劳动"："蒲鲁东先生连自动工厂的这唯一革命的一面也不懂得，竟倒退一步，建议工人不要只做别针的十二部分中的一部分，而要顺次做完它的所有十二部分。据说，这样工人就可得到做别针的从头到尾的全部知识。"①

（三）资本主义的经济形态：资本主义分工、交换与人的片面性

随着生产力的发展和扩大，生产社会化的程度也日益提高，于是出现了这样一种生产方式，每个生产者都是独立地从事生产和经营，在他们之间存在着全面的依赖关系，每个人的生产依赖于其他一切人的消费。每个人为自己劳动，但他的产品并不是自己使用，所以他要进行交换。普遍的交换关系是人类社会发展的第二种形态，马克思在此指的是资本主义社会，其主要特征是以商品经济为基础的物的依赖关系。这一形态是随着分工、协作的迅速发展、大工业机器体系的出现以及生产日益社会化而实现的。

---

① 《马克思恩格斯选集》第 2 版第 1 卷第 169 页。

资本主义分工与商品交换的出现，意味着原始圆满境界的碎裂。这一过程是一个宏伟而痛苦的过程，是伴随着"血"和"火"的资本原始积累来实现的。于是，出现了一方是挣脱人身奴役、自由得除劳动能力外一无所有的劳动者，另一方是占有劳动条件的资本家。从此，劳动与自然之间的变换必须通过人格化的劳动条件才能进行，在这个交换关系中，资本家和工人都获得了"人的独立性"，生产者有了一定人格，能独立自主地与市场发生关系并且到处自由流动。"人的独立性"是人的发展的一个进步。

工场手工业内部出现了劳动者的"个别分工"，各种局部操作分配给不同的个体，单个劳动者在手工业时期所具有的全面技艺被彻底肢解了。在工场手工业时期，劳动者的体力和智力还结合在一起，而到了机器生产时期，劳动者的体力和智力则进一步分开了，直至处于敌对状态，从而强化了工人智力、体力的片面和畸形发展。在机器大工业时期，劳动者被固定化的专业分工束缚，成为不可选择的固定化专业分工的奴隶。在近代生产的细密分工中，每个人固定于一种操作，终身只需重复同样的动作，运用他机体功能的某一局部（手的或腿的，头的或肩的）。单个人现在成了结构严密的生产机体上的"一个器官"。[①] 在资本主义社会里，生产过程内部的分工还使劳动者的大脑僵化、退化，人的本身具有的巨大的潜能中的想象力、判断力、分析力、观察力等都受到严重的压抑而无法挖掘和发挥。人变得越来越愚钝，变得不仅在肉体上而且在精神上也是畸形物。

可以看到，到了资本主义社会，生产力获得了巨大的发展，精神劳动和体力劳动的分工逐渐从社会活动领域深入到了物质生产过程内部，逐渐粉碎了自然经济形态下的个体劳动的圆满性。资本主义社会生产力

---

① 参见《马克思恩格斯全集》第 1 版第 23 卷上册第 399 页。

的发展是以劳动者的片面畸形发展为代价的。资本主义社会在形成普遍的社会物质交换和全面的社会关系的同时,将整个工人阶级变成了机器的附庸,将资本家变成了金钱的奴隶,总之,都异化为片面的人。这暴露了资本主义的双重性,一方面力求全面发展生产力,另一方面把人这个生产力主体推向片面发展。

面对资本主义社会中的人的片面发展,马克思提出与资本主义的交换关系相对立的一种未来的交换形态:"共同占有和共同控制生产资料的基础上联合起来的个人所进行的自由交换。"① 这就是马克思所展望的人的发展的第三阶段。

(四) 共产主义的经济形态:自由交换与人的个性丰富性

资本主义交换关系形态下的分工使人的活动变得愈加片面,但分工愈密,交换愈普遍,使每个人的需要变得愈加全面。资本主义迫使人类互相交换一切活动和产品,从而导致了前所未有的普遍社会关系的产生,再也没有可以不依赖同他人交往而生活的人。马克思指出:"'人'类的才能的这种发展,虽然在开始时要靠牺牲多数的个人,甚至靠牺牲整个阶级,但最终会克服这种对抗,而同每个个人的发展相一致,因此,个性的比较高度的发展,只有以牺牲个人的历史过程为代价。"②

对于人的发展来说,资本主义生产力的巨大发展带来了社会剩余劳动的剧增,为发展丰富的个性创造出物质要素。一旦废除了对剩余劳动的资本主义占有,巨量剩余劳动就化为未来社会成员发展的物质条件和充足的自由时间。

---

① 《马克思恩格斯全集》第 1 版第 46 卷上册第 105 页。
② 《马克思恩格斯全集》第 1 版第 26 卷第 2 册第 124—125 页。

自由时间在量和质上的变化、发展，是社会生产力在各个阶段上的尺度和标志。社会愈进步，就愈能从社会必要劳动时间中游离出更多的"自由时间"。在未来的共产主义经济形态下，享有充足的自由时间就是享有了充分发展自己的一切爱好、兴趣和才能的广阔空间。马克思指出："个性得到自由发展，因此，并不是为了获得剩余劳动而缩减必要劳动时间，而是直接把社会必要劳动缩减到最低限度，那时，与此相适应，由于给所有的人腾出了时间和创造了手段，个人会在艺术、科学等等方面得到发展。"① 也就是说，人们可以在完成社会必要劳动之后自由地参加各种活动，工作和工种的自由变换已成为可能，可以不断地进行再学习和再教育，终于在物质生产领域的彼岸，人的各方面的天赋和才能都得到充分的表现和自由的发展。

通过历史的考察，马克思证明全面发展的个人不是自然的产物，而是历史的产物。因为"要使这种个性成为可能，能力的发展就要达到一定的程度和全面性，这正是以建立在交换价值基础上的生产为前提的，这种生产才在产生出个人同自己和同别人的普遍异化的同时，也产生出个人关系和个人能力的普遍性和全面性"②。马克思意识到，人的全面发展之所以可能，正是资本主义生产所创造的全面关系、全面需求和全面能力体系为此准备了客观条件。

二、马克思关于资本主义的分工与人的片面发展的思想

《〈政治经济学批判〉（1857—1858年手稿）》中关于人的发展的历史过程的思想并未写进《资本论》。笔者认为，作为《资本论》的准备手

---

① 《马克思恩格斯全集》第1版第46卷下册第218—219页。
② 《马克思恩格斯全集》第1版第46卷上册第108—109页。

稿，这一思想和方法都被吸收和包含在《资本论》中了，而且在此基础上，《资本论》进一步阐述了资本主义的分工与人的发展的相互关系。

（一）简单协作与人的发展

协作是资本主义生产的起点，是一种劳动形式。就生产过程而言，协作有简单协作和复杂协作之分，前者还没有细致的分工，后者以分工为基础。15世纪到16世纪是资本主义发展的萌芽阶段，其组织形式是手工工场，劳动形式是简单协作。马克思指出，与封建经济中的个体劳动相比，简单协作有较多的优越性。就其对人的发展而言，简单协作使劳动具有连续性和多面性。马克思举建筑工人盖房屋的例子，许多人在一起协作，从梯足到梯顶排成一条龙把砖瓦传递上去，既节省劳力又节省时间，从而提高了劳动生产率。另外，在简单协作时期，资本家只是在单个工人面前代表社会劳动体的统一的意志，垄断劳动的指挥权，但具体劳动本身所具有的智力因素和体力因素还尚未分离，脑力劳动与体力劳动的分离并不十分严重。但是，不断追求最大化的剩余价值是资本主义生产的目的，资本家的本性促使他们采取更加有利于增长剩余价值的各种生产方式。简单协作随着生产力的发展而进一步发展，引起分工和机器的出现。

（二）工场手工业的分工与局部工人

随着资本主义的发展，简单协作逐渐发展为复杂协作了。"以分工为基础的协作，在工场手工业上取得了自己的典型形态。"[①] 这是资本

---

① 《马克思恩格斯全集》第1版第23卷第373页。

主义发展过程中过渡到机器大工业以前的一个独立阶段,时间大约为16世纪中叶到18世纪末叶。它是经过两种方式在简单协作基础上发展起来的:一是把不同专长的手工业者集合在一个工场里,一是把同一专长的手工业者联合在一个工场里。前者"以不同种的独立的手工业的结合为出发点",从而把独立手工业者之间的分工变为工场手工业的内部分工。后者是"以同种手工业者的协作为出发点",在协作过程中建立了以前从事同一劳动的劳动者之间的分工。两种不同的产生方式却导致了同一结果:一方面把分散的手工业者结合起来,另一方面又使劳动者在生产过程中分割开来,产生了"一个以人为器官的生产机构"①。从此,手工业的劳动者不再是从事全面工作的独立劳动者,而变成了这个行业的局部的工人。

马克思把工场手工业内部的分工与社会内部的分工相比较,揭示了工场手工业分工的特殊性和它对工人的影响。以劳动本身来划分,马克思把工场手工业内部的分工叫做"个别的分工","它发生在单个手工业或职业内部"②;社会内部的分工是指"一般的分工"(即把社会生产分为工业、农业等部分)和"特殊的分工"(即在工农业部门内进一步分成许多不同的大小部门)。马克思指出,整个社会内部的分工,不论是否以商品交换为媒介,在各种社会经济形态里都存在,在不同社会里有其不同的特点。而"工场手工业分工却完全是资本主义生产方式的独特创造"③,是在资本主义生产中产生和发展的,具有资本主义的特殊性。第一,这种分工越发展,所需工人人数就越增多,可变资本相应扩大,由此有更多的生产资料和生活资料转化为资本。第二,这种分工从

---

① 《马克思恩格斯全集》第1版第23卷第375页。
② 《马克思恩格斯全集》第1版第23卷第368页。
③ 《马克思恩格斯全集》第1版第23卷第397—398页。

稿,这一思想和方法都被吸收和包含在《资本论》中了,而且在此基础上,《资本论》进一步阐述了资本主义的分工与人的发展的相互关系。

(一) 简单协作与人的发展

协作是资本主义生产的起点,是一种劳动形式。就生产过程而言,协作有简单协作和复杂协作之分,前者还没有细致的分工,后者以分工为基础。15世纪到16世纪是资本主义发展的萌芽阶段,其组织形式是手工工场,劳动形式是简单协作。马克思指出,与封建经济中的个体劳动相比,简单协作有较多的优越性。就其对人的发展而言,简单协作使劳动具有连续性和多面性。马克思举建筑工人盖房屋的例子,许多人在一起协作,从梯足到梯顶排成一条龙把砖瓦传递上去,既节省劳力又节省时间,从而提高了劳动生产率。另外,在简单协作时期,资本家只是在单个工人面前代表社会劳动体的统一的意志,垄断劳动的指挥权,但具体劳动本身所具有的智力因素和体力因素还尚未分离,脑力劳动与体力劳动的分离并不十分严重。但是,不断追求最大化的剩余价值是资本主义生产的目的,资本家的本性促使他们采取更加有利于增长剩余价值的各种生产方式。简单协作随着生产力的发展而进一步发展,引起分工和机器的出现。

(二) 工场手工业的分工与局部工人

随着资本主义的发展,简单协作逐渐发展为复杂协作了。"以分工为基础的协作,在工场手工业上取得了自己的典型形态。"[①] 这是资本

---

① 《马克思恩格斯全集》第1版第23卷第373页。

主义发展过程中过渡到机器大工业以前的一个独立阶段，时间大约为16世纪中叶到18世纪末叶。它是经过两种方式在简单协作基础上发展起来的：一是把不同专长的手工业者集合在一个工场里，一是把同一专长的手工业者联合在一个工场里。前者"以不同种的独立的手工业的结合为出发点"，从而把独立手工业者之间的分工变为工场手工业的内部分工。后者是"以同种手工业者的协作为出发点"，在协作过程中建立了以前从事同一劳动的劳动者之间的分工。两种不同的产生方式却导致了同一结果：一方面把分散的手工业者结合起来，另一方面又使劳动者在生产过程中分割开来，产生了"一个以人为器官的生产机构"①。从此，手工业的劳动者不再是从事全面工作的独立劳动者，而变成了这个行业的局部的工人。

马克思把工场手工业内部的分工与社会内部的分工相比较，揭示了工场手工业分工的特殊性和它对工人的影响。以劳动本身来划分，马克思把工场手工业内部的分工叫做"个别的分工"，"它发生在单个手工业或职业内部"②；社会内部的分工是指"一般的分工"（即把社会生产分为工业、农业等部分）和"特殊的分工"（即在工农业部门内进一步分成许多不同的大小部门）。马克思指出，整个社会内部的分工，不论是否以商品交换为媒介，在各种社会经济形态里都存在，在不同社会里有其不同的特点。而"工场手工业分工却完全是资本主义生产方式的独特创造"③，是在资本主义生产中产生和发展的，具有资本主义的特殊性。第一，这种分工越发展，所需工人人数就越增多，可变资本相应扩大，由此有更多的生产资料和生活资料转化为资本。第二，这种分工从

---

① 《马克思恩格斯全集》第1版第23卷第375页。
② 《马克思恩格斯全集》第1版第23卷第368页。
③ 《马克思恩格斯全集》第1版第23卷第397—398页。

根本上侵袭了工人的劳动力，"把工人变成畸形物"，压抑工人多种多样的生产志趣和才能，人为地培植工人的片面技巧，使工人正如为得到牲畜的皮和油而等待人们屠宰的牲畜。工人丧失了生产整个产品的独立能力，导致工人不把劳动力出卖给资本家便无法进行生产，使工人进一步变为资本的附属物，"分工在工场手工业工人的身上打上了他们是资本的财产的烙印"①。第三，这种分工使工人畸形化为局部工人，使他的知识和意志在分工范围内使用，掌握整个生产的能力逐渐丧失了，工人在身心方面发生了某种程度的萎缩。第四，这种分工产生了熟练劳动与非熟练劳动的差别。熟练工人片面发展了自己的专长，非熟练工人只从事任何人都能胜任的简单操作，任何一种专门发展都谈不上。分工在工人中间创造出了不同的等级。

由于工场内部的分工，以致劳动者从事某种劳动的熟练程度达到了极高的水平，最终造成的社会后果是把劳动者终身束缚于从事一种局部劳动的职业中，并世世代代相传。

但马克思也指出，分工越发展，局部工人越专门化，工场主就越能按工人的素质来使用工人，使工人的特长得到片面发展，更能适应工场内部分工的需要。虽然这种片面发展会对工人的全面发展造成缺陷，但在工场主看来，"局部工人作为总体工人的一个器官，他的片面性甚至缺陷就成了他的优点"。工人"从事片面职能的习惯，使他变成本能地准确地起作用的器官，而总机构的联系迫使他以机器部件的规则性发生作用"②。可见，资本家的目的是把分工作为提高劳动生产率的手段来榨取更多的相对剩余价值，而不管分工给人的发展造成的后果。

通过工场手工业的分工的论述，马克思认为："一方面，它表现为

---

① 《马克思恩格斯全集》第 1 版第 23 卷第 399 页。
② 《马克思恩格斯全集》第 1 版第 23 卷第 387 页。

社会经济形成过程中的历史进步和必要的发展因素,另一方面,它又是文明的、精巧的剥削手段。"① 一方面劳动社会化发展了,另一方面剩余价值增加了,工人阶级的苦难也日益加深。马克思指出,工场手工业的企业内部分工使工人的劳动能力不得不以片面的方式发展,不得不靠牺牲整个劳动能力使非常片面的专长发展成技艺。

但是,由于工场手工业特有的分工原则,制品由一个人转到另一个人之手,由一个过程转到另一个过程,它不能在自己的基础上达到真正的技术上的统一,这种统一只有在工场手工业转化为机器生产时才能产生。工场手工业的基础仍然是手工业,在生产过程中所产生的分工与手工业活动分成不同的工作部分是完全一致的,它的生产完全"取决于每个工人使用工具时的力量、熟练、速度和准确"②,生产过程得不到科学的分解。由于熟练是工场手工业的基础,所以工人还未终身附属于工具,未完全隶属于资本,资本对劳动尚未建立起绝对的统治地位。资本主义必须要从工场手工业阶段向前发展,进行技术革命过渡到机器大生产。

(三) 机器大工业下的分工与"活的附属物"

机器大工业是资本主义生产方式的成熟形式。马克思看到,由于机器的使用,劳动分工发生了重大的变化,由工人凭个人的技巧操纵机器变为由机器直接操纵,使工具的效率不再受人的身体器官数量和性质的限制,人的器官得到了彻底解放,这是其一。其二,机器使操作简单化,工人很容易学会使用机器,无须专门培养操作机器的工

---

① 《马克思恩格斯全集》第 1 版第 23 卷第 403 页。
② 《马克思恩格斯全集》第 1 版第 23 卷第 376 页。

人。其三，工厂的全部运动是从机器出发，所以资本可以随意更换工人也不会使劳动过程中断。因此，马克思发现"机器从技术上推翻了旧的分工制度"。

马克思一开始就指出资本主义使用机器的目的，他说："机器是生产剩余价值的手段。"资本主义的机器使用对工人本身又有什么直接的负面影响呢？第一，扩大了剥削范围。机器简化了操作过程，即使体质较弱、但只要四肢灵活的人就可以操作，可以使用大批的童工和女工。第二，资本家为缩短必要劳动时间，通过提高机器的速度和扩大工人看管机器的台数来提高工人的劳动强度，马克思指出资本家把工人的劳动强度提高到损害身体健康和破坏劳动能力的惊人的程度。第三，在以机器为主体的工厂里，工人受机器支配，人受物支配。在工厂里重新出现分工，工人分配到各种专门机器上去，分配到工厂的各个部门去，使工人在并列着的同种工作机上劳动。

尽管机器大工业瓦解了使人终身从事一种职能的旧的分工的技术基础，尽管机器大工业促进了劳动生产率的提高，为缩短劳动时间、增加自由时间创造了前景，尽管机器大工业所创造的巨大的物质财富为人们的全面发展提供了一定的物质基础，然而，在资本主义生产方式中，工人同生产资料分离，资本生产的目的不是为了人的生存和发展，而是为了利润最大化。资本家为了造成劳动对资本的绝对隶属，极力维护使人终身束缚于一种职能的旧的分工。工场手工业分工仍然作为传统在机器工厂里延续着，并在更令人厌恶的形式上得到加强和巩固。机器生产不仅把工人固定在某一操作上，成为机器的一部分，而且在体力、智力的发展上都变得更加畸形和片面化，而且使工人在劳动过程中更加失去了劳动主体的地位。

马克思辩证地看到了机器大生产中分工的两面性，并且指出机器大生产为消灭资本主义性质的分工创造了物质条件。随着科技的发展及新发明运用于生产的周期日益缩短，生产技术装备不断更新。而且，大工业使工人的职能和劳动过程的社会结合不断地随着生产的技术基础发生变革，不断使劳动的社会分工发生革命，从而把大量资本和大批工人从一个生产部门投到另一个生产部门，大工业的本性决定了劳动的变化、职能的变动和工人的全面流动性。因此，大工业对人的劳动能力的全面发展提出了客观要求："承认劳动的变换，从而承认工人尽可能多方面的发展是社会生产的普遍规律，并且使各种关系适应于这个规律的正常实现……用那种把不同社会职能当做互相交替的活动方式的全面发展的个人，来代替只是承担一种社会局部职能的局部个人。"[①] 生产力的普遍发展和世界交往的普遍性，客观上成为人的全面发展的基础。可见，"消灭旧的分工，也不是只有靠牺牲劳动生产率才能实现的一种要求。相反，它已经被大工业变为生产本身的条件"[②]。

马克思通过对资本主义发展的各阶段和相对剩余价值生产的考察指出："在资本主义体系内部，一切提高社会劳动生产力的方法都是靠牺牲工人个人来实现的；一切发展生产的手段都变成统治和剥削生产者的手段，都使工人畸形发展，成为局部的人，把工人贬低为机器的附属品，使工人受劳动的折磨，从而使劳动失去内容，并且随着科学作为独立的力量被并入劳动过程而使劳动过程的智力与工人相异化。"[③] 但是，马克思站在历史发展的角度同样发现一个原理：人类的发展虽然要靠牺牲多数的单个人，甚至靠牺牲整个阶级，但最终会克服这种对抗，而同每个个人的全面发展一致，"产生出个人关系和个人能

---

① 《马克思恩格斯全集》第1版第23卷第534—535页。
② 《马克思恩格斯选集》第2版第3卷第644页。
③ 《马克思恩格斯全集》第1版第23卷第707—708页。

力的普遍性和全面性"①。

三、马克思关于人的自由全面发展及其实现条件的思想

（一）人的自由全面发展的内涵

首先，人的自由全面发展表现为个人社会关系的高度丰富。在人的发展的早期，人的活动只是在狭隘的范围和孤立的点上进行，社会不可能为个人造成丰富的社会关系；在封闭的自然经济中，个人被牢牢束缚在一个活动点上，交往范围极其有限，并且个人之间的交往关系是以"个人之间的统治和服从"为基础的；资本主义商品生产的发展和分工的扩大，为人们建立了比以往丰富得多的社会关系，但这只是一种全面物化了的社会关系，对个人来说是外在的、偶然的、强制的和个人不能自己控制自己的社会关系。这种场合"在发达的形态上表现为物的限制即个人受不以他为转移并独立存在的关系的限制"②。但是马克思还是历史地指出："这种物的联系比单个人之间没有联系要好，或者比只是以自然血缘关系和统治服从关系为基础的地方性联系要好。"③ 同时，马克思看到，资本主义条件下物化了的社会关系"本身包含着消除旧基地的可能性"④。而在未来的社会，个人高度丰富和广泛的社会交往成为人们生活中极其重要的一个组成部分。"全面发展的个人——他们的社会关系作为他们自己的共同的关系，也是服从于他们自己的共同的控

---

① 《马克思恩格斯全集》第 1 版第 46 卷上册第 109 页。
② 《马克思恩格斯全集》第 1 版第 46 卷上册第 110 页。
③ 《马克思恩格斯全集》第 1 版第 46 卷上册第 108 页。
④ 《马克思恩格斯全集》第 1 版第 46 卷上册第 107 页。

制的——不是自然的产物,而是历史的产物。要使这种个性成为可能,能力的发展就要达到一定的程度和全面性,这正是以建立在交换价值基础上的生产为前提的,这种生产才在产生出个人同自己和同别人的普遍异化的同时,也产生出个人关系和个人能力的普遍性和全面性。"① 即经过对人的普遍异化的扬弃,在共产主义社会,就会达到个人在社会关系方面的普遍性和全面性,人成为社会关系的主人。

其次,人的自由全面发展表现为个人劳动的真正自由。马克思说,在机器体系生产下,"生产过程已不再是劳动过程了。相反,劳动现在仅仅表现为有意识的机件,它以单个的有生命的工人的形式分布在机器体系的许多点上,被包括在机械体系本身的总过程中,劳动自身仅仅是这个体系里的一个环节"②。这也是机器体系生产不同于人手操作工具生产的地方。在人手操作工具的生产里,生产过程首先表现为工人的劳动过程,即工人操作生产工具、作用于劳动对象、生产出物质产品的过程。工人投入的劳动量决定着财富的数量。而在自动化的机器体系中,生产过程直接表现为机器体系运作的过程,工人只是站在生产过程的旁边,以监督者和调节者的身份同生产过程本身发生关系。但是,"机器体系的这条发展道路就是分解——通过分工来实现,这种分工把工人的操作逐渐变成机械的操作,而达到一定地步,机器就会代替工人"③。这里直接表现为资本能力的增殖和工人自己的劳动能力的贬值,由此产生工人反对机器体系的斗争。因此,马克思指出,由于机器不断完善,劳动者将逐渐从繁重的体力劳动中解放出来,在未来社会中,体力劳动、脑力劳动的分工将不在人与人之间而在人与机器之间进行。随着劳

---

① 《马克思恩格斯全集》第 1 版第 46 卷上册第 108—109 页。
② 《马克思恩格斯全集》第 1 版第 46 卷下册第 209 页。
③ 《马克思恩格斯全集》第 1 版第 46 卷下册第 217 页。

动分工不断分化和机器的自动化水平的提高,工人将从直接的生产过程中解放出来,重新恢复劳动的主体地位。

针对剥削社会中劳动的对抗性,马克思提出和阐述了共产主义制度下"真正自由的劳动"。马克思说:"斯密在下面这点上是对的:在奴隶劳动、徭役劳动、雇佣劳动这样一些劳动的历史形式下,劳动始终是令人厌恶的事情,始终是外在的强制劳动。"① 与这种劳动对立的是"真正自由的劳动",这种劳动是吸引人的劳动,是个人的自我实现,但决不是一种娱乐和消遣,它既是一般的劳动,又具有社会性和科学性。自由自觉的劳动,作为主体的人的劳动,"不再是奴役人的手段,而成了解放人的手段","从一种负担变成一种快乐"。②

最后,人的自由全面发展表现为个人自由时间的充足。自由时间相对于必要劳动时间而存在,即在必要劳动时间以外可以自由支配、最能体现个性的时间。

自由时间是整个人类社会发展的重要基础和社会进步的标志,同时也是个人全面发展的条件。恩格斯早就说过:"强制劳动剥夺了工人除吃饭和睡觉所最必需的时间以外的一切时间,使他没有一点空闲去呼吸些新鲜空气或欣赏一下大自然的美,更不用说什么精神活动了,这种工作怎么能不使人沦为牲口呢?"③ 马克思也指出:"时间是人类发展的空间。一个人如果没有自己处置的自由时间,一生中除睡眠饮食等纯生理上必需的间断以外,都是替资本家服务,那么,他就还不如一头载重的牲畜。他不过是一架为别人生产财富的机器,身体垮了,心智也犷野

---

① 《马克思恩格斯全集》第 1 版第 46 卷下册第 112—113 页。
② 《马克思恩格斯选集》第 2 版第 3 卷第 644 页。
③ 《马克思恩格斯全集》第 1 版第 2 卷第 405 页。

了。"① 在资本主义社会中，劳动者在劳动时间里所创造的劳动成果并不是全部归劳动者，这实际上可以称做是某种程度的"时间异化"。

到了共产主义社会，劳动时间将"减少到从现在的观念看来非常少的程度"②。在未来社会里，"财富的尺度决不再是劳动时间，而是可以自由支配的时间"③。这就"给所有的人腾出了时间和创造了手段，个人会在艺术、科学等等方面得到发展"④。自由时间的充足是如何取得的呢？马克思提出，人类要实现从"必然王国"向以人的能力全面自由发展为目的的"自由王国"的过渡，"工作日的缩短是根本条件"⑤。无论是个人还是社会，其发展、需求和活动的全面性，都是由节约时间来决定的。

资本主义劳动生产率不断提高，必要劳动时间不断缩小，剩余劳动时间不断增加，这意味着为整个社会和每个成员创造了大量可自由支配的时间。然而这样创造出来的非劳动时间，从资本的立场来看，应成为少数人的非劳动时间，只为少数人的发展提供机会。不仅如此，资本还采用一切技术和科学的手段增加工人的剩余劳动时间。"资本的不变趋势一方面是创造可以自由支配的时间，另一方面是把这些可以自由支配的时间变为剩余劳动。如果它在第一个方面太成功了，那么，它就要吃到生产过剩的苦头，这时必要劳动就会中断，因为资本无法实现剩余劳动。"⑥ 这个矛盾只有废除资本主义私有制才能解决。

---

① 《马克思恩格斯全集》第 1 版第 21 卷第 204 页。
② 《马克思恩格斯选集》第 2 版第 3 卷第 644 页。
③ 《马克思恩格斯全集》第 1 版第 46 卷下册第 222 页。
④ 《马克思恩格斯全集》第 1 版第 46 卷下册第 219 页。
⑤ 《马克思恩格斯全集》第 1 版第 25 卷第 927 页。
⑥ 《马克思恩格斯全集》第 1 版第 46 卷下册第 221 页。

(二) 自由全面发展的条件和途径

在《资本论》中,马克思通过对资本主义规律的探索,论证了实现人的全面发展所具备的经济条件和可能性:资本主义生产创造的全面关系、全面需求和全面能力体系为人的全面发展的趋向准备了客观前提。

1. 生产力的高度发展为人的全面发展提供了物质基础、自由支配的时间,为消灭私有制创造了条件,从而也为把个人强制性地长期甚至终生凝固在某一活动范围内的分工创造了条件。生产力高度发展,必然带来产品的极大丰富,为个人全面而自由的发展提供充分的物质保障,包括生活资料和全面发展所需要的物质条件;由于生产力的发展,带来了剩余劳动的剧增,从而能够大大缩短必要劳动时间,为个人提供越来越多的自由时间,这也是消灭旧式分工的重要条件;社会关系会随着生产力的发展而不断变化,为个人真正成为社会关系的主人创造了条件;大工业的发展使新的产业不断兴起,劳动变换加速,人的全面发展成为生产力发展的客观要求。

2. 消灭私有制为人的全面发展提供了制度保障。只有消灭私有制才能使剩余劳动时间转化为自由时间,这是关键。马克思指出,必须承认劳动的变换,从而承认工人尽可能多方面的发展是社会化大生产的普遍规律,并且使各种关系适应于这个规律的正常实现。这就是说,资本主义的分工的发展,要求实现人的全面发展,但是由于"各种关系"主要是私有制,不能与之相适应,从而阻碍和影响了人的全面发展,因为资本主义私有制的根本目的是占有工人的剩余劳动时间,这就阻碍了剩余劳动时间转换为自由时间。

3. 用活动的变换和工种的变换取代旧式分工。只有在生产力高度发展和消灭私有制的前提下，消灭旧式分工，消灭城乡差别、工农差别、脑力劳动与体力劳动的差别，在社会生产中实行自由自觉的劳动者分工，才能够自由自愿地变换工种、共同享受大家创造出来的福利，全体社会成员才能得到全面而自由的发展。总而言之，由于消灭了旧式分工的固定性和强制性，最终会克服人类发展和个人发展的对抗，而同每个人的发展相一致。

4. 教育与劳动相结合是消除旧式分工、实现人的全面发展的有效途径。在《德意志意识形态》时期，马克思和恩格斯认识到人的全面发展和教育密切相关，教育是造就全面发展的人的重要途径。但对教育应怎样培养全面发展的人这一问题的思考还不充分。在《资本论》时期，马克思对教育怎样培养全面发展的人作了具体的论述，指出要造就全面发展的人，必须大力发展工艺学校、农业学校和职业学校。马克思在考察机器大工业生产的基础上，断定教育与生产劳动的结合是一种历史的进步。

综上所述，《资本论》标志着马克思主义关于人的全面发展理论的成熟。当今中国正处于市场经济发展的初级阶段，也存在着市场经济的固有弊病，分工对劳动者的种种损害依然严重也难以避免。在严重依赖外需的外向型企业中，为了增加出口竞争力，必须努力降低产品价格，而为了减低成本价格，又必须尽量降低劳动力成本，这对于劳动者的身心和发展的损害是相当严重的。尽一切可能尽量降低这种损害，是构建和谐社会的题内应有之意，也是十分艰难的任务。马克思当年的思想至今仍然具有重要的指导意义。

马克思在《资本论》及其手稿中对自然科学和技术科学的研究*

刘 焱

马克思在《资本论》及其手稿中通过对资产阶级经济学的批判，建立了无产阶级的政治经济学体系，这是人所共知的。但是，人们往往不甚了解马克思对自然科学和技术科学的研究和发展。他对这两门科学的研究是非常深刻的，是很系统的。这种研究在《资本论》第一卷出版以前，大体可分为四个阶段。

马克思对力学、化学、物理学、地质学、地理学、天文学等自然科学的研究，特别是对其中机器理论的研究，始于1845年2月，可以说几乎是与对经济学的研究同时起步的。当时，马克思从巴黎被驱逐到布鲁塞尔，为了继续研究政治经济学，从这时起到1847年止，先后写了资产阶级经济学家和自然科学家著作摘录笔记达15本之多，这15本摘录在今天被称为《布鲁塞尔笔记》。为了研究技术科学，马克思阅读和摘录了1832年出版的查理·拜比吉的《论机器和工厂经济》和1835年出版的安得鲁·尤尔的《工厂哲学：或论大不列颠工厂制度的科学、道德和商业的经济》等著作。有关技术科学的摘录占有这15本摘录笔记的两本，一本是《工艺学史摘录笔记》，另一本是《关于分工、机器和工业的摘录笔记》。拜比吉（1792—1871）和尤

---

* 本文选自《当代经济研究》1991年试刊号。作者单位为中央编译局。

尔（1778—1857）都是当时在自然科学领域中有相当影响的科学家。拜比吉是英国数学家、力学家、资产阶级经济学家，计算机的创始人。直到目前，世界上仍有一些学者在研究他的著作，甚至在美国还成立了"查理·拜比吉协会"，专门研究他的力学理论和计算机理论，还称他是现代经济管理理论和成本管理理论的先驱。马克思在他的经济学手稿和《资本论》中多次援引他的著作，认为他对机器下的定义和诸多论述是正确的。尤尔是英国著名的所谓"政府的化学家"、资产阶级庸俗经济学家。尤尔多次赴英法各地考察这两个国家的工厂，极为详细地论述了科学技术同工厂制度的关系，写了不少有关这方面的著作。作为学者，他还编写了《化学辞典》、《技术、制造业、矿业辞典》、《地质学新体系》等工具书。马克思从尤尔的著作中吸取了不少科学的东西，同时又严厉地批判了他的反动观点。所谓科学的东西，就是尤尔对机器和工厂制度的基本特征的论述。马克思说："他毕竟是有贡献的，因为他第一个正确地理解了工厂制度的精神，并且准确地表述了自动工厂同以分工为基础的工场手工业之间的差别和对立。"① 所谓反动的观点是指，他为资本主义制度进行辩护。马克思说，他"维护这种完全失去个性的劳动、兵营制度、军事纪律、机器对工人的奴役"，是一个地道的"工厂制度的辩护士"。②

  1848—1849年的欧洲革命打断了马克思的理论研究工作。革命失败后，马克思被迫流亡到伦敦，从1850年夏天起，又重新开始研究经济学。马克思在极端困难的生活条件下，利用大英博物馆图书馆拥有丰富藏书的有利条件，阅读和摘录了大量文献和现实材料，到1853年夏末，一共写了现在被称之为《伦敦笔记》的共24本的笔记，全面深刻

---

① 《马克思恩格斯全集》第1版第47卷第526页。
② 《马克思恩格斯全集》第1版第47卷第528页。

地研究了政治经济学的各种理论问题。他在第十四本笔记中详细地研究了自然科学和技术科学,研究了工艺史和发明史。例如,为了研究地租,他特意研究了农业和农业化学,阅读和摘录了李比希的《化学在农业和生理学中的应用》,为了了解资本主义生产的工艺、技术发明和科学发现,他参观了1851年在伦敦举办的万国工业博览会。由于他深刻地意识到科学技术对资本主义生产的意义,他对技术和科学的应用及其历史格外感兴趣。为此,他先后阅读和摘录了德国技师兼经济学家贝克曼的《发明史文集》、德国科学史学家波佩的《从科学复兴到十八世纪末的工艺学历史》、尤尔的《技术词典》以及他在布鲁塞尔期间研究过的著作,收集了数个世纪以来各种生产形式中采用的物理学、工艺学、数学和其他科学及其背景材料。

从1857年起,马克思开始把他的研究成果写成手稿,其第一批成果就是《1857—1858年经济学手稿》。以后,着手撰写《1861—1863年经济学手稿》之前这一段期间,他对他在40年代中期和50年代初期摘录的数十本笔记进行了整理,于1859年写了现在被称为《引文笔记》的笔记,而在这个《引文笔记》中有相当部分是关于技术科学和自然科学的引文。这是马克思为撰写《1861—1863年经济学手稿》的重要准备工作之一。

正当马克思整理《引文笔记》之际,达尔文的《物种起源》一书出版了。这本科学巨著立即引起了马克思的注意。他在阅读此书后说:"达尔文的著作非常有意义,这本书我可以用来当做历史上的阶级斗争的自然科学根据。"[①] 后来,马克思在《1861—1863年经济学手稿》和《资本论》中曾多次援引该书的论点。马克思认为,生物器官的进化和工具—机器的发展十分相似。达尔文根据自然选择、适者生存的原则,

---

① 《马克思恩格斯全集》第1版第30卷第574页。

论证了动植物生活中作为"生产工具"的动植物器官的形成及其原因，指出器官的专门化和完善化是通过生存斗争自然选择的。而工具—机器的发展之所以同达尔文关于动植物器官的分化和专门化相类似，是因为生产工具的分化和专门化是随着生产的发展而发展，是随着分工的产生和发展而产生和发展的，就是说，也是通过"自然选择"实现的。因此，马克思说："劳动资料的这种分化、专门化和简化，是与分工本身一起自然产生的，并不要求预先认识力学的规律等等。达尔文对生物的器官专门化和分化的问题发表了类似的意见。"① 马克思这里所说的"类似"是指，不管生物进化与工具—机器的发展多么相似，但毕竟是两种不同的质变，因为生物主要靠自然进化，而工具—机器则完全靠人来发展。一般说来，生物本身的进化是无目的的，而工具—机器的发展则是人的自觉的和有目的的行为的结果。

马克思在做了这些充分准备工作以后，才开始动手撰写《1861—1863年经济学手稿》，其中有关《分工》、《协作》和《机器。自然力科学的应用》这三部分近25万字。马克思在写作这些部分，特别是《机器》一节时，除继续研究上面提到的那些著作外，还研究了不少在当时学术界颇有影响的有关论述技术科学的其他著作，其中主要有根据1851年在伦敦举办的万国博览会的内容所写的《各国的工业》第二部《工艺、机器和工厂的现状概述》，意大利数学家、天文学家和水利工程师波列尼的《论水的混合运动》，法国哲学家和数学家达兰贝尔的《论流体平衡及运动》，法国著名数学家波绪的《流体力学的基本原理》，英国医生盖斯克尔的《手工业工人与机器》，英国数学家赫顿的《数学教程》，约翰·南卡罗的《磨和锯床计算法》和瑞士数学家欧勒的《论锯的作用》等著作。

---

① 《马克思恩格斯全集》第1版第47卷第410页。

马克思在上述《机器》等手稿中，第一次详细地考察了资本主义生产方式下生产力发展的三个相继的阶段，即协作、分工和机器。为此，马克思研究和总结了从古代到19世纪中叶极其丰富的技术史资料，从历史的角度论述了生产力的发展，论述了资本主义生产方式产生和发展的过程。

马克思在《机器》一文中强调指出："自然科学是一切知识的基础"，"资本主义生产第一次在相当大的程度上为自然科学创造进行了研究、观察、实验的物质手段"。① 他特别重视科学技术在社会发展中的作用。早在《1861—1863年经济学手稿》中他就已经指出科学变为直接生产力的趋势这一原理。在1861—1863年手稿中对这一原理又作了进一步的详细论述。马克思指出："生产过程中劳动的分工和结合，是不费资本家分文的机构。"② 只有应用机器的大规模协作，在人类历史上才第一次使自然力即风、蒸气、电大规模地从属于直接的生产过程，使自然力变成社会劳动的因素，而自然力的应用是同科学作为生产过程的独立因素的发展相一致的，生产过程成了科学的应用，而科学反过来成了生产过程的因素，每一项发现都成了新的发明或生产方法的新的改进的基础。马克思还研究了有关19世纪中叶纺织、造纸、制针、机器制造等主要工业部门工艺过程的大量资料，指出机器生产的特点是自动化和联合化，并把工厂制度看做是和机器生产相适应的劳动组织。此外，马克思高度评价了三大发明对瓦解封建制度所起的革命作用。他指出："火药、指南针、印刷术——这是预告资产阶级社会到来的三大发明。火药把骑士阶层炸得粉碎，指南针打开了世界市场并建立了殖民地，而印刷术则变成新教的工具，总的来说变成科学复兴的手段，变成

---

① 《马克思恩格斯全集》第1版第47卷第572页。
② 《马克思恩格斯全集》第1版第47卷第533页。

对精神发展创造必要前提的最强大的杠杆。"①

这里值得一提的还有，马克思为了进一步研究机器理论，在1863年撰写《机器》一文时，还专门去伦敦地质学院听罗伯特·韦利斯（英国学者、机械师、工艺师和考古学家）教授开设的工艺学实习课。马克思谦逊地说："我懂得数学定理，但是属于直观的最简单的实际技术问题，我理解起来却十分困难。"②

马克思在经过长达十八九年的收集资料和写成极为详尽的手稿这三个阶段之后，才进入第四个阶段，即动手写作《资本论》第1卷第十一章《协作》、第十二章《分工和工场手工业》和第十三章《机器和大工业》。马克思在这里系统地论述了资本主义生产方式相继发展的三个阶段，论述了既改变劳动过程又表现为相对剩余价值生产的增长的产业革命。就是说，马克思从1845年起收集资料到1867年《资本论》第1卷出版，整整花了22个年头。

第二次世界大战以来，特别是近几年，有人认为世界正在进行第二次产业革命。微电子技术、新材料和生物工程等新技术革命在世界范围内迅速得到发展，电子计算机、机器人等高技术产品已经进入生产领域，甚至进入家庭生活。这种世界性的新科学技术革命预示着在本世纪末和下世纪初将在各个领域，首先在生产领域，将要取得突飞猛进的空前发展，并必然使生产结构、社会和家庭生活带来新的深刻变化。因此，在这一时刻，我们应当像马克思当年研究第一次产业革命，研究自然科学和技术科学那样，密切注视当前这场伟大革命。我们在学习马克思《资本论》时，不但应当研究马克思主义，研究马克思主义的三个来源，也应当研究马克思对自然科学和技术科学的研究，了解马克思对

---

① 《马克思恩格斯全集》第1版第47卷第427页。
② 《马克思恩格斯全集》第1版第30卷第317页。

自然科学和技术理论的评述和发展，研究他如何巧妙地利用大量科技文献得出发展社会的科学结论，我国的经济学家应当像马克思那样研究技术科学和自然科学。马克思一生在各个科学领域中孜孜不倦地追求真理的精神永远是我们的楷模。

对查理·拜比吉《论机器和工厂的节约》一书的分析

——马克思"机器理论"形成史研究（一）*

〔日〕吉田文和

一、前　言

　　查理·拜比吉（1792—1871）是制造计算机的先驱，一直有不少学者在研究他的活动。近来，美国甚至出现了一个专门研究拜比吉和计算机史的"查理·拜比吉协会"。根据马克思对拜比吉的批判地继承的观点，我们日本也在开展对他的研究。

　　《论机器和工厂的节约》一书，是拜比吉的一部主要著作。马克思对该书作过大量摘引。目前，把这部著作看做是现代"经济管理理论"、"成本管理理论"的先声，因此，从经营学角度对它进行研究的人越来越多。

　　不过，拜比吉对计算机制造方面所进行的研究和对《论机器和工厂的节约》一书的研究，并非相互交叉，而是"单独"进行的。其实，研究《论机器和工厂的节约》必然涉及到他的计算机制造。拜比吉本人说过："可以认为，本书是多年来为制成计算机而呕心沥血所作的成

---

　　* 本文选自《马列主义研究资料》1984年第2辑。作者系日本北海道大学经济系副教授。

果之一。"因此，研究这本书，就要留心与制造计算机有关的许多内容，其中包括当时欧洲大陆和英国国内的生产技术的发展状况。

本文所依据的是该书英文第四版（1835年），它在第一版（1832年）基础上又增补了三章，内容有所扩充。必要的地方，笔者指出了两版之间的异同。

二、拜比吉的生平和差分机

拜比吉生于1791年（其父是英国的地方银行家），1817年取得了剑桥大学的文学硕士学位。19世纪初，他作为数学家崭露头角，当时英国的数学正值衰落时期。1812年，拜比吉参加了"分析学会"的筹建，积极推崇"唯理论以及反对昏庸大学"。这意味着鼓动放弃牛顿派的流率论而采用莱布尼茨的微积分符号。这个团体对英国的数学复兴，有一定的推动作用。

据说，拜比吉想到用机器来计算数表，是在1812年或1813年。英国最先经历了产业革命，同时成为世界贸易的中心，用船舶把原料从世界各地运进来，再把产品运往世界各地。在这种情况下，精确无误的航海历表和天体历表，已经成为必不可少的了。然而，当时的航海历表和天体历表，计算上的差错很多，而且印刷方面也是错误百出。于是，拜比吉想用计算机（差分机）来计算数据，用自动印刷机进行印刷。1820—1822年完成了一台试制品。为此，皇家天文学会于1823年授予他金质奖章，政府当局后来也拨款资助。此后四年，拜比吉专心致力于差分机（Differenee Ergine）的制造事业。

1827年，拜比吉的父亲、妻子和两个孩子相继逝世，在极度的悲痛中他患了病。经医生建议，他从1827年末到1828年末，周游欧洲大陆，参观了荷、法、意、德等国的工厂。但是，他仍时刻考虑制造差分机的问题。在这个时期,他搜集了很多资料,这些资料成为他后来撰写《论机器和工厂的节约》一书的基础。

1828年拜比吉回到英国,重操旧业。为了使差分机达到所要求的精密度,同时也是为了制造更新更复杂的机型,他制作了大量新型工具和机床。他经常雇用制图工,本人也从事"机械动作表示法"的研究,用以解释所有机器的运行。1838年7月以后,制造事业中断。1842年,政府当局决定停止资助。

1862年,万国博览会展出了差分机的小样机。斯德哥尔摩的休茨(1785—1873)曾根据拜比吉撰写的有关制造差分机的论文进行试制,却屡遭失败。

在机械技术方面,拜比吉在发明"机械动作表示法"的同时,还创造了用钻石工具进行精密切削的方法。1855年,拜比吉支持了怀特沃斯关于引进标准计量器的建议。拜比吉在1869年11月说过:"常听人说,拜比吉造就了克莱门特,克莱门特又造就了怀特沃斯,怀特沃斯却制作了工具。"这样的评价,似乎有些言过其实,但拜比吉确实对怀特沃斯有过不少影响。

同时,应当注意当时的机械技术水平。正如拜比吉所说,那时的情况是"**工具**的完备程度决定机器的制造"。当时正处于研制主要机床的过程中,而机器的完善程度取决于机器本身的时代尚未到来。因此,拜比吉本人在关心机器的同时,一直在呕心沥血地不断改进工具。这就是他撰写《论机器和工厂的节约》一书的部分背景。

拜比吉素有"科学虫"的雅号。他广泛关心周围事物,诸如研究铁路钢轨问题、邮政制度问题以及火山和河流隧道的开凿等等问题,并对这些问题一一加以研究。1830年,他针对皇家协会的会务问题,发表了《关于英国科学衰落问题的反省》一文,对协会中的某些人提出批评。他还参与了"英国科学振兴会"的创建活动,后来又创办了

"伦敦统计协会"（后称"皇家统计协会"）。《各种生命保险制度的比较研究》一书，现在被看做"保险理论"的古典著作。拜比吉得过剑桥大学数学教授的头衔。辉格党曾两次推选他为议员候选人。他还有许多自然神学方面的论著。

三、该书出版经过和目的
——对序言、绪章的分析

拜比吉《论机器和工厂的节约》一书和他制造差分机的事业，是二而一地联系在一起的。因此，研究该书就必须分析拜比吉的"机械技术原理"。这一原理是建筑在差分机的制造以及当时欧洲大陆和英国国内的生产技术状况基础上的。

这本书的序言阐述了该书的意图："如果只就单纯理解制造过程的一般原理及其相互关系而言，几乎所有受过相当教育的人，都是可以办得到的。在工业国家里，不能允许有地位的人对这些原理毫无所知。"这段话和尤尔所说的一样，都是要求统治阶级弄懂这些原理。通俗讲解生产过程，简要地概括出一般原理，是该书的意图。

关于目的，绪章作了如下的一段阐述：

"本书的目的是要指出使用这些工具和机器所产生的种种效果和利益。也就是说，试图对工具和机器按其发挥作用的方式进行分类，弄清使用机器代替人的技艺和体力，其所根据的各种原因和所得的各种结果。"

这里需要注意的是，第一，要考察机器本身，同时也要把工具列入考察对象；第二，要分析使用机器所依据的各种原因和所取得的各种结果；第三，把机器规定为"人的技艺和体力的代替物"。但是，马克思对机器的规定是,"劳动资料取得机器这种物质存在方式,要求以自然力来代替人力,以自觉应用自然科学来代替从经验中得出的成规"。①

绪章告诉读者,该书共分两编:第一编《关于机器部分的分析》,第二编《关于工厂的内部经济和政治经济》。

四、对"机器和工厂所产生的利益"的分析

1. 第一章《机器和工厂所产生的利益的源泉》

第一章把"机器和工厂所产生的利益"的源泉分为三个:第一个源泉是"人力的助手"——风、水、蒸气等自然力和畜力的利用;第二个源泉是"人的时间的节约",举出火药和传声筒之类的例子(在这里,这些例子未必恰当);第三个源泉是"把一些看上去很不起眼,又没有什么价值的物质,变成有价值的产品"。

接下去,分析了工具和机器。"关于工具和机器的差别,不能作到严格区分。一般地说不必对两个用语的涵义给予太严格的限定。工具一般较机器简单,通常是由手来使用。机器则不然,往往要用畜力、蒸气力等等来推动。比较简单的机器,常是经过某种组合的一个或一个以上的工具,由动力来推动。"

虽然拜比吉说过,工具和机器不能作到严格区分,但是前半段话里还是把动力当做区分的标准了。这种区分标准,后来受到了马克思的批判。不过,后半部的规定,即"经过某种组合的一个或一个以上工具,由动力来推动",却成为第十九章《关于分工》对机器所下的定义的基础。

拜比吉把机器按照用途分成:第一,"**用来生产动力的机器**",第

---

① 《马克思恩格斯全集》第1版第23卷第423页。

二,"单纯以传导动力和完成作业为目的的机器"。其中第一是动力机,指出风车和蒸气力的利用,规定为"能够改变力的方向……不能增减现存的运动量"。第二是把传导机和工作机融合在一起的机器。单独讨论传导机时,他写道:"对于传导动力的机器要素(杠杆、滑轮、楔子等)分类,应指出不能因为使用它们而获得力,但能把力结合起来。"很明显,传导机和工作机是有实质性区别的。但是,在这里不对工作机进行考察。尤尔在《机器分类》中援引了这方面的内容,马克思在《政治经济学批判大纲》中也曾引用过。

2. 第二章《动力和积蓄》

第二章以飞轮为实例,联系动力机进行考察。"机器和工厂所产生的利益"的第一个源泉("人的助手"),是由动力机产生出来的。把飞轮的利用规定为"在开始进入工作过程之前,把已经发挥出来的一部分能量积蓄起来,通过某些浓缩的机械方法再释放出来"。指出锤子就是应用这种方法的实例。

3. 第三章《动力的规定》

第三章指出"机器运转速度的均衡性和稳定性,对于机器的使用效果和使用寿命来说,都是本质性的要求"。这里谈到了蒸汽机的调速器等。同时指出,使用动力就必须配上制动装置。

4. 第四章《速度的增减》

第四章到第六章,谈的是《机器和工厂所产生的利益》的第二个源泉("人的时间的节约")。第四章首先是"动作钻研","人体的肌肉所产生的疲劳,并非决定于每次用力的实际量,部分地决定于发力的频率","人或牲畜的动作的速度和搬运的重量之间存在着非常重要的关系"。然后,又从"劳动的节约"与改进工具的关系方面,分析了"劳动的节约"是怎样实现的。拜比吉认为工具变成机器以后,"速度增加而产生节约"。他还把电报规定为"由高速传输线路来载运信息的机器"。

5. 第五章《力的作用时间的延长》

第五章肯定"力的作用时间的延长",是"机器的最普遍、最有效的用途之一"。举了钟表和车轮的例子,并把由发条推动的自动装置归入这一类。可以把拜比吉的这个见解和尤尔的自动装置理论加以比较。

6. 第六章《自然作用过程中的时间节约》

第六章分析了熟皮法和氯气漂白的实例,在这里,"自然的作用具有重要效果,机械力加速了某种过程"。拜比吉认为,这些例子,"并不是机械科学,而是工厂为了实际目的去运用科学的实例,应予注意"。

7. 第七章《极大超过人力的力的使用,和远远超过人的技艺的精密作业的完成》

第七章和第八章的分析与"第一个源泉"以及"第二个源泉"有关。第七章讨论了两个问题。一个是管理和指挥"在某个时间点,发挥大量人员的全部力量,必须拥有某种熟练技术和相当设备"的大规模协作的问题。拜比吉谈到埃及巨石的搬运,矿山卷扬作业中信号的利用,蒸气力的利用。不过,他并不是分析协作问题本身,他也许没有自己的协作理论,而只有分工理论。另一个是"精密作业"的方法问题。谈到银行券的印刷和固体物质的粉碎等。

8. 第八章《作业的记录》

第八章指出机器可以防止人们粗心大意和懒惰。举出计程器、计时器、酒精测度计、煤气表……等。拜比吉说,"反复计数同样事物,机器不会感到疲劳"。

9. 第九章《用料的节约》

第九章结合"机器和工厂所产生的利益"的第三个源泉("把看上去很不起眼,又没有什么价值的物质,变成有价值的产品"),分析了工具和机器的改良可以节约原料的问题。"由于机器全部操作的精密度、产品的近似性而节约大量原料,这在一定情况下是非常重要的。"列举木材加工机器的改进节约了废材,印刷机的改进节省了油墨等。据推断,这一部分是《资本论》第三卷第五章《不变资本使用上的节约》中"由于机器的改良,废料减少了"①一语的素材。

10. 第十章《关于同种作业的同一性,不同种作业的精密度》

第十章强调作为作业同一性和精密度保证的机器,特别是车床的重要性。"机器完成作业的精密度,大概可以说是它的最大效用之一。"

11. 第十一章《关于复写》

第十一章阐明"作业的同一性和精密度"决定于复写原理,并由此产生产品的低廉价格。拜比吉首先把这种复写技术分为凹版印刷、凸版印刷、铸造等八类。

最后总结说:"复写的原理……有助于产品的一致性和廉价性。"举出的例子异常丰富,当然也有些例子不太恰当。拜比吉是有创见的,他为"复写原理"大喊大叫,对以车床为中心的机械技术作了肯定的评价。

12. 第十二章《关于考察工厂的方法》

第十二章即第一篇的最后一章指出考察工厂的方法,强调"特别是对于数字,要尽快地把它记录下来",并拟出一份详细调查表,其中包括22项内容,记录工厂的概况。

拜比吉提醒说,如果"掐着表测定作业,操作人员便会努力提高速度",所以要在"没有意识到被观察的时候"进行。

---

① 《马克思恩格斯全集》第1版第25卷第96页。

五、对"降低产品成本"的分析

1. 第十三章《关于制作和制造之间的区别》

第十三章是第二篇《关于制造业内部的经济和政治经济》的开头指出:"经济原理制约机器的利用,支配大工厂内部事务。它和机械原理一样,对于大商业国家的繁荣是不可缺少的。"拜比吉认为,"说到底,工厂一切工作人员的全部能力,集中表现在技术这一点上,即用最低廉的成本进行生产的技术",而经济原理也集中表现在这方面,特别强调努力"降低产品价格"。拜比吉阐述了搜集关于产品降价同扩大消费之间关系的资料的重要性。他竭力说明,对于不同收入的阶层,产品降价产生的效果是不同的。

对于制作和制造的区别,拜比吉的理解是:"**制作是指少数的个人生产,制造是指众多的个人生产**。"他特别重视大批量生产降低成本的效果,"如果一个制作者想成为制造业者,想要以尽可能低廉的成本去生产供出售的产品,他就必须精心地调整工厂结构"。他强调"竞争强制各个制造业者降低成本",并以"节约下来的某些工序的费用进行补偿"。他认为"降低产品成本"是经济原理的主线。

2. 第十四章《关于作为交换媒介的货币》

第十四章到三十一章,论述与"降低产品成本"直接有关的种种问题。从一定意义上说,第二版增加的第十四章是为第十七章(《关于用货币来计算的价格》)建立前提。

第十四章研究货币的本质即"一切商品价值的共同尺度",还研究了黄金的价值、银行券、纸币、**硬币和纸币的贬值**等问题。他强调"因为一切财物的价值都是以货币来计算的,所以尽量减少变动以稳定币值,显然会促进社会各方面的福利"。拜比吉的货币理论的内容承袭了亚·斯密的理论。

3. 第十五章《关于检验对价格的影响》

第十五章讨论检验费用对价格的干扰。

4. 第十六章《关于耐用性对价格的影响》

第十六章是第二十九章（《机器的使用寿命》）的前提。这里存在着理论上的混乱。拜比吉认为"某些商品的耐用性，将长久地影响商品的成本"；"如果产品永不磨损，其价格也许会永远低于为生产它所花费的劳动成本"。不过，可以认为，这是因为他把机器之类可以转移价值的零件的使用寿命，和产品本身的使用寿命混为一谈了。

不过，从全章内容来看，他指出了产品的无形损耗。"产品由于实际磨损（零件磨损）而变旧，但有时却是由于当时普遍爱好的变化，制造方法的改进，即产品形状或款式的改变，旧产品过时了。后一种场合，产品的有用性并没有什么减少……可以把它廉价卖给比先前的顾主低些的阶层。"这一点是第二十九章《机器的无形损耗理论》的基础。

5. 第十七章《关于用货币来计算价格》

第十七章论述了用货币来表现价格的问题。"因为金、银的价值**容易变动**，所以用它们来计算出售产品的货币价格，把不同时间、不同地点的情况拿来对比，只能提供比较次要的信息。"拜比吉在伯明翰逗留的几年里，记录了一份某些特定货品的价目表。经对这些用货币表示的价格进行推敲，拜比吉指出"产品价格大幅度下降"有六点原因：

（1）通货价值变化；（2）由于硬币需求增加，黄金价值提高；（3）资本利润率降低；（4）原料降价；（5）用料量减少，或技术质量降低；（6）生产手段改进，用较少的劳动取得同样效果。

6. 第十八章《关于原料》

第十八章分析了上述六点原因中的第四点和第五点。拜比吉运用了亚·斯密的"劳动价值学说"，他写道："某些产品的成本，分析到底就是为生产这一产品所用去的劳动量的还原。但是，大凡一个物质处在某种制造状态时，它都被叫做原料……原料和劳动结合又构成技术量大的产品的价值……"

六、拜比吉的分工理论

1. 第十九章《关于分工》

第十九章是该书的最大贡献之一，分析这一章要注意两点：第一，本章和该书的主线之间的关系，第二，使亚·斯密的分工理论朝着"降低产品成本"的方向深化。拜比吉引用了亚·斯密的著名命题，说道："（分工产生利益）最重要、最有力的原因是什么呢？关于这个问题，我没有谈过自己的见解。不过，我想借用亚·斯密的话，来阐述一下这方面的原则。'分工的结果是，工人人数一样，完成的工作量却大大增加。这是由三个不同的原因造成的：第一，各个工匠的技艺都有长进；第二，节约了从某一种工序转到另一种工序所耽搁的时间；最后，许多机器的发明，把劳动促进了，缩短了，而且一个人能干许多人的活。'这些就是最重要的原因，每个原因都对结果有影响。但是，撇开下述原理去解释分工使产品降价的原因，我认为那就不够全面了。"

这样一来，就把所谓"拜比吉原理"正式化了。他把亚·斯密的三个命题分作六个命题来讨论。"我的意图是，首先在第一个命题里，简单说明一下这些原理，然后指出，在迄今的讨论中被忽略的问题。"

拜比吉首先把亚·斯密的第一个命题（"各个工匠的技艺都有长进"）分为第一，"关于学徒所需要的时间"和第二，"关于学徒期间原料的浪费"两点来讨论。

第一点"关于学徒所需要的时间"，他指出："……如果集中于一种活，学徒在开始阶段所浪费掉的劳动时间将大为减少，多余下来的时间，大部分可供工头使唤。一旦工头之间出现竞争，徒弟便可得到稍好一点的劳动条件，干苦活累活的期限就可以缩短些。不断重复干同一种活，便于掌握一个工序的手艺，从少年起就可以赚钱。这么一来，家长被诱使照这样去培养孩子，工人的人数也增加了，工钱立刻下降。"

这段话是说，分工之后，以工头之间、家长之间的竞争为媒介，学徒期限缩短了。拜比吉把它归结为工钱下降。也就是说，他讨论学徒期限缩短的着眼点，是使"产品成本"中的工资部分不断减少。

第二点"关于学徒期间原料的浪费"，他指出："学徒期间原料浪费"的减少，会降低原料成本。"一个男工把一道道工序依次学完所浪费的原料，比集中学会一道工序所浪费的原料要多。由此看来，分工将使产品降低价格。"

这两个命题合在一起，就是从工资成本和原料成本这两个方面，考察了分工在降低产品成本方面所产生的效果。这是对亚·斯密第一个命题，从"降低产品成本"这个侧面所进行的深化。还有"不断地反复干同一道工序能学会手艺"，是从"动作研究"方面补充了亚·斯密的第一个命题。提高"技艺和速度"会使产量增加，产品增加又会收到"降低产品成本"的效果。

拜比吉对亚·斯密的第二个命题分成下面两点来进行分析：第一，"分工节约了从一个工序转到下一个工序所失去的时间"；第二，"工具的变换"。拜比吉一方面根据"时间研究"指出，分工减少了"工前的准备时间"和"调整工具所用的时间"，另一方面进行"动作研究"，指出分工使"肌肉对疲劳的耐力大为提高"，深化了亚·斯密的第二个命题。

关于亚·斯密的第三个命题，拜比吉是把它作为"分工促使人们为了完成工序而去改进工具和机器"来进行考察的。对这个命题的阐述，前半部和亚·斯密几乎完全一样，后半部是他独创的理论。

"各工序恢复了简单工具的使用。如果所有这些工具组合起来,由一个动力来推动,就构成一台机器。工匠们再改进工具,把工序简单化,可以说他们的成就是登峰造极了。但是,还需要把这些分散的技术结合成一架机器。"

亚·斯密认为,由于分工简单化,所以人们才能够发明各式各样的机器。拜比吉不然,他认为形成机器的道路是:劳动本身简单化→技巧物化在劳动资料(工具)上→劳动资料(工具)方面简单化→劳动资料(工具)的再结合→由一个动力推动。在第一章里,拜比吉把简单机器规定为:"经过某种组合的一个或一个以上工具由动力来推动。"现在可以说,他是在这个规定里补充了一句:工具的简单化(专门化)。

关于拜比吉所下的这个定义,马克思在《哲学的贫困》一书中写道:"真正的**机器**只是在18世纪末才出现。把机器看做分工的**反题**,看做使被分散的劳动重归统一的**合题**,真是荒谬之极。机器是劳动工具的结合,但决不是工人本身的各种操作的组合。"①

马克思在《资本论》第一卷第十三章第一节中写道:"作为工业革命起点的机器,是用一个机构代替只使用一个工具的工人,这个机构用许多同样的或同种的工具一起作业,由一个单一的动力来推动,而不管这个动力具有什么形式。"②

马克思针对蒲鲁东的,也是针对亚·斯密的机器是劳动工具的组合,不是为劳动者自身的劳动的结合这种观点批判说:"这是一种奇怪的逻辑。因为劳动在越来越大的程度上成为简单劳动,所以人们发明机

---

① 《马克思恩格斯全集》第1版第4卷第167—168页。
② 《马克思恩格斯全集》第1版第23卷第413页。

器以减轻和缩短劳动。因此，机器之所以发明出来，是由于分工减轻和缩短了劳动！应该说，工具简化了并分解成各种工具，后来由于这些工具的组合而产生了机器。"①

马克思在1861—1863年《经济学手稿》第XIX笔记本第1159—1160页上谈到工具的分化、专门化和简化时，引证了拜比吉的话。马克思说："在以这种分工为基础的工场手工业中，由分工所引起的劳动工具的分化、专门化和简化——它们只适合非常简单的操作——是机器发展的工艺的、物质的前提之一，而机器的发展则是使生产方式和生产关系革命化的因素之一。因此，在一定意义上拜比吉的下列意见是正确的：'如果由于分工，**每一项单独的操作都使用一种简单的工具**，那么，由一个发动机推动的**所有这些工具的组合**，便成为机器。'"②

这些话里包含着马克思对拜比吉的称赞和对蒲鲁东、亚·斯密的批判。

拜比吉认为，对分工"降低产品成本"进行考察，还必须考虑到下述原理：

"如果把工作分割成要求不同熟练程度和劳动的工序，工厂主就可以根据每道工序的需要来雇用合适的工人。反之，一件活从头到尾都由一个人来干，他就必须是一个熟练工人，能干最难做的技术活，又必须有充沛的体力，能干最费气力的活。"

简言之，就是利用熟练等级制度去降低工资费用的原理。拜比吉以制瓶厂的七个工序为例，分析了时间、成本和工资。拜比吉原理的核

---

① 《马克思恩格斯全集》第1版第47卷第348页。
② 《马克思恩格斯全集》第1版第47卷第411页。

心,是以"降低产品成本"为目的,以"动作研究"和"时间研究"为方法,采用熟练等级制度,把工资成本减少到最低限度。

马克思在《资本论》第一卷第十二章第三节中就工场手工业的两种基本形式问题写道:"工场手工业一经采用,就会使生来只适宜于从事片面的特殊职能的劳动力得到发展。"①

2. 第二十章《脑力劳动的分工》

第二十章指出:"和机器作业一样,脑力作业也能很好地利用分工,同样会节约时间。"拜比吉以法国革命后利用十进法的数表为例,讨论了"脑力作业的分工"。

普洛尼(1755—1839)受亚·斯密《国富论》的启发,把编制数表的工作"放到工场中"去进行。他把编制人员分到三个部门:第一个部门由5至6名数学家组成,"专门研究最容易利用简单数学计算的方法";第二个部门由7至8名熟悉数学的人组成,把数值代入公式;第三个部门由60至80人组成,"专门按第二部门分发来的数,做简单的加、减运算"。由两个作业间分别进行同样计算,然后互相校验。他们这样编制出来的数表长达17卷。

普洛尼的做法是第一部门不进行计算业务,第三部门"知识最少,工作量最大",实行设计职能和实施职能相分离的"管理—参谋制"。拜比吉是想用计算机取代第三个部门的职能。

第二十章非常重要。第一,应当注意,这一章是第十九章的应用。第二,应当注意,本章所展开的内容并非单纯的设想和虚构,它有亚·斯密的分工理论作为理论基础,数表编制工作是它的应用实例。

拜比吉在第二十章的结尾说,"劳动管理"阶层的职能分化,是"高明的义务分配"的结果。他的理解已经开始深入到"脑力劳动的分

---

① 《马克思恩格斯全集》第1版第23卷第387页。

工"将向"劳动管理的分工"扩展。

七、"产品成本分析"的意义和方法

1. 第二十一章《关于工厂的部门工程成本》

第二十一章先是小结"降低产品成本"问题，然后具体说明产品成本分析的意义和方法。拜比吉认为，"机器和劳动再分割原理的利用"导致大规模竞争，迫使每个生产者为降低产品成本而不断付出心血。"了解机器折旧和各道工序的精确费用，是一件重要的事情。"成本分析的第一个好处是，它"指出了方向，何处应当改进"。

拜比吉以爪哇的棉布价格成本为例，分析了"机器低劣，但手工劳动非常便宜的情况"。"在爪哇，纺纱费用等于原料价值的117%，染料费用等于原料价值的45%，织布费用等于原料价值的117%。在英格兰，纺纱的费用约等于原料价值的33%。"这部分叙述，在《资本论》第一卷第十三章第二节《机器的价值向产品的转移》中，被用做素材。

2. 第二十二章《关于大工厂的原因和结果》

第二十二章分析的中心问题是生产单位大型化（即拜比吉所谓的"大工厂"）的各种根本原因和结果。

拜比吉围绕着"降低产品成本"，从四个方面来考察"大工厂的各种原因"：第一，分工的"倍数比例原理"；第二，搬运成本；第三，引进机器；第四，原料节约。

第一，分工的"倍数比例原理"："（针对各种工厂的产品的特殊性质）采取最有效的办法来分工得到一个工序数，这个数表明应雇用的工人人数，而一切不按照这个数的准确倍数行事的工厂，必将花费较高的成本去制造产品。"

对于这个原理应当留心三点：第一，以第十九章的分工论为前提，但又作了补充；第二，和第十九章相同，以降低产品成本为主旨；第三，它位于"大工厂的各种原因"之首。

马克思在《1861—1863年手稿》第Ⅳ笔记本第166页中，论述分工问题时运用了这个原理。① 马克思又在《资本论》中指出："工场手工业的分工在发展社会劳动过程的质的划分的同时，也发展了它的量的规则和比例性。"②

第二，搬运成本："搬运工作都在同一厂内进行，费用最省。"

第三，引进机器："使产量增加，使工厂设施大工厂化。"

第四，原料节约："必须降低产品成本，绝对避免原料浪费。"

拜比吉指出，大工厂的结果造成下列四种情况：第一，夜间照明费用增加（要求减少照明费用、火灾事故和生产成本）；第二，需要设置经理部门；第三，大量投资；第四，外国原料使用量增加。

八、对"工厂的政治经济"的分析

1. 第二十三章《关于大工厂的厂址》

第二十三章研究排斥机器的运动和随之而来的"机器转移"问题。拜比吉认为："由于工人的团结造成了机器的转移，工人不仅失去了一部分工厂对他们的劳动的需求，而且因为受到新生产地区的竞争，工人的劳动价值随之降低。"

2. 第二十四章《关于生产过剩》

第二十四章说："因竞争而产生的几乎是不可避免的自然结果之一，是生产供过于求。这种结果总是周期性地发生。因此，要防止它的发

---

① 《马克思恩格斯全集》第1版第47卷第328—329页。
② 《马克思恩格斯全集》第1版第23卷第384页。

生,就要预测它的来临,这一点对于厂主和工人都是重要的。"拜比吉谈到把价格补偿制度当做应付危机的一种对策。

拜比吉在本章中最关心的问题是随着生产过剩而来的价格下跌。他认为应采取改进机器和操作方法等措施,以降低产品成本,确保同样的利润率。

3. 第二十五章《创办工厂需要进行调查》

第二十五章论述的中心内容是市场调查。"在开始制造某种新产品之前,一定要做大量调查工作。"包括对以下四项的调查:第一,工具、机器、原料的费用,与生产有关的一切必要支出;第二,对需求程度有影响的因素;第三,对流动资本的流转周期有影响的因素;第四,对新产品超过目前使用的产品的快慢程度有影响的因素。拜比吉主要是把第三和第四两项的有关内容的市场调查作为具体例子,进行了深入的探讨。

4. 第二十六章《关于工厂的新体制》

第二版所增加的第二十六章,是回答麦克库洛赫在《爱丁堡评论》上对拜比吉的批评("几乎没有阐述机器和大型工业设施对工人阶级在人数和条件方面的影响")。拜比吉对于正在扩展的劳资对立和毁坏机器的情况非常忧虑。他说:

>"在很多工业国家的工人中间,有一种很不幸的错误见解正在蔓延,认为工人本身的利益和他们的雇主之间是矛盾的。结果昂贵的机器屡遭轻视,甚至暗加破坏。"

针对这种情况,拜比吉建议制定"工厂的新体制"。他首先注意到昆沃尔矿山所实行的分配制度(矿主把采得的矿石的一部分,或相当于这部分的矿石的价款,付给矿工)。他认为这个新体制,"可以直截了当按比例计算，可以提高工人的工作效率、诚实和能力"。并且提出了一项以下述原理为依据的制度：

第一，每个受雇人员所领取的工资中相当大的一部分，应取决于公司所创造的利润。

第二，公司里的每一个人，如果他的发明已用于本公司的某项改进，那么他在公司内得到的应比他在公司外得到的好处更多。

拜比吉用典型事例说明了这个原理，提出利润分配制度、成就奖励制度、发明表彰制度等等。他设想用诸如此类的奖励制度，创造一种劳资共同致力降低产品成本的"劳资共同体"。

5. 第二十七章《关于机器的研制》

第二十七章根据制造计算机所得到的经验指出，发明并非马上就能用于生产。这是一段很有意思的论述。他强调，即使科学原理弄清楚了，机械技术状态不完备也实现不了。这是第一个关键。

第二个关键是经济性问题。这里重要的是，要估算建造和经营机器的费用。"新发明的第一台机器的造价，与第二台相比，粗略估算是五倍。"这方面的有关论述，在《资本论》第一卷第十三章第三节（b）《工作日的延长》中，提到"机器的无形损耗"时被引用。第三卷第五章第五节《由于发明而产生的节约》中，提到由于机器的再生产费用减少而得到"不变资本使用上的节约"时，又被当做一个例子加以引用。

另外，关于与先前的发明有关联的机器技术的论述，以及"某些改革，无疑是受到了先前的技术经验的启发，多少有些变革"等，据我推断，《资本论》第一卷第十三章第一节《机器的发展》和第三卷第五章第五节《由于发明而产生的节约》这两节，就是根据上面的论述写成的。马克思在《机器的发展》一节中说，在使用机器的场合，这里的问题"由力学、化学等等在技术上的应用来解决，当然，在这里也像以前一样，理论的方案需要通过实际经验的大量积累才臻于完善"①。他在《由于发明而产生的节约》一节中说："……最后，只有结合工人的经验，才能发现并且指出，在什么地方节约和怎样节约，怎样用最简便的方法来应用各种已有的发现，在理论的应用即把它用于生产过程的时候，需要克服哪些实际障碍。"②

6. 第二十八章《在哪种情况下使用机器才有利》

第二十八章把使用机器的情况大体分为四种，在这篇文章中只谈其中一种情况，即"生产出来的产品要便宜"，就是说，"产品成本要低"。但是，拜比吉说，也有例外，这就是生产某种机器的部件，这些部件"必须最精密，或规格完全一致"。

7. 第二十九章《关于机器的使用寿命》

第二十九章分析机器的折旧和使用寿命。拜比吉主要关心的是，机器的改良给机器使用寿命所带来的影响。他说："……实际上机器很少损耗。又快又好地进行同样操作的新型改良机器，一般是在旧机器报废之前老早就把它取代了。实际做法是，为了要使改良过的机器提高利润，总是按五年折旧还本，十年更换实物来计算。""……一种工业，在它有利可图的时期，改良措施一个接着一个。一架机器在它完成的时候就被弃置在制造厂家的手中，这是因为更新型的机器取代了它的可用性。"

上述分析，在马克思提出工业循环周期的物质基础，以及机器的无形损耗等问题时，被引用而且特别受到重视。

马克思1858年3月2日写给恩格斯的信中说："拜比吉断言，在曼彻斯特大多数机器设备平均每隔五年更新一次。这个说法在我看来有点

---

① 《马克思恩格斯全集》第1版第23卷第417页。
② 《马克思恩格斯全集》第1版第25卷第120页。

奇怪，不十分可信。"① 恩格斯在 1858 年 3 月 4 日的复信中说："……无论如何，拜比吉是十分错误的……无疑的，在英国大工业的一般企业中没有一个企业是每隔五年就更换一次机器设备的。"② 然而，必须说，马克思和恩格斯在这次通信中的评论，是在错误理解拜比吉原意的基础上作出的。

后来马克思根据该书的英文第一版有关机器折旧的论述，又作了摘录。马克思在《资本论》第三卷第六章《价格变动的影响》中说："如果机器的短暂的作用期间（在可以预见的改良面前，机器的寿命总是短暂的）不能用这种办法得到补偿，它就会把过大的价值部分作为无形损耗转移到产品中去，这样它甚至连手工劳动也竞争不过。"③ 马克思在这段论述中就曾谈到拜比吉的这本书。

在本章的结尾，拜比吉指出了"降低产品价格的竞争，常常会引起缩短产品使用寿命"的趋势。

8. 第三十二章《关于使用机器造成对劳动的需求的减少的问题》

第二版新补充的这一章，谈的是当时最大的争论点，即机器造成失业的问题。拜比吉一方面宣扬"补偿说"，说什么"使用机器的确有可能使工人失业，但是由于价格降低，扩大了需求，几乎立刻就会吸收相当大的一部分劳动力就业"。另一方面又说："新的劳动刚刚开始，比起过去的劳动来，常常要求更高的熟练程度……失业的人，对于新工作必然担当不起来"，而且"比较多的从前要求熟练程度较高的工作，这时连童工和非熟练工人都可以做了……要求熟练工人干的工作大量减少，这样一来，扩大了工人阶级自身之间的竞争"。

---

① 《马克思恩格斯全集》第 1 版第 29 卷第 280 页。
② 《马克思恩格斯全集》第 1 版第 29 卷第 281—283 页。
③ 《马克思恩格斯全集》第 1 版第 25 卷第 130 页。

他一方面说机器要求"更高的熟练"工人,同时又说"要求熟练工人干的工作大量减少"。拜比吉看到了上述两个方面对工人阶级产生了不利的影响。他的立场与尤尔不同。尤尔只限于强调机器排挤熟练工人,同时用"补偿说"来"辩解"。拜比吉却建议采取"储蓄银行"、"互助会"、"家族成员"等办法作为"对策",以缓和"劳动价值"变动所带来的灾祸。

9. 第三十三章《关于针对工厂制定的税收和法规的效果》

第三十三章是从"整个说来,应对国内工业构成最小的限制"这一立场出发,对这一主题进行了探讨。拜比吉认为,不应因为"政府尽可能不干涉工人与雇主之间的事情"的原理,而回避"限制儿童在工厂的劳动时间和开始劳动的年龄"问题。因为"儿童不善于自主行动,还不会判断"。

10. 第三十四章《关于机器出口》

第三十四章批判了禁止机器出口的那些措施。拜比吉认为不应惧怕同外国竞争。

11. 第三十五章《展望与科学相结合的工厂的未来》

第三十五章是该书的最后一章,说明了拜比吉的科学观。他认为"一国的技术和工业要紧密地同严格的科学进步结合起来",强调必须从"精神劳动的分工理论"出发,独立地研究科学。又说,必须使"对科学的追求成为一种专门的职业"。他从"**知识就是力量**"的观点出发,认为科学的进步"会随时把精神支配力给予物质世界"。

九、总　结

要全面地评价拜比吉的《论机器和工厂的节约》(1832年)一书,就必须把它和尤尔的《工厂哲学》一书(1835年)作一个对比。

这两本书都反映了当时产业革命的实际情况。通过对《论机器和工厂的节约》一书出版经过的探讨，可以看到尤尔的书是受到拜比吉的书的启发的。

拜比吉和尤尔对亚·斯密分工理论的评价是有差别的。拜比吉以亚·斯密的分工论为前提，注重时间和成本，通过"动作研究"和"时间研究"，提出"拜比吉原理"。他对生产进行了科学分析。尤尔却不同，他批判亚·斯密的分工理论，强调"用自动装置代替劳动"，批判"恰当地配备劳动力"。

对待当时的劳资对立问题和工场法问题，拜比吉的认识也和尤尔不同。拜比吉根据劳资对立的事实，提出许多设想作为缓和的对策。对"机器代替劳动"问题，他宣扬"补偿说"但同时也很重视了解事实。对于运用工场法限制童工劳动的问题，他所持的立场是：应限制儿童每天的劳动时间和开始劳动的年龄。

拜比吉在《论机器和工厂的节约》一书中，通过对工场手工业和大机器工厂的劳动过程和劳动手段的分析，在这方面提供了丰富的现象和素材。马克思在《资本论》一书中曾进行了大量引用。从这些事实来看，马克思对拜比吉的科学建树，有继承的一面。马克思对拜比吉的评价高于对尤尔的评价。[①] 马克思对拜比吉的某些见解进行了批判，当然个别地方不确切，那是因为他对拜比吉的原意有所误解。

[原载日本北海道大学《政治学研究》
（1982—1983 年）第 32 卷第 2 期]

（王克峻 摘译）

---

① 《马克思恩格斯全集》第 1 版第 23 卷第 388、487 页。

《各国的工业》和《资本论》(摘译)

——马克思"机器理论"形成史研究(二)*

〔日〕吉田文和

一、前　言

　　由于马克思所说的《机器理论手稿》的发表,有一点已经很清楚,这就是,在把《资本论》第一卷第十三章《机器和大工业》第一节《机器的发展》作为中心内容的理论形成过程中,《各国的工业》第二部(1855年)被当成了重要素材。不过,《各国的工业》的作者不详。虽然马克思在《机器理论手稿》中对该书第二部作了大量摘录,但全书的结构和前后联系还是不得而知。为此,评价马克思对该书所作的分析和所得出的结论,都是颇为困难的。所幸,这次通过多方调查,终于在该书的原发行处英国基督教知识普及协会弄到了它的复印本。

　　该书是根据1851年在伦敦举办的第一届万国工业博览会的展出内容撰写的,对它进行探讨就少不得要分析这届博览会的性质和所展出的内容。本文拟分为四个方面依次进行讨论:第一,分析1851年第一届万国工业博览会的性质和所展出的内容;第二,分析全书的性质和结

---

* 本文选自《马列主义研究资料》1984年第5辑。作者系日本北海道大学经济系副教授。

构；第三，分章分析该书第二部，并探讨马克思对它的利用方法；第四，通过上述三个方面的讨论来研究确定《资本论》中机器分析的历史性阶段和规定"机器的发展"理论的意义与界限。

二、1851年万国工业博览会

从1851年5月1日到10月15日在伦敦海德公园举办的万国工业博览会，是世界上第一届国际工业博览会。参加展出的国家和参观的人（620万）数量之多，再加上约·帕克斯顿所设计的、用铸铁和玻璃材料建造的、规模宏伟并被誉为水晶宫的陈列馆，使这届博览会名垂史册。这届博览会是在技艺协会推动下，本着"促进技术进步并应用于工业的宗旨"，由阿尔伯特亲王倡议举办的。

尽管存在着反对意见，说什么外国的革命家将会来此汇聚，英国的技术会被剽窃等等，但这届博览会却还是举办起来了，并取得了成功，这是因为当时英国作为"世界工厂"的经济和技术已经有了高度的发展。正如一再指出的那样，"在1851年水晶宫万国博览会上，英国炫耀了它处于'世界工厂'时代的顶峰地位"。具体地说，当时英国生产着全世界大约三分之二的煤、一半以上的铁和棉织品。这届博览会在机器、金属、陶瓷器皿方面，英国产品的获奖项目超过了其他一切国家的总和。

但是，我们现在的问题是要对博览会的展品如何作出工艺史方面的评价。以1850年为例，当时英国已经结束产业革命，但是欧洲大陆各国和美国的产业革命却正在进行。1851年博览会所展示的正是这样一个阶段所达到的工艺发展水平。要全面对它评价，就必须对博览会的内容进行分析。

为便于参观和审查，博览会的全部展品分为四大部分：第一，原料和未加工品；第二，机器；第三，工业产品；第四，造型艺术。下面又分为三十个展橱进行陈列。

1851年万国博览会展出陈列表

第一展厅——原料和未加工品——说明人类工业所使用的自然产品。

第一展橱：采掘业和采石业产品、金属产品、矿产品。

第二展橱：化学和制药工艺、化学和医药产品。

第三展橱：供食用的物质。

第四展橱：供制造产品、用具、装饰品用的动植物。

第二展厅——农业、工业、工程技术方面应用的机器和机器的发明——说明人类智慧对自然产品所起的作用。

第五展橱：直接用于搬运、铁路、船舶等机构的机器。

第六展橱：加工用的机器和工具。

第七展橱：供机械工程、土木工程、建筑用的设备。

第八展橱：船舶建造、军事工程和军事建筑物、兵器、防护服装和器材。

第九展橱：供农业和园艺用的机器和用具。

第十展橱：哲学仪器和（及其使用过程中的）种类繁多的各种设备、音乐器材、钟表器材、音响器材、外科器材。

第三展厅——工业产品——说明人类工业劳动给自然产品带来的结果。

第十一展橱：棉花。

第十二展橱：羊毛、毛纱。

第十三展橱：丝绸和天鹅绒。

第十四展橱：亚麻制品。

第十五展橱：混合纤维，包括围巾和披肩。

第十六展橱：皮革，包括马具、兽皮、毛皮、毛织品。

第十七展橱：纸、印刷品、本册。

第十八展橱：纺织、毛毡、纤维（供印刷、染色用）。

第十九展橱：织锦，包括地毯、花边和刺绣、手工艺品。

第二十展橱：个人用品、内衣。

第二十一展橱：刀具、常用工具、外科用具。

第二十二展橱：金属器具。

第二十三展橱：贵重金属、宝石、未列入其他类中的一切奢侈品。

第二十四展橱：玻璃。

第二十五展橱：陶瓷器皿。

第二十六展橱：室内家具、室内装饰品、壁纸、纸盒、漆器。

第二十七展橱：建筑和装饰用矿物制品、大理石、石板、花岗岩、水泥、人造石。

第二十八展橱：纺织品、动植物加工品（不包括地毯）。

第二十九展橱：其他加工品和化妆品。

第四展厅——造型艺术、雕刻、模型、雕塑艺术、镶嵌、搪瓷——说明人类的趣味和技巧。

这种分类方法有它的优点，比如织造品和印染品就不因加工过程不同（一个是用机械方法，另一个是用化学方法）而被分开。但是也存在着把不同性质的东西放到一起这样的问题。对于参加展出的外国展品，本想不按国别来陈列，但为了避免弄混参加国的展品是属于哪个国家的，后来又把博览会的会场划分成两个部分，一部分陈列外国的展品，另一个部分陈列英国及其殖民地的展品。

博览会举办的当时，马克思正住在伦敦，他当然参观了。1851年10月13日马克思在给恩格斯的信中就博览会写道：

"近来我继续上图书馆，主要是钻研工艺学及其历史和农学，以求得至少对这个臭东西有个概念。……英国人承认，美国人在工业博览会上得了头奖，并且在各方面战胜了他们。1. 古塔波胶。有新的原料和新的品种。2. 武器。有左轮手枪。3. 机器。有收割机、播种机和缝纫机。4. 第一次广泛采用银版照像术。5. 船舶方面，快艇。为了表明美国人也能够供给奢侈品，他们陈列了加利福尼亚金矿的一大块金子和用纯金制成的一套餐具。"①

对这封信需要注意的第一点是，正当博览会举办期间的9月末至10月初，马克思从波佩、贝克曼、尤尔等人的著作中，就"工艺学及其历史"的有关内容，作了大量摘录。这表明1851年博览会是促使马克思研究工艺学及其历史的原因之一。

第二点是，马克思对美国展品给予了高度评价。在马克思所列举的第一至第五点中，"1. 古塔波胶"和"4. 第一次广泛采用银版照像术"不一定就是美国的展品，但是"2. 武器。有左轮手枪"和"3. 机器。有收割机、播种机和缝纫机"，肯定在博览会上是很引人注目的。《各国的工业》第一部，就美国展品描述道："美利坚合众国的展品，以其纯实用性引人注目……美国的产品，完全不是为了供人观赏，而是为了使用。"并指出马可麦克的收割机和罗宾斯与罗琳斯商会的手枪引起了普遍的关心。它们都是互换性的产品，尤其是手枪，已经被英国引进。因此，在下一个时代，互换性技术将在美国出现，成为赶超英国机器工业的基础。

三、《各国的工业》一书的结构和性质

《各国的工业》是1852年出版的《1851年大博览会展品所代表的

---

① 《马克思恩格斯全集》第1版第27卷第379—380页。

各国工业及工业原料》和1855年出版的《各国的工业,第二部——工艺、机器、工业的现状概观》两书的总称。《各国的工业》这个标题是来自1851年万国工业博览会的正式名称"1851年各国的工业作品大博览会"。该书的发行者是"基督教知识普及协会",由该协会所指定的"一般学术和教育委员会"出版。根据托·布赖的记叙,这个团体是为了在美国组织英国教会而创建的,但是它的活动一直主要是在英格兰和整个威尔士地区建立慈善学校、传播圣经和宗教小册子,也包括许多自然科学和工业方面的东西。

该书直接撰写人不详。不过,后来经过探讨,推断是由接近博览会的审查员等有关人员根据博览会展品目录和审查报告编写的。剑桥大学教授罗伯特·威利斯是博览会的审查员,马克思曾经在1863年1月直接听过他给工人讲课。据说此人与该书有关,很可能就是在他的倡导下编写的。

在《序言》中,关于该书的立场写道:"机师和工匠的劳动过去很长期间几乎一直不被重视,但是现在,因为教育的需要,开始重视了,他们提供了大量的材料",这一点是十分清楚的。"由于哲学和工业结合,扩大和提高了工业,同时又直接促进了哲学发展"这一点,可以说具有科学和工业之间进行交流和结合的意义。显然,博览会的意图是想把博览会作为素材,向人们提供在"获取工业产品这一结果的过程"中"所形成的知识"。

威利斯在《关于1851年大博览会结果的讲义》中,也谈到博览会的目的:第一,"促进科学家和实践家之间更亲密的结合和相互信赖";第二,"普及机师和工匠所应用的方法和工具的更全面的知识"。实际上,英国的技术教育以博览会为转机,从体制方面取得了很大的进展。从他的这些叙述来看,似乎可以认为该书的编撰目的是为了向工人进行技术教育提供参考书。

紧接着第一部第一章《序言》的后面，第二章《工业产品博览会的历史》叙述了1851年博览会的起因。第三章《博览会大厦》叙述了委托帕克斯顿设计水晶宫的经过。第四章《建筑物的建造》和第五章《作业的进展》叙述了据说仅用短短11个月就建成的水晶宫的建造经过。第六章《博览会大厦建造中所应用的机器》，通过列举转臂起重机、钻床、刨床等，详细说明了能够这样迅速建成的原因。第七章《大厦的整体布局》讲解了已经建成的水晶宫的布局。第八章《大博览会开幕》描述了1851年5月1日的开幕大典，生动地再现了维多利亚女王莅临开幕大典的隆重场面。第九章《大博览会内容所代表的各国工业》对展出的内容进行了全面介绍。第十章《博览会简史》叙述了到10月15日闭幕为止的经过和得奖情况。各种奖励的总数为5084项，其中英国占2039项，尤其是机器、金属制品、陶瓷器皿方面，英国的获奖项数超过了其他国家获奖项数的总和。第十一章《工业原料——矿物》是按照以原料为中心的展品分类进行说明的，以第一展橱"采掘业和采石业产品、金属产品、矿产品"中的煤炭为中心讲解它的采掘方法。第十二章《工业原料——化学物质》，以第二展橱"化学和制药工艺、化学和医药产品"为基础，说明苏打、硫酸等的制法。第十三章《工业原料——动植物》，以第四展橱"供制造产品、用具、装饰品用的动植物"为基础，讲述木材和纤维原料等。最后写道："有关把这些原料制成另外的形态、转化成为机器和工业品方面的内容，是本书结论部分的主题"，为转入第二部做了准备。

四、《各国的工业》第二部分析

第二部共九章。

第一章《矿业及其产品》，从"没有金属的存在就绝不会有人类的重大成就和结构力"这一观点出发,讲解了铁和非铁金属及其冶炼方法。博览会除去展出与炼铁有关的高炉等展品外,阿·克各普铸造钢锭和铸钢制品(磙子、车轴、六磅炮)获奖,显示了坩埚炼钢法的炉体设备和操作方法的优越性。这清楚地表明大型钢锭和钢的大量生产的重要性。不过,亨·拜塞莫的转炉法是1856年才公开的,所以没有能够展出。

马克思在《1861—1863年手稿》中摘录了《各国的工业》第二部,但是不包括该书第一章的内容,这可能是因为马克思对该书的关心专门集中于机器劳动手段的缘故。

1. 对原动机的分析

第二章《机械能源》,重点以蒸汽机为主,去说明"机械能源的现状"。这是因为"就连许多从表面上对蒸汽机认识得很清楚的人中间",也很少有人"想到要深刻了解推动机器的方法"。该书对原动机的规定是,"对工厂主来说它是第一位重要的东西,工厂中最能干的劳动力"。然后对原动机逐类作了如下叙述:

"其中有一些产生推动它本身运动的力量,例如,蒸汽机、电磁发动机等。另一些则只是从水或空气的自然运动取得机械能的装置。"①

马克思在《1861—1863年手稿》第19笔记本第1175页中,把这段叙述全部按原话作了摘录,后来又在《资本论》第一卷第十三章第一节《机器的发展》中谈到了原动机的定义。他说:

"发动机是整个机构的动力。它或者产生自己的动力,如蒸汽机、卡路

---

① 《马克思恩格斯全集》第1版第47卷第436页。

里机、电磁机等；或者接受外部某种现成的自然力的推动，如水车受落差水推动，风磨受风推动等。"①

书中还把蒸汽机等与水力作了比较：

"属于第二类的发动机依赖于能的递送，这种递送本来就是不经常的，往往中断，如果能的递送不足，也不是人力所能增强的。然而，蒸汽机以及与其相连的机器，处于人的完全支配之下，它们能够纳入任何操作制度，能够在任何时间开动，并能立即停车。"②

上面这一段叙述也在《1861—1863 年手稿》第 19 笔记本第 1175 页中，全部按原话作了摘录。《资本论》中在对比水力和蒸汽力时，也谈到了这一点：

"水不能随意增高，在缺乏时不能补充……它［蒸汽机］消耗煤和水而自行产生动力，它的能力完全受人控制，它可以移动，同时它本身又是推动的一种手段。"③

下面，该书又说明了蒸汽机的各个部分，谈到蒸汽泵、飞轮、调速器等。然后列举了筒塞装置、环形汽筒装置、束射装置等，作为蒸汽机具体操作的实例。不过，其中博耳顿—瓦特公司的 700 匹马力船用蒸汽机，在《资本论》中写做："1851 年……博耳顿—瓦特公司，在伦敦工

---

① 《马克思恩格斯全集》第 1 版第 23 卷第 410 页。
② 《马克思恩格斯全集》第 1 版第 47 卷第 436 页。
③ 《马克思恩格斯全集》第 1 版第 23 卷第 414 页。

业展览会上展出了远洋轮船用的最大的蒸汽机。"①

接下来,该书分析了汽船航线,写道:"在政府当局资助和促进下,汽船航线的技术得到了很大进步,在过去十年当中特别是船舶装置方面有了某些最重要的变化。"其中螺旋桨的应用是很重要的。与此相反,蒸汽机车的发明还是"非常近期"的事情。书中列举"伦敦西北铁路"(窄轨)和"大西铁路"(宽轨)作为最优秀的实例。上面谈到的这些关于汽船航线和铁路的论述,在《1861—1863年手稿》第19笔记本第1204—1205页中作了部分摘录,在《资本论》中作了概括:"交通运输业是逐渐地靠内河轮船、铁路、远洋轮船和电报的体系而适应了大工业的生产方式。"② 进一步又说,巨大规模的铁路和轮船已经成为"用来制造原动机的庞大机器"③ 即蒸汽锤问世的重要原因。不过,这个问题后面还有地方谈到。

再接下去,又介绍了除蒸汽机以外的其他原动机。首先注意到的是约·埃里克森的空气机,也叫卡路里机。这种装置是为了供船舶和工厂使用而制造的,它利用空气作为作业流体,以防止热损失。但是,经济上很不合算,从工艺学角度考虑又过于笨重,速度方面也不能满足商业上的要求。不过,虽然埃里克森的装置没被实际应用,但是他的原理却在当前的燃气涡轮上得到了有效利用。马克思在《1861—1863年手稿》第19笔记本第1176页中,就埃里克森装置这部分内容作了摘录,在《资本论》中也把它列为"产生自己的动力"④ 的原动机之一。

再后,书中介绍了风车、水车、水动涡轮和水压机。在《资本论》

---

① 《马克思恩格斯全集》第1版第23卷第415页。
② 《马克思恩格斯全集》第1版第23卷第421页。
③ 《马克思恩格斯全集》第1版第23卷第422页。
④ 《马克思恩格斯全集》第1版第23卷第410页。

的叙述中，即"现代涡轮机的发明，使工业上水力的利用摆脱了过去的许多限制"① 一段话里，曾引用这部分内容。

第二章的结尾讨论了电磁机，即电动机。书中谈到俄国雅科比认为他自己的电动机是非实用性的，但未进行深入介绍。此外，还列举了丹麦斯·约尔特和美国查·佩吉的电动机。它们是类似蒸汽机的活塞装置，利用曲轴把铁制磁芯受螺线管吸引所产生的往复运动变成回转运动。书中认为今后电磁机能否被应用，主要看它是否在经济上比蒸汽机更合算，这比工艺学方面的考虑更为重要。当然，电动机的完成，正如工艺史所表明的那样，还需要后来工艺学方面的不断完善。

综上所述，《资本论》第一卷第十三章第一节《机器的发展》中关于以蒸汽机为中心的原动机的规定，显然是以该书第二章《机械能源》为基础的。关于卡路里机和电磁机的评价也是完全沿用了该书的看法。从全章来看，对蒸汽机的讨论无疑是占去了本章的大部分篇幅。

2. 对纤维机器的分析

该书第三章《加工机器。第一部分：纤维过程》讲述了第六展橱"加工用的机器和工具"中的部分内容——纤维机器。书中把这种机器规定为"如果可能的话，它将是取代从事工业劳动的人本身的机器"，描绘了自动化高潮时期的纤维机器的特点。马克思在《1861—1863年手稿》第19笔记本第1176页中摘录了这段话，但是把它理解为对"加工机器"的规定，而不只限于纤维机器。书中是把这部分内容分为纺纱和织布两个部门来进行考察的。首先是关于棉纺方面，讲解了从轧花机到纺纱机的各种机器。这在《资本论》中被当做有组织的机器体系的典型，不过在尤尔的《工厂的原理》和《工艺辞典》中已经有过详尽的讲解，因而马克思没有特别就这方面进行摘录和给予特别重视。稍后

---

① 《马克思恩格斯全集》第1版第23卷第414页。

又讲解了自动停车装置，《资本论》中把它连同后面将要谈到的机械织机一起称之为"自动的机器体系"，写道："例如，断纱时使纺纱机自动停车的装置，梭中纬纱用完时使改良蒸汽织机立即停车的自动开关，都完全是现代的发明。"①

关于纺纱机，该书肯定了制造纱管的自动机器，写道："为了缠棉纱要使用大量的纱管，所以尽量既快又省地制造纱管就变得重要了。"马克思在《资本论》中就这种自动纱管制造机指出："大约从1850年起，在英国，工作机上越来越多的工具才开始用机器制造。"②

除棉纺外，书中紧接着又讲解了羊毛、亚麻、丝的加工机器。然后转入讲解织机。关于机械织机，把旧式的机器和经过改良的机械织机作了比较，说明了"没有纬纱就不开动"的自动停车装置。讲述机械织机的这段话，在《1861—1863年手稿》第19笔记本第1184页中，按原话作了摘录，《资本论》中谈道："特别在机械织机的最初形式上，人们一眼就可以看出旧织机的样子。它的现代形式已经大为改观了。"③

后面又谈到整经机，详细地讲述了加卡织机。另外还说明了克劳生式回转织机、织袜机、花边织机、缝纫机、更纱压花机等。这部分内容在《1861—1863年手稿》第19笔记本第1176—1177页中有摘录，《资本论》中有关克劳生式织机、缝纫机、四色更纱压花机的叙述，就是以这部分摘录为根据的。

从上述讨论来看，该书第三章《加工机器。第一部分：纤维过程》可以为《资本论》中"有组织的机器体系"、"自动的机器体系"④ 等

---

① 《马克思恩格斯全集》第1版第23卷第418页。
② 《马克思恩格斯全集》第1版第23卷第411页。
③ 《马克思恩格斯全集》第1版第23卷第410页。
④ 《马克思恩格斯全集》第1版第23卷第418页。

规定提供典型例证。还有作为产生机器的两个体系之一的"从简单手工业中出现的机器",机械织机和纺纱机也在这些材料的基础上被正式肯定,《资本论》中把它们规定为机器"在空间上的集结"① 和"有组织的机器体系"。

3. 对造纸机器、信封加工机器的分析

第四章《加工机器。第二部分:造纸机器和印刷机器》讲述第十七展橱"纸、印刷品、本册"。书中首先介绍了造纸机器:"其基本原理是把纤维物质捣碎,加水和胶质,把它们摊成纸,淋去多余水分,然后弄干就成了。"这是"出色的自动造纸装置"。书中分别讲解了制造纸浆过程和抄纸过程,并对这种自动装置进行了如下描述:

"这种出色的自动装置已被完全实现,其成就有二。在制造工艺范围内应予考虑的最重要的事情之一,就是生产的连续性。它能不间断地进行生产,是最完备和最经济的机器……第二点应予指出的是,这种机器的完全自动的精致构造……它不需要人进行任何帮助……如果说有时需要帮助,那就是帮助它排除偶然发生的故障,而不是帮助它加工制造。"

马克思在《1861—1863 年手稿》第 19 笔记本第 1179—1182 页中,对有关造纸机器的叙述的大部分作了摘录。他最重视的是作为自动作业间的造纸机器。书中把前面所援引的这些内容概括起来加以总结说:"机器本身体现出:**生产的连续性**(也就是原材料加工所经历的各阶段的连续性);**自动化**(只有在排除偶然故障时才需要人);**运转迅速**。由于使用机器,更可以进行**同时作业**了。"② 《资本论》承袭了这些看

---

① 《马克思恩格斯全集》第 1 版第 23 卷第 416 页。
② 《马克思恩格斯全集》第 1 版第 47 卷第 443 页。

法,把造纸机器评价为除纤维加工外"自动的机器体系"的典范,写道:"现代造纸工厂可以说是生产的连续性和应用自动原理的范例。"①

第二个重点是作为"从工场手工业中出现的机器"的造纸机器。在这方面马克思对准备过程作了如下分析:"恰恰是具有工场手工业形式的这种生产,由于化学过程和机械过程是交替进行的,其特点是内部没有多大的联系。""从工场手工业或手工业过渡到机器生产时,(在机器加工之前的)准备过程的道数往往大大增加;这是由于待加工的原材料,如棉花、纸浆等等,为了适合于纯机械过程,必须变成质地十分均匀的物质。"②

于是适应机器生产需要的准备过程增加了,造纸机器被评价为实行包括准备过程在内的"自动的机器体系"的典范。在这之后说,"机器是由以分工为基础的工场手工业产生的","机器体系完成一系列过程,用以代替从前互不相连的各项操作"③。

其次,书中举出信封制作机器,同手工作业方法进行了对比和说明。根据1839年的邮政法修正案,邮费降低了,从那时起包裹和信件的邮递量猛增。于是信封的需求扩大,信封制作机器应运而生。

"按一般的生产方法,折叠、胶合与压出花纹是单独的过程,在每一个信封上这些操作的每一项都是分别完成的。在这里,由于采用机器,就得到很大的节约。在使用手工劳动时,生产过程各阶段分割开来,大大地增加了生产费用,而造成损失的原因主要是由于从一个过程到另一个过程的单纯转移。"

---

① 《马克思恩格斯全集》第1版第23卷第418页。
② 《马克思恩格斯全集》第1版第47卷第441—442页。
③ 《马克思恩格斯全集》第1版第47卷第453页。

马克思在《1861—1863 年手稿》第 19 笔记本第 1183 页中，举出信封制作机器，把它评价为"仅在很短的时期内是用手工方法进行的，然后是用工场手工业方法，此后很快就用机器方法进行了"① 中的一种。然后，在第 19 笔记本第 1187 页中规定为工场手工业中产生的"一台复杂的机器被用来完成互不相连的各种操作"② 的机器。在《资本论》中认为，它是"由工场手工业专门化了的各种简单工具的结合"，是机器"在空间上的集结"③ 的范例。《资本论》第十二章第三节在描述工场手工业时说："既然各个孤立的职能之间要建立和保持联系，制品就得不断地由一个人之手转到另一个人之手，由一个过程转到另一个过程。"④ 马克思在这段话后加了脚注（35），在这条脚注中引证了《各国的工业》的话。

再后是讲解铅字铸造机。在讲解之前还详细地叙述了用手工劳动进行的铅字铸造。这在马克思《1861—1863 年手稿》第 19 笔记本第 1183 页中，作为以分工为基础的工场手工业的实例进行摘录。然后用实例解释了分工的"倍数原理"。在《资本论》的第十二章第三节中被引用为"工场手工业的分工在发展社会劳动过程的质的划分的同时，也发展了它的量的规则和比例性"⑤。后面又讲解了排字机、蒸汽动力式印刷机、轮转机等，到此结束了本章。

综上所述，从该书第四章和《资本论》的关系来看，首先因为书中是用与手工业劳动进行对比的方法来详细讲解这些机器的，所以它

---

① 《马克思恩格斯全集》第 1 版第 47 卷第 447 页。
② 《马克思恩格斯全集》第 1 版第 47 卷第 453 页。
③ 《马克思恩格斯全集》第 1 版第 23 卷第 416 页。
④ 《马克思恩格斯全集》第 1 版第 23 卷第 382 页。
⑤ 《马克思恩格斯全集》第 1 版第 23 卷第 384 页。

不仅提供了作为"自动的机器体系"典型的造纸机器，而且还提供了从工场手工业中出现的造纸机器、信封制作机器、铅字铸造机。从《1861—1863 年手稿》开始到撰写《资本论》为止，一方面"机器论"被总结为"机器和大工业"理论；另一方面"分工论"被总结为"分工和工场手工业"理论，在这个过程中这些事例作为素材起到了很大的作用。

4. 对工作机器的分析

第五章《加工机器。第三部分：操作用的机器》讲述了第六展橱"加工用的机器和工具"的一部分。本章是该书最有贡献的部分。书中首先阐述了工作机的骨干作用：

"加工铁的机器的构造和加工丝或棉的柔软纤维的机器的构造应该是根本不同的。制造第一类机器要付出更大的力。同时也必然要求它的工作部件构造复杂。加工这些较坚硬的物质所使用的机器一定非常简单，同时它本身的内部结构结合非常牢固。不过，这些机器的构造显示出很多力学技巧，认为这些方法比过去的占有更重要的地位，那是很恰当的。这是因为其他的机器之所以能造出来，是由于有这些机器作为工具可供使用。没有蒸汽锤、车床和钻床，就不能生产出像印刷机、机械织机和粗梳机这样的机器。"

马克思在《1861—1863 年手稿》第 19 笔记本第 1185 页中在"机器制造业"的标题下引用了这部分的内容。对由机器来制造机器的重要性作了如下叙述："由于使用机器，产品质量得到改进……这个影响在两种场合对生产过程将是加倍重要的。（1）材料的质地均匀等是用机器进一步加工的条件。（2）在制造机器部件和哲学仪器的地方，规格化、形状的数学精确性等具有更大的意义。"① 他还在《资本论》中论述工场手工业工艺方面的极限时使用了这部分材料："例如，像现代印刷机、现代蒸汽织机和现代梳棉机这样的机器，就不是工场手工业所能制造的。"②

接下去书中给机构下了定义："在一切机器中都有一定部分**实际上完成这样一种工作，机器就是为了这种工作而制造的**，而机械则仅仅是用来使**这些部分对被其加工的材料产生应有的运动**。这些工作部分是**机器借以进行工作的工具**。"③

机构的这个定义，和前面提到的罗伯特·威利斯所下的定义相类似。威利斯是第六展橱的审查员，也许还是审查报告的撰写人。他在《关于1851年大博览会结果的讲义》中描述道："动作部分由机构组合起来，它们按照工作的性质依据所要求的规则来动作"，"简单的机构……在把一种运动转换成另外一种运动时出现"。虽然还不能准确地断定本章的撰稿人是谁，但从上述内容来看，可以判断它是出自威利斯或其学说继承者之手。

马克思在《1861—1863年手稿》第19笔记本第1185页中以"**工作机作为总体机器的部分，不同于它的其他部分**，即原动机和传动机构"④为标题，引用了机构的这个定义。他说："这是对的。人用以工作的工具重新出现在机器上，不过，现在它们是机器用以工作的那种工具。"⑤

---

① 《马克思恩格斯全集》第1版第47卷第450页。
② 《马克思恩格斯全集》第1版第23卷第420—421页。
③ 《马克思恩格斯全集》第1版第47卷第450页。
④ 《马克思恩格斯全集》第1版第47卷第450页。
⑤ 《马克思恩格斯全集》第1版第47卷第450页。

这段话表明，马克思确认了机构的定义，重视工具同机构的结合。该书接着关于机构上所结合的工具说，那些工具的制造是在其他部门中分别进行的。

"在纺纱和完成纺纱前准备过程的机器中，在各类织布机和抄纸机中，有着很多这样的工具，如纱锭和粗纺机、槽轮、梳子和各种梳理设备、织布的梭心和梭子、造纸用的金属线网等。制造上述每一物件是各种工业部门的任务，它是由其他专业的工人完成的，而不是由制造机器的工人完成的。"

在第19笔记本第1186页中，马克思根据上面这段叙述写道："**第一点**［机器不同于工具之处在于］，在机器中从一开始就出现**这些工具的组合**"，把"机器上工具**组合**"分为三种形式。第一种形式的组合是"一台机械织机同时带动许多梭子"，纺纱机带动纱锭，粗梳机带动梳子，等等。"此外，机器从一开始就应是机器的上述工作部分同传导运动的机械和推动机械的原动机的组合。"① 这第一种结合形式，在《资本论》中被规定为"发达的机器"。第二种结合形式就是前面讨论过的造纸工厂、纺纱工厂那样的"在一个接着一个的生产过程上依次对原料进行加工的各种机器是互相连接的，而且是由同一动力推动的"② 。在《资本论》中被规定为"有组织的机器体系"。第三种结合形式是前面讨论过的织机等"很多工作机，在一个工厂里同完成准备作业的相应的预制机器相连接，由同一动力来推动"③ 。在这里应用了"简单协作的原理"。在《资本论》中被规定为机器"在空间上的集结"。

---

① 《马克思恩格斯全集》第1版第47卷第451页。
② 《马克思恩格斯全集》第1版第47卷第451页。
③ 《马克思恩格斯全集》第1版第47卷第451页。

上述三种结合形式概括起来就是："一旦由工人的工具……变为机械的工具，——机器就代替了工具。"① 像这样根据书中的机构定义、前面所谈的关于"自动的机器体系"和"有组织的机器体系"的分析，来解释"机器和工具的区别"，并对机器上工具的各种结合形式进行分类，就变成了《资本论》中"发达的机器"、"有组织的机器体系"、机器"在空间上的集结"的规定。

接下来书中讲述了各种工作机器。首先是詹·奈斯密斯的蒸汽锤。这种锤是为了锻造船舶上的蹼轮轴而建造的，因为使用它能够实行锻接，所以广泛用于制铁。书中写道："由于蒸汽锤是根据自动操作的原理建造的，所以，能够从汽锤获得任何力量的锤击，从打碎鸡蛋壳的那种力量到最大的压力 500 吨所产生的力量。"② 有关蒸汽锤的叙述，包括这段叙述在内，大部分被马克思摘录在《1861—1863 年手稿》第 19 笔记本第 1206—1207 页中，其中的下述部分在《资本论》中被引用：

"瓦特的伟大之处就在于，他在 1784 年 4 月获得的专利说明书中，预见到蒸汽机的一切可能用途，并指出利用它来建造机车、锻造金属的可能性。"③

另外，这段关于蒸汽锤的叙述，在《资本论》中曾被多处引用，书中接着又讲解了赖德的专利锻造机器。在《资本论》中，"赖德的专利锻造机，用小蒸汽锤锻造纱锭，每分钟可锤 700 次"④。这段话就是

---

① 《马克思恩格斯全集》第 1 版第 47 卷第 452 页。
② 《马克思恩格斯全集》第 1 版第 47 卷第 481 页。
③ 《马克思恩格斯全集》第 1 版第 47 卷第 482 页和第 23 卷第 415 页。
④ 《马克思恩格斯全集》第 1 版第 23 卷第 447 页。

根据书中的这部分叙述写的。

　　后来书中考察了铆接机、蒸汽铆接机、冲孔机、切板机。其中曼彻斯特的费尔贝恩发明的铆接机，被应用于制造锅炉、船舶、铁管桥，并谈到"铆接机的发明，是由于十五年前在我们公司劳动的、锅炉制造工的罢工所引起的"①。对于这一点，在《1861—1863年手稿》第19笔记本第1208页中被引用过。马克思说："关于罢工的这个论点妙极了。"②《资本论》第一卷第十三章第五节《工人和机器之间的斗争》中也谈到这点。切板机被描写为"剪刀"。接下去又联系"应用自动机器制造机器"，对刀架的历史及其意义进行了详细讲解。

　　"约在四十年前（大约在1810年或1814年）**亨利·莫兹利先生**在机器制造业所应用的工具和机器中引进了**滑动原理**。没有这个原理的引进，我们永远也不会达到机器制造业现在所具有的这样高的发展水平。

　　这里所指出的原理已应用于**机械装置**，这种装置代替了人手来掌握刀具将其贴近被切削的物件表面，并支配刀具的运动。用这种机械装置，我们就能使刀具的刀刃绝对准确地**在物体的表面上纵向或横向移动**，工人几乎不用任何肌肉力就能作出任何一种基本的几何形状——直线、平面、圆、圆柱体、锥体和球体，轻易、精确和迅速的程度是从前任何最熟练工人的最富有经验的手都无法作到的。滑动原理已应用于**刀架**，刀架在目前已成为任何一部车床的一部分，并且以不同的形式应用于镗床、刨床、插床、钻床和其他机床。不管车床的这个附件多么简单，从外表上看多么不重要，但我们认为，可以毫不夸大地说，它对**机器的改良和更广泛应用所产生的影响**，不下于**瓦特对蒸汽机的改良**所产生的影响。采用刀架的结果是，各种机器很快就完善和便宜了，而且推动了新的发明和改良。**在刀架被采用之后不久，它就被制成自**

---

① 《马克思恩格斯全集》第1版第47卷第483页。
② 《马克思恩格斯全集》第1版第47卷第483页。

动的了，也就是说，固定在刀架上的刀具贴近表面进行纵向或横向操作时，已不依靠看管机床的工人的注意力了。"①

上述部分在《1861—1863年手稿》第19笔记本第1209页中被全文引用，并注释道："一般地说，**刀架代替了人手**。"② 而且在《资本论》中的叙述也是以这段话为根据的。

后来书中又对应用刀架的工作机依次进行了解说。首先把镗床评价为"不借助镗床就不能生产任何工作规模的蒸汽机"。《资本论》中说它是"用来制造原动机的庞大机器"③。并进一步描写道："钻床的工作机，是一个由蒸汽机推动的庞大钻头，没有这种钻头就不可能生产出大蒸汽机和水压机的圆筒。"④

该书写道："车床是使用范围最广泛的机器，对制造业者来说是绝对必要的。……它是具有普遍价值的用具，在实用机器中，它是最重要的。"又进一步解释说，车床又分为脚踏车床、机械车床、特种车床。《资本论》中说"机械旋床是普通脚踏旋床的巨型翻版"⑤。

再后，书中就牛头刨床描述道："这种机床在工人手中实际上成为一把功率强大的刀子，完全按工人的需要来进行切削"⑥，把刨床描述为："这是铁的木工，因为，木工用他的刨在木材上完成的一切作业，机床都能用它的工具来完成。"⑦《资本论》也进行了同样的规定："刨

---

① 《马克思恩格斯全集》第1版第47卷第485页。
② 《马克思恩格斯全集》第1版第47卷第485页。
③ 《马克思恩格斯全集》第1版第23卷第422页。
④ 《马克思恩格斯全集》第1版第23卷第422页。
⑤ 《马克思恩格斯全集》第1版第23卷第422—423页。
⑥ 《马克思恩格斯全集》第1版第47卷第486页。
⑦ 《马克思恩格斯全集》第1版第47卷第486页。

床是一个铁木匠，它加工铁所用的工具就是木匠加工木材的那些工具。"① 书中还对钻床描述道："这是立式车床，不同之处只是，这里制件是固定的，而刀具是旋转的。"② 再后对卡尺进行了详细解释。最后对木匠用的机器作了如下叙述：

"**加工木材的机器也是精巧的**。这主要是**美国**出产的机器。在美国，加工木材的机器甚至比英国应用得更广泛，甚至在不大的工场内也为自己开辟了道路。在这个国家里，手工劳动相当昂贵……所以，人们尽可能地减少手工操作……人们更注意的是节约时间和劳动，以及在花费最少的情况下收效最快，而不是制作得最坚固和达到最好的精工。在分散的居民需要克服大量自然障碍的地方，占有位置的主要不是优美的精工，而是大胆的构想。"③

书中着重论述美国的机器的地方，只有这么一处，第一部谈到的制造互换性手枪和收割机的工作机（转塔车床和铣床），在这里没有谈到。马克思在《1861—1863年手稿》第19笔记本第1211页中，认为木工机器是美国工艺的特点，《资本论》中写道："那些也能够小规模使用的木材加工机器，大部分是美国人的发明。"④

在结束本章讨论的时候，如果从工作机发展史的角度来考察书中所讲述的工作机，从"车床、锉床、钻床、刨床、牛头刨床、插床等已经付诸应用"这一评价来谈，可以认为各种基本的工作机几乎都已经齐备了。联系到《资本论》第一卷第十三章第一节《机器的发展》，甚至可

---

① 《马克思恩格斯全集》第1版第23卷第423页。
② 《马克思恩格斯全集》第1版第47卷第487页。
③ 《马克思恩格斯全集》第1版第47卷第487页。
④ 《马克思恩格斯全集》第1版第23卷第423页。

以说，第一，对工作机的骨干性的认识；第二，关于机构的认识；第三，机器和工具的区别和联系；第四，"发达的机器"、"有组织的机器体系"、机器"在空间上的集结"的规定；第五，对各种工作机的特点的认识；第六，刀架的意义等几乎所有这些方面，马克思都是根据本章的叙述得出来的，它们起了决定性的作用。

5. 对水泵等的分析

第六章《加工机器。第六部分：工艺应用的机器》，讲的是第六展橱的其余部分和第十展橱的一部分。本章用大半的篇幅考察了水泵，其特点是不以原动机来进行分类。

书中首先介绍了荷兰所使用的英国造蒸汽排水机。《资本论》中把这段内容作为"原来只是用人当简单动力的那些工具""已经发展为机器"的一个实例，写道："例如，1836—1837年荷兰人用来抽干哈勒姆湖水的水泵，就是按普通唧筒的原理设计的，不同的只是，它的活塞不是用人手来推动，而是用巨大的蒸汽机来推动。"①

稍后，书中讲述了蒸汽排水机在英国的情况，接着又讲解了高效率的阿波德离心式水泵。除水泵外又进一步介绍了水压活塞等水压装置。并且谈到离心洗涤干燥机、苏打水机器。在这后面，作为利用空气流的机器，首先介绍了改良风箱、鼓风机、应用离心泵原理的鼓风机、空气泵等。前面这些叙述，在《资本论》中被引用为："在英国，现在有时还把铁匠用的极不完善的普通风箱的把手同蒸汽机连接起来，而变成机械风箱。"② 但是，取代风箱的并非空气泵，却是鼓风机。另外，关于风箱和鼓风机还谈道："把铸铁厂的现代鼓风工具和当初仿照普通风箱制成的笨拙的机械风箱比较一下，就可以看出生产资料的旧形式最初如

---

① 《马克思恩格斯全集》第1版第23卷第411页。
② 《马克思恩格斯全集》第1版第23卷第412页。

何支配着它的新形式。"①

再往下,书中介绍了使用鼓风机的磨粉机以及与它有关的制作饼干和面包的机器。普利茅斯的皇家海军船坞制造这些机器,该书对这些机器的内容的介绍颇为有趣。最后讲解了制砖机、甘蔗粉碎机等。本章讲到的水泵、风箱和磨粉机等与《资本论》的联系,就在于它们给原来只是用人当简单动力的那些工具已经发展为机器提供了典型事例。

6. 对哲学仪器的分析

第七章《哲学仪器》讲述的是博览会的第十展橱"哲学仪器和(及其使用过程中的)种类繁多的各种设备、音乐器材、钟表器材、音响器材、外科器材"。这里所说的哲学仪器,是指天文学、光学、光、热、电、磁、音响学、气象学等方面的有关器材,也包括化学分析装置和计算机器。

本章一开头就写道:"经过两个世纪的时光,给科学的进步以及科学应用的各种器材带来了惊人的变化。""最初,哲学仪器制造得很粗糙,结构非常简单。"而现在已经是"蒸汽机和电报机的发明必须要有物理科学作为它们的依据"的阶段了。因此,"人类的利益大多同自然科学的成就息息相关;科学真理则同哲学仪器的完善息息相关,这是必然的结果"。

这就是说,新工艺是以科学的发展为依据的,而科学发展本身又是由哲学仪器这一技术所规定的。关于望远镜的制造,书中写道:"望远镜的金属部件的这些铸件,是精密制品的范例",在介绍自动刻度机之后,强调了精确地制作哲学仪器本身的重要性。这方面,马克思在《1861—1863年手稿》第19笔记本第1185页中承袭了这个见解。他写道:"在制造机器部件和哲学仪器的地方,规格化、形状的数学精确性

---

① 《马克思恩格斯全集》第1版第23卷第420页。

等具有更大的意义。在这里，成功的程度完全取决于这种质量。"① 但是在《资本论》中却没有见到直接论述哲学仪器的地方。

书中列举了下述这样一些具体实例：首先讲到与摄影有关的立体镜、伪体镜、测距仪。然后考察了望远镜和显微镜，接着讨论了詹·普·焦耳的电磁铁。作为具体实例，介绍了海底电报、指针式电报机、印刷电报机、威·乔·阿姆斯特朗的永磁水力发电机、温度计（自动记录）、气压计、精密天平等。

作为磁的应用，主要介绍了电报，也许因为这是当时最实用的领域。书中有关讲述磁的规律的内容，在《资本论》中被引用如下："电流作用范围内的磁针偏离规律，或电流绕铁通过而使铁磁化的规律一经发现，就不费分文了。但是要在电报等方面利用这些规律，就需要有极昂贵的和复杂的设备。"②

这里所说的"极昂贵的和复杂的设备"，是马克思针对本章前面曾经说过的"特别是在化学研究中，本质上并不需要昂贵的复杂设备"这样一句话讲的。他的这种引用方法是符合本章的基本思想的，因为这一基本思想同科学发展本身由哲学仪器这种技术来规定这一理解是一致的。

第八章《玻璃和陶瓷器皿》同第二十四、二十五展橱有关，讲解各种玻璃和陶瓷器皿及其制造方法。在《1861—1863年手稿》中，马克思没有摘录本章的内容。但是《资本论》第十二章第三节中关于玻璃工场手工业所引用的素材很可能包括本章的内容。

7. 对钢笔尖工厂的分析

第九章《五金加工业》是同第二十二展橱有关。五金是指"马口

---

① 《马克思恩格斯全集》第1版第47卷第450页。
② 《马克思恩格斯全集》第1版第23卷第424页。

铁管、焖锅、茶盘、水壶、炉具、钢笔尖"等。本章首先谈到五金加工业的大中心地伯明翰,并分别讲述了实用品重质五金和装饰品轻质五金。在重质五金工厂中,大多数工人所承担的产品是锤子和制鞋工具。"据调查证实,在北明翰制造了不下于 300 **种各式各样的锤**,其中每一种都只适用于某种专门的生产。"①

在《1861—1863 年手稿》第 19 笔记本第 1177 页中,在"**工具的专门化和分化的例证**"② 这一标题下,马克思引用了这部分内容。《资本论》第一卷第十二章第二节中写道:"劳动工具的分化和劳动工具的专门化,是工场手工业的特征……单在伯明翰就生产出约 300 种不同的锤。"③ 不过,本章和《资本论》所说的锤的种数不同。

本章举出钢笔尖工厂作为轻质五金的实例,对它的工艺过程和"把 6 道工序一次完成"的机器进行了详细讲解。在马克思《1861—1863 年手稿》第 19 笔记本第 1178—1179 页中,关于这部分内容作了摘录。他写道:"**钢笔尖的生产。最初是实行分工,后来是机器生产。**"④ 在《资本论》第十三章第八节中,是作为"大工业所引起的工场手工业、手工业和家庭劳动的革命"⑤ 的一个例证。

这种钢笔尖制造机"是由以分工为基础的工场手工业产生的","一台复杂的机器被……用以代替从前互不相连的各项操作"⑥。再往后,书中又谈到"使用钢笔尖所需要的"一些零星物品,此外还讲解

---

① 《马克思恩格斯全集》第 1 版第 47 卷第 439 页。
② 《马克思恩格斯全集》第 1 版第 47 卷第 439 页。
③ 《马克思恩格斯全集》第 1 版第 23 卷第 378—379 页。
④ 《马克思恩格斯全集》第 1 版第 47 卷第 439 页。
⑤ 《马克思恩格斯全集》第 1 版第 23 卷第 503 页。
⑥ 《马克思恩格斯全集》第 1 版第 47 卷第 453 页。

了制瓶、加工马口铁、镀光等。该书最后谈到削价竞争和次品的问题。

从与《资本论》的联系这一角度来考察，钢笔尖的加工作为一个典型，可以提供从工场手工业向机器过渡的素材。

五、总　结

上面我们介绍了《各国的工业》第二部各章并研究了马克思对它的利用。根据上述的介绍和研究，我们明确了《资本论》所规定的机器工艺历史的各个阶段，并通过这一点来确定《资本论》第一卷第十三章第一节《机器的发展》的意义和界限。

根据前面已经进行的那些讨论，我们明确了，除部分工艺史（即波佩等人的研究成果）和部分力学（即尤尔、拜比吉、韦利斯等人的研究成果）之外，《机器的发展》一节的其余内容，无论是力学原理方面的，还是对机器的具体特征和技能的认识方面的，显然几乎完全都是以《各国的工业》研究为根据的。

第一，在《各国的工业》第一部的后半部分和第二部的第一章，详细分析了有关化学工业、制铁、非铁金属冶炼等行业的设备制造厂等问题。在这些章节中讲述了许多炼钢方面的内容，马克思在《资本论》和《1861—1863年手稿》中都没谈到。在《资本论》论述"劳动过程"的内容中有"生产的脉管系统"和"充当劳动对象的容器的劳动资料"[①] 这些一般性规定（据认为这些是参考了尤尔的《工艺辞典》），但是在"机器的发展"理论中却见不到和它们相应的内容。这也许是因为马克思主要关心机械性劳动资料。因此，对那些与机械性劳动资料有联系的化学设备的性质和发展的分析课题就被搁置起来了。

---

① 《马克思恩格斯全集》第 1 版第 23 卷第 204 页。

第二，原动机的考察内容大部分放在蒸汽机方面了，不过《资本论》根据《各国的工业》的材料也对卡路里机和电磁机进行了评价。卡路里机虽然没被实际应用，但它的原理后来却在燃气轮机中被有效利用。电磁机则是随后继续完成的。因此，对内燃机和电力自然也就不可能提出正式的分析了。

第三，十分清楚，《资本论》中的"自动的机器体系"、"有组织的机器体系"和机器"在空间上的集结"等规定，也是以该书的材料，并以当时纤维加工方面的各种机器和造纸机器为依据的。自动化、自动制动器等是以纤维和纸等原料的阶段性加工为典型，因而是自动化中最容易实现的一些类型。在这个阶段，机器加工和机器组合的自动化还没有成为课题。

第四，《各国的工业》一书根据对1850年出现的基本工作机的深刻力学探讨所作的分析，成为《资本论》分析以下各点的基础：1. 关于工作机的骨干性的认识；2. 关于机构的认识；3. 机器和工具的区别和联系；4. "发达的机器"、"有组织的机器体系"、机器"在空间上的集结"等规定；5. 对各种工作机的特点的认识；6. 对刀架的意义的认识。但是，关于已经成为制造具有互换性的（这受到马克思的关切）美国产收割机和手枪的基础的工作机（铣床、转塔车床、磨床等）的分析，在《各国的工业》中没有见到，所以在《资本论》中也没出现。

上述这些就是《资本论》研究"机器的发展"理论时借用《各国的工业》一书的情况。另外，还要指出，与"机器的发展"有关的还有以下各点：

第一，《各国的工业》第六章《工艺用机器》中谈到的水泵和风箱、磨粉机等，提供了"人开始只是作为简单动力来开动的工具""发展为机器"的典型。不待言，这些还是那种并没有引起产业革命的机器系列中的机器。

第二,《各国的工业》第七章《哲学仪器》说明,科学发展本身是由哲学仪器这种技术规定的。这一点在《资本论》中明确指出由机器来制造机器的重要性,也可以认为是应用科学规律的问题。

第三,《各国的工业》是通过对比各种机器与手工劳动进行讲解的。为此,对信封制作机、铅字铸造机、钢笔尖制作机和玻璃工场手工业等的分析,为《资本论》的"分工和工场手工业"理论提供了丰富的素材。

[原载日本北海道大学《政治学研究》
(1982—1983年)第32卷第3期]

(王克峻 译)

罗伯特·韦利斯的机构理论和马克思

——马克思"机器理论"形成史研究(三)*

〔日〕吉田文和

一、前　言

"我在力学方面的情况同在语言方面的情况一样。我懂得数学定理，但是属于直观的最简单的实际技术问题，我理解起来却十分困难。"①

正在潜心撰写《机器理论手稿》的马克思，1863年1月28日在致恩格斯的信中，这样述说了一个社会科学家在研究技术问题时所感受到的困难。为了要多少解决一点困难，马克思于是"去听韦利斯教授为工人开设的实习（纯粹是实验）课（在杰明街地质学院里，赫胥黎在那里也讲过课）"②。

这位韦利斯教授的机器学说和他讲授的课程是些什么内容呢？它对马克思的"机器理论"有过什么影响呢？在研究史上，几乎从来没有人从《资本论》形成史和工艺理论的角度探讨过这些问题，从其他角

---

* 本文选自《马列主义研究资料》1985年第1辑。作者系日本北海道大学经济系副教授。

① 《马克思恩格斯全集》第1版第30卷第317页。

② 《马克思恩格斯全集》第1版第30卷第317页。

度，主要是从教育学的角度倒是有人谈过。乔·克拉普的《马克思恩格斯论教育与生产劳动相结合和综合技术教育》一书在讲述罗伯特·韦利斯的章节中，对他的学说作了概述。但是没有直接讨论他的著作，也没有分析他对马克思有过什么影响。

再有，对马克思的"工具和机器的区别与联系"问题的理解，好像照例都是对马克思本人就机构内容所作的规定不假思索就提出议论。原光雄的说法即其一例，他说："有人主张，马克思对工具和机器的区别的规定实际上不能成为区别的规定"；"'机器有不带工具的机构（即**机器的构造**）'。其实这样的主张，和机器就是机器这种主张并没有多大差别。"这里，原光雄先生是在重弹他过去说过的机构就是机器的构造这种老调，避而不谈马克思本人关于机构的规定，却对马克思妄加批判。

根据目前的理论状况，本文拟讨论三个问题：第一，罗伯特·韦利斯的课程和著作；第二，罗伯特·韦利斯的机构理论；第三，马克思"机器理论"的继承关系。我们希望弄清马克思"机器理论"的一个渊源。

二、罗伯特·韦利斯的课程和著作

罗伯特·韦利斯从少年时代就显示出卓越才华，他的一生既是杰出的音乐家、制图家，又是酷爱机器和中世纪建筑的研究家。他于1821年入剑桥大学凯乌斯学院读书，1826年获文学学士学位、第九届数学学士考试优等生。后来又成为特别研究员，1829年获文学硕士学位。

他致力于研究机构问题，最初他选择的是数学与动物机构相结合的课题。《剑桥理科协会纪要》发表过他的《论元音》（1828年）和《论喉头的机构》(1828—1829 年),1830 年被选为英国学士院会员。威·法里士去世之后,他于 1837 年继任剑桥大学自然科学和实验科学杰克逊讲座教授。1841 年他出版了《机构原理》,这本书以讲座的教材为基础把单纯机构系统化了,并且引入了"运动学"这一术语。

后来他又把法里士曾经实行过的当堂演示制作机器模型这个方法系统化,1851 年发表了《机构原理及其有关学科讲师和实验员应用的器材体系》。韦利斯在教育工作方面很有造诣和才能,教室里总是座无虚席。

韦利斯在 1851 年伦敦万国工业博览会期间担任第六展橱("加工用的机器和工具")的审查员,撰写过报告书。第二年,他又在技艺协会就这届万国工业博览会的成就问题讲过课。为了要借 1851 年万国工业博览会之机推动地质调查工作的开展,政府矿业学校和伦敦杰明街实用地质学博物馆相继成立。马克思提到的"地质学院"就是指此而言。韦利斯从 1853 年到 1868 年曾在政府矿业学校兼任应用机械学讲师。托·赫胥黎从 1853 年起也担任地质学讲师。

政府矿业学校和实用地质学博物馆都为工人开设了课程。设有四门课程,1858 年听课的工人达 440—600 名。各门课程分别由韦利斯和赫胥黎等人讲授,马克思曾经听过韦利斯给工人讲授的应用机械学。

韦利斯是一位颇具声望的齿轮发明家,而互换性齿轮和渐开线齿轮等的实用化(画齿规的发明)更是他的杰作。研究机构问题,但对它不进行力学考察而专攻运动学,这是法国安佩尔所开拓的一个研究领域,韦利斯又把它进一步发展了。在韦利斯去世的 1875 年,弗·卢洛的《理论运动学》问世,据说该书构成他后来的机器学说的基础。不过后来经研究得知,卢洛的学说中有许多内容竟是步韦利斯的后尘。此外,韦利斯还是一位中世纪建筑的研究家,并且留下了很多著作。

三、罗伯特·韦利斯的机构理论

韦利斯关于机器和机构的学说是在《机构原理》(1841年)一书中得到说明的。韦利斯在序言中首先提到吕伯尔德的《机构篇》(1724年)一书,因为该书谈到了"运动的转换"。他写道:"该篇论述了机构把**圆周运动转换成直线运动、前进运动转换成后退运动、后退或前进运动转换成连续圆周运动**。"其次提到了蒙治。韦利斯对他的评价是:"明确提出了把机构作为将某种运动转换成另外一种运动的机械组合,但没有对它作力学考察。"

但是,韦利斯认为,根据蒙治的观点建立起来的贝坦库尔等系统,"是运动学的特殊对象,它不表明运动的转换规律"。韦利斯认为,他的目的是要阐述"建立一个包罗一切基本组合的机构系统,此外还要阐述用数学方法研究运动转换的规律"。从这一观点出发,韦利斯指明:他的研究目的,"不是把机构作为改变**给定运动**的方向和速度的手段,而是把它作为产生两个物体之间的**运动关系**的器具"。这是因为,"机器的元件只能调节它所连接起来的物体的**速度和运动关系**,而对于几乎各个部分来说,这种连接及其作用的规律均与**实际速度**无关"。

因此,韦利斯的主要研究重点是机构元件调节物体的速度和运动关系的问题。他接着提出《单纯机构基本组合一览表》的分类根据:(1)在物体的速度和方向关系(物体运动的方向关系)方面所产生的组合效果;(2)运动的传导方法。然后进行了分类。《机构原理》一书的内容就是以这样的分类为基础的。分类根据(1),"在物体的速度和方向关系方面所产生的组合效果",是对调节"物体的速度和运动关系"的机构元件的约束和调节作用进行研究的依据。分类根据（2），"运动的传导方法"，是对机构元件的动力传导作用进行研究的依据。因此，可以说《单纯机构基本组合一览表》的分类根据，是机构元件在约束、调节运动和动力传导这两方面所发生的作用。

序言部分作了若干说明后，他接着在《机构原理》一书的正文中就机构作了如下规定：

"在本书中机构一词只能理解为调节运动关系的机械组合，因而可以完全脱离力学考察"；

"机构可以规定为连接两个或两个以上物体的部件的组合，其中的一个物体的运动对另一个物体的运动有强制作用，而这种作用又是由决定于这个组合的性质的连接规律产生出来的"；

"机构使两个或两个以上物体之间实现连接，并调节其比例速度和相关方向。"

归纳起来，韦利斯的观点是：**机构**是连接两个或两个以上物体的机械组合，并且调节它们的运动关系（速度和方向关系），机构运动学研究它们的运动转换规律。机构基本组合的分类根据有两个：（1）约束和调节运动关系方面即"在物体的速度和方向关系方面所产生的组合效果"；（2）动力传导方面的"运动传导方法"。

如上所述，《机构原理及其有关学科讲师和实验员应用的器材体系》（1851年）以《机构原理》为理论基础，讲述了机器学课程里所应用的器材体系。我们可以推断，在马克思听过的课堂上也使用这种器材体系。该书附有插图可供参考，其特点是既用模型演示组装机构元件，又用通俗的文字进行讲解。例如，书中有一段就"机构元件"作了如下讲述：

"回旋物体由铰链支承，铰链装在托架上。托架支承在底板、槽座、长方形垫块上，有的支承在由支腿或支腿台、组合柱台、长方形垫块等所构成的复合骨架上，所有这些零件都由螺栓联接起来。另一种回旋物体则由联接器、法兰和销环等零件安装在轴上。轴支承在运送台或管类附件或中央螺旋上，运送台由外壳和骨架系统架起来。轴靠着环来带动沿纵向移动。下面画着横线的零件再加上开口轴环、杠杆臂、环、垫块，这些都属于'限定部分'。"

除此之外，该书在卢洛之前就提出了机构的约束和运动。

"机构的总体是由一系列可动物体组成的，通过各部分的骨架连接起来；运动时，其中所有的点都受到约束，按一定的轨迹运动。"
"直齿轮用周节完全相同的选定齿数，实现任意两个的共同运动……锥齿轮和间歇式锥齿轮也有同样规定。"

当然，我们没有发现韦利斯就约束运动问题作过进一步研究，这些问题成了卢洛及其以后的研究家的课题。但是韦利斯在《机构原理》一书中，根据他对机构的分析给机器作出了如下规定：

（1）"一切机器都是由以各种方法连接起来的一系列物体所组成的，机器接受动力，而动力对于机器的关系则由连接的性质来规定"；
（2）"要把机器当做产生两个物体运动关系的工具来对待"；
（3）"机器以利用动力进行工作为目的，是动力和工作之间的中介"；
（4）"操作部分和动力部分之间，有一系列机构……机械组织的这样三个部分，是彼此独立的，操作部分的前置部分由另外的来源提供动力。"

当前的机器学中的机器定义，一般是包括四个条件。比如，《机器要素新编》（1966年理由学社版）中的机器定义是：

"（1）两个或两个以上物体的组合；
（2）相互有阻力作用；
（3）相互进行约束运动；
（4）把能转换为特定的工作。"

如果把这个定义和韦利斯提出的规定相比较，可以认为韦利斯规定的（1）同上述的机器定义的（1）、（4）相适应，韦利斯规定的（2）同机器定义的（3）相适应，韦利斯规定的（3）、（4）同机器定义的（4）相适应。再有，韦利斯规定的（4），已经提出了"发达的机器"的"三个部分"。韦利斯没有特别提出相当于机器定义的（2）的内容，可以认为这点是来源于后来卢洛的机器定义。这样看起来，现今流行的机器定义的四条中，韦利斯所提出的竟达三条之多。如果给韦利斯一个评价，说他起到了奠定现代机器学基础的作用，也绝不过誉。

回顾了韦利斯在机器学说史上的地位之后，需要和卢洛的《理论运动学》加以比较。卢洛奉韦利斯为先驱，但是他批评了韦利斯，说他的研究工作对有关利用水力的机器的考察竟然是空白。卢洛本人对机器提出了如下定义：

"所谓机器就是具有阻力的物体的组合，这种有阻力的物体经过配置，强制力学上的各种自然力在一定的运动条件下去做功。"

这里的所谓物体的"配置"就是运动学上的连锁，如果它是一个运动学上的已经固定的被约束的连锁,那么它就是机构。因而上述机器定义可以改为:(1)具有阻力的物体的组合;(2)强制自然力做功;(3)为此而拥有机构;(4)这个机构是一个运动学上的已经固定的被约束的连锁。①

把前面讲过的韦利斯就机构和机器所作的规定拿来比较,不同之处是:第一点中增加了"具有阻力的"一语,第四点中用连锁这个机构要素来规定机构。不过很显然,卢洛的提法是以韦利斯的提法为基础的。②

---

① 马塔莱对卢洛的机器定义批判道:"……锤是经过配置的'有阻力的'物体(锤柄和锤头)的结合体,力学上的自然力(腕力)在一定的条件下做功。因此,从经济学的观点来看,尽管有了这个定义却没揭示出什么新东西,因为它不过是把工具也扯进了机器概念罢了。"卢洛和韦利斯两者的说法都存在着没有明确工具和机器的区别与联系的缺点,这是确实的。正是因为这样,马克思才没有采用韦利斯的机器定义。原光雄先生的机器定义综合了卢洛的提法和通常的提法,他认识到了这些提法都没包括工具与机器的区别的内容,于是补加了"复杂的耐久性构造物"一语。但是这样做并没有解决问题,问题的焦点是对"机构"一词本身的解释,这一点必须触及。

② 和韦利斯相对照而言,卢洛本人在机器学方面的贡献是:第一,明确了机器元件并非单独使用,而是通过运动来使用的,于是提出了"运动学上的运动"。然后由于运动概念的推广,又认识到形状不同配置各异的物理学上的机构之间在运动学上的同一性。第二,他最先认识到机构的固定和运动在运动学上是同一的,由于有了这个认识才发现了相互转换这个概念。第三,把构成一切机构的机器要素分成六类,奠定了后来分类的基础。第四,根据从运动学观点进行的综合,最先尝试了有系统地设计,以实现已知的职能。

四、马克思"机器理论"的继承关系

马克思在《1861—1863年手稿》笔记第 XIX 本第 1185 页中，摘录了《各国的工业》第二部的一些内容。对"机械则仅仅是用来使这些部分对其被加工的材料产生应有的运动"① 这一段话极为重视，并根据这部分内容分析了机构上的工具组合。还可以看到，在 1851 年万国博览会的《审查报告》（第六展橱部分）和《关于 1851 年大博览会结果的教材》韦利斯负责讲授的部分以及《各国的工业》一书中，文字叙述有相似之处。上述种种在前文中已经阐明了，现在需要说明的是，马克思在《资本论》中利用《1861—1863 年手稿》中的上述分析，对工具机和机器作了如下阐述：

"工具机是这样一种机构，它在取得适当的运动后，用自己的工具来完成过去工人用类似的工具所完成的那些操作。"②

"作为工业革命起点的机器，是用一个机构代替只使用一个工具的工人，这个机构用许多同样的或同种的工具一起作业，由一个单一的动力来推动，而不管这个动力具有什么形式。"③

这里的要点是，"发达的机器"④ 的三个部分各自包含着机构，而

---

① 《马克思恩格斯全集》第 1 版第 47 卷第 450 页。
② 《马克思恩格斯全集》第 1 版第 23 卷第 411 页。
③ 《马克思恩格斯全集》第 1 版第 23 卷第 413 页。
④ 《马克思恩格斯全集》第 1 版第 23 卷第 410 页。

机构这个东西在传动机构中也就是它本身。在《资本论》中没有见到机构本身的定义，但是就传动机构提出了下述定义，而且从这个定义中可以看到马克思关于机构的积极观点：

"传动机构由飞轮、转轴、齿轮、蜗轮、杆、绳索、皮带、联结装置以及各种各样的附件组成。它调节运动，在必要时改变运动的形式（例如把垂直运动变为圆形运动），把运动分配并传送到工具机上。"①

这个传动机构定义的内容是：(1) 首先确定机构的构成要素；(2) 其次规定机构的基本职能是"调节运动"；(3) 再次指出"在必要时改变运动的形式"的职能（派生的职能）；(4) 最后提出"把运动分配并传送到工具机上"的职能。把这些内容和韦利斯的《机构原理》的内容进行比较，可以看到下列相似之点：

第一点：韦利斯《机构原理》对机构的规定是：它连接两个或两个以上调节运动关系的物体。马克思接受了这个规定，他首先是列举了机构元件，确定了"两个或两个以上物体"，然后规定机构的基本职能是"调节运动"。不过，不是提"运动**关系**"这个规定。

第二点：韦利斯认为机构运动学考察的是运动转换规律；马克思也提出"改变运动形式"，把它作为机构的派生职能。这里当然会考虑到韦利斯从约束和调节运动角度提出的《单纯机构基本组合一览表》的分类根据 (1) 物体的速度和方向关系这一规定。再有，马克思在规定工艺学的时候曾作如下叙述，可以认为这里考虑到了韦利斯对运动学特

---

① 《马克思恩格斯全集》第 1 版第 23 卷第 410 页。

点的规定:

"工艺学揭示了为数不多的重大的基本运动形式,不管所使用的工具多么复杂,人体的一切生产活动必然在这些形式中进行,正像力学不会由于机器异常复杂,就看不出它们不过是简单机械力的不断重复一样。"①

第三点:韦利斯《机构原理》采用了《单纯机构基本组合一览表》的分类根据(2)运动的传导方法,作为从动力角度提出的对运动传导的规定。马克思则提出"把运动分配到工具机上",作为机构对工具机的职能。

第四点:马克思列举了飞轮、转轴、齿轮、蜗轮、杆、绳索、皮带、联结装置,把它们作为机构元件;在韦利斯《单纯机构基本组合一览表》的分类中,差不多也都把它们包括进去了。

关于机构的上述各条规定,从中都可看到从韦利斯到马克思的继承关系。但是,关于机器的规定,情况就有些不同了。前面已经探讨过,韦利斯关于机器的规定是:

(1)"一切机器都是由以各种方法连接起来的一系列物体所组成的,机器接受动力,而动力对于机器的关系由连接的性质来规定";

(2)"要把机器当做产生两个物体运动关系的工具来对待";

(3)"操作部分和动力部分之间,有一系列机构……机械组织的这样三个部分,是彼此独立的。"

---

① 《马克思恩格斯全集》第1版第23卷第533页。

单纯机构基本组合一览表

		速度和方向的关系		
		方向周期变化		物向不变
		速度不变	速度变化	速度不变或变化
		A类	B类	C类
运动的传导方法	甲 滚动接触	滚动圆柱、圆锥、回转双曲面。齿轮的一般配置和形态。周节。	滚动曲线、滚动曲线齿轮。劳埃麦尔齿轮、惠更斯齿轮。欠齿冠齿轮。滚动曲线杠杆。	曼格尔齿轮。曼格尔齿条。擒纵式齿轮装置。
	乙 滑动接触	特殊齿轮的形态。凸轮。螺旋。无限螺旋、蜗轮。	销、槽杆。凸轮。不等蜗杆。马氏间歇及其他间歇运动。	销、把杆。凸轮。斜板。双头螺丝。蜗旋立体凸轮。擒纵式齿轮装置。
	丙 绕带转动	传送带的配置和材料。所用滑轮的形态。导向轮。齿轮装置联锁。限制运动用的配置。	曲线滑轮。锥形滑轮。	曲线滑轮杠杆。
	丁 连杆装置	运动的传导方法等回转运动的曲柄和连杆装置。限制运动用的曲柄。人字形杠杆。	连杆装置。钩式接头。	曲柄、偏心轮、其他连杆装置。棘轮和棘爪。间歇连杆装置。
	戊 倍加	带有平行软线并排列有序的各种类型滑轮装置。	带有非平行软线的滑轮装置。	

马克思没有直接采用韦利斯的机器定义。那是因为韦利斯的定义中的第一条可以改为确定机器的构成要素；第二条可以改成明确提出机构的存在及其要素与职能；第三条可以改为规定"发达的机器"的三个部分。是的，可以想到并不止于这些消极的原因，那么积极的原因又是什么呢？那就是韦利斯的定义没能明确工具和机器的区别与联系。

关于韦利斯的机器理论和马克思的机器理论的关系，可以作如下概括：马克思关于机器的规定是，它以工具的存在为前提，而用一个机构取代使用工具的工人。因此，必须有一个关于机构的正确定义。可见，在对机构的理解方面，马克思继承了韦利斯的机构理论。如果我们把韦利斯通过《各国的工业》第二部间接起到的作用也加到一起来看，就可以估计出韦利斯的机器理论所发生的影响。

[原载日本北海道大学《经济学研究》
(1982—1983年) 第32卷第4号]

(王克峻 译)

约·亨·摩·波佩《从科学复兴到十八世纪末的工艺学历史》和马克思

——马克思"机器理论"形成史研究（四）*

〔日〕吉田文和

一、前　言

《资本论》第一卷第十三章第一节注89中有这样一段话："如果有一部批判的工艺史，就会证明，十八世纪的任何发明，很少是属于某一个人的。可是直到现在还没有这样的著作。"①

从战前起直至现在，在"技术理论争论"中，一直是围绕这段话进行的。本文的目的不是参与争论，但应指出：相川春喜《技术论》一书虽被誉为战前达到的最高成果，似乎也有些积极内容，但是该书把"工艺学的批判史"作为论题来反复强调，有意从工艺学的定义得出技术的定义，却是个根本性的问题。从马克思的话里我们可以体会到，被相川称之为"工艺学的批判史"的"批判的工艺史"，是指一部著作。而且，正如本文将予阐明的那样，马克思的这句话，是在他已经读过"工艺学及其历史"，并谙记波佩《从科学复兴到十八世纪末的工艺学

---

* 本文选自《马列主义研究资料》1985年第3辑。作者是日本北海道大学经济系副教授。

① 《马克思恩格斯全集》第1版第23卷第409页注89。

历史》这部著作的情况下写出来的。

在"技术理论争论"中，每每需要探究马克思所依据的文献和学说。过去，因限于资料，讨论往往难于进行下去。现在，新近出版的《马克思恩格斯全集》国际版《1861—1863年手稿》①已经发行，其中收有"机器理论手稿"。马克思的1851年《工艺史摘录笔记》、1845年《拜比吉和尤尔著作摘录笔记》的解读本也已发表。现状迫使我们要对迄今的"技术理论争论"和《资本论》的理解进行某种重新讨论。

二、马克思《工艺史摘录笔记》

1851年，马克思在讨论李嘉图地租理论的过程中，研究了农艺学的自然科学基础，并且根据历史资料研究了工艺学。同年5月至10月初，伦敦举办了万国工业博览会，马克思曾去参观。前文已经指出，这次参观是促使马克思着手研究工艺学的近因。在被称为马克思《工艺史摘录笔记》的笔记本上，有马克思亲手写的编号：XVII。它现在被收藏在阿姆斯特丹国际社会史研究所，图书分类号码是马克思笔记类 B-56。在马克思1851年10月13日写给恩格斯的信中，谈到了这本笔记本。据解读人推断，该笔记本是马克思在写这封信的两三周之前，即在1851年9月到10月初之间摘录的。

这本笔记本共44页（篇幅尺寸是22.6×18.6厘米）。其中所包括的内容和各部分内容所占的篇幅是：

约·亨·摩·波佩《十八世纪和十九世纪初的力学》一文和《一

---

① 《马克思恩格斯全集》国际版第2部分第3卷第1分册（中译文见《马克思恩格斯全集》第1版第47卷）。

般工艺学教程》一书的摘录占 $2\frac{2}{3}$ 页；

波佩《物理学，手工艺、工场手工业及其他实用工业专用物理学》的摘录占 $6\frac{1}{2}$ 页；

波佩《从科学复兴到十八世纪末的工艺学历史》（共三卷）的摘录占 26 页；

波佩《从上古至现代的数学史》的摘录占 1 页；

安·尤尔著、卡尔马休·黑林编《技术辞典》（共三卷）的摘录占 $7\frac{2}{3}$ 页；

约·贝克曼《发明史论文集》（共五卷）的摘录占 1/4 页。

可见，这本笔记本里摘录的内容是以波佩的著作，尤其是《从科学复兴到十八世纪末的工艺学历史》为中心，同时还包括安·尤尔的《技术辞典》和贝克曼的《发明史论文集》。波佩是当时工艺学界的泰斗，他的许多文献风靡伦敦，马克思曾经在那里利用过这些文献。另外，从波佩的老师约·贝克曼的《发明史论文集》中摘录的内容，包括该书第一卷的酒精、郁金香、价格表、汇兑行情表和第二卷的烟囱，总共才只 1/4 页。这可能是因为，波佩的《从科学复兴到十八世纪末的工艺学历史》从贝克曼的《发明史论文集》中引用了大量素材，而马克思业已读过了波佩的著作，对贝克曼著作中所重复出现的事例已经有所了解，就没有再从贝克曼的著作中大量摘录。当时的英国，虽然也有斯密顿和韦利斯等人在机械工程学个别领域的著述，但内容都欠完备，技术史和工艺学史方面还没有本国的文献。现实状况是，贝克曼《发明史论文集》的英文版随处可见。所以马克思就把注意力放在贝克曼和波佩等人的著作上了。

波佩《从科学复兴到十八世纪末的工艺学历史》摘录，是这本笔记本的中心内容，主要有下述一些部分：

第一卷：谷物磨面机和一般磨面机（107行）、毛织品（88行）、棉纺织品（22行）、丝绸（58行）、总论（53行）；

第二卷：钟表工艺（124行）、制纸工艺（56行）、天文学和物理学等一般科学器材（37行）、武器制造和铸币（23行）；

第三卷：灯和光（41行）、烟草（27行）、印刷工艺（22行）、制盐和制糖（35行）、制革业（25行）、酒精制造（19行）、染色工艺（31行）。

马克思在《政治经济学批判大纲》、《1861—1863年手稿》以至《资本论》中，反复利用过这些材料。本文论述的主题，也正是探讨构成马克思摘录中心内容的波佩著作和马克思对这些材料的利用方法。其中最重要的问题是，占马克思摘录大部分的波佩《从科学复兴到十八世纪末的工艺学历史》一书和马克思从中摘录的内容，以及在《资本论》中利用这些内容的方法。弄清这些问题的前提是，需要全面分析波佩的工艺学说。

但问题是，有这样一个事实：1851年所摘录的《工艺史摘录笔记》，到了1863年1月马克思才来重读，并在《1861—1863年手稿》的《机器理论手稿》部分进行了讨论。详细说明这个问题需另拟文章，现在需要指出的是：在《机器理论手稿》开头部分第Ⅴ笔记本第192页中，利用了1863年1月重读的波佩《从科学复兴到十八世纪末的工艺学历史》摘录。这件事情意味着：《机器理论手稿》是在1862年12月至1863年1月把《剩余价值理论》大部分撰写完毕之后，从头着手撰写的。通常的说法是，由于要撰写《剩余价值理论》而中断了撰写《机器理论手稿》的工作。事实也许未必如此。笔者认为，按道理经过撰写《剩余价值理论》之后，再来撰写《机器理论手稿》，是理所当然的。因为，当时马克思需要解决的问题是，必须阐明李嘉图的剩余价值理论和机器理论中所缺少的内容，诸如"机器引起工作日延长"、"劳动强化"、"妇女和儿童的劳动"等问题。《机器理论手稿》的开头部分是这样叙述的："工人所处的、而且使得资本家有可能强制延长劳动时间的新条件"① 是："劳动形式改变了，劳动看来很容易"、"工人的技能已转移到机器上"、"在资本的专制面前是比较顺从的……女工和童工"。进一步讨论这个问题，就必须了解由于工具向构成资本制度生产"物质基础"的机器转变而引起劳动变革的实际情形。这里就涉及到了"机器理论"的内容，尤其是涉及到了上述一些课题。对于作为劳动资料的机器，首先需要弄清它本身的性质、它和工具的区别与联系等问题。于是，理所当然地，我们需要重读《工艺史摘录笔记》等书。

三、波佩的工艺学理论

1. 贝克曼的一般工艺学理论

波佩的工艺学研究和他的老师贝克曼的《一般工艺学草案》（1806年），在构思上有密切联系。贝克曼《工艺学入门》一书给工艺学下的定义是："工艺学是传授有关各种加工自然物或手工业的知识的科学"；"工艺学是明确讲解各种劳动工序和基础的科学"。《一般工艺学草案》把这个定义发展成："工艺学就天然原料及已加工原料，讲解人类可能采用的一切加工和利用的方法。"该书注意到由于工艺学的利用、应用和发展，而会繁衍出各种利用方法的情况。

贝克曼提倡"一般工艺学"，目的在于谋求"资料和工具的转用"，以振兴工业。他预言："将来，在一般工艺学建立起来之后，学者们对

---

① 《马克思恩格斯全集》第 1 版第 47 卷第 373—374 页。

工艺学知识的关心会不断加强。在这方面有时间并且有机会的大批学者,将会给技术熟练的师傅们创造出尝试转用各种各样资料和工具的机会。"

2. 波佩的工艺学理论

波佩写道:《一般工艺学教程》应包括"手工业、手工艺方面的各种操作和手段的目录"。他认为,"手工业由于从一个操作间转用到另一个操作间而得到改良";"在目的和手段方面,存在着大量相同或近似的操作"。从这个观点出发,他为了谋求改良而决心把目录整理完备。

波佩和贝克曼对一般工艺学的评价是相同的,认为它是振兴工业的方略。波佩在《英国工场手工业的精神——当前阶段最大限度调动德国工场手工业一切活力的建议和为达此目的需要采用的手段的分析》(1812年)中建议:作为把德国工场手工业提高到英国工场手工业同样水平需要采取的措施,应该在工业学校开设一般工艺学和发明史两门课程,用以讲授前人的发明,并谋求发明的转用。他本人还写了两部书:《一般工艺学教程》和《从科学复兴到十八世纪末的工艺学历史》。

波佩的工艺学,作为振兴工业的方略,获得当时德国管理学界的明确评价。他的许多著作的副标题,把管理学家作为读者,与机器制造家、建筑师并提。他在1818年出版的小册子《关于工艺学的研究》中,阐述了工艺学研究和国家经济学之间的关系。尤其是《机器工艺学教程》(1821年),针对的首要读者是管理学家。年代越靠后,波佩的著作就越适合管理学家阅读,充当学校教科书以及通俗科学读物。特别是后期,波佩著作中有关机械学方面的内容,与韦利斯《机构原理》相比,明显地陈旧、水平低,而且错误也多。因此,笔者认为,这些内容的实用价值很低。马克思没有摘录波佩的机械学著作,也许就是由于这方面的原因。

马克思从《一般工艺学教程》中几乎是一字不漏地在笔记本里摘录了 $3\frac{2}{3}$ 页。马克思给工艺学下的定义是:"首先不管人的手怎样,把每一个生产过程本身分解成各个构成要素"①,"揭示了为数不多的重大的基本运动形式"②,"工艺学把工业生活的五光十色的、一成不变的和表面上无联系的形态,分解成为自然科学按照各自不同的有用效果分类的各种应用"③。这些内容表现了波佩的"一般工艺学"的思考方法,尤其是《资本论》法文版给工艺学所下的定义中的"分解成为自然科学按照各自不同的有用效果分类的各种应用"这句话。贝克曼和波佩以手工艺和手工业作为工艺学的主要考察对象,把"过去操作间里的各种规矩和习俗"看做客观的东西,只是为了提供"手工业、手工艺方面的各种操作和手段的目录"才把一部分机器包括进来。马克思则认为:"这层帷幕使人们看不到自己生活的物质基础,社会生产。这层帷幕在工场手工业时代被揭开了,而在大工业到来的时候则被完全撕碎了。"④马克思的意思是,工艺学开始形成于手工业时代,直到有了大工业才首次正式建立起来。

马克思在《政治经济学批判大纲》的《导言》中写道:"如果没有生产一般,也就没有一般的生产。生产总是一个个特殊的生产部门——如农业、畜牧业、制造业等,或者生产是总体。可是,政治经济学不是

---

① 《马克思恩格斯全集》第 1 版第 23 卷第 533 页。
② 《马克思恩格斯全集》第 1 版第 23 卷第 533 页。
③ 《资本论》法文版中译本,北京:中国社会科学出版社 1983 年版,第 498 页。
④ 《资本论》法文版中译本,北京:中国社会科学出版社 1983 年版,第 498 页。

工艺学。生产的一般规定在一定社会阶段上对特殊生产形式的关系,留待别处(后面)再说。"①

这里所说的"政治经济学不是工艺学",是说政治经济学不能像波佩在《一般工艺学》中那样地叙述工艺学的内容。因此,马克思概括地写道:"如果没有生产一般,也就没有一般的生产。"

马克思的"一般劳动"这一用语,也与"一般工艺学"有联系。《政治经济学批判大纲》中,有些地方把"一般科学劳动"改为"各种自然科学的工艺应用"。《资本论》第三卷第五章《不变资本使用上的节约》第五节《由于发明而产生的节约》中写道:"一般劳动是一切科学工作,一切发现,一切发明。"②

马克思笔记中所包括的其他波佩著作有:《物理学,手工艺、工场手工业及其他实用工业专用物理学》,是供实业学校讲授"工业应用物理学"课程用的物理学教程。马克思就该书第五章《大气》、第六章《声音》、第七章《暖与冷》、第八章《光》,作了相当详细的摘录。对"蒸汽机"和"电报"等内容,尤为重视。波佩写道:"近来,由于物理学取得长足进步,技术工业、农业方面实现了许多颇具效益的东西。"这或许就是马克思所指的"作为自觉应用自然科学的大工业"的实例。还有两本书:《十八世纪和十九世纪初的力学》和《从上古至现代的数学史》。对于前者,马克思只记了一句话:"列出了许多对力学各领域有贡献的各国人名",对于后者的第Ⅰ部《纯粹数学的历史》的一部分和第Ⅱ部《应用数学的历史》第一章《力学史》作了摘录。

---

① 《马克思恩格斯全集》第1版第46卷第23页。
② 《马克思恩格斯全集》第1版第25卷第120页。

四、波佩《从科学复兴到十八世纪末的工艺学历史》分析

1. 序言和第Ⅰ部的分析

波佩《从科学复兴到十八世纪末的工艺学历史》一书，是学术协会编辑的《工艺和科学的历史》第八部《自然科学史》的第四编。从出版时间来看，它与贝克曼《一般工艺学草案》（1806年）、波佩《工艺学简编》（1806年）和《十八世纪和十九世纪初的力学》有密切联系。

《序言》阐述了该书的目的。波佩想用这本书系统地撰写工艺学的历史，并且展望生产过程的发展。这本书较之贝克曼《发明史论文集》更胜一筹。

波佩把工艺史广义地解释为自然产物加工的一切工艺的历史。并且论述了手工业、工场手工业和工厂三者的联系。波佩说，有关手工业、工场手工业和工厂的知识形成了在大学及其他高等学府讲授的独立科学，从前叫工艺志，贝克曼1772年首次使用"工艺学"这个名称。工艺学不仅讲解手工业的历史，而且系统、透彻地讲解全部操作及其结果与根据。一切技术行业都可以通过它来获取科学知识。这种情况就和知识区别于能力、理论区别于实践一样。

工艺学是以手工业、工场手工业、工厂为基础而产生的。所以，讨论手工业、工场手工业、工厂的历史，是论述工艺学历史的必要前提。技术是属于能力、实践方面的东西，工艺学则是知识、理论方面的东西。因而，讨论工艺学的历史就必须明了技术史。该书就各种工业的历史和它的工艺诞生史分别进行了论述。这些内容都关系到对《资本论》第一卷第十三章注89的理解。

该书共分为五部,《序言》对它们扼要地作了说明。

第 I 部《工艺学历史绪论》,第一个要点是对工场手工业和工厂的阐述。波佩说,在 17、18 世纪,手工业和技术蓬勃发展,工场手工业和工厂欣欣向荣,英法两国的形势尤其好。"工场手工业"和"工厂"二词都含有聚集的意思。开始,只要几个手工业者结合起来一起干活,人们就把它叫做工场手工业或工厂。后来,又把那些直接用手工制造商品的,或者因为人手不够用而使用机器的地方,称为工场手工业;对于那些用上了炉和锤的,则称之为工厂。不过,这种划分并不严格。一个织造业者雇二三个帮工,是经营手工业;铁匠炉是手工业;制陶、制玻璃器皿等行业,只能大规模生产,就得叫工场手工业或工厂。工场手工业和工厂比手工业具有优越性,主要是因为用机器取代了单纯手工业工具,节约了操作中使用的力和时间,并且使操作的均衡性和精确度大为提高。

以是否使用炉和锤来区分工场手工业和工厂的说法,反映了当时的普遍见解。这个内容也被马克思摘录下来并用在《1861—1863 年手稿》中。

第二个重点是讨论工艺学来源的部分。这里详细论述了它是既来源于工业又应用于工业的科学,说明工业发展要靠科学。对以工业技术为基础的科学和工业技术之间的相互作用,也分别进行了详细讨论。马克思在论述工场手工业时代的机器科学时,对这些材料作了大量研究。

第三个重点是联系工艺学的意义,指出了商人和工场手工业与工厂的业主们生产知识不足的问题。波佩谈道,许多地方的商人成了工厂的老板,他们用日薪雇用工匠;但是,由于工作方式不同,或知识不足,而不能实行正确监督。马克思在《政治经济学批判大纲》和《资本论》第三卷第二十章《关于商人资本的历史考察》中,经过改造利用了这部分内容。

第I部的后半部分概述了工艺学的学说史,对贝克曼的《一般工艺学草案》尤为推崇,并且综合研究了普及机器的条件。他的"补偿学说"从管理学角度出发,在敦促利用机器的同时,强调国家应对危险劳动和职业病给予关注。

2. 第II部第一章对"磨的历史"的分析

第II部《到十八世纪末的机器加工史》第一章《人类食品加工的手工业、工场手工业、工厂》的中心内容是研究磨的历史。波佩说,磨是"产生用来精制自然物的一切著名发明的最初动机和手段";贝克曼《一般工艺学草案》,也首先谈到"粉碎"。本章前半部,以磨面的劳动手段的发展为中心,考察了磨面方法的改良;后半部讨论了有关磨(水磨)的工艺学的产生。波佩采用了水磨起源于罗马的说法,讲了装上齿轮和传动设备的维特鲁威式水磨,但未指明它和挪威水磨的区别;追溯了浮动水磨(船磨)的历史;考察了把面和麸子分开的筛子;然后,谈了石臼发展的阶段和磨面方法的改良。波佩沿用贝克曼的叫法,把箱形风磨叫做德国风磨、架子风磨;把塔形风磨叫做荷兰风磨。波佩说风磨起源于德国(与贝克曼不同),反映了他的民族主义观点。

后半章谈磨的工艺史,是波佩独创性的论述。谈到为改良磨的构造而进行的理论研究史;有关传动机方面,介绍了飞轮、振动研究、摩擦理论、齿轮的外摆线;有关水磨方面介绍了波列尼《论水的混合运动》和达兰贝尔《流体均衡及运动的理论》;然后谈到流速计、水准仪等测量手段。

波佩谈到水槽理论时指出,由于牛顿、马里奥特、约翰·别尔努利、丹尼尔·别尔努利、达兰贝尔、欧勒、凯斯特纳等人的研究,大大推进了水流冲力的理论。从而导出可确定冲力强度的规律,经常应用于各类型水磨。这里列举了上述诸人的文献。

波佩谈到水轮理论时指出，18世纪有不少人进行过研究，18世纪下半叶出现了塞格纳水轮和兴办了著名的阿尔比昂磨坊和埃利科特水轮磨坊。

波佩也考察了打谷、净化谷物、磨马铃薯、制黄油、榨油，这些是磨的"使用方法的转用"的历史性例证。马克思在《1861—1863年手稿》第XIX笔记本第1169页中写道："最初用来碾磨谷物的水磨，可以用于任何相似的目的和各种不同的材料，当然，在工作器具方面要进行一些改革。"①

马克思摘录了波佩著作第Ⅱ部第一章的几乎所有重要内容，并在《1861—1863年手稿》和《资本论》中加以利用。马克思在1863年1月28日写给恩格斯的信中写道（笔者在自己加的[　]中，用a、b、c分别代表以下三本书：《从科学复兴到十八世纪末的工艺学历史》、《马克思恩格斯全集》第47卷、《马克思恩格斯全集》第23卷）：

"重读了我的关于工艺史的摘录之后，我产生了这样一种看法：撇开火药、指南针和印刷术的发明不谈——这些都是资产阶级发展的必要前提，——从十六世纪到十八世纪中叶这段时间，即从手工业发展起来的工场手工业一直到真正的大工业这一时期，在工场手工业内部为机器工业做好准备的有两种物质基础，即**钟表和磨**（最初是磨谷物的磨，即水磨），二者都是从古代继承下来的。（水磨是在尤利乌斯·凯撒时代从小亚细亚传入罗马的。）[a第1卷第409页，b第416—417页，c第386页]

"另一方面，磨从一开始，从水磨发明的时候起，就具有机器结构的重要特征。机械动力，由这种动力发动的最初的发动机；传动机构；最后是处

---

① 《马克思恩格斯全集》第1版第47卷第428页。

理材料的工作机；这一切都彼此独立地存在着。[c 第 410 页] 在磨的基础上建立了关于**摩擦**的理论，并从而进行了关于轮盘联动装置、齿轮等等的算式的研究 [a 第 1 卷第 140—176 页，b 第 417 页，c 第 387 页]；测量动力强度的理论 [流速计：a 第 1 卷第 162 页，b 第 422 页] 和最好地使用动力的理论 [水槽理论：a 第 1 卷第 164 页，b 第 422 页] 等等，最初也是从这里建立起来的。从 17 世纪中叶以来，几乎所有的大数学家 [a 第 1 卷第 165 页，b 第 422 页，c 第 366 页]，只要他们研究应用力学，并把它从理论上加以阐明，就都是从磨谷物的简单的水磨着手的。因此，在工场手工业时期出现的 Muhle and mill① 这一名称，实际上也应用于为了实际目的而使用的一切机械发动机上。[c 第 386 页]

磨的情况和压力机 [榨油机：a 第 1 卷第 224 页，b 第 428 页；打纸浆机：a 第 2 卷第 209 页，b 第 429 页；榨糖机：a 第 3 卷第 150—151 页，b 第 435 页]、机锤 [a 第 2 卷第 427—428 页，b 第 431 页]、犁等等的情况完全一样，即使动力是人力或畜力，但是打、压、磨、粉碎等等实际工作，从一开始就**不需要人**的劳动。所以，这类机械至少从它的起源来看是很古老的，它最早使用了真正的机械动力。因此，它也几乎是工场手工业时期存在的唯一的机械 [c 第 386 页]。一旦机械应用于自古以来都必须通过人的劳动才能取得最后成果的地方，就是说，不是应用于如上述工具那样**从一开始**就**根本**不需要人的手对原料加工的地方，而是应用于按事物的性质来说，人不是从一开始就只作为简单的力起作用的地方，**工业革命**就开始了。[不用手指纺纱的机器，c 第 409 页] ……"②

通过对"磨的历史"的分析，可以引出如下结论：

---

① 磨。——译者注
② 《马克思恩格斯全集》第 1 版第 30 卷第 318—320 页。

(1)"磨可以被看做最先应用机器原理的劳动工具。"① "这些工具部分地在工场手工业时期,个别地甚至在更早以前,就已经发展为机器。"② 但是,它们并没有像工业革命时期的纺纱机一样引起生产方式的变革。

(2)从磨上可以看到"发达的机器"的三个因素。

(3)在磨上"所有种类的动力"即人力、畜力、水力、风力、蒸气力依次被采用。

(4)在磨上可以看到机器体系的发展,直至埃利科特的"磨的自动机器体系"③。

有关磨的历史记述,可以指出:

波佩说,在推磨"给农奴的脖子上套上一块大圆木板",在《资本论》中说,"基督教慈善家们,在把农奴当做推磨的动力来使用时,却在农奴的脖子上套一块大木板,使农奴不能伸手把面粉放到嘴里"④;

波佩说,"第一批水磨是在罗马的台伯河上建成的",《资本论》中说,"罗马帝国以水磨的形式把一切机器的原始形式留传下来"⑤;

波佩给齿轮做的注⑥,在《资本论》中是注97:"孚耳阿伯式,1625年。德·科式,1688年。"⑦

---

① 《马克思恩格斯全集》第1版第47卷第418页。
② 《马克思恩格斯全集》第1版第23卷第412页。
③ 《马克思恩格斯全集》第1版第47卷第426页。
④ 《马克思恩格斯全集》第1版第23卷第412页。
⑤ 《马克思恩格斯全集》第1版第23卷第386页。
⑥ 〔德〕波佩:《从科学复兴到十八世纪末的工艺学历史》第1卷,第109页。
⑦ 《马克思恩格斯全集》第1版第23卷第414页。

3. 第 II 部第二章、第三章的分析

第 II 部第二章《制作人类衣服的手工业、工场手工业、工厂》和第三章《羊毛、棉花、亚麻、丝制的服装的加工》，讲述各种纤维制品及其生产方法、工具、机器的历史。回顾荷兰、英国和德国毛织品工场手工业的历史时说，十世纪以前德国毛织品工场手工业很繁荣，荷、英等国在 11、12、13 世纪就有了真正的毛织品工场手工业。这里，波佩的工场手工业概念是广义的。还谈到，17 世纪末在荷兰出现了印染花布的工场手工业，1148 年在帕雷尔摩成立了丝绸工场手工业。

在讲述捻丝纱机时，有这样一段叙述："通过捻合把丝合成纱，这在工艺史上是一件相当重大的事情……捻丝纱机的成功主要是靠十八世纪力学的进步。"在该书的另一处，把这种机器叫做"工艺学的机器"。① 这些内容对理解《资本论》第一卷第十三章注 89 有重要意义。

第二章的最后部分讲了编织和织袜；第三章讲了织袜机和织带机（手摇机），并且详述了机器所引起的失业问题。

马克思对这两章的重要部分作了摘录，并在《1861—1863 年手稿》和《资本论》中加以利用。主要是：把纺车和捻纱机的历史资料作为分析产业革命的技术条件的素材，把有关"阿克莱的梳毛机"、"埃弗雷特的剪毛机"、"手摇纺车的历史"等资料，用做《资本论》第一卷第十三章第五节《工人和机器之间的斗争》的历史素材。

波佩在《工艺学历史》一书中说："最初是手摇纺车，这是大轮子，人用右手转动，同时用左手牵线。""在德国还发明了一种可以同

---

① 〔德〕波佩：《从科学复兴到十八世纪末的工艺学历史》第 1 卷，第 436 页。

时纺两根线的双筒纺车，或双轴纺车。在这以前，还进行过实验，想使一个人经过长期练习后同时在两台纺车上纺线。实验成功了，但是，腿的活动令人疲劳不堪。""十八世纪中叶，还出现了同时可以把纺出的线退绕、双根并合和加捻的纺车。""或用人手转动摇杆，或用水车，或用蒸汽机推动的机器，可以同时纺成60、100和更多根非常细的同样的线。""所有这些从粗梳到精纺的机器，都是用蒸汽机推动的。"马克思在《资本论》中说："人能够同时使用的工具的数量，受到人天生的生产工具的数量，即他自己身体的器官数量的限制。在德国，起初有人试图让一个纺纱工人踏两架纺车，也就是说，要他同时用双手双脚劳动。这太紧张了。"① "作为单纯动力的人和作为真正操作工人的人之间的区别，在许多手工工具上表现得格外明显。例如，在纺车上，脚只起动力的作用，而在纱锭上工作即引纱和捻纱的手，则从事真正的纺纱操作。正是手工工具的这后一部分，首先受到了工业革命的侵袭。"②

波佩对羊毛工场手工业作了详尽的讲解。《资本论》中，在第十三章注101等处，采用了他所讲解的羊毛工场手工业各工序（松毛、梳毛、剪毛等）和梳毛机的内容。

波佩说："精纺机十八世纪最初的二十五年已为人所知（当时只作精纺羊毛用），大概最早出现在意大利。"《资本论》第十三章注中写道："最早大概在意大利，就已经有人使用机器纺纱了。"③

波佩说："三十年以前的法国就能织200种丝织品，光是1730年以来就创出了150个品种。阿维尼翁可算是法国最古老的丝织工场手工业城市，尽管当地发生了多次动乱，但和其他地方相比还是拥有巨大优

---

① 《马克思恩格斯全集》第1版第23卷第411页。
② 《马克思恩格斯全集》第1版第23卷第411页。
③ 《马克思恩格斯全集》第1版第23卷第409页。

势。……法律规定,每个学徒始终只能从事一种产品的制造,不得同时学几种产品的制造方法。这样的法律规定促使生产大为改进。"马克思在《资本论》中说:"为了使工场手工业内部的分工更完善,同一个生产部门,根据其原料的不同,根据同一种原料可能具有的不同形式,而分成不同的有时是崭新的工场手工业。例如,十八世纪上半叶,单在法国就织出了100多种不同的丝织品;例如,在阿维尼翁,法律曾规定'每个学徒始终只能从事一种产品的制造,不得同时学几种产品的制造方法'。"①

波佩说:"从总体来看,机械织机和普通织机一模一样","大体上,外形原封未动","荷兰提供了最好的昂贵的机梭"。马克思在《资本论》中写道:"在机械织机的最初形式上,人们一眼就可以看出旧织机的样子"②,"例如,早在十七世纪,织机梭的制造在荷兰就形成了一个特殊的工业部门"③。

波佩在分析纤维机器所引起的失业问题时写道:"5万名梳毛工闹到议会去反对阿克莱。"马克思在《资本论》中说:"5万名一向以梳毛为生的工人向议会请愿,反对阿克莱的梳毛机和梳棉机。"④ 波佩说:"1758年,埃弗雷特制成了第一台水力剪毛机。几百个失业工人焚毁了这台机器。"马克思在《资本论》中也写道:"1758年,埃弗雷特制成了第一台水力剪毛机,但是它被十万名失业者焚毁了。"⑤

《资本论》第一卷第十三章第五节注194,是马克思参考贝克曼和

---

① 《马克思恩格斯全集》第1版第23卷第392页。
② 《马克思恩格斯全集》第1版第23卷第410页。
③ 《马克思恩格斯全集》第1版第23卷第391页。
④ 《马克思恩格斯全集》第1版第23卷第469页。
⑤ 《马克思恩格斯全集》第1版第23卷第392页。

波佩两人的著作写出来的。这条注一直被误认为只是根据贝克曼的记述写成的，但贝克曼的著作中并没包括它的全部内容。波佩对手摇机理的详细论述构成它的基础。同时，注重引用了贝克曼记述的伯克斯霍恩《政治原理》，这个内容是在《1861—1863年手稿》第XXI笔记本第1342页中用法文摘录的。

4. 第二卷、第三卷的分析

第二卷包括第Ⅱ部的第四章到第七章、第Ⅲ部的第一章到第五章；第三卷包括第Ⅲ部的第六章到第八章、第Ⅳ部和第Ⅴ部。

第Ⅱ部第四章的开头考察了制针工场。波佩写道："英、法及其他各国，从德国学习了制针。……制针必须通过六十道工序。"马克思在资本论中写道："纽伦堡的行会制针匠是英国制针手工工场的基本要素。"①

波佩用第Ⅱ部第六章大半篇幅来写时钟制造工艺，即前人成就之大成。他最关心的问题之一，是制造时钟所采用的方法和机器的转用史；分析了以时钟为对象的工艺学；谈到的转用实例有：水计时器转为砂计时器，测程器转为其他计时器，航海计时器转为天文计时器，计时器转为自动设备。尤其是，他详细地记述了齿轮计时器的历史；详细地论述了克·惠更斯的摆式时钟及其研制中所产生的摆线等时性理论。波佩说："……经过多年时间，时钟工厂里汇聚了一切必要的工艺人才：齿轮工、弹簧工、制针工、电镀工喷漆工、雕刻工"，"加工是按照真正的工厂方式进行的"。

在马克思写给恩格斯的信中说（在［ ］中的a、b、c代表上述指

---

① 《马克思恩格斯全集》第1版第23卷第375页。

的各相应著作):"钟表是第一个应用于实际目的的自动机[a第2卷第173页,b第427页];**匀速运动生产**的全部理论就是在它的基础上发展起来的[摆动,惠更斯,a第2卷第102—109页,b第428页,c第387页]。按其性质来说,它本身是以半艺术性的手工业和直接的理论的结合为基础的。例如,卡尔达诺曾写过关于钟表构造[a第2卷第184页,b第428页]的书(并且提出了实际的制法)。十六世纪的德国著作家把钟表制造业叫做'有学问的(非行会的)手工业';从钟表的发展可以证明,在手工业基础上的学识和实践之间的关系,同譬如大工业中的这二者之间的关系,是多么地不同。同样也毫无疑问的是,在十八世纪把自动机器(特别是发条发动的)应用到生产上去的第一个想法,是由钟表引起的[a第2卷第173页,b第428页]。从历史上可以证明,**沃康松**在这方面的尝试对英国发明家的想象力有极大的影响。"①

《资本论》中肯定:"机器在十七世纪的间或应用是极其重要的,因为它为当时的大数学家创立现代力学提供了实际的支点和刺激。"②

另外,第Ⅱ部第六章的《造纸工艺》、第七章的《制造马车的手工业和工厂》,第Ⅲ部第二章的《碎矿和洗矿》,第Ⅴ部第一章的《啤酒酿造业》等节,马克思都曾从中摘引,用作工场手工业的实例。在《1861—1863年手稿》第ⅩⅨ笔记本第1170页中写道:"十七世纪和十八世纪初的荷兰造纸厂,可以看做是与机器有关的工场手工业的主要例证。"③《资本论》中写道:"一个德国的行会造纸匠要依次完成的、互相连接的那些操作,在荷兰的造纸手工工场里独立化为许多协作工人同

---

① 《马克思恩格斯全集》第1版第30卷第319页。
② 《马克思恩格斯全集》第1版第23卷第386—387页。
③ 《马克思恩格斯全集》第1版第47卷第429页。

时进行的局部操作"①;"在纸张的生产上,我们可以详细而有益地研究以不同生产资料为基础的不同生产方式之间的区别,以及社会生产关系同这些生产方式之间的联系。"②

波佩记述,在马车工场手工业中工作的,"有各种独立的手工业者:马车匠、马具匠、铁匠、钳工、铜匠、旋工、饰绦匠、玻璃匠、彩画匠、油漆匠和描金匠等等。后来,这些劳动者在马车工场中联合在一起,每一个人都同别人协作劳动。"马克思在《资本论》中写道:"例如,马车过去是很多独立手工业者,如马车匠、马具匠、裁缝、钳工、铜匠、旋工、饰绦匠、玻璃匠、彩画匠、油漆匠、描金匠等劳动的总产品。马车工场手工业把所有这些不同的手工业者联合在一个工场内,他们在那里协力地同时进行劳动。"③

波佩在《碎矿和洗矿》一节中说:"在德国……整个十五世纪,使用臼、筛子来粉碎矿石和洗矿。……1579年,法国除了这些碎矿工具之外再没有别的工具。但是德国于十六世纪最初几年间,发明了在捣矿臼中装上捣槌的真正的捣矿机或捣碎机。"马克思在《资本论》第一卷第十二章注42中写道:"十六世纪末,法国还使用捣臼和筛子来碎矿和洗矿。"④

波佩在第Ⅴ部第一章的《啤酒酿造业》一节中写道:"英国人,破天荒使这个工作(啤酒酿造)彻底摆脱了手工业的经验主义,精确地按照化学、数学、物理学的要求来完成。"马克思在《资本论》中写道:"工场手工业的生产……不能可靠地控制生产过程的一般化学条件

---

① 《马克思恩格斯全集》第1版第23卷第375页。
② 《马克思恩格斯全集》第1版第23卷第418页。
③ 《马克思恩格斯全集》第1版第23卷第373页。
④ 《马克思恩格斯全集》第1版第23卷第386页。

和物理条件。"①

马克思在《资本论》中说："手工业时期留下了指南针、火药、印刷术和自鸣钟等伟大的发明。"② 这四项发明波佩全都进行了论述。马克思在《资本论》中所说的"在从工艺上比较各个不同的生产时代时，真正的奢侈品在一切商品中意义最小"③，这可能是参考了第三卷第 III 部的第四章和第七章写出来的。

马克思对第 III 部的《金银饰物制造》和《铸币工艺》的大部内容作了摘录，并在 1856 年又对这些摘录作了摘录（笔记本 B 第 79 页）。这可能说明重视两者之间的关系。但是在《1861—1863 年手稿》和《资本论》中，并没有利用。

五、波佩和马克思的工场手工业理论

前面已经就马克思如何利用波佩的工场手工业理论这一问题，进行了大量探讨，现在来进行总结。

首先是，波佩工场手工业理论的渊源。贝克曼在《工艺学入门》一书中说，工厂和工场手工业的区别在于，工厂使用炉和锤，而工场手工业不使用。这是当时的普遍看法。"工厂"（fabrik）一词来源于拉丁文 faber（锻造），而锻造是指金属加工而言。目前流行的说法是，"工场手工业"原指纤维加工操作间，"工厂"原指金属加工操作间。

波佩在《试论工场手工业和工厂的历史及其成立》（1804 年）一文中，并未严格区分工厂和工场手工业。被他叫做工厂的，大多数是工场

---

① 《马克思恩格斯全集》第 1 版第 23 卷第 383 页。
② 《马克思恩格斯全集》第 1 版第 23 卷第 386 页。
③ 《马克思恩格斯全集》第 1 版第 23 卷第 204 页。

手工业，而且它们当时在英国也正是叫做工场手工业。可以认为，两词实际上可以混用。在《从科学复兴到十八世纪末的工艺学历史》中，波佩强调工场手工业和工厂"作业大规模进行"，而他的用语是"真正的工场手工业，工厂"。大体上，波佩以是否使用"炉和锤"来区分工厂和工场手工业；并沿用斯密的分工论来阐述它们的优越性。前面已经分别谈到各种产品的工场手工业的成立，比如毛织品工场手工业成立于11、12 和 13 世纪，但只字未提分工的规模。看来，波佩对于工场手工业概念未必认为需要严格地来使用。

其次是，马克思的工场手工业理论。威廉·休尔兹（Wilhelm Schulz，1794—1860）《生产的运动》，对马克思历史唯物主义形成产生过影响，是众所周知的。休尔兹把世界区分为四个阶段：（1）手工劳动阶段；（2）手工业阶段；（3）工场手工业阶段；（4）机器工业阶段。他用斯密描述的钢笔工场手工业来说明："工场手工业是已经被高度分化的手工业活动。"这些论述构成《德意志意识形态》和《哲学的贫困》两书中工场手工业理论的基础。当然，波佩和休尔兹所采用的斯密的分工理论，马克思也是参考了的。

在上述讨论的基础上，可以把马克思从波佩的工场手工业理论中汲取的东西，归结为如下六点：（1）波佩强调工场手工业和工厂的大规模作业，在马克思的分工理论中用做"一种特殊的协作"①。（2）波佩根据斯密的分工理论强调工场手工业的优越性。马克思把波佩所说的工场手工业和工厂，统称为工场手工业，并把它作为"以分工为基础的协作"②的典型。（3）波佩认为，"真正的工场手工业"时期是 17 世纪和

---

① 《马克思恩格斯全集》第 1 版第 23 卷第 376 页。
② 《马克思恩格斯全集》第 1 版第 23 卷第 373 页。

18世纪。马克思认为，"这个时期大约从十六世纪中叶到十八世纪末叶"①。他们对时期的看法有些不同，马克思的这个看法，也许是根据波佩就个别工场手工业的记述以及其他资料推算出来的。（4）马克思从波佩的钟表工场手工业记述中，导出"混成的工场手工业"② 概念。（5）马克思从波佩关于制针工场手工业、造纸工场手工业的记述中，导出"有机的工场手工业"③ 概念。（6）马克思把波佩关于毛织品工场手工业、丝织品工场手工业的记述，作为纤维加工工场手工业的资料来利用。在棉织品工场手工业方面，马克思重视17世纪荷兰的花布印染工场手工业和纺织机器；但对棉织品工场手工业的成立，却没表现出特殊的关注。

六、工场手工业时代的机器和科学

波佩《从科学复兴到十八世纪末的工艺学历史》一书的中心论题之一，是论述工艺学从生产技术的基础上产生，又上升为科学理论；今后又将如何应用于生产技术；是继续改进呢，还是停滞不前？

波佩从管理学立场出发，从振兴工业观点出发，提出"技术和以技术为基础的科学之间相互作用"问题。早在1805年，在《考察十八世纪力学文献之增加与进步》一文中，波佩就已经开始用这一观点来研究力学史了。后来，在《从科学复兴到十八世纪末的工艺学历史》一书中，他又联系"手工业、工场手工业、工厂、工艺的历史"的各个方面，进一步探讨了"工艺学的历史"，其内容已如上述。

---

① 《马克思恩格斯全集》第1版第23卷第373页。
② 《马克思恩格斯全集》第1版第23卷第379页。
③ 《马克思恩格斯全集》第1版第23卷第379页。

马克思在上述1863年1月28日写给恩格斯的信中,谈了"工艺学历史"的有关部分,并在笔记中摘录了其中的重要内容。信中的结论,在《资本论》中简洁地概括为:"机器在十七世纪的间或应用是极其重要的,因为它为当时的大数学家创立现代力学提供了实际的支点和刺激。"① 这里所说的17世纪的"机器"、"当时的大数学家"、"现代力学"是指什么而言呢?单从这句话本身来看,并不明确。但是,通过前面的讨论可以了解:17世纪的"机器"是指钟表(摆式时钟)和名为骡机的纺纱机(包括齿轮装置、水槽);"当时的大数学家"是指伽利略、惠更斯、牛顿等人;"现代力学"是指由摆动理论、制动理论、摩擦理论、水槽理论、水的冲力理论等所开拓的力学内容。

但是,如所周知,在有关的科学技术史领域中,围绕着"工场手工业时代的科学和技术",是存在着争论的。虽然本文来不及参与争论,但是通过文中讨论所明确的内容,似乎也还有些能够阐明争论点的地方。

七、关于《资本论》第一卷第十三章注89

如前所述,马克思的工艺学概念是以波佩的工艺学概念为基础的。考察马克思在使用工艺学一词上的变化,可以看到:《政治经济学批判大纲》、《1861—1863年手稿》、《直接生产过程的结果》、《资本论》第二卷和第三卷等著作的手稿,以至《资本论》第一卷第一版,除去二至三处例外,所使用的基本上都是"工艺学"、"工艺学的",而不是"技术"、"技术的"。但是,《资本论》现行版本的用法有了改变:(1)"工艺学"一词只在"作为现代科学的工艺学"的意义上使用;(2)"工艺学的"

---

① 《马克思恩格斯全集》第1版第23卷第386—387页。

改为"技术的",在"劳动资料"或"由劳动资料所规定的"意义上来使用;(3)《资本论》第二卷、第三卷,也许是由恩格斯修改的,就都使用"技术的"了。

如何认识这样修改用语的原因呢?根据威·翟比凯(W. Seibicke)的研究,要按照"物质加工的科学"这个意义来使用"工艺学"一词,这是贝克曼所确定的。据他说,在德语中"技术"一词本来有两个含义:(1)"实践能力和行为";(2)"手工业、工厂的生产资料的总称"。产业革命以后,这两个含义进一步分离。上一世纪50年代以后,"技术"一词的内容就演变到可以用"技术的"来表达了。也就是说,1850年以后在产业革命的进程中,"技术"一词在工厂的生产资料这方面的涵义,已经可以用"技术的"一词来表达了。词的用法的这种变化,可能就是修改用语的背景。

但是,注89中使用的是"工艺学",而且是从《资本论》第一版直到《资本论》法文版,都没作修改。讨论注89需要考虑这个情况。注89的全文是:

"在他(约翰·淮亚特——引用者)以前,最早大概在意大利,就已经有人使用机器纺纱了,虽然当时的机器还很不完善。如果有一部批判的工艺史,就会证明,十八世纪的任何发明,很少是属于某一个人的。可是直到现在还没有这样的著作。达尔文注意到自然工艺史,即注意到在动植物的生活中作为生产工具的动植物器官是怎样形成的。社会人的生产器官的形成史,即每一个特殊社会组织的物质基础的形成史,难道不值得同样注意吗?而且,这样一部历史不是更容易写出来吗?因为,如维科所说的那样,人类史同自然史的区别在于,人类史是我们自己创造的,而自然史不是我们自己创造的。工艺学会揭示出人对自然的能动关系,人的生活的直接生产过程,以及人的社会生活条件和由此产生的精神观念的直接生产过程。甚至所有抽掉这个物质基础的宗教史，都是非批判的。事实上，通过分析来寻找宗教幻想的世俗核心，比反过来从当时的现实生活关系中引出它的天国形式要容易得多。后面这种方法是唯一的唯物主义的方法，因而也是唯一科学的方法。那种排除历史过程的、抽象的自然科学的唯物主义的缺点，每当它的代表越出自己的专业范围时，就在他们的抽象的和唯心主义的观念中立刻显露出来。"①

为了弄懂注89，先要注意以下几点：第一，这个注是加在约翰·淮亚特谈纺织机器的地方。注中说："……最早大概在意大利，就已经有人使用机器纺纱了。"如前所述，这与波佩所说意大利最先发明了纺织机器一事有关。第二，要把注89和《资本论》其他部分的记述统一起来理解。在这个问题上，要把它和《资本论》第一卷第十二章注31中达尔文所谈的内容②、前面考察过的"十七世纪的力学……大数学家……现代力学……"联系起来考虑。第三，马克思说的"批判的工艺史"是指一本著作。很明显，马克思是从广泛利用波佩的《从科学复兴到十八世纪末的工艺学历史》这一情况出发来谈的。不过，马克思并没有明确提出这一点。马克思说，"批判的工艺史"是"直到现在还没有……的著作"③。这就是说，马克思认为波佩的《从科学复兴到十八世纪末的工艺学历史》是非批判的。至于"非批判"是什么意思，留待后面讨论。第四，达尔文在《物种起源》的最后一章，有意把人类

---

① 《马克思恩格斯全集》第1版第23卷第409—410页。

② 《马克思恩格斯全集》第1版第23卷第379页。注31引证达尔文在《物种起源》中的话说："在同一个器官需要从事不同的工作时，这个器官容易变异的原因也许在于：自然选择对于每一形态上的细小差异的保存或抑制，不如在同一个器官专用于一个特殊目的时那样小心。比如，用来切各种东西的刀，大体上可保持同样的形状，但专供一种用途的工具，如作另一种用途，就必须具有另一种形式。"

③ 《马克思恩格斯全集》第1版第23卷第409页。

的工具和动植物的器官相类比①（笔者在其他文章中曾经讨论过）。

注意到上述各点再来体会注89。首先，"批判的工艺史"中的"批判的"是什么意思呢？注中说："所有抽掉这个物质基础的宗教史，都是非批判的"（法文版中是"批判不足"——译者注）。从而，可以理解为要求把这个地方的"批判的"一词的涵义提高到"物质基础"上来认识。于是，"批判的工艺史"就变成了连同工艺学的物质基础也一并阐明的工艺史。为什么又说："如果有一部批判的工艺史，就会证明，十八世纪的任何发明，很少是属于某一个人的"呢？波佩把纺纱机叫做"工艺学的机器"，给它的规定是"由力学完善起来的机器"。从而指出纺纱机的发明并非"属于某一个人的"。而且波佩不同于贝克曼，波佩著述的目标是"生产过程的历史"，不仅限于"发明史"，这点是已经明确了的。不过，如果承认"非批判的"是指"不阐明工艺学的物质基础"，那么把纺纱机规定为"由力学完善起来的机器"就又变得不够完满了。但是，这里所说的力学是针对纺纱机的，明确了这一点，就不存在忽视工艺学的物质基础的问题了。认真说来，在波佩的阐述中，存在着把很多发明说成来自德国的这么一种"民族主义观点"，以及无批判地追随贝克曼等等，在对资料的批判方面是不够充分的。可以认为"非批判的"一语就是指这些说的，不过对于前述马克思谈到的内容还有必要更进一步讨论。

---

① 《物种起源》中写道："当我们不再像野蛮人怀着某种不理解的心情远眺轮船那样去看待生物的时候，当我们把自然界的一切产物都看做是有历史渊源的东西的时候，当我们就像把一个伟大机器的发明看做是大量工人的劳动、经验和理性甚至失败的综合一样，把一切复杂的构造和本能看做是有利于其各自拥有者的造化的综合的时候，我凭我个人的体验来说，当我们这样来考察每个生物的时候，博物学该是多么饶有趣味呀！"

其次,"达尔文注意到自然工艺史"中的"自然工艺史"和"在动植物的生活中作为生产工具的动植物器官是怎样形成的",意义是等同的。工艺学的基础是"生产工具",并以它为对象。因此,把"工艺学"和"生产工具"拿来对比是不妥当的,倒是应该把"技术"和"生产工具"进行对比。在《从科学复兴到十八世纪末的工艺学历史》一书中,波佩以论述"手工业、工场手工业、工厂、技术史"为基础,相应地记述了它们的"工艺学历史"。从而可以认为,马克思从该书中领略了"生产工具"和以它为基础的"工艺学"两者的历史。所以,正确的理解是必须区分"工艺学"和作为其基础的"生产工具"。根据《资本论》现行版本中的订正情况来看,"技术"和"工艺学"已经得到了区分。但是,只有注89中用的仍旧是"自然工艺学"。在其他地方,马克思给工艺学的规定是"作为现代科学的工艺学","自然工艺学"这个用法是与规定有矛盾的。这也许是受波佩《从科学复兴到十八世纪末的工艺学历史》的影响所致,应该认为这是订正用语时遗漏了。① 有人说订正成"技术"一词的工作是恩格斯做的,如把这个推测考虑进去的话,漏订的可能性就更大了。如果是这样,那么马克思接下去说的"社会人的生产器官的形成史,即每一个特殊社会组织的物质基础的形成史",所指的可能正是应该理解为"工艺史"的东西。过去的"技术理论争论"受到资料不足的局限,讨论波佩《从科学复兴到十八世纪末的工艺学历史》和马克思有关"工艺学"、"技术"用语的修改,更是不可能的。因此,围绕着对"自然工艺学"的理解,曾经有过各种议论。相川春喜说:"因为'社会人的生产器官'是工艺学的直接对

---

① 参看《〈资本论〉第二版跋》:"我……发现德文原本某些部分需要更彻底地修改,某些部分需要更好地修辞或更仔细地消除一些偶然的疏忽。可是我没有时间这样做。"(《马克思恩格斯全集》第1版第23卷第14—15页)

象，而技术是工艺学的当然的直接对象，所以很明显，技术就是这个'社会人的生产器官'。"他的这种"荒谬"推理是不足取的。不过，如果按照前面的讨论来理解，同样也会得出"社会人的生产器官"就是技术。

从达尔文方面来看，前面谈过，在《物种起源》中他本人把动植物器官的形成史和工具史进行了类比。这一点，看一下马克思在给这个问题加的注中所引用的《物种起源》的话，也就清楚了。从而，应该索性把"达尔文……注意到……器官是怎样形成的。社会人的生产器官的形成史……难道不值得同样注意吗？"理解为，达尔文本人对相当于"社会人的生产器官"的"生产工具"给予了"同样注意"，"注意到""动植物器官的形成史"。

再次，是"工艺学会揭示出人对自然的能动关系……"一段话。前面已经考察明白，人使"生产器官"发达，再形成以它为"物质基础"的"工艺学"、"科学"，然后再靠它来改良"生产器官"。正是这一点，才揭示了对待大自然的"人的能动关系"。动植物也使器官进化，但是并不必然产生以它为基础和对象的"工艺学"。以"机器"为"物质基础"的"工艺学"成为产生诸如现代力学、数学等"精神观念"的媒介，这一点在波佩《从科学复兴到十八世纪末的工艺学历史》一书中曾作过详细阐明，马克思在"机器在十七世纪的间或应用……为当时的大数学家创立现代力学提供了实际的支点和刺激"[①]一段话中又加以阐述。所以，接下去强调了忽视"物质基础"就是"非批判"。曾经批判过相川春喜的工艺学理论的户坂润说："我们为什么一定要把不仅'人对自然的能动关系'和以这种关系为基础并受这种关系制约的生产关系，而且把直到精神观念的形成过程，看成是'劳动资料体制'

---

① 《马克思恩格斯全集》第1版第23卷第386—387页。

呢?"如果能把握住技术和由它而产生的工艺学以至"现代力学"等"精神观念"之间的区别与联系,他提出的这个疑问就可以解决。再有,"工艺学会揭示出……人的社会生活条件……的直接生产过程"一段,可以认为是说它在阐明"人的社会生活条件"的基础,比如波佩的"特殊工艺学分析"就描述了各种工业的状况和生产方法。

最后,"从当时的现实生活关系中引出它的天国形式"是"唯一的唯物主义的方法",这是指必须从作为"物质基础"的"技术"的角度来解释"工艺学"的产生,乃至科学的形成。宗教也同样必须从作为它的"物质基础"的"现实生活关系"角度来说明"天国形式",这才是"唯一的唯物主义方法"。"那种排除历史过程的、抽象的自然科学的唯物主义缺点",是指当时卡尔·福格特(Karl Vegt,1817—1895)之流的庸俗唯物主义者说的。他们把科学看成"永远不变"的,无视作为那门科学的"物质基础"的"技术"和"工艺学"的历史发展,以及在此基础上展现的"科学发展",是对他们这些见解的批判。

简而言之,应该把整个注89理解为:它是在强调以作为社会的"物质基础"的"技术"和由此而产生的"工艺学"为媒介,形成了"科学"、"精神观念";因此也就必须重视"物质基础的形成史"即"技术史"。这些观点并非只是针对技术史的,也是针对科学史和思想史的方法论提出的重要内容。前面提到的《资本论》中的一段话:"机器在十七世纪的间或应用……为当时的大数学家创立现代力学提供了实际的支点和刺激"就是这种思路。

总　结

本文考察的中心是波佩的工艺学理论,尤其是《从科学复兴到十八世纪末的工艺学历史》,讨论马克思利用它们的方法。我们已经阐明,波佩给"一般工艺学"下的定义，构成理解马克思"工艺学"的基础。马克思把《从科学复兴到十八世纪末的工艺学历史》一书，当做物质生产史的素材来利用。据此又作出下列结论：第一，通过对作为"机器大工业"、"物质基础"的"机器"，特别是磨和时钟的历史分析，导出机器的概念和机器发展的规律；第二，尤其是通过对有关纤维加工机器的历史分析，阐明了产业革命的"技术上的出发点"；第三，关于各类工场手工业的时期、概念、内容，马克思利用波佩的记述作为素材，进一步作出自己的规定；第四，关于工场手工业时期的机器与科学的关系，马克思汲取了波佩的观点和记述，并得出正式规定；第五，可以断定，马克思撰写《资本论》第一卷第十三章注89时，参考了《从科学复兴到十八世纪末的工艺学历史》的观点和记述。本文已经就其中的各种问题作了阐明。

（原载日本北海道大学《经济学研究》
1983年6月第33卷第1号）

（王克峻 译）

论马克思《资本论》中的生态观*

陈　凡　杜秀娟

在马克思所遭受的生态学批评中,《资本论》所受的指责可谓最为激烈和尖锐。在那些绿色批评者看来,《资本论》只是对资本主义的政治经济学批判,突出的是经济危机理论,没有对资本主义进行充分的生态批判,不见生态危机踪影;马克思主张劳动价值论,把自然(土地)看成是资本的"免费馈赠",否定了自然自身的价值和效用;马克思把自然看成是征服和改造的对象,是典型的人类中心主义者。总而言之,《资本论》是一部反生态的著作,马克思是一名反生态学家。果真如此吗?带着这些疑问,笔者再一次认真地研读了马克思的科学巨著《资本论》,得出了相反的结论。

一、生态学批判论:最早敲响了环境危机的警钟

毫无疑问,《资本论》首先是一部划时代的马克思主义政治经济学科学巨著。它的副标题是"政治经济学批判",批判维护资本主义制度的资产阶级政治经济学,剖析资本主义制度,揭露资本剥削剩余价值的

---

* 本文选自《马克思主义与现实》2008年第2期。作者陈凡系东北大学文法学院教授、博士生导师;杜秀娟系东北大学文法学院博士生,鞍山师范学院高职院教授。

秘密和实质，阐述无产阶级和资产阶级对抗矛盾的深刻根源，揭示资本主义生产方式发生、发展和灭亡的客观规律，是《资本论》的一条主线或"红"线。同时，认真研读《资本论》，我们会发现，与对资本主义的政治经济学批判这条主线或"红"线交织在一起的，还有一条对资本主义的生态学批判这条辅线或"绿"线。或者说，马克思的资本主义社会批判理论本来就既包含着政治经济学批判，又包含着生态学批判，二者是有机结合在一起的。早在二百多年前的《资本论》中，就已经有了"红"与"绿"的结合。

马克思在《资本论》中对资本主义的生态学批判包括两个维度，一是批判资本主义生产对外部自然的破坏，二是批判资本主义生产对人的自身自然的破坏。马克思始终"对生态极限和生态可持续性问题表现出深切的关注"[①]，在揭露资本主义雇佣劳动制度实质的同时，也深刻地揭露资本主义生产的不可持续性。

一方面，资本主义生产滥用和破坏着外部自然。就其本性来说，资本具有无限积累的天性，而无限扩大的资本积累对于作为生产资料的自然物的需求必然存在无限增长的天然趋势，资本积累试图突破自然设立的时间界限，贪婪地剥夺自然，导致森林、煤矿、铁矿等资源枯竭，造成自然的满目疮痍。马克思指出，文明和产业的整个发展，对森林的破坏从来就是起很大作用的，相比之下，对森林的养护和生产，简直不起作用。资本积累和资本主义生产还引发了空间变革，工业和农业的分离，城市和乡村的对立，严重"破坏着人和土地之间的物质变换，也就是使人以衣食形式消费掉的土地的组成部分不能回到土地，从而破坏土地持久肥力的永恒的自然条件"，导致地力枯竭。"资本主义农业的任

---

① 〔美〕福斯特：《马克思的生态学》，北京：高等教育出版社2006年版，第188页。

何进步，都不仅是掠夺劳动者的技巧的进步，而且是掠夺土地的技巧的进步，在一定时期内提高土地肥力的任何进步，同时也是破坏土地肥力持久源泉的进步。一个国家，例如北美合众国，越是以大工业作为自己发展的起点，这个破坏过程就越迅速。因此，资本主义生产发展了社会生产过程的技术和结合，只是由于它同时破坏了一切财富的源泉——土地和工人。"①

另一方面，资本主义生产滥用和破坏人的自身自然，损害工人健康。马克思始终对工人的生存状况和发展状况给予极大的人文关怀，深刻地揭露了资本家通过延长工作日、节约劳动条件对工人的健康状况造成极大的破坏。在资本主义工厂中劳动的物质条件和生产环境极其惨烈。但是，"资本是根本不关心工人的健康和寿命的，除非社会迫使它去关心"②。不仅如此，作为工人的居住环境的大城市，普遍污染的不断增长，成了"百病丛生的根源"。总之，资本主义生产滥用和破坏劳动力（工人的自然力），破坏了工人的自然（工人的健康），造成了人的发展的危机。

在此基础上，马克思深刻地分析了近代工业化的环境危机的资本主义制度根源。他认为，自然的异化说到底是社会问题，人与自然之间的对立和冲突根源在于人与人之间的对立和冲突。近代工业化的环境危机本质上是资本主义制度性的危机，只要资本主义制度存在，环境危机就是不可避免的。因此，解决生态灾难的根本途径是变革社会生产方式，超越资本主义制度。《资本论》对资本主义的生态学批判是深刻的，马克思不仅关注自然的生态问题，而且同时关注社会生态问题和人的生态问题，在近代工业化初期生态危机初显的时代最早敲响了环境危机的警

---

① 《马克思恩格斯全集》第 1 版第 23 卷第 552—553 页。
② 《马克思恩格斯全集》第 1 版第 23 卷第 299 页。

钟。而卡逊的《寂静的春天》，则是在现代社会生态危机凸显的时代再次敲响了环境危机的警钟。《资本论》中对资本主义社会环境问题的深刻揭示，以及对环境危机的主要根源的分析和环境危机的解决方案，在今天都看来都是相当睿智的，极富有启迪性的。而且，生态危机越发突出，《资本论》的生态学价值就越发彰显。

二、自然生产力论：充分肯定自然的价值和效用

在《资本论》中，马克思固然没有专门地论述自然的价值，但在论述资本的生产过程、资本主义生产的总过程中，马克思把自然看成是生产力的自然基础，或自然生产力，他对自然界的价值和效用持肯定态度。这一点是显而易见的，而且也是相当充分的。

马克思在《资本论》中指出："瀑布和土地一样，和一切自然力一样，没有价值，因为它本身中没有任何物化劳动，因而也没有价格，价格通常不外是用货币来表现的价值。"① 不过，需要澄清的是，马克思的这一论述中使用的"价值"，是与使用价值对应的，意指凝结在商品中的人类一般劳动，即劳动的物化，和现代环境理论中所说在"自然的价值"中的"价值"，根本不是一个含义。因此，我们不能只从《资本论》的某些论述的字面，而不联系上下文，就望文生义来指责马克思否定自然的价值和效用。不要忘记，就是在上面引文的前一页，马克思还说过："自然力不是超额利润的源泉，而只是超额利润的一种自然基础，因为它是特别高的劳动生产力的自然基础。"②

总起来看，马克思的《资本论》关于自然生产力的论述主要有以

---

① 《马克思恩格斯全集》第 1 版第 25 卷第 729 页。
② 《马克思恩格斯全集》第 1 版第 25 卷第 728 页。

下五个方面：第一，劳动和自然界一起是一切财富的源泉。"种种商品体，是自然物质和劳动这两种要素的结合。如果把上衣、麻布等等包含的各种不同的有用劳动的总和除外，总还剩有一种不借人力而天然存在的物质基质。人在生产中只能像自然本身那样发挥作用，就是说，只能改变物质的形态。不仅如此，他在这种改变形态的劳动中还要经常依靠自然力的帮助。因此，劳动并不是它所生产的使用价值即物质财富的唯一源泉。正像威廉·配第所说，劳动是财富之父，土地是财富之母。"① 第二，自然界是整个劳动过程得以进行的前提，又是劳动过程之中的自然要素。在劳动中，自然界作为独立的客观存在，是一个基础、一种环境、一种活动的作用对象；没有自然界，没有自然提供的自然物质，劳动就无法进行，人类也就无法生存下去。马克思指出，土地最初以食物等现成的生活资料供给人类，土地未经人的协助就作为人类劳动的一般对象而存在。所有那些通过劳动而同土地建立直接联系的东西，都是天然存在的劳动对象。相反，已经被以前的劳动滤过的劳动对象，称为原料。同时，"土地是他的原始的食物仓，也是他的原始的劳动资料库。例如，他用来投、磨、压、切等等的石块就是土地供给的。土地本身是劳动资料"，又"给劳动者提供立足之地，给他的过程提供活动场所"。② 而且，自然条件的好坏影响着劳动对象的数量和质量，自然条件与自然资源的情况的变迁，也影响着生产力中的工具要素的构成。第三，自然资源是人类生存发展的物质前提，它提供人类生活资料的来源。土地最初以食物等现成的生活资料供给人类，自然就以土地的植物性产品或动物性产品的形式或以渔业等产品的形式提供必要的生活资料。第四，自然条件规定着剩余劳动的界限。"绝对必需满足的自然需

---

① 《马克思恩格斯全集》第 1 版第 23 卷第 56—57 页。
② 《马克思恩格斯全集》第 1 版第 23 卷第 203—205 页。

要的数量越少,土壤自然肥力越大,气候越好,维持和再生产生产者所必需的劳动时间就越少。因而,生产者在为自己从事的劳动之外来为别人提供的剩余劳动就可以越多。"当然,"良好的自然条件始终只提供剩余劳动的可能性,从而只提供剩余价值或剩余产品的可能性,而绝不能提供它的现实性。劳动的不同的自然条件使同一劳动量在不同的国家可以满足不同的需要量,因而在其他条件相似的情况下,使得必要劳动时间各不相同。这些自然条件只作为自然界限对剩余劳动发生影响,就是说,它们只确定开始为别人劳动的起点。产业越进步,这一自然界限就越退缩"。① 第五,自然条件制约着劳动生产率。"撇开社会生产的不同发展程度不说,劳动生产率是同自然条件相联系的。这些自然条件都可以归结为人本身的自然(如人种等等)和人的周围的自然。外界自然条件在经济上可以分为两大类:生活资料的自然富源,例如土壤的肥力,鱼产丰富的水等等;劳动资料的自然富源,如奔腾的瀑布、可以航行的河流、森林、金属、煤炭等等。在文化初期,第一类自然富源具有决定性的意义;在较高的发展阶段,第二类自然富源具有决定性的意义。"② 尤其是,"农业劳动的生产率是和自然条件联系在一起的,并且由于自然条件的生产率,同量劳动会体现为较多或较少的产品或使用价值"③。

三、循环经济论:合理控制人与自然之间的物质变换

发展循环经济,合理地调节和控制人与自然之间的物质变换,是马

---

① 《马克思恩格斯全集》第1版第23卷第560—562页。
② 《马克思恩格斯全集》第1版第23卷第560页。
③ 《马克思恩格斯全集》第1版第25卷第922页。

克思的《资本论》中又一闪光的生态哲学思想。马克思认为，人与自然之间的物质变换，是人类生存和发展的基础，也是人类生活的现实内容。人与自然之间的物质变换是以生产劳动为中介的。劳动过程"是人和自然之间的过程，是人以自身的活动来引起、调整和控制人和自然之间的物质变换的过程"。资本主义生产使人与自然之间正常的物质变换受到干扰和阻碍，导致了土地贫瘠、山林荒芜、矿藏枯竭、气候恶化、河流污染、空气污浊等等环境问题。马克思在思考这些问题的过程中，形成了关于循环经济的思想。

在讨论消费排泄物的处理时，马克思提出了在农村和城市、工业和农业之间物质能量建立合理的闭路循环的思想。消费排泄物部分地指人的自然的新陈代谢所产生的排泄物，部分地指消费品消费以后残留下来的东西。日益集中的城市人口以衣食形式消费掉的土地的组成部分不能回到土地，从而破坏了土地持久肥力的永恒的自然条件。而大城市又不能有效地处理这些消费排泄物，因而造成普遍的日益增长的污染。在马克思看来，"消费排泄物对农业来说最为重要。在利用这种排泄物方面，资本主义经济浪费很大"① 是资本主义的生产关系和城乡之间相互敌对的分裂，从而使这种人与自然之间的物质变换中出现了"一个无法弥补的断裂"。因此，生产者联合起来的社会，必须在农村和城市、工业和农业之间建立合理的物质循环。

在讨论"生产排泄物的利用"时，马克思阐述了依靠科学技术、利用废料、节约自然资源的生产理念。生产排泄物，是指工业和农业的废料。"所谓的废料，几乎在每一种产业中都起着重要的作用。"② 产品的废料，例如飞花可当做肥料归还给土地，或者可当做原料用于其他生

---

① 《马克思恩格斯全集》第 1 版第 25 卷第 116—117 页。
② 《马克思恩格斯全集》第 1 版第 25 卷第 117 页。

产部门；破碎麻布可用来造纸；制造机车时剩下的铁屑收集起来可提供给制铁。通过这种循环流动，生产排泄物，即所谓的生产废料再转化为同一个生产部门或另一个生产部门的新的生产要素，就再回到生产从而消费（生产消费或个人消费）的循环中。"在可变资本的量已定，剩余价值率已定时，不变资本这一部分的费用的减少，会相应地提高利润率。"① 马克思认为，废物之所以能够循环再利用，是因为每种物都有多种属性，从而有各种不同的用途，所以同一产品能够成为很不相同的劳动过程的原料。在同一劳动过程，同一产品可以既充当劳动资料，又充当原料。一种已经完成可供消费的产品，能重新成为另一种产品的原料。这种最初的原料虽然本身已经是产品，但还需要通过一系列不同的过程，在这些过程中，它不断改变形态，不断重新作为原料起作用，直到最后的劳动过程把它当做完成的生活资料或完成的劳动资料排出来。当然，废物循环的实现也需要一系列的条件："这种排泄物必须是大量的，而这只有在大规模的劳动的条件下才有可能；机器的改良，使那些在原有形式上本来不能利用的物质，获得一种在新的生产中可以利用的形式；科学的进步，特别是化学的进步，发现了那些废物的有用性质。"②

马克思还讨论"废料的减少"，区分了两种不同的节约。马克思认为，应该把通过生产排泄物的再利用而造成的节约和由于废料的减少而造成的节约区别开来。后一种节约是把生产排泄物减少到最低限度，并把对一切进入生产中去的原料和辅助材料的直接利用提高到最高限度。"废料的减少，部分地要取决于所使用的机器的质量。机器零部件加工得越精确，抛光越好，机油、肥皂等物就越节省。"同时，"还要取决

---

① 《马克思恩格斯全集》第 1 版第 25 卷第 95 页。
② 《马克思恩格斯全集》第 1 版第 25 卷第 117 页。

于原料本身的质量。而原料的质量又部分地取决于生产原料的采掘工业和农业的发展（即本来意义上的文明的进步），部分地取决于原料在进入制造厂以前所经历的过程的发达程度"。①

当然，《资本论》中确实存在征服自然、改造自然的思想，但在我们看来，这种思想并不必然导致环境危机，不能成为生态危机的思想根源。正如马克思所说："像野蛮人为了满足自己的需要，为了维持和再生产自己的生命，必须与自然进行斗争一样，文明人也必须这样做；而且在一切社会形态中，在一切可能的生产方式中，他都必须这样做。"问题是："社会化的人，联合起来的生产者，将合理地调节他们和自然之间的物质变换，把它置于他们的共同控制之下，而不让它作为盲目的力量来统治自己；靠消耗最小的力量，在最无愧于和最适合于他们的人类本性的条件下来进行这种物质变换。"② 这种态度是我们今天处理人与自然的关系时所必须坚持的。

---

① 《马克思恩格斯全集》第 1 版第 25 卷第 118—119 页。
② 《马克思恩格斯全集》第 1 版第 25 卷第 926—927 页。

马克思《资本论》中的中介理论*

冯文光

《资本论》中存在着中介理论体系。《资本论》本身的结构就是以流通过程为中介的结构。马克思在表述中介概念时常用的德文词是"Vermitt lung"、"Vermitteln"。中文一般译成"中介"、"起中介作用"、"媒介"、"促成"、"造成"、"引起"等等。因此可以说,"中介"是指对某一过程的完成起促进作用的要素,或者说,可以通过某个要素(中介)实现某一过程。起中介作用的要素相当于化学过程的催化剂。"中介"还指某个过程的中间环节。例如,恩格斯在《资本论》第二卷序言中谈到《资本论》第三卷时说:"在那里将第一次说明,从理解一般剩余价值到理解剩余价值转化为利润和地租,从而理解剩余价值在资本家阶级内部进行分配的规律,需要经过多少中间环节。"① 这里的"中间环节"的德文是"Mittelglieder"。这个德文词也可以译为"中介环节"。我们这里所说的中间环节可以理解为过渡阶段。马克思在谈到单个资本在一般流通领域之内完成自己特有的独立的循环时指出:"在这个循环中,生产领域形成一个过渡阶段。"资本主义生产的动机就是赚

---

* 本文选自《马克思主义与现实》2000 第 3 期。作者系中央编译局马列部研究员。

① 《马克思恩格斯全集》第 1 版第 24 卷第 15 页。

钱，"生产过程只是为了赚钱而不可缺少的中间环节"（Vermittelglied）。① 从以上的两句引文中可以看出，生产领域形成"过渡阶段"，也就是生产领域形成"中间环节"或"中介环节"。

中介作用并不是固定在某一个事物上，而是同一事物在这一过程中起中介作用，而在另一过程中则不起中介作用。例如，劳动工具在某个劳动过程中是劳动者把自己的活动传导到劳动对象上去的物或物的综合体。但是，在另外的劳动过程中，劳动工具又可能是正在生产出来的劳动对象。从广义的流通过程来看，生产过程是总流通过程的中介，而从资本主义的剩余价值生产来看，流通过程又只是中介。马克思在《资本论》中首先考虑生产过程。作为孤立的过程，资本主义生产过程是劳动过程和价值增殖过程的统一。这是《资本论》第一卷考察的对象。但是，资本的直接生产过程还要由流通过程来补充。马克思在《资本论》第二卷第三篇中是把流通过程作为社会再生产过程的中介来考察的。《资本论》第三卷则是考察资本主义生产过程的总体。在考察《资本论》中的中介理论时，总的方法是必须遵循马克思的《资本论》的逻辑体系。也就是说，必须在生产过程、流通过程以及生产过程和流通过程的统一这三个环节中找出起主要作用的中介环节。

在劳动过程中，中介环节是劳动资料。劳动过程是劳动以自身的活动引起、调整和控制人和自然之间的物质变换的过程。劳动者在劳动过程中借助于劳动资料，把自己的有目的的活动作用于劳动对象上，使之发生预定的变化，生产出符合人的需要的产品。在这一过程中，劳动资料是中介因素。

从流通过程来说，主要的中介因素是货币。资本在市场上购买劳动力和生产资料，必须有货币的中介。产品生产出来后，必须在市场上卖

---

① 《马克思恩格斯全集》第1版第24卷第67、68页。

出去，否则物化在产品中的价值就不可能得到实现，也就是产品必须经历 W—G 的阶段。买者要买产品，必须有货币。如果买者的口袋里没有货币，那么买卖就不能进行。商品的总形态变化 W—G—W，是买与卖的统一，货币在其中充当交换的中介。

从生产过程和流通过程的统一这个角度来考察，最主要的中介环节是竞争。由于竞争的作用，利润转化为平均利润，同时价值转化为生产价格。当平均利润成为生产价格的一个决定因素之后，为了得到平均利润或高于平均利润的利润，资本家之间就要展开激烈的竞争。正是竞争，推动着资本家更新设备，不断提高有机构成，同时又不断减少所雇用的劳动力并提高劳动者的素质。由此生产力会得到迅速的发展。

以上所说的三个中介因素即劳动资料、货币和竞争的发展在资本主义生产的发展过程中起着十分重要的作用。同样，从一般商品生产过程来看，这三个因素对于生产力的发展也起着十分重要的作用。在劳动过程的三个要素即劳动本身、劳动对象和劳动资料中，劳动资料起着非常重要的作用。劳动资料的不同发展时期标志着社会生产力的不同发展水平。人类使用石块、木棍获取食物，标志着人类的生产能力的低下。从手工工具到机器的出现，标志着人类改造自然能力的极大提高。在劳动资料发展的同时，人类劳动借以进行的社会关系也发生与之相应的变化。马克思指出："劳动资料不仅是人类劳动力发展的测量器，而且是劳动借以进行的社会关系的指示器。"[①] 手工工具是封建社会的标志，机器则是以工业资本家为首的社会的标志。当前，人类社会已进入了一个全新的时代。原子能的利用、电脑、生物工程使生产力的发展达到了前所未有的速度，与此相应，人们之间的社会关系也在相应变化。

与生产过程的发展相应的是流通过程的发展。而商品交换的中介即

---

① 《马克思恩格斯全集》第 1 版第 23 卷第 204 页。

货币的发展是流通过程发展的标志。迄今为止,作为流通中介的货币经历了以下几个发展阶段:1. 实体化阶段。充当货币材料的先后有贝壳、铁、铜、金银等等。2. 符号化阶段。货币符号是代替金属货币执行职能的价值符号。不足值的铸币、辅币是货币符号的最初形式,而纸币则是货币符号的完成形式。3. 虚拟化阶段。随着资本主义生产的形成和发展,随着信用的发展,在简单商品生产条件下就已存在过的商业票据(期票和汇票)和货币经营业发展成为真正的商业货币和银行业,与此同时,货币资本的借贷发展成为银行信用。现实资本转化成了虚拟资本。"银行家资本的最大部分纯粹是虚拟的。"① 汇票、国家证券、股票等虚拟资本大量发行。这些信用手段的发展引起、加速和扩大了资本在个人手中的积聚,从而也加速和扩大了生产过程,缩短了周转时间,G……G′形式变成了资本家赚钱的主要形式。在资本家看来,"生产过程只是为了赚钱而不可缺少的中间环节,只是为了赚钱而必须干的倒霉事。︱因此,一切资本主义生产方式的国家,都周期地患一种狂想病,企图不用生产过程作媒介而赚到钱。︱"②正是由于资本家的这种狂想病,促进了生产的过剩,从而促进了经济危机的爆发。货币的虚拟化一方面使资本主义生产以空前未有的速度扩大,另一方面又使资本主义生产陷入虚假繁荣,使投资效益具有更大的不确定性,从而不断地造成社会生产的紊乱。

竞争是一种外部强制作用,它使客观规律的内在必然性表现出来。"只有通过竞争的波动从而通过商品价格的波动,商品生产的价值规律才能得到贯彻,社会必要劳动时间决定商品价值这一点才能成为现

---

① 《马克思恩格斯全集》第 1 版第 25 卷第 532 页。
② 《马克思恩格斯全集》第 1 版第 24 卷第 68 页。

实。"① 因此可以说，竞争的发展与价值规律的发展是同时并进的。首先是部门内的竞争，部门内的竞争"使商品的各种不同的个别价值形成一个相同的市场价值和市场价格"②。部门内的竞争接着发展成为部门与部门之间的竞争。部门内部竞争的基础是同类商品的高低不同的个别价值，而部门间竞争的基础是不同部门的不同的利润率。利润率低的部门的资本流向利润率高的部门。"只有不同部门的资本的竞争，才能形成那种使不同部门之间的利润率平均化的生产价格。"③ 当商品越出一国边界而流入世界市场时，竞争也就在世界市场上展开。这种竞争的基础，是不同国度所生产的同种商品所包含的劳动量的差别。当竞争发展到世界范围内的竞争时，决定商品价值的就不再是商品所包含的一国范围内的社会必要劳动量，而是世界范围内的社会必要劳动量了。马克思把这种价值称为国际价值。一个国家的资本主义生产越发达，它的国民劳动的平均强度和生产率越超过国际水平，它的单个商品的价值就越低，但只要它没有因竞争而被迫把它的商品的出售价格降到和商品的价值相等的程度，它就可以实现更多的利润。

以上我们分别论述了劳动资料、货币和竞争这三个主要的中介因素。它们对于资本主义生产的发展、因而对于生产力的发展具有巨大的作用。它们是共同发生这种作用的，因此也可以说，它们各自所起的作用是不可分割地联系在一起的。下面把这三个因素的作用作为一个整体来考察。

资本的本质是自我增殖，是获取更多的剩余价值。资本要在市场上实现它的剩余价值。它的商品的价值由该商品所包含的劳动或生产该商

---

① 《马克思恩格斯全集》第 1 版第 21 卷第 215 页。
② 《马克思恩格斯全集》第 1 版第 25 卷第 201 页。
③ 《马克思恩格斯全集》第 1 版第 25 卷第 201 页。

品所使用的劳动时间来决定。但是，在市场上不只有一个资本，而是有许多资本。在多个资本互相作用的情况下，规律发生了变形，"价值不是取决于它所包含的劳动或它被生产出来时所使用的劳动时间，而是取决于它能够被生产出来的那段劳动时间，或者说再生产所必需的劳动时间"①。因此，原有规律似乎已被推翻，但这只是假象。实际上，资产阶级经济范畴，即使是最初步的范畴如价值规定都通过竞争而确立起来。由于竞争，采用生产效能更高的生产资料的资本就能实现更多的利润，而采用较低效能的生产资料的资本被挤出市场。但这种情况不会长久，很快其他资本也会采用同样效能的生产资料。有的资本甚至会采用更先进的生产资料，于是又产生了新的不平衡。竞争又重新开始。为了得到原有的利润，资本必须能更大量地出卖商品。竞争总是使商品的价格降低到生产费用的水平，因而总是迫使资本不断更新生产资料。竞争的结果总是许多较小的资本家垮台，他们的资本一部分转入胜利者手中，一部分归于消灭。在这一过程中，信用事业挤了进来。"起初，它作为积累的小小的助手不声不响地挤了进来，通过一根根无形的线把那些分散在社会表面上的大大小小的货币资金吸引到单个的或联合的资本家手中；但是很快它就成了竞争斗争中的一个新的可怕的武器；最后，它变成一个实现资本集中的庞大的社会机构。"②

在社会主义各国发展史中，生产力发展的速度曾一度与社会主义制度的优越性不相适应。我认为原因之一是对劳动资料、货币和竞争这三个中介因素的认识有片面性。1. 对劳动资料的作用的理解曾有过片面性。在劳动过程的三要素中，人们往往把劳动者这一因素的作用的发挥与劳动资料的作用割裂开来。在劳动者这一因素上，往往又注重人的思

---

① 《马克思恩格斯全集》第2版第31卷第49页。
② 《马克思恩格斯全集》第1版第23卷第687页。

想和主观能动性。甚至有时还把人的思想和主观能动性的发挥与劳动资料的利用对立起来。这种做法必然会导致生产力发展的滞后。在我国实行改革开放以来,一方面重视人的因素的发挥,强调劳动者的素质在劳动过程中的作用,另一方面重视机器设备的现代化,重视科学技术在生产中的作用。与改革开放前相比,我国的劳动生产率有了很大的提高,生产力发展的速度也空前加快了。2. 对货币的作用,在相当长时期内是采取限制态度的。限制货币作用,也就是限制了流通;流通是生产的中介,因而限制流通也就是限制了生产的发展。在认识到我国还处在社会主义初级阶段、要发展商品经济之后,尤其是在提出社会主义市场经济这一概念之后,我国的经济发展呈现出了全新的面貌。目前,我国的货币发展也进入了虚拟化阶段。因此,在发展货币的作用、促进生产力发展的同时,也要注意货币发展虚拟化造成的虚假繁荣,消除虚拟化给生产和流通带来的不稳定性。在这一方面,社会主义制度的优越性是大有可为的。3. 对竞争的作用,在相当长一段时间内也是采取限制态度的。限制竞争,实际上就是限制价值规律的实现。过去理论界曾试图用"竞赛"概念来代替"竞争"概念,认为"竞争"是以私人利益为基础的,与社会主义制度不相符合,而"竞赛"则是以劳动者之间的互助合作、利益一致为基础的,因而与社会主义制度是相符合的。在我国实行改革开放之后,在理论和实践上解决了这个问题。

对劳动资料、货币、竞争这三个中介因素的重要作用缺乏应有的认识,主要有以下三方面的原因:1. 认为我国已经是社会主义社会,正在向共产主义过渡,因此对商品、货币采取限制的态度;2. 对人的因素的作用的认识有片面性,过分强调了人的主观意志的作用,相对地忽视了客观条件的作用和人的素质的作用。3. 思维方法上只重视过程的开端和结果,不重视过程中的中介因素,也不重视度的作用。这种思维方法是较原始的粗放的耕作模式的遗风。那时地多人少,几乎谈不上有什么科学技术在生产上的应用，生产工具原始落后，靠天吃饭。从客观上说，播种和收获几乎就是过程的全部。事实上，在当时的耕作中也确实没有什么中介因素对过程起着明显的作用。随着科学技术的发展及其在生产中的运用，随着粗放耕作向集约耕作的转化，中介因素对过程发生的作用越来越明显，其作用过程也越来越被细化。但是，上述思维方法的改变并非一朝一夕之事，因为这种思维方法并非是几代人的时间内形成的，而是可以追溯得更远。

马克思不仅重视客观过程中的中介因素，而且也十分重视思维进程中的中介因素。对资本和劳动的等价交换如何能产生不等价的结果以及生产价格如何不违背价值规律这两个问题，在此以前的所有经济学家都不能作出正确的回答，只有马克思才正确解决了这两个问题。

第一个问题：资本和劳动相交换，假定是等价交换并且工资是6元，那么结果怎么会不等价呢，因为工人创造了12元。在马克思以前，人们认为工人在市场上与资本家交换的是劳动，也就是工人出卖的商品是劳动。既然劳动是商品，值6元，那么无论怎样消费，它总只是值6元，怎么在消费这种商品以后得到的结果是12元呢？按等价交换原则，劳动创造的价值应该是6元。那么这里创造出12元是否违背了价值规律呢？马克思作出了正确的回答。工人拿到市场上去进行交换的不是劳动，而是自己的劳动力。劳动力商品的使用价值有一种特殊性，那就是会创造价值。工人把自己的劳动力的使用价值交给资本家支配，每天12小时，而劳动力自身的价值只有6元。资本家花费6元购买了对劳动力的使用价值的支配权，无论结果如何，这只是资本家如何消费自己的商品的问题。劳动力的使用价值，这是一个十分重要的中介范畴，只是由于这一范畴，才能合理地说明，如何在等价交换的前提下工人会创造出超过自身价值的剩余价值。

第二个问题：生产价格与价值是否一致的问题。$c+v+$平均利润为什么与 c+v+剩余价值并不矛盾呢？要说明这个问题，必须说明剩余价值向利润的转化，利润向平均利润的转化以及价值向生产价格的转化。恩格斯在《资本论》第二卷序言中谈到剩余价值的分配规律时指出，要说明一般剩余价值转化为利润和地租，需要经过中间环节。这些中间环节可以理解为如下一些：竞争、市场价值、生产价格；剩余价值向利润以及利润向平均利润的转化；平均利润率的形成以及趋向下降的规律等等。起中心作用的是两个范畴：平均利润和生产价格。马克思正是在确立这两个科学范畴的基础上解决了生产价格与价值是否一致的问题。

从以上对《资本论》中的中介理论的考察可以得出如下一些认识：

1. 正如社会生产过程没有中介因素就无法正常进行一样，思维过程如果没有中介范畴就会中断，或者可能把本质与现象直接等同，或者反过来用现象来解释本质。

2. 无论是在自然界还是在社会中，中介因素都是客观存在。人们对中介因素认识得越多，对自然过程和社会过程的认识也就越多。

3. 中介因素对过程的进行起着非常重要的作用，由于采用不同的中介因素、投入时间不同、量的不同，过程的进行和结果也就会完全不同。因此，那种只注意开端和结果、不重视中介因素的粗放的思维方式应当予以摒弃。

国外关于《资本论》中"劳动异化"的不同见解（摘译）*

〔日〕向井公敏

一、《1844 年经济学哲学手稿》中的劳动异化理论

所谓劳动异化

正如《资本论》第五章第一节所阐明的，劳动过程只要作为人和自然之间的一种过程来考察，就是一切社会共有的使用价值的生产，是人类劳动的物化过程。可是马克思说，在资本主义社会，这个过程"是资本家消费劳动力的过程"，这时"显示出两个特殊现象"，首先，"工人在资本家的监督下劳动，他的劳动属于资本家"；"其次，产品是资本家的所有物，而不是直接生产者工人的所有物"②。

马克思在这里指出的资本主义社会的"特殊现象"，在现在广泛使用的意义上被称为"劳动异化"。不过，"劳动异化"概念今天已经越出狭义政治经济学的范围，在哲学、思想的意义上围绕马克思的理论展开了一次大争论，如果我们回顾一下迄今为止的历史研究，显然"劳动

---

* 本文选自《马列主义研究资料》1985 年第 3 辑。作者系日本同志社大学商学系讲师。

② 《马克思恩格斯全集》第 1 版第 23 卷第 209—210 页。

异化"概念并非是从《资本论》的这一阐述中直接展开的。我们宁可说，这个概念虽然在《资本论》第一卷出版前二十多年即1844年就已经写在书上了，但是直到1932年初才清楚地看到全貌——《1844年经济学哲学手稿》（以下简称《手稿》）。现在我们日常所说的"异化"一词，就其起源来说，虽然可以追溯到黑格尔和费尔巴哈，但是就今天所用的意义来说，多半是指来自《手稿》的异化，而我们这样讲绝非言过其实。

从前研究异化理论时总要引经据典，即引证《手稿》的第一手稿，特别是引证以《异化劳动》为题的那一节。在这里，马克思就以下四种场合论述了劳动异化。其一，劳动对象化所生产的劳动产品，"作为一种**异己**的存在物，作为不依赖于生产者的**力量**，同劳动相对立"。总之，"在被国民经济学作为前提的那种状态下"，劳动的"**对象化表现为对象的丧失和被对象奴役**，占有表现为**异化、外化**"。① 其二，"异化不仅表现在结果上，而且表现在**生产行为**中，表现在生产活动本身中"。也就是说，"劳动对工人说来是**外在的东西**，也就是说，不属于他的本质的东西；因此，他在自己的劳动中不是肯定自己，而是否定自己，不是感到幸福，而是感到不幸……因此，他的劳动不是自愿的劳动，而是被迫的**强制劳动**"。②

不仅如此。马克思认为，"人是类存在物"③。虽然马克思的这一看法的根据是，第一，人把整个自然界当做自己的非有机的肉体；第二，同其他动物不同的人类劳动是"自由的自觉的活动"④，不过"异化劳

---

① 《马克思恩格斯全集》第1版第42卷第91页。
② 《马克思恩格斯全集》第1版第42卷第93—94页。
③ 《马克思恩格斯全集》第1版第42卷第95页。
④ 《马克思恩格斯全集》第1版第42卷第96页。

动"的第三个规定是:"人的类本质——无论是自然界,还是人的精神的、类的能力——变成人的异己的本质,变成维持他的个人生存的手段。异化劳动使人自己的身体,以及在他之外的自然界,他的精神本质,他的人的本质同人相异化。"① 最后,马克思从以上规定中得出第四个规定,即作为"所造成的直接结果就是人同人相异化"②。

我们知道,这里看到的异化规定虽然在《手稿》中是作为四种异化出现的,不过马克思在《手稿》中以"异化劳动"概念为核心,批判地阐明了"国民经济学的各个前提"③(如私有财产、资本等)。

德国古典哲学和马克思

大家知道,马克思研究政治经济学始于《手稿》,其后在《资本论》中结出了果实。不过,我们暂且不谈前面所看到的那些规定在内容上的相互关系,关于《手稿》所论述的"劳动异化"理论的基本设想和逻辑结构,是否已由《资本论》体系正确地再现出来这一点,向来没有取得一致的意见。

特别成问题的是,《手稿》中把作为劳动主体的人理解为费尔巴哈想出的那个"类存在",结果劳动异化是被当做这个"类存在"的人的自我异化展开的,或者说,从把黑格尔的辩证法高度评价为"把人的自我产生看做一个过程,把对象化看做失去对象,看做外化和这种外化的扬弃"④ 中,我们可以看到,《手稿》中是多么积极地(尽管以批判

---

① 《马克思恩格斯全集》第1版第42卷第97页。
② 《马克思恩格斯全集》第1版第42卷第98页。
③ 《马克思恩格斯全集》第1版第42卷第89页。
④ 《马克思恩格斯全集》第1版第42卷第163页。

形式出现）援引了黑格尔的哲学，特别是黑格尔的劳动概念。也就是说，围绕这样一个问题——是否应当认为这份《手稿》所受到的黑格尔和费尔巴哈等人的德国古典哲学的一定影响，已由此后的《资本论》批判地继承下来并得到了发展？或者说，是否应当彻底地清算一下同作为科学的政治经济学毫不相容的观念论的残滓？——到目前为止，在研究马克思的过程中引起了一场大辩论。这场大辩论不仅包括《手稿》和《资本论》的关系这类问题，而且还包括马克思哲学和政治经济学、科学和人道主义，即所谓同马克思理论的根本性质有关的一些重要问题。

下面我们主要介绍一下同理解《资本论》密切相关的一些问题。

二、《1848年经济学哲学手稿》中的劳动异化理论在哲学上的意义

哲学和政治经济学

不管1932年是否公布了《手稿》，"直接证明马克思理论的根在于黑格尔的哲学问题的意识中"的马尔库塞①，最早指出了这份《手稿》的异化理论的重要性。也就是说，他认为，《手稿》"批判国民经济学的全部根据，显然是建立在哲学的基础上的，或者说，是从对哲学的深入探讨中产生的"，因此作为"批判的基本概念"的"异化劳动和私有财产"，"不仅仅作为最初的简单国民经济学的概念，而且也是作为从人类存在的历史中所产生的具有决定性的现象的概念去理解去批判的"。从而，由"异化劳动""所描绘的东西，不仅仅是经济学

---

① 〔德〕马尔库塞：《早期马克思研究》，1932年版。

的事情，也是指人类异化、对新创造的价值的剥夺、人类现实的逆转以及丧失等等"。

因此，马尔库塞以《手稿》为根据，虽然进而把劳动异化理解为"人类异化"，但是他说，《手稿》的异化理论的哲学性质和存在论性质决不是"残滓"，或者说，不应把这些性质看做是在《资本论》这个"后期（政治经济学的）形式中""已经得到克服的"东西。不过，这"证明了有人试图回避和胆怯地隐瞒马克思理论所具有的哲学内容，完全误认这一理论的本源的历史基础"。这是因为，与其说从黑格尔的劳动概念是"马克思的一切具体的劳动概念的基础""在《资本论》中依然发生作用"这一点来看，显然马克思的理论"在整个阶段上都包含着哲学基础"，不如说"马克思以深入研究黑格尔时所描绘的人类存在及其现实化这一理念为基础，把经济学的事实首先当做人类存在的逆转，当做人类现实性的丧失。——只有把这一点作为基础，经济学的事实才能成为在现实中变革人类存在和人类世界的革命的现实基础。"

我们在这里所看到的马尔库塞对《手稿》异化理论给予的积极评价，在以下两个方面针对从后期马克思为中心的、到那时为止的研究马克思的所谓"客观主义"和"经济主义"倾向，提出带根本性的反题，对其后的异化理论的研究产生了重大影响：第一，强调劳动异化理论的哲学的和人类学的要素，并在这里发现了马克思对德国古典哲学的继承；第二，在这一意义上可以把《手稿》中的"哲学家"和《资本论》中的"经济学家"统一起来理解，或者宁可说，试图以前者的观点再构成后者。

对异化理论的多种多样的研究

除马尔库塞外,从各自观点出发积极评价异化理论的理论工作者是很多的。在海外,与马尔库塞几乎同一时期的代表人物有卡尔·勒维特①、卢卡奇②、简·伊波里特③、叶利希·弗洛姆④等人。卡尔·勒维特主张,马克思在《资本论》中把他的初期的异化理论"依然作为基础",在《资本论》的商品概念中看到了人类的"自我异化在经济上的表现";卢卡奇在政治经济学古典学派和黑格尔辩证法的批判的统一这种意义上,高度地评价了《手稿》的异化理论,说"后来马克思根据这个理论制定了某些公式的基础";简·伊波里特通过《手稿》和《资本论》,强调黑格尔和马克思的继承关系;而叶利希·弗洛姆则着眼于《手稿》中的"人类学",主张马克思的人道主义。在我们日本,最早有梯明秀⑤,他认为《手稿》"具体地分析了雇佣工人的阶级异化关系在逻辑上的根据,因此开始完成对黑格尔的自我异化在逻辑上的唯物主义的改造",进而认为这种"马克思的自我异化的哲学思想把它在政治经济学中的表现确定为《资本论》中的剩余价值规律";与梯明秀的看法不同的,有田中吉六⑥和梅本克己⑦,他们在探索作为《手稿》的异

---

① 卡尔·勒维特:《费尔巴哈和马克思》,1932年版。
② 〔匈〕卢卡奇:《青年马克思》,1954年版。
③ 〔法〕简·伊波里特:《黑格尔和马克思》,1955年版。
④ 〔美〕叶利希·弗洛姆:《马克思的人类观》,1961年版。
⑤ 〔日〕梯明秀:《〈资本论〉辩证法根据》,有斐阁1953年版。
⑥ 〔日〕田中吉六:《唯物史观的形成》,季节社1972年版。
⑦ 〔日〕梅本克己:《唯物史观和政治经济学》,现代理论社1971年版。

化理论发展的后期马克思唯物史观同政治经济学的关系。

三、"未成熟的马克思"和"成熟的马克思"

观念论和唯物主义

以马尔库塞为代表对《手稿》异化理论的积极评价和试图在这一基础上重新理解马克思的整个理论,自然引起立足于后期马克思的"正统"马克思主义者的反驳。其中大多数人同马尔库塞的观点相反,把《手稿》的异化理论的哲学和人类学的要素看做青年时期的即未成熟的马克思的观念论中的残余,认为在《德意志意识形态》(1846年)确立历史唯物主义(唯物史观)以后,这些要素已经不再成为马克思理论的中心概念。例如科尔纽说:"在《德意志意识形态》中历史唯物主义通过它的本质特征的论述已经建立起来,异化问题已不再是核心问题,而是作为私有制度所不可缺少的本质条件的现象来考察的,是作为普遍的历史发展框架中的生产力和生产关系的发展来把握和运用的。"①

因此,如果从这种观点出发,那么马尔库塞等人的观点就自然成为批判对象,因为他们"把马克思已经发展了的思想拖回到黑格尔和费尔巴哈对异化的理解上,并把这一概念说成是一个非历史的、永存的范畴"②。也就是说,"他们把异化转化为人类学的现象"③,因此模糊了异化的历史性,特别是模糊了资本主义中的劳动异化的阶级性。

---

① 〔法〕科尔纽:《马克思的思想原像》,1955年版。
② 《马克思恩格斯全集》俄文版第40卷编者说明。
③ 〔苏〕奥伊则尔曼:《马克思主义和异化》,1956年版。

劳动异化理论和政治经济学

持有这种观点的还有卢森贝①、游部久藏②、塚本健③、大内秀明④和林直道⑤等一些经济学家，他们从后期马克思确立政治经济学出发，论述了劳动异化理论的政治经济学的意义。

例如大内秀明批评说，"由于马尔库塞没有充分评价后期马克思研究政治经济学时在理论上的深化"，"便从政治经济学的问题上取消了初期马克思的异化理论，而只把它当做一个哲学问题"。因此马尔库塞对异化理论的哲学评价，"便陷入马克思的黑格尔化中了"。也就是说，与其说"异化不能充分地把握资本主义经济过程中的阶级关系"，不如说"对这些具体问题置若罔闻，取消了劳动的自我异化问题，而只剩下失去人性这个一般性的问题"。与此相反，"《资本论》中的异化理论……已经不单单是劳动异化理论了"。这一理论"是建立在这样一些事实的基础上的：从工人那里夺走了全部生产资料和生活资料，作为这些东西的生产资料在行使职能，工人只不过是劳动力商品的所有者"，这就是"后期马克思所得出的研究成果"。

同样，塚本健也指出了"具有黑格尔的劳动观——因为黑格尔说

---

① 〔苏〕卢森贝：《早期马克思经济学说的形成》。
② 〔日〕游部久藏：《异化理论的经济学的意义》，载《三田学会杂志》1959年1月第52卷第1号。
③ 〔日〕塚本健：《物化和自我异化——劳动异化理论的意义和界限》，载《思想》1968年5月第527号。
④ 〔日〕大内秀明：《宇野政治经济学的基本问题》，现代评论社1971年版。
⑤ 〔日〕林直道：《历史唯物主义和政治经济学》（两卷本），大月书店1971年版。

过,人类本质归根到底就是劳动——的"劳动异化理论的界限。他说,"当初人类异化这个哲学概念,只有通过作为经验科学的政治经济学的理论发展,通过劳动力商品这个概念,才能为人们所理解,并得到发展,而且只有在这个时候,劳动异化的规定,才能完成从前者向后者过渡这种中介的作用";"市民社会中的人类异化,归根到底,只有通过作为劳动力商品的经验科学的概念,才能为人们所理解",因此他强调说,只有同马尔库塞的观点相对照,才能看出确立作为后期马克思的经验科学的政治经济学的意义。其次,说到由于各自对《资本论》的不同理解所产生的种种小差别,在另外一些研究者中间,也都是从经济理论的意义这一角度理解劳动异化的,所以,马尔库塞等人所强调的哲学的和人类学的要素,作为初期马克思未成熟的东西,已经在后期马克思研究政治经济学的过程中得到了清算,或者说,在逻辑上已被资本主义的经济过程所吸收,就这一点来说,他们有着共同之处。

异化和物化

和以上的看法不同的有广松涉①和清水正德②,他们指出,《手稿》异化理论在逻辑结构自身上存在着缺点,而这种缺点自然由后期马克思所克服。

例如,广松涉认为,"本来,自我异化是同特殊的主体概念密不可分的"③;如我们在《手稿》中所看到的,对马克思来说,这种所谓主

---

① 〔日〕广松涉:《马克思主义的形成过程》,至诚堂1968年版。
② 〔日〕清水正德:《人类异化理论》,纪伊国书屋1971年版。
③ 〔日〕广松涉:《唯物史观的原像》,三一书房1971年版。

体就是作为"类存在"的人。而《手稿》中的马克思虽然"通过既是作为类存在的人,也是作为自我活动的主体的人类劳动异化和自我获得这一先验图式,得出并提出历史哲学上的宏远前景",但《手稿》的异化理论毕竟包含着"重大难点",以至包含着"无法解决的难题"。清水正德也说,本来"作为类存在的人类劳动在人同自然的物质变换中是使自身不断物化并形成自身的东西",不过一旦"建立在人类主义即自然主义之上,不管你怎样分析出现在作为人以至社会的原像的类存在和共同体(类社会)中的劳动,只要生产劳动产品的社会形式得不到发展,就不能从中'推论'出已经异化的劳动"。总而言之,不管马克思的主观意图如何,"只要作为类存在的人类劳动尚处于原始状态",异化历史的形成及其扬弃"就不可能得到发展"。

不管是广松涉还是清水正德都主张,包含着逻辑难点的《手稿》的异化理论,由于后期马克思建立了唯物史观和政治经济学,得到了彻底的克服,不过关于对克服方法的理解,他们二人之间却存在着某些不同。也就是说,清水正德是从"放弃"作为"学术原理立场"的"异化理论立场",即从"放弃""人类主义即自然主义的主体的立场"中,发现了克服《手稿》中的异化理论的,而这一点决不意味着"放弃"了"作为主体立场的异化理论的立场"即人道主义的立场。他认为,与其说"作为原理体系的《资本论》实质上是使资本这一劳动主体在社会的总体中成为异化的东西的一种自行运动的体系",不如说"人的异化理论通过隐没在这种立场中的《资本论》的近代人类物化体系在学术上结出了果实,异化理论的思想结构是通过商品拜物教、货币拜物教和资本拜物教的暴露得到表现的"。

与此相反,广松涉说,"克服自我异化理论的必然性是首先扎根在主体概念上的东西",不过,正如我们在《德意志意识形态》一书中所看到的,马克思"直截了当地克服了自我异化理论借以形成的主体概念一般","因此,自我异化理论已成为试图维持下去的东西",并强调指出,"马克思在世界观的结构上已从异化理论的逻辑向物化理论的逻辑飞跃"。《资本论》中的物化理论问题虽然是另一个问题,不过广松涉所说的后期马克思直截了当地克服了《手稿》的异化理论的见解,却主张彻底地切断黑格尔同马克思的关系,他和把后期马克思的理论立场称为"反人道主义"的阿尔都塞①对异化理论的理解,同上述的马尔库塞等人对异化理论的理解正好相反。

四、异化理论研究的新动向

《詹姆斯·穆勒评注》和《政治经济学批判大纲》

以上我们围绕劳动异化理论,就《手稿》和《资本论》的关系问题粗略地介绍了到目前为止的两种见解。不过,由于问题同马克思理论的本质有关,其次这个题目几乎涉及从早期直到晚期的马克思的所有著作,所以在上面谈到的理论工作者的论述中,也只好简单地二者择一,或者谈《手稿》,或者谈《资本论》,说一说同他们各自的理论立场有关的一些差别,而这种差别越来越大的倾向,随着最近对马克思的研究的新发展,更加明显了。其中我们决不可忽视以下马克思的两份手稿,虽然这两份手稿早在战前都已出版,但近来它们的意义更加明显了。一份手稿是马克思在写作《手稿》的同一时期写成的《詹姆斯·穆勒评注》(《詹姆斯·穆勒:〈政治经济学原理〉一书摘要》,写于1844年),另一份手稿是介于《手稿》和《资本论》之间的《政治经济学批判大纲》(《1857—1858年经济学手稿》)。

---

① 〔法〕阿尔都塞:《苏醒的马克思》,1965年版。

特别值得一提的是，既然在《德意志意识形态》中已被推到背后的异化理论，在《政治经济学批判大纲》（下面简称《大纲》）中又重新出现，结果《大纲》对异化理论的阐述产生了将早期马克思（以《德意志意识形态》为界）同晚期马克思相互对立起来的一种倾向，于是在这场论战中提出了一些新问题。例如，曼德尔①断言，"在《大纲》中有关异化的段落极为丰富"，这本身就"宣告"阿尔都塞和科尔纽以前的"命题已经失效"。其次，在一直对异化理论比较冷淡的苏联和东欧各国，早就重视马克思的异化理论的何尔弗雷特·库雷拉②一贯主张，"贯穿《资本论》体系的是没有发生本质变化的人道主义"③，就这种意义来说，"劳动异化理论……是支撑整个《资本论》体系的思想支柱"④。对早期马克思的异化理论作出过积极评价的为数不多的研究者之一杉原四郎，作为学者，极为关心《大纲》，指出《大纲》对研究异化理论具有重要意义。

在我们日本，就这种意义来说，作为研究《大纲》的成果，例如有平田清明⑤的观点，这种观点试图将早期马克思的异化理论同后期马克思的经济理论统一地按照"异化即物化观点"去把握。"既然人的生产力异化为人类劳动产物的商品形式、货币形式和资本形式"，那么平田清明在这里所说的"存在于作为私有制的一种社会体制的市民社会中

---

① 〔比〕曼德尔：《卡尔·马克思》，1967年版。
② 〔法〕库雷拉：《马克思的人类异化理论》，1970年版。
③ 〔日〕杉原四郎：《穆勒和马克思》，密涅发书房1967年增订版。
④ 〔日〕杉原四郎：《经济原论》第1卷，同文馆1973年版。
⑤ 〔日〕内田义彦、大野英二、住谷一彦、伊东先晴、平田清明：《经济学史》，筑摩书房1970年版；〔日〕平田清明：《政治经济学和历史认识》，岩波书店1971年版。

的异化即物化观点，无非就是这样一种观点，即在追求这些社会物化所固有的力"①。他说："这种早在四十年代初所看到的异化即物化观点，在《大纲》中，作为看待体系结构的方法，使逻辑展开得以开始，在研究和阐述政治经济学时，使发生史的方法得以产生。"②

同样，细见英③也指出，在《大纲》中，"由于劳动力范畴的确立，在逻辑上所确立的'劳动异化'的过程即劳动过程和价值增殖过程的矛盾"，"现在被固定为从总体上把握的中心原理"，并强调指出在《资本论》体系的形成过程中《大纲》所起的"决定性的重要作用"。

最后，如果我们说到《詹姆斯·穆勒评注》，那么就要谈一谈中川弘④的观点。他认为，《手稿》第一稿对"异化劳动"的分析"完全是以资本关系为基准的"，但《詹姆斯·穆勒评注》则不同，它"是以商品即货币关系为基准去理解近代市民社会的"，"说明商品生产这种交换社会就是原始共同体的异化了的形式"，它"起了补充《手稿》的作用"。他的这种看法对以前只以《手稿》——特别是以其第一稿——为依据研究异化理论的人，可以说产生了极大影响。从这里又产生了森田桐郎⑤和望月清司⑥等人对异化理论的研究。他们实际上接受了平田清明所提出的问题，把在《詹姆斯·穆勒评注》中看到的异化理论当成

---

① 〔日〕内田义彦等：《经济学史》。
② 〔日〕平田清明：《政治经济学和历史认识》。
③ 〔日〕细见英：《马克思和黑格尔——政治经济学批判和辩证法》，载经济学史学会编：《〈资本论〉的成立》，岩波书店1967年版。
④ 〔日〕中川弘：《〈经济学哲学手稿〉和〈穆勒评注〉——对以"异化劳动"为中心的考察》，载《商学论集》（福岛大学）1968年第37卷第2号。
⑤ 〔日〕森田桐郎：《〈詹姆斯·穆勒评注〉》，载《现代理论》1971年5月第88号。
⑥ 〔日〕望月清司：《马克思历史理论研究》，岩波书店1973年版。

"在政治经济学上对市民社会的批判的认识的形成",并试图重新解释《资本论》的体系。

总之,《詹姆斯·穆勒评注》和《大纲》提出了这样一个新问题,即已经不能像以前争论异化理论时往往只停留在对《手稿》和《资本论》的简单对比上了。也就是说,《詹姆斯·穆勒评注》促使人们再一次探讨早期马克思的异化理论本身所具有的射程;其次,《大纲》提供了这种劳动异化理论和《资本论》之间"所失掉的一环"。从《手稿》到《资本论》这一过程中,《詹姆斯·穆勒评注》和《大纲》对今后异化理论研究来说(且不谈它们所应有的地位),显然已经不是无足轻重的著作了。

(原载佐藤金三郎等编《学习〈资本论〉》
1977年有斐阁版第2册)

(刘焱 译)

积累理论

关于"资本主义积累的一般规律"的"订正"[*]

〔日〕佐藤金三郎

问题的由来

苏联《共产党人》杂志于 1963 年第 4 期第 124 页上刊登了经济学副博士 M. 别洛柯贝托夫《关于马克思〈资本论〉中的一处订正》的一篇短文,引起了人们的注意。该文中说:

"我认为我的职责是,请《共产党人》杂志编辑部把在马克思同意的、1872—1875 年的法文版《资本论》中所作的一处重大订正公布于众。……我这里指的是马克思在《资本论》第一卷第二十三章《资本主义积累的一般规律》中提出并发展了的理论上的一个命题。法文版中的这一命题如下:'社会的财富即执行职能的资本越大,它的增长的规模和能力越大,从而无产阶级的绝对数量和他们的劳动生产力越大,产业后备军也就越大。可供支配的劳动力同资本的膨胀力一样,是由同一些原因发展起来的。因此,产业后备军的相对量和财富的力量一同增长。但是同现役劳动军相比,这种后备军越大,常备的过剩人口也就越多,他们的贫困同他们所受的劳动折磨**成正比**

---

[*] 本文选自《马列主义研究资料》1982 年第 6 辑。作者系日本大阪市立大学经济学系教授。本文讨论的问题,是人们长期争论的《资本论》第一卷"资本主义积累的一般规律"中的一个问题。不管我们对本文作者的主张是否赞同,但文章中所列举的大量资料对我们是有参考价值的。

(着重体是别洛柯贝托夫加的)。……这就是资本主义积累的绝对的、一般的规律.'"①

关于资本主义积累的绝对的、一般的规律的结论,是马克思主义经济理论的最重要的命题之一,而这一命题的正确性正在由资本主义整个历史所证实。但是,在长达几十年的时期中,《资本论》第一卷德文版和国外各版中的上述马克思的这一命题的翻译,没有考虑后来法文版中的订正……而是沿袭了不正确的原文,即"……他们的贫困同他们所受的劳动折磨成反比"。不难想象,这句话改变了马克思的命题的意义,因为实际上马克思指的是现役劳动军所受的劳动折磨的增大和劳动者的贫困的增大不是成反比,而是成正比这样一种关系。

"……令人十分满意的是,经过半个多世纪不断重复这种不正确之后,终于在《马克思恩格斯全集》的最新版本(俄文第2版)中得到了改正。在1960年出版的《全集》第二十三卷中,按照经作者校订过的法文版,把'同他们所受的劳动折磨成反比'改为'同现役劳动军所受的劳动折磨成正比'。这一点无疑是编辑的功劳。"

"令人遗憾的是,在《资本论》的其他版本中,在一些教科书和参考书中,这个地方现在仍然是不正确的。"

《共产党人》杂志刊登了别洛柯贝托夫的上述"订正"的短文。由于我对这篇短文有所感触,就问题所在,我亲自查阅了国内外《资本论》诸版本。当然,因为我所参照的版本有限,探讨尚不十分深刻,现只能大体报告如下。

一

正如我们所知,马克思的《资本论》第一卷即《资本的生产过程》

---

① 参看《马克思恩格斯全集》第1版第23卷第707页。——译者注

这一部分是在1867年出版的，此后在马克思生前，在1872年出版了德文第二版，并于1872—1875年出版了由马克思亲自校订并由鲁瓦翻译的法文版，马克思逝世后，恩格斯接着编辑了德文第三版和第四版，先后于1883年和1890年出版。

我查阅了《资本论》第一卷的以上各种版本，现在就来看一看在1867年发行的德文第一版中，关于"资本积累的绝对的、一般的规律"的定义：

"社会的财富即执行职能的资本越大，它的增长的规模和能力越大，从而工人人口的绝对数量和他们的劳动生产力越大，相对的剩余人口或产业后备军也就越大。可供支配的劳动力同资本的膨胀力一样，是由同一些原因发展起来的。因此，产业后备军的相对量和财富的力量一同增长。**但是同现役劳动军相比，这种后备军越大，常备的剩余人口或他们的贫困同他们所受的劳动折磨成反比的工人阶层也就越多。**最后，工人阶级中贫苦阶层和产业后备军越大，官方认为需要救济的贫民也就越多。这就是资本主义积累的绝对的、一般的规律。"（德文第1版第631页）

问题在于黑体字部分，这部分在马克思生前出的最后的德文版，即1872年发行的第二版中，完全没有改变（德文第2版第670页）。

重要的是1872—1875年发行的、由马克思校订并由鲁瓦翻译的法文版。在这个法文版中，上述德文版原文中的黑体字部分由鲁瓦译为："……但是同现役劳动军相比，这种后备军越大，常备的过剩人口也就越多，他们的贫困同劳动折磨成正比。"

这个译文乍一看来显然有下面两点与德文版原文不一致。第一，正如别洛柯贝托夫指出的，在鲁瓦的译文中，把德文第一版中的"反比""订正"为"正比"。第二，在鲁瓦的译文中，德文第一版中的"常备的剩余人口"之后的"或工人阶层"几个字"脱落了"。关于这个"脱落"的第二点,别洛柯贝托夫没有提起。

从时间顺序来看,在鲁瓦译的这个法文版的基础上,于1883年发行了由恩格斯校订的德文第三版。在这一版中问题的所在如下:"……但是同现役劳动军相比,这种后备军越大,常备的过剩人口也就越多,他们的贫困同他们所受的劳动折磨成反比。"(德文第3版第662页)

这一段文字在恩格斯生前编定的最后的德文版,即1890年发行的第四版中,完全没有变动(德文第4版第609页)。如果从表面上来看,把"剩余人口"变成"过剩人口",这是一种非本质的不同,那么,恩格斯校订过的德文第三版(以及第4版)的原文,同鲁瓦的译文一样,在"脱落""或工人阶层"这几个字这一点上,同德文第一版(以及第2版)的原文不同了。然而,第三版(以及第4版)仍然沿袭了第一版(以及第2版)的"反比",这又和鲁瓦翻译的法文版译文是不同的。

二

由于对照了《资本论》第一卷的几个基本版本,关于"资本主义积累的绝对的、一般的规律"的公式问题,我认为存在着三种不同的原文和译文:(1)德文第一版(以及第2版)原文;(2)由马克思校订并由鲁瓦翻译的法文译文;(3)由恩格斯编的德文第三版(以及第4版)原文。我基于这一结果,接着对国内外出版的《资本论》第一卷各种版本的原文和译文进行了对比。在这种情况下,我当然以德文为主,把其他版本限制在最小的范围内。我所调查的版本如下(页码是指各版本的有关问题所在之处):

1. 普及版。卡尔·考茨基出版(德文)。约·威·迪茨发行。1914年斯图加特版第581页。

2. 全本，根据1872年第2版（德文）。由卡尔·克尔什出版，并写有序言。古斯塔夫·基朋豪埃尔发行。1932年柏林版第595页。

3. 弗里德里希·恩格斯编。普及版（德文）。由莫斯科马克思恩格斯列宁研究院审定。维也纳—柏林文学政治出版社发行。1932年莫斯科版第679页。

4. 弗·恩格斯编。普及版（德文）。1953年柏林迪茨出版社第4版第679页。

5. 《马克思恩格斯全集》第23卷（德文）。德国统一社会党中央委员会马克思列宁主义研究院。1962年柏林迪茨出版社版第673—674页。

6. 《卡尔·马克思经济学著作集》，第1卷（德文）。汉斯－约阿希姆·李伯尔和贝奈狄克特·考茨基出版。1962年斯图加特版第777—778页。

7. 《资本论》。第1卷（英文）。（译自德文第3版，赛·穆尔和爱·艾威林译，恩格斯审定。）1954年莫斯科外文出版局版第644页。

8. 《资本论》（法文）。卡尔·马克思。约·鲁瓦译，全部经作者校订。第1卷第3册。1962年巴黎社会出版社版第87页。

9. 《资本论》第1卷（俄文）。（《马克思恩格斯全集》第2版第23卷。）1960年莫斯科国家政治书籍出版局版第659页。

10. 《资本论》。长谷部文雄译（日文）。第1卷下册。1953年青木书店版第996页。

11. 《资本论》。第1卷第3分册（日文）。1962年角川文库版第122页。

12. 《资本论》。第1卷（日文）。《世界大思想》全集第18卷。1964年河出书房新社版第508页。

13. 《资本论》。向坂逸太郎译。第1卷第4分册（日文）。1950年岩波文库版第 147—148 页。

14.《资本论》。《马克思恩格斯全集》刊行委员会译。第 1 卷第 4 分册（日文）。1962 年国民文库版第 195—196 页。

15.《马克思恩格斯全集》。冈崎次郎译。第 23 卷第 2 分册（日文）。1965 年大月书店版第 839 页。

我对上述各个版本的原文和译文进行了对比，其要点有二：（1）是"反比"还是"正比"；（2）"或工人阶层"这几个字是否"脱落"。比较结果如下：

第一，属于德文第一版（以及第 2 版）的类型：（1）"反比"；（2）没有"脱落"的有 2.1932 年德文版、8.1962 年法文版、10.1953 年长谷部日译本。

第二，属于由马克思校订、并由鲁瓦翻译的法文版类型：（1）"正比"；（2）"脱落"的有 9. 俄文全集版、12.1964 年长谷部日译本。

第三，属于恩格斯编的德文第三版（以及第 4 版）的类型：（1）"反比"；（2）"脱落"的是所有其余版本，即 1、3、4、5、6、7、11、13、14、15。

由此可见，除少数例外，到目前为止的绝大部分版本均属于第三种类型。而值得注意的是法文最新版 8，俄文最新版 9 以及长谷部文雄的两种日文译本即青木版 10 和河出书房版 12。

其中关于俄文最新版（1960 年出版的《马克思恩格斯全集》第 2 版第 23 卷），已由别洛柯贝托夫的短文说清楚了。该版的编者在该页作了如下注释："原文是'同他们所受的劳动折磨成反比'。现根据原作者校订过的法文版译文订正。"这样，俄文版译文就从第三种类型变成了第二种类型。

其次，我们来看一看法文最新版本，即 1962 年由社会出版社出版的版本。在这个版本中加了几个字。变动颇大，其译文如下：

"但是同现役劳动军相比,这种后备军越大,常备的过剩人口即他们的**贫困同劳动折磨成反比的多余的人口**也就越多。"

上述黑体字部分是新译文中增加和变动的部分。可见,新译文是非常忠实于德文第一版(以及第2版)的。编者在此处作了如下注释:"这里确为译者之误。德文原文为'同劳动折磨成反比'。"就是说,这个法文版编者认为鲁瓦译文中的"正比""确为"译者鲁瓦"之误",于是新译文根据德文第一版(以及第2版)把"正比"订正为"反比"。这一点与上述俄文新版对原文的"订正"恰好相反。在新译文中还补充了鲁瓦译文中"脱落"的地方,即补译了"即多余的人口"这几个字。总而言之,社会出版社的法文版译文从第二种类型变成了第一种类型。

最后,我们来看一看长谷部文雄的日文译本。在1953年的译本中(青木书店版10)译文是:

"但是同现役劳动军相比,这种后备军越大,常备的过剩人口或他们所受的劳动折磨成反比而穷困的工人阶层*也就越多。"

长谷部在上文的星花处加了一个译者注,说明此处是根据第一版的原文翻译的,在以后的版本中"或工人阶层"几个词脱落了。

然而,非常忠实地"根据第一版"进行翻译的长谷部,在1962年的译本中(角川文库版8)把从前特意补译进来的"或工人阶层"几个字"脱落"了,而把译文"订正"为:"但是同现役劳动军相比,这种后备军越大,同他们所受的劳动折磨成反比的贫困的常备的过剩人口也就越多。"同时把上面所说的译者注也取消了。

然而,在长谷部的最新译本,即1964年的译本(河出书房版10)

中,译文同上述两版的任何一版都不相同,他将译文"订正"如下:

"但是同现役劳动军相比,这种后备军越大,常备的过剩人口也就越多,他们的贫困同现役劳动军所受的劳动折磨成正比。"在这一版中,在"正比"的地方加了一条译者注:"原典中为'反比'。现从(马克思校订过的)法文版。"这条译者注显然同上述的俄文最新版的编者注是一致的。

总而言之,长谷部的译本从上述的第一种类型变成了第二种类型,接着向第二种类型"订正"。

三

我在上面对《资本论》第一卷国内外各种版本的原文和译文进行了对比,通过这一简单的调查可以明显看出,就"资本主义积累的绝对的、一般的规律"这一公式的原文和译文,在《资本论》第一卷的各基本版本中,存在着三种截然不同的类型,这些版本极不统一,这种混乱至今毫无克服。究竟哪一种类型才是正确的呢?如果要我事先得出结论的话,那么我认为,俄文最新版的"订正"是正确的,不过这种"订正"不完全,就是说,部分地不正确。

俄文最新版从根本上说,是以我所说的属于第三种类型的原文即以恩格斯校订过的德文第四版(1890年版)为底本的。德文第四版的原文是:"但是同现役劳动军相比,这种后备军越大,**常备的过剩人口也就越多,他们的贫困同他们所受的劳动折磨成反比**。"

俄文最新版本改为:"……**他们的贫困同现役劳动军所受的劳动折磨成正比**。"就是说,俄文最新版把德文第四版中的"反比""订正"成"正比"这一点是正确的,然而,忽略了德文第四版中把"或工人阶层"几个字漏掉了,以及把德文第四版中"他们所受的劳动折磨"误译成"现役劳动军所受的劳动折磨",我认为这两点是不正确的。

理由很简单。因为我认为,至少在这个问题上我是以德文第一版(以及第2版)的原文为出发点的,然而,该版中的"反比"显然是"正比"的误记。请看第一版的原文:

"但是同现役劳动军相比,这种后备军越大,常备的剩余人口或工人阶层〔Arbeiterschichten〕也就越多,**他们的**〔deren〕贫困同他们〔ihrer〕**所受的劳动折磨成反比。**"

这里的"deren",是指前面的"Arbeiterschichten"(阴性名词复数),"deren"是复数第二格,这一点是非常明显的。然而问题在于代词"ihr"代表什么?是指阴性第三人称单数,还是指第三人称复数,显然是不清楚的。不过,从此处的文章结构来看,从黑体字那部分的主语"他们的贫困"中的"deren"是指"Arbeitersehichten",是复数这一点来看,"ihr"自然应为复数。如果是这样的话,那么,"deren"以及"ihrer"都应该指"工人阶层"。因此,如果这种解释是正确的话,那么德文版中的黑体字部分就应该翻译成:"工人阶层的贫困同这一工人阶层所受的劳动折磨成反比。"

然而,问题就出在这里的"反比"上面。我认为,这个"反比"显然是"正比"的笔误,因此鲁瓦的法文版的"订正"在这点上是正确的。马克思在这里,即在"工人阶层的贫困"的增大同"工人阶层所受的劳动折磨"的增大之间的关系上,显然认为是正比的关系。这一点可以由《资本论》第一卷第二十三章《资本主义积累的一般规律》中的一段话所证实:"因此,在一极是财富的积累,同时在另一极,即在把自己的产品作为资本来生产的阶级方面,是贫困、劳动折磨、受奴役、无知、粗野和道德堕落的积累。"① 可见，这里的"贫困的积累"同"劳动折磨的积累"显然成正比。

然而俄文最新版中所以把"他们所受的劳动折磨"误译成"现役劳动军所受的劳动折磨"，是跟编者没有注意到德文第四版"脱落"了"或工人阶层"几个字有联系的。俄文最新版的编者大概是像下面这样考虑的：德文第四版中的"反比"显然是"正比"之误。然而问题在于，这里的"deren"以及"ihrer"，特别是后者，究竟是指什么？这里的关系代词"deren"显然是指前面的"常备的过剩人口"〔die Konsolidierte Übervölkerung〕（阴性名词单数），因此，"deren"显然是阴性单数第二格。如果是这样的话，那么代词"ihr"必然是阴性单数第三人称。然而，如果这里的"ihr"是指"常备的过剩人口"，那么"他们所受的劳动折磨"就是指"常备的过剩人口所受的劳动折磨"了，这显然是说不通的。因此就认为这里的"ihr"肯定是指前面一个阴性单数第三人称"现役劳动军"〔die aktive Arbeiterarmee〕。于是这段话在俄文版中就被"订正"为"常备的过剩人口的贫困同现役劳动军所受的劳动折磨成正比"。

可是，俄文最新版的这种解释不但在语法上毫无道理，而且明显地歪曲了马克思的原意。因为上述德文第四版中的"ihr"，就原文来讲，在语法上自然是指"常备的过剩人口"；其次，如我们所知，马克思的原意是指"工人阶层的贫困"的增大和"工人阶层所受的劳动折磨"的增大之间的"正比"关系。

尽管俄文最新版的译文有误，不过是情有可原的。这是因为俄文新版的译文的"订正"——将"反比"译成"正比"——是根据鲁瓦的法文版，如我们所知，该法文版译文把德文版中的"或工人阶层"几

---

① 《马克思恩格斯全集》第1版第23卷第708页。——译者注

个字"漏"译了。因此译成:"常备的过剩人口也就越多,他们的贫困同劳动折磨成正比",于是这里的"正比"不是指"工人阶层的贫困",而是指"常备的过剩人口的贫困"了。显然这是不对的,应当说这个译文没有正确地表达出马克思的原义。至于1962年的法文最新版中又把"正比"改译成"反比",这种"订正"错误,在这里就不多说了。

结束语

我的探讨大体如上,如果我的探讨是正确的话,那么可以说,关于"资本主义积累的绝对的、一般的规律"这个公式问题,自德文第一版出来直到目前,尚无一个完善的原文或译文。

这就是说,我应当把我在上面对《资本论》第一卷分成三种类型的各基本版本的原文和译文订正如下:

第一种类型(德文第1版以及第2版)——必须将"反比"订正成"正比"。

第二种类型(鲁瓦的法文版)——必须将所脱落的"或工人阶层"几个字补上。

第三种类型(德文第3版以及第4版)——必须(1)将"反比"订正成"正比";(2)将所脱落的"或工人阶层"几个字补上。

综上所述,我认为这句话的正确译文应当是:"但是同现役劳动军相比,这种后备军越大,常备的过剩人口或同他们所受的劳动折磨成正比而贫困的工人阶层也就越多。"

(原载日本《经济学杂志》1966年11月第55卷第5号)

(刘炎 摘译)

"重建个人所有制"的马恩本义[*]

唐宗焜

马克思在《资本论》中讲到社会所有制时提出的"重建个人所有制"的著名论断,在我国经济界几乎无不知晓,然而理解又有很大分歧,甚至引起激烈争论。笔者无意于参与这场争论,只是最近重读马克思、恩格斯有关著作时感到,严格按照马恩原话,毋需任何附加揣度,完全可以说清楚马克思的"重建个人所有制"的本义。现将这点读书心得写出来,意在求教于学界同仁。

马克思的原话是:"从资本主义生产方式产生的资本主义占有方式,从而资本主义的私有制,是对个人的、以自己劳动为基础的私有制的第一个否定。但资本主义生产由于自然过程的必然性,造成了对自身的否定。这是否定的否定。这种否定不是重新建立私有制,而是在资本主义时代的成就的基础上,也就是说,在协作和对土地及靠劳动本身生产的生产资料的共同占有(公共所有)的基础上,重新建立个人所有制。以个人自己劳动为基础的分散的私有制转化为资本主义私有制,同事实上已经以社会生产为基础的资本主义所有制转化为公有制(社会所有制)比较起来,自然是一个长久得多、艰苦得多、困难得多的过程。"[①]

---

[*] 本文选自《经济社会体制比较》1993年第6期。作者单位为中国社会科学院经济研究所。

[①] 《马克思恩格斯全集》第1版第23卷第832页。

这里和下面引文中括弧里的文字是依据于光远同志考证德文原文所作的改译加注的。据他考证,马恩著作对"社会所有"和"公有"的用词是严格区别的。我感到,这样改译以后,读马克思、恩格斯有关"重建个人所有制"的论述,也顺当多了。

关于上面引用的马克思这段话,恩格斯为回击杜林对马克思的诘难而专门作了阐明。他在引用马克思原话以后就说:"这样,剥夺者被剥夺后所创立的制度就是以土地公有(社会所有)和劳动者自身所生产的生产资料的公有(社会所有)为基础的个人所有制的恢复。任何懂得德文的人都可以理解,这意思就是说,公有制(社会所有制)普及于土地和其他生产资料,而个人所有制则普及于其他的产品即消费品。"① 这段译文引自吴黎平译本,因为它读起来较为好懂。

恩格斯为防止任何误解或曲解,紧接着这段话之后,又进一步指出:"为了使甚至六岁的儿童也能明白这一点,马克思在第56页设想了一个'自由人联合体,他们用公有的(公共的)生产资料进行劳动,并且自觉地把他们的许多个人劳动力当做一个社会劳动力来使用',也就是设想了一个按社会主义原则组织起来的联合体,并且说:'这个联合体的总产品是社会的产品。这些产品的一部分重新用做生产资料。这一部分依旧是社会的。而另一部分则作为生活资料由联合体成员消费。因此,这一部分要在他们之间进行分配。'这些话甚至对杜林先生的黑格尔化的头脑来说,也是足够清楚的了。"②

马克思的"社会所有制"概念中的"社会"是指什么?他在论述股份公司时曾对在与"私人"相对立的意义上使用的"社会"一词的涵义有明确提示。他写道:"股份公司的成立。由此:……那种本身建

---

① 恩格斯:《反杜林论》,北京:人民出版社1956年版,第135页。
② 《马克思恩格斯全集》第1版第20卷第143—144页。

立在社会生产方式的基础上并以生产资料和劳动力的社会集中为前提的资本，在这里直接取得了社会资本（即那些直接联合起来的个人的资本）的形式，而与私人资本相对立，并且它的企业也表现为社会企业，而与私人企业相对立。这是作为私人财产的资本在资本主义生产方式本身范围内的扬弃。"① 这里讲得很清楚，社会资本"即那些直接联合起来的个人的资本"。按照这个提示，"社会"就是"直接联合起来的个人"。那么，可以说，社会所有就是直接联合起来的个人所有。

社会所有不同于社会资本所有。社会资本所有，即直接联合起来的个人的资本所有，仍然存在着资本和雇佣劳动的对立，因而马克思说它只是"作为私人财产的资本在资本主义生产方式本身范围内的扬弃"。而社会所有，即直接联合起来的个人所有，则消除了资本和雇佣劳动的对立，因而已是资本超越资本主义生产方式的扬弃。

依据社会所有制的这样的涵义，并严格按照德文原著改正了容易引起误解的某些中译文以后，再来读上面引用的马克思、恩格斯论"重建个人所有制"的三段话，就完全能够按照他们的原话来理解他们的意思。下面就概括谈谈我的理解。

社会所有制是由"事实上已经以社会生产为基础的资本主义所有制转化"② 而来的。"社会所有制"概念中的"社会"，就是"直接联合起来的个人"。因此，"以土地的社会所有和劳动者自身所生产的生产资料的社会所有为基础的个人所有制"，也可以说是以土地和其他生产资料的"直接联合起来的个人"所有为基础的个人所有制。这就是说，生产资料（含土地）是社会即直接联合起来的个人所有的，他们用社会的生产资料进行生产，因而生产出来的"总产品"也是"社会的产

---

① 《马克思恩格斯全集》第1版第25卷第493页。
② "社会生产"一词，在吴黎平译本中译为"社会化生产"，更为准确。

品",是社会即直接联合起来的个人所有的。总产品的"一部分重新用做生产资料",因而"依旧是社会的",即直接联合起来的个人所有的,所以说"社会所有制普及于生产资料"。总产品的另一部分则作为生活资料由社会成员消费,"因此,这一部分在要他们之间进行分配",从而分别归社会各个成员个人所有,所以说"个人所有制普及于其他的产品即消费品"。据于光远考证,"所有"和"所有制"在马克思原著中本是同一个德文字,了解了这一点,对马克思、恩格斯论"重建个人所有制"的这三段话,理解起来更不至于产生语言上的障碍。所以,我们就不难懂得,就语言的表达而言,恩格斯为什么说"这些话甚至对杜林先生的黑格尔化的头脑来说,也是足够清楚的了","甚至六岁的儿童也能明白这一点"。

在社会主义条件下重建个人所有制的含义[*]

〔苏〕瓦·吉·康德拉索夫

关于苏共第十九次全盟代表会议，有一个问题应当引起重视，即在改革之年，社会主义理论积极地启用了许多马克思和列宁以前被遗忘在暗角的思想。[①] 遗憾的是，其中没有收入马克思在《资本论》中阐述的关于在新社会重建劳动者生产资料个人所有制的论题，在我看来，它对于完整地分析社会主义所有制关系和社会主义生产关系，具有方法论的和理论的关键性意义。这个论题，我认为就是科学共产主义创始人当时论述的，否定资本主义生产方式，"不是重新建立私有制，而是在资本主义时代的成就的基础上，也就是说，在协作和对土地及靠劳动本身生产的生产资料的共同占有的基础上，重新建立个人所有制"[②]。

究竟为什么随着资本主义的消灭，重建的不是劳动者的生产资料私有制，而是劳动者的个人所有制？什么是个人所有制以及它的基础是什么？这些重大问题需要回答，不能像迄今的政治经济学文献所做的那样回避它们。

资本主义对第一个问题作了回答，资产阶级的生产资料私有制正在

---

[*] 本文选自《国外理论动态》2011年第6期。作者系原苏联普列哈诺夫国民经济学院教授。

① 《苏联共产党第十九次全盟代表会议材料》，莫斯科1988年版，第3页。

② 《马克思恩格斯全集》第2版第44卷第874页。

否定以劳动者本身劳动为基础的私有制。资本主义建立在按其本性是社会性的生产过程和劳动过程的基础上，能够保证较高的劳动生产力水平和大规模的商品生产，上述否定是与此相联系的。当资本主义创造出"只能由群体的人们共同使用的社会的生产资料"[①] 时，这个过程就变得不可逆转。因而资本主义生产的发展为转向社会主义公有制创造了物质前提。这里说的不只是劳动工具和设备的特点，而是劳动本身的性质（方式）。换句话说，把遍及国民经济所有部门并以不同形式的协作劳动为基础的机器生产作为自己的物质技术基础的社会主义，不应当重建劳动者私有制。因为就其性质是社会性生产资料的私有制而言，它只能表现为资本主义的形式。我认为，这就是为什么否定资本主义生产方式所重建的，只能是处于劳动者共同掌握之下的生产资料个人所有制。

众所周知，社会主义使"全体公民处于对全社会的生产资料的同样关系之中，这意味着，全体公民都同样享有使用公有生产资料，在公有土地上，在公有工厂等等中工作的机会"[②]。于是，为了实现自己的劳动能力，社会主义条件下的自由劳动者不能不使用公有生产资料；并且，只有使用公有的生产资料，他才能使自己的劳动力发挥作用。社会主义社会的每一个劳动者在直接生产过程中占有实现自己劳动的物质条件的这种可能性，在我们看来，也就意味着重建劳动者的个人所有制。

因此，个人所有制是历史地确定的社会形式；在社会主义条件下的这种形式中，发生着劳动者的劳动与社会的生产资料的重新结合。毋庸置疑，从马克思提出论题的上下文来看，个人所有制并不与劳动者共同占有生产资料相对立，而是社会主义社会的每一个有劳动能力的成员在

[①] 《马克思恩格斯全集》俄文版第 20 卷第 280 页。（参见《马克思恩格斯选集》中文第 2 版第 3 卷第 619 页。——译者注）

[②] 《列宁全集》俄文版第 24 卷第 363 页。

实际生产过程中实现这种占有。

　　遗憾的是,关于在社会主义条件下重建生产资料个人所有制这个问题的提出,遭到许多人的"严厉抨击"。有人甚至说,这种思想是"凭空臆造",马克思指的是重建消费品的个人所有制。① 既然人们试图借助恩格斯和列宁的权威,就"让我们听听"马克思本人的观点吧。马克思为了分析巴黎公社的历史经验和反驳资产阶级制度卫道士的辩护词,在《法兰西内战》这部著作中写道:"是的,先生们,公社是想要消灭那种将多数人的劳动变为少数人的财富的阶级所有制。它是想要剥夺剥夺者。它是想要把现在主要用做奴役和剥削劳动的手段的生产资料、土地和资本完全变成自由的和联合的劳动的工具,从而使个人所有制成为现实。但这是共产主义、'不可能的'共产主义啊!"② 我想,关于重建劳动者个人所有制的含义指的是什么,马克思的观点是不会引起任何怀疑的。在强调个人所有制同共产主义的联系时,马克思没有为那种断言应当把重建劳动者个人所有制理解为个人消费品所有制的说法提供任何根据。很清楚,共产主义的特征应当同生产资料所有制的特征联系起来。

　　同时应当指出,由工人和职员用劳动收入获取的个人消费品所有制在资本主义社会也是存在的。它不可能因资产阶级社会向社会主义转变而消除。众所周知,这一点马克思和恩格斯在《共产党宣言》③ 中已阐述过。证实这一点的,不仅有我国的而且有其他国家的社会主义建设的历史经验。最后,重建个人消费品个人所有制的思想是与否定之否定规

---

　　① 〔苏〕《经济问题》1988年第8期,第154页;〔苏〕《经济科学》1989年第2期,第33页。
　　② 《马克思恩格斯选集》第2版第3卷第59页。
　　③ 参阅《马克思恩格斯选集》第2版第1卷第287页。

律本身相矛盾的。须知，从一方面看，否定的是生产资料所有制；而从另一方面看，否定之否定的结果所确立的却是个人消费品所有制。在我看来，这种否定之否定规律的作用是应排除的。很明显，能说得通的只能是重建（当然，在另一种社会形式下）生产资料所有制。

社会主义协作劳动中的每个劳动者的劳动，按其性质乃是社会的和处于共同占有之下的生产资料的劳动者个人所有制的基础。在这样的社会经济条件下，社会主义生产要素究竟怎样结合呢？在分析这种结合的历史特征之前，应当提出两点实质性的意见。

1. 社会主义生产要素的结合，不能不是每一个劳动者同公有生产资料的结合。问题在于，劳动力的承担者只能是活的个体、个人；"总体工人"、"联合起来的生产者"同任何劳动者的联合组织一样，根本不具备这样的性质。

2. 在分析社会主义生产要素结合的性质或方式时，首先应当阐明这种性质或方式的客观制约性，然后来解释它的历史特征。解答这两个相互联系的问题意味着揭示这样的社会经济条件，即保证每个劳动者能够实现自己的劳动能力（就是说，保证劳动的普遍性），给予社会主义社会的每一个成员依靠自身劳动来生活的可能性。而这就是新的社会制度的伟大正义性。在社会主义条件下，劳动者有了自由个性，自己能决定应当在哪里并以怎样的资格劳动；但是，他无论在哪里劳动，作为全民联合体的成员，他不能不同并直接同这种联合体占有的生产资料相结合。

那么，究竟是什么使社会主义生产要素的结合成为可能的和客观必然的呢？

它的可能性以这样的形式为条件，在这种形式中，每个有劳动能力的社会成员都在直接生产过程中占有生产资料。这种形式像已经指出的那样，就是劳动者的个人所有制。

而每个劳动者同实现劳动的物质条件相结合的客观必然性，就主要的而言，则以生产的社会性为条件，在这种条件下，个人只能在某种社会主义协作劳动形式中工作。在现代条件下，所有劳动资料都直接或间接地——要么由于自己的具体工艺技术结构，要么由于多方面的各种社会分工和相应的协作联系——成为社会性的劳动资料。这样，生产过程本身按其性质，就表现为社会的、高度社会化的，这就是主要点。在资本主义条件下，生产的社会性已经导致了"工人不只是由于缺乏劳动资料，而且是由于他的劳动能力本身，由于他的劳动的性质和方式，从属于资本主义生产；他受资本的支配，因为在资本手中不仅掌握着主观劳动的客观条件，而且也掌握着主观劳动的社会条件，工人的劳动只有在这些条件下还能是劳动"①。在社会主义条件下，劳动者的劳动已不异化于劳动实现的物质条件，但是，"主观劳动的社会条件，工人的劳动只有在这些条件下还能是劳动"，不仅保留着，而且逐渐发展着。生产和劳动的社会化过程在加强着。社会主义社会的每个劳动者的劳动是不可能处在某种协作劳动形式之外的。

　　社会主义条件下的协作劳动，首先是摆脱了剥削和压迫的。其次，在生产资料公有制的基础上，它具有广博的综合性。这意味着，社会主义的协作劳动不仅是劳动者们同企业和联合组织中的公有生产资料的结合（因为产生了与生产环节相适应的总体劳动者），而且是企业（联合组织）的总体劳动者们在社会生产中的联合。

　　如果说，在资本主义条件下，"主观劳动的社会条件"的形成决定了雇佣劳动从形式上的从属转变为实际上的从属；那么，在社会主义条件下，它们就使每个劳动者的劳动只有在同公有生产资料的某种劳动的

---

① 《马克思恩格斯全集》俄文第2版第47卷第312页。（参见《马克思恩格斯全集》中文第1版第47卷第319页。——译者注）

社会结合形式中才是可能的。在这种情况下（我们再次强调，在社会主义社会每个自由的劳动者只能在各种社会主义的劳动者的协作形式中劳动时），就产生了劳动者同公有生产资料结合的绝对的必然性。

我的看法归结起来是：社会主义社会的每个有劳动能力的成员不仅能同不与他异化的公有生产资料结合，而且不能不同它们结合，因为劳动者的劳动只能在各种社会主义协作劳动的形式中发生。① 对于揭示社会主义生产要素的结合方式来说，这也是最重要的出发点。上述的个人所有制保证每个劳动者同客观劳动条件的直接结合。但是，这种公有生产资料的劳动者所有制不是建立在他个人劳动的基础上，而是建立在他同其他劳动者在某种社会主义协作形式的共同劳动的基础上。正因为如此，可以断言，每个劳动者同公有生产资料的结合获得了直接社会性，在这种性质下，"每一个人的劳动，无论其特殊的有用性质是如何的不同，从一开始就直接成为社会劳动"。②

直接社会劳动也就是广义上的共产主义劳动形式，它历史地与作为资本主义社会劳动形式的雇佣劳动相对立。新劳动形式的历史规定性和特殊性是社会主义社会劳动者社会本质的表现。列宁指出："毋庸置疑，在新社会再也没有'工人'，然而也没有任何人不是劳动者。"③ 由于产生了新生产方式所特有的生产资料主体之间的关系，在回答新生产方式的社会经济本质是怎样的这个问题时，就应当从直接社会劳动这个"头""说起"。每一个历史规定的生产方式都是直接生产者的劳动（正如劳动的结果）的特殊占有方式，它是由生产资料所有制形式和与之相

---

① 这里的分析中采取了高度的理论抽象，没有分析在现实社会主义条件下保留非社会化劳动形式的问题。这是特别研究的对象。
② 《马克思恩格斯选集》第 2 版第 3 卷第 660 页。
③ 《列宁全集》俄文版第 34 卷第 311 页。

适应的劳动的社会形式所决定的。这也就揭示了生产方式和与之相适应的生产关系的特征。因为占有实际生产过程中的劳动的历史特殊性，占有一定社会形式中的物化劳动成果的历史特殊性，也就是作为经济关系的所有制的现实体现。这样，在各种剥削性生产方式中占有直接生产者劳动的特征，就使生产方式像其主体之间的关系一样，具有历史的规定性。

新生产方式作为获取物质财富的方式，与自己的前身毫无区别。同时，在自己的历史规定性上它取得了自己的、只有它才具有的占有每个劳动者劳动（正像它的成果一样）的社会经济方式。

对于新生产方式的产生来说，以上指出的社会主义（共产主义）社会有劳动能力的全体成员对公有生产资料的平等关系是必要的、但不是充分的条件。新生产方式是通过前面阐释的同生产资料所有制关系相联系的劳动社会性的历史特征，取得社会主义生产方式的性质的。如果每一个劳动者在成为公有生产资料的个人所有者时，只能在协作劳动中劳动，那么，他的劳动像协作劳动一样，自然也不能不由总体劳动者所占有。因为在其性质和形式是社会生产的条件下，总体劳动者，第一，会以这样的社会现象显现出来，即保证每个劳动者拥有掌握主观劳动的社会条件（只有在这样的条件下他们的劳动才成为劳动）的可能性；第二，正是总体劳动者表现为产品的生产者。在直接生产过程中，每个社会成员的劳动像其劳动成果一样，为总体劳动者所占有，这就使新生产方式成为社会主义的、排除人剥削人的生产方式。这里，占有劳动成果的社会形式与生产社会性所达到的水平相适应。

众所周知，资本主义生产方式的实质在于，在实际生产过程中占有雇佣工人的物化在剩余价值中的"无酬"劳动。生产的社会性和生产成果的私人占有形式之间的对抗性矛盾是资本主义内部所固有的（虽然在现代资本主义条件下，由于资产阶级国家社会政策的加强，旨在缓和资本主义矛盾尖锐性的生产成果的分配形式正在发生变化)。社会主义消除了生产与占有生产成果之间的对抗性，但是它不会消灭矛盾本身。矛盾依然存在，并急剧地改变着自己的表现形式和解决方式。生产的社会性与占有生产成果的集体形式之间的矛盾，是社会主义的主要矛盾，它表现在与社会主义完全符合的社会形式之中，并通过社会主义生产关系主体的有计划、有意识的行为来解决。并且很明显，这里的前景是，与生产社会性较高水平相适应的，将是占有生产成果的更加成熟的形式。

适应社会主义生产方式的是一定的生产关系。遗憾的是，在学术出版物中不常有对生产关系主体的研究指点或提示，并通常没有指明在这些主体相互作用基础上的社会动因。社会主义生产方式的生产关系是在执行各种不同的社会经济职能的劳动者之间发生的。一部分劳动者在各种社会主义协作劳动中发挥作用时，表现为直接生产者；另一些劳动者则有计划、有意识地组织和管理社会生产过程。因而，生产关系首先是由那些被总体劳动者在直接生产过程中占有的、每个劳动者班组的劳动（正如相应的成果一样）的质和量的规定性而形成的。社会主义生产关系是所有制关系，然而不是各种各样的物质生产条件的所有者的关系。

代表总体劳动者并按社会生产及其信息管理的职能执行其社会经济职能的劳动人民，应当保证占有社会正常生产条件下的直接生产者的劳动（和他们的成果）。同样，劳动者们的劳动能力也必须符合社会生产提出的对职业培训和劳动者熟练程度的要求。他们的属于总体劳动者的成果，应当具有既满足整个社会的要求又满足每个单个成员要求的那种社会性质。

最后，应当注意，上述从理论上解决新生产方式和与之相适应的生产关系的实质矛盾的方法论途径和方案，应当在消费品分配历史特征的分析中实现。社会主义生产方式作为由总体劳动者占有每个劳动者劳动的集体方式，内部存在着矛盾。这个矛盾的产生是与总体劳动者占有每个劳动者劳动的质与量的规定性相联系的。因而它的解决取决于与它相适应的分配方式。这就是按劳分配。按劳分配关系，这是在社会主义直接生产过程中的总体劳动者对每个劳动者劳动的占有关系的背面。

[原载原苏联高等教育出版社出版的《经济科学》（Экономические Науки）1989年第11期]

（何干强 译）

近年来关于马克思"重新建立个人所有制"研究综述[*]

严小龙

一、历史命题及不同解读

马克思在不同文本中都提到:资本主义以后的未来社会要"重新建立个人所有制"。这个命题在《资本论》中阐述资本主义积累的历史趋势时论述得最为详细。马克思写道:"从资本主义生产方式产生的资本主义占有方式,从而资本主义的私有制,是对个人的、以自己劳动为基础的私有制的第一个否定。但资本主义生产由于自然过程的必然性,造成了对自身的否定。这是否定的否定。这种否定不是重新建立私有制,而是在资本主义时代的成就的基础上,也就是说,在协作和对土地及靠劳动本身生产的生产资料的共同占有的基础上,重新建立个人所有制。"[①]对于这个历史命题,我国学界在改革前曾有过共识,但改革开放后却出现了多种解释,有代表性的观点大致有五种。

第一种观点认为,它是指"重建生活资料的个人所有制"。这是改革前曾达成的共识。主要依据是恩格斯在《反杜林论》中的解释:"靠

---

[*] 本文选自《当代世界与社会主义》2011年第3期。作者单位为湖南师范大学公共管理学院。

① 马克思:《资本论》第1卷,人民出版社2004年版,第874页。

剥夺剥夺者而建立起来的状态,被称为以土地和靠劳动本身生产的生产资料的社会所有制为基础的个人所有制的恢复。对任何一个懂德语的人来说,这也就是说,社会所有制涉及土地和其他生产资料,个人所有制涉及产品,那就是涉及消费品。"① 持这种观点的人强调,恩格斯的这个解释是得到马克思首肯的。而且马克思本人在《哥达纲领批判》中也明确指出:"在改变了的情况下,除了自己的劳动,谁都不能提供其他任何东西,另一方面,除了个人的消费资料,没有任何东西可以转为个人的财产。"② 此外,列宁在《什么是〈人民之友〉以及他们如何攻击社会民主党人》一文中批评米海洛夫斯基时,也引证恩格斯的解释,认为这是指消费品的个人所有制。

第二种观点认为,它是指"重建生产资料的个人所有制"。这是改革后针对第一种观点出现的另一种理解。理由是:马克思在论述"个人所有制"时,都明确讲的是生产资料,是与在协作基础上对土地及靠劳动本身生产的生产资料的"共同占有"联系在一起的。况且,也只有生产资料的所有制才能构成生产关系整个体系的基础。因此,它与社会主义公有制应当是同一概念,但这种所有制不能被认为就是我们曾经实践过的社会主义公有制,因为它并不能使社会每个劳动者切实感受到自己就是生产资料的所有者。

第三种观点认为,它是指"重建人人有份的私有制"。持这种观点的人把《共产党宣言》中的论述作为依据:"共产主义并不剥夺任何人占有社会产品的权力,它只剥夺利用这种占有去奴役他人劳动的权力。"③他们认为,私有制有两种类型,一是"部分人的私有制",即社

---

① 《马克思恩格斯选集》第2版第3卷第473页。
② 《马克思恩格斯选集》第2版第3卷第304页。
③ 《马克思恩格斯选集》第2版第1卷第288页。

会生产资料只被社会上的一部分人所有;二是"人人皆有的私有制",即个人所有制。马克思批判的是第一种类型的私有制,并不反对人人皆有的个人所有制。因此,重建的这种个人所有制,是一种以个人私有为基础的均富状态,是让自然人拥有生产资料,人人有份。

第四种观点认为,它是指重建劳动者的个人财产权。理由是:马克思在不同文本中都充分肯定了一种财产占有方式,即劳动者自己占有自己的生产资料并据此占有自己的劳动成果。不幸的是,这种财产占有方式在资本主义的资本积累过程中被无情地消灭了。然而,在资本集中的过程中又出现了资本主义制度本身的否定形式,即"劳动同生产资料的所有权和剩余劳动的所有权相分离"①。所以,马克思认为:"资本主义生产极度发展的这个结果,是资本再转化为生产者的财产所必需的过渡点,不过这种财产不再是各个互相分离的生产者的私有财产,而是联合起来的生产者的财产,即直接的社会财产。"② 因此,实现劳动者的个人财产权在更高层次上的回归,应是马克思"重新建立个人所有制"的本意。

第五种观点认为,它是指"重建人人有份的公有制或社会所有制"。持这种观点的人认为,不论马克思对这个命题的文本表述是"资本再转化为生产者的财产"、"给生产者个人以财产(权)",还是"重建个人所有制",就其所有制形式而言,说的都是人人有份的和联合起

---

① 谢韬、辛子陵:《试解马克思重建个人所有制的理论与中国改革》,载《炎黄春秋》2007年第6期。

② 马克思:《资本论》第3卷,人民出版社2004年版,第494页。

来的社会的或公共的财产占有方式或财产制度。① 有人强调，公有制是从整体上着眼的，而联合起来的个人所有制是从构成整体的各个个体来看公有制的，因而公有制和社会的个人所有制是社会主义所有制硬币的两面，其正面是公有制，背面是社会的个人所有制，即组成为共同体的每个人都有份的所有制。②

二、热烈的争鸣

不同意把它解读为"重建生活资料个人所有制"的人认为，这种理解不符合马克思的原意。其一，从《资本论》的内容来看，它是研究资本主义所有制的产生、发展、灭亡规律的。如果把马克思郑重宣布的资本主义私有制的灭亡这一历史必然性理解为消费资料的所有制，就大大降低了马克思关于劳动者个人所有制思想的理论地位和科学价值。其二，从理论上讲，消费资料没有一个独立的所有制形态，消费品的分配方式既不是一个独立的范畴，也不反映生产方式的本质。况且，资本主义及其以前社会的消费品最终也归消费者个人所有，这样看来，在社会主义重建个人所有制也就没有任何意义。其三，从否定之否定公式本身看，过程的开始和结果应该是一样的，在马克思的论述中，过程的开始是生产资料所有制，过程的结束也应当是生产资料所有制，否则便违背了否定之否定的逻辑。其四，至于恩格斯在《反杜林论》中的解释

---

① 李惠斌：《重读〈共产党宣言〉——对马克思关于"私有制"、"公有制"以及"个人所有制"问题的重新解读》，载《当代世界与社会主义》2008年第3期。

② 卫兴华：《"重建个人所有制"的讨论应持科学态度和求实学风》，载《经济纵横》2010年第6期。

得到马克思的认可,更多的是出于论战的需要,对此不能机械地理解,而应从马克思主义的完整思想体系来理解其中的涵义。①

不同意把它解读为"重建生产资料个人所有制"的论者认为:第一,恩格斯为了写《反杜林论》,从曼彻斯特迁居伦敦,长达六年之久,所写的手稿预先都要读给马克思听,应该承认恩格斯解读的权威性。第二,恩格斯在《反杜林论》中的解释,在《社会主义从空想到科学的发展》的小册子中重复出现过,马克思在为这本小册子法文版所撰写的导言中称赞"这一部分可以说是科学社会主义的入门"。第三,对于三种所有制形式否定的否定,否定资本主义私有制的是社会主义公有制,而不是"生产资料的劳动者的个人所有制",生产资料成为劳动者个人的财产就是私有制,这显然与马克思关于资本主义生产的理论相违背。②

不同意把它解读为"重建人人有份的私有制"的论者则强调,"重建个人所有制"无法与"公有制"割裂。理由是:第一,1875年马克思在他修改的《资本论》法文版中,把德文版"不是重新建立私有制"改为"不是重新建立劳动者个人私有制"。这就既排除了剥削者的私有制,也排除了劳动者的私有制。第二,从马克思对待私有制的一贯态度看,是旗帜鲜明地提出要消灭,而不是去"重建"。第三,马克思提出的个人所有制是有前提的,即"生产资料的共同占有",其实质还是公有制。第四,从否定之否定的规律看,把劳动者的个人所有制等同于劳动者的私有制是不对的。因为马克思把劳动者的个人所有制分为两种:

---

① 初玉岗:《马克思之谜与国有经济治理的缺陷》,载《经济学家》2005年第5期。

② 王成稼:《恩格斯解读"个人所有制"最符合马克思的原意》,载《当代经济研究》2010年第12期。

一种是孤立的、单个人的劳动者的个人所有制,另一种是联合起来的劳动者的个人所有制。

不同意把它解读为"重建生产资料个人所有制"及其他内容的论者认为,对传统解释提出怀疑有一定道理,但否定恩格斯的解读而提出各种各样的解释也是很不慎重的。在马克思、恩格斯那里,消费资料和生产资料是不能截然分开的,"消费资料的任何一种分配,都不过是生产条件本身分配的结果;而生产条件的分配,则表现生产方式本身的性质"①。之所以会出现这种情况,可能与"Eigentum"一词的译法有关。在德语里,"Eigentum"一词具有"所有制"、"财产"、"所有权"等不同含义,应根据不同的语言环境作出取舍。在我们讨论的问题上,由于"individuelle Eigentum"只限于消费品而不包括生产资料,因此它应译为"个人财产",而不应译为"个人所有制"。其依据为:莫斯科《资本论》的英文版把它翻译为"给生产者个人以财产(权)"。

三、深度的思考

对马克思这一令人费解的历史命题,学界一再解读,但共识难达。究其原因,除了经济学问题以外,似乎还存在着深奥的德国哲学的特殊问题,所以对这个问题的研究似乎还远未结束。在讨论中有一些思路别开生面,现择其要者介绍如下。

有论者认为,深入理解这一命题,需要搞清楚"共同占有"和"个人所有"的概念及其关系。到《资本论》第一卷第二版为止,马克思使用的一直是"共同所有",而不是"共同占有",但在法文版《资本论》中,马克思却将"共同所有"改成了"共同占有"。恩格斯后来

---

① 《马克思恩格斯选集》第 2 版第 3 卷第 306 页。

遵照马克思的指示,在现行的《资本论》第四版中将"共同所有"修订为"共同占有"。尽管通过"辩证法"似乎可以实现两者的"辩证统一",但这在现实中会造成产权不明。然而,如果说生产资料为大家共同占有,但对它的所有权则分属于每一个个人,即"共同占有+个人所有",则可以避免这一矛盾。因此,社会所有制是一种将每个个人的所有集合起来的所有制形式,在这种所有制中,个人所有是根本,如果有什么共同所有的话,那它也只能是对生产资料的共同占有。只有这样来解释共同占有、个人所有和社会所有的关系,马克思的"重新建立个人所有制"才变得更易为人所理解和接受。

也有论者认为,公有制是"在资本主义时代的成就的基础上建立起来的",不是社会主义者或共产主义者的"个人发明"。社会资本、社会占有、公共占有,这些在马克思著作中经常出现的概念,直接对应的就是我们经常使用的公有制概念。不同的是,我们所理解的公有制往往是一种使劳动者完全处于"无产阶级"地位的公有制,是一种马克思所理解的东方村社意义上的公有制,是一种"贫穷的、没有需要的人的非自然简单状态",充其量只是一种"使劳动者富得不需要在银行存一分钱"的所有制。但是,马克思、恩格斯所理解的公有制是一种劳动者联合起来的公有制。马克思由股份制想到的是"工人自己的合作工厂"或所谓的"劳动者联合体"。而他把两者对照后认为:"资本主义的股份企业,也和合作工厂一样,应当被看做是由资本主义生产方式转化为联合的生产方式的过渡形式,只不过在前者那里,对立是消极地扬弃的,而在后者那里,对立是积极地扬弃的。"①所以,马克思讲的"个人所有制"是一种现代意义上的公有制,是一种人人有份的"劳动者

---

① 马克思:《资本论》第3卷,人民出版社2004年版,第499页。

的个人所有制"①。它要求把个人所有权能否得到充分实现作为衡量公有制是否成熟的一个基本标志,即个人所有权愈得到充分实现,就表明公有制愈加完善。

还有论者认为,马克思在对未来所有制的设想中,对个人所有权的重视是显而易见的。股份制在19世纪出现后,虽然他对此作出了天才的分析,但依然没有提供清楚的答案。在以后的一个多世纪中股份制获得了长足的发展,对它的全面认识才有了可能。这种认识有两方面:一是它的含义和结构。股份制既不是传统的个人所有制,也不是传统的公有制。前者是以个人(包括家庭)为单位的私人所有制,后者是以公法人为代理的共同体成员无差异共有的所有制,而股份制是以个人所有为基础联合形成的差异共有制。所谓"差异共有制",是指参与这一共有制的集合体中的每一个成员因投入份额不等的资产,因而享有不等额(差异)的所有权。它与无差异共有制的区别主要有两个:一个是集合体成员对共有财产中属于自己的那部分是清晰的,另一个是法人产权(支配权)与股东产权(终极产权)分立,前者受后者委派并受后者的监督和制约。二是它的发展可以分为三个阶段:第一是资本集合体阶段。股份制促使资本集中而产生了垄断资本,尽管它采取了"社会资本"的形式,但没有克服资本与劳动的对立。第二是"资本集合体"与"劳动集合体"相交叉甚至相融合的阶段。劳动集合体成员开始是企业高级主管和高级技术人员,然后向一般劳动者扩大,他们以股份额索取相应剩余。第三是人力资本成为股份资产的新伙伴,公司职员的人力资本所创造的剩余属于公司职员。这里产生了一种新的生产关系和分

---

① 李惠斌:《重读〈共产党宣言〉——对马克思关于"私有制"、"公有制"以及"个人所有制"问题的重新解读》,载《当代世界与社会主义》2008年第3期。

配关系，这种关系为消除资本对劳动的剥削展现了可喜的前景。①

最后，有论者提出，不能把股份制与公有制、"重新建立个人所有制"等同起来。理由是：（1）生产资料所有制的性质属于基本经济制度，而它的实现形式属于具体制度，两者是内容和形式的关系。（2）股份制是一种企业或资本的组织形式，属于生产关系体系中的具体制度，公有经济可以用，私有经济也可以用。它同所有制的性质不是一个层次，不能混为一谈。（3）马克思讲的由于股份制的出现而带来的变化，都是指资本主义基本经济制度的实现形式这个层面上的变化。（4）在我国社会主义初级阶段，不能笼统地说股份制是公有还是私有，关键要看控股权掌握在谁手中。（5）至于"重建个人所有制"，只有在共产主义社会才可能出现，与股份制相去甚远。②

---

① 应克复：《如何重建马克思倡导的"个人所有制"》，载《炎黄春秋》2007年第6期。

② 胡钧：《"重建个人所有制"是共产主义高级阶段的所有制关系——兼评把它与社会主义公有制和股份制等同的观点》，载《经济学动态》2009年第1期。

理解"重新建立个人所有制"的方法论问题[*]

应克复

一、一个解惑纷呈的命题

马克思《资本论》第一卷第二十四章中关于"重新建立个人所有制"的命题,多年来为我国学者所探讨不息,分歧颇大。近几年,结合经济体制改革,一些学者对这一命题又提出了不同的阐释。尽管这一命题自提出至今已有百余年的历史,但仅以有限的历史经验,还难以完全证实马克思的这一设想。因此,要完全解决这一问题,犹如数学王国中的"哥德巴赫猜想",还面临较大的困难。

较为流行的并至今仍为一些论者所坚持的一种看法是:马克思所说的"个人所有制"是指"生活资料的个人所有制"。持这一观点的主要依据是恩格斯在《反杜林论》中的解释。恩格斯说:"靠剥夺剥夺者而建立起来的状态,被称为以土地和靠劳动本身生产的生产资料的社会所有制为基础的个人所有制的恢复。对任何一个懂德语的人来说,这也就是说,社会所有制涉及土地和其他生产资料,个人所有制涉及产品,那就是涉及消费品。"[①] 他们还认为,恩格斯的这一解释是得到马克思赞

---

[*] 本文选自《马克思主义与现实》1997 年第 5 期。作者系江苏省社会科学院哲学与文化所研究员。

① 《马克思恩格斯选集》第 2 版第 3 卷第 473 页。

同的。恩格斯自己也声明,《反杜林论》的原稿曾由他全文念给马克思听过,是经马克思的认可才得以完成的。而且,马克思在《哥达纲领批判》中也认为:在未来社会,"除了个人的消费资料,没有任何东西可以转为个人的财产"①。据此,有的论者作出了这样的结论:"实践证明,在社会主义社会里,只有实行生产资料公有制和消费品的个人所有制的统一,才能保证逐步消灭剥削和最终共同富裕,又保证个人的物质利益即个人所占有的消费品不受侵害。"②他们推论,如果个人所有制包括生产资料,那就是为主张私有化提供理论依据。

另一种有代表性的意见认为,"个人所有制"是生产资料"人人皆有的私有制"③,即社会的生产资料归每个社会成员所有,不存在有些社会成员有生产资料,有些社会成员无生产资料的现象。他们认为,私有制有两种类型:一是"部分人的私有制",即社会生产资料只归社会上一部分人所有;二是"人人皆有的私有制",即"个人所有制"。他们认为马克思批判的是第一种类型的私有制,没有批判第二种类型的私有制,他并不反对个人私有。持这一观点者还援引马克思恩格斯在《共产党宣言》中的一句话作为论据:"共产主义并不剥夺任何人占有社会产品的权力,它只剥夺利用这种占有去奴役他人劳动的权力。"④根据这一理解,他们认为当前所有制改革的方向应该是把国有资产分解,分配到每个人手里(价值形态),以实现个人所有制。

---

① 《马克思恩格斯选集》第2版第3卷第304页。
② 张蔚萍:《正确理解马克思关于"重新建立个人所有制"》,载《党建研究》1995年第6期。
③ 张兴茂:《关于"重新建立个人所有制"的理论思考》,载《河南大学学报》1995年第2期。
④ 《马克思恩格斯选集》第2版第1卷第288页。

还有一种意见是，认为"个人所有制"就是生产资料的公有制。这种观点认为，马克思提出的"个人所有制"是与"共同占有"联系在一起的，因此，它与社会主义公有制应当是同一概念，二者不论是在内涵上还是在外延上都是一致的。但是，这种公有制不能认为就是我们曾实践过的社会主义公有制；因为这种公有制并不能使每个劳动者切实地感受到他是生产资料的所有者。经济改革的目的，就是要使每个社会成员不仅认识到生产资料是公有的，而且也能体会到他又是生产资料的所有者。

二、理解马克思这一命题的三种方法

上述是对马克思提出的"个人所有制"命题理解的三种代表性观点。为了以科学的态度对待马克思这一重要命题，本文以以下三种方法作指导探讨这一命题。

方法一：马克思这一命题是对未来社会所有制的设想。

马克思的时代，资本主义私有制的矛盾和不合理性均有所暴露，解除资本主义社会的弊端，是当时一切进步思想家所探究的目标。马克思基于对资本主义内在矛盾的科学分析，指出它必定要走向自我否定。可是，代替资本主义私有制的未来社会的所有制将是什么样的形式，因为无实践经验，马克思只能借助于科学的假说或科学的推测。就是说，限于当时的实践经验，马克思还不可能采用归纳法，而是采用了演绎法提出这一命题。马克思对这一问题的表述清楚地表明了这一点。马克思写道："从资本主义生产方式产生的资本主义占有方式，从而资本主义的私有制，是对个人的、以自己劳动为基础的私有制的第一个否定。但资本主义生产由于自然过程的必然性，造成了对自身的否定。这是否定的否定。这种否定不是重新建立私有制，而是在资本主义时代的成就的基础上，也就是说，在协作和对土地及靠劳动本身生产的生产资料的共同占有的基础上，重新建立个人所有制。"① 对于未来社会的所有制，马克思无论在这里或其他论著中，都只作了原则性的提示，不可能作出具体、详细的论述。

马克思的研究方法是严谨的。但正因为马克思的结论是推测性的，提示是原则性的，因此，人们有理由作出各种解释，也因此难以断定哪种解释是唯一正确的，是符合马克思的原意的，哪种解释是偏离了马克思的原意的。但是，重要的是，既然马克思的命题还是一种假说和推测，那么，这一命题以及人们对这一命题的解释都需要经过实践的检验，在实践中加以补充和修正，使之成为一种科学的理论。

因此，理论工作者的任务主要的恐怕不应是解释自己对马克思这一命题的理解，而应是将马克思的这一命题，即对未来社会所有制的设想，置于一百多年来各国丰富的实践之中加以观照。这一方面可以检验、补充和丰富马克思主义的所有制理论，另一方面可以指导所有制改革的实践活动，使所有制的形式和结构更适合社会生产力的要求。

方法二：要将马克思（包括恩格斯）对未来社会所有制的多次论述加以比较、综合，领会其精神实质。

马克思关于未来社会所有制的思想，在《资本论》第一卷第二十四章中的表述可以说最为集中。这一表述，确立了两个质的规定性，即《生产资料的共同占有》以及《重新建立个人所有制》。为了有助于理解马克思的思想底蕴，应当将马克思在别处对这一问题的表述联系起来加以考察。1877年，马克思在《给〈祖国纪事〉杂志编辑部的信》中的一段话，可以说是对《资本论》第一卷第二十四章结尾处那段话的重要解释："关于原始积累的那一章只不过想描述西欧的资本主义经济

---

① 《马克思恩格斯选集》第2版第2卷第269页。

制度从封建主义经济制度内部产生出来的途径。……在那一章末尾，资本主义生产的历史趋势被归结成这样：'资本主义生产本身由于自然变化的必然性，造成了对自身的否定'；它本身已经创造出了新的经济制度的要素，它同时给社会劳动生产力和一切生产者个人的全面发展以极大的推动；实际上已经以一种集体生产方式为基础的资本主义所有制只能转变为社会所有制。"① 马克思在此处未说"重新建立个人所有制"，强调的是"只能转变为社会的所有制"。可见，重新建立的"个人所有制"实际上也就是"社会所有制"。

恩格斯在《1848年至1850年的法兰西阶级斗争》一书导言中强调了"社会所有"。他指出："这里第一次提出了世界各国工人政党都一致用以扼要表述自己的经济改造要求的公式，即：生产资料归社会所有。"②

恩格斯在《反杜林论》第十三章中对马克思《资本论》第一卷第二十四章结尾处的一段话作了以下的援引："这是否定的否定。这种否定重新建立个人所有制，然而是在资本主义时代的成就的基础上，在自由劳动者的协作的基础上和他们对土地及靠劳动本身生产的生产资料的公有制上来重新建立。以自己劳动为基础的分散的个人私有制转变为资本主义私有制，同事实上已经以社会生产为基础的资本主义私有制转变为社会所有制比较起来，自然是一个长久得多、艰苦得多、困难得多的过程。"在这段话里，用"公有制"和"社会所有制"两个用语来称谓未来的社会所有制；特别应当注意的是，恩格斯在提到重建个人所有制时，强调了在生产资料公有制上来重新建立。这表明，未来社会的个人的所有制与公有制或社会所有制是有机的统一，它不但不与公有制相矛

---

① 《马克思恩格斯选集》第2版第3卷第340—341页。
② 《马克思恩格斯选集》第2版第4卷第508页。

盾，反以公有制为前提。

但是，这种公有制或社会所有制又是以个人所有制为其基础的。早在《德意志意识形态》一书中，马克思就说过："在无产阶级的占有制下，许多生产工具必定归属于每一个个人，而财产则归属于全体个人。"认为未来社会"随着联合起来的个人对全部生产力的占有，私有制也就终结了"①。从马克思在他的著作中对未来社会所有制的表述来看，他十分重视个人所有权，如"把一切劳动资料交给生产者"、"由工人阶级自己占有全部生活资料和生产资料"、"把全部生产集中在联合起来的个人手里"等。② 直到总结巴黎公社经验时，马克思还明确指出：巴黎公社"曾想把现在主要用做奴役和剥削劳动的工具的生产资料、土地和资本变成自由集体劳动的工具，以实现个人所有权"③。

将马克思、恩格斯上述一系列对未来社会所有制的表述中提出的"公有"、"社会所有"、"劳动者个人所有"三类概念结合起来加以考察，就能较为完整地理解未来社会即共产主义社会所有制的基本特征。李光远在《马克思恩格斯著作中的"公有"、"社会所有"、"个人所有"及其他》一文中将上述三个概念的内在联系作了这样的概括：对于"公有"，可有此一问："公有，谁所有？"答曰："公有就是社会所有（或集体所有）。"如果再问："社会（集体）是谁？"答曰："是组织起来的劳动者个人"，或"社会个人的联合"。④ 由劳动者联合起来组成的社会对社会化的生产实行公有，就是未来社会所有制的基本要义。

---

① 《马克思恩格斯选集》第 2 版第 1 卷第 129—130 页。
② 转引自《求是》1995 年第 18 期。
③ 《马克思恩格斯全集》第 1 版第 17 卷第 362 页。
④ 李光远：《马克思恩格斯著作中的"公有"、"社会所有"、"个人所有"及其他》，载《中国社会科学》1994 年第 6 期。

理解马克思关于未来社会所有制的一个难点是，为什么马克思将"公有"、"社会所有"与"个人所有"相提并论。因为习惯的理解或法律上的规定，公有与个人所有是两个范畴的所有权，而且在性质上正好相反，正是在这一点上令人们感到费解。对此，笔者的理解是，这表明马克思对个人权利的重视。应当把个人权利是否能得到充分的实现作为衡量公有制是否完善与成熟的基本尺度。也可以说，个人权利得不到尊重和保障的公有制，就不是马克思所设想的未来社会的所有制，至少可以说，这种公有制还有缺陷，与马克思所设想的公有制还有很大的距离。因此，个人权利愈得到充分、合理的实现，也就表明公有制的愈加完善。而要保障个人权利的实现，必须在所有制上体现个人与生产资料的结合。

上述的理解是符合马克思关于"个人"与"社会"、"人的解放"与"社会的解放"及其关系的思想的。马克思指出："人们的社会历史始终只是他们的个体发展的历史，而不管他们是否意识到这一点。他们的物质关系形成他们的一切关系的基础。这些物质关系不过是他们的物质的和个体的活动所借以实现的必然形式罢了。"① 可见，包括生产力在内的社会一切方面的发展，无疑地会推动人的发展，但是，首先要以人的发展为基础。而人要获得发展，就要摆脱经济和各种社会关系的奴役，保障人的权利的合理实现。这样，人的发展或者说人的解放与社会的发展与解放，实际上呈现为互相依赖、互相制约的状况。恩格斯对此指出："要不是每一个人都得到解放，社会也不能得到解放。"②

---

① 《马克思恩格斯选集》第 2 版第 4 卷第 532 页。
② 《马克思恩格斯选集》第 2 版第 3 卷第 644 页。

方法三：应将马克思对未来社会所有制的设想置于马克思对于未来社会的设想的大框架之中。

在马克思关于未来社会的理论体系中，所有制问题是重要组成部分。但前者是整体，后者是部分，把握整体，才能对部分有更深切的理解。

一些论者在解释马克思未来社会所有制时，往往以自身所经历的社会主义实践经验和所有制模式为背景，这是研究方法上的一个误区，并且成为理解马克思的思想的一道屏障。

马克思对未来共产主义社会的设想，除了提出生产资料的公有或社会所有外，还提出了以下几方面的重要设想：（1）社会生产力获得高度的发展，社会的物质财富已"极大丰富"。（2）彻底消灭社会分工，消灭一切阶级对立、阶级差别、脑力劳动和体力劳动的差别，等等。只有消灭分工，改变人们"屈从于分工和自己所有的生产工具"的状况，才能实现"个人全部占有生产力的总和"，才能有"社会所有制"。恩格斯对此指出：要实现社会所有，使社会和每个人都得到解放，"旧的生产方式必须彻底变革，特别是旧的分工必须消灭"。[①]（3）随着分工的消灭，商品、货币和价值规律也不复存在。恩格斯认为，一旦社会占有了生产资料，商品生产就将消亡，而产品对生产者的统治也将随之消除。（4）国家业已消亡。以生产者自由平等的联合体为基础的、按新方式来组织生产的社会即以社会所有制为基础的社会，必然是一个无阶级、无国家的社会。

应当认为，马克思对未来社会的若干设想还很抽象，只指出了人类社会发展的大致趋势，而且，实现这样的目标还要经过相当漫长的历史阶段。在这一历史过程中将会遇到许多复杂的问题和积累各种经验，从

---

① 《马克思恩格斯选集》第 2 版第 3 卷第 644 页。

而对马克思的设想作出某种修正和补充,这一切都是马克思所无法预见的。因此,马克思所设想的未来社会何时能够实现以及实现之后与马克思的设想将会有哪些差异,这些都是我们所无法回答的。既然如此,企图对遥远的未来社会的所有制作出具体正确的解释,这种方法本身就是违背唯物主义认识论的。

马克思之后的一个多世纪,资本主义社会的发展出现了某些新变化和新趋势,但马克思所设想的未来社会的目标还未达到。因此,要说清未来社会所有制还为时尚早。但是,一百多年来的情况又表明,无论是西方还是东方,所有制在实践方面都有很大的进展,创造了某些形式。我们的工作应当是概括这些实践经验,丰富马克思所有制的理论宝库。

三、无差异共有与差异共有

——实现马克思未来社会所有制的两种基本形式

从资本主义私有制演进到马克思所设想的社会所有制,是一个自然历史过程,中间必然要出现某些过渡形态。在讨论马克思对未来社会所有制设想的科学方法中,笔者虽认为要将马克思的设想解释得具体明白,目前尚不具备条件,但并不是说,深入研究这一问题在目前是无意义的。笔者认为,马克思关于未来社会所有制提出的两个基本点对我国经济体制的改革是有重要启示意义的。这两个基本点,一是生产资料的社会所有,二是这种社会所有包含并保障个人的所有权。

无论在我国还是西方国家,存在着两种共有(公有)制,一种是无差异共有制,一种是差异共有制。这两种共有制是通向马克思未来社会所有制的桥梁。无差异共有是公有制的古老形式,在不同的社会具有不同的内容。无差异共有是集合体的财富为每一成员共同所有。它的基本特征是:集合体的共同财富是不可分割的,它必须作为一个整体而存在；集合体的每一成员对共同财产的所有权无一明晰的界区，即没有与个人直接挂钩的财产权，他们只能共享，而不能分割其中某部分为个人占有和独享；但只要他是集合体的一个成员，他就具有天然、平等地共享共有财产的权利。因此，无差异共有制的主、客体均为不可分割的整体。这种所有制形式从古代直到今天一直是维系一定的集合体（共同体）的经济纽带，比如，氏族、部落、民族、民族国家、范围或大或小的社区或集体等。人类之所以发展到今天，一直与这种所有制息息相关。因此，它也一直是人类社会所有制的基本形式。

这种所有制的客体对象大致有以下几类：（1）不便进入个人所有权范围的自然资源；（2）维系社会生产、生活、安全、文化娱乐所需要的公共设施；（3）用于抗灾、救灾所需要的社会保障（保险）财富；（4）不宜让公民个人经营的生产领域。

这种公共所有制自氏族社会解体之后便以国家所有制的形式存在至今，因此，这一所有制还有一个基本特征便是政府代理产权。政府既然是公共权力机关，是共同体成员共同意志的代表，因此也必然是共同体公共财产的代表主体，政府对这一共有财产享有管理权，包括经营、调配、处理等权力。正因为这一共有财产经过政府代理管理这一环节，因此对财产的实际占有和收益，对共同体的不同成员就产生了一定的差异。理论上是无差异共有制，在实际生活中却没有绝对的无差异共有制。

这里需要指出的是，马克思提出的"公有"、"社会所有"和"个人所有"制不能认为是国家所有制，更不等于社会主义国家所有制，因为马克思提出的未来社会所有制是国家消亡之后的所有制形态。以往把社会主义公有制、全民所有制、国家所有制与社会所有制混为一谈，造成了所有制概念上的混乱。重要的是要认识到，以往我们所实行的公有制，还不完全是马克思所设想的公有制。

无差异共有制对于维系共同体以及保障共同体每一成员的基本利益是必要的，但由于个人与共有财产无直接挂钩，即并不存在供个人直接占有、所有的财产，而且，个人利益的实现还需要通过政府的管理环节；因此，这种所有制形式对于个人能力的充分发挥和利益的公正实现难免存在某些弊端。因此，社会还需要有别的所有制形式。如个人所有制，这种所有制总的说来，构成了以往文明社会的基础，但其弊端也是显而易见的，因此历来遭到抨击。马克思看到资本主义社会化生产的出现，预见到资本主义私有制是最后形态的私有制。至于未来社会的所有制形态，马克思虽不可能描述得很具体，但我们可以根据马克思的设想，通过对实践经验的总结，推进马克思的设想。

马克思在世时，对股份制已有足够的重视，认为这是对资本主义生产关系的潜在否定因素。他指出："生产规模惊人地扩大了，单个资本不可能建立的企业出现了。"这种"建立在社会的生产方式的基础上并以生产资料和劳动力的社会集中为前提的资本，在这里直接取得了社会资本（即那些直接联合起来的个人的资本）的形式"①。马克思认为，在股份公司内，劳动已经完全同生产资料的所有权和剩余劳动的所有权相分离。这是"在资本主义体系本身的基础上对资本主义的私人产业的扬弃；它越是扩大，越是侵入新的生产部门，它就越会消灭私人产业"，因而它是"转化为社会职能的过渡点"。"这是资本主义生产方式在资本主义生产方式本身范围内的扬弃，因而是一个自行扬弃的矛盾，这个矛盾显然表现为通往一种新的生产形式的单纯过渡点。"②

马克思对工人自己的合作工厂的分析更值得注意。他认为这种工厂"是在旧形式内对旧形式打开的第一个缺口，虽然它在自己的实际组织

---

① 《马克思恩格斯选集》第 2 版第 2 卷第 516 页。
② 《马克思恩格斯选集》第 2 版第 2 卷第 518—520 页。

中，当然到处都再生产出并且必然会再生产出现存制度的一切缺点。但是，资本和劳动之间的对立在这种工厂内已经被扬弃"。"这种工厂表明，在物质生产力和与之相适应的社会生产形式的一定的发展阶段上，一种新的生产方式怎样会自然而然地从一种生产方式中发展并形成起来。"①

股份制与合作制受到马克思如此高的评价，因为它扬弃个别私人资本的生产方式和财产组织方式。股份公司使个别资本成为社会资本，出现了资本集合体。在工人的合作工厂内则出现了以劳动作为资本的另一种集合体：劳动集合体。资本主义社会股份制在二百余年的发展中，已由资本集合体演进到资本与劳动相结合的集合体，由此也由资本与劳动的分离与对立转变为资本与劳动的结合（尽管集合体中资本仍占据主要地位）。这种发展趋势，愈来愈证明马克思所指出的，它是扬弃资本主义生产方式、通向新生产方式的过渡点。

在马克思之后，股份制在世界范围内得到了更长足的发展。这样，在人类历史上出现了一种新的所有制形式，它既不同于资本家私人所有制，也不同于以国家所有制为主要形式的无差异共有制，它是众多所有者组成的差异集合体中，实行土地、生产资料的共同占有，进行社会化生产的所有制形式。这种所有制形式被丁建中概括为差异共有制。②

所谓差异共有制，就是集合体中的每一成员因投入份额不等的资产，因而享有不等额的所有权，在这里，集合体的每一成员对其共有财产中属于自己的那部分的界区是清晰的。但这种分散的资产必须组合成有机整体，成为共同占有的形式，才能形成新的强大的生产力，现代法

---

① 《马克思恩格斯选集》第2版第2卷第519—520页。
② 丁建中：《产权理论及产权改革目标模式探索》，上海：上海社会科学院出版社1994年版，第10—12页。

人产权制度才应运而生。差异共有制将所有权分割为两个层次：最终产权和中介产权。前者为企业产权的原始所有者，即多元、分散的股东；后者为企业产权的支配者，即企业法人产权，其职责是运营资产，使其增殖。前者表现出企业产权的分散性和个体性，后者表现出企业产权的集中性和共有性。差异共有制是私有制和公有制经济发展到一定阶段、适应市场经济和社会化大生产需要而形成的产权组织形式和生产方式，其现实原型就是各种形式的股份制。这种所有制形式中的产权共有性超越了私有产权的独占性，其产权的差异性超越了公有制产权的无差异性。它以亦公亦私、非公非私为特征，兼有私有和公有的优点而克服了两者的缺点，是公、私兼容的二重性所有制形式。

这种所有制形式显示了马克思对未来社会所有制设想的两个基本特点：（1）实现土地及生产资料的共同占有；（2）保障个人所有权。马克思当时已指出这是通向新生产方式的过渡点。它的优越性和生命力还可能证明，这正是未来社会所有制的基本形式。但是，从资本主义私有制通向未来社会所有制的过程中，将有一个多种所有制长期并存的时期。这是马克思所没有指明的。当代中国的所有制发展史也证明，从私有制不可能一下子跳到单一的公有制。经济改革改变了单一的公有制结构，但是，代替这种单一公有制结构的除了鼓励发展私人所有制外，更为重要的是对国家、区域性的公有制经济中的一部分改造为差异共有制。笔者认为，通过所有制结构的改革与调整，特别是根据中国情况大力发展差异共有制，才可能使中国出现既高效又公平的经济体制，由此使生产力和市场经济获得突破性的发展。总之，不论是西方还是东方，差异共有制将是社会所有制中的主要形式。这就是笔者研究马克思这一命题的结论。

关于社会所有制的几点思考[*]

王学东

在当前关于社会主义所有制问题的讨论中，主张"社会主义所有制的基本性质不是公有而是社会所有"的观点，引起了人们的广泛关注。有的论者认为，马克思恩格斯曾严格区分公有和社会所有。公有是以往各种社会形态下都有的，只有社会所有才是社会主义社会独有的，因此马恩对社会主义社会的所有制从来不称公有而只称社会所有。还有人说，社会有大有小，其所有制也有大有小。凡是不以私人为主体的所有制，都可以称之为社会所有。如股份制，其中只有法人所有权，而无私人所有权。这是理解社会所有制的首要前提。

我认为，尽管马克思恩格斯在其著作中确实曾论述过社会所有制，但是上述观点与马恩的有关论述并不完全相符，有些论点甚至有很大出入。因此，我想根据自己对马恩著作的理解，对社会所有制问题谈几点不同看法。

一、马恩并未严格区分公有和社会所有

众所周知，就概念而言，公与私、社会与个人是相互对应的，而在公与社会之间、私与个人之间则没有什么严格的界限，在许多情况下可

---

[*] 本文选自《当代世界与社会主义》1994年第4期。作者单位为中央编译局。

以将其视为同义词。因此,如果说公有这个概念本身没有讲清是哪些人和怎样公有,那么社会所有这个概念本身也同样没有讲清是哪些人和怎样社会所有(尤其在把社会析分为不同层次、不同范围的社会的情况下更是如此)。在当代资本主义社会中,法权意义上归国家或地方当局所有的财产既被称做公有财产,也被称做社会财产。假如我们真的承认那里所谓的公有财产就是公有制,那么岂不是也要承认那里所谓的社会财产就是社会所有制了吗?

因此,我们在谈论公有与社会所有时,不能只从抽象的概念出发,而应具体地考察马克思恩格斯是在什么意义上使用这些概念的,他们用这些概念究竟是要说明什么。

在马恩著作中我们看到,马克思恩格斯在论述未来社会的所有制时,并非像有人所说的那样,只称社会所有而不称公有,或者只是在早年时称公有而到晚年时只称社会所有,而是公有和社会所有这两个概念时常交替使用甚至同时使用,两者之间并没有什么严格的区分。

例如,恩格斯在《反杜林论》第十三章的第三自然段和第五自然段中,就交替使用了"土地和劳动所创造的生产资料的公有制"和"土地和靠劳动本身生产的生产资料的社会所有制"这两种措辞。在第五自然段引述的马克思《资本论》的一段话中,也是"公有制"和"社会所有制"两种提法同时出现。① 在这里,公有和社会所有指的是同一个对象,讲的是同一个意思,是对同一件事情的两种说法。

再如,恩格斯在逝世前一年写的《〈论俄国的社会问题〉跋》中,不仅把"公有制"与"社会的公有制"两个概念并列使用,而且还明确地谈到,俄国残存的农村公社所有制在一定条件下有可能不经过资本

---

① 参见《马克思恩格斯全集》德文版第20卷第121—122页。

主义发展阶段而直接改造成"现代的社会主义公有制"①。

我体会，在马恩关于未来社会所有制关系的论述中，社会这个概念常常是用来指称与个人相对应的群体关系。在这样的场合，社会所有与公有实际上可以看做是同义词。它们所强调的都是生产资料所有制的非私有性质，即由联合起来的劳动者群体对已经社会化了的生产资料实行共同占有。

二、作为公有制高级形式的社会所有制

在马恩的有关论述中，社会这个概念除指称群体关系外，还常常被用来指称一切生产资料的所有者。我认为，从这个意义上讲的社会所有制，应被理解为公有制的一种高级形式，即共产主义社会的公有制形式。

马克思恩格斯认为，用公有制代替私有制，"并不是要恢复原始的公有制，而是要建立高级得多、发达得多的公共占有形式"②，"最终目的"是要"实现整个社会对一切生产资料——土地、铁路、矿山、机器等等——的直接占有，供全体为了全体利益而共同利用"。③

"整个社会对一切生产资料的直接占有"，这就意味着彻底废除一切形式的私有制，实行单一的公有制——以社会为所有者主体的社会所有制。在这种所有制下，作为生产资料所有者的是整个社会，社会对生产资料的占有是直接占有。因此，它既不同于由部分社会成员联合占有部分生产资料的集体所有制，也不同于整个社会以国家为代表来间接占

---

① 参见《马克思恩格斯全集》德文版第22卷第425—426页。
② 《马克思恩格斯选集》第1版第3卷第178页。
③ 《马克思恩格斯选集》第1版第4卷第258页。

有生产资料的国家所有制。

作为公有制的高级形式,社会所有制在生产、流通、分配等方面将具有一些区别于现行社会主义公有制的明显特征。

首先,社会所有制要求实行全面的计划经济和社会管理。按照马克思恩格斯的设想,"一切生产部门将由整个社会来管理,也就是说,为了公共的利益按照总的计划和在社会全体成员的参加下来经营"①。

其次,社会所有制要求一切生产资料不是名义上而是实际上归社会全体成员支配,因此,"旧的分工必须消灭"②。恩格斯在《反杜林论》中曾尖锐批判了杜林关于"无需废除旧的分工,社会就可以占有全部生产资料"的"幼稚观点",认为这无异于说,"社会应该成为全部生产资料的主人,从而让每一个人依旧做自己的生产资料的奴隶,而仅仅有选择哪一种生产资料的权利"。③

再次,社会所有制要求废除商品生产,使一切劳动和劳动产品直接社会化。按照马恩的看法,"社会一旦占有生产资料并且以直接社会化的形式把它们应用于生产,每一个人的劳动,无论其特殊用途是如何的不同,从一开始就成为直接的社会劳动",在这种情况下,社会产品不再表现为商品,"社会也无需给产品规定价值"。④ 因此,"一旦社会占有了生产资料,商品生产就将被消除,而产品对生产者的统治也将随之消除"⑤。

最后,关于社会所有制下的分配方式,马恩没有为后人设想一个一

---

① 《马克思恩格斯选集》第 1 版第 1 卷第 217 页。
② 《马克思恩格斯选集》第 1 版第 3 卷第 333 页。
③ 《马克思恩格斯选集》第 1 版第 3 卷第 336 页。
④ 《马克思恩格斯选集》第 1 版第 3 卷第 348 页。
⑤ 《马克思恩格斯选集》第 1 版第 3 卷第 323 页。

成不变的公式,只是揭示了"将来由以开始的分配方式"和"进一步的发展将循以进行的总方向"。① 按照他们的看法,在社会直接占有全部生产资料的情况下,消费品的分配最初将"以同一的尺度——劳动——来计量"②,即实行社会同一尺度下的全面的按劳分配。而随着生产力的巨大增长和社会产品的极大丰富,"生活资料、享受资料、发展和表现一切体力和智力所需的资料,都将同等地、愈益充分地交归社会全体成员支配"③,即逐步发展到按需分配。

从现行的社会主义公有制过渡到社会所有制,除要求生产关系方面的一系列重大变革外,还需要具备两个重要前提。

1. 高度发达的社会化大生产

这是实行生产关系变革的基础和条件。与现行的社会主义公有制相比,建立社会所有制要求有更高的生产力发展水平和更高的生产社会化程度。用恩格斯的话来说,应当"由社会公开地和直接地占有"的不是一般的生产力,而是"已经发展到除了社会管理不适合于任何其他管理的生产力"④,也就是说,"只有在社会生产力发展到一定阶段,发展到甚至对我们现代条件来说也是很高的阶段"⑤,才有可能实现社会所有制。

---

① 《马克思恩格斯选集》第 1 版第 4 卷第 475 页。
② 《马克思恩格斯选集》第 1 版第 3 卷第 11 页。
③ 《马克思恩格斯全集》第 1 版第 22 卷第 243 页。
④ 《马克思恩格斯选集》第 1 版第 3 卷第 319 页。
⑤ 《马克思恩格斯选集》第 1 版第 2 卷第 616 页。

2. 国家消亡

无产阶级夺取政权后，把私有制改造成公有制有两条基本途径：一条是以剥夺剥夺者的方式或赎买方式夺取资本家的全部资本，"首先把生产资料变为国家财产"①，建立国家所有制；另一条是通过教育和示范的方式把个体劳动者的"私人生产和私人占有变为合作社的生产和占有"②，建立集体所有制。

无论是集体所有制还是国家所有制，与整个社会直接占有一切生产资料的社会所有制相比，都有其局限性。

在集体所有制下，社会部分成员联合占有部分生产资料。这就必然造成社会各部分成员在生产资料占有和产品分配方面权利义务不平等，导致个人和个别生产单位的局部利益与社会整体利益之间的摩擦和冲突。要克服这种局限性，集体所有制就必须"转变为更高级的形式，使整个合作社及其个别社员的权利和义务跟整个社会其他部分的权利和义务处于平等地位"③。

在国家所有制下，社会不是直接占有生产资料，而是以国家为代表来间接占有。这种间接占有形式之所以必要，是因为取得政权的无产阶级不可能一下子就把生产力提高到能把一切生产资料统统转归全社会所有的程度，不可能一下子就消灭一切阶级差别，实现全社会利益一致。在一定历史时期内，无产阶级还需要国家来镇压敌对阶级的反抗，管理转到无产阶级手中的那部分生产资料，调节各种社会矛盾。在此期间，国家所有制不可能是社会上唯一的所有制形式，它将不得不与少量私有

---

① 《马克思恩格斯选集》第1版第3卷第320页。
② 《马克思恩格斯选集》第1版第4卷第310页。
③ 《马克思恩格斯选集》第1版第4卷第310页。

制和大量的集体所有制长期共存。而当一切生产资料终于统统转归国家所有,从而使一切阶级差别归于消失,全社会利益趋于一致的时候,作为阶级统治工具的国家也就趋于消亡了。正是在这个意义上恩格斯说:"国家真正作为整个社会的代表所采取的第一个行动,即以社会的名义占有生产资料,同时也是它作为国家所采取的最后一个独立行动。"① 国家消亡后,社会权力取代国家政权接管"对物的管理和对生产过程的领导"②,国家所有制由此转变为社会所有制。

三、社会所有制中的所有者

综上所述,社会所有制既是社会化大生产高度发展的产物,也是国家消亡的产物。如果说国家所有制中所有者是名义上代表整个社会的国家,那么社会所有制中的所有者就是摆脱了国家形式的社会本身,马克思恩格斯曾建议把它称做"Gemeinwesen"(公团)③。

现在一些主张社会所有制的同志倾向于把应作为整体所有者的社会析分为无数个各自拥有独立所有权的经济实体,称这些实体为不同层次、不同范围的社会。我认为这种看法不符合马克思恩格斯的原意。

在马恩著作中,凡谈到作为所有者的社会,总是指全社会(或称整个社会),其范围至少应涵盖一个国家或民族。我以为,与高度发达的社会大生产相适应,社会所有制下的生产资料所有权不可能趋于分散,而应当走向集中。马克思曾明确指出:"农业、矿业、工业,

---

① 《马克思恩格斯选集》第1版第3卷第320页。
② 《马克思恩格斯选集》第1版第3卷第320页。
③ 《马克思恩格斯全集》第1版第34卷第123页。

总而言之,一切生产部门都将逐渐地用最合理的方式组织起来。生产资料的全国性的集中将成为自由平等的生产者的联合体所构成的社会的全国性基础,这些生产者将按照共同的合理的计划自觉地从事社会劳动。"①

生产资料的全国性的集中,当然不排除劳动者自愿组成不同层次、不同范围的各种生产合作组织,在一定时期内,也"不排除承租和出租的保存"②。但是有一点是肯定无疑的,即这些合作社对自己使用或租用的生产资料只有使用和经营权,而无所有权。恩格斯在1886年致倍倍尔的一封信中曾对此写道:"至于在向完全的共产主义经济过渡时,我们必须大规模地采用合作生产作为中间环节,这一点马克思和我从来没有怀疑过。但事情必须这样来处理,使社会(即首先是国家)保持对生产资料的所有权,这样合作社的特殊利益就不可能压过全社会的整个利益。"③

在批判杜林的"经济公社"时,恩格斯也表述了同样的思想。按照杜林的解释,他为未来社会设想的经济公社是"人们的共同体,这些人由支配一个区域的土地和一批生产企业的公共权利相互联合起来,共同行动,共同分配收入",而且"这种公有权和'工人社团的集体所有制'绝不是一回事"。这种生产资料既不属于国家,也不属于集体,也不属于个人的所有制,显然非常类似于现在某些人所主张的那种社会所有制。而恩格斯对此是怎样评价的呢?他断定,由于"一个经济公社对自己的劳动资料的公共权利,至少对任何其他经济公社,以至于对社会和国家来说,是独占的财产权",所以"将出现富裕的和贫穷的经济公

---

① 《马克思恩格斯选集》第1版第2卷第454页。
② 《马克思恩格斯选集》第1版第2卷第545页。
③ 《马克思恩格斯全集》第1版36卷第416—417页。

社，它们之间的平衡是通过居民脱离贫穷的公社而挤入富裕的公社的方法来实行的。因此，杜林先生虽然想通过全国性的商业组织来消除各个公社之间在产品上的竞争，但是他却听任在生产者上的竞争安然存在下去"。可见"这种生产是完全依照从前的样式进行的，只是公社代替了资本家而已"。恩格斯明确反对把社会析分为一个个各自拥有独立所有权的经济公社。他主张，对生产资料"具有支配权的终究不是个别公社，而是整个民族"。①

四、法人财产权与社会所有制

在目前对社会所有制的种种解释中，颇具代表性的一种是混淆法人财产权与所有权的区别，无视在法人财产权背后私人所有权依然存在并仍起制约作用的事实，推论出所谓以法人为主体的社会所有制。

众所周知，法人财产权绝非社会主义的专利。从历史上看，法人财产权是资本主义市场经济发展到一定阶段的产物，是生产资料的所有权和实际支配权（或称经营权）两权分离的结果。从17世纪起英国就已确立了公司是独立法人，拥有法人财产权的观点。19世纪后半期，股份公司在欧美各国迅猛发展，到20世纪初，已成为各主要资本主义国家制造业、采掘业、运输业、公用事业和银行、保险业的主要企业组织形式。因此，如果说法人财产权就意味着社会所有制，那岂不是说各主要资本主义国家是实行社会所有制的先驱了吗？

我们必须看到，尽管在股份公司的营运过程中，法人财产权在一定程度上具有所有权的外观，但它决不是完全意义上的所有权。在企业法人的背后站着许许多多为企业出资的股东，他们才是企业财产的真正所

---

① 《马克思恩格斯选集》第1版第3卷第327—328页。

有者。凭借着手中掌握的所有权，股东们参加企业的剩余价值分配，并通过代表股东利益的股东大会、董事会和监事会来参与企业的决策和监控。因此，在资本主义制度下，生产资料虽然通过实行企业法人制度而获得某种社会化形式，但这种变化纯属资本关系内部的调整。生产资料不可能因此而摆脱私有制的樊篱，更不可能由此而产生什么以法人为主体的社会所有制。正如恩格斯所说："无论转化为股份公司，还是转化为国家财产，都没有消除生产力的资本属性。在股份公司那里，这一点是十分明显的。"①

即使在我们目前正在建立的社会主义市场经济中，法人财产权也不可能构成社会所有制的基础。由于所有权始终由出资者掌握，私人股份公司归根结底还是私有制企业。国有企业和集体企业在获得法人财产权后，其所有权仍然掌握在国家和集体手里，因此其所有关系仍然是国家所有制和集体所有制。

这里特别需要指出的是，公有制企业如果引进外资或吸收私人入股，那就是在公有制中加入了私有成分，成为"一企两制"的企业，或者按邓小平同志的说法，成为"一半是社会主义的"企业。② 在这类企业中，哪种成分掌握控股权，企业的性质就向哪边倾斜。因此，我们现在的当务之急不是给这些企业贴上一张"社会所有制"的迷人标签，而是应当认真地研究控股权问题，研究在这些企业中如何使公有财产保值和增值，防止化公为私和公有财产流失。

---

① 《马克思恩格斯选集》第1版第3卷第318页。
② 《邓小平文选》第3卷第91页。

五、如何理解马克思所说的"重建个人所有制"

我认为,对"重建个人所有制"不能只从字面上理解,而应运用辩证思维,因为马克思正是在用辩证法分析资本主义积累的历史趋势时提出这一命题的。

在马克思看来,个人所有制本是私有制的一种形式,是那种"靠自己劳动挣得的私有制,即以各个独立劳动者与其劳动条件相结合为基础的私有制"[①]。这种私有制曾在小生产中得到其典型表现。随着小生产逐步被资本主义大生产取代,这种以个人劳动为基础的私有制也日益被以雇佣劳动为基础的资本主义私有制所排挤、所消灭。这是第一个否定。而用公有制代替资本主义私有制,则是否定的否定。它不是简单地回复到从前那种以私有制形式出现的个人所有制,而是在生产资料公有制的基础上重现个人所有制的某些特征,如劳动者与其劳动条件直接结合、劳动者个性的自由发展、劳动者成为自己使用的生产资料和创造的劳动产品的主人、靠自己劳动而不是靠剥削他人劳动来获取产品等等。我理解,这就是马克思所说的"重建个人所有制"。

至于谈到"重建个人所有制"是否意味着保留个人对生产资料的所有权问题,我认为在马恩著作中答案是十分清楚的。马克思恩格斯曾明确写道,在以共同占有生产资料为基础的社会里,"除了个人的消费资料,没有任何东西可以成为个人的财产"[②]。这里通行的是"以现代生产资料的本性为基础的产品占有方式:一方面由社会直接占有,作为维持和扩大生产的资料,另一方面由个人直接占有,作为生活和享乐的

[①] 《马克思恩格斯全集》第 1 版第 23 卷第 830—831 页。
[②] 《马克思恩格斯选集》第 1 版第 3 卷第 11 页。

资料"①。在《反杜林论》中，针对杜林把马克思的生产资料公有制理论歪曲为"既是个人的又是社会的所有制的混沌世界"，恩格斯反驳道："马克思是说：'这是否定的否定。这种否定重新建立个人所有制，但这是以资本主义时代的成就，即以自由劳动者的协作及其对土地和靠劳动本身生产的生产资料的公有制为基础的。以自己劳动为基础的分散的个人私有制转变为资本主义私有制，同事实上已经以社会化生产为基础的资本主义私有制转变为社会所有制比较起来，自然是一个长久得多、艰苦得多、困难得多的过程。'这就是一切。可见，靠剥夺剥夺者而建立起来的状态，被称为以土地和靠劳动本身生产的生产资料的社会所有制为基础的个人所有制的恢复。对任何一个懂德语的人来说这就是，社会所有制包括土地和其他生产资料，个人所有制包括产品及消费品。"②

任何一个不存偏见的人都会承认，从马恩的上述论述中不可能得出保留生产资料个人所有制的结论。

综上所述，我们可以看出，想用社会所有制来涵盖社会主义社会的一切所有制形式是根本不可能的。

首先，社会所有制无论怎样解释都应属于公有制的范畴，它不可能超越公有与私有的区别，把现阶段作为社会主义经济必要补充的某些私有制形式纳入自己的范围。

其次，尽管相对于私有制而言，社会所有与公有具有同一性，可以视为同义的概念。但具体到所有制的实现形式，社会所有制又有其更深的内涵。它是比国家所有制、集体所有制等公有制形式更高级的公有制形式。因此我认为，用社会主义公有制来概括社会主义阶段的国家所有

---

① 《马克思恩格斯选集》第 1 版第 3 卷第 319—320 页。
② 《马克思恩格斯全集》德文版第 20 卷第 121—122 页。

制、集体所有制，比用社会所有制来概括更准确，更不易造成误解。恩格斯在1890年致奥·伯尼克的一封信中曾谈到："所谓'社会主义社会'不是一种一成不变的东西，而应当和任何其他社会制度一样，把它看成是经常变化和改革的社会。它同现存制度的具有决定意义的差别当然在于，在实行全部生产资料公有制（先是单个国家实行）的基础上组织生产。"① 在这里，恩格斯引人注目地使用了"公有制"而没有使用"社会所有制"，我想这恐怕不是偶然的。

---

① 《马克思恩格斯全集》第1版第37卷第443页（德文版第37卷第447页）。

《资本论》与超越资本主义体系[*]

冯 雷

岩田弘是当代日本马克思主义经济学家，60年代他提出"世界资本主义论"，认为所谓资本主义即是世界资本主义，《资本论》体系从内面揭示了世界资本主义从发生到消亡的历史轨迹，世界资本主义在帝国主义阶段已经进入没落期，世界资本主义将随着国际货币体系的崩溃而陷于瓦解。岩田弘的这一理论在西方资本主义发生深刻经济危机的当时，曾被日本新左翼激进派当做"科学的"理论根据，并激发了资本主义即将垮台的幻想。其后的历史事实证明岩田的预言失败了，也暴露了他的理论缺陷。但是，"世界资本主义论"对资本主义体制的分析和批判也并非一无是处。数十年来，他继续这方面的研究，发表了《马克思经济学》、《现代国家与革命》、《资本主义与阶级斗争》等著作。1989年又出版了新著《现代社会主义与世界资本主义》，试图通过对世界资本主义体制的批判和对马克思社会主义理论缺陷的分析，揭示现代社会主义面临的课题和超越资本主义体系的途径。本文择要介绍该书的主要论点，并做适当评论，为从事有关研究者提供些参考。

---

[*] 本文选自《当代世界与社会主义》1996年第2期。作者单位为中央编译局。

一

概括来讲，岩田弘在该书中论及三个方面：一是对现实社会主义的评价，二是对世界资本主义体系的表面性和虚假性进行揭露和批判，三是对现代社会主义如何超越资本主义体系提出了理论设想。

众所周知，近代社会主义运动的特征，是以发达的资本主义大工业及发达的中央集权国家，作为历史的进步成果。马克思提出的社会主义理论，就是主张在这种基础上以无产阶级革命的手段，争取产业、银行的国有化或公有化，消灭阶级压迫，实现计划性经济。

马克思认为，消灭资本主义的根本目标就是要消灭生产资料私有制及其基础上的阶级关系，此后货币和商品经济关系将自行消亡。但是马克思也考虑到，虽然无产阶级可以革命的一击打碎资产阶级国家机器，但私有制和阶级只能逐步消灭。为此，无产阶级专政和国家在相当长的时期内仍会存在。在革命的根本目标实现后，国家会自行消亡。

这是马克思的理论预见。但是，纵观俄国十月革命以来70多年的社会主义历史，事实恰好相反。这些社会主义国家在革命政权建立之初便废除了土地、工厂的私有制，同时，作为社会的、经济的地主阶级和资本家阶级也基本消灭了。但是，在另一方面，以货币为媒介的商品经济关系不仅没有废除，反而呈强化之势。就国家权力来看，它的对内、对外职能也都更强了。

如何看待现实社会主义出现的这些现象呢？岩田弘认为，不能仅仅根据实现了生产资料公有制和消灭了阶级，就断定这种社会已是社会主义的。因为在这种社会中，各生产部门间的关系及各生产过程间的关系，仍是建立在以货币为媒介的商品经济关系基础上的，从而人们的生活过程与生产过程之间的社会关系，也是建立在商品经济关系基础上的。即使社会再生产是计划进行的,实质上仍是商品的社会再生产。因此,这个社会仍是商品经济社会。

那么,现实社会主义的这种商品经济社会,从本质上看,属于社会主义呢?还是属于资本主义呢?岩田弘认为它是资本主义的变种——国民经济的国家资本主义组织化和近代化。他从四个方面分析了现实社会主义的资本主义性质:

首先,在这种社会中,充当社会再生产基本单位的工厂,与资本主义社会相同,仍是商品经济的经营体。即从经营原理上看,仍是通过投入资金,购入生产资料和劳动力,两者结合后生产出新的产品,由售出商品换回资金以维持再生产。所以,这种生产经营体的再生产标准与资本主义经营体相同,都是以货币的损益为再生产尺度。

其次,在这种商品的生产过程中,劳动力不仅作为商品被买卖,而且作为商品被编入生产过程中。在生产过程中,资本把劳动者作为被使用者对立起来,组织起独立于他们的管理机构,对劳动者进行机械性的配置,通过机器的运行和工资体制,强制劳动者从事集体劳动。也就是说,工厂内集体劳动的组织结构仍要沿用资本主义工厂的组织原理。

第三,在社会再生产的基本单位——工厂是这种资本主义性质的经营体的情况下,由这些基本单位构成的社会再生产总体,只能是资本主义的商品经济社会。岩田弘认为,资本主义所有制的实质,并不是生产资料的资本家占有,而是资本主义企业占有。资本主义社会阶级对立的实质,也不是资本家阶级与劳动者阶级的对立,而是资本主义企业与工人的对立。因此他认为,在现实社会主义中,资本主义的所有制关系及其基础上的阶级关系,都不可能消灭。

第四,在这种情况下,对这种商品经济进行管理统辖的社会代表机构——国家,尽管在政治上奉行社会主义理念,但从经济方面来看则具有资本主义性质。这是因为这个机构不仅是商品经济秩序的维护者,而且这个机构本身从人到物都是由货币——公债、租税等——供养的。而这正是资本主义国家的本质特征。

岩田弘的上述关于现实社会主义性质的分析，可以说在西方左翼中是一种比较有代表性的观点。本文暂且不对此观点展开辩论。但是，至少我们要说明中国共产党对于什么是社会主义这个问题，与岩田弘的理解是有本质区别的。中国共产党从历史的教训中深刻认识到，不能抽象地谈论什么是社会主义，对于什么是社会主义这个问题也要解放思想。邓小平同志关于计划或市场并不是社会主义与资本主义的本质区别的精辟论断，启发人们不要把对社会主义的理解仅局限于某种经济体制。邓小平提出要坚持四项基本原则，尤其要坚持共产党的领导，把它作为社会主义事业的政治保证。可以说四项基本原则体现了中国共产党对社会主义的现实的、深刻的理解，它表明现实社会主义体制更主要地表现为一种政治制度。

二

尽管岩田弘认为现实社会主义都不是真正的社会主义，无产阶级革命后建立的这些社会都没有跳出资本主义窠臼，但他确信资本主义是可以被战胜的，因为资本主义体制本身存在着无法克服的内在矛盾。岩田弘对资本主义体制内在矛盾的分析既接受了马克思《资本论》中的思想，同时又认为马克思及唯物史观对资本主义的认识带有历史局限性。

岩田弘认为，唯物史观的积极意义在于它把资产阶级自由主义当做社会劳动和社会生产的自然的、永恒的资本主义体制，置于同古代、中世纪各种形态相并列的一种特殊历史形态的地位，揭示了资本主义是人类社会生产体系中最后一种异化的、敌对的形态，它的内部矛盾和它创造的物质基础，为新的社会的出现准备了条件。但是，岩田弘认为，唯物史观并没有完全认识到资本主义体制的表面性和虚假性。在资本主义大工业及其生产关系和阶级关系必将在全世界一切国家和社会普遍实现这一点上，唯物史观及马克思的见解，与资产阶级自由主义的认识是一致的。这反映出马克思主义中残存的资产阶级近代资本主义观的一面。

岩田弘认为，事实上资本主义体制并不具有真正的世界性，它的世界性只是由世界货币和世界市场的组织化造成的假象。关于这一点，最明显的实例是世界市场的分工关系。与自由贸易论者的说法相反，世界市场的分工不过是一部分资本主义工业国与在贸易、金融上从属于它们的其他各国的分工关系。世界市场的价格关系、国际收支关系、证券市场都是这种主从关系的反映。另外，就资本主义国家内部国民经济结构来看，也是以这种国际市场的分工关系为根本前提，围绕国际市场产业和出口产业这个轴心组织并运转的，其他产业或农业部门只能处于从属地位。而且，实际上即使在最发达的资本主义工业国家中，大工业部门也只是包容了少数劳动者的一部分产业，而处于从属地位的其他产业及农业部门，仍是半资本主义的。因此，从根本上讲，资本主义不可能成为完整的、世界性的体制。

岩田弘认为，资本主义社会的第一个意义，是使商品经济关系成为支配性体系，使作为人类生存基础的农业从属于商品经济原理。第二个意义是使国家商品化，国家权力货币化，使国家成为解体农业、推进经济的工具。第三个意义，如果说人类通过农业创造了人工自然，那么，资本主义则创造了货币体制。资本主义使一切国家、社会和关系都溶化于世界市场的价格关系。但是，岩田弘认为，资本主义可以破坏人工自然，却不能创造出取代这个人工自然的、新的社会再生产形式。这是因为，第一，资本主义以货币收支均衡的维持再生产原理，无法组织农业再生产。第二，它无法组织农业与工业的社会分工。而农业与工业的分工关系即是社会再生产的实际内容，因此，也就是说，资本主义无法组织社会再生产。第三，这就意味着资本主义大工业不是自我循环的再生产体系，而是从世界各地购入原料并把产品销往各地，以此维持国民经济。第四，农业在向世界市场农业转化时，也将发生同样变化，即变为破坏自然的、掠夺性的农业。因此，资本主义体系的完整性只能是表面的和虚假的，不可能在全世界一切国家、社会和部门普遍实现。

这就是岩田弘的"世界资本主义论"的核心内容。笔者认为他对资本主义世界体系的表面性和虚假性的揭露批判是值得参考的（尽管关于究竟资本主义是什么这个问题，尚有待进一步认识，资本主义也不是一成不变的）。本世纪波澜壮阔的社会主义运动、民族解放运动的历史，以及当代第三世界国家反对资本主义发达国家压迫的现实已经证明，资本主义不可能顺利地扩展成为一切国家和社会普遍实行的制度。成熟了的资本主义工业国的生存发展必然依赖于对落后国家和民族的经济压迫和掠夺，这就迫使这些国家反抗资本主义，建立非资本主义制度。民族国家是资本主义的重要特征。尽管资本主义在其世界性经济活动中，有着推动各国资本主义化的内在倾向，但是这种倾向与它对这些国家实行经济压迫所构成的固有矛盾，恰是资本主义体制自身无法抑制和克服的。正是来自被压迫者的抵抗改变着资本主义本身的性质，发达资本主义国家内部的矛盾运动也在改变着资本主义本身的性质。由于帝国主义世界大战引起的本世纪两次社会主义革命高潮，应该看做资本主义难以成为世界性体制的重要信号，下个世纪资本主义必将面临来自其外部和内部的更复杂更深刻的冲击。

三

前面叙述了岩田弘对于资本主义体系的表面性和虚假性的分析，这一分析实际上也就是他确信社会主义必将取代资本主义的理论根据。但是，岩田弘认为这个资本主义体系是虚假的，却又是十分顽固的。它的顽固性就在于资本主义通过其货币体制及货币化国家权力，全面统合了世界经济和国民经济，在全球范围内把人类生产生活纳入了与之相适应的秩序中。因此，人类如果不能超越这种被货币体制及货币化国家权力强行组织起来的世界经济和国民经济体系，如果不能在自觉的有目的的共同性基础上组织生产生活，就不可能废除资本主义。即使以革命的一击消灭了资本家阶级和地主阶级，废除了土地和工厂的私人占有，革命后所建立的制度仍难逃资本主义罗网。岩田弘认为这即是今日世界范围社会主义运动遭遇危机的原因所在。

谈及现实社会主义体制及其面临的危机，岩田弘认为马克思负有不可推卸的责任。马克思在《哥达纲领批判》中指出，在共产主义社会的第一阶段，由于刚刚从资本主义社会中产生出来，它在经济、道德和精神方面都还带着它脱胎出来的那个旧社会的痕迹，劳动者还残留着资产阶级的权利意识，因此不可避免地要实行"按劳分配"的原则。到共产主义社会高级阶段，随着个人的全面发展生产力也增长起来，集体财富的一切源泉都充分涌流之后，才能完全超出资产阶级法权的狭隘眼界，才能实行"各尽所能，按需分配"。

岩田弘认为，马克思在这里错误地把革命后同时并存的相互矛盾的两个侧面，设定为在时间上先后排列的两个发展阶段，并提出从共产主义社会的第一阶段过渡到高级阶段的根本条件是生产力的发展。马克思的这种生产力论，成了革命后的社会主义国家实行恢复和发展农业、工业，增加国家财政收入政策的一个理论根据。随着战时共产主义政策的失败，使恢复农业与工业的商品经济关系，国家财政的商品经济性质，以及雇佣劳动制度等资本主义形态合理化了。于是，革命后建立的所谓劳动者社会，成为没有资本家的资本主义社会。所谓劳动者国家，不外是资本主义货币国家。社会与其成员的关系，仍是一方提供劳动，一方提供与之等价的商品这种资本主义的交换关系。在这种情况下，资产阶级权利意识当然普遍存在于作为劳动力出售者的劳动者阶级之中。

基于上述一系列分析，岩田弘提出了他的社会主义方案，那就是：在人民革命夺取政权后，必须实行彻底的革命的方法，从根本上破除以世界市场产业和出口产业为基轴的国民经济结构；破除大工业对农业及其他非资本主义部门的支配体系；破除资本主义金融体系；破除国家征税机构；破除工厂、企业的资本主义管理机构……总之，从根本上废除商品经济关系和货币机构，废除雇佣劳动制度，以按劳分配——确保劳动者生活必需，而非旨在满足其欲望——为根本原则。对工业与农业的分工关系进行重组，建立以农业再生产为轴心、包容工业在内的地域经济体系，使超越地域经济性质的大工业从属于地域经济关系，从而形成工人与农民在地域的共同性基础上的牢固联盟，形成"工业—农业—自然"的合理循环。这样才能从根本上杜绝社会主义退回到世界资本主义体系中去的危险。

岩田弘提出的"工业—农业—自然"的合理循环，甚至包括使大工业经济从属于地域经济体系的思想都是值得我们重视的。展望未来世界的发展，这种思考社会主义的角度或许有一定启发性。

但是，总地或根本地来看，岩田弘的社会主义方案只是一种空想。不仅缺乏充分论证，而且可以肯定地说带有一些致命的错误。这里只简单评论几点。

首先，就岩田提出以人民革命夺取政权来实现对资本主义体系的超越这点来说，即是自相矛盾的。即如岩田书中所说，俄国十月革命发生时根本没有自觉意识到必须即时彻底废除资本主义体制，建立如岩田方案所描绘的社会主义体制，这是导致后来苏联官僚、行政社会主义——国家资本主义——的原因。那么在今天，即使我们懂得了革命后必须实行岩田的方案，但似乎也已经无从以革命手段缔造这样一个社会主义社会了。问题就在于社会主义运动本来不是由任何一个理想方案设计而来的。它是一定社会历史的产物,因而它注定不会是我们理论中那种"成熟的",也惟其如此它才是"现实的"。

其二,就社会主义本是历史的现实而言,决不应被理解为抽象的或僵化的一种制度或理念。也就是说,我们应该反转过来,从现实社会主义出发不断加深对社会主义制度或理念的认识。我想这正是邓小平提出"社会主义是什么,我们并没有完全搞清楚"的思想精深之处。恰在这一点上,我们可以看出岩田弘及不少西方左翼思想家对社会主义甚至对资本主义的理解,表现出过于抽象的、僵化的观念论特点。

其三,作为经济学家的岩田弘对社会主义及资本主义的分析、展望固然会多从经济角度出发,但是笔者认为,仅以经济研究决不可能弄清楚社会主义或资本主义这种复杂的社会历史现象。一种在纯粹经济学研究基础上建立起来的关于整个社会历史形态的理论体系本身就可能潜藏着以偏概全的危险。最终,我们对于社会主义及资本主义的正确认识,将从政治、观念等多方位的研究中获得吧。

《资本论》与历史科学

〔苏〕尼基塔·科尔平斯基

马克思的《资本论》不仅是一部经济学巨著,它不仅仅是一部全面阐述马克思主义哲学和社会主义理论的著作。《资本论》还在历史科学的发展中占有重要的位置。这里举一例来说明:大学历史编纂学教程非常重视这部著作。在莫斯科罗蒙诺索夫大学出版的历史编纂学教科书中,N. J. 萨斯滕克撰写了引人注意的一章论述《资本论》。① 可是,历史学家们通常论述《资本论》第1卷的第24章和第3卷的第47章。当时著名学者拉夫罗夫斯基在莫斯科大学历史系开设了"第47章"专题研究班。他原想写一部专著,论述马克思关于资本主义地租产生的思想对现代历史编纂学在方法论上的意义,遗憾的是,他没能完成这部专著。

《马克思恩格斯全集》原文版第2部分发表了《资本论》的所有手稿以及马克思和恩格斯生前出版的《资本论》第1卷的各个版本,这就大大拓展了研究资料的范围。当然,经济学家拥有学术研究的优先权。然而我们历史学家,当然也包括哲学家,不应该落于人后。我希

---

* 本文选自《马克思恩格斯研究》1992年总第8期。
① 《欧美近现代史编纂学》,莫斯科1977年版,第118—152页。另见〔苏〕З. Я. 布列格尔:《卡·马克思的〈资本论〉是一部历史学著作》,载《马克思——历史学家》,莫斯科1968年版。

望,这次大会①将推动历史学家们的研究工作。

我想就《资本论》对历史学发展的意义问题至少强调三点:

第一,马克思本人的经济思想史。我不仅认为,《马克思恩格斯全集》原文版是全面研究经济学理论的产生和发展的资料来源,而且认为,马克思和恩格斯的著作有进行这种研究所需的最为重要的方法论原理。它们包括:

——强调无产阶级经济学理论中的要点;

——客体的概念,广义和狭义上政治经济学概念的辩证法;

——理论和方法的统一,经济理论和社会主义思想的统一;

——马克思之前的各种经济学说的历史和它们发展的各个阶段,等等。

在马克思恩格斯研究的这个方面我们已经共同取得了许多成绩,《马克思恩格斯全集》原文版有关卷次的前言就作出了巨大贡献。我相信,第2部分的工作结束以后,人们会将这些前言汇集成一部很有意义的专著。但尤其重要的是,实现了出版一系列集体撰写专著的计划,其中有4篇已经发表。②

在我看来,很少有人论述在马克思的经济思想史中历史研究对经济

---

① 指1988年10月18—19日在柏林召开的关于马克思《资本论》第1卷的产生与发展、影响的历史的国际研讨会。——译者注

② 《卡尔·马克思〈资本论〉创作史论文集》,莫斯科1983年版;《〈资本论〉初稿(卡·马克思1857—1859年经济学手稿)》,莫斯科1987年版;《我们党赢得的一个胜利》,载《〈资本论〉形成史和影响史的论文集》,柏林1978年版;《〈资本论〉第2稿》,柏林1983年版;另见《马克思恩格斯年鉴》、《马克思恩格斯研究论丛》、《马克思恩格斯研究文集》上B.维戈茨基、A.马雷什、A.切普连科、B.瓦休林、B.米兹凯维奇、W.杨、M.缪勒、R.黑克尔、J.尤尼克尔、B.利茨、R.尼措尔德等人的文章。

学理论的创立所起的作用。这不仅涉及马克思在他整部著作中极为出色地运用了的历史主义原理,而且涉及历史著作本身的意义。例如,马克思对英国和法国革命的研究就成为他阐述劳动价值理论的动力。

马克思和恩格斯研究了1848年至1850年革命和反革命的教训,他们的研究成果给我们提供了丰富的资料。它们涉及经济和政治之间的关系问题,在阐明资本主义和资本主义的完善程度中的普遍与特殊之间的关系问题,他们的研究还敏锐地提出了农业问题和农民所有制的本质和形式的问题。

马克思和恩格斯在50年代和60年代,也就是马克思从事《资本论》写作的时期研究了资产阶级社会的历史,[①] 这些研究当然引起历史学家们的特殊兴趣。它们扩大了研究的范围,以历史唯物主义的观点分析了各民族、各个时期的历史。马克思和恩格斯在他们的政论文章中广泛研究了资本主义社会的历史,他们不仅研究了欧洲发达国家的历史,还研究了殖民地的历史。他们感兴趣的国家有西班牙、意大利、波兰、爱尔兰、俄国、美国、印度、中国等等。通过研究扩大了他们对前资本主义形态、对资本主义产生的不同道路和形式的认识。与此同时,他们既深入地考察了资本主义经济本身,也考察了其他一些马克思认为是资产阶级文明的新的方面。这些研究必定也对广义的政治经济学、对分析资本主义的产生和对分析资本主义一般形态的综合特点都产生了影响。

对成熟资产阶级社会的具体发展阶段的研究以及积累起来的大量历史资料有利于较快地制定马克思主义经济学理论。这里也包括,马克思在他经济学理论形成过程中所作的真正的历史研究。

---

① 戈利曼:《从共产主义者同盟到第一国际(卡尔·马克思在1852—1864年的活动)》,莫斯科1970年版;《马列主义史。马克思主义的形成、发展和传播。它在工人运动中的确立。19世纪40年代至1871年》,莫斯科1986年版,第5章。

现在讲第二个问题：《资本论》是研究资产阶级社会历史的最重要的资料来源。马克思的经济学手稿包含19世纪中叶以前历史各个时期大量的历史回顾、考察和概括。它们表明，马克思由分析一般原理转向具体分析历史过程的复杂而辩证的形式、转向批判唯心主义历史观的各种方法，这样，他就在制定自己的经济学理论过程中进一步深化了唯物主义历史观。正是在1859年出版的《政治经济学批判》序言中，马克思创造出了历史唯物主义理论的一个完美同一的表述。

在写作《资本论》期间，马克思特别重视考察19世纪50和60年代的经济史，考察英国、法国和德国出现的新的经济繁荣的原因以及资本主义企业的新形式和落后的农业国初步形成的工业化。马克思在这部著作中，不仅揭示了资本主义社会形态的原理，论证了它灭亡的必然性，而且还描述了资本主义从产生到19世纪下半叶经济史的各个连续的阶段。

《资本论》第一次全面描述了资本主义的产生。马克思把它的产生和伟大的地理发现时期联系在一起，和16世纪世界市场的形成联系在一起，说明资本主义走向成熟的步伐始于18世纪。

马克思提出并解决了资本原始积累的问题，这一伟大的科学功绩非他莫属。原始积累归根结底包括资本和雇佣劳动的形成史，一个"用血和火的文字载入人类编年史"① 的完整历史时期。

尽管马克思主要利用的是英国资本主义历史中的事实材料，但他描述的资本原始积累的阶段仍具有普遍的历史价值。马克思提示说，他打算"描述西欧的资本主义经济制度从封建主义经济制度内部产生出来的途径"②。

---

① 《马克思恩格斯全集》第1版第23卷第783页。
② 《马克思恩格斯全集》第1版第10卷第120页。

马克思作出的另一项同样重要的成就是对英国技术革命的分析,因为这一分析不仅着眼于工业技术和工业领域所发生的变化,而且特别涉及了技术革命的社会内容。马克思第一次揭示了这场革命的历史意义,即它创造了资本主义社会的主要阶级:工业资产阶级和工业工人阶级,开创了欧洲的资本主义工业化。

《资本论》突出地描述了资本主义的经济发展和资本主义矛盾的尖锐化。马克思用事例阐明,在这样一个极其复杂、充满矛盾的发展过程中经济的基本规律起的作用就是保证资本主义的社会关系扩大再生产,日益加强对工人阶级和劳动群众的剥削,那就是保证剩余价值的生产或资本主义利润的增长。马克思所揭示的这个资本主义规律是了解资产阶级社会内部整个阶级斗争史的关键。

马克思在《资本论》的有些章节里详细分析了19世纪60年代以前工人阶级的斗争。《资本论》还描述了资本主义社会中农民的命运。在资本主义地租理论和历史部分,马克思阐明了资本主义发展整个时期资本对农民日益加重的剥削,农民的分化,西欧小农经济的崩溃和贫困化以及东欧半封建对农民的剥削的加强。

《资本论》的历史批判部分也表现了有价值的历史研究。《剩余价值理论》是1861—1863年经济学手稿的组成部分,已包含了对经济学发展的分析和对资产阶级和小资产阶级经济学家的观点的分析。马克思认为,经济学理论是与资本主义的历史发展和资本主义所固有的阶级对抗紧密联系在一起的,是与资产阶级各阶层之间的矛盾的增长紧密联系在一起的,是与无产阶级反对资产阶级阶级斗争紧密联系在一起的。马克思在阐述李嘉图劳动价值理论的历史意义时指出:"李嘉图揭示并说明了阶级之间的经济对立……这样一来,在政治经济学中,历史斗争和历史发展过程的根源被抓住了,并且被揭示出来了。"① 而马克思在经济学理论部分分析资产阶级的阶级思维方式过程中阐明了资产阶级社会思想逐步发展的限度。他强调指出,早在 19 世纪上半叶资产阶级的社会科学就已开始衰落,其中也包括历史学,这是由于无产阶级和资产阶级之间阶级冲突的尖锐化所决定的。

《资本论》对于现代历史编纂学来说具有特别重大的意义。列宁强调说,马克思在《资本论》中"完全用生产关系来说明该社会形态的构成和发展"。在这里他并没有固步自封,而是"又随时随地探究与这种生产关系相适应的上层建筑,使骨骼有血有肉"。列宁继续写道,这部著作"使读者看到整个资本主义社会形态是个活生生的形态:有它的日常生活的各个方面,有它的生产关系所固有的阶级对抗的实际社会表现,有维护资本家阶级统治的资产阶级政治上层建筑,有资产阶级的自由平等之类的思想,有资产阶级的家庭关系"②。

第三点是《资本论》对编写工人运动史的意义。经济学家和历史学家的一些文章,尤其是近些年发表的文章非常出色地阐明了论述经济学理论对于准确表达马克思关于无产阶级各种形式的阶级斗争关系的观点、对于确定无产阶级策略所具有的重要性。经济学理论在其新的水平上构成了第一国际最重要文献的理论基础,③ 这是明显的事实。

---

① 《马克思恩格斯全集》第 1 版第 26 卷第 2 册第 183 页。
② 《列宁全集》第 2 版第 1 卷第 111 页。
③ 比如参看:E. 拉佳涅里:《马克思主义和第一国际》,载《马克思主义批判》1965 年第 1 期;H. A. 巴赫:《马克思和第一国际中的农业问题》,载《历史问题》第 5 期,莫斯科 1968 年版;B. C. 维戈茨基:《马克思主义政治经济学和工人阶级》,载《马克思和 19 世纪国际工人运动的某些问题》,莫斯科 1976 年版;《国际工人运动,历史问题和理论问题》第 1 卷,莫斯科 1976 年版,第 8、9 章;W. A. 斯米尔诺瓦编:《马列主义史》第 8 章。

然而，人们很少去注意《资本论》对于形成马克思主义的工人运动历史编纂学所起的作用，其实它的重要性并不亚于像《英国工人阶级状况》、《哲学的贫困》和《共产党宣言》这些著作。

我只想例举几个问题：

——准确阐述工人阶级的产生和发展的阶段，尤其是 50 年代工业的繁荣而引起的工人阶级的转变。

——工人阶级数量上的增长、工人阶级斗争形式的发展以及现代（用马克思的话说）工业无产阶级人数的增加和它在社会生活中客观作用的质的变化。

——阐明无产阶级斗争国际特点的深远的经济基础。

——放弃臭名昭著的"铁的工资规律"使人们有可能弄清工会联合会的现实意义和历史，弄清缩短劳动时间的斗争和合作制的作用等等问题。我认为，我们还没有充分地把这一思想运用到克服对英国工联主义的片面评价中去。

——后备军形成的规律性。

——最后，《资本论》还包括大不列颠工人阶级从诞生到 19 世纪 60 年代的历史及其斗争史。① 我要再次强调，《马克思恩格斯全集》原文版的编辑出版，其中包括第 2 部分各卷，为历史学家今后的工作，也包括历史学家同经济学家进行紧密的合作提供了丰富的资料。

（原载《马克思恩格斯研究论丛》柏林版第 28 辑）
（蔡长缨 译　佐海娴 校）

---

① 最后一个问题，B. 库宁在他的《卡尔·马克思和英国工人运动》（莫斯科 1968 年版）这部专著中作了详细的论述。

平均利润问题和公平正义问题

日本经济学界关于《资本论》第三卷第十章的若干不同观点*

周铁山

《资本论》第三卷第十章《一般利润率通过竞争而平均化。市场价格和市场价值。超额利润》，是很重要的一章。它在第九章分析利润转化为平均利润，价值转化为生产价格的基础上，进一步论述了这种转化的具体过程，指出这种转化是通过竞争和供求变动实现的，从而完成了马克思的价值理论。但这一章提出的问题比较多，且带有"初稿的"[①]性质，比较难懂。卢森贝谈到这一点时说，这一章完全符合恩格斯的如下评述："是按照作者当时头脑中发挥的思想的原样写下来的"。[②] 因此，虽然掌握本章的内在脉络并不困难，但它的叙述顺序却常常打乱，一个思想尚未充分展开，另一个思想又已经出现，继而马克思又重新回到已经中断了的思想上来。还有这种情况：前章已经考察和论证过的许多论点，在本章里又反复阐述，并夹杂在本章第一次阐述的观点之间。本章的研究本来就不是轻而易举的，由于上述种种情况，就更加困难了。

此外应当指出，由奥地利资产阶级庸俗经济学家欧根·冯·庞巴维

---

* 本文选自《马列主义研究资料》1985 年第 2 辑。
① 《马克思恩格斯全集》第 1 版第 25 卷第 1006 页。
② 《马克思恩格斯全集》第 1 版第 24 卷第 3 页。

克首先发难,攻击本章为"不幸的一章",对日本经济学界也有一定的影响。

因此,日本经济学界(指专门研究马克思主义政治经济学的理论界)对第十章的研究对象、有关概念和论点的各种不同解释,便纷纷出现。他们发表了大量文章和专著,开展了长期的激烈争论。现在仅根据看到的一些材料,把他们提出的若干不同观点简单地介绍给读者,供研究参考。

一、关于本章的研究对象

(一)认为本章的主要课题是阐明市场价值理论

城座和夫认为,"本章考察的问题非常复杂","开头部分紧接前章论述了生产价格,指出'真正困难的问题'是说明前章阐述的生产价格和一般利润率是怎样形成的,因此似乎是以说明使其形成的竞争为本章的课题。但对竞争又未作深入的说明,就转向市场价值理论上来;而且本章大部分篇幅又分别分析了市场价值规定、市场价值和市场价格的相互关系以及供求关系。由于市场价值理论占本章的主要部分,所以那种认为本章的主要课题是市场价值理论的看法,是有说服力的"。

横山正彦等人认为,本章的主要课题市场价值理论,是《资本论》开篇价值规定的发展和具体化;其基本内容是说明由哪一种个别劳动时间决定价值量的问题,也就是社会必要劳动时间、社会平均必要劳动时间决定于哪一种个别劳动时间的问题。

在持这种观点的人看来,既然第九章已经论证了一般利润率形成和商品价值转化为生产价格,第十章再讨论市场价值,是"顺序颠倒"。他们认为,第十章里不仅市场价值理论占了大部分篇幅,而且马克思的论证逻辑是从商品按照其价值交换出发，进而说明通过资本竞争形成生产价格，这就要求把按照价值交换的市场价值理论放在论述生产价格形成的前面，这样展开论述也符合历史过程。他们以苏联出版的《政治经济学教科书》为证，这本书就是把市场价值理论讨论的部门内部竞争问题安排在一般利润率形成之前。

（二）认为本章的主要课题是论述一般利润率形成的竞争机制

樱井毅批判了上述观点，指出本章内容虽然集中在个别价值和市场价值的关系上，但不能因此就说它的主要研究对象是市场价值理论，因为市场价值理论是作为论证生产价格的前提而展开的，是生产价格理论的一环，不是本章的主要课题。他认为，本章的主要课题是标题的第一句："一般利润率通过竞争而平均化。"因此，上述那种指责本章"顺序颠倒"的说法，"一开始就文不对题"。

他把本章分为三部分。"第一，阐明生产价格形成的机制。相当于标题的第一句：'一般利润率通过竞争而平均化'（不说'利润率……平均化'而说'一般利润率……平均化'，似不妥当）。本文末尾关于生产价格的若干说明，也同这个问题有关。第二，阐明个别价值被市场价值简化的机制，相当于标题'市场价格和市场价值'中的后者，是本章的重点部分。第三，研究供求变化和平衡问题的市场价格理论，相当于标题中的前者，但文中的顺序却与标题相反。在市场价值理论和市场价格理论中出现的超额利润问题，则列在标题的最后……上述三个问题，实际上并不是可以互相区别开来的独立的问题。""本章是从说明生产价格的形成机制开始的，为了考察这个问题，继而分析生产价格形成的前提：使部门内部的个别价值成为社会价值的实际过程，再在此基础上导出通过供求变动而形成价格运动中心的市场价值的意义。"

田中菊次也把本章划分为三部分，但在提法上与樱井毅有些不同。他说：第一，序论部分。首先指出商品当做商品交换同商品当做资本的产品交换的不同，说明商品按照价值交换先于按照生产价格交换；进而考察商品按照价值交换，指出要把市场价值同个别价值区别开来，分析不同条件下的个别价值调节市场价值问题。第二，本论部分。分析竞争即部门内部竞争和部门之间竞争问题。第三，全面考察部分。考察供给与需求，价值、市场价值与市场价格。

田中认为，本章的关键问题是讨论资本竞争怎样使一般利润率形成和使价值转化为生产价格。"对于这个课题，是从商品价值出发，通过商品价值发展为市场价值和市场价格这种部门内部的关系说明的。从另一个角度来说，本章对一般利润率、生产价格和平均利润规律这种资本主义形式的研究，在理论上和历史上都是以价值规律、商品按照价值出售、独立经营的生产者即所谓简单商品生产者为前提的，并从此出发，以此为基础，再通过资本之间的竞争进行的。"据此，田中说："完成第十章的课题，归根结底，无非是从供给对需求的压力或者需求对供给的压力，从而价格偏离价值的关系上解决的。"认为以上就是本章"本论部分"以部门内部竞争为研究重点的原因。

逢坂充也认为，本章的真正课题是分析"真正困难的问题"，即分析导致一般利润率形成和占统治地位的竞争机制问题。

（三）认为本章的主要课题是讨论市场价格理论

高须贺义博等人认为，本章论述的市场价值规定，实际是市场价格波动的中心，是市场调节价格，从而主张所谓市场价值理论必须是市场调节价格理论。

前面介绍的樱井毅，虽然说本章的目的在于阐明生产价格形成的机制，市场价值理论又是解决因个别资本生产条件不同而产生的问题，但他又说，第十章为什么不直接阐述生产价格，反而分成市场价值理论和市场生产价格理论这样两段来说明呢？他认为，价值规定本来是价格的本质的抽象的规定，不能直接把握，而通过市场的价值规定，当然要通过价格机制来表现，因此作为市场价格重心的市场价值规定，就必须是市场生产价格规定。据此，他主张第十章实际上应当讨论市场生产价格。

二、关于市场价值的几个问题

（一）关于市场价值

高木彰认为，市场价值就是社会价值，是市场价格波动的中心，是价值的"实现"和"进一步的规定"[①]。指出市场价值与个别价值的区别在于：第一，市场价值是经过社会评价和由社会决定的，而个别价值则相反；第二，市场价值是关于"市场上现有的、构成某一整个部门的产品的商品总量"[②]的价值规定。他说，在抽象的价值理论阶段，是考察"当做该种商品的平均样品"[③]的单个商品的，这时需要两个前提：一个是"商品要有使用价值，因而要满足社会需要"；另一个是"商品中包含的劳动量要代表社会必要的劳动，因而商品的个别价值，……要同它的社会价值相一致"。而在市场价值理论阶段，考察的是"市场上现有的一定生产部门的商品总量"，"这个商品总量包含着为生产它所

---

① 《马克思恩格斯全集》第 1 版第 25 卷第 203 页。
② 《马克思恩格斯全集》第 1 版第 25 卷第 203 页。
③ 《马克思恩格斯全集》第 1 版第 23 卷第 52 页。

必需的社会劳动,并且这个总量的价值=它的市场价值"①,因而市场价值是价值的"实现"和"进一步的规定"。

米田康彦认为,市场价值和社会价值"具有不同的内容"。他说:"人们多把市场价值和社会价值等同看待,以为只有在以市场或竞争为媒介这一点上,市场价值才和社会价值不同",但实际上"社会价值虽然是调节市场价值的,但二者各自具有不同的内容"。马克思在撇开需求因素,考察某一部门的商品在三种不同生产条件即优等、劣等和中等条件下生产的情况②时,说市场是按照这三种条件下生产的商品所占比重决定的。在这个地方,马克思是把市场价值同社会价值一样看待的。而"在引进需求因素的部分",即在第207页,马克思"就没有用社会价值代替市场价值"。同样情况还可以从第199、206页看到。米田认为,在这些地方,如马克思所说,"市场价值是由两端中的一端来规定的"③,是在供求不平衡时出现的。这种场合,市场价值即便是市场价格波动的中心,也不能说它就等于社会价值。

城座和夫还有这样的看法:本章使用市场价值概念时所赋予的含义不同。一是在平均市场价格、调节市场价格即市场价格波动中心这个意义上使用的。二是在价格同社会价值成比例,价格按照价值来规定这个意义上使用的。如马克思所说:"要使一个商品按照它的市场价值来出售,也就是说,按照它包含的社会必要劳动来出售,耗费在这种商品总量上的社会劳动的总量,就必须同……有支付能力的社会需要的量相适应"。④ 三是作为社会价值的同义语来使用,即"不同的个别价值,必

---

① 《马克思恩格斯全集》第1版第25卷第203页。
② 《马克思恩格斯全集》第1版第25卷第203—206页。
③ 《马克思恩格斯全集》第1版第25卷第207页。
④ 《马克思恩格斯全集》第1版第25卷第215页。

须平均化为一个社会价值,即上述市场价值"①。城座认为:"同一个市场价值规定,有时从价值实体角度上使用,有时从价格角度使用,是把市场价值概念本身看做价值和价格的混合物了。"

(二)关于市场价值的规定

马克思说:"市场价值,一方面,应看做是一个部门所生产的商品的平均价值,另一方面,又应看做是在这个部门的平均条件下生产的、构成该部门的产品很大数量的那种商品的个别价值。"②

日本经济学界普遍认为,马克思关于市场价值量规定的这一段论述,提出了两个内容不同的规定,称前者为"平均规定",后者为"大量规定",认为马克思在论述中未把这二者区别开来。

(1) 关于"平均规定"与"大量规定"

铃木鸿一郎认为,马克思提出了两种理论性质完全不同的市场价值量规定,他说:"根据(马克思的)上述论断,可以认为,一方面,是一个生产部门全部商品的'平均价值',另一方面,是相同部门在'平均条件下生产的、构成该部门的产品很大数量的那种商品'的'个别价值'。"这就是说,前者是在算术平均的意义上提出的;与此相反,后者在算术平均意义以外,留有包括占统治地位的平均这种意义的余地(高木彰解释这里所说的"占统治地位的平均",指"平均生产条件"占统治地位而言)。

城座和夫认为,平均规定即加权平均的个别价值,一般并不等于大量规定,即占统治地位的大量商品的个别价值。他举了两个例子说明这

---

① 《马克思恩格斯全集》第 1 版第 25 卷第 201 页。
② 《马克思恩格斯全集》第 1 版第 25 卷第 199 页。

一点。第一,假定生产条件分别为优等、中等、劣等三种,个别价值分别为5、6、7,产量分别为300、600、100,这时,市场价值按平均规定计算则为5.8,按大量规定计算则为6。第二,假定产量分别为600、200、200,个别价值仍为5、6、7,市场价值按平均规定计算则为5.6,按大量规定计算则为5。只有产量分别为200、600、200时,市场价值按平均规定计算才同按大量规定计算的结果相一致。

福田丰认为,马克思在这里提出的市场价值量规定,并不是让人们"二中选一",从马克思在后面第205页里提出"严格"的规定来看,"只有算术平均(加权平均)才是正确的解释"。

高须贺义博的看法正相反,他认为,在市场调节价格中"大量规定""处于优先地位",这是因为:第一,"供给该部门很大数量产品那种生产条件的资本,其动向的作用最为重要";第二,劣等生产条件的资本群"对社会必要的产品的供给,只能起补充作用,它对市场调节价格的决定谈不到有什么影响"。

高木彰不同意把平均规定和大量规定对立起来的观点。他说,如果从市场价值概念来看,决定市场价值的应当是加权平均规定。但根据平均规定导出的平均价值,是"由两端和中等条件下生产的商品的价值额合计得到的"①,可以说,这是从观念上分析出来的。而大量规定所考察的占不同比重的商品的个别价值,则是实际存在于市场上的商品价值。二者的关系是:大量规定为从观念上假定的平均价值提供了实际根据,平均规定仅仅是纯观念的产物。如果市场价值要起"再生产标准"的作用,它就必须是在实际中被决定的,这种市场价值就是占统治地位的大量商品的个别价值。资本竞争有一种把各种不同生产条件平均化的趋势。马克思论述两种规定时,是根据这种趋势把市场价值看做实际上

---

① 《马克思恩格斯全集》第1版第25卷第206页。

是由占统治地位的很大数量的商品的个别价值决定的。这就是说，马克思提出的大量规定，是一个揭示加权平均规定的实际根据的规定。

（2）关于边际规定

本间要一郎等人提出，加权平均规定和大量规定的区别，绝不在于前者是严格的规定，后者是近似的规定，而在于前者是根据平均原理，后者是根据边际原理提出的。

高木彰认为，当供求关系不能单纯通过市场价格变动予以调节时，市场价格变动的中心就要由两端中的一端的生产条件下生产的商品的个别价值来确定，这种个别价值是边际价值，这种市场价值规定就是由边际原理规定的。

北古贺胜幸认为，第十章的市场价值规定可划分为三种：平均规定、大量规定和边际规定。这是本章方法论的一个特点，因为边际规定这种方法，同贯彻平均原理的《资本论》第一卷第一章的价值理论和第三卷的生产价格理论所用的方法性质不同。他说，平均规定存在几个难点：第一，"平均原理对于考察资本围绕着由哪个集团的个别价值决定市场价值而展开的竞争，即争夺'主导权'问题来说，存在着难点"；第二，"这里的平均化是通过已经发生的各种变动的抵销实现的，从而是通过市场进行的事后决定，所以平均规定并不符合市场价值在市场上怎样决定的这一课题"；第三，平均规定必须假定，"生产条件和产量只要发生少许变动，作为市场价格变动中心的市场价值本身，就必须不断地变动"。北古贺认为，大量规定的根据是，生产大量商品的资本对市场有影响力和生产少量商品的资本对它的依附。而"社会需要程度如何成为问题时，则是边际原理的根据"。

(三) 关于"特殊组合"

马克思说:"只有在特殊的组合下,那些在最坏条件下或在最好条件下生产的商品才会调节市场价值。"① 这里所说的"特殊的组合"的含义应当怎样理解呢?

(1) 认为"特殊组合"指生产条件的组合特殊

高木彰认为,特殊组合系指生产条件组合特殊而言,即较好或较坏生产条件下生产的商品占很大数量的场合。这时,市场价值就由该生产条件下生产的商品的个别价值来调节。正常组合系指中等生产条件下生产的商品占统治地位的情况而言。"属于中间的大量商品的价值"同"属于这两端的商品的平均价值"相等②时,"对两端生产的商品来说,表现为一种强加于它们的平均价值"③。之所以称前者为特殊组合,是从其不是由资本运动的趋势造成的这种意义上说的。

马场元二认为,"在通常的情况下,即只要社会生产结构不怎么变化",市场价值就决定于"正常生产条件组合"即中等生产条件的个别价值,这是因为"私人劳动的竞争必然要使中等条件下生产的商品量占统治地位"。与此相反,生产条件特殊的场合,则"只限于导致生产结构发生急剧变化的场合",这实际上意味着经济改组开端时的市场价值规定。总之,他认为,生产条件"特殊的组合",是社会生产结构"特殊",是带有过渡性的。松石胜彦也认为,大多数处于最优条件或劣等条件,不过是资本竞争这一动态过程的例外的瞬息即逝的"特殊"事

---

① 《马克思恩格斯全集》第1版第25卷第199页。
② 《马克思恩格斯全集》第1版第25卷第204页。
③ 《马克思恩格斯全集》第1版第25卷第205页。

态,所以称之为"特殊组合"。

(2) 认为"特殊组合"指供求组合特殊

东井正美认为,马克思所说的"特殊的组合",不是指生产条件组合特殊,而是指供求的组合特殊。他说,"特殊组合"指的是"通常的供给量和通常的需要量之间的不平衡",或者说意味着"消耗在一定种类商品的社会劳动范围,同对这种商品有支付能力的社会需要的范围之间不相一致",在"特殊的组合"下,"商品以不同于市场价值等于平均价值这种意义的市场价值出售"。

高岛永千认为,三种生产条件的组合与"特殊的组合"是两个不同的概念。这是因为三种生产条件组合的场合,都是由"平均价值"决定市场价值,从而意味着是"一般的市场价值规定";而"特殊的组合",是指不适用平均价值规定的场合,所以这时的市场价值不能不由"最坏"或"最好"条件这两种极端来调节,即由完全特殊的"边际价值"来决定。

吉田励认为,"特殊的组合"意味着"供求一致的崩溃",是相对人口过剩"持久化"的一个论据。平漱巳之吉说,"特殊的组合"是对通常需求的特殊供给,或者是对通常供给的特殊需求的问题。

(四) 关于部门内部竞争和部门之间的竞争

樱井毅说,马克思所以把市场价值的确定看做是部门内部竞争的结果,是因为他把竞争划分为部门内部竞争和部门之间的竞争。据此,马克思还把价格形成划分为两个阶段:市场价格和市场生产价格,从而展开市场价值理论和市场生产价格理论。樱井认为,这样做是没有根据的。他的理由有如下几点:第一,从资本的性质来说,部门内部的竞争和部门之间的竞争,都同样是为了追逐超额利润,所以没有单独抽出部门内部竞争的必要；第二，部门内部的竞争要以生产价格为基础，它不能单独形成价格；第三，资本在部门内部转移和在部门之间转移，不仅是一个关系到选择的问题，也是一个通过资本转移形成新的一般利润率的过程。因此，部门内部资本的竞争是不断同其他部门利润率进行比较而进行的，从而市场价值的形成也要通过一般利润率的调节，或者说要通过部门之间资本的转移才能确定同社会再生产相适应的生产条件。这就是说，资本竞争在部门内部形成生产价格，这同时也意味着部门之间的一般生产价格的形成。

本间要一郎认为，在市场价值形成上的竞争也包含部门之间的竞争，这种竞争是"调整部门之间劳动分配使其不断与社会需要相适应的动力"，是"导致一般利润率平均化和生产价格形成的竞争的原型"。这是因为在市场价值形成上的部门内部的竞争，是"劳动分配"问题，在生产价格形成上的竞争，是"资本分配"问题。他说，在市场价值体系下，劳动分配是"通过商品的价格按照所投入的劳动量的比例来决定"这种机制进行的。在生产价格体系下，"社会总资本在部门之间的分配"，是通过这种机制进行的："各部门产品总量的价格的决定，要同各部门为生产这种产品而支出的资本总量成比例。"这种场合，劳动分配是以资本分配的形式进行的。

高木彰不同意上述观点，指出必须从理论上把部门内部竞争和部门之间竞争加以区别。他说，部门内部竞争是关于剩余价值本身的竞争，是资本为攫取由于生产条件不同而产生的超额剩余价值而展开的竞争。这种超额剩余价值的产生和消灭的过程，无非就是剩余价值的生产过程。形成生产价格的部门之间的竞争，则是引起价格在一定程度上偏离价值的竞争，是生产部门之间的竞争。这种竞争，作为资本家平等的实现，是关于所生产的剩余价值在资本中再分配的竞争。

三、关于所谓"不明确的地方"

(一)所谓"不明确的地方"

上面介绍的材料中谈到日本经济学界对于市场价值量决定有几种不同看法,他们认为这些分歧产生的原因,在于第十章的论述"不明确"。此外,他们还认为第十章在市场价格和市场价值的关系上,在供求关系对市场价值决定的作用问题上,也交代得"不明确"。这就是所谓"不明确的地方"。他们围绕这些地方展开了争论,焦点是怎样理解供求关系和市场价值决定的关系。他们把撇开市场问题的"抽象"的市场价值规定叫做第一规定,把通过供求关系阐述的市场价值规定叫做第二规定。他们的争论便表现在怎样领会第一规定和第二规定的关系,特别是怎样领会第二规定上。

(二)几种有代表性的观点

(1)山本二三丸的"笔误说"

山本二三丸认为,第十章论述市场价值第二规定的几个地方,交代得不清楚,容易引起误解,以为似乎供求变化可以决定市场价值。这些地方是:

"如果需求非常强烈,以致当价格由最坏条件下生产的商品的价值来调节时也不降低,那么,这种在最坏条件下生产的商品就决定市场价值(着重号为山本所加,下同)……如果所生产的商品的量大于这种商品按中等的市场价值可以找到销路的量,那么,那种在最好条件下生产的商品就调节市场价值。"①

"如果需求小于供给，那么在有利条件下生产的那部分不管多大，都会把它的价格缩减到它的个别价值的水平……但市场价值决不会同在最好的条件下生产的商品的这种个别价值相一致，除非供给极大地超过了需求。"②

"第一种偏离就是：如果这个量过小，市场价值就总是由最坏条件下生产的商品来调节，如果这个量过大，市场价值就总是由最好条件下生产的商品来调节……"③

山本认为，上述加着重号的"市场价值"系马克思的笔误，只要改为"市场价格"就清楚了，就同"不明确的地方""一刀两断"了。他的理由是：这些地方把决定市场价值的因素同决定市场价格的因素"混淆"了，似乎供求因素决定市场价值。他说，市场价值决定问题是某个生产部门的商品在投放市场以前吸收了多少社会必要劳动时间的问题，而市场价格是这种商品在市场上出售即能交换多少货币的问题，也就是市场价值实现问题。因此，"社会供求关系对市场价值本身的决定不会有任何影响"，"仅仅是对市场价格偏离市场价值，即市场价格在市场价值以上或以下的证明"。"供求关系，换句话说，社会需要量和供给量之间的关系"，"仅仅对市场价格决定起决定性的作用"。

(2) 宇野弘藏的观点

宇野弘藏批判了山本二三丸的上述观点。他首先指出，山本认为市场价值离开市场在"投放市场以前"就已决定的观点，忽略了"商品经济私人生产以特有的形式确立的社会性"，没有看到市场价值中"市

---

① 《马克思恩格斯全集》第 1 版第 25 卷第 200 页。
② 《马克思恩格斯全集》第 1 版第 25 卷第 206 页。
③ 《马克思恩格斯全集》第 1 版第 25 卷第 207 页。

场"的意义。他说:"商品是由大量单个的生产者通过各自的判断进行的,这时调节生产者的不同生产条件,只有通过市场和市场价格的变动这种方法才有可能,因此在价值的基本规定之上还需要市场价值规定。"第二,在社会需要和供给的关系上,山本认为只由"供给和生产一方的'组合'就能决定供给,割断了同需求的关系也可以决定市场价值。这种观点没有考虑生产条件'组合'本身也会根据社会需要量的大小而发生变化,因而是片面的"。而市场价值是"要通过随着供求关系变动而变动的市场价格,并作为市场价格运动的中心才能决定"。第三,山本对马克思论述的改正,并不像山本本人所说的那样:"前后脉络连贯,条理清晰。"例如他改过的这句话:"当价格由最坏条件下生产的商品的价值来调节时也不降低……这种最坏条件下生产的商品就决定市场价格",不过是同义反复而已。

宇野认为:"历来的解释都认为商品价值是由在这种商品的生产上所投入的劳动决定的,市场价值是由个别价值的平均决定的,需求对市场价值的决定没有任何影响。在生产过程中决定价值同因供求关系而变动的价格,被解释为两个截然不同的东西。"他说,这种解释没有考虑到"价格可以使供给量本身发生变化,而在供给量发生变化的同时生产条件'组合'也会改变"。宇野认为:"价格运动不仅根据需求的增减而变化,而且会推动需求的变动。由于这一点,生产的增加或减少,是由(马克思所说的)三种情况中的哪一种组合为基础进行的,对市场价值形成是一个非常重要的问题。"如果使生产增加是以较坏条件下的商品生产为主,市场价值就由这种商品的个别价值来确定;如果是由较好或平均条件下的商品生产为主,市场价值就由较好或平均条件下生产的商品的个别价值来确定。这种情况不仅在需求超过供给,价格上涨,生产增加时如此,就是在供过于求,价格下降,生产减少时,也会由于生产减少和价格上涨而再次增加生产。这时,同样要由使生产增加的那种生产条件的商品的个别价值来确定市场价值。但这不是说供求决定市场价值，而是由生产情况即哪种生产条件下生产的商品占这种商品生产的很大数量这种情况决定市场价值，"需求不过是承认该生产条件是该商品生产的社会必要条件而已"。

(3) 特殊规定说

大岛雄一等人认为，第十章关于由最好或最坏条件下生产的商品的个别价值决定市场价值的观点，即第二规定，是关于市场价值的特殊规定。而市场价值的一般规定则是平均规定。人们所以称前者为特殊规定，是因为它是"同社会生产的特定状态相适应的特殊规定，是在垄断出现、工业周期的各阶段以及因土地所有权而产生的资本运动的偏差（指级差地租）等特殊情况时适用的规定"。

米田康彦提出，第十章所说的"需求非常强烈"，指的是工业周期从繁荣阶段到繁荣末期，"这个时期处在主要由第一部类独立发展导致的再生产规模扩大的过程中"。这时，"积累的货币资本因生产扩大而用于新投资上，遂促进第一部类的独立发展，从而引起需求的狂增，因此导致整个社会的需求超过供给"。这时，"价格就上涨，作为价格运动重心的市场价值将同最坏生产条件下资本的个别价值相一致"。

花井益一认为，市场价值"本质上是属于价值系统的概念"，但又受"供求关系的影响"，"在生产过剩和生产过少"时，由于价值是在生产中创造的，因而存在着同投入劳动总量用在这个生产领域的份额相当的价值。但这时市场价值在市场上不能按其价值进行交换，所以可以把这一部分价值看做"虚假的社会价值"，不计算在市场价值总额以内。在生产过少时，市场价值就超过价值，其中含有"虚假的社会价值"。

桑野仁认为，"不明确的地方，所说的问题是因供求不一致而产生的暂时状态"。这时，工业或农业都要由"边际价值"决定，从而存在

"虚假的社会价值",这部分"虚假的社会价值"要通过部门之间的交换来补偿。他指出,"不明确的地方"是说明暂时失去了供求平衡这种状态的,如果把它看做价值的本质规定,供求决定价值,就是对劳动价值学说的歪曲。

主要资料来源:
高木彰:《市场价值理论研究》
小黑佐和子:《市场价值论》
樱井毅:《生产价格理论》
田中菊次:《〈资本论〉的逻辑》
宇野弘藏:《论市场价值》

对外贸易、世界市场和利润率[*]

——关于马克思《资本论》第 3 卷中的对外贸易理论的几个问题

〔德〕克劳斯－迪特尔·布洛克

马克思没有明确阐述关于资本的世界市场运动的理论。但是,这个理论还是存在的,尽管它只是简略地分散在它起作用的所有阶段上。19世纪60年代,马克思完成了《资本论》各卷的手稿,因为在这个手稿中反映了他多年来力求搞清楚的对外贸易理论问题,所以就这一点而言,那个时代自然具有特殊的意义。特别是在《资本论》第3卷中,对这些资料的利用遇到了困难,因为这部著作"包含着这样多新东西,但却只有一个匆忙写成的、有的地方还未完成的初稿"[①]。恩格斯在国际经济问题上的贡献还在于,他只是在"绝对不可避免的地方……加进自己的话"[②]。其中包括,第一,为了有助于理解诸如"贵金属和汇兑率"这样的复杂过程而作的内容上的补充;第二,与60年代中期马克思的研究相比,分析了19世纪末资本主义世界市场上的变化。[③]

马克思在《资本论》第 3 卷中也像在其他各卷中一样,基本上把对外贸易和世界市场方面的专门问题抽象掉了。在这方面,他仍然坚持他的想法,即这些问题是属于一个可能的续篇的内容,而且应该在关于

---

[*] 本文选自《马克思恩格斯研究》1992 年第 11 辑。

[①] 《马克思恩格斯全集》第 1 版第 25 卷第 1005—1006 页。

[②] 《马克思恩格斯全集》第 1 版第 25 卷第 1005—1006 页。

[③] 参看《马克思恩格斯全集》第 1 版第 25 卷第 554 页恩格斯作的脚注。

对外贸易和世界市场的专门学说的范围内加以论述，尽管他在完成第 3 卷手稿时就意识到，这超过了他的能力。例如，属于这些专门问题的有，"世界市场上的竞争"①、"世界市场上利息率的……平均化"② 以及我们将在本篇文章中进一步探讨的关于对外贸易和利润率之间关系的专门问题。

马克思之所以还是对资本的世界市场运动的现实历史和理论历史问题或这个运动的政治经济关系进行了研究，是因为他总也不会空洞地去论述他的理论，而且他坚决以世界市场形成资本主义生产方式的基础为出发点。③ 他在所有需要历史地和逻辑地说明资本主义生产方式的特征的地方，都力求阐明资本在国际范围内的详细过程。涉及到这个问题的有第 14 章中的关于对外贸易的论述、第 20 章《关于商人资本的历史考察》和第 35 章《贵金属和汇兑率》。正是对汇兑率基本问题的论述表明了对外贸易理论问题在《资本论》第 3 卷中的作用。沃尔夫冈·穆勒就此写道："因为汇兑率是资本主义生产方式的职能机制中的一个基本要素，而且也是一个重要的、掩盖了内在联系的表现形式，所以，马克思最后还是把汇兑率理论写进了他由于新的基本发现和他的方法论的进一步完善而重新拟定的《资本》册中。"④

同时，生息资本那一篇中的第 35 章，被理解为是针对资产阶级关于汇兑书的论述的反驳论述，这尤其是因为它紧接在《通货原理和 1844 年英国的银行立法》这一章之后。

---

① 《马克思恩格斯全集》第 1 版第 25 卷第 126 页。
② 《马克思恩格斯全集》第 1 版第 25 卷第 401 页。
③ 参看《马克思恩格斯全集》第 1 版第 25 卷第 372 页。
④ 〔德〕沃尔夫冈·米勒：《关于马克思对汇兑率理论的发展及在〈资本论〉中的应用》，载《马克思恩格斯研究论丛》（柏林），第 23 辑第 132 页。

但是,通过对1850—1853年的《伦敦笔记》中的基础资料进行比较就可以看出,马克思的汇兑率理论比《资本论》中所阐述的更为广泛。它还包括这样一些问题,例如,对影响汇兑率的政治因素的研究,结合双重本位(复本位制)、纸币发行、铸币贬损、金银条块价格提高①以及汇兑率和国际货币市场上的投机买卖的关系而对汇兑率进行的论述,还有对汇率业务中盈亏的可能性的分析。毫无疑问,这些专门问题属于马克思经济学主要著作六册计划范围内所构想的对外贸易学说中的"汇兑率"系列问题。属于《资本论》第3卷中所论述的资本的世界市场运动问题的还有,马克思对自由贸易和保护关税的作用,对对外贸易在理论史上的反映,以及对世界市场与危机之间的联系所作的说明。下面我们来集中谈谈对外贸易、世界市场和利润率问题,与上述问题有关的问题由于两个原因而具有特别的意义。马克思在第14章的《V. 对外贸易》中扼要论述了对外经济中的劳动价值理论和利润理论的基本关系。其中,马克思谈到了一些使他从50年代初期开始的对世界市场上交换机制所进行的思考更加完善的问题。

详细研究马克思列宁主义文献中不多的几页关于对外贸易理论的论述,并把它和具体问题联系起来,这是下一步要做的。首先,我们通过马克思简明扼要的论述,也来谈谈不同的解释及争论点。

与马克思"打交道"首先必须注意到,他的关于对外贸易和利润率的关系的见解有一段与李嘉图密切相关的来历。从1851年起,马克思经常和李嘉图就对外贸易理论问题展开辩论,从而建立了独立的对外贸易理论,这个理论是在逻辑上无可争辩地从他的劳动价值理论、剩余价值理论和利润理论中得出来的。在对外贸易理论上和李嘉图的辩论在《1861—1863年手稿》中达到了高潮,同时也在这里结束了辩论。1857

---

① 参看《马克思恩格斯全集》第1版第25卷。

年至 1858 年，马克思在《政治经济学批判大纲》中就清楚地说明，李嘉图的对外贸易理论具有全面论证他的理论的职能。因此，李嘉图的原则性错误反过来又反映在他的对外贸易理论中。尽管如此，李嘉图在他的对外贸易理论的许多问题上仍远远超过了他的前辈。马克思是以李嘉图的正确的想法为出发点的，而李嘉图在认识上的局限性又促使马克思去进行对没有解决的问题的思考。

马克思在《资本论》第 3 卷第 14 章论述对外贸易和利润率的关系时，谈了两个基本问题：

1. 对外贸易如何对利润率发生作用？

2. "一般利润率会不会由于投在对外贸易、特别是殖民地贸易上的资本具有较高的利润率而提高呢？"①

这两个问题是在内容上而不是在论述方法上同属一个整体。马克思联系阻止利润率下降的各个因素，论述了第一个问题，而他在论述第二个问题时注意到，这个问题由于它的"特殊性，本来不属于我们研究的范围"②。显然，它"本来"属于对外贸易学说。但是，马克思不想放弃对这些关系的论述，他想要说明对外贸易对利润率产生影响的二重性。

马克思在论述第一个问题时也谈到了这种"二重性"。"对外贸易一方面使不变资本的要素变得便宜，一方面使可变资本转化成的必要生活资料变得便宜，它具有提高利润的作用，因为它使剩余价值率提高，使不变资本价值降低。一般说来，它在这方面起作用，是因为它可以使生产规模扩大。因此，它一方面加速积累，但是另一方面也加速可变资

---

① 《马克思恩格斯全集》第 1 版第 25 卷第 264 页。
② 参看《马克思恩格斯全集》第 1 版第 25 卷第 264 页。

本同不变资本相比的相对减少，从而加速利润率的下降。"① 因此，与对外贸易相关的，不仅有利润率的提高趋势，也有利润率的下降趋势。马克思把这两种趋势同扩大积累的可能性联系起来，这种可能性形成的原因之一是，用于可变资本的那部分资本由于生活资料较便宜而减少。

马克思在说明对外贸易和资本主义生产方式之间的历史的辩证的相互作用后，着重指出，李嘉图完全忽视了对外贸易的这种二重作用。②马克思和李嘉图在与此有关的问题上的辩论包含在《剩余价值理论》中。辩论是在马克思对李嘉图的原则性错误的说明中进行的：李嘉图把剩余价值和利润混淆起来即等同起来。

由此得出结论："因为李嘉图把剩余价值和利润等同起来，所以，当他现在要证明利润率的提高和降低仅仅是由引起剩余价值率提高或降低的那些情况决定的时候，他是前后一贯的。"③ 李嘉图还把这一论断应用到他的对外贸易理论上。马克思在《1861—1863年手稿》中详细引用了李嘉图的话，李嘉图强调了他的努力目标，就是通过他的全部著作说明，利润率只有通过降低工资才能提高。对外贸易没有提高资本利润的趋势，除非进口的商品属于用工人工资购买的那一类商品。④

马克思为了批判李嘉图的观点，在另一处写道："由于李嘉图对利润率抱着完全错误的观点，他就根本不懂得对外贸易在不直接降低工人食物价格时所发生的影响。他看不到，对于像英国这样的国家，取得较低廉的工业用原料具有多么重大的意义，他不了解，在这种情况下，正

---

① 参看《马克思恩格斯全集》第1版第25卷第264页。
② 参看《马克思恩格斯全集》第1版第25卷第264页。
③ 《马克思恩格斯全集》第1版第26卷第2册第427页。
④ 参看《马克思恩格斯全集》第1版第26卷第2册第480页。

如我前面指出的那样……价格虽然下跌，利润率却会提高，相反……价格上涨了，利润率却可能降低，即使工资在这两种情况下保持不变，也是如此。"①

马克思在《资本论》第3卷中再次着重指出了对外贸易对降低不变资本所产生的影响，尤其是对降低工业或农业中所使用的原料价格的影响。② 在同一处，马克思同时指出，对外贸易的这种作用是19世纪上半期的经济政治斗争的一个基本因素。"因此很清楚，废除或减轻原料关税，对工业具有很大的意义。因此，让原料尽可能自由输入，已经成了合理地建立起来的保护关税制度的重要原则。这一点和废除谷物关税一样，是英国自由贸易派的主要目标，他们也特别关心废除棉花关税。"③

现在我们来谈谈马克思提出的第二个问题，即一般利润率是否由于投在对外贸易、特别是殖民地贸易的资本具有较高的利润率而提高。马克思对他的这个问题作了肯定的回答，并在第3卷中为了论证而列举了与论证第一个问题时一样的有着广泛背景的两个层次的问题。马克思就第一层次写道："投在对外贸易上的资本能提供较高的利润率……因为这里是和生产条件较为不利的其他国家所生产的商品进行竞争，所以，比较发达的国家高于商品的价值出售自己的商品，虽然比它的竞争国卖得便宜。只要比较发达的国家的劳动在这里作为比重较高的劳动来实现，利润率就会提高，因为这种劳动没有被作为质量较高的劳动来支付报酬，却被作为质量较高的劳动来出售。"④ 在这里，马克思涉及的是

---

① 《马克思恩格斯全集》第1版第26卷第2册第496页。
② 参看《马克思恩格斯全集》第1版第26卷第2册第123页。
③ 《马克思恩格斯全集》第1版第25卷第123页。
④ 《马克思恩格斯全集》第1版第25卷第264—265页。

他联系价值规律在世界市场上的变形而阐述的基本观点,① 他指出了在国家范围内和国际范围内超额利润的获得在逻辑上的相似性。超额利润在国际上还表现为个人（国家）和社会（国际）支出之间的差额。他由此而得出结论,若要比其他国家为某种商品的生产投入较少的费用,但又能以符合国际水平的价格出售,那么就要求这个国家的劳动生产率超过平均水平,直到其他国家也赶上这个水平,价值基础发生变化,从而价格也发生变化为止。深入研究这种关系的基础是马克思对相对剩余价值的分析。马克思在《1861—1863年手稿》中指出,这种优越性来源于工人具有特殊的生产力,花费比平均工人较少的时间,并指出他的劳动是较高的劳动。"所以,实际上,他花费比平均工人较少的劳动时间,就生产了自己的工资,或再生产他的劳动力所必需的生活资料的等价物。这样一来,他就把较多的劳动小时作为剩余劳动给了资本家;只有这种相对剩余劳动,才使资本家在出售商品时得到高于它的价值的价格余额。"② 正如马克思在《资本论》第3卷中所写的,这同时使该资本家或该国能够以比他的竞争者便宜的价格出售商品,但却实现了超额利润。

国家和国际这两个方面之间的重大差别在于,这种优越性在资本主义的非垄断阶段上的国家内（以及在一个发展阶段上的国家之间）被平均化了,但是,这种优越性在资本主义世界市场上,由于广泛的经济不平衡而成为发达资本主义国家,因而也是生产力最发达的国家的一种长期现象。对于利润率在资本有机构成增长的基础上趋向下降的那些国家来说,对外贸易成了不断对这种下降产生反作用的因素。

马克思在上述这种关系上的出发点是,利润率会因某种商品在世界

---

① 参看《马克思恩格斯全集》第1版第23卷第613—614页。
② 《马克思恩格斯全集》第1版第47卷第361—362页。

市场上出售而提高，所以他预示这种可能性也适用于不同商品之间的交换。这样，较不发达国家的利润率也有可能提高。"对有商品输入和输出的国家来说，同样的情况也都可能发生；就是说，这种国家所付出的实物形式的物化劳动多于它所得到的，但是它由此得到的商品比它自己所能生产的更便宜。"① 在此，马克思谈到了相对优越性的一个基本观点，其理论上的论述在合理内核方面源出于大卫·李嘉图。马克思显然是接受这个合理内核。马克思在1850—1853年的《伦敦笔记》中摘录了与此有关的李嘉图的看法。② 尽管马克思在这里认为没有理由进行批判，但他在其他地方清楚地表明，李嘉图关于国际分工的思想是和谐论的，他作为想要把英国变为世界市场的英国资产阶级的代表，对这种思想进行了阐述。

马克思在回答所提出的第二个问题时，谈到了第二个层次。"另一方面，至于投在殖民地等处的资本，它们能提供较高的利润率，是因为在那里，由于发展程度较低，利润率一般较高，由于使用奴隶和苦力等等，劳动的剥削程度也较高。"③

马克思在《资本论》第3卷的另一处指出，在这里还可以找出资本向国外扩张的一个重大动机，正如他所写的，资本输往国外，这种情况之所以发生，不是因为它在国内已经绝对不能使用，而是因为它在国外能获得较高的利润率。④ "为什么投在某些部门的资本以这种方式提供的并且送回本国的较高的利润率，在没有垄断的妨碍时，不应当参加一般利润率的平均化，因而不应当相应地提高一般利润率呢，这是不能

---

① 《马克思恩格斯全集》第1版第25卷第265页。
② 参看《马克思恩格斯全集》原文版第4部分第8卷第372、381—382页。
③ 《马克思恩格斯全集》第1版第25卷第265页。
④ 参看《马克思恩格斯全集》第1版第25卷第285页。

理解的。"① 在这个论断的背后,暗藏着马克思与李嘉图在利润理论上,确切些说,在反映出李嘉图关于平均利润率形成机制问题上的模糊不清的对外贸易理论上,进行更进一步的重要辩论。并且,在《1861—1863年手稿》中,尤其是在《剩余价值理论》中,还包含有马克思在《资本论》第3卷中只作了简要论述的那些关系的广泛背景材料。

马克思清楚地说明,李嘉图反驳了亚·斯密的下述看法,即认为对外贸易中的较高利润率,个别商人在对外贸易中有时赚得的大量利润,会提高国内的一般利润率。李嘉图的观点正相反,他认为,特别有利的部门的利润会迅速下降到一般水平,② 如果出现一个"新的生产部门",利润率又会恢复到原来的水平。③

与此相反,马克思的出发点如下：如果出现一个新的生产部门,使用的活劳动很多,同积累劳动不成比例,或是在殖民地贸易上,由于奴隶制和土地的自然肥力,"劳动价值"比在"宗主国"低,宗主国的资本家可以自由地活动,那么这个"部门"的特殊"超额利润"固然会下降,但是"利润的一般水平"将提高。④ 马克思是这样来解释他的见解的,即一般利润率作为无酬劳动同有酬劳动以及同预付资本的关系,不是在这个或那个生产部门产生的,而是在资本可以自由转入的所有部门产生的。⑤ 剩余劳动——例如通过殖民地贸易——增加了,结果,通过竞争机制分配给每一笔资本的剩余价值量也因此发生变化。此外,马克思还作出说明："每当一定量资本所推动的无酬劳动量有了增加的时

---

① 《马克思恩格斯全集》第1版第25卷第265页。
② 参看《马克思恩格斯全集》第1版第26卷第2册第496页。
③ 参看《马克思恩格斯全集》第1版第26卷第2册第494页。
④ 参看《马克思恩格斯全集》第1版第26卷第2册第495页。
⑤ 参看《马克思恩格斯全集》第1版第26卷第2册第495页。

候，竞争的结果只能是：等量资本取得相等的股息，即在这个增大了的剩余劳动中的相等的一份；竞争的结果不可能是：尽管剩余劳动同全部预付资本相比已经增加，每一笔资本的股息却保持不变，仍然是剩余劳动中原来的那一份……李嘉图认为，如果对外贸易的某一部门条件特别有利，那么，利润的一般水平总是通过使那里的利润降到原来水平的办法，而不是通过提高利润的原来水平的办法来确立的。他这种看法是错误的。"①

总而言之可以说，如果利润分配的基础即剩余价值量发生变化，一般利润率就会提高。这可以通过殖民地被包括进竞争机制来实现，在殖民地，有机构成较低，生产剩余价值的活劳动的那部分也因而较高。因此，马克思对他自己提出的关于殖民地的高利润是否影响一般利润率的问题作了肯定的回答。

马克思从上述关系出发，在《资本论》第3卷中阐明了在当时的文献中经常被孤立看待的一种结果。与此相关的一段原话是："处在有利条件下的国家，在交换中以较少的劳动换回较多的劳动，虽然这种差额，这种余额，同劳动和资本之间进行交换时通常发生的情况一样，总是会被某一个阶级装进腰包。"②

关于这方面，克吕格尔写道："正是这个最后的论点经常被马克思主义的经济学家引用，用来证明，马克思把国民劳动的再分配看做是绝对优越性的源泉，而且还有人认为，对外贸易直接使价值总量增加或减少。但是，我们不能孤立地去理解这个论点。马克思直接对此作了很明确的说明，即处在有利条件下的国家用比重较低的劳动代替比重较高的

---

① 参看《马克思恩格斯全集》第1版第26卷第2册第495—496页。
② 《马克思恩格斯全集》第1版第25卷第265页。

劳动。他既没有谈到再分配，也没有谈到价值总量的直接提高。"①

克吕格尔同意如下的观点，即马克思的见解不能作为再分配过程的例证，这些过程源出于世界市场上价值规律的变化和生产率的绝对优越性。但是，他也把两个层次混淆起来，并由此得出根本不存在再分配的结论。

我们认为，马克思的论点在这里只涉及到平均利润率的形成过程，其中一部分涉及到类似于国民经济范围内平均利润率形成时的那些关系。如果以资本在殖民地可以自由转移为前提，那么，马克思在这里把殖民地看做是国民经济内部的一个部门。处在有利条件下的国家（有机构成高，相应地利润率低），在交换中以较少的劳动换回较多的劳动，也就是：通过把殖民地的高利润率（在较多的活劳动的基础上）并入平均利润率。增多的剩余劳动"被某一阶级装进腰包"，也就是被宗主国的民族资产阶级装进腰包。因此，这里涉及的显然是在殖民地生产出的利润的再分配，确切些说，是剩余价值的再分配。利润率的平均化不像李嘉图认为的那样，存在于原来的水平上，而是在更高的水平上。

马克思的《资本论》第3卷第14章的结束语再次谈到对外贸易对利润率的二重作用。"但是，同一对外贸易会使本国的资本主义生产方式得到发展，从而使可变资本同不变资本相比相对减少，另一方面，对国外来说，它引起生产过剩，因而以后又会起反作用。"② 引起一般利润率下降的同样一些原因又会产生反作用，阻碍、延缓并且部分地抵销这种下降，这一点完全是就对外贸易而言的。这些原因不会取消这个规

---

① 〔德〕汉斯—波德·克吕格尔：《价值和价值市场》，柏林1984年版，第82—83页。

② 参看《马克思恩格斯全集》第1版第25卷第266页。

律——指的是利润率趋向下降的规律——但是会减弱它的作用。①

马克思在论述国际劳动价值理论的关系时,从一个重要事实出发,它完全符合他那个时代的实际情况,并且首先不能理解成是马克思的思维抽象。这个事实就是:国际平均利润率或者说世界平均利润率很难形成。关于国际范围内的平均利润率,马克思在《剩余价值理论》中写道,价值通过劳动时间来平均化,尤其是费用价格通过一般利润率来平均化,在不同国家之间不是以这种直接的形式进行的。② 而且,马克思在《资本论》第3卷中着重指出,在国际贸易上不同国家的利润率的差别,对各国的商品交换来说是一件无所谓的事情。③

马克思在同一处提到了平均利润率形成时的原因问题,平均利润率的形成要持续很长时间,正如固定在每个生产部门中的生产资料很不容易从一个部门转移到另一个部门,而且他认为这种状态也是"不同的国家"相互间的典型现象。④

马克思所描述的宗主国和殖民地的关系表现为资本流动的某种特殊情况,在这方面,正如他曾强调过的,他把殖民地看成是国民经济内部的一个部门。但是,也正是这个特殊情况表明了,尽管资本和劳动具有流动的可能性,但是殖民地和宗主国的利润率仍然存在差别。在国际范围内平均利润率的形成过程,并不是像在"一个国家的社会内"那样的范围内进行的,这个事实与"将两个国家的利润率作比较"⑤时不同于在国家范围内作比较时的特殊性有关。马克思首先把这种特殊情况和

---

① 参看《马克思恩格斯全集》第1版第25卷第266页。
② 参看《马克思恩格斯全集》第1版第26卷第Ⅱ册第222—223页。
③ 参看《马克思恩格斯全集》第1版第25卷第197页。
④ 参看《马克思恩格斯全集》第1版第25卷第198页。
⑤ 参看《马克思恩格斯全集》第1版第25卷第81页。

各个国家的剩余价值率联系起来。马克思一方面从下述事实出发,即在一个国家内,一个平均剥削程度的形成,使它的工资和工作日,从而也使它的剩余价值率出现平均化,① 同时马克思又强调指出,在不同的国家内存在着差别很大的各国的劳动剥削程度和利润率。在文献中他经常引用为大家所熟悉的对某个亚洲国家和某个欧洲国家的利润率所进行的比较。② 和在其他地方一样,马克思在这里也是以亚洲国家的较高的利润率为出发点的。但是,马克思也注意到了在一个比较不发达国家中形成低剩余价值率和低利润率的其他可能性。"两个国家的利润率的差别,可以由于下述情况而消失,甚至颠倒过来:在比较不发达的国家里,劳动的生产效率比较低,因而较大量的劳动表现为较小量的同种商品,较大的交换价值表现为较小的使用价值,就是说,工人必须用他的大部分时间来再生产他自己的生活资料或它的价值,而用小部分时间来生产剩余价值,提供较少的剩余劳动,结果剩余价值率也比较低。"③

马克思多次指出,这种可能性或这种趋势,在受殖民压迫和较不发达的国家中通过粗放的剥削方式,例如通过延长工作日而产生,因此,较高利润率的趋势在这些国家中占了上风。衡量比较不发达国家的利润率的高低,必须与各个国家的具体发展水平联系起来。高利润率完全可以伴随有总产品的低价值和较少的剩余产品。

对于国家和国际这两个层次上的利润率,可予以概括如下:

如果说各国内对利润率产生影响的诸如劳动强度、生产率水平和剥削程度这些因素趋于均等,那么这些产生影响的因素在世界范围内却存在一个表示经济发展不均衡的阶梯。马克思对此作了如下说明:"一个

---

① 参看《马克思恩格斯全集》第 1 版第 25 卷第 159—160 页。
② 参看《马克思恩格斯全集》第 1 版第 25 卷第 239 页。
③ 《马克思恩格斯全集》第 1 版第 25 卷第 239 页。

国家中各个相继发展的阶段的情况是这样，不同国家中同时并存的不同发展阶段的情况也是这样。"① 各国利润率之间的这种阶梯，首先不是由于资本和劳动在国际范围内的流动要比在一国范围内艰难得多这个事实形成的，而是在世界各国的社会和经济发展水平参差不齐的基础上形成的。因此，这个阶梯本身也是世界平均利润率很难形成的原因，同时也是资本输出的根本动力。它与马克思所论述的一国范围内平均利润率的形成条件类似：除了资本和劳动力的适当的活动性外，马克思把"不同的生产部门都受资本家支配"也作为一个基本条件。"如果有数量众多的非资本主义经营的生产部门（例如小农经营的农业）插在资本主义企业中间并与之交织在一起"，不同的利润率的平均化就会"遇到更大的障碍。"②

资本主义的世界市场比国内市场在更大程度上为"非资本主义经营的生产部门"提供了可能性。马克思在分析世界市场运动时多次指出，比较不发达国家也可以在某种程度上参加世界贸易，而它们本身不必进行资本主义生产，更确切些说不必被迫去不断提高生产率。它们仍然能够"保持这种简单的、没有等级差别的劳动，因为对外贸易使它们能够把这种简单的产品变成任何形式的使用价值"③。

马克思早在《政治经济学批判大纲》中就写道："当一个在资本的基础上进行生产的工业民族，例如英国，同中国人进行交换，并且以货币或商品形式从中国人的生产过程中吸收价值时，或者更确切些说，当英国把中国人纳入了自己资本流通的范围时，那人们立刻就可以看出，

---

① 《马克思恩格斯全集》第1版第25卷第239页。
② 《马克思恩格斯全集》第1版第25卷第219页。
③ 《马克思恩格斯全集》第1版第26卷第3册第266页。

中国人无须为此而作为资本家来进行生产。"① 从这里同时还可以找到单一经营的一个根本原因：只要这种可能性不迫使世界市场上的竞争和宗主国内资本的再生产需求发展起来，这些国家及其人民的压迫者和剥削者，在这种可能性的基础上就很少会认识到推动发展的必要性。

马克思在同一处还着重指出了国家和国际两个层次上资本的支配机制的区别：在一定的国家社会内部，出现的是资本的一种必然趋势，它通过把所有的劳动必然变为雇佣劳动，在一切地点使生产方式受自己支配。在国外市场上，资本通过国际竞争来强行传播自己的生产方式。②

毫无疑问，发达资本主义国家之间形成统一的利润率的趋势已经存在。恩格斯在他的《〈资本论〉第3卷增补》中强调生产价格适用于国际贸易和批发商业时，③ 也曾对此作过说明。这种趋势到今天已大大增强了。但同时，马克思曾阐述过的各国的利润率在不同发展水平的基础上发生分化的趋势也增强了。

与马克思的那个时代相比，当前资本主义世界中对外贸易、世界市场和利润率之间的关系的整体性和矛盾性更为复杂。马克思凭借他的认识提供了对这些趋势及相反趋势和"二重性"进行政治经济学分析的基础。

（原载《马克思恩格斯研究论丛》柏林版第25辑）

（夏静 译　张钟朴 校）

---

① 《马克思恩格斯全集》第1版第46卷下册第246页。
② 《马克思恩格斯全集》第1版第46卷下册第246—247页。
③ 参看《马克思恩格斯全集》第1版第25卷第1024页。

《资本论》的公平正义思想研究[*]

陈传胜

《资本论》中蕴含着丰富的公平正义思想,这一思想植根于对人与人之间关系的历史考察。马克思指出:商品是人与人之间的关系,资本是人与人之间的关系,人们的社会关系中最根本的是人们的经济关系。马克思以劳动和劳动中结成的社会关系为主线,以每一个人的发展为出发点,科学地说明了各个不同的社会经济形态中的公平正义的观念形式和社会现实的发展历程。从原始社会的解体到资本主义社会,社会的发展都是在生产资料的所有者和劳动者的对抗中实现的,这一社会关系的对抗性质发展到自由资本主义时期,达到了完全的对立,表现为:发展生产力的手段转变成使人受奴役的手段,"一个人受奴役是使另一个人获得充分发展的手段"。建立在高度发达的生产力的基础上的未来社会,是"以每个人的全面而自由的发展为基本原则"的社会。马克思以人类社会自然历史过程的必然性和无可争辩的事实,昭示了人类社会走向公平正义的进程和规律。

---

[*] 本文选自《当代世界与社会主义》2008年第5期。作者单位为南京师范大学公共管理学院。

一、建立在商品经济基础上的平等权利观念,是区分古代公平正义观和现代资产阶级公平正义观的根据

公平和正义在英语中都是" justice",但是在人类发展的不同阶段,人们对公平正义的认识有着根本的区别。现代的公平正义观以人们之间的平等权利为核心内容,而古代的公平正义观,缺少人们之间的平等权利的内容。马克思在《资本论》的手稿中,根据人们的社会关系和人的发展程度划分了三大社会形态。第一类社会形态即前资本主义社会,是以"人的依赖关系"为基础的,马克思说明了这一社会形态的特点:"它们或者以个人尚未成熟,尚未脱掉同其他人的自然血缘联系的脐带为基础,或者以直接的统治和服从的关系为基础。"公平正义观是在原始社会解体,社会分裂为统治阶级和被统治阶级,国家作为阶级的统治工具之后产生的,在这一漫长的、以自然经济为基础的历史阶段中,社会是等级制的,人们还没有形成平等权利的观念。古代的公平正义观是以人的不平等为自然前提的,他们所称之为理想的正义国家,也即各个等级各守其份、各安其职,平等也仅仅意味着同一等级内的平等。

古希腊思想家柏拉图在他的《理想国》中,描绘了他的理想国家的等级结构。社会是由三个等级组成的:政治家、军人和劳动者。政治家以其智慧治理国家,军人以其勇敢保卫国家,劳动者以其劳动产品供给国家,"当这三部分各自执行自己的职责而不互相干扰和僭越时,便是有了公正"[①]。马克思在《资本论》中在分析柏拉图的关于分工的思想时指出,在柏拉图那里,"分工是社会分为等级的基础","他的理想

---

① 〔古希腊〕柏拉图:《理想国》,北京:商务印书馆2002年版,第156页。

国只是埃及种姓制度在雅典的理想化"。① 在柏拉图那里，每个人根据天赋，安守等级，忠于职责，便是正义。

马克思称之为"古代最伟大的思想家"的亚里士多德，他的正义观也是不包含人们之间平等权利的内容。亚里士多德认为，人是天然不平等的，"有些人天生即是自由的，有些人天生就是奴隶，对于后者来说，奴役不仅有益而且是公正的"②。马克思在《资本论》中分析亚里士多德缺少价值概念时指出，希腊社会是建立在奴隶劳动的基础上的，因而是以人们之间以及他们的劳动力之间的不平等为自然基础的，他们不可能有平等权利观念，"价值表现的秘密，即一切劳动由于而且只是由于都是一般人类劳动而具有的等同性和同等意义，只有在人类平等概念已经成为国民的牢固的成见的时候，才能揭示出来。而这只有在这样的社会里才有可能，在那里，商品形式成为劳动产品的一般形式，从而人们彼此作为商品所有者的关系成为占统治地位的社会关系"。马克思通过对价值的分析，指出了现代的平等概念的起源，同时也表明，建立在商品经济基础上的平等权利观念，是古代的公平正义观和现代的公平正义观的分水岭。正如恩格斯在《反杜林论》中所指出的："平等是正义的表现，是完善的政治制度或社会制度的原则，这一观念完全是历史地产生的。……为了得出'平等＝正义'这个命题，几乎用了以往的全部历史，而这只有在有了资产阶级和无产阶级的时候才能做到。"③

把人们的平等权利作为公平正义观的主要内容，只有在商品经济发达的阶段才能实现，而这一阶段的形成，却是一个长期的历史过程。

---

① 《马克思恩格斯全集》第 1 版第 23 卷第 405 页。

② 〔古希腊〕亚里士多德：《政治学》，北京：中国人民大学出版社 2003 年版，第 10 页。

③ 《马克思恩格斯全集》第 1 版第 20 卷第 668 页。

"国家和社会中的平等权利……能够成为某种自然而然的、不言而喻的东西，必然要经过而且确实已经经过了几千年。"① 作为这一过程结果的，是资本主义生产方式的确立，资产阶级的公平正义观是现代社会即建立在私有制和商品经济基础上的社会的公平正义观的典型形式。

马克思把建立在商品经济基础上的平等权利观念作为区分古代的公平正义观和现代资产阶级公平正义观的根据，深刻地体现了马克思在公平正义问题上的历史唯物主义和辩证法的方法论特征。马克思在《资本论》中强调指出："社会的经济结构，即有法律的和政治的上层建筑竖立其上并有一定的社会意识形式与之相适应的现实基础"，"物质生活的生产方式制约着整个社会生活、政治生活和精神生活的过程"。② 马克思在批判蒲鲁东的永恒公平、永恒正义时指出：他从与商品生产相适应的法的关系中提取他的公平理想，永恒公平的理想。然后，他反过来又想按照这种理想来改造现实的商品生产和与之相适应的现实的法。马克思对此作了一个形象的比喻："一个化学家不去研究物质变换的现实规律，并根据这些规律解决一定的问题，却要按照'自然性'和'亲和性'这些'永恒观念'来改造物质变换。"③ 蒲鲁东的公平正义思想的错误的实质在于：他不懂得公平正义观作为一种意识形态，其深刻的基础在于物质生活的生产方式，并且是历史地变化发展的。他把个体所有制的手工业基础上的商品生产看成是理想的模式，并从中提取他的永恒公平、永恒正义的思想，以此来改造现实。马克思对蒲鲁东的批判，在今天仍然有着重大的理论和现实意义。

---

① 《马克思恩格斯选集》第 2 版第 3 卷第 444 页。
② 《马克思恩格斯全集》第 1 版第 31 卷第 412 页。
③ 《马克思恩格斯全集》第 2 版第 3 卷第 14 页。

二、资产阶级的公平正义观发源于劳动产品的商品形式的普遍化，它是商品经济主体之间地位平等的法权关系的观念表现

如上所述，人们之间的平等权利的观念，只有在"商品形式成为劳动产品的一般形式，从而人们彼此作为商品所有者的关系成为占统治地位的社会关系"① 的社会里才能出现。资产阶级公平正义观以人们的平等权利为核心内容，是经济生活的法权关系的观念表现，这种法权关系表现了人们作为商品所有者在地位和意志上的平等关系。

劳动产品的商品形式和商品交换活动在古代社会早已出现，但还不是普遍的形式。劳动产品作为商品、人作为商品的所有者而存在，使这一切成为一般的形式和普遍的现象，正是在资本主义社会。因为人类进入资本主义社会，标志着生产资料和生活资料同劳动者的分离已经完成，劳动力成为商品，因而，劳动产品同劳动者的分离也已完成。"资本主义时代的特点是，对工人本身来说，劳动力是归他所有的一种商品形式，因此他的劳动具有雇佣劳动的形式。另一方面，正是从这时起，劳动产品的商品形式才普遍化。"

劳动力成为商品，商品形式成为劳动产品的一般形式，从而人们彼此作为商品所有者的关系成为占统治地位的社会关系，社会就分裂成两极：一极是生产资料和生活资料的所有者——资本家；另一极是劳动力的所有者——雇佣工人。资本同劳动的交换就隐藏了资产阶级公平正义观的全部秘密。"资本和劳动的交换，在人们的感觉上，最初完全同其

---

① 《马克思恩格斯全集》第 1 版第 49 卷第 161 页。

他一切商品的买卖一样。"① 资本家付出了一定量的货币，工人出让了自己的劳动力，在人们的感觉上，都是自由的和平等的，"工人和资本家的一切法权观念，资本主义生产方式的一切神秘性，这一生产方式所产生的一切自由幻觉，庸俗经济学的一切辩护遁词，都是以这个表现形式为依据的"②。马克思在《资本论》中，通过分析资本和劳动的交换过程，揭示了资产阶级公平正义观的现实根源："劳动力的买和卖是在流通领域或商品交换领域的界限以内进行的，这个领域确实是天赋人权的真正乐园。那里占统治地位的只是自由、平等、所有权和边沁。自由！因为商品例如劳动力的买者和卖者，只取决于自己的自由意志。他们是作为自由的、在法律上平等的人缔结契约的。契约是他们的意志借以得到共同的法律表现的最后结果。平等！因为他们彼此只是作为商品所有者发生关系，用等价物交换等价物。所有权！因为他们都只支配自己的东西。边沁！因为双方都只顾自己。"③ 资产阶级政治经济学家，作为资产阶级的理论家，他们把资本主义的生产方式看成是永恒不变的，把它描述为田园诗式的东西，认为"正义和'劳动'自古以来就是唯一的致富手段"④。因此，以平等权利为核心，自由、平等、天赋人权三位一体的公平正义观，成为区别于古代社会的公平正义观的一个不同类型，只有在资本主义社会才取得完备的形式。

资本主义社会作为一种社会形态，按照马克思的三大社会形态的理论，属于第二大形态，这一社会形态的基本特征是："以物的依赖性为

---

① 《马克思恩格斯全集》第1版第23卷第591页。
② 《马克思恩格斯全集》第1版第23卷第591页。
③ 《马克思恩格斯全集》第1版第23卷第199页。
④ 《马克思恩格斯全集》第1版第23卷第782页。

基础的人的独立性。"① 商品在资本主义社会成为劳动产品的普遍形式，人们作为商品所有者的关系成为主要的社会关系，这种社会关系通过商品把人与人的关系反映为物与物的关系，"商品形式在人们面前把人们本身劳动的社会性质反映成劳动产品本身的物的性质，反映成这些物的天然的社会属性，从而把生产者同总劳动的社会关系反映成存在于生产者之外的物与物之间的社会关系"②。人与人的关系转变为物与物的关系，进而成为人的主人，不受人的控制，而控制人。"他们本身的社会运动具有物的运动形式。不是他们控制这一运动，而是他们受这一运动控制。"③ "人与人的互相独立为物与物的全面依赖的体系所补充。"④ 资本主义社会的法权关系和法权观念，包括资产阶级的公平正义观，都内含着这种对立面的相互包含和补充。商品经济所蕴含的种种矛盾和对立，在资本主义的生产方式下，转化为人与人之间的全面的对立。马克思在《资本论》中，通过剩余价值的发现，揭示了资本剥削的秘密，暴露了资本主义社会不公正的社会现实，证明资产阶级的公平正义观是虚幻的。

---

① 《马克思恩格斯全集》第 1 版第 46 卷第 104 页。
② 《马克思恩格斯全集》第 1 版第 23 卷第 88 页。
③ 《马克思恩格斯全集》第 1 版第 23 卷第 91 页。
④ 《马克思恩格斯全集》第 1 版第 23 卷第 126 页。

三、资产阶级公平正义观的虚幻性突出表现为："一个人受奴役是使另一个人获得充分发展的手段",与此形成鲜明对照的未来社会是"以每一个人的全面而自由的发展为基本原则"的社会

资产阶级的公平正义观是虚幻的,它只是商品交换领域的意志关系和契约关系的观念表现,离开商品交换领域,进入到资本主义的生产过程,这种公平正义观的虚幻性质就表现出来了。马克思指出:"原来的货币所有者成了资本家,昂首前行;劳动力所有者成了他的工人,尾随于后。一个笑容满面,雄心勃勃;一个战战兢兢,畏缩不前,像在市场上出卖了自己的皮一样,只有一个前途——让人家来鞣。"① 马克思以劳动的二重性为枢纽,通过剩余价值的发现,揭示出资本对劳动的剥削的秘密,进而证明生产剩余价值是资本主义生产的绝对规律。在对这一绝对规律的分析的基础上,马克思从19世纪中叶自由资本主义社会的无可争辩的事实出发,通过对异化劳动的分析,揭示出自由资本主义社会的最大的不公正是人在自身发展上的不公平,即少数人垄断了发展的权利,而大多数人暂时失去了发展的可能性,资产阶级的自由、平等、"不可剥夺的人权"只不过是一些"冠冕堂皇的条目"。②

马克思在《资本论》中,总是把对资本的考察同劳动者的命运结合起来。马克思在分析农业和工业中的生产过程的资本主义转化时指出:"生产过程的资本主义转化同时表现为生产者的殉难史。"③ 马克思

---

① 《马克思恩格斯全集》第1版第23卷第200页。
② 《马克思恩格斯全集》第1版第23卷第335页。
③ 《马克思恩格斯全集》第1版第23卷第552页。

通过对资本的逻辑的分析，深刻地揭示了劳动异化的实质和表现。异化劳动的实质在于：工人只是把财富当做资本来生产，资本只是把工人当做实现财富的手段来生产。"工人本身不断地把客观财富当做资本，当做同他相异化的、统治他和剥削他的权力来生产，而资本家同样不断地把劳动力当做主观的、同它本身物化的和实现的资料相分离的、抽象的、只存在于工人身体中的财富源泉来生产，一句话，就是把工人当做雇佣工人来生产。"① 异化劳动表现为劳动条件、劳动过程和劳动产品同生产者相异化，随着机器生产和大工业的发展，异化劳动发展成为完全的对立。

从劳动条件同劳动者相异化来看，"不是工人使用劳动条件，相反地，而是劳动条件使用工人"②，资本主义的生产过程造成对工人的个性、能力的损害。"在资本主义体系内部，一切提高社会劳动生产力的方法都是靠牺牲工人个人来实现的；一切发展生产的手段都变成统治和剥削生产者的手段，都使工人畸形发展，成为局部的人，把工人贬低为机器的附属品，使工人受劳动的折磨，从而使劳动失去内容，并且随着科学作为独立的力量被并入劳动过程而使劳动过程的智力与工人相异化。"③ 从劳动产品同劳动者相异化来看，财富的增长同工人的贫困成为分离的两极，表明了自由资本主义时期财富生产的对抗性质。"社会上的一部分人靠牺牲另一部分人来强制和垄断社会发展（包括这种发展的物质方面和精神方面的利益）。"④ 社会表现为两极分化，"在一极是财富的积累，同时在另一极，即在把自己的产品作为资本来生产的阶级

---

① 《马克思恩格斯全集》第 1 版第 23 卷第 626 页。
② 《马克思恩格斯全集》第 1 版第 23 卷第 463 页。
③ 《马克思恩格斯全集》第 1 版第 23 卷第 708 页。
④ 《马克思恩格斯全集》第 1 版第 25 卷第 926 页。

方面，是贫困、劳动折磨、受奴役、无知、粗野和道德堕落的积累"①。面对自由资本主义社会存在的巨大的不公平，马克思给予了辛辣的讽刺："让我们来赞美资本主义的公正吧！"②

马克思对剩余价值和资本主义生产的绝对规律的揭示，对异化劳动的批判，最终的目的在于分析它们对人的发展的影响。马克思把人类自身能力的发展看做是目的本身。马克思是站在生产力的高度来看待人的自身发展的，他在分析资本主义物质生产的基础时指出：建立在资本基础上的生产发展本身要求造就全面发展的人，只有这样的人才能使资本主义生产的进一步发展成为可能，这是一种客观趋势。③ 人类社会已经发展到这样的阶段，物质生产力的发展，主要依赖于人的自身的发展，"物质生产的限制取决于物质生产对于个人的完整发展的关系"，"表现为生产和财富的宏大基石的……是社会个人的发展"，"真正的财富就是所有个人的发达的生产力"。④ 在自由资本主义社会，人类受必然王国的支配，资本同劳动者的对抗关系演变为："一个人受奴役是使另一个人获得充分发展的手段。"⑤

马克思指出，未来社会即共产主义社会是"以每一个人的全面而自由的发展为基本原则"的社会，这是在对资本主义不公正现象的深刻地批判的基础上，根据人类社会发展的规律，对未来社会作出的科学论证。共产主义社会是自由人的联合体，依照马克思的三大社会形态的理论，这一社会形态是第三大社会形态。这一社会形态的基本特征是：

---

① 《马克思恩格斯全集》第 1 版第 23 卷第 708 页。
② 《马克思恩格斯全集》第 1 版第 23 卷第 725 页。
③ 参看《马克思恩格斯全集》第 1 版第 46 卷上册第 486 页。
④ 《马克思恩格斯全集》第 1 版第 46 卷下册第 127、218、222 页。
⑤ 《马克思恩格斯全集》第 1 版第 23 卷第 470 页。

"个人全面发展和他们共同的社会生产能力成为他们的社会财富",共同的社会生产能力成为共同的财富是手段,每一个人的全面发展是目的。在资本主义社会,生产的社会化使社会生产能力成为共同的,是"总体工人"的生产力,但是,生产资料的资本主义所有制,使共同的生产能力为私人所垄断,成为"私人的权力",人类还受必然性的支配,不是把人作为生产的目的,而是把人作为生产的手段,不是人支配生产过程,而是生产过程支配人。"自由王国只是在由必需和外在目的规定要做的劳动终止的地方才开始;因而按照事物的本性来说,它存在于真正物质生产领域的彼岸。"只有实现了从必然王国走向自由王国,才能把人类自身能力的发展作为目的本身,使每一个人都能得到全面和自由的发展,"在这个必然王国的彼岸,作为目的本身的人类能力的发展,真正的自由王国,就开始了"[①]。马克思在《资本论》中确立的以"每一个人的全面而自由的发展"为核心的公平正义观,是对资产阶级以平等权利为核心的公平正义观的超越,是真理标准和价值标准的统一。

四、把商品经济的巨大历史作用和社会对生产过程的自发形式的反作用结合起来,为实现社会的公平正义创造各种条件和要素

马克思不仅是无产阶级的理论家,而且是无产阶级的革命家,他对资本主义社会种种不可调和的、对抗性矛盾的分析,对资本主义社会种种不公正现象的揭露,目的是找到通向未来社会的道路。马克思指出:"问题本身并不在于资本主义生产的自然规律所引起的社会对抗的发展

---

① 《马克思恩格斯全集》第 1 版第 25 卷第 927 页。

程度的高低。问题在于这些规律本身，在于这些以铁的必然性发生作用并且正在实现的趋势。"① 马克思把社会经济形态的发展看做是自然历史过程，马克思总是在社会发展的铁的必然性中，寻求向未来社会转化的条件，昭示人类社会从不公正向公平正义的美好社会转化的进程和规律。辩证地看待商品经济的历史必然性和局限性，在这一思想中占据重要地位。

一是充分认识商品经济的历史必然性、长期性，充分发挥商品经济在发展人类生产力和实现人的全面发展中的巨大作用，为向未来社会的转变创造现实基础。在人类的社会经济形态的发展中，商品经济是一个不可逾越的阶段，正是在这一阶段，人类的生产力获得了巨大的发展。马克思、恩格斯在《共产党宣言》中曾指出：资产阶级凭借商品的威力，毁了一切万里长城，并且，在它的不到一百年的阶级统治中所创造的生产力，比过去一切世代创造的全部生产力还要多、还要大。从商品经济与人的能力的发展的关系来看，发达的商品经济可以"形成普遍的社会物质变换，全面的关系，多方面的需求以及全面的能力的体系"②，因此，商品经济能够为人的能力的全面发展创造条件和要素。马克思在论述资本的历史地位时指出："资本的文明面之一是，它榨取剩余劳动的方式和条件，同以前的奴隶制、农奴制等形式相比，都更有利于生产力的发展，有利于社会关系的发展，有利于更高级的新形态的各种要素的创造。"③可见，通过商品经济的巨大发展，创造高度发达的社会生产力和人的全面发展的各种要素，才能为向公平正义的理想社会的转变创造条件。正像从自然经济向商品经济的过渡需要几千年，是一个长期的历史过程一

---

① 《马克思恩格斯全集》第1版第23卷第8页。
② 《马克思恩格斯全集》第1版第46卷上册第104页。
③ 《马克思恩格斯全集》第1版第25卷第925页。

样，由社会的不公正向公平正义的过渡，向自由人联合体的过渡，也是一个长期的历史过程，"这需要有一定的社会物质基础或一系列物质生存条件，而这些条件本身又是长期的、痛苦的历史发展的自然产物"①。

二是加强社会对生产过程的自发形式的"有意识、有计划的反作用"②。通过大力发展商品经济，可以为高度发达的生产力和人的全面发展创造各种条件和要素，但是这些条件和要素还不能直接转化为实现社会公平正义的条件和要素，必须通过社会对生产过程自发形式的反作用来实现这种转化。就商品经济本身来看，它把人的关系转化为物的关系，进而成为不受人控制而控制人的异己的力量，商品生产所内含的种种矛盾和危机，到资本主义社会转化为完全的对立。在反抗商品的异己力量和资本统治下的异化劳动的过程中，工人阶级以历史主人翁的姿态发挥了历史进步的主力军的作用。资本家和工人，作为不同性质的商品的所有者，从商品交换关系来看，权利和意志是平等的，对此，马克思指出："在平等的权利之间，力量就起决定作用。"③ 在资本主义生产方式发展的初期，工人是无条件屈服的，经受着地狱般的苦难。当资本主义生产方式确立了统治地位以后，面对资本家的残酷剥削和工人阶级的悲惨命运，随着工人阶级的觉悟，他们认识到："工人必须把他们的头聚在一起，作为一个阶级来强行争得一项国家法律，一个强有力的社会屏障，使自己不致再通过自愿与资本缔结的契约而把自己和后代卖出去送死和受奴役。"④ 资本家只是资本的人格化，"资本是根本不关心工人

---

① 《马克思恩格斯全集》第 1 版第 23 卷第 97 页。
② 《马克思恩格斯全集》第 1 版第 23 卷第 527 页。
③ 《资本论》第 2 版第 1 卷第 262 页。
④ 《资本论》第 2 版第 1 卷第 335 页。

的健康和寿命的,除非社会迫使它去关心"①。结合19世纪中叶蓬勃发展的无产阶级反抗资本的斗争和争取到的进步,如"工厂法"对资本的肆无忌惮的剥削的限制,马克思指出:"工厂法的制定,是社会对其生产过程自发形式的第一次有意识、有计划的反作用。它像棉纱、走锭精纺机和电报一样,是大工业的必然产物。"②加强社会对生产过程自发形式的反作用,抑制资本对剩余价值的贪婪的本性,尊重"劳动权利的伟大原则",绝不是出于人们的良好愿望,而是历史发展的必然。

马克思在《资本论》中是以19世纪中叶资本主义的英国为研究的典型的,而当代资本主义已发生一系列新变化。20世纪上半叶,受到两次世界大战的冲击,资本主义世界体系受到削弱,战后随着新的科技革命的发生,工人阶级的发展和力量的壮大,资本主义国家在生产关系上进行了调整,工人阶级的权益得到不同程度的保障,阶级矛盾有所缓和,社会的不公正现象有所改善,这些进步的取得是与工人阶级的斗争分不开的,从根本上说是工人阶级通过斗争而争取来的。

马克思在《资本论》中关于辩证地看待商品经济的历史必然性和局限性的思想,对于当代中国在社会主义市场经济的条件下,实现社会的公平正义,有着重要的指导意义。公平正义是社会主义和谐社会的本质属性,邓小平指出:"我们为社会主义奋斗,不但是因为社会主义有条件比资本主义更快地发展生产力,而且因为只有社会主义才能消除资本主义和其他剥削制度所必然产生的种种贪婪、腐败和不公正现象。"③要把社会主义制度的优越性和市场经济结合起来。一方面,发挥市场经济在发展社会生产力和实现人的全面发展中的巨大作用。马克思所论证

---

① 《资本论》第2版第1卷第299页。
② 《资本论》第2版第1卷第527页。
③ 《邓小平文选》第3卷第143页。

的未来社会，是建立在高度发达的生产力和每一个人的全面发展的基础上的。中国是在古老的落后的东方大国进行革命的，处于并长期处于社会主义初级阶段，要达到高度发达的生产力，实现每一个人的全面自由发展，还有一个很长的过程，而在这一过程中，市场经济是不可逾越的阶段，正是通过市场经济，才能为向未来社会的转化创造条件、积聚要素。中国特色社会主义的实践证明，只搞计划经济，会束缚生产力的发展，不利于人的全面发展，只有发展市场经济，才能为实现社会的公平正义创造条件。另一方面加强社会对生产过程自发形式的有意识、有计划的反作用。在社会主义市场经济的条件下，以公有制为主体，最重要的是政权掌握在人民手里，为社会对生产过程自发形式的反作用创造了坚实的基础。可以发挥社会主义制度的独特优势，自觉地抑制商品经济的自发后果，把商品经济的客观历史作用和社会对生产过程自发形式的反作用结合起来，坚持以人为本和科学发展，抑制贫富差距，逐步实现共同富裕，大力发展公共事业，让广大人民群众共享改革开放的成果，在创造高度发达的生产力的同时，为每一个人的全面自由发展创造条件，实现社会的公平正义。

马克思认为"与生产方式相适应，相一致就是正义的"吗？

——对中央编译局《资本论》第三卷一段译文的质疑与重译*

段忠桥

在当前国内学者有关马克思正义思想的研究中，一个无法回避而且众说纷纭的问题是马克思本人如何看待正义。在这个问题上，一些人提出，马克思认为只要与生产方式相适应，相一致，就是正义的；只要与生产方式相矛盾，就是非正义的，而他们的文本依据则直接来自中央编译局翻译的马克思《资本论》第3卷第21章《生息资本》中的一段话：

"在这里，同吉尔巴特一起（见注）说什么自然正义，这是荒谬的。生产当事人之间进行的交易的正义性在于：这种交易是从生产关系中作为自然结果产生出来的。这种经济交易作为当事人的意志行为，作为他们的共同意志的表示，作为可以由国家强加给立约双方的契约，表现在法律形式上，这些法律形式作为单纯的形式，是不能决定这个内容本身的。这些形式只是表示这个内容。这个内容，只要与生产方式相适应，相一致，就是正义的；只要与生产方式相矛盾，就是非正义的。在资本主义生产方式的基础上，奴隶制是非正义的；在商品质量上弄虚作假也是非正义的。"①

---

* 本文选自《马克思主义与现实》2010年第6期。作者系中国人民大学哲学院教授。

① 《马克思恩格斯全集》第1版第25卷第379页。

马克思对正义的看法真是这样吗？对此我持怀疑态度，因为从我读过的马克思有关正义问题的论著来看，除了上面引用的那段译文以外，就再也见不到什么能够表明马克思持有这种看法的文本依据。这是为什么呢？为了弄清这一问题，我查阅了马克思那段论述的德文原文及其英译文，结果发现，马克思那段论述的德文原文实际上并不含有这种看法，这种看法是中央编译局译文存在的严重误译所导致的。这里需要指出，上面引用的那段论述出自1974年出版的《马克思恩格斯全集》第1版第25卷（以下简称旧译本），而中央编译局在2003年出版的《马克思恩格斯全集》第2版第46卷中（以下简称新译本）对其作了几处小的修改。不过，那些修改都没有涉及我所说的严重误译问题，所以严重误译问题在新译本中依然存在。为了使人们能准确理解马克思那段论述的原意，本文将依据那段论述的德文原文①，并参照英译文②，就新译本对旧译本所作的修改和它们都存在的严重误译问题作出分析，并在此基础上重译马克思的那段论述。

马克思那段论述的德文原文由七句话构成，其中第一句话包含一个注释。以下是从注释开始对中央编译局译文的逐句分析和重译。

注释：德文原文是，"Daβ ein Mann, der Geld borgt, mit der Absicht, Profit davon zu machen, einen Teil des Profits dem Verleiher geben soll, ist ein selbstverständliches Prinzip der natürlichen Gerechtigkeit."英译文是，"That a man who borrows money with a view of making a profit by

---

① 本文引用的德文原文均出自 *Karl Marx Friederich Engels*, Band 25, Berlin: Dietz Verlag, 1959, pp. 351 - 352。

② 本文引用的英译文均出自 *Karl Marx Frederick Engels Collected Works*, Volume 37, London: Lawrence & Wishart, 1998, pp. 337 - 338。

it, should give some portion of his profit to the lender, is a self-evident principle of natural justice."旧译本的译文是:"一个借钱为了获取利润的人,应该把利润的一部分给予贷出者,这是一个不言而喻的合乎自然正义的原则。"新译本的译文是:"一个用借款来牟取利润的人,应该把一部分利润付给贷放人,这是不言而喻的天然正义的原则。"

从德文原文来看,新译本对旧译本的几处改动都是正确的,其中有两处改动尤为必要并值得在这里特别加以说明。一是新译本将旧译本中的"合乎"二字去掉是绝对必要的,这不仅因为德文原文"ist ein selbstverständliches Prinzip der natürlichen Gerechtigkeit"(新译本的译文是"这是不言而喻的天然正义的原则")中原本没有这个词,也没有这种意思,而且还因为加上"合乎"会使人们对德文原文中的 der natürlichen Gerechtigkeit(旧译本译为"自然正义")的含义产生歧义。"是一个自然正义原则"与"是一个合乎自然正义的原则"在意思上存在明显的差异。就注释而言,前者讲的是,"一个借钱为了获取利润的人,应该把利润的一部分给予贷出者"本身是一个自然正义原则;后者讲的是,"一个借钱为了获取利润的人,应该把利润的一部分给予贷出者"本身不是一个自然正义原则,而是一个合乎自然正义的原则。这样说来,旧译文中的"合乎"就不仅留下了它所说的"自然正义"本身的含义是什么这个无论是在这一注释还是在马克思的那段论述中都找不到答案的疑问,而且还留下了一个与如何正确理解马克思那段论述直接相关的疑问:马克思在这一注释出现于其中的第一句话,即"同吉尔巴特一起(见注)说什么自然正义"(旧译本的译文)中讲的"自然正义"是指什么而言?是指"一个借钱为了获取利润的人,应该把利润的一部分给予贷出者"而言?还是指一个借钱为了获取利润的人,应该把利润的一部分给予贷出者所合乎的那种"自然正义"而言?二是新译本将旧译本的"自然正义"改译为"天然正义"也很有必要,因为虽然德文原文"der natürlichen Gerechtigkeit"既可译为"自然正义",也可译为"天然正义",但从其出现的语境来看,其含义是在任何时候、任何情况下都理所当然的正义,因而将其译为"天然正义"更贴切。

注释中的德文原文"selbstverständliches"在旧译本和新译本中都被译为"不言而喻的",而在我看来,应将其译为"不证自明的"。因为虽然"selbstverständliches"本身既有"不言而喻的"的意思,也有"不证自明的"的意思,但就它在这里是形容"天然正义的原则"而言,将其译为"不证自明的"更贴切。

重译的译文是:"一个用借款来牟取利润的人,应该把一部分利润付给贷放人,这是不证自明的天然正义的原则。"

第一句:德文原文是,"Mit Gilbart(siehe Note) von natürlicher Gerechtigkeit hier zu reden, ist Unsinn."英译文是,"To speak here of natural justice, as Gilbart does(see note), is nonsense."旧译本的译文是,"在这里,同吉尔巴特一起(见注)说什么自然正义,这是荒谬的。"新译本的译文是,"在这里,同吉尔巴特一起(见注)说什么天然正义,这是毫无意义的。"

新译本将旧译本中的"自然正义"改译为"天然正义"是对的,理由前边已经讲过。但新译本将旧译本中的"荒谬的"改译为"毫无意义的"则不应该,因为从马克思那段论述的语境和内容来看,他是在"批判"吉尔巴特所说的天然正义,因此,尽管德文原文"Unsinn"既可译为"无意义的",也可译为"荒谬的",但译为"荒谬的"能更准确地体现马克思对吉尔巴特观点的看法。

德文原文中的"hier"在新、旧译本中都被译为"在这里",这从字面上讲没有问题。不过,我认为在这里有必要对"hier"的含义做些说明,因为其含义直接涉及马克思那段论述的语境,对正确理解那段论述具有非常重要的意义。"hier"的含义是什么？要弄清这一问题就得看看马克思那段论述出现的上下文。马克思在那段论述之前先讲了这样一段话："很清楚，100镑的所有权，使其所有者有权把利息，把他的资本生产的利润的一定部分据为己有。如果他不把这100镑交给另一个人，后者就不能生产利润，也就根本不能用这100镑来执行资本家的职能。"① 在那段论述之后接着讲了这样一段话："这100镑作为资本——不管是作为产业资本还是商业资本——执行职能，因而生产20镑的利润。但是，作为资本执行这种职能的必要条件是，把这100镑作为资本支出，也就是说，把货币支付出去购买生产资料（如果是产业资本）或购买商品（如果是商业资本）。但是，这100镑要被支出，就必须已经存在。如果这100镑的所有者A把这100镑用在自己的私人消费上，或者把它们作为贮藏货币保存起来，它们就不能由执行职能的资本家B作为资本支出了。资本家B不是支出自己的资本，而是支出A的资本；但没有A的同意，他就不能支出A的资本。因此，把这100镑最初作为资本支出的实际上是A，虽然他作为资本家执行的全部职能只限于把这100镑作为资本支出。在我们考察这100镑时，B所以会作为资本家执行职能，只是因为A把这100镑交给了他，从而把这100镑作为资本支出了。"② 从这两段话我们可以推断，"hier"的含义是"在谈论产业资本家或商业资本家为什么要把一部分利润付给货币资本家这一问题时"。如果我们再看看马克思那段论述出现于其中的《资本论》第3卷第21章《生息资本》的其他内容，这一含义就更清楚了。

德文原文"Mit Gilbart（siehe Note）von natürlicher Gerechtigkeit hier zu reden"在旧译本和新译本中都被译为"在这里，同吉尔巴特一起

---

① 《马克思恩格斯全集》第2版第46卷第379页。
② 《马克思恩格斯全集》第2版第46卷第379—380页。

（见注）说什么自然正义"。这一译文中的"同吉尔巴特一起"在译法上有问题。因为德文原文"Mit Gilbart"中的"Mit"既可译为"同……一起"，也可译为"以……（什么）方式"，但就它在这里出现的语境来看，应将"Mit Gilbart"译为"像吉尔巴特那样说什么"，因为"同吉尔巴特一起说什么"的译法会引出一个在德文原文中本不存在的问题："谁"同吉尔巴特一起说，是马克思还是其他什么人？这一问题在马克思那段论述中，甚至在那段论述出现的那一章中，都是找不到答案的。此外，将"Mit Gilbart"译为"像吉尔巴特那样说什么"还可从英译文的译法"as Gilbart does"得到佐证。重译的译文是："在这里，像吉尔巴特那样（见注）说什么天然正义是荒谬的。"

第二句话：德文原文是，"Die Gerechtigkeit der Transaktionen, die zwischen den Produktionsagenten vorgehe, beruht darauf, daß diese Transaktionen aus den Produktionsverhältnissen als natürliche Konsequenz entspringen."英译文是，"The justice of the transactions between agents of production rests on the fact that these arise as natural consequences out of the production relationships."旧译本的译文是，"生产当事人之间进行的交易的正义性在于：这种交易是从生产关系中作为自然结果产生出来的。"新译本的译文与旧译本的译文完全一样。

中央编译局译文存在的严重误译问题，就是从这句话开始的。

第一，这句话中的德文原文"Die Gerechtigkeit der Transaktionen, die zwischen den Produktionsagenten vorgehn"在新、旧译本中都被译为"生产当事人之间进行的交易的正义性"。由于这种译法没有将德文原文中的"Die Gerechtigkeit"（这种正义性）和"der Transaktionen"（这些交易）的特定含义译出，因而，它的译文"生产当事人之间进行的交易"，就只能理解为"泛指的生产当事人之间进行的任何买卖"，与此相应,"生产当事人之间进行的交易的正义性",就只能理解为"泛指的生产当事人之间进行的任何买卖的正义性"。这是对德文原文的严重误译。从德文原文"Die Gerechtigkeit der Transaktionen, die zwischen den Produktionsagenten vorgehn"出现的语境来看,它是紧接着前边第一句话讲的,那么,按照德语中定冠词的用法和形式逻辑的同一律规则,这里的"Die Gerechtigkeit",指的就是前边第一句德文原文"Mit Gilbart (siehe Note) von natürlicher Gerechtigkeit hier zu reden, ist Unsinn."[重译的译文是:在这里,像吉尔巴特那样(见注)说什么天然正义是荒谬的]中的"Gerechtigkeit"(正义),而第一句德文原文中的"Gerechtigkeit"(正义)与注释的德文原文"Daβ ein Mann, der Geld borgt, mit der Absicht, Profit davon zu machen, einen Teil des Profits dem Verleiher geben soll, ist ein selbstverständliches Prinzip der natürlichen Gerechtigkeit."(重译的译文是:一个用借款来牟取利润的人,应该把一部分利润付给贷放人,这是不证自明的天然正义的原则)中的"Gerechtigkeit"(正义)是同一概念,因此,这里的德文原文"Die Gerechtigkei"实际上指的吉尔巴特说的"正义性",即注释中讲的用借款来牟取利润的人"应该"把一部分利润付给贷放人。与此相应,这里的德文原文"der Transaktionen, die zwischen den Produktionsagenten vorgehn"(生产当事人之间进行的交易)指的就是吉尔巴特说的"用借款来牟取利润的人"和"贷放人"之间进行的前者把一部分利润付给后者的交易。因此,这里的德文原文"Die Gerechtigkeit der Transaktionen, die zwischen den Produktionsagenten vorgehn"应译为"这种生产当事人之间进行的交易的正义性",其含义是吉尔巴特说的用借款来牟取利润的人和贷放人之间进行的前者把一部分利润付给后者的交易的正义性。

第二,中央编译局的译文"生产当事人之间进行的交易的正义性"

与第一句德文原文中"hier"（在这里）的含义相冲突。前边表明，"hier"的含义是"在谈论产业资本家或商业资本家为什么要把一部分利润付给货币资本家时"，这样说来，只有将德文原文"Die Gerechtigkeit der Transaktionen, die zwischen den Produktionsagenten vorgehn"译为"这种生产当事人之间进行的交易的正义性"，即意指吉尔巴特说的"用借款来牟取利润的人"和"贷放人"之间进行的交易的正义性，才能同"hier"的含义相一致。由于中央编译局的译文将那句德文原文译为"生产当事人之间进行的交易的正义性"，从而使其中的"der Transaktionen, die zwischen den Produktionsagenten vorgehn"意指"泛指的生产当事人之间进行的任何买卖"，这种译法显然与"hier"的含义相矛盾。

第三，中央编译局的译文将德文原文"Die Gerechtigkeit der Transaktionen, die zwischen den Produktionsagenten vorgehn"译为"生产当事人之间进行的交易的正义性"，还使其中的"正义性"成了一个无法理解的概念。前边表明，德文原文"Die Gerechtigkeit"指的吉尔巴特说的"正义性"，其含义是用借款来牟取利润的人"应该"把一部分利润付给贷放人。中央编译局译文中的"正义性"的含义又是什么呢？从字面上讲，它指的是生产当事人之间进行的交易的正义性，但如果生产当事人之间进行的交易只能理解为"泛指的生产当事人之间进行的任何买卖"，那这种交易本身就不含有特定的"应该"的内容，而如果不含有特定的"应该"的内容，那这种交易的"正义性"是指什么而言呢？

第四，与上述误译相关，中央编译局的译文接下来将德文原文"daβ diese Transaktionen aus den Produktionsverhältnissen als natürliche Konsequenz entspringen"译为"这种交易是从生产关系中作为自然结果产生出来的"，这种译法也存在严重的误译。首先，它将德文原文中的"diese Transaktionen"译为"这种交易"，其含义仍是"泛指的生产当事人之间进行的任何买卖"。前边表明,"der Transaktionen, die zwischen den Produktionsagenten vorgehn"的含义是吉尔巴特说的"用借款来牟取利润的人"和"贷放人"之间进行的交易,由于德文原文"diese Transaktionen"是接着"der Transaktionen, die zwischen den Produktionsagenten vorgehn"出现的,而且是以复数形式出现的,因此,应将其译为"这些交易",其含义仍是吉尔巴特说的那些用借款来牟取利润的人和贷放人之间进行的交易。其次,它将德文原文中的"den Produktionsverhältnissen"译为"生产关系"虽然从字面上讲没有问题,但它赋予"生产关系"的含义却有问题。前边指出,它将德文原文"diese Transaktionen"译为"这种交易",其含义是"泛指的生产当事人之间进行的任何买卖",由此说来,当它将"den Produktionsverhältnissen"出现于其中的德文原文"daß diese Transaktionen aus den Produktionsverhältnissen als natürliche Konsequenz entspringen"译为"这种交易是从生产关系中作为自然结果产生出来的"时,其译的"生产关系"就只能理解为"泛指的生产关系",因为从逻辑上讲,"泛指的生产当事人之间进行的任何买卖"只能从"泛指的生产关系"中作为自然结果产生出来。前边表明,"diese Transaktionen"应译为"这些交易",其含义是吉尔巴特说的用借款来牟取利润的人和贷放人之间进行的交易,因此,德文原文"daß diese Transaktionen aus den Produktionsverhältnissen als natürliche Konsequenz entspringen"虽应译为"这些交易是从生产关系中作为自然结果产生出来的",但其中的"生产关系"的含义却不是"泛指的生产关系",而是"特指的生产关系",这不仅因为德文原文"Produktionsverhältnissen"前有定冠词"den",而且还因为"这些交易",即吉尔巴特所说的那些交易,只能从特指的生产关系中作为自然结果产生出来。而特指的生产关系,即"这些交易"从中作为自然结果产生出来的生产关系,实际上就是资本主义生产关系,这一点从马克思那段论述的上下文看得十分清楚。

第五，中央编译局的译文将作为连词的德文原文"beruht darauf"译为"在于"，这从字面上讲也没有错。那"在于"的含义是什么呢？从其出现的语境分析，是"取决于"。这样说来，由它连接起来的整个第二句译文其含义就是：泛指的生产当事人之间进行的任何买卖的正义性取决于：这种买卖是从生产关系中作为自然结果产生出来的。我认为，将"beruht darauf"译为"在于"是不准确的，不过，因为由它连接的前后两部分译文都存在严重误译，我这里就不再对这一译法本身的问题作进一步分析了。

在我看来，"beruht darauf"既可译为"在于……"，也可译为"基于……"，但就它在这里出现的语境来看，应将它译为"基于……"。从前边讲过的第一句话，即"在这里，像吉尔巴特那样（见注）说什么天然正义是荒谬的"及注释可以推断，马克思的第二句话是要批判吉尔巴特的"天然正义"的谬论。那马克思是如何批判吉尔巴特的这一谬论呢？将前边分析过的第二句话的那些德文原文联系起来就不难看出，马克思的第二句话是要表明，吉尔巴特所说的"正义"只是他讲的用借款来牟取利润的人和贷放人之间进行的前者把一部分利润付给后者的交易的"正义性"，而这些交易本身是从特指的生产关系（资本主义生产关系）中作为自然结果产生出来的，这就意味着，离开了特指的生产关系，就不会有吉尔巴特所说的那些交易，而没有那些交易，也就不会有他所说的"正义"，因此，吉尔巴特所说的"正义"并不是"天然的"，而是以特指的生产关系为基础的。这样说来，由于马克思的第二句话是要表明，吉尔巴特所说的"正义"，实际上是以他讲的那些交易是从特指的生产关系中作为自然结果产生出来的这一事实为基础的，因而，应将"beruht darauf"译为"基于"，这样，由它连接起来的整个第二句译文就是：这种生产当事人之间进行的交易的正义性基于这一事实：这些交易是从生产关系中作为自然结果产生出来的。这种译法还可从英译文的译法——The justice of the transactions between agents of production "rests on the fact" that these arise as natural consequences out of the production relationships 得到佐证。

第六，中央编译局译文的严重误译还体现在，它的译文"生产当事人之间进行的交易的正义性在于：这种交易是从生产关系中作为自然结果产生出来的"，含有这是马克思本人对正义的看法的意思。因为如果"生产当事人之间进行的交易"只能理解为泛指的生产当事人之间进行的任何买卖，那它就不是吉尔巴特所说的那些交易，而如果不是吉尔巴特所说的那些交易，那就只能理解为是马克思所说的交易，而如果是马克思所说的交易，那"生产当事人之间进行交易的正义性"就只能理解为马克思所说的"生产当事人之间进行交易的正义性"。因此，中央编译局的这句译文使人只能作这样的理解：马克思认为，"生产当事人之间进行的交易的正义性在于：这种交易是从生产关系中作为自然结果产生出来的"。这种含义无疑是由前边讲过的那些严重误译所导致的，如果那些误译被纠正，这种含义也就不存在了。

重译的译文是："这种生产当事人之间进行的交易的正义性基于这一事实：这些交易是从生产关系中作为自然结果产生出来的。"

第三、四句：德文原文是，"Die juristischen Formen, worin diese ökonomischen Transaktionen als Willenshandlungen der Beteiligten, als Äußerungen ihres gemeinsamen Willens und als der Einzelpartei gegenüber von Staats wegen erzwingbare Kontrakte erscheinen, konnen als bloβe Formen diesen Inhalt selbst nicht bestimmen. Sie drücken ihn nur aus."英译文是，"The juristic forms in which these economic transactions appear as willful acts of the parties concerned, as expressions of their common will and as contracts that may be enforced by law against some individual party, cannot, being mere forms, determine this content. They merely express it."中央编译局新、旧译本的译文都是,"这种经济交易作为当事人的意志行为,作为他们的共同意志的表示,作为可以由国家强加给立约双方的契约,表现在法律形式上,这些法律形式作为单纯的形式,是不能决定这个内容本身的。这些形式只是表示这个内容。"

中央编译局的译文将德文原文"diese ökonomischen Transaktionen"译为"这种经济交易",其含义仍是"泛指的生产当事人之间进行的任何买卖",这是前边讲过的误译的继续。前边表明,第二句话中的德文原文"diese Transaktionen"指的是吉尔巴特所说的那些用借款来牟取利润的人和贷放人之间进行的前者把一部分利润付给后者的交易,按照德语中定冠词的用法和形式逻辑的同一律规则,第三句话中的德文原文"diese ökonomischen Transaktionen"虽多了一个形容词"ökonomischen"(经济的),但与前面第二句话中的"diese Transaktionen"仍是同一概念(马克思为什么在这里要加上"经济的"这一形容词及其意义,我下面再做进一步的说明),此外,"diese ökonomischen Transaktionen"在这里也是以复数形式出现的,因此,应将它译为"这些经济交易",其含义仍是吉尔巴特所说的那些交易。此外,中央编译局的译文将德文原文"diesen Inhalt"译为"这个内容"虽然从字面上讲没有问题,但由于其含义来自"这种经济交易",因而它意指的也是"泛指的生产当事人之间进行的任何买卖",这仍是上述误译的继续。前边表明,"diese ökonomischen Transaktionen"应译为"这些经济交易",其含义是吉尔巴特所说那些交易,与此相应,"diesen Inhalt"虽应译为"这个内容",但其含义也是吉尔巴特所说的那些交易,即用借款来牟取利润的人和贷放人之间进行的前者把一部分利润付给后者的交易。

从前边讲过的第二句话,即"这种生产当事人之间进行的交易的正义性基于这一事实：这些交易是从生产关系中作为自然结果产生出来的"可以看出，其中两次出现的"交易"前面都没有"经济的"形容词。那马克思为什么要在第三句话中的"交易"前面加上形容词"经济的"呢？前边指出，按照德语中定冠词的用法和形式逻辑的同一律规则，第三句话中出现的"经济交易"与第二句话中出现的"交易"是同一概念，而这意味着，第二句话讲的"交易"实际上也就是第三句话讲的"经济交易"，只不过是"经济交易"的简略表述罢了。如果这一推论能够成立，那马克思在第三句话加上"经济的"形容词，就只能理解为他在这里要进而突出一下"交易"的"经济"特征。马克思为什么要这样做？我认为，他是要对第二句话讲的"这些交易是生产关系中作为自然结果产生出来的"作进一步说明。

前边指出，马克思的第二句话是要表明，吉尔巴特所说的"正义"只是他讲的那些交易的"正义性"，而那些交易是从资本主义生产关系中作为自然结果产生出来的。马克思的第三、四句话讲的是：这些经济交易作为当事人的意志行为，作为他们的共同意志的表示，作为可以由国家强加给立约双方的契约，表现在法律形式上，这些法律形式作为单纯的形式，是不能决定这个内容本身的；这些形式只是表示这个内容。马克思为什么要在第二句话之后进而论述这些"经济交易"即"这个内容"和它的"法律形式"的关系？我认为，这是因为吉尔巴特所说的"天然正义原则"只讲"一个用借款来牟取利润的人，应该把一部分利润付给贷放人"，即只涉及从法律手续上讲的"资本由贷出者手中转到借入者手中"和"资本的偿还"，而不涉及这中间的资本的现实运动，即用借款来牟取利润的人把从贷放人那里得到的作为货币资本的贷款投入现实的生产过程——把货币支付出去购买生产资料（如果是产业资本）或购买商品（如果是商业资本）并获得利润，从而使人觉得他们之间的交易不是"从生产关系中作为自然结果产生出来的"，而是由他们之间交易的法律形式所决定的。这是马克思之所以要在第三句话中的"交易"前面加上形容词"经济的"原因。马克思这样做是要强调，吉尔巴特说的借款来牟取利润的人和贷放人之间进行的交易，实际上是"经济"交易，因为前者要把从后者得到的作为货币资本的贷款投入现实的生产过程并获得利润，然后才能把获得的一部分利润付给后者。因此，这些"经济"交易虽然"作为当事人的意志行为，作为他们的共同意志的表示，作为可以由国家强加给立约双方的契约，表现在法律形式上"，但这些"法律形式"只是表示而不能决定"这个内容"，因为这个内容即"这些经济交易"是从生产关系中作为自然结果产生出来的。为了证实我的上述推断，我这里愿再引用马克思在他那段论述之后讲的两段话。第一段话："第一次支出，使资本由贷出者手中转到借入者手中，这是一个法律上的交易手续，它与资本的现实的再生产过程无关，只是为这个再生产过程做了准备。资本的偿还，使流回的资本再由借入者手中转到贷出者手中，这是第二个法律上的交易手续，是第一个交易手续的补充。一个是为现实过程做了准备，另一个则是发生在现实过程之后的补充行为。因此，借贷资本的出发点和复归点，它的放出和收回，都表现为任意的、以法律上的交易为中介的运动，它们发生在资本现实运动的前面和后面，同这个现实运动本身无关。"① 这就表明，吉尔巴特说的借款来牟取利润的人和贷放人之间进行的交易，虽然要以法律上的交易手续为中介，或者用马克思的话来说，"借贷资本的出发点和复归点，它的放出和收回，都表现为任意的、以法律上的交易为中介的运动"，但这"发生在资本现实运动的前面和后面，同这个现实运动本身无关"。第二段论述："货币作为资本贷放——以在一定时期以后流回为条件而放出货币——要有一个前提：货币实际上会当做资本使

---

① 《马克思恩格斯全集》第 2 版第 46 卷第 389 页。

用,实际上会流回到它的起点。因此,货币作为资本进行的现实的循环运动,就是借入者必须把货币偿还给贷出者的那种法律上的交易的前提。"① 这就表明,吉尔巴特所说的借款来牟取利润的人和贷放人之间进行的交易,是以货币实际上会当做资本使用为前提的。结合马克思的这两段论述再来回过头来看他的第三句话,我们就可以知道,他之所以要在第三句话的"交易"之前加上"经济的"形容词,并进而论述这些经济交易的"法律形式"是不能决定"这个内容"的,目的就是为了进一步说明"这些交易是从生产关系中作为自然结果产生出来的"。

中央编译局的"这种经济交易"的误译,还导致了它与第三句话中讲的"作为当事人的意志行为,作为他们的共同意志的表示,作为可以由国家强加给立约双方的契约,表现在法律形式上"相冲突。前边表明,"这种经济交易"的含义是"泛指的生产当事人之间进行的任何买卖",而"泛指的生产当事人之间进行的任何买卖"并不都会"作为当事人的意志行为,作为他们的共同意志的表示,作为可以由国家强加给立约双方的契约,表现在法律形式上",例如,封建社会中很多生产当事人之间进行的买卖就不存在这种情况。这反过来表明,只有将"diese ökonomischen Transaktionen"译为"这些经济交易",即意指吉尔巴特所说的那些用借款来牟取利润的人和贷放人之间进行的前者把一部分利润付给后者的交易,才能与第三句话讲的"作为当事人的意志行为,作为他们的共同意志的表示,作为可以由国家强加给立约双方的契约,表现在法律形式上"协调一致。

重译的译文是:"这些经济交易作为当事人的意志行为,作为他们的共同意志的表示,作为可以由国家强加给立约双方的契约,表现在法律形式上,这些法律形式作为单纯的形式,是不能决定这个内容本身

---

① 《马克思恩格斯全集》第 2 版第 46 卷第 391 页。

的。这些形式只是表示这个内容。"

第五、六句：德文原文是："Dieser Inhalt ist gerecht, sobald er der Produktionsweise entspricht, ihr adäquat ist. Er ist ungerecht, sobald er ihr widerspricht."英译文是，"This content is just whenever it corresponds, is appropriate, to the mode of production. It is unjust whenever it contradicts that mode."中央编译局新、旧译本的译文都是，"这个内容，只要与生产方式相适应，相一致，就是正义的；只要与生产方式相矛盾，就是非正义的。"

仅从字面上看，中央编译局的这两句译文似乎不存在什么误译问题。然而，只要我们对它们的含义稍做分析，其误译的问题就暴露出来。让我们先来分析第五句。

第一，中央编译局的译文将德文原文"Dieser Inhalt"译为"这个内容"，这从字面上讲没有错，但它在这里的含义仍是"泛指的生产当事人之间进行的任何买卖"，因而是上述误译的继续。前边表明，第三、四句话的德文原文"diesen Inhalt"（这个内容）指的是吉尔巴特所说的那些交易，按照德语中定冠词的用法和形式逻辑的同一律规则，第五句话的德文原文"Dieser Inhalt"（这个内容）与第三、四句话的德文原文"diesen Inhalt"是同一概念，因此，其含义也是吉尔巴特说的那些借款来牟取利润的人和贷放人之间进行的前者把一部分利润付给后者的交易。

第二，中央编译局的译文将德文原文"der Produktionsweise"译为"生产方式"，这从字面上讲也没有错。那"生产方式"在这里的含义是什么呢？从这段译文来看，由于它是相对"这个内容"，即相对"泛指的生产当事人之间进行的任何买卖"而言的，因此，它的含义只能是泛指的生产方式。前边表明，第五句话的德文原文"Dieser Inhalt"（这个内容)指的是吉尔巴特所说的那些交易,因此,这里的德文原文"der Produktionsweise"虽应译为"生产方式",但其含义却不是泛指的生产方式,而是特指的生产方式,即资本主义生产方式,这不仅因为"Produktionsweise"之前有定冠词"der",还因为它是相对吉尔巴特所说的那些借款来牟取利润的人和贷放人之间进行的前者把一部分利润付给后者的交易而言的。

第三,中央编译局的译文将德文原文"entspricht, ihr adäquat ist"译为"相适应,相一致"从字面上讲也没错,但其含义却让人无法理解。前边表明,它译的"这个内容"其含义是"泛指的生产当事人之间进行的任何买卖",它译的"生产方式"其含义是"泛指的生产方式",这样说来,它的译文这个内容与生产方式"相适应,相一致",指的就是泛指的生产当事人之间进行的任何买卖与生产方式的"相适应,相一致"。这里讲的"相适应,相一致"是指什么而言呢?从这句译文本身显然找不到理解其含义的任何依据。那从马克思的其他论著中能否找到理解其含义的相关依据呢?也不能,因为马克思在其论著中就从未有过关于"泛指的生产当事人之间进行的任何买卖"与"生产方式"的关系的论述,更不用说有关它们之间的"相适应,相一致"的论述了。

那这个内容与生产方式"相适应,相一致"的含义是什么呢?我认为,其含义是这个内容(吉尔巴特说的那些借款来牟取利润的人和贷放人之间进行的前者把一部分利润付给后者的交易)是从生产方式(特指的生产方式即资本主义生产方式)中"作为自然结果产生出来的"。前边指出,马克思的第二句话是要表明,吉尔巴特所说的那些交易的正义性不是"天然的",因为那些交易是从特指的生产关系(资本主义生产关系)中作为自然结果产生出来。他的第三、四句话是对第二句话中的"那些交易是从生产关系中作为自然结果产生出来的"的进一步说明，即这个内容虽然是通过法律形式表现出来的，但这些法律形式不能决定这个内容。如果以此作为理解第五句话讲的这个内容与生产方式"相适应，相一致"的含义的线索，那我们就可作出这样的推论：由于第五句话讲的"这个内容"也就是第二句话讲的"这些交易"，第五句话讲的"生产方式"与第二句话讲的生产关系是同义语（为什么是"同义语"我在下面再作解释），因此，第五句话讲的这个内容与生产方式"相适应，相一致"，不过是对第二句话讲的这些交易是从生产关系中"作为自然结果产生出来的"的另一种表述。说到这里需要指出，在我看来，虽然德文原文"entspricht, ihr adäquat ist"可译为"相适应，相一致"，但就这里的语境而言，将其译为"相符合，相适宜"更贴切。那为什么说第二句话的"生产关系"与第五句话的"生产方式"是"同义语"呢？在我看来，"生产关系"和"生产方式"这两个概念在马克思的著作中虽然在含义上存在差别，但就它们在这里出现的语境而言，即它们在这里都是作为使吉尔巴特说的那些交易得以产生的"基础"而言，它们可被视为同义语。换句话说，第五句话讲的"生产方式"与第二句话讲的"生产关系"一样，意指的都是使吉尔巴特说的那些交易得以产生的"基础"。至于马克思为什么在第二句话使用"生产关系"概念，而在第五句话使用"生产方式"概念，这一问题与我们当下讨论的主题无直接关系，因而可以放在一边。①

第四，中央编译局的译文将德文原文"gerecht"译为"正义的"，从字面上讲也没有错。那"正义的"含义又是什么？从这段译文来看，它指的是泛指的生产当事人之间进行的任何买卖与生产方式"相适应，相一致"的情况。前边表明，在注释中出现的德文原文"Gerechtigkeit"、在第一句

---

① 关于这一问题，我在一篇题为《对生产力、生产方式和生产关系概念的再考察》的论文中曾有涉及，此文发表在《马克思主义研究》1995年第3期。

出现的德文原文"Gerechtigkeit"和在第二句出现的德文原文"Gerechtigkeit",指的都是吉尔巴特所说的"正义",即那些用借款来牟取利润的人"应该"把一部分利润付给贷放人。这样说来,由于在第五句中出现的"gerecht"不过是在前边几句话出现的"Gerechtigkeit"的形容词形式,因此,其含义应是吉巴特说的"正义的",即那些用借款来牟取利润的人把一部分利润付给贷放人是"应该的"。

第五,中央编译局的译文将作为连词的德文原文"sobald"译为"只要……就",将由它连接起来的德文原文"Dieser Inhalt ist gerecht, sobald er der Produktionsweise entspricht, ihr adäquat ist. Er ist ungerecht, sobald er ihr widerspricht"译为"这个内容,只要与生产方式相适应,相一致,就是正义的",这从字面上讲也没有错,但含义却有问题,因为它含有这是马克思本人对正义的看法的意思。前边表明,中央编译局译的"这个内容"其含义是泛指的生产当事人之间进行的任何买卖,即不是吉尔巴特所说的那些经济交易,而如果不是吉尔巴特所说的那些交易,那就只能理解为是马克思所说的交易,而如果是马克思所说的交易,那其译文"这个内容,只要与生产方式相适应,相一致,就是正义的",就含有这种意思:马克思认为,泛指的生产当事人之间进行的任何买卖,只要与生产方式相适应,相一致,就是正义的。这种意思无疑也是由前边讲过的那些误译所导致的。

此外,在我看来,虽然德文原文"sobald"的含义是"一……就……",意指两事在时间上前后紧接,但从它出现的语境并参照英译文"whenever"的译法,应将其译为"只是在……时"。前边表明,马克思的第二句话讲的是,"这种生产当事人之间进行的交易的正义性基于这一事实:这些交易是从生产关系中作为自然结果产生出来的"。将第二句话与第五句话相对照,我们可以发现,马克思第五句话讲的"这个内容",也就是第二句话讲的吉尔巴特所说的那些借款来牟取利润的人和贷放人之间进行的前者把一部分利润付给后者的交易；马克思第五句话讲的"正义的"则是第二句话讲的"正义性"的形容词形式，其含义是吉尔巴特说的"正义的"，即那些用借款来牟取利润的人把一部分利润付给贷放人是"应该的"；马克思第五句话讲的这个内容与生产方式"相符合，相适宜"，是第二句话讲的这些交易是从生产关系中"作为自然结果产生出来的"的另一表述方式。由此我们可以推论，由于第五句的"sobald"对应是第二句的"基于"，因而应将其译为"只是在……时"。所以，第五句话就应译为："这个内容是正义的，只是在它与生产方式相符合，相适宜时"。这里需要强调指出，由于第五句话讲的"这个内容"和"正义的"指的都是吉尔巴特说的"这个内容"和"正义的"，因此，"这个内容是正义的"就不能理解为是马克思说的，而只能理解为是吉尔巴特说的。这样说来，第五句话的含义是，吉尔巴特说这个内容是正义的，只是在它与生产方式（资本主义生产方式）相符合、相适宜时。

再看第六句译文。中央编译局的译文将德文原文"Er ist ungerecht, sobald er ihr widerspricht."译为"只要与生产方式相矛盾，就是非正义的"，这从字面上讲也不存在什么误译的问题，但在含义上却有问题，即它也含有这是马克思本人对正义的看法的意思。由于其问题与第五句译文的问题相同，我这里就不再重述了。

重译的译文是："这个内容是正义的，只是在它与生产方式相符合，相适宜时；这个内容是非正义的，只是在它与生产方式相矛盾时。"

第七句：德文原文是，"Sklaverei, auf Basis der kapitalistischen Produktionsweise, ist ungerecht; ebenso der Betrug auf die Qualität der Ware."英译文是，"Slavery on the basis of capitalist production is unjust; likewise fraud in the quality of commodities."中央编译局的新、旧译本的译

文都是,"在资本主义生产方式的基础上,奴隶制是非正义的;在商品质量上弄虚作假也是非正义的。"

中央编译局译文的误译首先表现在,这里的德文原文"Sklaverei"应译为"奴隶般的劳动",而不应译为"奴隶制"。因为"Sklaverei"虽然可译为奴隶制,但奴隶制指的是一种社会经济制度,而在资本主义生产方式基础上根本就不可能存在奴隶制,因此,说"在资本主义生产方式的基础上,奴隶制是非正义的",这话本身就讲不通。而"奴隶般的劳动",即把劳动者当做奴隶使用,却是资本主义时代,特别是在马克思生活的那个时期依然存在的现象。此外,"Sklaverei"在这里是与"der Betrug auf die Qualität der Ware"(在商品质量上弄虚作假)相对应的,它指的也应是资本主义社会存在的一种具体情况,因此,应将其译为"奴隶般的劳动"而不应译为"奴隶制"。中央编译局译文的误译还表现在,这里的德文原文"Sklaverei, auf Basis der kapitalistischen Produktionsweise, ist ungerecht"应译为"基于资本主义生产方式的奴隶般的劳动是非正义的",因为"auf Basis der kapitalistischen Produktionsweise"(基于资本主义生产方式)是修饰"Sklaverei"(奴隶般的劳动)的定语,而不是修饰"奴隶般的劳动是非正义的"的状语。

除上述误译外,与第五、六句的情况一样,中央编译局的第七句译文也含有这样的意思:马克思认为,在资本主义生产方式的基础上,奴隶制是非正义的;在商品质量上弄虚作假也是非正义的。按照形式逻辑的同一律规则,第七句话中的德文原文"ungerecht"(非正义的)与第六句话中的德文原文"ungerecht"是同一概念。从语境上看,第七句话是对第六句话的进一步说明,说得更确切一点,是为第六句话提供两个例证。前边表明,第六句话含义是,这个内容是非正义的,只是在它与资本主义生产方式相矛盾时。这样说来,第七句话的含义就是,例如,基于资本主义生产方式的奴隶般的劳动是非正义的，在商品质量上弄虚作假也是非正义的，因为它们都与作为其基础的资本主义生产方式相矛盾。这样说来，第七句话就没有中央编译局译文含有的那种意思。

重译的译文是：基于资本主义生产方式的奴隶般的劳动是非正义的，在商品质量上弄虚作假也是非正义的。

把我上面逐句重译的译文合在一起就是：在这里，像吉尔巴特那样（见注）说什么天然正义是荒谬的。这种生产当事人之间进行的交易的正义性基于这一事实：这些交易是从生产关系中作为自然结果产生出来的。这些经济交易作为当事人的意志行为，作为他们的共同意志的表示，作为可以由国家强加给立约双方的契约，表现在法律形式上，这些法律形式作为单纯的形式，是不能决定这个内容本身的。这些形式只是表示这个内容。这个内容是正义的，只是在它与生产方式相符合，相适宜时；这个内容是非正义的，只是在它与生产方式相矛盾时。基于资本主义生产方式的奴隶般的劳动是非正义的，在商品质量上弄虚作假也是非正义的。（注释：一个用借款来牟取利润的人，应该把一部分利润付给贷放人，这是不证自明的天然正义的原则。）

不难看出，除了对一些德文原文的不同译法以外，我的译文在含义上与中央编译局的译文存在巨大差别，这集中体现在马克思是如何批判吉尔巴特说的"天然正义"这一问题上。我的译文表明，马克思指出并论证了吉尔巴特说的"正义"是用借款来牟取利润的人和贷放人之间进行的前者把一部分利润付给后者的交易的正义性，而这些交易只是从资本主义生产关系中作为自然结果产生出来的，因此，吉尔巴特说的"正义"根本不是什么"天然正义"。中央编译局的译文则让人只能作这样的理解：马克思对吉尔巴特说的"天然正义"的批判，只体现在马克思另提出了自己的正义观点，即只要与生产方式相适应，相一致，就是正义的；只要与生产方式相矛盾，就是非正义的。

上述差别实际上涉及到一个更具根本性的问题：正义在马克思的论著中是一种价值判断还是一种事实判断。从我读过的马克思有关正义问题的论著来看，正义只是一种价值判断，进而言之，不同的社会集团对什么是正义往往持有不同的看法。例如，在批评拉萨尔的"公平的分配"的主张时，马克思说："什么是'公平的'分配呢？难道资产者不是断言今天的分配是'公平'的吗？……难道各种社会主义宗派分子关于'公平的'分配不是也有各种极不相同的观念吗？"① 再如，针对当时工人运动中流行的"做一天公平的工作，得一天公平的工资"的口号，马克思说："在雇佣劳动制度的基础上要求平等的或仅仅是公平的报酬，就犹如在奴隶制的基础上要求自由一样。你们认为公道和公平的东西，与问题毫无关系。问题就在于：一定的生产制度所必需的和不可避免的东西是什么？"② 而中央编译局的译文却含有正义在马克思那里是一种事实判断的意思：只要与生产方式相适应，相一致，就是正义的；只要与生产方式相矛盾，就是非正义的。这一更具根本性的问题是我们当前研究马克思正义思想必须予以解决的问题，也是我为什么对中央编译局的那段译文提出质疑的原因，希望能得到中央编译局同志的回应。

---

① 《马克思恩格斯选集》第 2 版第 3 卷第 302 页。
② 《马克思恩格斯选集》第 2 版第 2 卷第 76 页。

关于马克思《资本论》第三卷一段论述的理解与翻译

——对段忠桥教授质疑的回应*

李其庆

一、问题的提出

马克思在《资本论》第三卷第21章《生息资本》中，有一段关于正义问题的论述："在这里，同吉尔巴特一起（见注）说什么天然正义，这是毫无意义的。生产当事人之间进行的交易的正义性在于：这种交易是从生产关系中作为自然结果产生出来的。这种经济交易作为当事人的意志行为，作为他们的共同意志的表示，作为可以由国家强加给立约双方的契约，表现在法律形式上，这些法律形式作为单纯的形式，是不能决定这个内容本身的。这些形式只是表示这个内容。这个内容，只要与生产方式相适应，相一致，就是正义的；只要与生产方式相矛盾，就是非正义的。在资本主义生产方式的基础上，奴隶制是非正义的；在商品质量上弄虚作假也是非正义的。"① 中国人民大学哲学院段忠桥教授在《马克思认为"与生产方式相适应，相一致就是正义的"吗？——对中央编译局〈资本论〉第三卷一段译文的质疑与重译》② 一

---

* 本文选自《马克思主义与现实》2011年第1期。作者系中央编译局研究员。
① 《马克思恩格斯文集》人民出版社2009年版第7卷第379页。
② 见《马克思主义与现实》2010年第6期第30—38页。

文（以下简称"段文"）中，对这段论述的译文提出质疑。他认为这段译文存在一系列"严重误译"，从而导致了对马克思正义思想的误解。这种误解可以归结为这样一个命题："马克思认为只要与生产方式相适应，相一致，就是正义的；只要与生产方式相矛盾，就是非正义的。""段文"对这个命题提出疑问。

"段文"的质疑意见涉及对原文的理解和翻译两个方面的问题。对原文的正确理解是翻译的基础，只有读懂弄通原文才谈得到翻译。本来我们的讨论应该从解读原文开始，但是由于"段文"认为这段论述的译文属"严重误译"，那么我们在这个译文的基础上所作的解读，对"段文"就缺乏说服力，因此，我们的讨论只能从翻译问题开始。

二、译文正确，没有"严重误译"

接读"段文"的质疑意见后，我们对照原文并参考英译文[①]和法

---

① 马克思这段论述的英译文是："To speak here of natural justice, as Gilbart does (see note), is nonsense. The justice of the transactions between agents of production rests on the fact that these arise as natural consequences out of the production relationships. The juristic forms in which these economic transactions appear as wilful acts of the parties concerned, as expressions of their common will and as contracts that may be enforced by law against some individual party, cannot, being mere forms, determine this content. They merely express it. This content is just whenever it corresponds, is appropriate, to the mode of production. It is unjust whenever it contradicts that mode. Slavery on the basis of capitalist production is unjust; likewise fraud in the quality of commodities."（Karl Marx, *Capital*, Volume III, Lawrence & Wishart, London, 1998, pp. 337 – 338）

译文①对中译文作了认真的审核,没有发现"段文"所说的"严重误译"。现在,我们就按照"段文"的排列顺序对这些"严重误译"作一辨析。

1."段文"认为,中央编译局译文"生产当事人之间进行的交易的正义性在于:这种交易是从生产关系中作为自然结果产生出来的"存在严重误译。这句话中的德文原文"Die Gerechtigkeit der Transaktionen, die zwischenden Produktionsagenten vorgehn"被译为"生产当事人之间进行的交易的正义性"。由于这种译法没有将德文原文中的"Die Gerechtigkeit"(这种正义性)和"der Transaktionen"(这些交易)的特定含义译出,因而,它的译文"生产当事人之间进行的交易",就只能理解为"泛指的生产当事人之间进行的任何买卖",与此相应,"生产当事人之间进行的交易的正义性",就只能理解为"泛指的生产当事人之间进行的任何买卖的正义性"。从德文原文"Die Gerechtigkeit der Transaktionen, die zwischenden Produktionsagenten vorgehn"出现的语境

---

① 马克思这段论述的法译文是:"Parler ici d'équité naturelle comme le fait Gilbart (voir la note) est absurde. L'équité des transactions qui s'opèrent entre les agents de la production repose sur le fait que ces transactions découlent comme une conséquence naturelle, des rapports de production. Les formes juridiques dans lesquelles ces transactions économiques se présentent comme des actes délibérés de la part des intéressés, comme manifestation de leur volonté commune et comme des contrats dont on peut également imposer l'exécution à l'autre contractant, ne peuvent pas en tant que simples formes, déterminer le contenu lui-même. Elles se bornent à l'exprimer. Ce contenu est équitable dès l'instant qu'il correspond au mode de production qu'il lui est adéquat. Il est injuste dès qu'il est en contradiction avec ce mode de production. Au stade de la production capitaliste, l'esclavage est injuste, tout comme la trom – perie sur la qualité de la marchandise."(Karl Marx, *Le Capital*, livre troisième, deuxième partie, Edition sociale, Paris, 1959, p. 8)

来看，它是紧接着前边第一句话讲的，那么，按照德语中定冠词的用法和形式逻辑的同一律规则，这里的"Die Gerechtigkeit"，指的就是前边第一句德文原文"Mit Gilbart（siehe Note）von natürlicher Gerechtigkeit hier zu reden, ist Unsinn"中的"Gerechtigkeit"（正义），而第一句德文原文中的"Gerechtigkeit"（正义）与注释的德文原文"Daβ ein Mann, der Geld borgt, mit der Absicht, Profit davon zu machen, einen Teil des Profits dem Verleiher geben soll, ist ein selbstverständliches Prinzip der natürlichen Gerechtigkeit"中的"Gerechtigkeit"（正义）是同一概念，因此，这里的德文原文"Die Gerechtigkei"实际上指的是吉尔巴特说的"正义性"，即注释中讲的用借款来牟取利润的人"应该"把一部分利润付给贷放人。与此相应，这里的德文原文"der Transaktionen, die zwischenden Produktionsagenten vorgehn"（生产当事人之间进行的交易）指的就是吉尔巴特说的"用借款来牟取利润的人"和"贷放人"之间进行的，前者把一部分利润付给后者的交易。因此，这里的德文原文"Die Gerechtigkeit der Transaktionen, die zwischen den Produktionsagenten vorgehn"应译为"这种生产当事人之间进行的交易的正义性"，其含义是吉尔巴特说的用借款来牟取利润的人和贷放人之间进行的，前者把一部分利润付给后者的交易的正义性。

"段文"的质疑意见归纳起来就是：吉尔巴特所说的交易和"自然正义"同马克思所说的生产当事人之间的交易及其正义性是一回事。编译局的译文把这两者割裂开来，从而引起误解。现在只需在后面的"正义性"前面加上"这种"二字，就可以明确它们之间的联系。

我们认为，"段文"的意见和改译方案是不妥当的。

在马克思的这段论述中，"自然正义"和"生产当事人之间进行的交易的正义性"是两个不同的概念。它们各自都有严格的理论规定性，我们不能随意抽掉这些规定性而把两者等同起来。正因为如此，德文原文"Die Gerechtigkeit der Transaktionen, die zwischenden Produktionsagenten vorgehn"("生产当事人之间进行的交易的正义性")中就没有"这种"的字样。中译文当然要与原文保持一致。这里的"Die Gerechtigkeit"("正义性")之所以用定冠词,并不是因为它指的是前面提到的事物(且不说这个事物,即"交易"一词,根本没有出现),而是因为它本身是一个总体概念。在经典著作的翻译中,原文没有的东西,译者是不能随意添加的。

我们讨论的这两个概念及其理论规定性的区别,从根本上说就是吉尔巴特的对象与马克思的对象的区别。那么这两者的区别何在呢?吉尔巴特对象中的"贷放人和借入者之间的交易"与马克思对象中的"生产当事人之间的交易"的区别在于:前者是作为流通当事人的资本家之间的相互买卖,由于这里的货币资本不是执行生产资本的职能,因此它既不生产商品,也不生产剩余价值,尽管在还贷的利息中包含着剩余价值。货币资本的交易是遵循等价交换原则的,因为资本作为资本已经变为商品,出售已经变为贷放,而利息则是生息资本的价格。在这种交易中,既看不到资本和劳动的对立,也看不到剩余价值的来源。吉尔巴特的对象涉及的仅仅是流通领域,他抓住这个领域中的等价交换的假象,声称这种交易是符合"自然正义"原则的。而马克思对象中的生产当事人之间的交易则不相同。生产当事人是生产过程的不同职能的承担者。资本主义生产的当事人主要指工人、资本家和土地所有者。而生产资本的交易则用于购买生产资料和劳动力商品,并使之结合以生产商品和剩余价值。资本主义生产的特征是生产过程和价值增殖过程的统一,资本主义生产的目的则是剩余价值。马克思之所以在这里强调他所研究的是生产当事人之间的交易,是因为他不仅研究流通领域,而且还研究生产领域,因为只有这样才能揭示生息资本的运动不过是现实资本运动的最抽象的形式,生息资本不过是一种社会关系或阶级关系,而利息不过是利润的一部分，即从工人那里榨取的一定量的无酬劳动，剩余产品和剩余价值。在这种交易中，资产阶级的正义只是形式上的，而在实质上是不正义的。马克思在《资本论》中一再强调不能把流通当事人和生产当事人、商品资本和货币资本的职能同生产资本的职能混淆起来，①"段文"的作者恰恰忽略了这一点，他把吉尔巴特的对象和马克思的对象混为一谈是不符合马克思原意的。

"段文"认为，中央编译局的译文"生产当事人之间进行的交易的正义性"与第一句德文原文中"hier"（在这里）的含义相冲突。"hier"的含义是"在谈论产业资本家或商业资本家为什么要把一部分利润付给货币资本家时"，这样说来，只有将德文原文"Die Gerechtigkeit der Transaktionen, die zwischen den Produktionsagenten vorgehn"译为"这种生产当事人之间进行的交易的正义性"，即意指吉尔巴特说的"用借款来牟取利润的人"和"贷放人"，才能同"hier"的含义相一致。由于中央编译局的译文将那句德文原文译为"生产当事人之间进行的交易的正义性"，从而使其中的"der Transaktionen, die zwischen den Produktionsagenten vorgehn"只能理解为"泛指的生产当事人之间进行的任何买卖"，这种译法显然与"hier"的含义相矛盾。

"段文"作者的这个批评是以"生产当事人之间的交易"就是指吉尔巴特说的"用借款来牟取利润的人"和"贷放人"之间进行的交易为前提的。我们在前面已经论证了，这个前提根本不存在，因此这个批评也是不能成立的。至于他认为，由于编译局的译文没有把两者等同起来，因而造成了把"生产当事人之间的交易"当做"泛指的生产当事人之间进行的任何买卖"的误解，这种推论是毫无根据的，因为《资

---

① 参见《马克思恩格斯文集》第6卷，北京：人民出版社2009年版，第143、144页。

本论》生息资本一章马克思在阐述生息资本让渡资本使用价值的特性时，就对生产当事人之间交易的性质和内涵作了严格的、科学的规定，这些规定是马克思这段论述的预设前提。

2."段文"认为，中央编译局的译文将德文原文"daβ diese Transaktionen aus den Produktionsverhältnissen als natürliche Konsequenz entspringen"译为"这种交易是从生产关系中作为自然结果产生出来的"，也属严重误译。首先，它将德文原文中的"diese Transaktionen"译为"这种交易"，其含义是"泛指的生产当事人之间进行的任何买卖"。而"der Transaktionen, die zwischen den Produktionsagenten vorgehn"的含义则是吉尔巴特说的"用借款来牟取利润的人"和"贷放人"之间进行的交易，由于德文原文"diese Transaktionen"是接着"der Transaktionen, die zwischen den Produktionsagenten vorgehn"出现的，而且是以复数形式出现的，因此，应将其译为"这些交易"，其含义仍是吉尔巴特说的那些用借款来牟取利润的人和贷放人之间进行的交易。其次，编译局的译文将德文原文中的"den Produktionsverhältnissen"译为"生产关系"虽然从字面上讲没有问题，但它赋予"生产关系"的含义却有问题。前边指出，它将德文原文"diese Transaktionen"译为"这种交易"，其含义是"泛指的生产当事人之间进行的任何买卖"，由此说来，当它将"den Produktionsverhältnissen"出现于其中的德文原文"daβ diese Transaktionen aus den Produktionsverhältnissen als natürliche Konsequenz entspringen"译为"这种交易是从生产关系中作为自然结果产生出来的"时，其译的"生产关系"就只能理解为"泛指的生产关系"，因为从逻辑上讲，"泛指的生产当事人之间进行的任何买卖"只能从"泛指的生产关系"中作为自然结果产生出来。前边表明，"diese Transaktionen"应译为"这些交易"，其含义是吉尔巴特说的用借款来牟取利润的人和贷放人之间进行的交易，因此，德文原文"daβ diese

Transaktionen aus den Produktionsverhältnissen als natürliche Konsequenz entspringen"虽应译为"这些交易是从生产关系中作为自然结果产生出来的",但其中的"生产关系"的含义却不是"泛指的生产关系",而是"特指的生产关系",这不仅因为德文原文"Produktionsverhältnissen"前有定冠词"den",而且还因为,"这些交易",即吉尔巴特所说的那些交易,只能从特指的生产关系中作为自然结果产生出来。而特指的生产关系,即"这些交易"从中作为自然结果产生出来的生产关系,实际上就是资本主义生产关系,这一点从马克思那段论述的上下文看得十分清楚。

"段文"的这个质疑意见的中心内容仍然是强调,马克思在这段论述中所说的"交易"就是吉尔巴特说的那些用借款来牟取利润的人和贷放人之间进行的交易。前面我们已经阐述了我们在这个问题上的观点,这里就不再赘言了。我们认为,中译文用指示形容词"这种"来表示"生产当事人之间的交易"是准确的,也是符合汉语表达习惯的。指示形容词"这些"通常指比较具体的事物。"段文"正是想用"这些"来表示吉尔巴特说的那些用借款来牟取利润的人和贷放人之间进行的具体交易的。由于我们认为这里的"生产当事人之间的交易"不是指吉尔巴特所说的那些交易,因此,"段文"主张把"这种"改译为"这些"的理由,恰恰是我们反对改译的理由。

"段文"认为,编译局把"diese Transaktionen"译为"这种交易",其含义必然是"泛指的生产当事人之间进行的任何买卖",而"这种交易是从生产关系中作为自然结果产生出来的",因此这里的"生产关系"就只能理解为"泛指的生产关系",因为从逻辑上讲,"泛指的生产当事人之间进行的任何买卖"只能从"泛指的生产关系"中作为自然结果产生出来。我们在前面已经论证了,"段文"作者关于"泛指的生产当事人之间进行的任何买卖"的诘难本身就是一个由于他忽视了马克思关于生产当事人的理论规定而产生的伪问题。因此，以这个伪问题为前提作出的推论是不能成立的。其实，马克思在《资本论》前言中就明确规定，《资本论》研究的对象是资本主义生产方式以及和它相适应的生产关系和交换关系。因此我们这里讨论的是资本主义的生产关系，这是不言而喻的，而不应该是"段文"作者的什么新发现。

3. "段文"认为，中央编译局译文的"严重误译"还体现在，它的译文"生产当事人之间进行的交易的正义性在于：这种交易是从生产关系中作为自然结果产生出来的"，含有这是马克思本人对正义的看法的意思。因为如果"生产当事人之间进行的交易"只能理解为泛指的生产当事人之间进行的任何买卖，那它就不是吉尔巴特所说的那些交易，而如果不是吉尔巴特所说的那些交易，那就只能理解为是马克思所说的交易，而如果是马克思所说的交易，那"生产当事人之间进行交易的正义性"就只能理解为马克思所说的"生产当事人之间进行交易的正义性"。因此，中央编译局的这句译文使人只能作这样的理解：马克思认为，"生产当事人之间进行的交易的正义性在于：这种交易是从生产关系中作为自然结果产生出来的"。

"段文"的作者在这里作了一系列环环相扣的推理。但是，由于他的前提是错误的，因此他的结论也是错误的。他没有意识到，同是"正义"一词，这里已经发生论题的转换，马克思所说的"生产当事人之间进行交易的正义性"，正是对吉尔巴特所说的"自然正义"的辩证否定批判。这个辩证否定批判理所当然"含有马克思本人对正义的看法的意思"。

4. "段文"认为，中央编译局的译文将德文原文"diesen Inhalt"译为"这个内容"虽然从字面上讲没有问题，但由于其含义来自"这种经济交易"，因而它意指的也是"泛指的生产当事人之间进行的任何买卖"。他认为，"diese ökonomischen Transaktionen"应译为"这些经济交易",其含义是吉尔巴特所说那些交易,与此相应,"diesen Inhalt"虽应译为"这个内容",但其含义也是吉尔巴特所说的那些交易,即用借款来牟取利润的人和贷放人之间进行的,前者把一部分利润付给后者的交易。

"段文"认为,按照编译局的译文,"这个内容"只能理解为"泛指的生产当事人之间进行的任何买卖",而按照他的译文,"这个内容"则可以正确地理解为吉尔巴特所说的那些交易。而这两种译文仅有"(这)种"和"(这)些"一字之差。撇开他对"这个内容"的理解是否正确不谈(我们稍后再谈),我们的疑问是,"吉尔巴特所说的那些交易"仅仅是"段文"对注释意思的归纳,无论在注释中还是在正文中都没有出现"交易"的字样,那么读者怎么能够把"这些交易"同字面上没有而只是在"段文"作者头脑中存在的"交易"(而且还是复数的)联系起来呢?

5. "段文"认为,中央编译局的译文"在资本主义生产方式的基础上,奴隶制是非正义的;在商品质量上弄虚作假也是非正义的"("Sklaverei, auf Basis der kapitalistischen Produktionsweise, ist ungerecht; ebenso der Betrug auf die Qualität der Ware.")是"严重误译"。这里的德文原文"Sklaverei"应译为"奴隶般的劳动",而不应译为"奴隶制"。因为"Sklaverei"虽然可译为奴隶制,但奴隶制指的是一种社会经济制度,而在资本主义生产方式基础上根本就不可能存在奴隶制,因此,说"在资本主义生产方式的基础上,奴隶制是非正义的",这话本身就讲不通。而"奴隶般的劳动",即把劳动者当做奴隶使用,却是资本主义时代、特别是在马克思生活的那个时期依然存在的现象。此外,"Sklaverei"在这里是与"der Betrug auf die Qualität der Ware"(在商品质量上弄虚作假)相对应的,它指的也应是资本主义社会存在的一种具体情况,因此,应将其译为"奴隶般的劳动"而不应译为"奴隶制"。

"段文"认为,中央编译局译文的误译还表现在,这里的德文原文"Sklaverei, auf Basis der kapitalistischen Produktionsweise, ist ungerecht"应译为"基于资本主义生产方式的奴隶般的劳动是非正义的",因为"auf Basis der kapitalistischen Produktionsweise"(基于资本主义生产方式)是修饰"Sklaverei"(奴隶般的劳动)的定语,而不是修饰"奴隶般的劳动是非正义的"的状语。"段文"重译的译文是:基于资本主义生产方式的奴隶般的劳动是非正义的,在商品质量上弄虚作假也是非正义的。

到目前为止,"段文"的作者虽然发现了许多"严重误译",但对原译文的改动并不大,因为他承认,"从字面上说",也只能那样译。不过他对这句译文的改动却是实质性的,因为改动后,整句话的意思就完全改变了。我们认为,"段文"的理解和改译方案是不妥当的。

德文"Sklaverei"译为"奴隶制"是完全正确的,译做"奴隶般的劳动"则离原文太远。马克思在《哥达纲领批判》中的确说过"雇佣劳动制度是奴隶制度"①,但是这里的奴隶制并不是指雇佣劳动制,而是指本来意义的奴隶制,但也包括那种在资本主义生产方式占统治地位的情况下与之并存的、作为先前生产方式残余而存在的奴隶制,例如美国南北战争时期南部蓄奴州的奴隶制。马克思这句话的意思是说,奴隶制与资本主义生产方式是不相适应的,因而是非正义的。马克思在其他场合也表达过类似的思想。例如他说过:"希腊人和罗马人的公平观认为奴隶制度是公平的;1789年资产者的公平要求废除封建制度,因为据说它不公平。"②

---

① 《马克思恩格斯文集》第3卷,北京:人民出版社2009年版,第441页。
② 参见《马克思恩格斯文集》第3卷,北京:人民出版社2009年版,第323页。

德文原文"auf Basis der kapitalistischen Produktionsweise"译为"在资本主义生产方式的基础上"也是正确的。它不是修饰"Sklaverei"（奴隶制）的定语，而是整个句子的状语，因此不仅与"Sklaverei"（奴隶制）有关，而且也同"der Betrug auf die Qualität der Ware"（在商品质量上弄虚作假）有关。在"段文"的改译方案中，"在资本主义生产方式的基础上"仅仅修饰"奴隶制"，而"在商品质量上弄虚作假"则被游离出来，原文中"奴隶制之于资本主义生产方式，犹如在商品质量上弄虚作假之于资本主义生产方式"的意思就没有表达出来。更为严重的是，原文中这句话的深刻理论内涵，改译后则荡然无存。"段文"的作者特别强调这句话的重要性，指出它是马克思命题的具体说明。但是如果这个具体说明被曲解了，那么它又如何帮助我们正确理解马克思的命题呢？

三、如何理解马克思关于"正义"的理论命题

我们在上面主要从翻译的角度考察了"段文"中所说的"严重误译"。我们的结论是，"段文"对所谓"严重误译"的批评，恰恰反映了文章作者对马克思原著的误读；从根本上说，这里所涉及的其实不是翻译问题，而是理解问题，即如何理解马克思正义思想的问题。马克思的正义思想是马克思主义整个理论体系的重要组成部分。它有一个长期的形成和发展的过程。马克思的正义思想内容丰富、针对性强，很多思想都是以批判资产阶级和小资产阶级思想家、空想社会主义者、启蒙思想家的正义观以及工人运动内部的有关错误思潮的形式阐发的。马克思恩格斯虽然没有集中地阐述过他们的正义理论，但是，如果把散见于他们的著作和书信中的相关论述联系起来加以考察，我们仍可以看到这一理论的系统性和严整性。近年来，国内外学术界对马克思的正义思想作

了许多研究,由于研究者的立足点、视角和方法不同,出现了一些争论,其中就包括对马克思这段论述的争论。例如,国际学术界著名的伍德与胡萨米之争就是围绕这个问题展开的。① 国内也有不少学者从事这方面的研究,并发表了许多有影响的文章和著作。例如最近出版的汪荣有的《经济公正论》② 等等。这些研究和争论对我们今天的讨论具有启发和借鉴意义。我们认为,历史唯物主义是马克思的正义理论的基石和精髓,只有从历史唯物主义出发,才能正确理解马克思关于正义问题的具体论述。在这里,我们就按照这一原则,针对"段文"提出的马克思关于"正义"的理论命题谈谈我们的看法。

"段文"认为,这个理论命题的原文"Dieser Inhalt ist gerecht, sobald er der Produktionsweise entspricht, ihr adäquat ist. Er ist ungerecht, sobald er ihr widerspricht"译为"这个内容,只要与生产方式相适应,相一致,就是正义的",这从字面上讲也没有错,但其含义却有问题,因为它含有这是马克思本人对正义的看法的意思。中央编译局译的"这个内容",其含义是泛指的生产当事人之间进行的任何买卖,即不是吉尔巴特所说的那些经济交易,而如果不是吉尔巴特所说的那些交易,那就只能理解为是马克思所说的交易,而如果是马克思所说的交易,那其译文——"这个内容,只要与生产方式相适应,相一致,就是正义的"——就含有这种意思:马克思认为,泛指的生产当事人之间进行的任何买卖,只要与生产方式相适应,相一致,就是正义的。

为了弄清这个命题的理论内涵,我们认为这里需要回答三个问题:第一,"这个内容"的含义是什么?第二,马克思在这里所说的生产方

---

① 参见林进平:《马克思的"正义"解读》,北京:社会科学文献出版社2009年版,第44、45页。

② 参见汪荣有:《经济公正论》,北京:人民出版社2010年版。

式的含义是什么？第三，这个命题是否表达了马克思关于正义的观点？

"段文"作者认为，中央编译局译的"这个内容"，其含义是"泛指的生产当事人之间进行的任何买卖"，我们是不赞同的，理由前面已经论述过了，这只是他个人的理解。至于他认为"这个内容"指的是注释中吉尔巴特所说的那些经济交易，我们感到不可理解。撇开别的不谈，仅仅从纯语文的角度来看，"这个内容"也不可能扯到注释中去。从马克思的理论和上下文来看，我们认为，"这个内容"指的是与法律形式上的经济交易相对应的、现实的生产关系和交换关系，即经济关系。这符合马克思一贯强调的，对经济关系的总和，不是从它们的法律表现上即作为意志关系来把握，而是从它们的现实形态上即作为生产关系来把握的理论观点。① 那么，马克思在这里所说的生产方式的含义又是什么呢？马克思在《资本论》中经常使用"生产方式"这一概念。不过，在不同场合，"生产方式"具有不同涵义。这里的"生产方式"是指劳动者和生产资料结合的方式，是作为介于生产力和生产关系之间从而把它们联系起来的一个范畴。马克思说："对资本主义生产方式的科学分析却证明：资本主义生产方式是一种特殊的、具有独特历史规定性的生产方式；它和任何其他一定的生产方式一样，把社会生产力及其发展形式的一个既定的阶段作为自己的历史条件，而这个条件又是一个先行过程的历史结果和产物，并且是新的生产方式由以产生的既定基础；同这种独特的、历史地规定的生产方式相适应的生产关系——即人们在他们的社会生活过程中、在他们的社会生活的生产中所处的各种关

---

① 参见马克思：《论蒲鲁东》，载《马克思恩格斯文集》第3卷，北京：人民出版社2009年版，第18页。

系——，具有一种独特的、历史的和暂时的性质。"① 在这里，所谓生产方式把生产力"作为自己的历史条件"和"由以产生的既定基础"，是说明生产方式决定于生产力；而由生产力决定的一定的生产方式又有与之相适应的生产关系，即生产方式决定生产关系。因而生产力的发展必然引起生产方式的改变，而生产方式的改变又将引起生产关系的改变。马克思在这里阐述了生产关系和社会关系必须与一定的生产方式相适应的历史唯物主义原理。而马克思的正义理论就是建立在历史唯物主义基础之上的。马克思的正义范畴是现实的经济关系与生产方式适应性的观念化表现。当然，这种适应性要以生产力的发展作推动力，没有生产力的发展就谈不到正义，正如马克思和恩格斯所说："当人们还不能使自己的吃喝住穿在质和量方面得到充分保证的时候，人们就根本不能获得解放。'解放'是一种历史活动，不是思想活动，'解放'是由历史的关系，是由工业状况、商业状况、农业状况、交往状况促成的。"② 马克思关于"正义"的理论命题集中体现了马克思正义观的客观性、辩证性、历史性和真理性的特点，其实践意义在于它指导无产阶级及其政党，站在历史唯物主义的高度，以生产关系和社会关系与生产方式的适应性、一致性为判断标准来审视社会制度的正当性、合理性，进而否定和摧毁阻碍生产力发展的旧制度，寻求符合社会进步和人类自由发展需要的理想制度。

恩格斯在《反杜林论》中曾说："一切社会变迁和政治变革的终极原因，不应当到人们的头脑中，到人们对永恒的真理和正义的日益增进

---

① 参见《马克思恩格斯文集》第 7 卷，北京：人民出版社 2009 年版，第 994 页。

② 参见《马克思恩格斯文集》第 1 卷，北京：人民出版社 2009 年版，第 527 页。

的认识中去寻找,而应当到生产方式和交换方式的变更中去寻找;不应当到有关时代的哲学中去寻找,而应当到有关时代的经济中去寻找。对现存社会制度的不合理性和不公平、对'理性化为无稽,幸福变成苦痛'的日益觉醒的认识,只是一种征兆,表示在生产方法和交换形式中已经不知不觉地发生了变化,适合于早先的经济条件的社会制度已经不再同这些变化相适应了。同时这还说明,用来消除已经发现的弊病的手段,也必然以或多或少发展了的形式存在于已经发生变化的生产关系本身中。这些手段不应当从头脑中发明出来,而应当通过头脑从生产的现成物质事实中发现出来。"① 这就是说,必须从现实的生产力和生产关系之间的矛盾冲突中寻找实现社会正义的终极原因和现实手段。恩格斯的这段论述是对马克思关于"正义"的理论命题的最好注解。

这里补充说明一点:我们没有在前面对这个命题的翻译问题作出回应,是因为"段文"作者没有把这个命题的译文列为"严重误译"。他提出的改译方案主要是为了强调"这个内容",即"吉尔巴特所说的交易"及"自然正义"的理性的有效范围。我们认为,他对"这个内容"的理解是不符合马克思原意的,因此,这种强调也是没有意义的。而从中文表达的角度来看,这个改译方案是不可取的。"段文"认为,马克思的理论命题表达的不是马克思关于正义的观点,否则就意味着,马克思承认资本主义是正义的,承认"泛指的生产当事人之间进行的任何买卖"都是正义的。他按照自己的思路,把这个命题的具体说明"在资本主义生产方式的基础上,奴隶制是非正义的"改译为"基于资本主义生产方式的奴隶般的劳动是非正义的"。对此我们是不能赞同的。我们认为,马克思的命题表达的就是马克思关于正义的观点,马克思深刻

---

① 参见《马克思恩格斯文集》第9卷,北京:人民出版社2009年版,第284页。

揭示了资本主义的基本矛盾,这个基本矛盾存在于资本主义发展过程的始终。这就是说,资本主义的生产关系和社会关系从一开始就存在与资本主义生产方式不适应的一面,即表现出它的非正义的一面。正如马克思所说,资本的界限就是资本本身。当然,相对于封建制度来说,资本主义制度是进步的、正义的。马克思充分肯定了资本主义在历史上的进步作用。但是随着生产的发展,资本主义的生产关系和社会关系与资本主义生产方式的矛盾日益突出,资本主义生产方式的正当性、合理性日益丧失。它必将被更高级的生产方式所代替。马克思正义范畴的辩证性就在于此。总之,马克思是站在历史唯物主义的高度来看待正义问题的,他不是从正义出发,而是从历史发展的必然性出发去说明和批判资本主义的。

值得一提的是,"段文"作者在《中国党政干部论坛》2001年第11期发表的《马恩是如何看待剥削的"历史正当性"的》一文中,也对马克思的这段论述作了解读。他在全文引用了中央编译局的译文之后写道:"马克思在这里讲的正义,也就是历史正当性。从这段论述可以推出,只有当一种剥削形式还与生产方式相适应时,即还推动生产方式发展时,它才具有历史正当性,反之,就不具有历史正当性。在资本主义生产方式基础上,资本主义剥削就具有正当性,而奴隶制剥削就不具有正当性。由于生产方式不是一成不变的,而是发展变化的,这就决定了任何一种剥削形式都会由同生产方式相适应变为不适应,因而它的历史正当性都只是在一定时期才具有的,因而是暂时的而不是永久的。"① "段文"作者的解读指出,马克思的正义概念并不是一个永恒不变的绝对理念,而是一个历史的范畴;判断某一经济关系是否正义的尺度,在

---

① 段忠桥:《马恩是如何看待剥削的"历史正当性"的》,载《中国党政干部论坛》2001年第11期,第21页。

于这一经济关系对生产方式是否具有适应性。此外,他当时对"奴隶制"涵义的理解也是正确的,符合《资本论》中文版的相关译法。当然,他在这里谈的是"剥削关系",但"剥削关系"也是一种经济关系,如果他由这种经济关系扩展到考察经济关系的总和,那么,他同我们对马克思这段论述的看法是完全一致的。

"转形问题"

马克思体系中的价值计算和价格计算（一）*

第一篇论文

〔德〕拉·冯·鲍尔特凯维茨

关于所谓"转形问题"，即马克思《资本论》理论中的价位转化问题，一直是国外学术界争论的问题之一。鲍尔特凯维茨在1906年写的三篇文章中提出了自己的看法，成为以后研究这个问题的重要参考资料。我们现把这三篇文章全文译出发表，供我国学术界研究这个问题时作为参考。

《资本论》第一卷与第三卷的"矛盾"问题，无论是在攻击马克思还是在为马克思辩护的文章中，仍然都占主要地位。① 这个问题始终是一场争论的对象：一方要把马克思的价值和价格之间的不一致看做一个

---

* 本文选自《马列主义研究资料》1987年第1辑。作者拉·冯·鲍尔特凯维茨1868年生于俄国，波兰籍人，统计学家，形式数理学派的代表，主要从事人口统计和统计数列离差问题的研究。1897—1900年在俄国交通部任职。1907年直至1931年逝世，是柏林大学教授，讲授数理统计学。

① 〔奥〕鲁道夫·希法亭：《庞巴维克的马克思批判》，载《马克思研究》维也纳1904年版；〔俄〕杜冈·巴拉诺夫斯基：《马克思主义理论基础》，莱比锡1905年版；奥格·科佩尔：《赞成和反对马克思》，卡尔斯鲁厄1905年版；参看卡尔·迪耳：《从社会科学方面说明大卫·李嘉图为〈政治经济学及赋税原理〉》第1卷，莱比锡1905年版，第94—143页。

根本的错误，另一方则相反，把它看做整个马克思体系的真正科学性的证明和标志。

马萨利克对上述"矛盾"问题的看法是对《资本论》作者完全抱有敌意的。① 他认为，马克思在第一卷中阐述一般规律时没有充分考虑到竞争的作用这一事实，当他此后在第三卷中进一步考察这一事实时发现："用一般规律来说明是不适当的。"②

对马克思的这种评判，几乎可以说是幼稚的。因为这里假定，马克思对于构成他的研究对象的国民经济事实不仅没有任何专门知识，而且对政治经济学著作也没有任何了解。特别是应该考虑马克思与李嘉图的关系。李嘉图详细地论述了在资本主义社会中，原有的价值规律——根据这个规律，产品按照生产它们所花费的劳动量的比例相交换——发生了一定的、为取得相同利润率所必要的变化。马克思在写《资本论》第一卷时，对李嘉图以此从原则上正确**描述**了价格形成的经验过程肯定是毫不怀疑的。③ 因此，根据马克思相信李嘉图的价值理论这样一个众所周知的事实便可得出结论：马萨利克的假定是毫无根据的。此外，《资本论》第一卷中的许多地方都表明与这个假定相反。例如在这里可以看到：价值规律"显然同一切以表面现象为根据的经验相矛盾"。马克思指出："每个人都知道，就所使用的总资本两个部分各占的百分比来说，纺纱厂主使用的不变资本较多，可变资本较少，面包房老板使用的可变资本较多，不变资本较少，但前者获得的利润或剩余价值并不因

---

① 《马克思主义哲学和社会学的基础》，维也纳1899年版，第256页脚注。

② 马萨利克断言（《马克思主义哲学和社会学的基础》，维也纳1899年版，第258—259页）：《资本论》第1卷与第3卷的关系始终是"难以捉摸的"；马克思本人对这个矛盾有多少了解，也很难说。这一断言与他此处的说法不完全一致。

③ 关于马克思与李嘉图的关系，下面将详加阐述。

此就比后者少。要解决这个表面上的矛盾，还需要许多中项，就像从初等代数的角度来看，要了解 $\frac{0}{0}$ 可以代表一个真实的量需要很多中项一样。"①

还可以参看《剩余价值率》这一章开头的叙述，其中引起读者注意的是："不仅剩余价值同直接产生它并由它来表示其价值变化的那部分资本的比率具有重大的经济意义，而且剩余价值同全部预付资本的比率也具有重大的经济意义。"② 接下去就是这句话："因此我们将在第三卷中详细讨论后一比率。"

恩斯特·朗格和马萨利克一样倾向于把《资本论》第三卷理解为倒退。他认为，"马克思认识到他的整个体系的空洞，并出于这种认识而一再推延他的《资本论》的完成，最后遗留给他的朋友恩格斯去完成"，这是可能的。③

最近恩斯特·君特提出了同样的猜疑，并试图详加论证。根据他的观点，《资本论》第一卷中阐述的价值理论由于同日常生活中的所有经验明显相矛盾而不能成立。这个矛盾在于：这个作为剩余价值源泉的理论只着眼于可变资本，而实际上资本家的利润是与总资本成比例的。君特补充道："马克思本人很可能就毁于这个矛盾。"④ "在使理论与实践

---

① 《马克思恩格斯全集》第1版第23卷第340页。
② 《马克思恩格斯全集》第1版第23卷第241页。参看第242页："这样，我们先假定不变资本部分等于零。"
③ 《卡尔·马克思是国民经济理论家》，载《康拉德年鉴》第14卷（1897年）第3期，第553页。参看第573页。
④ 《德国社会民主党中的修正主义运动》，载《施穆勒年鉴》1905年第29期，第33页。

相一致的徒劳的尝试中，他耗尽了毕生的精力。"①

与此相反，必须坚决强调，马克思在写作第一卷的时候就已经很清楚地认识到刚在上面指出的那个遭到指责的"明显的矛盾"，可以设想，后来在第三卷中对这个矛盾的解决，当时就已经浮现于马克思的脑际。②

现在，人们可以承认这一点，但是尽管如此，人们还是会认为：马克思经济学体系中的价值和价格的关系中包含的不纯粹是表面上的矛盾，而是一个实际的、对于这整个体系来说是致命的矛盾。例如迪耳的观点就是这样。③

他认为，马克思在《资本论》第三卷中绝对不可能证明，实际的价格形成与他在第一卷中阐述的价值规律相一致。在一系列被马克思本人说成是对价格的高低起决定作用的因素面前，价值规律简直是无效

---

① 《德国社会民主党中的修正主义运动》，载《施穆勒年鉴》1905年第29期，第34页。

② 〔奥〕希法亭：《马克思研究》第1卷，第28—29页；和罗森堡：《价值理论家李嘉图和马克思》，维也纳版（未注明年代），第68—69页。

③ 与马萨利克以及具有相同意见的人相反，迪耳使他的读者相信，马克思在1847年就已经十分清楚他的价值规律通过什么方式与这样的事实相符，各个生产部门的利润率是相同的（《从社会科学方面说明大卫·李嘉图的〈政治经济学及赋税原理〉》第1卷114—115页）。此外恩格斯1884年的某些论述被错误地归咎于《哲学的贫困》一书的作者。也就是说，迪耳忽视了这样一点，即这些论述不在所说的这部著作本身中，而是在该著作的一篇德文版序言里。（同上书第126页引用了这篇序言中的另一处，而且是以比恩格斯的引文更正确的方式引用的。）实际上，在《哲学的贫困》中只对价值和价格的关系作了一些肤浅的说明（例如参看伯恩施坦和考茨基的德文译本第21页）。

的。① 但是，恰恰由于马克思也承认这些因素的重要意义，所以迪耳的批判有一部分并不具有实际意义。在第一卷的许多地方价值规律被说成是直接支配价格形成的，为的是后来在第三卷中把它表现为纯理论上的辅助结构，这肯定使人感到奇怪。

勒克西斯在评论《资本论》第二卷时，也就是在第三卷出版之前曾说："如果马克思的价值指的不过是观念价值，那他因此就同他以前的说法相矛盾，并且是在用他的价值秘密愚弄他的读者。"② 马克思事实上也是这么做的。他就喜欢扮演糜菲士多这个角色。如果他一开始就把他的价值规律标明为仅仅是假定有效的，那么，一切新奇、似是而非的吸引力就不复存在了。

此外，在马克思那里还出现了一反常态的趋向，即按照黑格尔的手法使逻辑上的矛盾在事物本身中反映出来。资本主义经济中的价格形成同价值规律是相矛盾的。为什么不是这样呢？资本主义经济制度的确是通过各种矛盾而得以实现和贯彻的。只有把矛盾更多地归咎于资本主义，马克思才可能是正确的。

因此，每当马克思谈到价值规律的作用时，总是指与商品价格直接服从这个规律不同的什么东西。因此，如果提到恩格斯在《资本论》第二卷前言中提出的要求，即洛贝尔图斯的拥护者们应该指出，相等的利润率如何在价值规律的基础上形成，那么，这个要求"就是科学著作范围内曾出现过的形诸文字的最粗暴的要求之一"，这是完全正确的。③

然而我认为，如果说对马克思的批判只是反复指出：按照马克思本

---

① 《论马克思经济学体系中的价值和价格的关系》，耶拿1898年版，第25—26页。
② 《康拉德年鉴》第11卷（1885年），第461页。
③ 普拉特：《政治经济学原理》，1903年版，第210页。

人的理论，价格仅仅在例外的情况下才同价值相一致，因此像迪耳所说，马克思的价值理论"不论能否说明价格的形成，都是经不起考验的"，那么，说马克思批判本身把自己的任务看得太容易了，也同样是正确的。

可是，现在迪耳并不以此为限，即我所指的对马克思的价值和价格理论的形式上的评价，而且还力图证明，这一理论的整体结构实际看来也是错误的，主要因为它是"客观主义的"理论。实际上对于一种商品的价值来说，下述问题"归根到底"是关键性的："这种商品是否并且在多大程度上满足消费者的需要。"迪耳补充说："一切其他问题都只能起次要作用，费用支出也只应放到第二位去考虑。"①

但是，迪耳的这些异议（我还要就另外一个问题再回过头来谈这些异议）不是以马克思体系特有的价值和价格的关系为目标的。迪耳的批判对于说明这种关系恰恰不起什么作用。他不考虑《资本论》第三卷中从价值引申出生产价格的方式方法本身是否无可指摘。此外，迪耳还

---

① 《论马克思经济学体系中的价值和价格的关系》，第28页。此外，迪耳还在另一个地方说明了他反复提出的对马克思的异议，即他认为马克思忽视需求和供给对价格形成的影响是错误的，认为只能在这一点上指责马克思，即他由于同时考虑这种影响而陷入自相矛盾之中（《论马克思经济学体系中的价值和价格的关系》第25页）。可见，迪耳这里重又陷入这种批判之中，他虽然从自己一方讲有"形式上的理由"，但并没有触及事物的核心。另外，迪耳指责马克思在《资本论》第一卷中仅仅从生产的客观比例得出价值，而在第三卷中则把商品"按照大致与相互的需求相符的比例量进行生产"（《论马克思经济学体系中的价值和价格的关系》第20—21、28页）说成是商品按自己的价值出售的条件之一，不完全符合实际情况。迪耳本人在另一个地方（第26页）又指出，实际上，马克思在第一卷中就已经明确说明，他假定这个条件是实现了的。同样参看迪耳：《从社会科学方面说明大卫·李嘉图的〈政治经济学及赋税原理〉》第1卷，第122页。

忽视了一个问题,即马克思的价值规律如果不能解决价格问题,是否还能在理论上起其他的作用,例如,是否能够说明资本利润的产生。①

当然,迪耳在他最近的著作《李嘉图评注》中,对提出的这一问题也偶尔谈到几句。我们看到,他的意见是:马克思所理解的价值概念和价值规律,根本不能作为"说明社会分配关系的钥匙",因为在马克思看来,价值仅以劳动为基础,而分配问题在于:"各个参加生产的因素是否按它们为生产过程作出的贡献得到报酬。"② 可是,迪耳这里忽视了:他自己在分配问题中加进了一层意思,使这个问题一开始就不可能以任何方式同马克思的价值理论联系起来。下面将继续阐明,只要对分配问题的叙述不像迪耳所作的那样具有过头的倾向性,这种联系便可以建立起来。

迪耳的新作——在这部新作中,他对马克思理论的看法和以前一样③——进一步研究了马克思与李嘉图的关系。下面将有机会对迪耳在这个问题上的观点发表意见。

迪耳④一再表示非常同意庞巴维克⑤对马克思的价值理论和价格理论的批判。此外,这个批判也得到了"资产阶级"政治经济学家的赞

---

① 《论马克思经济学体系中的价值和价格的关系》第17页上只是暗示有这种可能性。

② 《从社会科学方面说明大卫·李嘉图的〈政治经济学及赋税原理〉》第1卷,第131、133页。

③ 关于《资本论》第一卷和第三卷之间的矛盾,特别参看《从社会科学方面说明大卫·李嘉图的〈政治经济学及赋税原理〉》第1卷第123页,关于对价格问题的"主观"性质的曲解,参看该书第1卷第131、141页。

④ 《论马克思经济学体系中的价值和价格的关系》,第20页;《李嘉图评注》第1卷,第136页。参看《康拉德年鉴》第12卷第3期,第901页及以下几页。

⑤ 《马克思体系的终结》(卡尔·克尼斯纪念文集),柏林1896年版。

同和支持。实际上，在一些问题上，人们必须毫无保留地同意这个批判。① 但从构成这一研究对象并被庞巴维克大量研究的问题来看，这个批判还不能作为最后的结论。

同以前提到的作者完全一样，庞巴维克也认为《资本论》第三卷是对第一卷的"否定"。第三卷作出这样的证明："相等的平均利润率只有当所谓价值规律不起作用的时候，并且正因为如此，才能够形成。"这里涉及一个"不可调和的矛盾"。如果第三卷中完全按照传统的生产费用理论，除了劳动量以外还承认其他一些价格规定的原因，但同时又以胜利的姿态把问题归结为马克思所崇拜的偶像，即"劳动量现在也还实际地发生影响，或按马克思的想法发生影响"，那么，庞巴维克指出，这就意味着"回避承认矛盾，但决不是避免矛盾本身"。②

刚才关于迪耳的议论可以运用到这里展开的反对马克思的论战上。但是，庞巴维克还不满足于把《资本论》第一卷中的一些地方同第三卷中的一些地方加以对照并指责作者前后矛盾，而是力图指出，从更加自由的批判角度来看，整个马克思体系也是站不住脚的。他研究了这样一个问题：马克思的价值规律即使不能直接地说明价格的形成，是否也能间接地加以说明。因此，比起迪耳来，他的确对马克思表露出更多一

---

① 特别是证明《资本论》第一卷中对价值规律的论证决非严格的和无可辩驳的，应该说是这个批判的完全成功之处。庞巴维克在这一方面的成就，在我看来，不会因为马克思对价值规律的论证可能仅仅是为了教学的目的——像奥尔登堡所说的——而受到影响［〔奥〕庞巴维克：《价格理论》（阿·瓦格纳纪念文集），莱比锡1905年版，第289—290页］。

② 《价格理论》（阿·瓦格纳纪念文集），莱比锡1905年版，第120—112、142—146页。

点的好意。他对从价值中引申出价格的看法,同第三卷中的看法是一致的。①

在这里,同马克思的观点相反,庞巴维克认为,工资水平本身不仅决定剩余价值率的高低,而且也直接影响价格,使价值比例和剩余价值比例根本不能表现为价格形成的"最终"唯一起决定作用的因素。为了对这一说法进行论证,庞巴维克把 A、B 和 C 这三种不同的商品互相作了比较,这三种商品在用于生产它们的资本的有机构成方面的情况如下:在商品 A 中,资本有机构成等于对所有三种商品来说得出的有机构成的平均数;在商品 B 中,不变资本大于不变资本的平均数;在商品 C 中,可变资本大于可变资本的平均数。假设剩余价值率是 100%,利润率是 10%,三种商品中每一种商品的生产价格都是 100 马克。然后,假设工资从 5 马克提高到 6 马克。根据马克思的理论,剩余价值率会因此降低,在上述情况下降低到 66.7%,利润率同时降低到 8%。通过这种方法产生了新的生产价格,这里显示出如下情景:A 的价格没有变,B 的价格降低(到 92%),C 的价格提高(到 108%)。庞巴维克对此作了说明:"因此,可以看出,在劳动量不变的情况下,工资的提高使最初相等的生产价格和交换比例发生了明显的变化。这种变化部分地、显然不是完全地归结于由于工资改变而被波及的平均利润率的同时的必然变化。我说肯定不是完全地,其原因在于:例如,尽管商品 C 中包含的

---

① 庞巴维克的另一个优点在于,他与迪耳相反,完全不是按照马克思所使用的("客观主义的")方法寻找马克思理论的错误之处。庞巴维克谈到他自己时说(《价格理论》第 200 页):"我个人在方法问题上坚持的观点,同那种文学家对文学作品所持的观点类似,这种文学家声称:除了几种令人厌倦的文艺作品以外,每种类型的文艺作品都予承认。"人们只应当正确地掌握"客观主义"的方法!(《价格理论》第 202 页)

利润额下降了，但商品 C 的生产价格却提高了。可见，价格的改变决不可能**仅仅**是由利润的改变引起的。我之所以强调这一事实（也是不言而喻的事实），只是为了坚定不移地提出：我们把工资水平作为这样一种价格规定的原因来研究，这种原因不限于影响利润水平，毋宁说对价格也有一种自己的直接影响。因此，我们实际上有理由对上述所引之处马克思所略去的那个价格规定的原因进行独立研究。"①

现在很清楚，如果庞巴维克断言工资水平不是通过剩余价值率的中介影响价格的，那么，这样说便是反对马克思从价值引申出价格。因为，在从价值引申出价格时，价值和剩余价值率被假定为既定的了。一个本身不能由这些既定量引申出来的新的因素是无法进行计算的。

但是，——这是一种使所提出的反证根本不能成立的想法——，在反证所依靠的算式中，工资表现为以一定方式取决于剩余价值率。庞巴维克的这个算式本身是否就毫无矛盾，我姑且完全搁置不问。② 假定这个算式有效，那也就是确认：一定的剩余价值率与一定的工资水平相适应，反过来说，一定的工资水平与一定的剩余价值率相适应。因此，一般地说，工资不能被看做是价格规定的"独立的"原因。

撇开这一点不谈，庞巴维克攻击马克思也是从这样一个任意的前提出发的：只有当价格沿着与利润率的同一方向变化时，即是说，价格在随利润率提高而提高以及随利润率下降而下降时，才能谈得上利润率对价格的影响。不言而喻，这一前提同马克思的整个体系的矛盾极其尖锐，因为，在利润率提高或降低的影响下，一些商品的价格会提高，而

---

① 〔奥〕庞巴维克：《价格理论》，莱比锡1905年版，第138页。
② 这个问题可见〔奥〕希法亭：《马克思研究》第1卷，第45—48页。希法亭在这个问题上维护马克思而反对庞巴维克是完全有道理的。不过，"修正"庞巴维克的表，以证明他的观点站不住脚，却是多余的。

另一些商品的价格会同时降低,这从一开始就是很清楚的。并且,如果利润率像庞巴维克所列举的那样下降了,那么,使用较少不变资本生产出来的那种商品(这里指商品 C)的价格必然提高,使用较多不变资本生产出来的那种商品(这里指商品 B)的价格必然降低到较低的水平。

其实,阐明这种联系不是马克思的功绩,而是李嘉图的功绩;① 工资不是价格规定的直接的、独立的原因,这一理论同样也来源于李嘉图。如果李嘉图借以阐明这一理论的那些前提实现了,那么这个理论的正确性将是无可怀疑的。而坚信不移的李嘉图主义者如约翰·斯图亚特·穆勒对这一点持反对态度,他的理由很明确,其中有一个前提太抽象,以致于工资水平不能直接影响价格这一原理失去了它作为说明实际价格关系的手段的意义。这里所考察的前提是,各种不同种类的劳动都按照固定的比例得到各自的报酬。这种假定使价格问题回到这样一种情况上来,即只存在**一种**劳动,并且与此相应只存在**一种**工资水平。穆勒反对的正是这种假定。他可以轻而易举地指出,如果允许作这样的假定,那么,由不同种类的劳动生产出来的商品的交换比例将表现为取决于支付给这些不同种类的劳动的工资的水平。②

---

① 马克思和李嘉图之间的区别在于:一个是把不变资本同可变资本对立起来,另一个是把固定资本同流动资本对立起来。这种区别在这里无关紧要。因为,在李嘉图的有关论述中没有涉及投到劳动材料上的那部分资本。参看《马克思恩格斯全集》第 1 版第 24 卷第 241 页。我在正文中提到的马克思本人对李嘉图观点的态度,参看《马克思恩格斯全集》第 1 版第 25 卷第 227 页脚注和第 228 页,并参看第 26 卷第 2 册第 191—209 页。在本研究的结束部分我还要回到这个问题上来。

② 一些作者(如科莫钦斯基、楚克坎德尔、李卜克内西、罗森堡,他们把约·斯·穆勒归于与劳动价值论者李嘉图相对立的生产费用论者)完全忽视了穆勒是出自哪些原因和在哪些限制条件下反对李嘉图的关于价格不受工资影响的原理的。下面将对此作进一步论述。

也可以从穆勒的这个观点出发来反驳马克思：马克思关于工资水平本身不影响价格的说法是建立在不能允许的抽象或前提的基础上的。这种反驳对马克思体系的出发点，特别是对马克思把每一种劳动都归结为简单劳动的方法①，显然是恰当的；但是，它同马克思是否以正确的方式从价值中引申出价格这一问题并没有什么联系。

在庞巴维克那里，与这个问题有关，还有另一个一再提出的反对意见，像马克思所作的那样，把所有商品的价格总额与它们的总价值等同起来，是不能容许的。庞巴维克认为，如果让价值规律在一个根本不存在交换比例的领域中起作用，那么这就意味着价值规律"严重脱臼"。"所有商品的总价值"这个概念"也就很难具有合理性"。这个总价值是某种"幻想的东西"。② 价值和价格的概念只能用来说明商品的交换比例。但是，如果把全部商品混在一起，那么也就无须考虑任何交换比例，价值规定和价格规定也就失去了对象。③ 这样一来，马克思关于所有商品的价格总额同它们的总价值相一致的论断也就不可能有某种意义了。

现在也许可以直截了当地承认，为所有商品形成的价值数式或价格数式，对不同商品按何种比例进行交换这一问题，完全是无关紧要的。庞巴维克针对以价值规律虽不适用于个别商品却适用于一切商品的总和为由，来拯救马克思的价值规律的企图，提出上面这一点，是完全有理由的。但是，正因为价格总额的高低完全无关紧要，所以，让这个价格总额与任意一个量，例如与表现（按劳动时间单位）商品总价值的那

---

① 关于这个问题，参看庞巴维克：《价格理论》，莱比锡1905年版，第167—168页。关于马克思作这种归结的方式，庞巴维克有理由把它说成是"循环论证"。
② 〔奥〕庞巴维克：《价格理论》，莱比锡1905年版，第143、139、140页。
③ 〔奥〕庞巴维克：《价格理论》，莱比锡1905年版，第114—118页。

个量相等,这对计算的目的来说是完全允许的。

因此,如果马克思在他的用以从价值中引申出价格的算式里,一开始就按所说的方式把价格总额确定下来,那么,人们就不会对此产生异议了。然而实际上,在马克思那里,被研究的两个量相等是由另一个方程式得出的结果,这个方程式是:按照总利润的数式,使总利润同总剩余价值相等。庞巴维克忽视了就这个对整个马克思体系来说极其重要的方程式发表意见。

在他的批判涉及价值规律是否直接决定价格的问题的那一部分中[1],我只看到一处指出马克思从价值中引申出价格的原则错误的说明。这个说明触及这样一种情况:像马克思本人所承认的,工资也可能长时间偏离那个与物化在必要生活资料(用来维持工人的生活)中的劳动量或与价值规律的严格要求相符合的原理。[2] 但是,庞巴维克似乎对这个异议的影响还不完全清楚。因为他没有长期坚持这个异议,而是把它同下面另一个异议相提并论:参与决定商品价格的利润率本身也还取决于一个在社会中存在的资本量,从而"一个与价值规律完全不相干的规定原因再次成为有影响作用的因素"。在我看来,这个异议证明批判者在某种程度上的狭隘,一般说来,这种狭隘决不是庞巴维克的特性。这一点也同样很清楚,即马克思关于价格可以不通过其他因素而从价值中"发展"出来的学说,不应如此说明:似乎马克思认为,为了能形成价格,每一单位商品的价值都必须是给定的,诚然,像马克思的标准公式所表明的,生产出来的各种商品的量也应假定为给定的。平均利润率的确在很大程度上取决于分摊在不同生产领域中的有关商品量的大小。庞巴维克不能因为这些商品量同时被假定为给定的而责怪他的对

---

[1] 〔奥〕庞巴维克:《价格理论》,莱比锡1905年版,第134—146页。
[2] 〔奥〕庞巴维克:《价格理论》,莱比锡1905年版,第141页。

手；他根本无法弄清，在把构成不同生产领域中使用的资本的那些商品的量同样当做给定的量对待时，为什么会与上面提出的问题相矛盾。把这个作为资本出现的商品量同它们的价值联系起来加以考虑，从而也就可以说，马克思是从纯粹价值量中引申出价格的。当然，这个价值量，或确切些说，有关产品量，对价值规律来说是完全不同的规定原因。但是，只有当马克思事先表示，为了从理论上规定价格，他除了价值规律之外再也不需要任何其他东西时，这种情况才是针对马克思而言的。如果从字面上理解庞巴维克关于社会资本量是一个与价值规律完全不同的规定原因所说的话，那么，就会得到这样的结论。即使赋予这些话以更深的意义，但是根据上面的论述，这里考察的异议也证明自己是无事实根据的。①

因此，就马克思提出的从价值引申出价格的问题，庞巴维克的批判即使比迪耳多，却比希望的要少得多。这时庞巴维克还没有研究，马克思的这种引申在多大程度上适用于进一步解决资本利息产生的问题。庞巴维克从这一观点出发，对一本旧作中的那种体系进行讨论。我认为，正是这种情况必然促使他现在重新研究这个对象，因为，《资本论》第三卷的出版毕竟使实际情况有所改变。②

---

① 希法亭（《庞巴维克的马克思批判》第50—51页）为反驳这个异议，以马克思的一段话（《马克思恩格斯全集》第25卷第229页）作为依据，其实，这段话与这里的问题并无直接关系，因为它论述的是生产价格变化的问题。

② 例如，庞巴维克在《资本与资本利息》一书中针对"剥削理论"（第1卷第415页及以下几页）提出异议，认为剥削理论不能说明使用较多不变资本的企业主的利润。这一异议，我认为，由于包含在《资本论》第三卷中的对剥削理论的改写稿而失效了，此外，如果庞巴维克的这一异议针对洛贝尔图斯，而没有针对马克思，那么这纯属偶然。

科莫钦斯基的马克思批判同样支持庞巴维克的马克思批判。① 科莫钦斯基对马克思的整个体系持全然否定的态度，既指责这个体系的基础，特别是只有劳动才构成价值的观点，又指责马克思在其他方面使用价值概念和价值规律，此外还否认《资本论》第一卷和第三卷之间存在的矛盾是主观臆想的。相反，科莫钦斯基指出，马克思在第三卷中得出的答案，在第一卷中已经"预告"，在第二卷中已经"准备"了。② 然而，客观地看，仅仅价值调节交换比例的理论和第三卷中关于价格如何产生于价值的论述之间的确存在着矛盾。③

与一些马克思的阐释者相反——后面将谈到他们——，科莫钦斯基以正确的概念来代替对这种论述的批判。他认为，在马克思那里，"价值"和"价格"是同一个东西，即产品借以按经济规律进行交换的量的比例。科莫钦斯基指出："马克思不过是变换了这个比例的数式，以此时而把这一个、时而又把另一个经济规律作为同一比例的基础。这个比例，当它由劳动支出决定时，叫做价值；当它由相等利润规律决定时，叫做价格。"④ 接着科莫钦斯基指出，马克思把价值换算为价格的做法前后是不一致的。他没有考虑到不同产品的价格之间的相互依存关系。紧接着他又说："同样的疏忽还出现在那些一再重复的段落中，在那里，他把'生产价格'看做是包括利润在内的'费用价格'，同时却

---

① 《国民经济、社会政治和管理》第 6 卷，维也纳 1897 年版。
② 《国民经济、社会政治和管理》第 6 卷，维也纳 1897 年版，第 276—277 页。
③ 《国民经济、社会政治和管理》第 6 卷，维也纳 1897 年版，第 249 页。这里谈到，马克思放弃了他的理论的基础。
④ 《国民经济、社会政治和管理》第 6 卷，维也纳 1897 年版，第 276 页。科莫钦斯基还恰如其分地指出，用货币表示价格，这在马克思的阐述中是无关紧要的，因为货币价值的变化还没有加以考虑。

把'费用价格'说成是耗费的不变资本和可变资本的'价值'。"①

可见，科莫钦斯基已发现，在《资本论》中价值表现和价格表现被混淆了；他的批判正是在这个问题上对庞巴维克的批判作了宝贵的补充。但是，人们不能证明，马克思体系的受到谴责的矛盾性比它的不精确性更严重，而这种不精确性并没有使马克思体系失去任何意义。科莫钦斯基本人确曾指出：证明那种不精确性不是对《资本论》的作者而言的。② 因此，批判者更不应该认为自己有义务放弃研究这样一个问题：马克思在从价值中引申出价格时所包含的计算错误，究竟是否严重到在它的重压下而使"社会主义的资本收益理论"本身必定破产。似乎无需对整个体系的出发点加以抨击，就可以检验是否能避免那个计算错误。科莫钦斯基没有作到这一点。他以为发现了上述计算错误，就已经证明了资本利润不产生于剩余劳动。③ 科莫钦斯基在这个关键问题上作出如此扼要的审理，其原因想必是，他确信通过资本生产率说明资本利润的理论的正确性。凡是有这种信念的人，自然倾向于对"剥削理论"采取断然措施。

前面论述过的那些作者全部是马克思的价格形成和资本利润理论的公开反对者。与他们直接相对立，当今的所谓科学社会主义的代表完全接受马克思的这一理论。但是，除此而外，还有个别政治经济学理论家

---

① 《国民经济、社会政治和管理》第 6 卷，维也纳 1897 年版，第 294 页。这种看法与恩斯特·朗格的观点十分相似，见《康拉德年鉴》第 14 卷第 3 期，第 549 页。

② 《国民经济、社会政治和管理》第 6 卷，维也纳 1897 年版，第 295 页。

③ 《国民经济、社会政治和管理》第 6 卷，维也纳 1897 年版，第 296—297 页。科莫钦斯基关于生产价格不仅仅用于调节"资本家阶级内部事务"的论述（第 295—296 页），得出如下结论（在庞巴维克那里也存在）：工资由于价值转化为价格也受到损失。

没有加入这两种作者之列,因为,他们在围绕马克思进行的这场争论中在某种程度上采取调和的态度。这特别适用于勒克西斯,对于他,恩格斯曾证实说,在所有的"资产阶级"政治经济学家中,他对于通过什么样的方法能使马克思的价值理论和剩余价值理论与价格形成的事实相一致这个问题提出了最高明的见解。恩格斯认为,这个问题在勒克西斯那里当然"远没有得到解决",但是这个问题"大体上正确地被提出来了"。① 每个没有偏见的人都必定承认勒克西斯在他对《资本论》第二卷的论述中,② 实际上预见到第三卷得出的"答案"的本质的东西。

勒克西斯正是用同马克思本人一样的方法力求证明:只要国民经济总收益在资本家阶级和工人阶级之间的分配是可行的,马克思意义上的价格和价值(马克思称之为"观念价值")的不一致就是无关紧要的。的确,在勒克西斯那里,这种努力甚至很明显,即从某种意义上赋予价值规律以比马克思本人在《资本论》第三卷中所赋予它的更大的意义。也就是说,勒克西斯认为,"全部剩余价值(即归资本家阶级所有的商品)同工人的全部份额(即以工资的形式给予工人阶级的商品)在实际价格上所处的比例,与人们赋予商品以观念价格(也就是完全按照物化在产品中的劳动量计算的那种价格)并以此计算整个商品的价值和它们的比例时所得出的比例是相同的"③。这一论断后来由勒克西斯如此正确地提了出来:上述比例不是严格适用的,而只是近似地适用的。④

---

① 《马克思恩格斯全集》第1版第25卷第13页。
② 《康拉德年鉴》第11卷(1555年),第452—465页。参看《康拉德年鉴》第9卷(1884年),关于洛贝尔图斯,特别参看第467页。
③ 《康拉德年鉴》第11卷,第465页;《经济学季刊》波士顿1896年版第10期,《马克思〈资本论〉的最后一卷》,第8页,并参看第10页。
④ 《政治学袖珍辞典》第2版第7卷,第469页《分配》词条。

尽管人们可以得出这一论断，但在勒克西斯看来，用观念价值进行计算能够使人看到产生资本利润的那些国民经济的过程。

如果认为，只有通过这种途径才能正确地认识和评价这些国民经济的过程，那就错了。某种程度上"庸俗经济学"的考察方法是与马克思所代表的理论体系相对立的，这种方法使资本利润产生于商品所有者个人之间进行的每一次交换所造成的加价，相信这种考察方法也是错误的。

马克思指出这样一种情况，即资本家同时以商品（原产品、半成品、最终产品）的买者和卖者的身份出现，因此通过加价使他作为卖者一方所得和他作为买者一方所失相等。马克思以此反对把剩余价值的产生移到流通领域里去的加价理论。马克思说："因此，坚持剩余价值来源于名义上的加价或卖者享有贵卖商品的特权这一错觉的代表者，是假定有一个只买不卖，从而只消费不生产的阶级。"[1]

勒克西斯提出反对马克思的这种论证的理由是，只有当一切社会阶级同样有可能实现加价时，这种论证才是令人信服的。然而，决不会出现这种情况。因为工人就不可能作到相应地加价。工资毋宁说与生产劳动力的费用相一致。工人阶级遭受这种特殊损害的结果是，只有当资本家阶级内部进行的商品交换有加价现象时，加价才是徒然的；而对于进行购买的雇佣工人来说，加价则保持其全部意义，使总产品价值的一部分转移到资本家阶级手中。因此勒克西斯认为，资本产生利润这一事实，不必求助于马克思对"价值"和"剩余价值"的抽象，便可以借助"最古老的经验的方法"来说明。[2]

---

[1] 《马克思恩格斯全集》第1版第23卷第184页。
[2] 《康拉德年鉴》第11卷，第453—454页；《经济学季刊》第10期，第33页。参看《国民经济辞典》第2卷，第937页。

整个马克思体系虽然可以"维护到一定程度",却不能把它强加于任何人。因为同传统理论相比,它的特点绝不是更简单明了。勒克西斯把马克思所持的、在它的体系中占首位的价值观点,说成是想象的和非现实的。但是,至于从价值中引申出价格,那么问题仅仅在于揭示假定的量和实际的量之间的一定数式,如果马克思认为,这些数式(例如在具有资本平均有机构成的生产领域内,总价值和价格总额相同,或者说,价值和价格相一致)能够用来说明任何一种实际的国民经济发展过程,那他就理解错了。把这些本来很明显的数式充当价值规律的证明,同样是不恰当的。事实仅仅表明,在把这个假定的规律不是应用于个别商品,而是应用于所有商品的总和的条件下,这个假定的规律和经济上的经验在逻辑上是能够一致起来的。勒克西斯指出:"观念价值可以被看做是导致实际价格的一种推演的出发点。"① 但是,如果马克思把这些观念价值作为现实的表现放在资本主义生产的初期阶段,从而认为,在资本主义的原始状态下,不同的利润率在各个不同生产领域内同时并存,那么,这是直接违背事实的。利润相等毋宁说是与资本主义生产方法同时和密切相连而出现的。但是,如果事实确是如此,那么,按照勒克西斯的看法,马克思从价值中引申出价格就完全与经济现实无关。②这种引申,从而整个价值和剩余价值理论,由于这个原因而证明不是必要的了。

人们说,这种理论之所以被它的创始人赋予如此重大的意义,主要是因为他们把它看做是克服下述观点的手段:商品价格是由它的组成部

---

① 《康拉德年鉴》第 11 卷,第 463—464 页。
② 《经济学季刊》第 10 期,第 10—13 页,参看恩斯特·朗格的论文,载《康拉德年鉴》第 14 卷第 3 期,第 549—558 页。

分即工资、资本利润以及有时也包括地租形成的。① 这想必是不错的。马克思把后面这种观点说成是"庸俗经济学"的最大缺陷,并从学说史上把它归结为亚当·斯密的"可笑错误"。② 现在勒克西斯却庇护这个观点。他认为,只要用正确的方法考虑这种情况,即每一既定的生产阶段都承接前一生产阶段的一些半成品储备,并且为后一阶段提供这样的储备,那么,为马克思所唾弃的关于商品价值归根到底由工资、资本利润和地租构成的教条,便可以为经验所确证。③

勒克西斯的马克思批判中的其他问题,不是这个研究直接涉及的对象。它们不过是说明,勒克西斯既没有提及作为经济思想家的马克思的意义,也不低估马克思对研究和阐明资本主义经济的某些典型事实和发展趋势作出的贡献。④ 但是,根据勒克西斯的看法,马克思以自己的全部研究为基础的模式,只起有限的作用,根本不适宜取代传统的价格形成理论和收入分配理论的地位。

据我看,勒克西斯的马克思批判中特别涉及这篇论文的对象的那一部分需要作两方面的补充。第一,资本利润的两种解释(一种是产生于剩余劳动,另一种是产生于加价)在勒克西斯的叙述中互相竞争,并以平等地位出现,在可能的情况下让两者互相渗透,这是理想的做法。第二,马克思所作的由价值转变为价格的演变的正确程度,必须更仔细地加以研究。勒克西斯仅仅从这种演算应该表明不劳而获的利润的本质并不因从"价值计算"到"价格计算"的过渡而发生变化,来评价这种演算。就这种观点来看,马克思能否对这一过渡中的计算错误不承担责

---

① 《马克思恩格斯全集》第 1 版第 25 卷第 974—975 页。
② 《马克思恩格斯全集》第 1 版第 24 卷 413 页。
③ 《经济学季刊》第 10 期,第 25 页。
④ 《经济学季刊》第 10 期,第 25 页。

任,事实上是无须多加说明的。但是,这里产生的数式还被马克思本人用于其他目的,特别是被用来论证他的利润率下降的规律。① 因此,这里考察的演算会引起不小的兴趣。

这个问题的进一步论述表明,勒克西斯的批判的这种完善化怎样才能实现。

另一位作者在某种意义上把马克思的价格形成和收入分配理论作为整体来考察,但又不认为它完全正确,而同时又与马克思本人截然相反,并不把对马克思的承认同对传统学说的完全否定联系起来。此人便是桑巴特。②

在桑巴特看来,马克思的理论首先是国民经济学中的极端客观主义的表现。他认为,这种客观主义在特别以边际效用理论家为代表的主观主义流派中得到了理想的补充。③

然后,桑巴特声称,一旦马克思更准确地理解价格形成的具体关系,他终归会陷入传统的生产费用理论,尽管他本人把这种理论的一种与他自己仅仅相差无几的表述说成是严重的谬误。桑巴特这里所指的正是《资本论》第三卷中关于从价值到价格过渡的那些论述。④ 他认为,毫无理由对这些论述产生反感。马克思寻求使他的价值规律与价格的实

---

① 勒克西斯曾详细论述过这个规律(《经济学季刊》第10期第13—20页),但不是以正文中所指出的观点出发的。
② 《社会科学和社会政治文献》第7卷第4册:《卡尔·马克思的经济学体系批判》。
③ 《社会科学和社会政治文献》第7卷第4册:《卡尔·马克思的经济学体系批判》,第591页。
④ 《社会科学和社会政治文献》第7卷第4册:《卡尔·马克思的经济学体系批判》,第572页。

际形成协调一致的方式和方法,实际上是"不言而喻"的。① 当然,价值如同马克思理解的那样,对于经济现实不可能有直接的关系。如果马克思认为某个时候(即在资本主义生产初期)有这样的关系,那他就是从某种程度上背弃了自己的信念。②

马克思意义上的价值恰恰不过是经济思想的辅助工具,并且是一种必不可少的工具,因为没有这个价值概念的帮助,就不可能"使作为消费品的在质上各不相同的商品在量的规定性上表现出来",并且根本不可能从统一的观点出发来科学地深入研究国民经济的状况和过程。③

如果想在这里对经济理论家的"一元化需要"的呼吁在多大程度上是令人信服的问题展开讨论,那未免离题太远。这种呼吁根本不能使我动心。至于桑巴特的主张,即为了理解商品按一定比例互相交换而必须把商品当做"只是抽象人类劳动的产品"(即按价值概念来考虑),那么,这个实际上出自马克思本人的主张,正如庞巴维克不厌其烦地证明了的,④ 是完全站不住脚的。

如果桑巴特还是以劳动是客观上至关重要的经济事实——因为人的经济上的存在主要取决于社会劳动生产力的发展——为依据,来维护马克思的价值概念和价值规律,那么,人们想(为了不重复来自另一方面的某些明显的谴责⑤)对此特别提出如下反驳。即使承认劳动作为经济

---

① 《社会科学和社会政治文献》第 7 卷第 4 册:《卡尔·马克思的经济学体系批判》,第 562 页。

② 《社会科学和社会政治文献》第 7 卷第 4 册:《卡尔·马克思的经济学体系批判》,第 584—586 页。

③ 《社会科学和社会政治文献》第 7 卷第 4 册:《卡尔·马克思的经济学体系批判》,第 574—575 页。

④ 《马克思体系的终结》,第 146—161、192—196 页。

⑤ 〔奥〕庞巴维克:《价格理论》,莱比锡 1905 年版,第 195—196 页。

因素起着主导的作用，因此关于价值和交换的理论研究"不考虑生产"）（参看维塞尔），也就不可能提供巨大的利益，但由此也还根本不能说，必须把马克思意义上的价值概念和价值规律放在国民经济理论的首位。因为劳动和价值对于马克思来说也不是同一个概念。诚然，如果桑巴特认为，劳动生产率的概念在价值概念中得到了经济上的表现①，那么这不可能是按马克思主义的方式思考的。人们仅仅考虑：遍及一切生产领域的劳动生产率的这种变化，不会影响商品的价值；局限在任意一个一定的生产领域上的劳动生产率的变化，则使有关商品的价值按照劳动生产率的降低或提高而提高或降低。因此，劳动生产率和价值是两个不可混淆的概念，而在我看来，桑巴特把它们混淆在一起了。② 政治经济学体系究竟是以作为最主要的生产因素的劳动为出发点，还是以马克思提出的价值为出发点，这是两种方法。第一种方法与马克思主义毫不相干。③

因此，我以为，桑巴特无论通过指明国民经济领域内科学思想的任务，也不论是通过考察经济的基本事实，都不能使他的读者们确信，马克思的价值规律是理解国民经济学的"必要工具"。

他认为，在马克思那里，价值是一种杜撰的东西，价格则是一

---

① 《卡尔·马克思的经济学体系批判》，第577页。

② 在马克思的体系中，劳动生产率和劳动力的价值之间的关系还起一种特殊的作用。由于劳动力价值在劳动生产率提高时降低，所以相对剩余价值在技术进步的影响下便提高了。但这显然只是在工人阶级的生活水平保持不变时才是适用的。桑巴特（《卡尔·马克思的经济学体系批判》，第580页）最乐于看到的正是把这一前提从马克思理论中抹去。

③ 桑巴特在他的《现代资本主义》一书中讨论怎样才能产生利润这个问题时，不是把马克思的价值规律，而是把亚当·斯密的劳动作为商品供应的源泉的原理放在首要位置，就是一个典型例证。见上书第1卷第210—211页。

种实际的东西。他的这一论断看来也是不确切的。因为价格（价格与价值的不一致是马克思的体系所特有的）并不实际代表一定情况下支付的货币额，而是同价值完全一样的科学上的抽象。这里指的是"生产价格"。从生产价格到不受这一理论影响的现实，还要经过一些阶段。

关于价值和价格的对立，以及与此相应的剩余价值和利润的对立，桑巴特还指出：一方面（价值和剩余价值的方面）涉及的是社会的事实，另一方面（价格和利润的方面）涉及的是个人的事实。① 在我看来，这种说法并非很圆满。正确的说法是：按照马克思的观点，价值和剩余价值范畴是用来说明资本家阶级和工人阶级的关系，价格和利润的范畴则用来考察资本家阶级的内部事务，但这实际上并不否认这种内部事务作为社会事实的性质。

最后，按照桑巴特的观点，价值和价格的关系的特点是：以纯粹技术的（"客观的"）事实情况为基础的价值，与确保获得最大利益的个人的努力及其相应的行为方式毫不相干；而价格则正是产生于这样的努力和行为，产生于竞争。② 这个观点虽然可以说是马克思主义的，③ 但它并不因此就是无懈可击的。对此，庞巴维克有理由指出："每一个无偏见的人都知道并且看到，一般说来，所支出的劳动量对商品价格的持续形成发生的影响，仅仅以供求的作用或竞争为中介。"④ 如果考虑到马克思所理解的并为李嘉图早已论述过的价值规律恰恰只有通过"行为

---

① 《社会科学和社会政治文献》第7卷，第584页。

② 《社会科学和社会政治文献》第7卷，第591页。

③ 〔俄〕考茨基：《农业问题》，1899年版第59页。那里明确指出，价值规律以自由竞争为先决条件。

④ 〔奥〕庞巴维克：《价格理论》，莱比锡1905年版，第176页。

动机"才能发挥作用①，而且必须在某种程度被简化了的前提条件下发挥作用。② 那也就证明（这里只是顺便提一下），马克思和在这个问题上绝对遵从马克思的桑巴特对哪一种劳动形成价值的问题的回答是错误的，或者至多是没有说出什么来。③ 下面还要回来谈这个问题。

于是，桑巴特力图（一方面结合马克思的观点，一方面独立地）使来自不同观点的价值和价格之间的鸿沟，在某种程度上表现为不可逾越的。的确，他曾明确地说，生产费用（大概是指"生产价格"）与价值以及利润与剩余价值"没有形式上的关系"。④ 但是，如果情况是这样的话，人们不禁要惊奇地问：假如政治经济学不是转到玄学研究上，而是致力于实际现象的研究，哪怕是公式化的研究，那么政治经济学的价值和剩余价值的概念所能提供的帮助又何在呢？⑤ 庞巴维克的批判有理由强调指出，桑巴特由他把价值和剩余价值移入其中的思想"防区""十分巧妙地向现实世界突围"⑥，并且通过这种方法真正放弃了他自认

---

① 参看杜冈·巴拉诺夫斯基的论文，载《社会科学和社会政治文献》第22卷（1906年），第560页。

② 庞巴维克说：马克思的价值规律"在实践上和理论上都毫无用处"（《价格理论》第192页）。可见，庞巴维克的说法是错误的。

③ 参看《现代资本主义》第1卷第211页。这里重复了这个大胆的论断，即不把劳动的概念限制在马克思的意义上就不可能有资本主义经济的科学。在列举各种不从事"劳动"的人员的类型时，在桑巴特那里也完全像在马克思（见《马克思恩格斯全集》第1版第24卷第413页）那里一样，大学教授是同"娼妓"并列在一起的，马克思只不过把一个更不客气的字眼用于后者罢了。

④ 《社会科学和社会政治文献》第7卷，第584页。这里附加词"形式上的"应指什么，我不很清楚。

⑤ 参看恩斯特·君特：《德国社会民主党中的修正主义运动》，第1271页。

⑥ 〔奥〕庞巴维克：《价格理论》，莱比锡1905年版，第197页。

为是难以攻占的阵地。为了对这个应该得到的指责加以补充，我还想指出一个颇有特点的情况，即桑巴特断定，马克思"用最出色的方法阐述了"利润率下降的规律。① 但是，这个阐述的基础是，马克思制订了一个以他的"价值和剩余价值公式"出现的数值和另一个以他的"价格和利润公式"出现的数值之间的完全确定的（而且是极其简单的和错误的）算式。桑巴特认为这是出色的，但同时又声称，一切"探查剩余价值和利润之间的任何一种关系"的尝试都是"地道的蠢事"②。但愿人们在这些矛盾中理出头绪来！

桑巴特倾向于把马克思的价值概念和价值规律抬到一种似乎很高的批判所不能企及的地位，他的这种倾向愈来愈严重地并通过齐美尔为首的哲学界的一些作者的某种其他阐述与我们对立。

齐美尔对待马克思的价值和价格之间的矛盾的真正问题完全是犹疑不决的③，并且像他的一般做法那样，在讨论时完全不提及马克思。齐美尔认为，在"价格和价值互相分离"的情况下，问题在于特殊情况下——他举一些特殊情况的例子："满足不可缺少的需要、业余爱好、欺骗、垄断"——进行的那些交换行为。他在这里指出："从广泛的和主观的意义上讲，这里也仍然存在着价值及当量的等价物。"

上下文的联系使人对这一点深信不疑，即上面所引之处正是指马克思体系所特有的那个价值和价格之间的矛盾；但每一个内行的人都会立刻看出，齐美尔这里却忽略了他想通过自己的考虑进一步加以解决的问题。因为马克思承认，那些齐美尔认为能够引起价格同价值偏离的情况中，没有一种情况对价格（《资本论》第三卷中与价值对立的"生产价

---

① 《卡尔·马克思的经济学体系批判》，第564页。
② 《卡尔·马克思的经济学体系批判》，第582页。
③ 〔德〕齐美尔：《货币的哲学》，莱比锡1900年版，第51—52页。

格"）有影响。在马克思那里，量上与价值不同的价格毋宁说表现一种交换比例。在竞争的作用不受干扰和生产的规模与需要相适应的情况下，这种交换比例被证明是某种对市场（不是对单个的、也许是以某种例外的比例为特点的交换行为）有效的比例。这是老理论家们的"自然价格"，首先使这个自然价格与马克思意义上的价值产生分歧的因素，就是各个生产领域中各不相同的资本有机构成，这也是齐美尔根本没有提及的一个因素。

因此，对这个研究来说，齐美尔的观点要进行较多间接的考察。因为齐美尔对价值一般（即不再仅仅是对经济价值）的认识，在某些马克思的阐释者看来，似乎是他们所持的观点的最高证明。他们的观点是：价值概念的一致性和马克思运用这个概念所进行的全部思维活动的正确性，决不应该以迄今为止马克思批判所采取的那种粗糙方式为经济生活的经验事实所检验。"价值"和"存在"的对立的确是齐美尔的货币哲学的出发点。价值"作为世界观的包罗万象的形式和范畴"，在某种程度上是同存在对应的概念，并且正如存在在康德看来不是物的属性那样，价值在齐美尔看来也不是物的属性。一个物毕竟不会由于我称它为名贵的就被赋予新的属性，因为毋宁说，评价一个物正是根据它本身具有的属性。但是，这个物的已经全面规定了的存在被提高到"价值的领域"，这个领域与存在的领域相反，各个方面都显示出完全的独立性。① 人们也许要对这些基本论述打几个问号。如果我说一个物是彩色的，那么，可以以同样的理由说，这个物不会因此而获得新的属性。但是这个物之所以是彩色的，据说只是因为它被看出是例如红色的。一般说来，同一种情况可以成为不同程度的抽象所具有的思想内容，但是如果想在每一次向更高阶段的抽象过渡时都使新的"世界观"或一种原

---

① 〔德〕齐美尔：《货币的哲学》，莱比锡1900年版，第1页及以下几页。

则上不同的考察方式产生出来,那的确是有些走得太远了。通过尼采而获得哲学家和伪哲学家们高度好评的价值范畴,事实上因为它是一个相应的抽象范畴而表现为一个极其包罗万象的范畴。但是这一点是完全不容忽视的,即为什么价值范畴应在形而上学或认识论中被赋予特殊地位。人们有时也把例如法即法律的领域同存在对立起来,以此来说明,法律的教义无须考虑它所分析并使之系统化的那些法规在现实中是否被人遵从。或者说,人们想通过这样的对立指出,人们之间的实际关系变得同法律规定的或通过的关系不一样了。这种事实情况同不付诸实行的任何一项规定的情况一样,完全没有奥秘可言,因此也是哲学所不感兴趣的。可见,这里所主张的法对存在的独立性,据我看,与形而上学和认识论毫无关系。我认为,齐美尔的"价值和存在"的反命题的情况也没有什么不同。但是,对我重要的是,是否要对把这种不确切的反命题用于说明经济理论的目的,特别是用于说明马克思的价值和价格之间的关系提出异议。

在这个问题上,齐美尔本人表现出一定的审慎的态度。① 但是,他的

---

① 《货币的哲学》的前言中写道:"这项研究中没有一句是有关政治经济学的。"可是,不能从字面上理解这种说法,毋宁说它是对政治经济学的读者说的含糊其辞的恭维话。当然,作者再三这么说,是为了从哲学上根本改变特定的国民经济学概念和原理,但是,他在自己探讨的过程中一再毫无保留地说出自己对问题的看法:"经济科学的彼岸"可能毫无意思,在这里,在十分贴切地论述的同时也会发生差错。因此,例如在第81页上提出了这一看法:货币的价位稳定性,并且就它具有这种属性而言,仅仅是由于它有充当价位尺度的功能。这种功能有益于货币的价值稳定性,只有这一点是正确无误的。但是益处的大小是一个内行之间看法有分歧的问题。齐美尔对弄清这个问题没有提供丝毫帮助,尽管他本人是可以对此持不同意见的。正是在《货币的哲学》中,他把货币价值的不变性作为一种"客观事实"来论述,因此,他完全是在经济学存在的范围内进行论述的,显然他想让读者认

（续前注）识那个事实。例如，在第78页上没有严格区分货币价值量和利息率水平——这种混淆在政治经济学史前时期并不罕见（参看亚当·斯密：《国富论》第2册第4章）。我觉得，齐美尔对他试图从各个方面用以为自己的目的服务的边际效用论钻研得也不够深刻。此外，这一点还以这种方式表现出来：他以有效性这个价值形成的因素为由反对劳动价值论，并且反对某些社会主义的实际的要求（第450—453页）。一些极不确切的表述——有关章节的缺陷正在于此——使我们认识到，作者对说明成本规律的边际效用论（人们可以从庞巴维克，更可以从瓦尔拉或奥斯皮茨和利本那里了解到这一点）不完全熟悉。此外，齐美尔书中或多或少无意地使用了"抽象"值（劳）（德国经济学家。——译者注）或种属价值的概念，这一概念曾被卡尔·门格尔及其拥护者证明为完全不适于用以说明经济关系。再例如，当齐美尔因提出"消费价格限制的规律"（第201—202页）而促使"边际效用论由个别的范畴转变为社会的范畴"时，他似乎没有注意到这个所谓规律的内容在维塞尔那里，并且几乎恰好在这一类相反的表述中就已经出现过了（《论经济价值的起源和主要规律》维也纳1884年版第26页，《自然价值》维也纳1889年版第44—45页）。齐美尔对国民经济理论的十分肤浅的评判方法，比他针对政治经济学提出的建议更古怪（例如参看第52页，关于所谓"价值理论的连续的错误"或第72页，关于"货币理论的模糊和矛盾之处"）。齐美尔对政治经济学的一个题目或者说一系列题目论述得如此不令人满意，是很遗憾的，他自己就说过（前言IX页），他没有直接的理由涉足这一专门的领域：货币在他的研究中"仅仅是媒介、物质、范例"。对此，齐美尔说明，他以另一个题目为例同样能很好地说明并证明他原来产生过的那个思想。谁了解到他那小题大做的高超能力，就会相信他的话。但是依我看，在这种情况下选择探讨研究的对象并不完全是无关紧要的。情况表明，在哲学领域内探讨货币比探讨其他东西更顺手，特别是可以用一系列哲学妙语来表述。例如：货币是人与世界的关系的等值的表达（第86页），或者货币使一切价值的可能表现为一切可能的价值（第204页）等诸如此类的话。

好学的和虔诚的学生奥古斯特·科佩尔对此十分严肃地认为，在那个独特的、最早由齐美尔发现的价值与存在的关系中找到了帮助他解决《资本论》第一卷和第三卷之间的"矛盾"问题的钥匙。①（待续）

（原载《社会科学和社会政治文献》蒂宾根
1906年版第23卷第1册）

（卢晓萍 译　王福民 校）

---

① 科佩尔的著作名为：《赞成和反对马克思。一部传记的前言》。这里指的是谁的传记，不很清楚，因为这部著作对于马克思的生平连一句说明都没有。

马克思体系中的价值计算和价格计算（二）*

第一篇论文（续）

〔德〕拉·冯·鲍尔特凯维茨

由于价值具有"标准的性质"，或者也可以说是"调节原则"，是"同物本身的特性相异己的"，① 而价格则"不是作为问题，而是作为具体表现，不是作为词句，而是作为实际现象"出现的，并因此构成政治经济学的直接对象，② 所以，马克思可以"心安理得地承认价值同价格的一切偏离"。科佩尔自负地教训他的读者说，迄今为止的所有马克思的阐释者都和他们一样目光短浅，他们在实际上存在着必然性——没有这个必然性，整个马克思体系就失去了意义——的地方看到的却是一个谜。也就是说，恰好价值和价格的矛盾是必然的。价值问题和价格问题是完全不同的问题。③ 科佩尔认为："对于马克思体系来说，它的更为重要的意义不在于价值规律是有效的，而在于价值规律是无效的。在人们看到它的不足的地方，正是它的力量之所在。"④

对此，现在必须指出，在马克思本人那里，价格同价值的关系决不

---

* 本文选自中央编译局《马列主义研究资料》1987年第2辑。
① 科佩尔：《赞成和反对马克思。一部传记的前言》，第67、30、44页。
② 科佩尔：《赞成和反对马克思。一部传记的前言》，第68、66、42页。
③ 科佩尔：《赞成和反对马克思。一部传记的前言》，第30—31页。
④ 科佩尔：《赞成和反对马克思。一部传记的前言》，第31页。

像科佩尔描述的那样莫不相干。马克思的确是从价值中引申出价格的,因此,批判的任务应该是检验这种引申的可靠程度。科佩尔却完全忽视了这一点。当然,对于马克思来说,他的价值概念和价值规律的意义并非仅仅限于它们与价格形成问题的关系的范围内,① 而是向他提供了阐明与资本主义生产方式相联系的产品量的分配具有何种性质的手段。科佩尔本人提到了这一点。② 但是,如果价值规律像科佩尔公开认为的那样,应该根据它能否说明收入分配,而不是能否说明价格形成来评判的,那么,为什么科佩尔又说重要的问题恰恰在于价值和价格的不一致呢?这就非常令人费解了。按照马克思的看法,如果撇开一些次要的因素不谈,价值与价格的不一致就正是产生于各个生产领域中资本有机构成的不同,也就是说,产生于一种现象,关于这种现象马克思曾不厌其烦地指出:它对于以生产和占有剩余价值为基础的资本主义经济制度是无足轻重的。因此,在马克思看来,价值规律在资本主义经济制度下是不起作用的这样一个事实,取决于一个或者一系列不是揭示而是掩盖资本主义实质的因素。假设所有生产领域中的资本有机构成都是一样的,那么,在资本家对工人的剥削没有被消灭以前除了资本家的利润欲之外的其他考虑对生产的规模、方向和技术都不起决定作用的情况下,价值规律对于商品交换就是直接起决定作用的。

  鉴于这一明显的事实,科佩尔关于恰恰是价值规律不适用于表述马克思所理解的资本主义本质的说法,证明是一种从效果考虑而未经深思熟虑的说法。这种说法不是证明它的创造者有独创性,而是证明它对于

---

  ① 与科佩尔(《赞成和反对马克思。一部传记的前言》,第68页)相反,我敢断定,价格形成同时是一种"具体的表现",和一个"问题"。
  ② 科佩尔:《赞成和反对马克思。一部传记的前言》,第29页。

马克思的理论缺乏理解。

科佩尔对这个看法补充道,马克思为价值规律发挥作用提出的前提条件,对于一种**可能的**经济制度是适用的,"但是,这种经济制度不是所要求的,而是由于从价值和价格的矛盾中得出的结论缺乏根据而必然产生的"。紧接着又说:"剩余价值被少数人获取,可是这些人不能消费掉这些提高了的生产力的成果,因此出现了生产过剩,奢侈品生产,消费不足。"①

从前面的说法看来,对于科佩尔在这里采取的把价值规律移向未来社会的做法与马克思理论的意义和趋势不仅不相符而且直接相违背这一点,无需再多费口舌。科佩尔所列举的破坏资本主义经济制度生存的那些现象,依照马克思的理论,不表现为偏离价值规律的结果,而是相反地表现为这种经济制度中发生的把价值规律运用于劳动力商品的结果。② 马克思认为,社会主义的使命是打破价值规律的这种统治,而不是首先建立这种统治。在社会主义制度下,工人所得不再决定于为维持其生活(和繁衍)所必要的标准。因此,在这里价值规律对于劳动力是不适用的。

但是,至于产品,严格说来,在社会主义制度下已经谈不上它们服从于价值规律,因为在这种制度下不存在"个人交换"。③ 当然,官方规定价格,正如这个规定对于确保消费自由是不可避免地应该作到的那样,显然首要考虑生产产品所花费的劳动时间。是否还有其他考虑也

---

① 科佩尔:《赞成和反对马克思。一部传记的前言》,第31页。参看第33和38页。

② 《马克思恩格斯全集》第1版第4卷第110—111页。

③ 《马克思恩格斯全集》第1版第4卷第119—122页。

必然同样起决定性作用,本身就是一个几乎不可能有重大原则意义的问题。不管怎么说,马克思对这个问题就像他一般地对待未来国家中官方规定价格的基本原则一样,是不关心的。

另一个问题是,在社会主义制度下,各个个人付出的劳动时间是不是社会产品中用于消费的那部分产品借以分配给各个个人的唯一标准。弄清楚这一点,对于社会主义将更加重要,可是马克思正是把这一点看做是一个留待以后加以研究的问题。①

因此,像科佩尔所做的那样,把自己杜撰的东西强加于《资本论》的作者,说他认为社会主义的任务是促进价值规律胜利实现,就大错特错了。② 因为,就劳动力而言,与此相反的情况才是真实的;而就产品而言,马克思认为,在资本主义经济制度中价值规律不是直接表现出来,而是通过生产价格的中介表现出来,这一点对于社会主义经济制度和资本主义经济制度之间的对立恰恰是次要的。③

可见,被他的老师齐美尔及其对新奇的、推翻前人观点的叙述的追求弄糊涂了的科佩尔,在马克思的价值和价格之间的关系问题上,没有采取正确的态度。科佩尔的与这个特殊问题相联系的旨在批判马克思价值概念——他把马克思的价值概念当做"实体的"、为马克思

---

① 《马克思恩格斯全集》第1版第23卷第96页。参看奥托·格拉赫:《论经济活动的条件》,耶拿1890年版,第22页。

② 《马克思恩格斯全集》第1版第4卷第112—113页。科佩尔似乎对马克思同蒲鲁东的论战毫无所知。而这场论战对写《马克思传》恰恰是比较重要的。

③ 当然,马克思把生产的无规则性看做资本主义制度的特点,另一方面又把它列入妨碍实际上实现了的价格符合价值规律的因素。但是,通过这种方式产生的有效价格同价值的偏离,同时也就是这个有效价格同生产价格的偏离。当科佩尔谈马克思那里价值同价格相矛盾时,显然是指生产价格偏离价值这个事实。

的"本体论"观点所决定的概念加以摒弃,并想用劳动生产力的概念代替它①——的论述,以及他的交织在政治经济学叙述中的关于一元论、相对论和客观主义的研究,关于自在之物的研究,关于回到赫拉克利特和"在理论上遁入彼岸世界"的研究,所有这些意在深入细致的考虑和推论,对这项研究来说,都不是起决定作用的。它们是否另外通过某种方式起决定作用,暂且不论。

关于避免这种从哲学方面羼入政治经济学领域(这种羼入有时表现出兼并欲望,这在我看来是与事物的自然进程,即与为了各种特殊学科②而逐渐把哲学排挤出去,有着罕见的对立)就说到这里。政治经济学家中,这样一种人的人数令人忧虑地不断增加,他们乐于承认靠不住的哲学主权,然而在这件事上,他们留给自己去做的事是,用认识论检验国民经济理论本身。相比于这种情况,那种避免从哲学方面羼入政治经济学领域倒是更应该加以强调。于是,作为政治经济学对哲学的一知半解的对立面,哲学对政治经济学的一知半解便产生了。这种现象存在的理由,当然不可能由人们误认为以此可以为之服务的特殊学科的需要

---

① 科佩尔毫无根据地说《资本论》的作者具有一种独立的哲学体系,在这个体系中,"社会生产力"应该同叔本华那里的意志起类似的作用(见《赞成和反对马克思。一部传记的前言》第7页,参看第10—11页)。而从齐美尔的一般哲学观点来看(这种观点被表述为马克思观点的对立面),"在这个概念中事实是地毯,其中的各条线时而杂乱时而对称地交织在一起,按照线的数量和粗细组成大大小小的质与强度各不同的结"。科佩尔轻信地认为:"所有其他的概念都是自己出现的"(见第19页)。因此,我们就有了:"世界是意志"、"世界是社会生产力"、"世界是地毯"的概念。还缺一个"世界是空话"。

② 例如利鲍厂在他的《英国当代心理学》(巴黎1881年版)的前言中明确地、形象化地描绘了这个历史的过程。

中引申出来。① 当然必须承认，就马克思的理论特别成为哲学思辨的对象而言，那么，马克思本人尤其要对这种令人不快的现象承担责任。他在讨论纯粹经济关系的时候的确是大量使用了从形而上学的词典中摘引出来的话。② 但是，这种情况至多不过是作为减轻罪责的理由，可以使受他的哲学习气所蒙蔽的人得到原谅。③

在这（第一）篇论文中，我的任务是：把各个科学流派的代表者对马克思关于资本主义价格形成和收入分配所发表的各种意见的情况作一个批判的概括。因此，正如有经验的读者可以看到的那样，我这里只是比较深入地研究这样一些作者，他们把上述理论体系作为研究对象，或者进行特别详细的考察，或者进行某种独特的考察。同时我力求在重述和批判各种不同观点时尽可能避免重复，这些指导思想决定了我在本文的最后一部分——这部分可说是专门针对马克思的追随者写的——联系到希法亭和杜冈·巴拉诺夫斯基。

---

① 只有在政治经济学家徜徉于形而上学和认识论领域中时，他们才能作出这种否定的评价。有一点是不需要特别强调的，即他们和哲学家们在国民经济理论的方法论和体系学问题上的合作是完全合乎理想的。

② 社会民主党的报刊至今仍忠于它的首领的这个坏习惯。《前进报》的一些社论中大量堆砌了诸如"基础"、"内在的"等等术语。

③ 文中提到的那些力图从"哲学方面"论述马克思的价值和价格理论的作者中，人们发现没有提及什塔姆列尔，这可能会使一些读者感到意外。原因在于：他肯定已经遭到一位政治经济学家的基本评定，从这位政治经济学家那里，人们至少可以期待对什塔姆列尔的严肃评价。迪耳说得恰到好处（《李嘉图评注》第1卷第140页）："什塔姆列尔这里（也就是在"真正的右派理论"的关键之处）使之作为马克思理论的基础的那些东西，在马克思理论中根本不存在。"人们只能对什塔姆列尔按自己的思想解释和运用马克思的论述的勇气表示赞叹。例如，社会必要劳动时间的意思应该是指真正有秩序的社会中的必要劳动时间！

在希法亭的名为《庞巴维克的马克思批判》①的著作中，马克思体系中的价值和价格之间的关系得到深入的论述。希法亭认为，价值规律（按照价值规律，唯有生产商品所花费的劳动量对商品的交换比例起决定作用）不仅仅是价格理论的必然出发点，而一般说来也是政治经济学的必然出发点。②在希法亭这部著作的许多地方都可以看到对这种主张作出的如下论证。

政治经济学是一门社会科学，因此，它根本不涉及例如"体现为使用价值的某物对某人的个人的关系"，毋宁说，只有人与人之间的关系才适于构成政治经济学研究的对象。而"只有通过社会成员互相为对方劳动，他们才能在经济上互相发生关系"③。因此，如果劳动表现为人类社会的"基础和链环"，④那么，根据希法亭的看法，这还不足以建立价值规律。只有在一定限制条件下，才会产生"劳动—价值—价值规律"的联想。

这些条件用马克思的术语来说可以归纳为："商品生产"必须占统治地位。只要商品生产还没有占统治地位以及已经不再占统治地位⑤，

---

① 阿德勒和希法亭编：《马克思研究》第1卷，维也纳1904年版。
② 在希法亭《庞巴维克的马克思批判》第11页上说："由于社会形式的劳动成为价值的尺度，所以经济学便作为历史科学和社会科学被建立起来。"他的特点在于：把马克思的价值理论看做与唯物史观不可分割地联系在一起的（同上），而当今马克思主义阵营内普遍存在着一种偏向，即认为它们之间没有联系。在这个问题上，希法亭同文克施特恩是对立的。见《施穆勒年鉴》（1898年）第22期第269—271页。
③〔奥〕希法亭：《庞巴维克的马克思批判》，第9页。
④〔奥〕希法亭：《庞巴维克的马克思批判》，第53页。
⑤ 这里指的是未来社会主义的社会。参看〔奥〕希法亭：《庞巴维克的马克思批判》，第57页。

价值规律都不能应用。尽管如此，价值规律仍是政治经济学的一个普遍真理，这是因为，按照希法亭的认识，"经济学"作为一门科学，本身也是同历史发展的特定时期联系在一起的。这个时期的特征恰恰在于产品是商品，或者换句话说，"劳动及对劳动的支配权没有被自觉地提高为社会物质变换和社会实力地位的调节原则"，而是"这个原则作为物的客观属性"并在产品交换过程中盲目地和自发地为自己开辟道路。

因此，对于以商品生产占统治地位的社会为前提的政治经济学来说，商品交换在某种程度上表现为社会的各个成员——劳动的或支配劳动的成员——互相发生关系的形式。在这里，劳动本身在交换价值中得到了表现。价值规律不外乎是决定交换价值的量的标准。在一定情况下，除了这种量的含义外，任何其他含义都被排除了。因此，一般说来，如果在以商品生产为基础的国民经济传动机构中存在着揭示某种规律性的前景，那么，只有价值规律才能承担此等任务。①

显然，希法亭是想用这个完整的论证弥补《资本论》第一卷开始部分中暴露出来的外部缺陷。事实上，为什么恰恰联系商品交换的现象，这个问题在应该作为整个体系的基础部分的篇章中是不明确的；所以，在马克思本人的阐述中价值规律采用的方式方法，给人造成价值规律是偶然的和虚假的印象。希法亭的论证同时也是针对那些人的——他们勉强同意劳动是最重要的生产因素，甚或同意在某种程度上强调这一点，从而恶意地或善意地承认，马克思的价值规律只是在某种程度上大体接近于现实。从这种观点出发，有人认为，在《资本论》的开头部分，运用的是一种撇开劳动的生产因素和舍象自然因素（或者舍象自然和资本的因素）的考察方法。与此相反，在希法亭的阐述中，劳动从一开始就是作为"不加考虑的因素"存在的，因为在他看来，劳动是

---

① 〔奥〕希法亭：《庞巴维克的马克思批判》，第9—12页。

"社会纽带,它把被分裂为各个原子的社会联结在一起"①。

可是,唯有劳动具有这种联结能力的说法,是无根据的。由于这个原因,整个上述的论证——顺便说一下,这个论证有时使人联想到什塔姆列尔——都是站不住脚的。

此外,这个论证仅仅涉及这样一个问题,即在政治经济学体系中,价值规律,就它是有效的而言,为什么必须被放在所有其他问题的前面。根据希法亭的从劳动到价值规律的思路,不可能直接得出价值规律的内容即交换价值和劳动消耗的均衡一致。这种思路至多只能说明,必须有某种把交换价值同劳动联系在一起的标准。

同时我们也看到,当重要的问题在于证明价值规律的内容是真实的时候,希法亭还有与上述不同的其他考虑。他虽然非常坚决地反对庞巴维克的攻击,维护《资本论》中出现的对价值规律的证明,但是看来,又确实感到,要证实价值规律的内容符合真实,靠这种证明,或者更确切地说,靠这种表面的证明,是做不到的。因为,假定这种证明是无懈可击的,那么,每两个被当做商品互相交换的产品总是必须包含等量的劳动。可是希法亭认为,这个规定,严格说来,只在"简单商品生产"的情况下是有效的,而正如他明确承认的那样,在"资本主义商品生产"的情况下,这个规定已经有了改变。因此,迫切需要对价值规律作这样的论证,这种论证应该考虑简单商品生产和资本主义商品生产之间特有的区别。事实上,在希法亭那里已经出现了作这种论证的一些苗头。

首先,就简单商品生产来说,它的特点在于:"平等的、独立的、占有自己生产资料的劳动者相互对立。"占有土地的农民和手工业工人

---

① 〔奥〕希法亭:《庞巴维克的马克思批判》,第12页。劳动是价值的原则,正是由于这个原因,而不是因为劳动是"技术上极其重要的事实"(桑巴特)。

就是这样的劳动者。因此，在这种情况下，产品必须按照自身的价值进行交换，因为否则就不能说是"简单商品生产"。希法亭说："在这个社会中，劳动产品属于劳动者；但是如果价格长期偏离价值——只是偶然地得到补偿——使他丧失一部分劳动产品，而使另一个人得到它，那么，这就会使该社会的基础发生变化，前者将成为雇佣工人（家庭工业的），后者将成为资本家。"①

这种使人感到有学究气的论证显然是不令人满意的。说"简单"商品生产转变为"资本主义的"商品生产必定是由价值规律不起作用造成的，未免有些轻率。设问，为什么由于同价值规律的长期偏离而受益的那一类人，例如因为过豪华生活，不能不断创造出归他们自己所有的剩余价值呢？② 撇开这一点不谈，正是一再指责"资产阶级"政治经济学没有能力认识事物是生成和发展着的希法亭，③ 为证明价值规律的实际存在，而不惜在一定的情况下求助于一定社会形态的固定不变，这肯定是令人惊奇的。

但是，由于希法亭想不惜一切代价、即使破坏逻辑也要坚持他的"客观主义"的立场，于是便阻挡了能够达到这个目的并同时提供方便以说明价值规律发生作用的限制条件的唯一可行之路。他真正愤怒地驳斥了庸俗经济学的观点——其中也包括庞巴维克所持的观点——即交换价值和劳动消耗的均衡一致只要表现出来，就只能以生产者的竞争为基础。把劳动和"辛苦"当做一回事是这个观点的特点，这种观点同马

---

① 〔奥〕希法亭：《庞巴维克的马克思批判》，第55页。
② 关于工人的劳动长度和强度相等的假定，其合理程度如何，我这里暂且不谈。〔奥〕希法亭：《庞巴维克的马克思批判》，第35页。
③ 〔奥〕希法亭：《庞巴维克的马克思批判》，第25—29、61页。

克思的劳动概念是截然对立的。①

马克思把创造价值的劳动说成是"人的脑、神经、肌肉、感官等等的耗费"②，力图以此驳斥那种只是由劳动所产生的心理上的厌恶而在价值形成和价值衡量方面考察劳动的想法，这实际上是正确的。但是，马克思自己未能摆脱这个唯一适当的想法的束缚，这也并非不是事实。③ 他即使作到这一点，也丝毫不能改变这种情况：如果不假定为交换而生产的劳动者力求以最小的努力取得尽可能大的收获并同时能够变换自己的活动，那么，价值规律就没有确凿的根据。在希法亭为回避这种极其简单明了的事实所作的绝望的努力中，清楚地暴露出他的顽固的教条主义。关于他试图用来证明价值规律直接适用于"简单商品生产"的情况的方式方法，就谈到这里。

现在，价值规律在以"资本主义商品生产"为基础的社会中采取一种改变了的形态，价格代替了价值。尽管如此，人们这里也仍然不得不把（原有的）价值规律作为唯一可行的认识方法加以坚持，因为资本主义的交换关系只能理解为前资本主义的交换关系的变形，④ 并且是由一种特殊的、与（原有的）价值规律没有关系的力量即竞争引起的变形。⑤ 希法亭感到，竞争是一个完全根植于为他唾弃的"行为动机"

---

① 〔奥〕希法亭：《庞巴维克的马克思批判》，第52—53页。

② 《马克思恩格斯全集》第1版第23卷第88页。在这一页上，用"感官"代替了"手"。

③ 《马克思恩格斯全集》第1版第23卷第93页上有这样的说法：当鲁滨逊祈祷时，他没有劳动，因为他"从中得到快乐"，他"把这类活动当做休息"。

④ 〔奥〕希法亭：《庞巴维克的马克思批判》，第29、56页。

⑤ 希法亭有时（见《庞巴维克的马克思批判》第37、55和57页）谈"前资本主义的竞争"，但这种竞争只能使"各种不同的个别价值与市场价值平衡"，可见他没有考虑不同商品按什么比例进行交换的问题。

之中的因素，① 对于他来说，也就是对于"客观主义"来说，不愿像庸俗经济学那样立即把竞争这个主观因素用在价格理论的开头部分，而只愿用在较晚的研究阶段上，马克思体系的优点正在于此。但是，按照这种方式，由于最后求助于竞争，"客观主义立场"也就无法维持了。这一点是很清楚的。②

马克思的体系比庸俗经济学的考察方法的优越性还在于，它反映历史的过程。于是，辩证方法的要求便得到满足：概念的发展处处同历史的发展并行不悖。这种并行不悖是理论正确性的最准确的证明。③ 这里被作为马克思体系的特殊优点提出来的事实本身会使一个非黑格尔主义者感到乏味。撇开这一点不谈，希法亭对"价值"与"价格"相反实际上表现为主要的东西④这一问题的论述，是不能令人信服的。

关于在马克思那里以理论中的演算出现的价值转变为价格是否可靠的问题，希法亭只是就这种演算在庞巴维克的批判中遭到攻击的范围

---

① 希法亭说："在庞巴维克看来，竞争只不过是所有心理欲望和动机的集合名词，这些欲望和动机支配市场当事人并通过这种方式影响价格的形成"（第58页）。我们看到，希法亭本人不同意这种竞争观点，因为在他看来，这种观点是过于"主观主义"了。但是他没有说怎样才能把竞争概念解释为"客观主义的"，就像通常那样无矛盾地使用同庞巴维克的观点根本不应该有什么不同的马克思的竞争观点。

② 在《庞巴维克的马克思批判》第56页上已经预示有不通过竞争，也就是从资本占有者的平等来说明利润率相等的可能。因此，正如"价值"是从简单商品生产体系中的工人的平等产生的那样，"价格"（生产价格）同样十分必然（与行为动机无关）地产生于资本占有者的平等。但是，这里谈的仅仅是预示，并且希法亭不再对这种思想加以论述，原因在于害怕背离马克思。

③〔奥〕希法亭：《庞巴维克的马克思批判》，第60页。

④〔奥〕希法亭：《庞巴维克的马克思批判》，第34—42页。

内，发表了比较深刻的看法。① 此外，以为在这一方面需要对《资本论》的阐述作某些补充的想法，在希法亭看来是多余的。希法亭不加批判地接受这种理论：为所有商品形成的价格总额同它们的总价值相等，同时总利润同总剩余价值相等。② 从下文可以看出，这种理论是多么荒谬。

希法亭想把他对马克思的辩护变成同对手的"卓有成效的争论"③。事实上，人们普遍的兴趣在于他同庞巴维克的论战。希法亭在这一论战过程中，总是竭力突出作为国民经济的"无产阶级""科学"创始人的马克思和"庸俗经济学"之间的（所谓）原则对立，把马克思的（非现实的）"客观主义"推到首要地位，把马克思的体系不仅说成是允许的和在某种条件下是有效的体系，而且说成是必然的和唯一可行的体系。正因为如此，他（希法亭）——只有他——便促进了对马克思体系的不足之处的揭露并特别地把那些没有偏见的人们的注意力引向马克思的价值和价格关系的专断和歪曲。

与正统的马克思主义者希法亭相反，杜冈·巴拉诺夫斯基持修正主义的——差不多可以说是极端修正主义的——立场。的确，在某些方面，他对马克思理论的价值还不如某个"庸俗经济学家"。他不惜援用所谓科学社会主义的死敌很早以来反对马克思的论据。杜冈·巴拉诺夫斯基援引格·阿德勒的观点指出，在按资本主义方式组织起来的国民经济中，价格的形成从来不取决于商品中包含的劳动量，而总是取决于相

---

① 试比较上面关于庞巴维克的一节，其中在脚注中提到了希法亭。
② 〔奥〕希法亭：《庞巴维克的马克思批判》，第31—33页和第50页。
③ 〔奥〕希法亭：《庞巴维克的马克思批判》，第2页。

应的资本支出。① 与此相连，他把马克思的价值理论或者说成是"彻底崩溃"，或者说成是"失去与商品交换的真正事实的任何关系并成为空洞的理论"。② 杜冈·巴拉诺夫斯基把价值理论所由出发的基本概念，即"绝对劳动价值的概念"，解释为具有某种内在矛盾的概念，试图以此为自己反对马克思的价值理论提供一种独特的说法。

按照马克思的观点，价值就是物化劳动。杜冈·巴拉诺夫斯基指出："劳动物化在它的产品中的原因显然在于，在商品经济的条件下，直接比较为生产不同劳动产品所使用的劳动是不可能的，因为这种经济方式下的社会经济是由独立的和自主的个体经济组成的，需要进行交换的物即商品是这些个体经济之间的唯一的链环，因此，劳动的物化表现为商品价格。商品除了它的价格之外，再也没有任何其他属性能使之其中包含的劳动量物化了。"③ 可是，价格和劳动价值不是一回事。因此，价值不是物化劳动。

不难看出，这一似乎被杜冈·巴拉诺夫斯基本人赋予重要意义的整个论证的基础是，他按照一种与马克思不同的意义理解马克思有时使用的"物化"这个术语。马克思认为，当他说到劳动在产品中物化或物质化时，无非是说产品是劳动的唯一看得见的物质结果。在马克思那里，劳动被当做某种非物质的东西，当做"劳动力耗费"，同作为物质

---

① 〔俄〕杜冈·巴拉诺夫斯基：《马克思主义理论基础》，莱比锡1905年版，第140页。

② 〔俄〕杜冈·巴拉诺夫斯基：《马克思主义理论基础》，莱比锡1905年版，第141页。

③ 〔俄〕杜冈·巴拉诺夫斯基：《马克思主义理论基础》，莱比锡1905年版，第140页。

的东西的产品或商品相对立。① 如果像杜冈·巴拉诺夫斯基那样，说劳动物化在价格中，因为价格——无论把它理解为交换比例还是交换中提供的物或者货币——只有在人们使两个产品互相发生关系时才能得以实现，那么，这种说法与马克思的表述方法相矛盾。然而，在马克思那里，凡是提到劳动物化的地方，都应是用以标明生产一种产品所使用的（抽象的人类）劳动与这个产品本身之间的关系。此外，这里不应该为马克思的术语辩护。重要的问题只是在于，反对那种只抓住某些词句而从不注意它们的确切含义的批判。②

杜冈·巴拉诺夫斯基从边际效用理论中吸取了反对马克思的价值理论的另一个论据。这里，他还企图通过强调劳动不像马克思所说的是价值的"单一的实体"，而是"绝对费用"的"单一的实体"，把由他的前辈们为反对马克思而提出的异议以一种新的形式表达出来。③

绝对费用的概念是与这样一种对生产过程的理解相一致的：人作为经济的主体直接与自然对立，相应的社会中间环节被排除了。如果持这种观点，那么，显而易见，产品只花费人的劳动。这也许是正确的，但绝非新观点。不过，据我所知，杜冈·巴拉诺夫斯基没有使用过"绝对"费用和"相对"费用（相对费用是传统学说中的"生产费用"）

---

① 《马克思恩格斯全集》第1版第23卷第51—52页。

② 杜冈·巴拉诺夫斯基把马克思体系特有的价值概念说成是"绝对劳动价值概念"。这种说法与他对"绝对的"和"相对的"劳动价值论的区分是一致的。前者把劳动看做唯一的价值因素，而后者只是把它看做是最重要的价值因素（《马克思主义理论基础》，第136页）。因此，正如价值根据绝对劳动价值论确定的那样，"绝对劳动价值"可以叫做价值。我要人们注意这一点，不然的话往往会把"绝对价值"理解为交换价值的对立面。试比较 S. 弗兰克的透彻的分析：《马克思的价值理论及其意义》，彼得堡1900年版，第183—193页。

③ 〔奥〕杜冈·巴拉诺夫斯基：《马克思主义理论基础》，第145页。

的说法。实际上,这两种说法的区别首先在阿道夫·瓦格纳那里得到了透彻的论述,而且比在杜冈·巴拉诺夫斯基那里表述得更精确。①

杜冈·巴拉诺夫斯基认为,绝对费用的范畴应该成为"当代经济科学的枢纽"。他这里指的是他所代表的"绝对劳动费用论"②。遗憾的是,关于这个新理论的内容没有确切的报道。但有一点是可以确认的,它与价格形成的理论毫无关系。③

对于这个理论来说,倒是应该研究"相对费用",除此之外,效用或者说边际效用应作为同等的价格因素来研究。杜冈·巴拉诺夫斯基对这个问题的论述既不具有思想的独立性,又没有出色的表达,因此在这里可以不予考虑。④

然而,他在更详细地研究马克思的"价值公式"和"价格公式"之间的关系时,却从一个更具优势的方面表现为马克思的批判者。一个数例便证明了不能像马克思那样,为求得平均利润率而简单地使总剩余价值与总资本联系起来。在这个问题上,杜冈·巴拉诺夫斯基与马克思相反,他不是从某个价值量和剩余价值量出发以达到相应的价格比例和利润比例,而是恰恰相反,他列出某些关于价格和利润的方程式,以便从中确定相应的价值数式和剩余价值率。

这里区分了社会生产的三个部类:生产资料归入第Ⅰ部类;工人的消费资料归入第Ⅱ部类;资本家的消费资料归入第Ⅲ部类。除了这两个

---

① 《奠定基础》第1册,第400—405页。
② 〔奥〕杜冈·巴拉诺夫斯基:《马克思主义理论基础》,第151、145页。
③ 〔奥〕杜冈·巴拉诺夫斯基:《马克思主义理论基础》,第149页。
④ 此外,杜冈·巴拉诺夫斯基想从边际效用论的观点出发说明工会对工资的影响的打算(《马克思主义理论基础》第161—164页),是同维塞尔一致的(《论经济价值的起源和主要规律》维也纳1884年版,第205—206页)。

社会阶级外,不考虑其他社会阶级。然后还假定,不变资本和可变资本都是一年周转一次,并且没有资本积累。在此前提下,生产和社会收入的分配被列入如下图式,在这个图式中,p、a 和 r 分别代表以货币价格、并且以百万马克为单位表现出来的年生产资料(不变资本)量、年工资(可变资本)量和年资本利润(利润)量。出现在下述图式中的数字满足于这样一种条件,即所有三个部类的利润率都相等(即25%)。

	p	$+$	a	$+$	r	$p+a+r$
I	180		60		60	300
II	80		80		40	200
III	40		60		25	125

正如人们看到的那样,根据这个图表,不变资本在生产资料的生产中起最大的作用,但在资本家阶级的消费资料的生产中则起最小的作用。

现在,需要把货币价格转变为劳动价值,或者简要地说,使价格转变为价值。为了这个目的,这里假定在第一生产部类中全年雇用十五万工人,他们借助价格为一亿八千万马克的生产资料创造出价格为三亿马克的产品量。如果这些产品量的价值(以千劳动年来表示)是 X,那么,在生产这些产品量时所使用的生产资料的价值等于 $\frac{180}{300}$X。因此,我们得到如下等式:$\frac{180}{300}X + 150 = X$,

由此得出 X = 375。它们的比例,换句话说,生产资料上的价值与价格的比例就是 375 比 300,或者 5 比 4。如果考虑到这种关系,考虑到下面这种情况,即每个工人每年的工资(依照所列的图式)值

$$\frac{60000000 \text{ 马克}}{150000} = 400 \text{ 马克}$$

那么，人们从第 I、II 和 III 部类得到的生产资料的价值分别表现为 225、100 和 50 千劳动年，后两个部类的工人人数各表现为 200 和 150 千劳动年；最后，这两个部类所生产的产品的价值各表现为 300 和 200 千劳动年。① 而 $\frac{200}{300}$ 的商显然表示剩余价值率。这些结果可以用图表概括如下：

	p'	a'	r'	$p'+a'+r'$
I	225	90	60	375
II	100	120	80	300
III	50	90	60	200

p'、a' 和 r' 的数值是与价格表现 p、a 和 r 相应的价值表现。杜冈·巴拉诺夫斯基指出："两个图式的比较表明，一切分配关系都按照它们是以货币价格或是以劳动价值表现而改变。如在第一个图式中，社会的可变资本是全部社会产品价格的 $\frac{200}{625}$，或者说 32%；而它作为劳动价值则是全部社会产品的劳动价值的 $\frac{300}{875}$，或者说 34%（更准确地说，是 34.3%）。利润率，按照货币价格计算等于 25%，而按照劳动价值计算则达到 $\frac{200}{675}$，或者说接近 30%（更准确地说，是 29.6%）。"②

---

① 人们看到（参看解 X 的方程式），杜冈·巴拉诺夫斯基用把价格换算为价值的方法，以这一前提为基础：在三个部类中使用的三组生产资料的生产中，资本的有机构成都是同一的。

② 〔奥〕杜冈·巴拉诺夫斯基：《马克思主义理论基础》，第 173 页。

杜冈·巴拉诺夫斯基就此提出了一个问题：这两种利润率中哪一种是"实际有效的"。他回答说：只能是第一种，也就是在价格图式中出现的那一种，因为，"利润的形成实际上是以商品的价格为基础的"。因此，马克思提出的价值规律和剩余价值规律，不仅如马克思本人所承认的那样不能运用于各个个别生产部门，而且甚至不能确定落入整个资本家阶级手中的社会产品的份额。①

在这一方面，杜冈·巴拉诺夫斯基与马克思相对立无疑是有道理的。② 这里涉及的决不是一个次要的问题。由这个问题同"利润率下降的规律"最紧密地联系在一起的事实，最好不过地说明了这一点。

马克思把这个规律说成是"一个秘密，亚当·斯密以来的全部政治经济学一直围绕着这个秘密的解决兜圈子"，并把从这个理论可以轻而易举地说明利润率下降的趋势，恰恰看做他的理论的优越性的令人信服的证明。利润率，作为剩余价值（m）与总资本即与不变资本（c）和可变资本（v）的总和的比率，必然会越来越小，理由很简单：不变资本占总资本的份额随着时间的推移而不断增加是资本主义生产的发展规律。利润率，如果用马克思的做法以 $\dfrac{m}{c+v}$ 来表示，实际上便可以表现为 $\dfrac{m}{v}$ 和 $\dfrac{v}{v+c}$ 的商。如果第一个因数即 $\dfrac{m}{v}$，也就是剩余价值率，保持不变，而另一个因数即 $\dfrac{v}{v+c}$（它表示可变资本占总资本的份额）减少，那么，这里所考察的商，即利润率，明显会因此而变小。

---

① 〔奥〕杜冈·巴拉诺夫斯基：《马克思主义理论基础》，第 174 页。
② 康拉德·施米特对马克思的理论思想并不是像考茨基那样不加批判，就连他也明确坚持这个命题，即平均利润率同剩余价值总额与预付资本的比例是一致的（见《社会政治中央报》1895 年第 22 期，第 258 页）。

但是,一旦证实$\frac{m}{c+v}$的商不是这种利润率——马克思以前的一切政治经济学家都研究利润率下降的趋势,利润率实际上是唯一使人感兴趣的问题——的正确表现,那么这个推论也就站不住脚了。借助上面在复述杜冈·巴拉诺夫斯基的图式时所使用的数式,便可以更确切地指出马克思所犯的错误:他把$\frac{r}{p+a}$和$\frac{r'}{p'+a'}$两个数值彼此混为一谈了。

因此,人们肯定会在这一点上无条件地赞同杜冈·巴拉诺夫斯基:按照马克思所提出的论证,利润率下降的规律只不过是"一种假象"。

在杜冈·巴拉诺夫斯基那里,伴随这一批判成果的是一种"确立利润率运动的正确规律"的独立尝试。利润率运动的正确规律是,不变资本占总资本份额的增加,按照它是由于社会劳动生产率降低还是提高造成的而产生相反的结果。在第一种情况下利润率降低,在第二种情况下利润率提高。

对得出这种结论所进行的论证,当然可以进行各种指责。① 然而,杜冈·巴拉诺夫斯基的论述,只是因为它能够为澄清或驳斥马克思的理论提供某种帮助,才作为这篇论文的对象加以考察的。

从这个角度出发下述情况值得强调:事实证明,在杜冈·巴拉诺夫斯基那里,尽管不变资本的份额不断增加,利润率却提高了,利润率的提高与剩余价值率的提高是同时发生的。② 可是,马克思本人却强调,剩余价值率的提高是那些阻碍利润率下降的因素之一。③

可是,杜冈·巴拉诺夫斯基根据他的公式(它最初只能用来表述利

---

① 杜冈·巴拉诺夫斯基在论证时没有区分价值量和价格量。但是,这里并没有因此而产生错误。因为他假定在生产的三个部类中,资本的有机构成都是相同的。
② 〔奥〕杜冈·巴拉诺夫斯基:《马克思主义理论基础》,第180—181页。
③ 《马克思恩格斯全集》第1版第25卷第258—261页。

润率的变化）达到否定马克思关于资本利润起源的学说的方式方法，却引起了比之重要得多的疑问。他认为，可以证明：一般利润率并不取决于社会资本的构成即社会资本在不变资本和可变资本之间的分配。但是，如果事情真是这样的话，那么可变资本就不可能被看做利润的唯一源泉。这样一来，就考察利润的形成来说，把物质生产资料与活劳动区别开来就毫无理由了。杜冈·巴拉诺夫斯基认为，"被马克思说成是不变资本的那部分资本，和可变资本一样，也是利润的源泉。于是，马克思的全部利润理论便彻底崩溃了。把整个资本同样看做利润源泉的'庸俗经济学'倒是正确的"①。

很清楚，杜冈·巴拉诺夫斯基的论证是错误的。因为事实上他根本没有证明利润率不受资本构成的影响。他至多不过指出，马克思所说的资本构成和利润率之间的关系是不存在的。② 然而，由此产生的看法，长期以来还没有使人失望到这种地步，以致必须运用"生产率理论"来阐明资本利润的起源。

我认为，与杜冈·巴拉诺夫斯基相反，"生产率理论"遭到了庞巴维克的明确的驳斥。③ 一切想使它复活的企图都将是徒劳的。而杜冈·巴拉诺夫斯基本人所持的资本利润理论，或者更精确地说，这个理论的

---

① 〔奥〕杜冈·巴拉诺夫斯基：《马克思主义理论基础》，第188页。

② 实际上，杜冈·巴拉诺夫斯基不过证明，马克思做的对他所说的关系有利的论证是不可信的。

③ 杜冈·巴拉诺夫斯基认为，庞巴维克的反驳是不成功的，因为他自己是以生产率理论为根据的（《马克思主义理论基础》，第197页）。而庞巴维克主要是使资本利息理论获得一个新的生产率理论的说法，他的这一做法是对的（参看我的文章《庞巴维克利息理论的基本错误》，载于《施穆勒年鉴》1906年卷第3册）。但是，他自己并没有意识到这一点。并且使人不能理解的是，为什么这种无意识地和不自愿地以生产率理论为根据，会使他为反对这一理论而提出的异议失效。

纯粹经济的方面（这特别表现在他关于资本增殖过程不依赖于"被剥削的"工人阶级的存在的论述中）①，无非就是这样一种企图。

　　此外，这些论述还表明：放弃劳动或"剩余劳动"是资本利润的唯一创造者的观点，会坠入怎样的迷途之中。在第二篇论文中，我们试图证明：马克思（同样也是李嘉图）体系中有用的东西和真正重要的东西，恰恰是这种观点。剩余价值理论的意义，决不像杜冈·巴拉诺夫斯基乐于以他的关于剩余价值理论包含着"健康的社会内核"的一套言辞所描写的那样，仅仅限于发现一种不劳而获的现象存在。②

（原载《社会科学和社会政治文献》蒂宾根1906年版
第23卷第1册）
（卢晓萍 译　王福民 校）

---

　　①　见《马克思主义理论基础》，第223—239页，尤其是第230页："工人阶级将会消失，这丝毫不妨碍资本的使用过程。"

　　②　〔奥〕杜冈·巴拉诺夫斯基：《马克思主义理论基础》第8章，第189—206页。在这一章（它的特点不直接是其中阐述的思想新颖）中，作者试图为他的社会主义的读者，在某种程度上可以说为他自己提出一个安慰人的信念：他基本上没有背离马克思。因此，有人再三把任何一种占有，同一个社会阶级"剥削"和"压迫"另一个社会阶级说成是一回事。

马克思体系中的价值计算和价格计算（三）*

第二篇论文

〔德〕拉·冯·鲍尔特凯维茨

价值和价格（更准确地说，生产价格）之间量上的不一致，是马克思的资本主义国民经济理论的特征。只要人们正是把这一特征作为考察的对象，那么，价值无非是一个表示某一商品或单位商品同多少单位充当价值尺度的物品相交换的量，除此以外，不可能有别的意义。在这种意义上的价值只是一种交换比例的指标，不能与某一商品的所谓"绝对价值"相混淆，因为后者与生产该商品所花费的劳动量是同一的。①

但是，如果"价值"本身（为简短起见，我不说"相对价值"或"交换价值"）和"绝对价值"意味着完全不同的东西，那么，它们之间仍然存在着一种固定的量的关系：各种不同商品的价值相互之比，正如它们的绝对价值之比，而且这一构成马克思价值规律内容的比例，在任何价值尺度的情况下都是适用的。

---

* 本文选自中央编译局编《马列主义研究资料》1988 年第 3 辑。

① 马克思本人回避使用"绝对价值"这个词，而是有时代之以"实际价值"（见《马克思恩格斯全集》第 1 版第 26 卷第 2 册第 483 页）或"内在价值"，（见上书，第 26 卷第 188 页）。但一般来说，当马克思是指绝对价值时，他也用不加定语的"价值"这个词（例如，见上书，第 23 卷第 53—54 页）。

能够特别被用来充做价值尺度的也是劳动,更确切些说,是雇佣劳动。① 某一商品 A 的价值,表现在一定数目的劳动时间单位,如 12 个工作日中。这就是说,用商品 A 或其等价物,能支付 12 个工作日的工资。如果另一商品 B 的价值确定为 6 个工作日,因而要拿出两个 B 来交换 A,那么,根据价值规律,必然得出这样的结论:生产商品 A 所必需花费的劳动比生产商品 B 所必需花费的劳动大一倍,或者换言之,A 的绝对价值为 B 的绝对价值的两倍。但是,如果剩余价值率,例如,等于 50%,那么,这两个绝对价值就不是分别以 12 或 6 个工作日来表示,而是以 8 或 4 个工作日来表示了。在每天的工资为 4 马克的情况下,A 的价值等于 48 马克,而 A 的生产却使资本家仅仅支付 32 马克的工资。

说了这么多话,为的是避免因价值概念的多义性而可能产生的意外误解。下面在没有明确地指出有与此相违背的意思的地方,应当始终把价值理解为一种交换比例的指数。按照(马克思的)价值规律确定价值量,这对价值来说是重要的。

因此,价值不同于生产价格②(应当简短地称之为"价格")。生产价格不再是根据价值规律,而是根据相等的利润率规律而产生的;但是,除此之外,这一点又与价值有共同之处:生产价格同样是一种交换

---

① 按马克思的观点,这里说的必然不是劳动,而是劳动力。关于这一点的进一步论述在第三篇论文中。

② 马克思在生产价格一般和"实际的生产价格"(《马克思恩格斯全集》第 1 版第 25 卷第 323 页)之间所作的区别,在这里仍然没有加以考察。这种区别是同马克思赋予商业资本(同工业资本相对立)的特殊作用相联系的。进一步的论述在第 3 篇论文中。

比例的指数①，而且，正如价值一样，表现为纯粹理论的产物。② 不过，同价值相比，价格，也就是与古典经济学家的"自然价格"基本上相同的生产价格，更接近于现实。③

价值计算就是按照价值规律来规定商品的交换比例，价格计算就是按照相等利润率规律来规定商品的交换比例。

马克思试图通过以下公式来阐明价值计算和价格计算之间的关系。④

应该把投入其中的资本的有机构成不同的一些生产领域加以区别。在每个生产领域中，以 c 表示不变资本的价值，以 v 表示可变资本的价值，以 m 表示被创造的剩余价值，以 a 表示进入产品价值的不变资本的一部分，以 W 表示（年）产品的价值。这里的关系是：

$$W = ac + v + m \tag{1}$$

剩余价值 $\dfrac{m}{v}$ 被假定在一切生产领域中都是相等的。由此得出结论，利润率 $\dfrac{m}{c+v}$ 在每一个别生产领域中结果不同，而且视不变资本在有关生产领域中所占的比重较弱或较强而呈现为较高或较低。这是贯彻价值计算原理的结果。

但是资本主义的经济方式不能容忍这种结果，并通过以下的办法来消除这种结果：把一切生产领域中总共创造的剩余价值（我们打算用符号 M 来表示），按投在各该领域中的总资本（$C + V$），分配于各个个别

---

① 《马克思恩格斯全集》第 1 版第 23 卷第 120 页。参看《马克思恩格斯全集》第 1 版第 25 卷第 397 页。

② 参看第一篇论文，见《马列主义研究资料》1987 年第 1 辑第 249、252 页。

③ 《马克思恩格斯全集》第 1 版第 25 卷第 29—30 页。

④ 《马克思恩格斯全集》第 1 版第 25 卷第 173—192 页。

生产领域。按此方式规定的全部剩余价值额中归一定的生产领域所有的那部分，马克思称之为利润。人们用 m' 来表示利润，用 C 表示所有不变资本的总计价值，用 V 表示所有可变资本的总计价值，这样就得出：

$$m' = \frac{c+v}{C+V} M \qquad (2)$$

在价值 W 位置上，现在是（生产）价格 P，适用于它的公式为：

$P = ac + v + m'$

马克思用"成本价格"这个词表示 $ac+v$ 的量。商数

$$\frac{M}{C+V} \qquad (3)$$

我们打算用 Q 来表示，马克思称之为平均利润率。后者按价格计算原理，不仅对一切生产领域来说，而且对每个个别生产领域来说都是决定性的，因为人们有：

$p = ac + v + q(c+v) \qquad (4)$

如果人们用 r 来表示剩余价值率（$\frac{m}{v}$ 和 $\frac{M}{V}$），用 q 来表示有关生产领域内不变资本占总资本的份额（$\frac{c}{c+v}$），并且用 q_0 表示一切生产领域总资本中的同一个关系（即 $\frac{C}{C+V}$），那么，人们就得到：

$Q = (I - q_0) r \qquad (5)$

并且根据公式（1）和（4）得出，

$P = W + (c+v)(q - q_0) r \qquad (6)$

这个在马克思那里并不存在的公式，使人直接认识到，按照它的结构，价格将是高于还是低于价值，这要视 q 是大于还是小于 q_0 而定。

马克思用该数例来说明他的算式，这个数例应当照抄在这里。但是，为了作进一步的说明，最好还是在马克思列出的方程式上作一小小

的修改，也就是说，为生产领域Ⅱ和Ⅲ中的 ac 分别以 50 和 52 来代替两次 51。这是允许的，因为马克思的方程式完全是任意的。于是就得出下面两表：

表1：价值计算

生产领域	不变资本 (c)	可变资本 (v)	消耗的不变资本 (ac)	剩余价值 (m)	价值 W	利润率 $\dfrac{m}{c+v}$
Ⅰ	80	20	50	20	90	20%
Ⅱ	70	30	50	30	110	30%
Ⅲ	60	40	52	40	132	40%
Ⅳ	85	15	40	15	70	15%
Ⅴ	95	5	10	5	20	5%
Ⅰ—Ⅴ	390	110	202	422	422	22%

表2：价格计算

生产领域	不变资本 (c)	可变资本 (v)	消耗的不变资本 (ac)	成本价格 $(ac+v)$	利润 m'	价格 (p)	价格同价值的偏离 $(P-W)$	利润率 $\left(\dfrac{m'}{c+v}\right)$
Ⅰ	80	20	50	70	22	92	+2	22%
Ⅱ	70	30	50	80	22	102	-8	22%
Ⅲ	60	40	52	92	22	114	-18	22%
Ⅳ	85	15	40	55	22	77	+7	22%
Ⅴ	95	5	10	15	22	37	+17	22%
Ⅰ—Ⅴ	390	110	202	312	110	422	0	22%

马克思认为，将这两个表加以比较，就使人认识到，只要我们把所有生产领域或商品种类综合起来，两表中所表现的量的比例是同一的。

由竞争引起的利润率（20%，30%等等）的平均化，或者如马克思所表达的，特殊生产领域的各种不同的利润率归结为一个共同的平均利润率（22%），只是造成全部剩余价值（110）在各个个别生产领域或资本家集团中的另一次分配。总价格（422）也是与总价值相合的。价格高于价值的偏离（2＋7＋17＝26）与价格低于价值的偏离（8＋18＝26）保持平衡。①

现在可以很容易指出，马克思把价值转化为价格所用的方法是错误的，因为没有很严格地区分价值计算和价格计算两种原则。

如果我们首先考察价值图式（表1）本身，那么，就可以认为，在生产领域Ⅰ和Ⅴ中生产了供工人维持生活用的商品，因为这些商品的价值（90＋20）正好与工人在工资上所得的报酬（110）一样多。我们还可以假定，在生产领域Ⅲ和Ⅳ中生产了生产资料，因为有关商品的价值（132＋70）与所有生产领域中总共消耗的不变资本（202）相合。最后，假定在生产领域Ⅱ中所生产的商品体现了资本家阶级的消费资料，因为那些商品的价值（110）与总剩余价值相一致。这被认为是"简单再生产"。

如果价格图式（表2）取代了价值图式，又将怎样呢？仍然是在生产领域Ⅰ和Ⅴ中生产工人的消费资料，在生产领域Ⅱ中生产资本家的消费资料，而在生产领域Ⅲ和Ⅳ中生产生产资料。工资总额并没有改变。对所有生产领域来说，可变资本按表2也等于110。因此，工人必须能够用这一工资额购买生产领域Ⅰ和Ⅴ中所生产的商品，不多也不少。但是这些商品现在具有价格92＋37或129。因而工人就吃了亏或者是另一种情况：在生产领域Ⅰ和Ⅴ中生产的商品找不到销路。从而价格图式就

---

① 这里不应忽视，马克思图式的价值和价格这两个用词，并不是指有关商品的一定的量的单位，而是指它们的总量。

这一方面来说就站不住脚。而且关于资本家的消费资料及生产资料的计算也是错误的。数目102作为生产领域II中商品的价格,与总利润110相对立,而在生产资料那里,如果我们计算一下所有生产领域中总共耗费的不变资本,再计算一下生产领域III和IV中所生产的商品的价格,那么,就得出两个数目:202和191。

因此就提供了证据:当人们像马克思所做的那样从价值中得出价格时,他们就陷入了内在的矛盾。他们的错误在于,把若干量不加改变地从价值图式转入价格图式。在把价值折算为价格时,把投在各不同生产领域中的不变资本和可变资本排除在这一折算之外,是不行的。

马克思自己在一定程度上已预见到这种反对意见。他说:"一个产品的价格,例如资本B的产品的价格,同它的价值相偏离,是因为实现在B中的剩余价值可以大于或小于加入B的产品价格的利润,除此之外,在形成资本B的不变部分的商品上,以及在作为工人生活资料因而间接形成资本B的可变部分的商品上,也会发生同样的情况。先说不变部分。不变部分本身等于成本价格加上剩余价值,在这里等于成本价格①加上利润,并且这个利润又能够大于或小于它所代替的剩余价值。再说可变资本。平均的日工资固然总是等于工人为生产必要生活资料而必须劳动的小时数的价值产品;但这个小时数本身,由于必要生活资料的生产价格同它的价值相偏离又不会原样反映出来。不过这一切总是这样解决的:加入某种商品的剩余价值多多少,加入另一种商品的剩余价值就少多少,因此,商品生产价格中包含的偏离价值的情况会互相抵销。总的说来,在整个资本主义生产中,一般规律作为一种占统治地位

---

① 这第二个"成本价格"是不同于第一个"成本价格"的,因为它不再是按价值计算原理,而是按价格计算原理规定的,这一点在这里始终没有加以注意。参看《马克思恩格斯全集》第1版第25卷第184—185页和230页。

的趋势,始终只是以一种极其错综复杂和近似的方式,作为从不断波动中得出的、但永远不能确定的平均情况来发生作用。"①

马克思在引文前半部分使人注意到,他通过把价值折算为价格而达到的结果,使他的价格图式所据以建立并完全来自价值图式的数字基础似有必要加以改变。但是马克思没有由此得出整个价格体系是不适用的这个唯一恰当的结论,却企图在引文的第二部分通过两种考虑来挽救这种体系的意义和价值:(1)各种价格同价值的偏离互相抵销,以及(2)资本主义经济是一个严格的规律绝不会不受干扰地发挥作用的领域。

以下所述是反驳第一种考虑的。价格高于价值的偏离与价格低于价值的偏离相抵,或者换言之,总价值与总价格相一致,这种事实的产生纯粹是由于马克思把一定的价格表现,即那些同不变资本和可变资本以及同总利润有关的表现,与相应的价值表现等同起来。但是马克思自己也承认,这种等同意味着不精确性,至少就考察不变资本和可变资本来说是如此。而且完全不可能看出,为什么说这种不精确性恰恰始终不会影响总价格的数式的可靠性。

不仅如此。即使不去研究价值转化为价格的细节,也能提出积极的证明:总价值和总价格相等的定律,为马克思和马克思主义者②所十分重视的这一定律,一般来说是错误的。

假定用 G 表示充当价值尺度和价格尺度的货物。数字 90 和 92 分别表示生产领域 I 中所生产的产品量的价值和价格。因此,它们意味着:生产领域 I 中所生产的产品量,按价值计算原理,是同 90 单位的货物 G 相交换,而按价格计算原理,是同 92 单位的货物 G 相交换。价格和价

---

① 《马克思恩格斯全集》第 1 版第 25 卷第 180—181 页。
② 参看第一篇论文,见《马列主义研究资料》1987 年第 1 辑,第 238 页。

值之间所以存在这样的差额是由于投在不同生产领域中的资本的有机构成不同。这些差额,就以它们的符号和它们的数值来看,显然也取决于投在货物 G 生产上的资本的有机构成。

现在我们假定,投在货物 G 生产上的资本具有最低的有机构成,也就是说,在该资本中的不变部分相对来说占得最小。在这种假定下,从价值计算向价格计算的过渡,必然导致一切商品同比以前更多单位的货物 G 相交换,或者换言之,所有的价格必然都比相应的价值更高。因此,总价格也超过总价值。

但是在相反的情况下,即在生产 G 所使用的资本具有最高的有机构成的情况下,那么,正好相反,人们作为总价格所得到的数目比表现为总价值的数目更小。

马克思设想以货币表现价值和价格,① 也丝毫不能改变这种状况。因为对他来说,例如,在金本位的情况下,货币表现无非是一定的金量,② 是金(不论是铸造了的或是没有铸造的)在一般价值或价格规律支配下,同商品,或其他商品相交换的比例。

从这个观点来看,把总价值和总价格(就两者以货币而且是同一货币单位表现出来来说)相等同不变的货币价值这一概念联系起来,那也是完全错误的。因为按马克思的看法,"不变的货币价值"意味着在金本位的前提下生产一定量的金需要相同的劳动量。③ 换句话说,"不变的货币价值"如同充当货币的货物的不变的绝对价值一样多。但是,不言而喻,把价值折算为价格的演算过程,要有全部货物的绝对价值以及那种执行货币职能的货物的绝对价值的自身不变作为前提。因此,如果

---

① 见《马克思恩格斯全集》第 1 版第 25 卷第 179 页。
② 《马克思恩格斯全集》第 1 版第 23 卷第 114—115 页。
③ 《马克思恩格斯全集》第 1 版第 23 卷第 117 页。

刚才确定，总价格可以大于或小于总价值，那么，这正是在假定一种马克思所理解的"不变的货币价值"的情况下发生的。

人们为了从对"货币价值"的考察出发，虚构出总价格与总价值的一致，就必须求助于所谓数量理论。但是这条道路在这种情况下就行不通，因为马克思是数量理论的坚决反对者，他把这种理论有时说成是"错觉"，有时说成是"荒谬的假设"。①

按以上所说，总价格与总价值相一致当然并没有被排除。如果用来生产货币材料（例如金）的资本的有机构成，以一定的、在这里不必深入研究的方式，与其他的资本的有机构成保持比例，那么，这种情况就会出现。然而在马克思那里，从来没有说过这样一种限制性条件。相反地，他一点也不顾作为价值尺度和价格尺度出现的货物的生产关系，却非常一般地提出了总价格与总价值相等的论断。所以这不仅是一个没有证实的论断，而且也是一个错误的论断。

此外，马克思的错误是由于他从价值引出价格所使用的不合逻辑的方法造成的，而不是由于他混淆了作为一种交换比例指数的价值概念和绝对价值概念的情况造成的。这里至多只能附带谈谈这种情况；因为很有可能，当马克思用计算方法取得总价格等于总价值这一结果时，便认为这里证实了这样一种观点：各种商品的总计价值，代表某种不可能通过"资本主义的计算方式"（也就是通过应用价格计算原理）来推翻的东西。但是因为只有在一切商品的价值被理解为它们的绝对价值的条件下，才能持后一种观点，所以，马克思在这里实际上混淆了两种价值概念。

对于马克思提出的价格与总价值相一致的命题的批判指责，不管它

---

① 《马克思恩格斯全集》第 1 版第 23 卷第 143 页及脚注 79 和 80。

是否是真实的，也是站不住脚的。① 从某种意义上说，总价格不可能使我们知道商品实际的交换比例是正确的。但是批判在这里忽视了特殊的、对马克思来说具有代表性的观点，即马克思在那一命题中想要表达的观点。也就是说，马克思正是要指出，不必考虑由商品流通产生的"加价"，也可以构成价格和利润。② 应该承认，证明总价格与总价值相一致，也就驳倒了"加价理论"，即认为利润由加价产生的学说。但是，为反驳这一理论，完全不需要那种证明，同样是正确的。如上所述，按照充当价值尺度和价格尺度的货物的生产比例，总价格可以**大于和小于**总价值这一点就足以驳倒加价理论。

最后，关于马克思认为总价格与总价值相等这一论断，还应指出以下一点：只要问题涉及的不是某个价值量和价格量之间的比较，而是价值计算体系中某些量的比例与价格计算体系中类似的量的比例之间的比较，人们就完全不受价格单位与价值单位相一致的条件的约束。如果后者，例如，通过1克金来表示，那么前者就可以通过$\frac{3}{4}$克或$1\frac{1}{2}$克金来表示。很清楚，在这种情况下，在一个既定的（例如表1所提供的）价值图式中，人们总是能够这样来选择价格单位：使价格图式的某一要素（例如，在生产领域Ⅰ中生产的产品量的价格，或者投入生产领域Ⅲ中的可变资本等等）与价值图式的相应要素在量上相一致。没有什么东西会妨碍以类似的方式使价格图式中的各要素的总额同价值图式中类似要素的总额相一致，从而也使例如总价格同总价值相一致。但是，很明显，每次只应按照这种方式固定价格图式里出现的许多量中的一个量，

---

① 参看第一篇论文，见《马列主义研究资料》1987年第1辑，第239—240页。

② 〔奥〕希法亭：《马克思研究》第1卷，第31页。

或这些量的一个函数。因此，把总价格与总价值，以及同时把总利润与总剩余价值等同起来，是不容许的。但是在马克思的阐释中，总价格＝总价值，即使不是任意的方程式，也是不能容许的方程式，是由一定的价格量同相应的价值量的一系列互不相容的等式中得出的推论。从这些等式互不相容的事实中必然得出结论：这些等式导致出总价格＝总价值的结果，在价格尺度和价值尺度相一致（如在马克思那里的情形中那样）时，是明显错误的，或者只是偶然才可能是正确的。

关于第一种考虑就说这么多。马克思正是从这一考虑出发，认为忽略不精确性（正如他自己所承认的，这种不精确性使他由价值推导出价格）是可能的。

第二种考虑同样是不能令人信服的，但是更能说明《资本论》作者的特点。如往常一样，他在这里也把他的理论体系所存在的内在矛盾归咎于这一体系所涉及的对象的性质。当然，理论国民经济学规律，其中也包括相等利润率规律，从来不会纯粹地表现出来。在理论阐明那些规律时不得不舍弃的各种因素的影响下，事实上也就背离了准则。但是在既定情况下，问题在于理论模式本身所存在的荒谬性，因而与某些干扰因素是毫无关系的。

这样人们就把马克思从价值关系和剩余价值关系引申出价格关系和利润关系这一点否定了。当然，这种引申具有一种优点，即简易的优点，所以它可能在一个狭隘的马克思的信徒看来是"无须多加说明的"[①]。但是与这一优点相对立的是一个并非不重要的缺点：即这种引申是错误的。

但是，如果马克思把价值换算为价格的尝试应该被看做是失败的话，那么，这样一种双重计算的思想本身，却是不容否定的。正确解决

[①] 参看第一篇论文，见《马列主义研究资料》1987年第1辑，第247页。

马克思自己提出的理论任务，也许有助于加深对重要的国民经济体系的洞察力。但是，要达到这样一种解决，最好是把参加某种产品生产的所有资本家的全部支出都归结为工资支出。从这种观点来看，首先应该用代数表现价值，然后表现价格。

假定 w 是某单位产品的价值，A 是物化在产品中的劳动时间的单位量，例如，工作日的日数。如果用 l 表示工资，例如每个工作日的工资，并像以前一样，用 r 表示剩余价值率，那么，就得出：

$$w = Al + rAl \tag{7}$$

假定生产该产品，资本家除了要支付工资外，没有其他的支出，或者，换一种说法，在生产中只使用可变资本，那么，这个公式的正确性是一目了然的。但是可以很容易地看出，不变资本的加入不会使公式（7）失效。

如果这一不变资本没有另一不变资本的帮助而又被生产出来，那么，它的价值可以直接通过具有同公式（7）完全一样的结构的公式表示出来。这里，A 将表明，在该不变资本中物化着多少工作日。但是，现在不变资本或者是以它的全部价值，或者是以它的部分价值进入产品的价值。因此，公式（7）对这种情况也是适用的，在这里，现在可以把 A 理解为直接和间接（即通过不变资本的中介）使用在该产品生产上的全部劳动量。

反之，如果在该不变资本的生产中有另一不变资本参加，那么，人们就必须继续对产品价值进行分析，直到人们所达到的不变资本是直接劳动的唯一产品时为止。以这种方式人们将会确信公式（7）的普遍有效性。

等式（7）表示，产品的价值是以什么方式由工资（Al）和资本家的赢利或剩余价值（rAl）构成的。以

$$w = (1 + r)lA \tag{8}$$

形式写出的同一等式表明：价值（w）是与劳动消耗（A）成比例的。因为因数（$I+r$）l 对一切产品或商品来说是同一的；并且正是作为系数出现的。因此，为了确定某单位商品的价值，或者简言之，某一商品价值，人们必须知道：（1）物化在该单位商品中的劳动量 A 有多少，（2）代入方程式中的系数，它取决于剩余价值率（r）和工资（l）多大。

因此，以为公式（8），仅就其本身来看，就能提供马克思所理解的价值规定问题的答案，那是完全错误的。因为着手解决这个理论问题的人，没有理由把剩余价值率和工资当做已知量来对待。相反地，必须把它们看做是未知量。

因此，用代数的方法来论述，重要的是：对在市场上买卖的全部产品来说——假定这些产品的数量等于 n——它们的价值（$w_1, w_2, w_3 \cdots\cdots w_n$）是可以被确定的。$A_1, A_2, A_3 \cdots\cdots A_n$ 各个量表现为已知的量，其中每个量表示物化在各该单位产品中的劳动量。根据公式（8），可以列出方程组

$$\left.\begin{aligned} w_1 &= (I+r)\, lA_1 \\ w_2 &= (I+r)\, lA_2 \\ &\cdots\cdots \\ &\cdots\cdots \\ w_n &= (I+r)\, lA_n \end{aligned}\right\} \quad (9)$$

这个方程组必须再补充两个方程式才能得到解答，因为否则的话，未知数的数目（$w_1, w_2 \cdots\cdots w_n$, r 和 l）将比方程式数目多 2 个。

人们从下面的考虑中可以找出尚短缺的两个方程式中的一个方程式：充当价值尺度或货币的产品也处于 n 产品中。假定这种产品的顺序数为 v，于是就得出：

$$w_v = I \quad (10)$$

为了找到另一个尚缺少的方程式，人们必须以马克思假定为已知的实际工资为出发点。实际工资由一定量的 n 产品中的一些产品所构成。但是人们也可以说，它是由一定量（$\mu_1, \mu_2, \mu_3 \cdots \mu_n$）的**全部** n 产品构成，这些量中有些是等于零。很清楚，表现为实际工资的综合产品的价值与货币工资相等。因此，人们就得出：

$$\mu_1 w_1 + \mu_2 w_2 + \cdots + \mu_n w_n = l \tag{11}$$

这样人们就达到了一组具有同样多未知数的 n+2 个方程式。这些方程式的最简单的解法是：人们根据（9），首先从（11）中得出：

$$(I+r)\, l\, (\mu_1 A_1 + \mu_2 A_2 + \cdots + \mu_n A_n) = l \tag{12}$$

然后采用符号

$$\mu_1 A_1 + \mu_2 A_2 + \cdots + \mu_n A_n = U \tag{13}$$

显然，U 意味着物化在构成实际工资的综合商品中的劳动量。U 这个量就是马克思所指的"必要劳动"①。从公式（12）和（13）又进一步得出简单的关系：

$$(I+r)\, U = I \tag{14}$$

或者

$$r = \frac{I-U}{U} \tag{15}$$

正是这个剩余价值率的表达公式在《资本论》中起着重要的作用。② 剩余价值率在这里表现为"剩余劳动"同"必要劳动"之比，或者也表现为创造剩余价值的那部分工作日同用来生产工人生活必需品或这种生活必需品的等价物的那部分工作日之比。马克思用"必要劳动时间"这一术语来表示这第二部分的工作日。

---

① 《马克思恩格斯全集》第 1 版第 23 卷第 243 页。
② 《马克思恩格斯全集》第 1 版第 23 卷第 580—584 页。

如果，例如，工作日的长度是 12 小时，必要劳动时间计 8 小时，那么，人们就必须把 $v = \frac{2}{3}$ 代入公式（15），于是就得出：$r = \frac{1}{2}$，也就是说，剩余价值率为 50%。

为了找到 l，人们只须把方程式（10）写如下：

$(I + r) l A_v = 1$

由此，参照公式（15），就得出数式

$$l = \frac{U}{A_v} \qquad (16)$$

马克思在他的数例中假定，"12 先令的金额是 24 个劳动小时或 2 个工作日的产物"①。因此，如果商品的价值和工资是以先令表示的，那么，人们就必须设定 $A_v = \frac{1}{6}$，而如果像刚才那样，$v = \frac{2}{3}$，那么，人们就发现：$l = 4$。在 $v = \frac{1}{2}$ 时（这是马克思常常使用的一种假定），就得出：$l = 3$。这就是说，工资是 3 先令。②

但是，如果现在查明了两个未知数 r 和 l，那么，只要把它们代入图式（9）的方程式中，就能找出所寻求的商品价值（w_1，w_2，等等），因为劳动量 A_1、A_2 等等假定是已知的。既然 $w_v = (I + r) l A_v = I$，所以上述商品价值也可以同时直接地，即无须经过 r 和 l 间接地来确定，即是说，根据下述公式来确定：

$$w_1 = \frac{A_1}{A_v} = \frac{A_2}{A_v}, \cdots\cdots w_n = \frac{A_n}{A_v} \qquad (17)$$

这些公式表示，商品价值只取决于生产它们所必要的劳动量，因

---

① 《马克思恩格斯全集》第 1 版第 23 卷第 212 页。
② 《马克思恩格斯全集》第 1 版第 23 卷第 219 页。

此,工资和剩余价值率的高低不会影响商品价值。马克思很重视这一观点,并把它同那种在确定商品价值时从资本家的工资支出和赢利出发的观点对立起来。马克思在这方面谈到"价值来源于它本身的各个组成部分的假象"[①] 或者还谈到了"美妙的恶性循环":商品的价值据说是来自"各种收入"的总和,而另一方面,这些收入按其量又由商品的价值决定[②]。

但是上述推论现在表明,马克思所断定的对立根本不存在。因为作为我们出发点的公式(7),正是以这样一种观念为依据的:商品价值由工资加资本利润构成。这也绝不意味着一种恶性循环:人们首先把商品价值说成是工资的函数〔在等式(9)中〕,然后再把工资说成是商品价值的函数〔在等式(11)中〕。谁要想从中发现违背逻辑之处,只能证明,他对代数一无所知。

现在我们开始考察价格。按照本文开头再现的马克思的算式,如果没有不变资本,那么,价格同价值是相符的。但这只是在这样的前提下才是适用的:可变资本的周转时间在一切生产部门中都是一样的。现在当我们力求使理论研究具有更大的普遍性时,我们必须摆脱这种前提的束缚。

我们首先寻求只用可变资本来生产的某单位产品的价格。假定这个被寻求的价格用 p 来表示,必要的劳动支出如同在价值计算时那样用 A 来表示,工资用 λ 来表示,利润率如同以前一样用 Q 来表示以及周转

[①] 《马克思恩格斯全集》第 1 版第 25 卷第 956 页。参看《马克思恩格斯全集》第 24 卷第 431—432 页。

[②] 《马克思恩格斯全集》第 1 版第 25 卷第 952、957、974—975 页。马克思这里所考虑的地租,我在正文中略去了。参看《马克思恩格斯全集》第 1 版第 26 卷第 2 册第 248 页。

时间用 t 来表示。因为我们这里要考虑的是最后价格,即产品出售给消费者的价格,所以我们应当把周转时间设想为从支付工资时开始到产品出售给最后一个购买者为止。工业的职能和商业的职能集于同一个资本家身上,还是这些职能被分开,就理论上而言,对价格的高低是无关紧要的。为生产一定产品而引起的工资支出,可以分摊在不同的时点上,对由此而产生的错综复杂情况,应到以后才加以考虑。我们暂且假定,总工资($A\lambda$)是在**某一**时刻支付的。

这一工资额构成价格的一个组成部分。另一组成部分是资本家的盈利或利润。在周转时间为一年的情况下,利润将是 $QA\lambda$(因为 Q 是年利润率)。在周转时间为 2 年、3 年等等的情况下,利润不会是 $2QA\lambda$、$3QA\lambda$ 等等,而是(由于复利)总计为 $\{(I+Q)^2-I\}A\lambda$、$\{(I+Q)^3-I\}A\lambda$ 等等。在这里,在价格理论中,正如人们在其他领域惯于所做的那样,当该增息时期,或该周转时间,不再是通过一连数年,而是断断续续数年来表示时,也使用复利计算原则,这丝毫也无碍于事。因此,人们在 t 的每一价值那里,作为利润的表现所获得的量为 $\{(I+Q)^t-I\}A\lambda$。

现在,在价格计算体系中,公式

$P = A\lambda + \{(I+Q)^t - I\}A\lambda$ \hfill (18)

和 $P = (I+Q)^t A\lambda$ \hfill (19)

与公式(7)和(8)相适应。

因而,由相等的劳动量所物化的两种商品的**价值**彼此相等,而这在两种商品的价格中并不是普遍地适用的,只有在两种商品的周转时间完全一样的条件下才适用。否则那些周转时间相应较长的商品,其价格将较高。这样,上面提出的论断就得到了证实:即使完全没有不变资本,价格与价值也不相一致。[①]

现在试设想一下这样的情况：工资额 $A\lambda$ 并不是在某一时刻，而是在 m 次不同时刻支出的，即从产品完成或售出时间上溯到 t_1，t_2，t_3……t_m 个时间单位（即年或年的一部分）内支出的；在这里，工资支出 $a_1\lambda$，$a_2\lambda$，$a_3\lambda$……$a\lambda$ 分别分摊到这些时点上。

在这里，代替公式（19）的显然是下列公式：

$$P = (I+\varrho)^{t_1}\lambda a_1 + (I+\varrho)^{t_2}+\lambda a_2\cdots + (I+\varrho)^{t_m}\lambda a_m \quad (20)$$

这里，不言自明：

$$a_1 + a_2 + \cdots\cdots + a_m = A \quad (21)$$

现在应当指出，即使资本家的工资支出再加上生产材料的支出和劳动资料磨损的支出，公式（20）仍然有效。代表第一类支出的是流动不变资本，代表第二类支出的是固定不变资本的一个相应部分。

人们在这里，如同在计算那里一样，并以那里一样的理由，可以只限于考察这样的情况：不变资本，不论是流动不变资本，还是固定不变资本，又都仅仅是直接劳动的产品。

鉴于这一情况，只要流动不变资本在考虑之列，那么，这种资本参与生产就不会使公式（20）的结构改变，就不需要任何数学证明。因为这里的问题简单在于，某一商品的生产经历各种不同的资本家（除了第一个之外，他们全都不仅承担自己的工资支出，而且也通过加价承担他们前面资本家的工资支出）相继进行活动的许多独立阶段；在这里，

[①] 在价值计算体系中，周转时间的差异，或者更确切些说，周转时期的不同长度，造成年剩余价值率按各生产部门而变化。参看《马克思恩格斯全集》第 1 版第 24 卷第 327—342 页。应当经常注意，在公式（17）中的 r 并不是指年剩余价值率，而是，如马克思自己所说的（《马克思恩格斯全集》第 1 版第 24 卷第 339 页），指"实际剩余价值率"。

加价所计的时间总是与各该阶段上生产持续时间相一致。这些时间不断加长,以致在把公式(20)运用到这种情况时,必须对所要考察的一些工资支付,即不是"后面的"生产者自己造成的那些工资支付,进行所谓相应的时间上的追溯。

固定不变资本的情况就完全不是如此简单。假定有关的资本(K),例如,一部机器或一幢建筑物,是某一劳动量 E 的体现。因此,K 的生产所引起的工资支出等于 λE。这种工资支出应该首先被认为是一次性的。假定用 T 来表示工资支出发生的时刻和 K 被使用于生产的时刻之间存在的差距。作为 K 在这一时刻的价格 C_0,人们根据公式(19)得出:

$$C_0 = (I+\varrho)^{\tau} \lambda E \tag{22}$$

假设在过 1 年、2 年、3 年等以后,K 的价格为 C_1、C_2、C_3 等。在过了一定的时期以后,K 全部被用完。因而,如果这个时期有 w 年长,那就可以设定 $C_w = 0$。如果再用 b_1、b_2、b_3……b_w 表示根据 K 参与生产而进入借助 K 在 1 年、2 年、3 年等时间里所生产的产品量的价格中的数额,那么,按"资本主义的计算方式",就得出下列量的关系①:

$$\left.\begin{array}{l} b_1 = \varrho C_0 + C_0 - C_1 \\ b_2 = \varrho C_2 + C_2 - C_2 \\ b_3 = \varrho C_3 + C_3 - C_3 \\ \cdots\cdots \\ \cdots\cdots \\ b_w = \varrho C_{w-1} + C_{w-1} - C_w \end{array}\right\} \tag{23}$$

可以证明,如果人们把价格组成部分 b_1、b_2 等代入公式(19)即确定

---

① 为简单起见,假定生产期间为一年。

$$\left.\begin{array}{l}b_1 = (I+Q)^{\tau+1}\lambda e_1 \\ b_2 = (I+Q)^{\tau+1}\lambda e_2 \\ \cdots\cdots \\ \cdots\cdots \\ b_w = (I+Q)^{\tau+w}\lambda e_w\end{array}\right\} \quad (24)$$

那么，就得出：

$$e_1 + e_2 + e_3 + \cdots\cdots e_w = E \quad (25)$$

这就是说，资本 K 的参加生产，按计算正好相当于存在于 K 中的劳动量 E 被**直接**使用在有关的产品量的生产上。

从图式（23），实际上可以得出：

$$\frac{b_1}{I+Q} = C_0 - \frac{C_1}{I+Q}$$

$$\frac{b_2}{(I+Q)^2} = \frac{C_1}{I+Q} - \frac{C_2}{(I+Q)^2}$$

$$\frac{b_3}{(I+Q)^3} = \frac{C_2}{(I+Q)^2} - \frac{C_3}{(I+Q)^3}$$

……

$$\frac{b_{w-1}}{(I+Q)^{w-1}} = \frac{C_{w-2}}{(I+Q)^{w-2}} - \frac{C_{w-1}}{(I+Q)^{w-1}}$$

$$\frac{b_w}{(I+Q)^w} = \frac{C_{w-1}}{(I+Q)^{w-1}} - \frac{C_w}{(I+Q)^w}$$

通过把这些 w 个方程式加在一起，就会发现（因为 $C_w = 0$）：

$$C_0 = \frac{b_1}{I+Q} + \frac{b_2}{(I+Q)^2} + \cdots\cdots + \frac{b_w}{(I+Q)^w} \quad (26)$$

如果把图式（24）中所确定的价值代入上面这一公式中代替 b_1、b_2 等等，那么，就得出：

$$C_0 = (I+\varrho)\,\tau\lambda\,(e_1 + e_2 + \cdots\cdots + e_w),$$

由此，根据（22），就得出要加以证明的公式（25）。

因此，通过对物化在固定资本中的劳动量进行适当地分解，由于固定资本参加生产而形成的生产价格的组成部分就可以按公式（29）表示出来。

但这只是在我们上文中所使用的有限制的假定下才是适用的：由生产有关资本所引起的工资支出发生在某一个时点内。

但是在一般情况下，当这种工资支出分配在许多时点上时，不论是资本的价格，还是由于这部分资本参加生产所形成的生产价格的组成部分，都通过公式（20）形态的某一公式表现出来。

但是，公式（20）形态并不因在这个公式的右方追加就其形态与旧加数或由它构成的数额相一致的新加数而改变。因此，公式（20）证明自己是一种产品价格的一般表现，而完全不依赖该产品的生产除了可变资本外是否也使用和以怎样的规模使用不变资本，而且不论是流动资本还是固定资本都是一样。

这个定理，就它特别涉及固定资本而言，在内容上是和李嘉图的学说相一致的：各种产品在固定资本参加它们生产的强弱程度上所存在的一切差别，可以归结为各该生产过程长短上的差别。[①] 李嘉图按此方式，使对价格形成的分析前进了一大步。马克思看出了这一点，并认为这是李嘉图的"一大功绩"[②]。因此，这一点也就更加显得突出了，马克思本人并未作到这一步，而是始终坚持把资本区分为两种类型或三种类型。这种区分贯穿于全部三卷《资本论》中。这与其说是促进了，

[①]〔英〕李嘉图：《政治经济学和赋税原理》，北京：商务印书馆1976年版，第24页。

[②] 见《马克思恩格斯全集》第1版第26卷第2册第194页。

倒不如说是阻碍了马克思给自己所确定的目标。对马克思来说，特别重要的是：通过可变资本和不变资本的严格区分，预防一种错误的观点，即似乎资本家的利润是由"资本生产率"产生的。但以下的阐述将证明：由于人们抹杀各个资本种类之间的一切差别，如在提出基本公式（20）时所发生的情况那样，所以丝毫也没有促进"生产率理论"。

在价值计算体系中，出现在市场上的产品为 n 个，得出的价值方程式也一样多［见方程式组（9）］，同样，在价格计算体系中，也能以类似方式提出公式（20）的 n 个价格方程式。这些 n 个方程式中的每一个方程式右边加数的数目可能是不同的。不言而喻，在每个方程式中，量 p_1、p_2 等等以及 t_1、t_2 等等也是不同的。与此相反，ρ 和 λ（如同以前的 r 和 l）从一个方程式到另一个方程式都不会发生变化。这两个量是未知数，加入作为 n 单位相应产品价格（p_1、$p_2 \cdots p_n$）的体现的 n 项未知数之列。尚缺少的两个方程式，可像以前得出方程式（10）和（11）那样的方式获得。于是产生：

$$p_v = I \qquad (27)$$

和

$$\mu_1 p_1 + \mu_2 p_2 + \cdots + \mu_n p_n = \lambda \qquad (28)$$

因此，在这里，带有 n+2 未知数的 n+2 方程式组也出现了。这些方程式通过这样的方式求解：首先将处于各该价格方程式右边的式子代入方程式（28）代替 p_1、p_2 等等。因此，方程式（28）本身就变成形式（20）的一个方程式，它可以写成：

$$(I+\varrho)\tau_1\lambda\mu_1 + (I+\varrho)\tau_2\lambda\mu_2 + \cdots\cdots + (I+\varrho)\tau_S\mu_S = \lambda \qquad (29)$$

这里，τ_1、τ_2 等等是周转时间，而 μ_1、μ_2 等等是为生产表现为实际工资的综合商品需要考虑的劳动量。如果约掉最后一个方程式两边的 λ，那么，就得出：

$$(I+\varrho)\tau_1\mu_1 + (I+\varrho)\tau_2\mu_2 + \cdots\cdots + (I+\varrho)\tau_S\mu_S = I \qquad (30)$$

这个方程式与方程式（14）相一致。显然这里存在着这样的关系：
$$\mu_1 + \mu_2 + \cdots\cdots + \mu_s = U \tag{31}$$

如果周转期不变，而且等于1年，那么，方程式（30）就转成方程式（14），并得出 $Q = r$。在这种特殊情况下，在价值计算和价格计算之间一般不会产生任何差别。

但在一般情况下，Q 既可能小于，也可能大于 r。例如，如果一切价值 τ_1、τ_2 等等大于 I，那么，就会出现前一种情况；如果这些价值整个小于 I，那么，就会出现后一种情况。

此外，很清楚，一般来说，方程式（30）不容许在初等代数意义上去求解，因为量 τ_1、τ_2 等等可以通过任何整数和分数来表示。如果人们真的要能从方程式（30）形态的一个数式中决定 Q，那就必须求助于高等代数的方法，借以能够算出 Q 所希望的近似值。

左边包含着 p_v 的价格方程式用来决定未知数 λ。这里，可以[按方程式（27）]确定 p_v 为 I；可以确定 Q 的价值，这一价值，如上所述，可以从方程式（30）以近似的方式算出。用这种方式，便得到一个带有**一个未知数（λ）的一次方程式**。

最后，其余的未知数（p_1、p_2 等等）**可以直接由相应的价格方程式来确定**。此外，人们可以不先去计算 λ，而是形成商数 $\dfrac{p_1}{p_v}$、$\dfrac{p_2}{p_v}$ 等等；于是 λ 就被消去。因为 $p_v = I$ 所以就得出 p_1、p_2 等等的分数，这些分数的分子除 Q 外，都包含着有关产品的标准劳动量和周转时间，而它们的分母除 Q 外，都包含着充当价格尺度的产品的标准劳动量和周转时间。

上述价格问题的代数解法基本上是从**乌·柯·德米特里耶夫**的一本著作中引用来的。① 我对他的论述只是稍加简化，此外，我通过考察固

---

① 这一值得注意的著作的书名是《经济学研究》，1904年在莫斯科用俄文出版。

定资本的价格是如何逐渐地进入产品价格,使他的论述摆脱有限的假定:固定资本在生产过程中被全部用完。①

虽然德米特里耶夫本人完全避开把他的方程组同马克思的图式联系起来——从而他忽视了作为价格计算的对立面的价值计算——相反地却试图与李嘉图联系起来,但是人们还是有理由说,这里存在着一种完全保持着马克思所提的问题的意义的理论体系。因为在这一体系中,正如在马克思那里一样,各种商品的技术生产条件,包括通过一定实际工资表现出来的劳动力商品的技术生产条件,表现为最后的和唯一的价格决定基础。

但是就这样提出的价格问题的解决方法来说,马克思和德米特里耶夫之间存在着下面一些基本差别。

1. 马克思所特有的两种不同资本的区分,在德米特里耶夫那里没有重新出现。由于把资本家的一切支出归结为工资支出,德米特里耶夫就使那两种资本之间质的差别消失在周转周期长短的量的差别之中。上面已经谈到这一点。但是因为马克思及其追随者把可变资本和不变资本的严格区分看做是头等的科学功绩,认为任何试图否定这种区分的人都是徒劳的,所以这里还想补充说明如下。

在马克思看来,可变资本和不变资本之间的本质差别表现在:所有者的利润,是从前者而不是从后者产生出来的。但是,这在价格计算体系中被公认是不适用的,因为在这里,资本利润量视总资本而定。但是在价值计算体系中,情况却是这样:每个个别资本家并没有因不变资本部分而"赚得"任何东西。但是,这里不是关系到"资本家阶级的内部事务"吗?马克思不是也表明,只要他在价值计算的基础上进行研究,资本家之间究竟按什么原则进行"赃物分配",都不会使他感兴趣

---

① 〔俄〕德米特里耶夫:《经济学研究》,莫斯科1904年版,第11页。

吗？从这样一种观点来看，资本利润究竟是过去的还是将来的，不都是一样的吗？前者正是不变资本的情况，它已经吸收了全部应该归它所有的剩余价值；后者是可变资本的情况，它具有今后还继续充当生产和占有剩余价值的手段的规定性。

如果，像前面已经说过的那样，可变资本和不变资本之间的严格区分，应当旨在防止这样一种观点，似乎利润的源泉不是人的生产因素，而是物的生产因素，那么，人们可以认为，两种资本，就它们的（所谓的）生产率而言，是相等的。资本盈利，不论是剩余价值还是利润，按照马克思的观点，都是来源于劳动，而不是来源于资本。①

2. 德米特里耶夫一开始就考虑到利润率相等的假定，而马克思是在研究的较晚阶段（在《资本论》第3卷）才采用这一假定的。人们必定会预料到马克思主义方面的反对：德米特里耶夫通过这种方式背离了"客观主义的观点"，因为相等利润率规律是与资本家追求最大限度利润的"动机"以及竞争联系在一起的。与此相反，应当指出，按马克思的理解，价值规律实际上如同相等利润率规律一样也扎根于这种动机中，而且只有通过竞争（在一定条件下）才能得到实现。因此心理学原理也被置于马克思总体结构的首位。②

但是，即使人们承认这种明显的谬论，即价值规律在动机和竞争之外还有它的基础，然而也还是挽救不了马克思体系中的"客观主义"，

---

① 因此，正是从马克思的观点来看，如果像马克思偶尔所作的那样，说剩余价值来源于资本的可变部分，这是不精确的。参看《马克思恩格斯全集》第1版第23卷第446页。

② 参看第一篇论文。令人感兴趣的是：关于剩余价值率相等（对价值计算体系来说是一个基本因素！），马克思明确承认，这种相等只有通过竞争（在工人中）才能形成。参看《马克思恩格斯全集》第1版第25卷第195页。

因为相等利润率规律，尽管是处在研究的较晚阶段上，但这里也同样出现了。①

只要把保持"客观主义"的观点考虑在内，那么，德米特里耶夫的方法（他不是间接地达到利润率或相等利润率，而是一开始就把相等利润率作为先决条件加以设定）也不亚于马克思的方法。两种处理方式只有在这样的意义上才可称为是客观主义的：回避进一步研究动机的作用。

3. 德米特里耶夫把未知量当做已知量对待，并把不可靠的数式代入方程组，这样便为他的叙述穿上代数的外衣。与此相反，马克思**在算术上**始终处于优先地位：他假定一定量为已知的，并通过一系列互为基础的运算，从这些量中推演出他所感兴趣的未知量。

这种差别绝不仅仅具有形式上的性质。相反地，马克思的方法是以对国民经济关系的特性的一种毫无根据的观点为基础的。**艾尔弗雷德·马歇尔**②有一次谈到李嘉图："他没有清楚地说明，而在某些场合他也没有充分地明白理解，在正常价值问题中各种因素是如何相互制约着，而不是在因果关系上**依次**制约的。"这一评论更适用于马克思。

马克思无疑是十足的现实主义者，不至于完全不顾这样的事实：国民经济的各种不同因素或要素是互为条件的。例如，只要看一看马克思在《资本论》第 1 卷中关于资本有机构成如何取决于剩余价值率水平的考察也就够了。③ 在《资本论》第 3 卷中，马克思在这里本来也必须用一般利润率来代替剩余价值率，从而得出结论：他所认为的主要受社会资本的平均有机构成影响的一般利润率，又反作用于各个个别资本的

---

① 参看第一篇论文，见《马列主义研究资料》1987 年第 2 辑第 237 页。
② 〔英〕马歇尔：《经济学原理》下卷，北京：商务印书馆 1965 年版，第 455 页。
③ 《马克思恩格斯全集》第 1 版第 23 卷第 430—432 页。

有机构成，因而也反作用于社会资本的平均有机构成。虽然甚至像国民经济要素或表示这些要素的数的相互依赖这样复杂的情况，也逃脱不了马克思的眼睛，但他在价值价格形成和收入形成的实际体系中仍坚持把所考察的那些要素在一定程度上看做是一系列因果关系，其中每一环节的存在和大小是由前面的环节规定的。与援引的马歇尔的话联系起来，人们可以把马克思体系的这一特征称做是"连续的特性"。

现代国民经济理论开始逐渐摆脱连续的偏见，就这方面来说，主要功绩应归于以**莱昂·瓦尔拉斯**为首的数学学派。数学的特别是代数的表述方式，看来正是这种考虑到经济联系特征的真知灼见的适当表现。

因此，德米特里耶夫求助于代数的演算方式，具有一个明显的优点。

关于德米特里耶夫的结构同马克思的结构的根本偏离就谈这些。

人们不禁要问，第一种结构的较大的普遍性和严密性是否是用不太昂贵的代价换得的呢？重要的问题在于：能否从德米特里耶夫的方程组中得到关于这样一些问题的某种解释，这些问题，马克思曾断言，正是要借助于他的公式，并且只有这样才能得到正确的阐明。如果德米特里耶夫的体系只是表明，作为数学任务理解的价格形成（包括工资形成）问题是可以解决的，如果商品（包括劳动为商品）的技术生产条件是已知的，那么，人们便可以有一定根据地说：这个体系是巧妙的，但却是毫无结果的。但是幸而情况并非如此。现在应该指出，首先对价格学说，然后对利润学说，从那些代数公式中将得出怎样的结果。

人们已经看到，某一产品的价格可以通过消去数值 λ（工资）的一个数式来表示。

因此，人们实际上有理由用**李嘉图的话**来说，工资（也包括在价格计算体系内！）不是直接规定商品交换比例的基础，而只是间接地影响这些交换比例，因为工资的高低以一定方式与利润率（Q）的高低联系在一起。

从对那个价格公式的分子和分母的考察,可以进一步得出下述结论:如果问题涉及其价格的产品——假定它是 n 产品中的第 i 个产品——在周转周期的长短方面,同充当价格尺度的产品相等,那么,那一产品的价格是与它的价值相一致的。周转周期的相等表现在:对两种产品来说,数值 t_1、t_2 等等相一致;物化在单位第 i 个产品中的劳动量 A_i,以与体现在单位价格中的劳动量 A_v 相同的方式,分配在各该周转周期上。这种分配应以公式

$$A_i = a_{i,1} + a_{i,2} + \cdots + a_{i,m}$$

和

$$A_v = a_{v,1} + a_{v,2} + \cdots + a_{v,m}$$

表现出来;在这里产生如下比例:

$$\frac{a_{i,1}}{A_i} = \frac{a_{v,2}}{A_v},\quad \frac{a_{i,2}}{A_i} = \frac{a_{v,2}}{A_v} \text{等等}。$$

根据公式(20)得出:

$$p_i = \lambda \left\{ (I+\varrho)^{t_1} a_{i,1} + (I+\varrho)^{t_2} a_{i,2} + \cdots + (I+\varrho)^{t_m} a_{i,m} \right\}$$

和

$$p_v = \lambda \left\{ (I+\varrho)^{t_1} a_{v,1} + (I+\varrho)^{t_2} a_{r,2} + \cdots + (I+\varrho)^{t_m} a_{v,m} \right\}$$

由此,依据上述比例就得出:

$$p_i = \frac{A_i}{A_v} p_v \quad \text{或} \quad p_i = \frac{A_i}{A_v}$$

最后,考虑公式(17),得出

$$P_i = W_i$$

反之,如果在第 i 和(充当价格尺度的)第 v 产品之间没有周转周期上的一致,那么,价格 p_i 究竟是大于还是小于价值 w_i,这要看第 i 产品的周转周期一般说来比第 v 产品的周转周期长还是短而定。可精确地

阐明这种关系是不可能的。例如，认为这样一种情况，即两种产品中究竟哪种产品的周转周期的平均长度较大，对 p_i 和 w_i 之间的比例是决定性的，这是不正确的。

但是，这样的论断却是相当接近实际情况，至少在这样一些场合是如此：Q 是一个很小的量，以致人们有理由忽略 Q 的二次方和更高的次方。如果人们使用这种权利，那么，公式（20）就取得以下形式：

$$p = \lambda \{(I+t_1 Q) a_1 + (I+t_2 Q) a_2 + \cdots + (I+t_m Q) a_m\} \quad (32)$$

如果人们注意公式（21）并采用新的式子

$$\frac{a_1 t_1 + a_2 t_2 + \cdots + a_m t_m}{a_1 + a_2 + \cdots\cdots + a_m} = d_v$$

那么，公式（32）就成为

$$p = \lambda \acute{A} (I + Qd) \quad (33)$$

但是数值 d 所表现的无非就是为生产和出售有关产品而应加以考察的周转周期的平均长度。对每个产品来说，数值 d 是一个不同的数值，因而必须通过一个指数才能识别，一个既定的 d 指的是哪个产品。于是人们就得出方程式：

$$p_i = \lambda A_i (I + Qd_i) \quad (34)$$

和 $p_v = \lambda A_v (I + Qd_v) \quad (35)$

因为 $p_v = \text{lund} \dfrac{A_i}{A_v} = W_i$，

所以人们就获得：$P_i = \dfrac{I + Qd_i}{I + Qd_v} W_i \quad (36)$

因此，p_i 是大于还是小于 w_i，这要视 d_i 是大于还是小于 d_v 而定。但是，正如我们已经指出的，这种简单的关系并不是严格适用的。

因此，从价值计算到价格计算的过渡，使交换比例变得有利于那些其生产（和出售）具有周转周期较长的特征的产品，而不利于那些与此情况相反的产品。

马克思对这些实际情况的认识,只有在这样一点上是正确的:如果某一产品的价格超过其价值,那么,他认为,该产品生产中使用的资本的有机构成愈高,该产品的价格超过它的价值就愈大。相反地,照马克思看来,如果某一产品的价格落后于它的价值,那么,有关资本的有机构成愈低,该产品的价格下跌就愈甚。

但是马克思完全错误地规定这样一点,从这一点开始发生价格的提高超过价值,或者发生价格的下跌低于价值。因而,要使某一产品的价格与其价值相一致,在马克思看来,用于生产该产品的资本的有机构成,应当与社会总资本的中等有机构成相一致。① 但是,实际上,重要的并不是同中等构成相比,而是同投在生产充当价值尺度和价格尺度的产品上的资本所具有的构成相比。这通过公式(36)清楚地显示出来。例如,如果 d_v 是所有 n 数值中 d_1、d_2 等等中最小的数值,那么,全部价格将高于相应的价值;反过来,如 d_v 是上述数值中最大的数值,那么,全部价格将低于相应的价值。

马克思的显著错误,是他把价值折算为价格所使用的错误方法造成的结果。同马克思相反,李嘉图对这个需要研究的关系却是充分了解的。②

此外,马克思的阐述是不能苟同的。按照他的说法,价值和价格之间的量的比例,不取决于周转周期或生产过程的持续时间,而取决于资本的有机构成。此外,下面的考虑也是同这种阐述相矛盾的。假定在生产某种产品时,过去没有分开的生产阶段现在独立化了,那么,不变资本占间接和直接用于生产该产品的总资本的份额将增加,因为现在进入

---

① 《马克思恩格斯全集》第 1 版第 25 卷第 230—231 页。参看上面公式(6)。
② 〔英〕李嘉图:《政治经济学和赋税原理》,北京:商务印书馆 1976 年版,第 1 章第 5 节末段,见第 36 页。

不变资本的还有某些中间产品（半成品），这些产品在没有独立出来的生产中，完全不是作为资本出现的。但是，就理论上来说，生产关系的这样一种改变，并不影响需要研究的最终产品的价格。因此，从马克思体系的观点出发，人们必定会说，在这种场合，虽然有关资本的有机构成发生了变化，但是，它对价格的影响会通过周转的加速而得到补偿。这个例子可以表明，把资本的有机构成看做是除周转时间以外的一个特殊因素，是多么不适当。

从公式（36）以及从那些以它为基础的精确公式中还可以看出，利润率 Q 的提高，会使那些其生产以周转周期相对较长①为特征的产品的价格上涨，而使那些情况相反的产品的价格下跌。利润率的下降对价格的影响正好相反。这种论断在李嘉图那里也已经存在。

李嘉图在价值学说中首先注意的正是价格运动：它在变化的利润率的影响下是如何形成的。与此相反，价格偏离价值的问题，在他那里却退居次要地位。诚然，确立价格计算代替价值计算，在李嘉图的论述中，一定程度上只表现为利润率从 0 增长到某一正数的特殊情况。

采用这样一种考察方式的理由是，李嘉图不知道马克思意义上的价值计算。虽然李嘉图像马克思一样从这样一种情况出发：如公式（27）所表明，价值规律是有效的。但是当马克思为这种原始状态设定不同的利润率时，在李嘉图看来，那时还根本没有利润。两种理论体系之间的这一差别，对资本利润学说来说，正如在这一叙述的进一步过程中将显示的那样，并不是完全无关紧要的。但是，就所要讨论的交换比例问题而言，那种差别没有任何意义，因为在价值计算体系中，也正如马克思对这个问题所理解的，交换比例既不以某种方式取决于资本利润的高低，也根本不以某种方式取决于资本利润的存在。人们假定 $r=0$，价值

---

① 就是再与充当价格尺度的产品相比。

也仍然保持不变。

因而,当马克思反驳李嘉图——这他已做过无数次了——混淆了价格和价值时①,人们是不可能赞同马克思的。诚然,李嘉图并不是按马克思关于价值计算和价格计算相对立的意义上使用价值和价格这两个词的。但是,只要把商品的交换比例或者它们的价格考虑在内,那么,关于作为这种对立的基础的实际情况,李嘉图是完全了解的。他不仅知道,一般利润率在这些交换比例中发挥作用,会引起(最初的)价值规律的改变,用马克思的话来说,即引起价格同价值的偏离,而且他也对这种偏离的方向和程度作出非常恰当的判断。②

然而,上述这一点却被马克思否定了。他一再表示说,李嘉图只研究了"很次要的问题",即利润率的**改变**以何种方式影响价格,而却把更重要得多的一点,即只有利润率的**存在**才扬弃价值规律,完全忽视了。因此,在马克思看来,似乎李嘉图认为,在利润率发生变化以前的情况下,价格是与有关产品所体现的劳动量成比例的。③

但是,这一论断怎么同下面李嘉图的话相一致呢?李嘉图从他虚构的数例中得出结论:"因此,在这种情况下,资本家们每年在商品生产上所使用的劳动量虽然恰好相等,但所生产的商品的价值却会由于各人所使用的固定资本或积累劳动量不等而互不相等。"④

---

① 《马克思恩格斯全集》第1版第26卷第2册第193、207—208、211、216、231、438—439、453、481、484、493页;第25卷第227页脚注。

② 马克思也不是不作重大限制就能作出同样的论断的。

③ 《马克思恩格斯全集》第1版第25卷第227—229页;第26卷第2册第215—219页。

④ 〔英〕李嘉图:《政治经济学和赋税原理》,北京:商务印书馆1976年版,第27页。参看《马克思恩格斯全集》第1版第26卷第2册第203页。

对李嘉图得出这个结论的论述,马克思指出:"李嘉图举出这个极其笨拙而难懂的例子来说明极其简单的事情,就是不想简单地说:因为等量的资本,不管其有机部分的比例如何,或者不管其流通时间如何,都提供**等量**的利润,——如果商品按**其价值**出卖,就不可能如此,——所以,有一种不同于这些价值的商品**费用价格**存在。而且这一点已经包含在**一般利润率**的概念中了。"①

这些话所批判的并不是李嘉图的有关的结论的内容,而只是他的表达方式和他的论证。因此,也许有人要说,马克思承认李嘉图正确认识到他(马克思)所说的价格同价值相偏离这一实际情况。

但是否!马克思恰恰没有迎合李嘉图至如此地步。至于有关地方,虽然马克思曾说过,"费用价格和价值之间的差别,还有一点正确的猜想"②,但是,马克思认为,李嘉图在第一章第四节(所摘引文的出处)③的结尾,又把这种差别"忘记了"。然而马克思的这一论断的根据是什么呢?很简单,根据就是:李嘉图在这一节的最后一段中(以及后来在第五节中),不再论述价格同价值的偏离,而是论述由于利润率的改变而引起的价格变化。④ 真是奇怪的批判方法!

---

① 郭大力译:《剩余价值学说史》第 2 卷上册,第 25 页。另见《马克思恩格斯全集》第 1 版第 26 卷第 2 册第 200—202 页。

② 《马克思恩格斯全集》第 1 版第 26 卷第 2 册第 216 页;第 25 卷第 200 页。那里谈到,李嘉图"当然感到了,他的生产价格是同商品价值偏离的"。

③ 《马克思恩格斯全集》第 1 版第 26 卷第 2 册第 216 页。

④ 李嘉图在有关段落中,不是把利润率的改变,而是把劳动价值的改变称做价格变化的原因。但是,对他来说,劳动价值的提高,总是意味着利润率的下降,而劳动价值的下降,总是意味着利润率的提高。在第三篇论文中将更详细地谈论这个问题。

在马克思说到"忘记"的地方，语调还比较温和。在另一地方①，他坚决地说，李嘉图根本没有得出价格同价值相偏离的结论。在其他地方说道，"这个极为重要的观点，李嘉图是根本没有的"②。他"**一点也没有想到**，早在有可能谈论一般利润率以前，确立一般利润率的过程已经引起商品价格的普遍变动"③。

如果人们想一想，马克思怎样几乎承认，李嘉图在事实上已经认识价值和价格之间的差别，那么，鉴于前面所援引的言论，人们必然会感到疑惑：马克思对李嘉图健忘的指责，是不是反而会落在他自己身上。

就马克思对这一点的指责来说，人们至多只能承认，李嘉图本应把价值与价格之间的不一致和利润率的变化对价格的影响这两个问题更明确地区分开。但是，即使是这样的指责，在某种意义上也是站不住脚的，因为第一个问题可以说是第二个问题的特殊情况。④ 撇开这一点不说，这里的问题只在于阐述的形式，特别是段落的安排。

李嘉图在这一方面常常不灵，而且总是搞不好他的数学上的说明，这是众所周知的事实。但是，如果马克思正是在价值和价格为不一致问题上，说李嘉图"缺乏抽象力"、"混乱"以及"内在地是含糊不清的"，那么，他因此会引起最强烈的指责。

至于利润率的改变对价格的影响问题，在马克思看来，李嘉图不仅过分强调了这个问题——关于这一点，上面有详细论述——而且对这个问题的论述同时"也是片面的和有缺陷的"⑤。在这里，下述要点要加以考虑：

---

① 《马克思恩格斯全集》第 1 版第 26 卷第 2 册第 220 页。
② 《马克思恩格斯全集》第 1 版第 26 卷第 2 册第 438—439 页。
③ 《马克思恩格斯全集》第 1 版第 26 卷第 2 册第 493 页。
④ 《马克思恩格斯全集》第 1 版第 26 卷第 2 册第 211 页。
⑤ 《马克思恩格斯全集》第 1 版第 25 卷第 227 页。

(1) 李嘉图不知道可变资本和不变资本之间的基本差别，因而常常把不变资本完全撇开不谈。① 这种反对意见通过以前的考察而得到解决。②

(2) 李嘉图错误地认为，利润率的提高同工资的下降，以及利润率的下降同工资的提高，总是同时发生的。在第三篇论文中我们会进一步研究这一点。

(3) 李嘉图把一定的利润率作为一个已知数来使用。马克思说：李嘉图"为等量的各种投资，或者说，为使用等量资本的不同生产领域，假定**一个一般利润率**，或者说，**一个等量的平均利润**，或者也可以说，他先假定利润和不同生产领域使用的资本的量成比例。其实，李嘉图不应该**先假定**这种**一般**利润率，相反，他倒是应该研究一般利润率的存在究竟同价值决定于劳动时间这一规定符合到什么程度，这样，他就会发现，一般利润率同这一规定不是符合的，乍看起来倒是矛盾的，所以一般利润率的存在还须要通过许多中介环节来阐明，而这样做与简单地把它归到价值规律下是大不相同的"③。关于李嘉图的数例，马克思指责他把相等的10%的年利润率假定为"一种必然和规律"④。在另一处可以看到，"李嘉图的一切例证只有一个用处，就是帮助他偷偷地把**一般利润率作为前提引**进来"⑤。

如果有人借助李嘉图，认为价格取决于利润率，那么，只要还没有指明那些对利润率的高低具有决定意义的因素，就不能认为价格形成问题已经解决了。这样的看法是正确的。但是，马克思这里所反驳的李嘉

---

① 《马克思恩格斯全集》第1版第26卷第2册第192页。参看《马克思恩格斯全集》第24卷第253—254页。

② 《马克思恩格斯全集》第1版第26卷第2册第207—211页。

③ 《马克思恩格斯全集》第1版第26卷第2册第192页。

④ 《马克思恩格斯全集》第1版第26卷第2册第200页。

⑤ 《马克思恩格斯全集》第1版第26卷第2册第211页。

图的论述，根本没有要求一般的解决价格问题，它的目的仅仅是要指出：利润率的变化以怎样的方式影响价格。所以李嘉图在他的数例中，不仅完全有理由假定利润率是相等的，而且也完全有理由为利润率确定任意一个数值。在代数的运行方式中，与这种随意列出的方程式相一致的是这一事实：让利润率 Q 不确定。德米特里耶夫的方程组无疑具有一个可以从中算出 Q 的方程式。但是，对李嘉图在他的《政治经济学和赋税原理》第 1 章第 4 节和第 5 节中所进行的特殊问题的研究来说，这个方程式始终没有加以考察。①

马克思还从更为一般的观点出发，指责李嘉图"假设"利润率或"偷偷引进"利润率。李嘉图本想由此来推进生产费用理论的。② 但是，由于双重原因，这一理论是站不住脚的：第一，因为它是按循环论证得出的；第二，因为它使人产生一种看法，似乎资本的利用是除了劳动以外的价值的一个独立要素。

虽然第一种反对意见击中了有些生产费用论者，但是并未击中生产费用理论本身。

在第二种反对意见中，问题涉及利润的性质。因此，在专门谈论马克思的利润理论的第三篇论文中，检验这一反对意见是否有确实的根据，看来是适当的。

（原载《社会科学和社会政治文献》蒂宾根 1907 年版
第 25 卷第 1 册）

（沈渊 译　王福民 校）

---

① 《马克思恩格斯全集》第 1 版第 26 卷第 2 册第 216—217 页。
② 《马克思恩格斯全集》第 1 版第 26 卷第 2 册第 239 页。

马克思体系中的价值计算和价格计算（四）*

第三篇论文

〔德〕拉·冯·鲍尔特凯维茨

方程式（30）表明，利润率**仅仅**取决于为生产和销售构成实际工资的商品所应加以考虑的那些劳动量和周转时间。

这个理论上的结论完全和李嘉图的下述论点相一致，即利润率不可能受那些不进入实际工资的商品的生产情况的影响。如果葡萄酒等任何仅供富人消费的物品的生产费用或购置费用改变了，那么，利润率不会发生高低的变化。①

马克思宣称这个论点是错误的，并认为这是由于混淆了利润率与剩余价值率所造成的。就剩余价值率而言，李嘉图的上述论断是符合实际情况的。马克思说："只有当劳动生产力的提高扩展到同生产必要生活资料有关的生产部门，以致使属于必要生活资料范围、从而构成劳动力价值要素的商品便宜时，一般剩余价值率才会最终受到……影响。"②但是，在这方面，一般利润率的情况不同。因为一般利润率是个别生产领域所显示的利润率的算术平均数。这些特殊的利润率取决于（共同的）剩余价值率和该资本的（不同的）有机构成。构成社会总资本的

---

* 本文选自中央编译局编《马列主义研究资料》1988年第4辑。

① 李嘉图论述利润税的第15章中持这种观点。

② 《马克思恩格斯全集》第1版第23卷第355页，另参看前面的公式（15）。

全部资本,从而包括例如投入奢侈品生产的资本,促进了这种平均数的形成。因此,如果这些资本的有机构成发生了变化,那么,这必然对一般利润率产生一定的影响。①

如果说马克思的观点是合乎实际的,即认为一般利润率是各特殊利润率的平均数,而每个这样的特殊利润率可以表现为剩余价值与有关总资本的价值的比例($\frac{m}{c+v}$)那么,对这一论证是无可非议的。但是,我们知道,这种批判的观点是站不住脚的。② 现在表明,马克思在价值转化为价格时所犯的"计算错误"具有多么重大的影响。

正是由于这个计算错误,也就是说,由于把价值表现同价格表现相混淆,使马克思得出了一般利润率的错误体系,并由此而对李嘉图的那个论点作出了无理的指责,对这个论点在原则上的意义不可能予以足够高度的评价。如果说,利润率的高低绝对不取决于那些不进入工资的商品的生产情况的如何演变,这是合乎事实的,那么,就非常清楚,利润本身的原因就应在工资关系中,而不是在资本的提高生产的效能中去寻找。如果在这里问题取决于这种效能,那就无法解释,为什么利润率的高低问题与某些生产部门无涉。

换言之,这里成问题的李嘉图的论点,同与这个论点相对立的马克思的观点相比,更适应那种把利润看做劳动产品的扣除部分的利润理论,即"扣除理论"(我不想说"剥削理论")。

与李嘉图的观点相比,马克思的观点意味着明显的倒退。至于说马克思出于这种观点而试图用一定的算式表现利润率的尝试,那么,作为

---

① 《马克思恩格斯全集》第 1 版第 25 卷第 99、121—122 页。
② 参看我的论文《马克思在〈资本论〉第 3 卷中基本理论结构的修正》(载《国民经济统计年鉴》1907 年)。

这种尝试的根据的提法，不应该从一开始就加以排斥。然而，对决定性的量的比例的更仔细的研究表明，把利润率（Q）表述为它所取决的那些数值的明确的函数，这是根本不可能的。[①] 只有当我们或者是创造某些限制的先决条件，[②] 或者是满足于忽略 Q 的二次方或高次方的近似方法时，这才是可行的。

如果人们做的是后者，那么，正像从公式（33）一样，从公式（30）可以得出：

$$I = (I + \delta\varrho)U \tag{37}$$

而 $$\delta = \frac{u_1\tau_1 + u_2\tau_2 + \cdots + u_s\tau_s}{u_1 + u_2 + \cdots + u_s} \tag{38}$$

数值 δ 是要考察表现为实际工资的综合商品的生产和销售的周转时期的平均长度。

从方程式（37）可得出：

$$\varrho = \frac{I - U}{\delta U} \tag{39}$$

后一个公式也能以下面的方式引出。根据公式（36）得出：

$$\lambda = \frac{I + \varrho\delta}{I + \varrho d_v}l \tag{40}$$

另一方面从公式（35）得出：

$$\lambda(I + \varrho d_v) = \frac{I}{A_v}$$

考虑到这种关系，并公式（16），公式（40）就变为：

[①] 参看第二篇论文，见《马列主义研究资料》1988年第3辑，第126—127页。

[②] 参看我的论文《马克思在〈资本论〉第3卷中基本理论结构的修正》（载《国民经济统计年鉴》1907年）。

$$\frac{I}{A_v} = (I + \varrho\delta)\frac{U}{A_v}$$

或变为方程式（37），由此最后得出公式（39）。

公式（40）不仅应该看做是这第二层数的出发点，而且其本身也应引起一定的重视。它使出现在价格计算（λ）体系中的货币工资和价值计算体系中的货币工资之间建立了一种关系。根据公式（40）表明，如果认为，价值计算向价格计算的单纯过渡会导致货币工资的降低，（其原因据说是由于，在价值计算时只是资本家的工资支出，而在价格计算时则相反，资本家的全部支出因加价而加重了。）那么，这是多么错误。其实，通过这种过渡，假如这个 δ 大于 δ_v，货币工资同样能得到提高。

现在应当以近似公式（39）为出发点来探讨对利润学说极其重要的问题，即利润率的高低与生产实际工资所需的劳动量（劳动力的绝对价值）有何联系。为此就应对马克思关于这个问题的肯定观点，以及他在这个问题上与李嘉图的争论加以批判的考察。但是，因为李嘉图的有关意见一再被人误解，这部分地要归咎于他自己的马虎的表达方式，因此，一上来就断定这些意见的真正含义，那是不足取的。

首先不应忽视，在李嘉图那里一再出现的说法，认为工资的提高必然伴随着利润的下降，反之亦然，他所理解的工资既不是货币工资，也不是实际工资，而是为生产构成实际工资的综合商品所需的劳动量。[1]

---

[1] 这一点从李嘉图下面这段话中可以知道："利润取决于工资，这一点是不嫌再三说明的。不过这里指的不是名义工资，而是实际工资，不是每年付给劳动者的镑数，而是为获得这许多镑所必需的劳动日数。"《政治经济学及赋税原理》，商务印书馆 1962 年版，第 121 页。

按马克思主义的话来说,因此这里的问题涉及劳动力的(绝对)价值。①

然后应当注意,李嘉图虽然在大多数场合谈论的不是利润率,而完全是利润,而利润的高低经常是按照资本家对产品的价值或价格所占的份额来计量的,但是他也想把他的关于工资和利润之间的对抗关系的论断特别扩展到利润率上。②

最后,要特别强调指出的是,李嘉图根本不可能认为,工资和利润之间的对抗关系只有在产品的价值或价格保持不变时才存在。这样一种限制,正如它被从各种不同角度提出作为修正一样,不仅与李嘉图的有关论述的本文相矛盾,③ 而且使李嘉图所认为的高工资与低利润、高利润与低工资始终是相联系的这一论点磨掉棱角,从而使它成为平凡的东西。

关于李嘉图工资和利润之间的对抗性关系的论点就解释到这里。

马克思是确切地,也就是说按李嘉图的本意去理解这一论点的,但马克思并不想承认它。

马克思认为,如果人们说剩余价值率而不说利润率,那么,不论是关于我们现在所研究的李嘉图的这个论点还是本文开头所论述的问题就都提不出任何理由可加以反对。事实上,没有李嘉图所理解的工资的同时下降或提高,剩余价值率既不会提高,也不会下降。这是从公式

---

① 李嘉图也经常不说"工资",而说"劳动价值"。参看李嘉图:《政治经济学及赋税原理》,商务印书馆1962年版,第1章第4节第24页。

② 参看李嘉图:《政治经济学及赋税原理》,商务印书馆1962年版,第6章第98—99、104—105页。

③ 参看李嘉图:《政治经济学及赋税原理》,商务印书馆1962年版,第6章第92—99页。

(15)得出来的,因为这公式中出现的数值 U 无非就是李嘉图所理解的工资或按马克思的说法的劳动力的价值。

但是马克思认为,利润率与劳动力价值处于一种比较复杂的关系中。表现利润率的公式(5)根据公式(15)转化成

$$\varrho = \frac{(I-q_0)(I-U)}{U} \qquad (41)$$

马克思从后一个公式中引出了对这个成问题的李嘉图论点的主要反对意见。

即使劳动力的价值不变,利润率也可能发生变化。在劳动力价值保持不变的情况下,只要资本的有机构成,更确切些说,总资本的有机构成发生变化,利润率在劳动力价值不变的情况下也会提高或下降。诚然,如果属于"某一公司的总资本的平均有机构成"下降了,也就是说,如果 q_0 减少了,劳动力的价值甚至可能相应增加,而且利润率仍会提高。相反地,可能有这样的情况:即使劳动力的价值降低了(例如,通过在实际工资保持不变或者没有相应地显著增加的情况下的提高劳动生产率),但由于社会资本的有机构成相应地达到了更高的程度,也就是说,由于 q_0 变大了,所以利润率也会下降。

马克思认为,正是这后一种情况实际上形成了一种规则。随着生产技术的不断进步,q_0 增加,而 q_0 的增加又造成了不必提高 U 而使利润率下降的趋势。只有通过相应地大大降低 U,才能使利润率下降趋势趋于停滞或者甚至得到过分补偿。

李嘉图和"资产阶级"国民经济学的其他任何一个代表人物一样,都发现不了这个"简单"的关系。对利润率不断下降这个事实,个别作者有各种不同的解释,但没有一个人是解释得中肯的。马克思看出了他们失败的原因在于:"以往的一切政治经济学虽然摸索过不变资本和可变资本的区别,但从来不懂得把它明确地表述出来;它们从来没有把

剩余价值和利润区别开来,没有在纯粹的形式上说明过利润本身,把它和它的彼此独立的各个组成部分——产业利润、商业利润、利息、地租——区别开来;它们从来没有彻底分析过资本有机构成的差别,因而从来没有彻底分析过一般利润率的形成。"①

马克思特别对李嘉图进行谴责:他无视利润率取决于资本的有机构成这一点。时而写道,李嘉图完全无视不变资本,时而写道,李嘉图把资本的有机构成看做是不变的(即在研究当时利润率所发生的变化时)。换句话说,李嘉图不是确定 q_0 等于零,就是等于常数。第一个算式导致利润率和剩余价值率的等同,第二个算式导致确定这两个数值之间的不变比例。

已经强调指出,马克思不仅在表达他对利润率高低所取决的因素所持的观点时,而且在对这一点作批判的长篇大论时,都是以公式(41)为依据的。如果我们考虑一下公式(41)是来源于我们认为错误的公式(5),那么,我们就能很容易地断然驳回马克思的那些肯定的观点和那些抨击了。

但这里不应忽视,那个准确的公式(39),即使不会得出一个与公式(41)的答案相同的答案,那也是一个相似的答案。在公式(39)中因素 $1/\delta$ 代替了因素 $(1-q_0)$,而且因为资本有机构成的相对高或相对低的有机构成与有关的生产过程和流通过程的相对长或相对短的持续时间大致相合,因此,有人可能认为,公式(41)所包含的错误在这种情况下是没有关系的。然而,事情并不对马克思如此有利。

这里首先要考虑到,在数值 q_0 是指社会总资本,或者说是指所有生产部门这个整体时,数值 δ 只取决于某些生产部门中占统治地位的情况,也就是说,取决于那些与实际工资的生产有直接或间接关系的生产

---

① 《马克思恩格斯全集》第 1 版第 25 卷第 238 页。

部门中占统治地位的情况。在这里，使人注意到的正是本文开头马克思所谈到的错误。

且撇开这个绝非不重要的问题，应注意下述情况。

马克思把资本有机构成的提高，q_0的增加，同劳动生产率的提高联系起来。因此，马克思"发现的"利润率下降的规律才获得了马克思本人和他的追随者对它的重视。不断提高的劳动生产率，引起（通过提高 q_0）ϱ 的下降，这正是资本主义生产方式的一个内在的必然的矛盾。因为资本主义生产方式包含着一种向生产力逐渐发展的趋势，这种趋势不以从中发生资本主义生产方式的社会关系为转移，然而表现为资本主义生产的推动力的利润却正是由于生产力的逐渐发展而下降的。① 马克思认为："在这里，以纯粹经济学的方式，就是说，从资产阶级立场出发，在资本主义理解力的界限以内，从资本主义生产本身的立场出发，表现出资本主义生产的限制，它的相对性，即表现出资本主义生产不是绝对的生产方式，而只是一种历史的、和物质生产条件的某个有限的发展时期相适应的生产方式。"②

正如我们看到的，在利润率下降规律方面，或者一般地说，在马克思关于决定利润率高低的因素的学说方面涉及一个非常重要的问题。我们明了什么是提高的劳动生产率的标准，也属于对这一学说的评价。劳动生产率是以任何一种物品的生产量与进行生产所耗费的劳动量的比例来衡量的。如果生产划分为若干阶段，那么，我们可以单独地规定每一阶段的生产率，而撇开先前各阶段的劳动支出。这样，提高的劳动生产率就表现为等于是"人数较少的工人使用数量较大的生产资料"③。

---

① 《马克思恩格斯全集》第 1 版第 25 卷第 278 页。
② 《马克思恩格斯全集》第 1 版第 25 卷第 289 页。
③ 《马克思恩格斯全集》第 1 版第 25 卷第 68 页。

由于一些原因,如果在这里加以深入探讨,将扯得太远,所以把有关**最后产品**的量作为不仅确定最后(即最高)生产阶段上的劳动生产率,而且确定所有生产阶段上的劳动生产率的基础,这将是可取的。从这个观点来看,只有物体化在机器上的劳动转移到一定的量和质的最后产品上的那部分(绝对)劳动量减少了,才能谈得上,例如,机器制造业阶段上劳动生产率的提高。因此这里不仅把生产中存在的情况,而且把机器使用中存在的情况都考虑在内。

不应忽视,根据上述定义,常常可以不去考虑任何价值关系或价格关系就能回答劳动生产率是高还是低的问题。①

马克思认为,正如实际情况那样,劳动生产率的提高,不仅表示"商品中包含的劳动总量减少"(如果不是这样,就根本谈不上劳动生产率的提高!),而且同时表示,活劳动在劳动总量中的份额减少,过去劳动的份额增加。② 在我们的阐述中,δ 变大这一假设是和这个论断相一致的。我假定这是真实的,并在这一假定的基础上研究 δ 的增加对利润率有何影响的问题。

在这里,分清下面两种能使 δ 增加的方式,是有好处的。数值 δ(即为生产实际工资应加以考虑的周转时期的平均长度)的增加与这样的情况有关:或者是在任何一个或几个有关生产部门中又加入了生产的新的最初阶段,或者是不同生产阶段上的生产率的对比改变了。

第一种情况是,一直将就使用单纯"手工劳动"的地方,采用了一种新的劳动资料(例如机器)。于是,从即可使用的产品来看,生产有关的劳动资料就表现为生产的一个新的最初阶段。δ 的增加可以和生产条件的这样一种变化相联系(虽然这不一定是必要的情况)。

---

① 为了表明这一点,人们可以说"技术的"或"物质的"生产率。
② 《马克思恩格斯全集》第 1 版第 25 卷第 290 页。

假定 δ 增加了，那么首先很清楚，U，即体现在一定实际工资中的劳动量，必然减少，因为只有用于生产实际工资的劳动的生产率能得到提高时，才会考虑采用新的生产资料。所以这种生产率的提高正是表现在 U 的减少上。然而在资本主义生产方式下，在这方面只存在着一种必然的，但并不充分的采用新的生产资料的条件。因此，必须决定生产过程的资本家觉得有必要采用新的生产资料，他必然指望这会获得超额利润。在新形成的生产条件下，绝不会得出利润率低于过去的结果。在这里，具有决定性意义的恰恰不是生产率的观点，而是赢利的观点。因此，只要添加生产的新的最初阶段引起了生产过程的延长（δ 的增加），似乎就不可能由此发生利润率的下降。资本主义本身就能避免发生这种情况。

马克思很清楚地知道，资本家关心的不是生产率，而是赢利,[①] 但他又认为，这不可能阻碍利润率的下降。马克思以下面的论证来说明他所以持这一观点的理由，顺便说一下，这些论证并不只是针对我们现在所研究的特殊情况的。

在《资本论》中可以看到："一种新的生产方法，不管它的生产效率有多高，或者它使剩余价值率提高多少，只要它会降低利润率，就没有一个资本家愿意采用。但每一种这样的新生产方法，都会使商品便宜。因此，资本家最初会高于商品的生产价格出售商品，也许还会高于商品的价值出售商品。他会得到他的商品的生产费用和按照较高的生产费用生产出来的其他商品的市场价格之间的差额。他能够这样做，是因为生产这种商品所需要的平均社会劳动时间大于采用新的生产方法时所需要的劳动时间。他的生产方法比平均水平的社会生产方法优越。但是竞争会使他的生产方法普遍化，使它服从普遍的规律。于是，利润率就

---

① 《马克思恩格斯全集》第 1 版第 23 卷第 430—432 页。

下降，——也许首先就是在这个生产部门下降，然后与别的生产部门相平衡，——这丝毫不以资本家的意志为转移。"①

以我们的表达方式，下述事实情况是与这些论点相一致的。首先是注意考察关于利润率 ϱ，平均周转时间 δ，劳动力价值 U 和货币工资 λ 的最初情况，然后是注意考察最终情况，即相应的数值 ϱ'、δ'、U' 和 λ'。而 U' 小于 U（由于提高了的劳动生产率），δ' 大于 δ（由于生产过程的延长）。这里问题在于，ϱ' 必须小于 ϱ。根据公式（14），有这样一些关系：

$$\lambda = (I + \delta\varrho) U\lambda \tag{42}$$

$$\lambda' = (I + \delta'\varrho') U'\lambda' \tag{43}$$

此外还构成采用新的生产方式的一种过渡情况。这种情况具有这样的特征：价格（也就是构成实际工资的商品综合体的价格表现 λ）还是以前的价格，而一部分资本家的有关的劳动节约已经得到实现。一定会产生对这些资本家有利的额外利润，因为他们使用的正是劳动量 U'，而计算在产品价格中的却是较大的劳动量 U。

但是很清楚，这些资本家在他们计算时不会无视这样的情况，即较小的劳动量 U' 是同较长的生产时间 δ' 相联系的。也就是说，他们将注意到不等式

$$\lambda > (I + \delta'\varrho) U'\lambda \tag{44}$$

是成立的。否则他们使用新的生产方式，他们就得准备遭受损失。

因此，一方面，根据公式（43）可以得出：

$$(I + \delta'\varrho') U' = I \tag{45}$$

而另一方面，根据公式（44）可以提出：

$$(I + \delta'\varrho) U' < I \tag{46}$$

----

① 《马克思恩格斯全集》第 1 版第 25 卷第 294—295 页。

因此，ϱ' 不是小于 ϱ，而是大于 ϱ。这就驳斥了援引的马克思的论证。

马克思的论证包含着双重错误。第一，把利润率的变化同价格的变化联系起来，这是错误的，因为，从这些公式中可以看出，在这里可能出现的产品价格的变动，在同样程度上也使资本家的支出的价格变动。马克思论证的这第一个错误之所以产生，是因为马克思考察的不是构成实际工资的商品综合体，而是随便哪一个商品。对马克思的论述可以指责的第二点是，他在重述从《资本论》第 3 卷中摘引的一段时，让他的资本家按照《资本论》第 1 卷的原理进行计算。如果资本家只注意劳动支出或支付的工资总额，而不考虑周转时间，那么如果不等式（44）没有得到满足，他当然会转而使用新的生产方法。相反地，这取决于不等式 $U > U'$。但是，尽管资本主义的计算方式是如此"荒唐"，然而人们在竞争的世界中要遵循的却正是这种计算方式。"资本主义的理解力"对《资本论》第一卷中的计算所遵循的原理是绝对藐视的。那就是说，在这种场合，马克思也犯了把价值计算和价格计算混淆起来的严重错误。

也许有人会反对我的阐述，认为这些阐述是以没有根据的概念为基础的，因为认为任何单个资本家生产构成实际工资的整个商品综合体这一概念是与事实相矛盾的。但是如果人们考虑到各不同生产部门的独立性，那就可能得出另一种结论。下面就是解决这种反对意见的。

只要实际工资的各种不同的主要组成部分与各不同生产部门相适应，那么，问题就取决于，人们注意考察的是那样一种产品，这种产品的生产由于采用新的生产资料发生了变化。假定 u_i 是包含在实际工资中的这种产品的量，p_i 是这一产品的一个量单位的价格，A_i 是物体化在这个量单位中的劳动量，d_i 是生产这个有关产品时的平均周转时间。由于采用了新的生产资料，现在劳动量就从 A_i 下降到 A_i'，而周转时间从 d_i

提高到了 d_i'。在这里，与不等式（44）相应的是不等式

$$p_i > (I+d_i'\varrho) A_i'\lambda \tag{47}$$

根据公式（33）它转化为

$$(I+d_i\varrho) A_i > (I+d_i'\varrho) A_i' \tag{48}$$

在这种场合，以下公式（20）适用于最初情况和最终情况：

$$(I+d_1\varrho) A_1\mu_1 + (I+d_2\varrho) A_2\mu_2 + \cdots\cdots + (I+d_i\varrho) A_i\mu_i + \cdots\cdots + (I+d_n\varrho) A_n\mu_n = I \tag{49}$$

或

$$(I+d_1\varrho') A_1\mu_1 + (I+d_2\varrho') A_2\mu_2 + \cdots\cdots + (I+d_i'\varrho') A_i'\mu_i + \cdots\cdots + (I+d_n\varrho') A_n\mu_n = I \tag{50}$$

公式（50）与公式（49）的区别在于，在公式（50）左边所有各项中，ϱ'代替了ϱ，在第i项中，A_i'代替了A_i，d_i'代替了d_i。

根据这两个公式很容易证明，ϱ'不可能小于ϱ。如果是这种情况，那么，必然需要条件

$$(I+d_i'\varrho') A_i' > (I+d_i\varrho) A_i$$

更不用说条件

$$(I+d_i'\varrho) A_i' > (I+d_i\varrho) A_i \tag{51}$$

必须得到满足了。但是不等式（51）是同不等式（48）相矛盾的。另一方面，顾及到不等式（48），ϱ'不可能等于ϱ，因为不然的话，方程式（50）左边各项的总和将小于1。因此，ϱ'必然大于ϱ。

但是，各不同生产部门的独立性不仅表现在我们至今考察的方式中，而且也表现在生产过程分成不同的阶段上，这些不同阶段是互为基础建立起来的，不同的资本家在不同的阶段上进行活动。这里可考虑一下，在任何一个阶段上采用新的生产资料，是否绝不改变更高阶段上的资本家的状况。在这里人们无须以某种方式修改马克思的体系，这个疑问就可以很容易地消除。

如果我们在假定更高生产阶段上的劳动生产率仍照旧不变的情况下考察较低阶段上生产条件发生的有关变化,那么就表明,那种变化并没有使更高阶段上活动的资本的有机构成提高,而是降低了。于是人们就面临着一个或者使机器或者使原料"便宜"的问题,因为马克思在其中看到了抵制利润率下降的因素。

因此证明,与采用新的生产资料相联系的生产过程的延长(增加 δ),绝不可能是对利润率的威胁。

现在我们再来考察一个可能发生 δ 增加的第二种情况。这种情况是,生产率比例发生变动,也就是劳动生产率的变化不规律地发生在所有生产阶段上。

如果在所有的阶段上劳动生产率变成同一个比例,那么,周转时期的平均长度显然不会受此影响,只要这种变化是发生在被考虑要生产工资的生产部门,那么根据劳动生产率是提高还是下降的情况,它就会使利润率提高或下降,因为 U 在第一种情况下变小,而在第二种情况下则变大。①

相反地,如果劳动生产率在不同的生产阶段上不是以相同的比例提高或下降,其结果是 δ 可能发生变化。特别是在这样的情况下,将发生 δ 的增加:即劳动生产率逐渐地或者是以越来越大的程度提高,或者是以越来越小的程度下降,或者先是以越来越小的程度下降,然后从一定的阶段开始又以越来越大的程度提高。我们可以用"把生产率比例的变动有利于更高一级生产阶段"这句话来说明这种情况的特征,对这种情况我们要进一步研究,首先就是为了要证明,这种情况是与 δ 的增加联系在一起的。

为了从数学上精确阐明问题的事实情况,而不采用许多新的符号,

---

① 参看公式(39)。

我们假定在公式（30）中周转时间 τ_1、τ_2 等等（或者是构成一系列不间断的部分数列每若干个这些数值）都与各种不同的相互连接的生产阶段相一致，而且假定 τ_1 属于最底阶段，τ_2 属于最高阶段。这样就得出：

$$\tau_j > \tau_{j+1} \tag{52}$$

落到周转时间 τ_1，τ_2 等等上的是劳动量

$$u_1, u_2, \cdots u_s$$

一种改变了的劳动生产率表现在替代这个数列的是数列

$$k_1 u_1, k_2 u_2, \cdots k_s u_s$$

而在我们的场合将是不等式

$$k_j > k_{j+1} \tag{53}$$

而且所有的 j 价值都可以用从 1 至 $s-l$ 来代替。

准确地说，因为好些 τ 价值或 U 价值可能落在同一个阶段，所以人们必然说 k_j 大于 k_{j+1} **或等于** k_{j+1}。

作为平均周转时间，在旧的生产率比例①的情况下有：

$$\delta = \frac{u_1 \tau_1 + u_2 \tau_2 + \cdots + u_s \tau_s}{u_1 + u_2 + \cdots + u_s} \tag{54}$$

而现在，在新的生产率比例的情况下有：

$$\delta' = \frac{k_1 u_1 \tau_1 + k_2 u_2 \tau_2 + \cdots + k_s u_s \tau_s}{k_1 u_1 + k_2 u_2 + \cdots + k_s u_s} \tag{55}$$

这就证明 δ' 大于 δ。

早先我们有②

$$u_1 + u_2 + \cdots + u_s = U \tag{56}$$

而现在人们使用标志符号

---

① 见公式（38）。

② 见公式（31）。

$$k_1 u_1 + k_2 u_2 + \cdots + k_s u_s = U' \qquad (57)$$

还用 k_0 表示这样的关系，在这种关系中所有阶段上的生产率，按平均计算都发生了变化，从而得出

$$k_0 = \frac{k_1 u_1 + k_2 u_2 + \cdots + k_s u_s}{u_1 + u_2 + \cdots + u_s} \qquad (58)$$

同时得出：

$$k_0 = \frac{U'}{U} \qquad (59)$$

如果我们把公式（55）右边的分子和分母除以 k_0，并写成 π_j 来代替 $\frac{k_j}{k_0}$，我们就发现：

$$\delta' U = \pi_1 u_1 \tau_1 + \pi_2 u_2 \tau_2 + \cdots + \pi_s u_s \tau_s \qquad (60)$$

这里存在着不等式

$$\pi_j > \pi_{j+1} \qquad (61)$$

它是与不等式（53）相一致的。

数值 δ 是 τ_1、τ_2 等等的平均数。所以，这些 τ 价值的某几个价值必然大于 δ，其他几个价值必然小于 δ。较大的价值是 τ_1、τ_2 等等直至 τ_m，较小的价值是 τ_{m+1}、τ_{m+2} 等等直至 τ_s。从而形成这种肯定的表现：

$$D = u_1 (\tau_1 - \delta) + u_2 (\tau_2 - \delta) + \cdots + u_m (\tau_m - \delta)$$

很明显，人们有理由根据公式（54）也可以把数值 D 表现如下：

$$D = u_{m+1} (\delta - \tau_{m+1}) + u_{m+2} (\delta - \tau_{m+2}) + \cdots + u_s (\delta - \tau_s)$$

由于不等式（61）它又进一步表现为：

$$\pi_1 u_1 (\tau_1 - \delta) + \pi_2 u_2 (\tau_2 - \delta) + \cdots + \pi_m u_m (\tau_m - \delta) > \pi_m D$$

及：

$$\pi_{m+1} u_{m+1} (\delta - \tau_{m+1}) + \pi_{m+2} u_{m+2} (\delta - \tau_{m+2}) + \cdots + \pi_s u_s (\delta - \tau_s) < \pi_{m+1} D$$

由此，更不用说：

$\pi_1 u_1 (\tau_1 - \delta) + \pi_2 u_2 (\tau_2 - \delta) + \cdots + \pi_s u_s (\tau_s - \delta) > (\pi_m - \pi_{m+1}) D$

但是这最后的不等式根据公式（60）和（58）又转化成：

$\delta' U - \delta U > (\pi_m - \pi_{m+1}) D$

由此最终得出：

$\delta' > \delta$

由此，不可否认，生产率比例发生有利于更高生产阶段的变动，引起平均周转时间的延长，在剩余价值率不变的情况下，根据公式（39），由此必然产生利润率的下降。

对此，只要是在独立的生产阶段从事活动的资本家就不会反对增加δ。因为这使他有可能在他的部门提高劳动生产率，因此，他决不会去考虑，增加δ是和延长平均周转时间联系在一起的。① 正如马克思阐明的，只要旧的价格仍有效，资本家将首先从提高劳动生产率中获得超额利润。但是后来当这种价格适应了变化了的实际情况时，这种超额利润就消失了，所以，如果生产率比例发生了有利于更高一级生产阶段的变动，看来利润率的下降事实上是必不可免的。

因此，我们可以认为，马克思对利润率下降所作的解释证明，至少部分地是有根据的。在这里涉及的虽然只是延长生产或增加不变资本部分这样一种特定情况，但马克思认为正是这种情况首先说明了事物的实际进程的特征。在马克思着来，存在着一种提高劳动生产率的典型情况，即用以前一样的劳动支出制造出一种新的机器，它与旧机器相比，能够用人数相同的工人加工更多量的原料和辅助材料。可是分摊到每个

---

① 因此，这里的情况不同于最先考察的情况：平均周转期的延长同采用新的生产资料相联系。

工人身上的不变资本、固定资本以及流动资本的量也就更大。① 而流动资本的增长快于固定资本，所以，绝对地说，进入每个单位产品的固定资本的数额就较小。②

掌握了大量的原料和辅助材料，这时活动着的资本的有机构成只有在这样的时候才会发生变动：在低级生产阶段，也就是说，在生产这些原料、辅助材料以及附属的机器时，劳动生产率没有发生同样大的变动。然而马克思有时没有提到这点。但是他对这一点是清楚的。在《资本论》中可以看到，利润率能够保持不变（正是因为资本的有机构成没有变化），"生产力的提高同时对商品的一切组成部分发生同等程度的影响，以致商品总价格下降的比例和劳动生产率提高的比例，而商品价格的不同组成部分的相互比例保持不变，这时，情况就是这样"③。在这方面还有使人想起马克思关于不变资本要素的日益便宜可使利润率的下降"延续下来"的论述。④

马克思的观点即认为劳动生产率的变动在一般情况下有利于更高的生产阶段，这一观点是否是对实际进程的恰当的概括，这个问题在这里不进一步探讨了。相反地我认为，实际情况就是这样，或者是另一种情况，在从利润率是 ϱ 的以前状况到利润率是 ϱ' 的后来状况的过渡中，不等式（53）就完成了。

---

① 《马克思恩格斯全集》第 1 版第 25 卷第 236—257 页。

② 这在下面这段话里表达得很清楚："当五个工人生产的商品为以前的十倍时，固定资本的支出并不因此为以前的十倍，虽然不变资本中这个部分的价值随着生产力的发展而增加，但它远不是按同一比例增加。"（《马克思恩格斯全集》第 1 版第 25 卷第 290 页）

③ 《马克思恩格斯全集》第 1 版第 25 卷第 255—256 页。

④ 《马克思恩格斯全集》第 1 版第 25 卷第 252 页。

问题涉及两个数值之间的比较：

$$\varrho = \frac{I-U}{\delta U}$$

和

$$\varrho' = \frac{I-U'}{\delta' U'} \qquad (62)$$

马克思所认为的。ϱ'小于ϱ这一论断是以这样一个前提为基础的：剩余价值率保持不变，或者

$$\frac{I-U}{U} = \frac{I-U'}{U'} \qquad (63)$$

马克思明确地把这一前提作为他的利润率下降规律的基础，并把剩余价值率的提高看做是另一特殊因素。马克思说："这个因素不会取消一般的规律。但是，它不如说会使一般的规律作为一种趋势来发生作用，即成为这样一种规律，它的绝对的实现被起反作用的各种情况所阻碍、延缓和减弱。"①

但是，在研究ϱ'是大于ϱ还是小于ϱ的问题时可以应用方程式（63）吗？

从方程式（63）可以得出：

$U' = U$

而且因为在生产率比例发生有利于更高生产阶段的变动时得出$\delta' > \delta$，所以就得出

$U'\delta' > U\delta$

或者根据公式（54）和（55）得出：

$$k_1 u_1 \tau_1 + k_2 u_2 \tau_2 + \cdots + k_s u_s \tau_s > u_1 \tau_1 + u_2 \tau_2 + \cdots + u_s \tau_s \qquad (64)$$

---

① 《马克思恩格斯全集》第1版第25卷第261页。

因此，不等式（64）必然会成立，从而在剩余价值率保持不变的情况下，利润率可能由于生产率比例的变动而下降。但是，不等式（64）还需有个前提，即在 k 价值中至少有一个价值是大于1。换句话说，至少在某个生产阶段劳动生产率必定下降。

但是我们已经看到，马克思的假定却完全相反：劳动生产率在所有阶段上都提高，或者换句话说，所有 k 价值都小于1。现在表明，这个假定是不可能和他的前提即剩余价值率保持不变相一致的。

诚然，可以不难证明，那个假定不仅必然导致更高的剩余价值率，而且必然导致更高的利润率。事实上，人们根据公式（54），在一方可得出：

$$\delta U = u_1\tau_1 + u_2\tau_2 + \cdots + u_s\tau_s \tag{65}$$

根据公式（55），在另一方可得出：

$$\delta' U' = k_1 u_1 \tau_1 + k_2 u_2 \tau_2 + \cdots + k_s u_s \tau_s \tag{66}$$

既然假定，全部的 k 价值都小于1，所以就发现

$$\delta' U' < \delta U \tag{67}$$

而且同时因为在那个假定那里是

$$U' < U \tag{68}$$

因此就证明，公式（62）中 ϱ' 的分子大于相应的公式中的 ϱ 的分子，其分母小于 ϱ 的分母。由此得出：

$$\varrho' > \varrho \tag{69}$$

上述推导使人看出，如果 k 价值中只有某一个价值小于1，而没有一个价值大于1，不等式（67）和（68）就完成了，由此又得出不等式（69）。换言之，只要劳动生产率在任何一个生产阶段上得到提高，而并不伴随着劳动生产率在其他阶段上的下降，利润率就会提高。

正如马克思阐明的，限于一定生产阶段上的这样一种生产率的提高首先是为在这个阶段上活动的资本家提高利润率到一般水平以上，然后

又使这种超一般利润率降低到一般水平，这是完全正确的。然而这是另一种水平，而且绝不是如马克思所认为的是比过去更低的水平，而是一种比过去更高的水平。

马克思对他的利润率下降规律提出的证明，其错误主要在于，马克思在作这一证明时无视劳动生产率和剩余价值率之间的数学关系。他把剩余价值率看做是一个特殊的因素。从下述简单的例子中可以看出，这样一种孤立的方法甚至能导致何等的荒谬。问题涉及一个正数值 a，它通过 $a = \dfrac{b}{c}$ 这一关系而和另外两个正数值 b 和 c 相联结。问题是：如果某第四个数值 d 发生了变化，而数值 b 和 c 都是以 d 为转移的，那么，a 向哪个方向发生变化。假定，假如 $b = d^5$，$c = d^3$。很显然，这就是这个问题的正确答案。人们从 a 的表现方式中消除 b 和 c，发现 $a = d^2$，从而得出结论，a 和 d 都向同一个方向发生变化。但如果人们在这种场合使用马克思的孤立方法，那么，就可能例如通过 $\dfrac{b}{d^5}$ 来表现 a。从这个公式得出结论：a 随着 d 的增加而减少，随着 d 的减少而增加。如果人们还补充说，尽管 b 的变化可能搞混这种关系，但这是另一回事情，那么，就更为明显，这种方法同马克思的孤立的方法在本质上是相同的。

实际上与马克思所阐明的正好相反；劳动生产率的提高，不论是发生在所有生产阶段，还是只发生在几个阶段，它都能提高利润率，只是其前提是，劳动生产率的提高发生在这样一些可以考虑直接地或间接地生产实际工资的生产部门。①

但是，如果说随着生产率的提高，生产率比例就发生有利于更高一

---

① 从这些公式中可以看出，劳动生产率的下降能导致相反的结果，也就是使利润率下降。

级生产阶段的变动，那么，由此只能导致，利润率同剩余价值率相比，其增长幅度较低。假定旧的剩余价值率为 r，新的剩余价值率为 r'。如果所有阶段的平均生产率以 k_0 比 1 的比例增长，这与公式（59）相一致，那么，根据公式（15）就得出：

$$r' = \frac{I - k_0 U}{k_0 U} \tag{70}$$

因此

$$\frac{r'}{r} = \frac{\frac{I}{k_0} - U}{I - U} \tag{71}$$

但是另一方面，根据公式（39）和（62）得出：

$$\frac{\varrho'}{\varrho} = \frac{\delta \left(\frac{I}{k_0} - U\right)}{\delta' \left(I - U\right)} \tag{72}$$

但是因为假定的生产率比例的变动表现在 δ' 大于 δ，所以事实上就得出这个结论：

$$\frac{\varrho'}{\varrho} < \frac{r'}{r} \tag{73}$$

这个不等式表达了马克思利润率下降规律中包含的一点真理。在所有生产阶段上生产率提高的同时，生产率比例发生有利于更高一级生产阶段的变动，这在某种意义上对利润率产生不利的影响，但并不是因为那个因素使利润率降低，而只是因为使利润率增长得比剩余价值率缓慢的缘故。

马克思斥责李嘉图在阐述关于工资和利润之间的对抗性关系的理论时混淆了利润率和剩余价值率，马克思的这一责难，根据上述公式也得到了正确的阐明：如果 k_0 小于 1，也就是说，如果劳动生产率按所有生产阶段平均计算是提高了，那么，剩余价值率就会提高。尽管这样，利润率仍可能下降。因此，可以肯定地断言，利润率也将提高，但光有劳动生产率按所有生产阶段平均计算的提高是不够的，此外还必须生产率在任何生产阶段上都不下降。对李嘉图学说的纠正可以作这样的表述：李嘉图认为，如果工资即 U 减少了，利润率就会提高；如果 U 增加了，利润率就降低，然而这只有在一定条件下才是这样：在第一种场合是在任何一个生产阶段上劳动生产率都没有降低，在第二种场合是在任何一个生产阶段上劳动生产率都没有提高。如果李嘉图不特意提到这个限制条件，这就不怎么确切了，然而，对这种不精确性与对马克思所持的关于利润率运动规律学说的重大错误应予以同样重视。

关于李嘉图，一点也不应忽视，Q 和 U 之间的对抗关系只是就刚才提到的限制条件下而言，它并不总是表示原因。李嘉图经常是这样来表达他的思想的：Q 的变化只有通过 U 的变化才能引起。① 实际上情况却相反，数值 U 的变化总是伴随着数值 Q 的变化，② 而并不是所有的变化都必须从这两个数值中的第一个出发的。李嘉图总是只在因果意义上来解释我们这里要探讨的关系以及其他的国民经济不同因素之间的数量关系，李嘉图的这一思想倾向除了阿·马歇尔外还有庞巴维克也指出了。③

在这里要再一次强调指出，如果李嘉图工资和利润是以对立方向运动的，那么李嘉图所理解的工资，就是数值 U，即体现在实际工资中的劳动量，但不是实际工资本身。

---

① 《马克思恩格斯全集》第 1 版第 26 卷第 2 册第 476 页。
② 我现在撇开不谈这一原理所适用的上述限制条件。
③ 见《庞巴维克的马克思批判》第 60 页，及庞巴维克：《资本与利息》第 1 册，因斯布鲁克 1914 年版，第 106—107 页。

我在评论马克思关于劳动生产率和利润率之间的关系时是把实际工资看做是一定的，这以数学公式表明在数值 u_1、u_2 等等在公式（28）中被假定为常数上。因为只有在这个假定下才能断言，通过劳动生产率的提高，表现在公式（29）中的数值 u_1、u_2 等等会减少。但是，如果把不变的实际工资这个前提取消，那么，人们也必须承认，随着劳动生产率的提高，利润率可能下降。然而在这一点上绝不意味着是对马克思的让步，更确切些说，其理由如下：

（1）只要实际工资有增加的可能性，**剩余价值率**随着劳动生产率的提高（即如果上述生产部门遇到这种情况）而提高，**这一**原理就失效了。但马克思并不怀疑这一原理。

（2）如果事情是这样，即在劳动生产率提高和实际工资增加的情况下利润率下降，那么，利润率之所以下降并不是因为生产率提高，而是因为正好与此相反。

（3）如果利润率是随着实际工资的增加而下降的，那么，同时发生的劳动生产率的提高这一事实就没有任何荒谬性。于是再也谈不上"发展物质生产力"所表现的资本主义的历史任务和构成资本主义本质的那种社会生产关系之间的一种矛盾。①

在以上阐述中我撇开了马克思一再对李嘉图提出的反对意见。马克思对李嘉图关于决定利润率高低的因素的论述表示不满：在这里工作日的内涵和外延都被看做是不变量。②

李嘉图没有详细论述延长工作日和提高劳动强度对利润率产生的影

---

① 《马克思恩格斯全集》第 1 版第 25 卷第 279 页。
② 《马克思恩格斯全集》第 1 版第 25 卷第 269 页，第 26 卷第 2 册 462、474 页。

响，这是适当的。但是他的工资和利润之间的对抗关系的观点却使这种影响显得不言而喻了。李嘉图论证，利润率是由生产工人的生活资料需要多少工作日来决定的。假如工作日数由于工作日的延长或劳动强度的提高而减少了，那么，由此必然引起利润率的提高，这不是显而易见的吗？这两个因素的作用与劳动生产率提高的作用完全一样。因此，如果在一个没有被考虑直接地或间接地生产工人生活资料的生产部门中的工作日延长了或劳动强度提高了，那么，就不会起到提高利润的作用。通过有关产品价格的下跌，或通过有关生产部门工资的提高，或通过这两种因素的共同作用，利润率可能会达到和工人生产生活资料所应具备的条件相适应的水平。

因此，如果说李嘉图的解释与马克思的观点相反，使人很清楚地认识到工作日长短的变化（无论是内涵的还是外延的）所产生的结果，那么，另一方面并不妨碍以这样的方式来表示这种效果：以马克思为出发点把（体现在产品中的）劳动量理解为三维的数值。

假定用 Q 表示体现在实际工资中的劳动量，和以前一样用 U 表示相应的工作日的日数（所以，如果实际工资是按工作日计算的，U 就表示一个真分数），而我们用 s 和 i 这两个新符号表示以小时计算的工作日长度和劳动强度，那么我们就得出：

$$Q = Usi$$

公式（39）就能表达如下：

$$\varrho = \frac{si - Q}{\delta Q} \qquad (74)$$

从公式（74）我们可以看出，在 ϱ 已知的情况下，利润率 Q 的增加或减少取决于 s 或 i 两个数值之一的增加或减少。

如果我们不是把近似的公式（39），而是把精确的公式（30）作为考察的基础，考察通过一个公式代替另一个公式，利润率规律究竟怎样才根本不会发生本质的变化，那么，我们就会得到同一个结论。

马克思不善于正确地表达这些规律，更不用说是充实或纠正相应的李嘉图的说法了。①

但是，如果说存在着具有普遍意义的问题，马克思在这个问题上在某一方面表明是胜过李嘉图的话，那么这个问题所涉及的就是利润起源的学说。

他们两人都代表这样一种观点，即利润，或者一般地说，资本利润是通过克扣劳动收益实现的，而克扣理论的反对者则竭力表明，李嘉图不是以这个理论为根据，而是以他的偶然发表的站不住脚的解释，或是以他的思想的任意补充为基础的。但是必须承认，李嘉图并没有以令人满意的明确性来表达克扣理论，而马克思却很会把作为这一理论基础的关于利润起源的观点加以精辟而不容置疑的表述。

也就是说，只要能弄清利润的起源，马克思的出色的想法就能构思出资本利润所在的情况，而不必有不同于（最初的）价值规律标准的另一种对产品互相交换的比例具有决定性的标准。根据这样一种构思就必然明白，资本利润既不可能在加价的交换经济现象中有它的最终的原因，也不必把它理解为"资本的生产性的服务"的对等价值。换句话说，马克思把价值计算置于价格计算之前，由此而把克扣理论对其他利润理论划分得比李嘉图更为分明并更为突出得多，从而摆脱了与这些利润理论的任何共同点。

---

① 我们对此可以参看一下马克思在论述李嘉图著作中关于利润率提高和下降的原因的错误规律时所说的话。参看《马克思恩格斯全集》第1版第26卷第2册第427页。

马克思考察方式的独特之处可以用一个图式来加以阐明,这个图式是这样产生的:把价值计算和价格计算之间的对立同没有资本利润的情况以及带有资本利润的情况之间的区别结合起来。按此方式会产生下面四种情况:

1. 没有资本利润的价值计算,
2. 带有资本利润的价值计算,
3. 没有资本利润的价格计算,
4. 带有资本利润的价格计算。

此外,对价格计算概念的理解必须比至今出现的更一般化些。价格计算意味着:根据下面这个公式来规定产品的价格,在这里

$$p = (1+\xi)^{t_1}va_1 + (1+\xi)^{t_2}va_2 + \cdots + (1+\xi)^{t_m}vgm_1 \qquad (75)$$

p、a_1、a_2等等和t_1、t_2等等所具有的意义与在公式(20)中所具有的意义相同的,而ξ和v是正数值,它们无需和ϱ和λ相等。

根据这个图式,我们能够阐明李嘉图的处事方式为:他是从第一种情况突然过渡到第四种情况的。马克思则相反,他在临近第四种情况以前,对第二种情况作了深入的分析,因而按此方式不可能产生这样的思想:价格计算可能是资本利润的原因。相反在马克思那里,价格计算表现为这样一个事实的必然结果:资本利润本身是存在的,并且表明有众所周知的平均化趋势。

马克思特别把他的价值计算与那种竭力美化资本利润或利润的性质的意图联系起来,这一点也许是没有人怀疑的。但是,马克思根本无意把价值计算仅仅看做是能使利润的真正性质清楚地显示出来的一种手段。相反,他把价值计算看做是资本主义经济中价格形成理论和收入形成理论的不可缺少的基础,并认为是解释一系列典型的、他的先驱者所怀疑的现象的关键,因为他们正是缺少这个基础。

这个观点的论据不足,在这篇论文和第二篇论文的论述中已充分指出了这一点。但应强调指出:如果价值计算并不构成理论研究的必要阶段,那么,它本身肯定是完全无害的。从价值计算中不可能产生某种错误的东西,但其前提是,人们正确地运用它。这样就说明了马克思的观点,例如,他的利润率下降规律之所以错误,并不是由于他在对一般利润率的构思中是从价值和剩余价值出发的,而相反地是由于这样一种我们已经看到的情况:他使一般利润率与一定的价值量和剩余价值量处于数学上错误的关系中。[1]

对马克思的批判几乎无例外地都没有注意到这种事实情况。这种批判总是喜欢把马克思那里的各种错误论断归因于价值计算,而不是首先去检验,马克思是否也正确地使用了价值和剩余价值。另一方面,马克思的辩护士也同样很少关心这个重要问题。因为,据说价值计算正像任何其他的科学概念一样是有根据的。[2] 似乎这就行了!只要人们试图以价值计算不仅表明资本利润的性质,并通过同价格计算的比较而形成在某种程度上的一种对照作用,而且除此以外,还想把价值计算运用在对价格计算体系所固有的某种量的关系的研究上,——而这正是马克思和他的信徒们所努力以求的目标——那么,价值就具有一种**辅助数值**的性质。但是不能阻止理论家去形成这样一种辅助数值。但问题是,通过采用这种辅助数值,是否真的使对有关的量的关系的分析更为容易,或者说只有这样才能使它成为可能。根据第二篇论文的论述,对这样提出的

---

① 当然,如果马克思试图从价值计算原理来解释个别必然按价格计算行事的资本家的行为方式,那么情况就会完全相反。参看《马克思恩格斯全集》第1版第23卷第430—431页或第25卷第37—38页。

② 在这里,脱离空气阻力的下降规律的譬喻必然会受到议论。见〔德〕考茨基:《卡尔·马克思的经济学说》,1903年第8版,第100、110页。

问题是应加以否定的。因为如果人们使用准确的公式,那么人们不用从相应的价值数值和剩余价值数值出发,不仅价格、工资和利润的相互关系就可以用它们准确的数学式来表达,而且剩余价值数值甚至也不会在计算中出现。后来对价值(马克思所理解的价值)作为**辅助数值**所作的证明落了空,因为要搞清楚的数值关系太错综复杂了,以致用马克思的价值规律的某种粗略的和强词夺理的手段是对付不了的。

这种手段尤其不适于用来克服以"庸俗经济学"为代表的生产费用理论。应当承认,这样的克服没有必要去做。因为,在货物交换学说中把工资、利润率和地租(从中产生价格)作为已知的数值来加以考察,然后,在货物分配学说中研究,如果价格已知,工资、利润率和地租的高低是怎样决定的,这样的方法无疑可以被认为是无可指责的。但第一个提出反对这种方法的并不是马克思,① 而且,更重要得多的是,马克思没有能用一种无异议的理论来补充上述方法。

相反,这种方法提供了数学方法,把要研究的复杂的数值关系用一个方程组来表达,其中方程式的数目和未知数的数目是一致的。按这种方式使生产费用理论摆脱了在"庸俗经济学"的理解中这一理论所存在的缺点。

但是,数学方法的功绩还不止此:它还使生产费用理论毫无困难地与供求规律或价格规定(通过买者,有时也有卖者的主观价值估计)相一致,因为按瓦尔拉的先例,费用方程式被列入了广泛的方程组中,在列出这种方程式时还考虑到了那些主观的价值估计。

在一方面,数学方法与马克思的方式方法相比,其优越性就特别清楚。马克思没有能理解,价格由费用决定和价格由供求决定,两者是很

---

① 例如〔英〕詹·穆勒:《政治经济学原理》,伦敦1821年版,第74页。

好地互相协调一致的。因此，马克思竭力回避讨论作为价值要素或价格要素的供给和需求。在《资本论》的有关地方，很明显地表明作者是不大熟悉数学的思维方式的。马克思认为，人们使供求一致，但同时又使它们对价格产生影响，这是矛盾的，所以他对我们启发说，如果供求一致，它们的影响也就不存在了。① 此外，如果一方面价格是由供求决定，另一方面供求又被看做是以价格状况为转移的，这就出现了一种"混乱观点"②。如果马克思能理解关于供求规律的已有的多种多样的几何学上的阐述或理解被他低估的**詹姆斯·穆勒**的言论，即这个规律的数学式不是表现在比率上，而是表现在方程式上，那么，他把作为决定价格的要素的供求放在他的理论体系中所置的地位，就会与他过去所做的完全不同。

如果**恩格斯**论述马克思，说他是一位全面的数学家③，那么这简直是在嘲讽了。考茨基称马克思为一位"蹩脚的算术家"④，因为他认为，马克思在举出计算例子时经常算错。但并不只是在这种无创见的意义上马克思是一个蹩脚的算术家。他对某些复杂的数值关系完全缺乏理解。他在上面关于价格自价值派生的论述和紧接着的推断正是对此的最好证明。然而价值计算和价格计算之间的关系这个问题具有完全数学的性质，因此在马克思对这个问题论述得不充分上尤其反映了他缺乏数学才能。

从这里所持的观点出发，对马克思提出的资本主义国民经济中价格

---

① 《马克思恩格斯全集》第 1 版第 23 卷第 180 页。
② 《马克思恩格斯全集》第 1 版第 25 卷第 213 页。参看第 202 页。
③ 《马克思恩格斯全集》第 1 版第 20 卷第 13 页。
④ 参看马克思：《剩余价值学说史》第 1 卷，新中国书局 1949 年版，第 203 页脚注。

形成和收入形成的体系进行批评，这可能显得有点片面。在上面无疑是**撇开**了一系列非数学性质的问题和马克思文献通常努力从事研究的问题。因此，正如这一标题已经表明的，这篇论文也不能说是对马克思思想体系的一种详尽批判。这里不能忽视，这个体系的独创性主要是以价值计算和价格计算的对比为基础，以价格由价值派生以及利润由剩余价值派生为基础，因而不能忽视，这个体系的其他特点，与此相比就处于次要地位。然而，为了避免产生误解，还应对上面未加注意而与本文本来的对象比较相近的一些观点加以简短的研究。这些观点涉及：（1）工资从属于价值规律，（2）任何劳动可以化为"简单的平均劳动"，（3）生产劳动和非生产劳动之间的区别，以及与此相联系的关于商业利润的观点。

先谈第一方面。在马克思体系中工资表现为"劳动力商品"的价值（或价格），马克思用"劳动力价值"代替了李嘉图和其他经济学家所说的"劳动价值"，这一点被马克思主义者赞扬为卓越的科学成就。由此而一下子就解决了使李嘉图学派破产的一个难题。① 但是，所谓的"资本和劳动的相互交换与李嘉图的劳动决定价值这一规律无法相容这个难题"纯然是想象出来的，或者说，这个难题是由于人们，包括马克思在内，把一定量商品和这些商品所体现的劳动量简单地等同起来而人为地造成的。② 在这个意义上可以列出公式：

商品 A 的 1 个量单位 $= a$ 个工作日

但是，这里出现的等号在另一方面被用来表示这样一种事实：某一种商品的一定量与另一种商品的一定量相交换，因而，如果人们把劳动

---

① 《马克思恩格斯全集》第 1 版第 24 卷第 22 页。
② 《马克思恩格斯全集》第 1 版第 23 卷第 49—52 页。

理解为商品,那么上面的公式也可以表明,A 的一个量单位与 a 个工作日相交换,这似乎与那正确的解释是不相一致的。然而关于李嘉图,根本不可能有这样的误解,因为他从一开始就严格区分物化在商品中的劳动量和该商品在市场上能换得的劳动量(通过货币这种中介)。① 因此,如果把事情说得似乎是马克思首先通过用"劳动力"这个词代替了"劳动"才消除了在他的前人那里存在的物化在商品中的劳动量同与商品相等的劳动量之间的混淆,这在历史上是不公正的。如果认为这种起源于马克思的语言上的创新具有不可思议的力量,那么,指出决定工资高低所遵循的规律,这同样是错误的。因此,像马克思那样把工资从属于一般的价值规律的看法是不能认可的,因为只要这个规律可以被认为是有效的,它就是以生产者的竞争为基础,而这种竞争在"劳动力商品"那里是完全不予考虑的。② 但是,如果人们摒弃那种认为工资以它作为某种特殊商品的价值或价格的性质——这种商品可以称做劳动或劳动力——服从于一般价值规律或价格规律的观点,那么,工资方程式③就会具有完全不同的意义。问题简单地涉及到这样一个前提,即实际工资是一定的,这个前提是考虑到这篇文章的特殊目的而提出来的。

现在谈第二方面。把任何一种劳动都归结为"简单的平均劳动"

---

① 李嘉图说:"如果劳动者的报酬总是和他的生产量成比例,那么,投在一种商品内的劳动和从该种商品所能换得的劳动量就会相等,两者之中的任一种都可以准确地衡量他物价值的变动。可是两者并不相等。"(李嘉图:《政治经济学及赋税原理》,商务印书馆1962年版,第1章第1部分第10页。)

② 参看第二篇论文。

③ 见第二篇论文的公式(11)和公式(28)。

这个问题已被反马克思主义方面，特别是被 G. 阿德勒①和庞巴维克②搞得很清楚了，以致没有必要重新阐明马克思对这个问题论述的不足。在这一段所论及的只是防止把这一篇和第二篇关于价格、工资和利润之间的关系的两篇文章的肯定的阐述理解为，似乎它们都包含着马克思的那种"归结理论"。在进行这些肯定的阐述时，工资是作为对所有生产部门和各种职业都相同的一个数值来加以考察的。存在着各种不同的雇佣工人范畴这个事实在这里被简单地撇开了。按这种方式整个阐述就具有高度抽象的性质，而我觉得，并不因此会丧失任何利益。因为价格、工资和利润之间的关系这些原则问题始终存在，所以如果撇开工资水平的差别，它们甚至以最纯粹的形式表现出来。如果要估计工资水平的差别，那么，就得用比如 m 个未知数 $\lambda_1, \lambda_2, \ldots \lambda_m$ 来代替一个未知数 λ。其中每一个未知数表示一定的工人范畴的货币工资。在有关的方程组③中的这些未知数的总数等于 $n+m+1$，因而要保持同样多的方程式，人们就得把各个工人范畴的实际工资看做是一定的。这个最初图式的这样一种变形大大损害了有关数学关系的显而易见性。只要人们不是像上面所说的那样，分开地确定各个工人范畴的实际工资，而是相反地按李嘉图的方法仅确定处于最底层的工人范畴的实际工资，确定其他各工人范畴的货币工资之间的比例，那么，从这样成立的许多 $n+m+1$ 方程式可以得出形式（30）的方程式，而利润率（ϱ）作为唯一的未知数出现在这方程式中。

---

① 参看 G. 阿德勒：《卡尔·马克思对现存国民经济的批判的基础》，杜宾根 1887 年版，第 81—85 页。

② 参看〔奥〕庞巴维克：《马克思体系的终结》，柏林 1896 年版，第 164—169 页。

③ 参看第二篇论文。

现在谈第三方面。这篇文章中说的只是物质财富的价值和价格。因此，在被马克思称为非生产性的各种不同劳动中，只直接考察处于商业职能中的劳动，① 因为在这些物质财富到达消费者手里以前，这种劳动是在这些财富上进行的。马克思并不否认产品价格中的特殊组成部分与商人的活动及其所雇用的雇佣工人的活动是相应的。但是他认为，这里的问题不涉及价值提高问题，而只涉及对产品价值要进行的扣除，而这种扣除是继续提供产品给商人的产业资本家必须忍受的。如果早先说的是总价格与总价值相一致，那么现在可以明确地表达为总价格意味着不是所有的"购买价格"，而是所有的"出售价格"。但是，因为价值是受耗费在货物生产上的生产劳动所支配的，因此把商业劳动也计算在内，这样，包括商人的追加费在内的总出售价格与总价值的一致证明，这些追加费不是来源于商业工人创造的价值或剩余价值，而是表明正是对生产工人创造的剩余价值的扣除。实际上这个问题的情况是这样：如果不把商业劳动计算在价值内，那么，价格（也就是说出售价格）偏离价值的一个新的原因也就在其中。如果人们撇开了引起这种偏离的其他原因，也就是撇开了在资本有机构成上和资本周转时间上的差别，那么就会发现，商业劳动在价格计算体系中要求与其他任何劳动一样获得它的报酬并且是利润形成的原因，就这一点来说，商业劳动的附加将使价格高于价值或使价格低于价值，这要视商业劳动所附加给有关产品的是相对地多于还是少于附加给充当价值尺度和价格尺度的产品而定。如果这种产品像马克思通常所认为的那样是金，那么，假定同一条原理对金与其他货物的交换比例和对这些物品相互之间交换（或许是通过金这

---

① 马克思认为货物运输是生产性的。《马克思恩格斯全集》第 1 版第 24 卷第 66、169—170 页。

个中介）的比例都适用，如果物化在产品上的总劳动中商业劳动所占的份额在金上比在所有其他货物上小，那么，总出售价格肯定超过总价值。如果那份额在金上最大，那么，情况就会相反，即总出售价格低于总价值。① 总之，总出售价格完全不必与总价值相合。因此，与马克思的观点相反，根本不可能事后根据任何理论成果来证明，不承认商业劳动构成价值（生产性的），或者换言之，在价值规定上无视商业劳动是正确的。马克思在他的理论图式中对商业劳动和商业利润所安排的特殊地位缺乏根据。因此，这篇文章和第二篇文章的肯定的解释可以在这样的意义上来理解：除了生产货物的劳动以外，还始终必须考虑到促使货物找到销路的劳动。

（原载《社会科学和社会政治文献》蒂宾根1907年版第25卷第2册）

（章丽莉 译 沈渊 校）

---

① 参看第二篇论文。

关于"转形问题"的产生以及五十年代以前国外的研究情况*

〔日〕种濑茂

一、"转形问题"的意义

马克思在《资本论》第三卷中阐述价值转化为生产价格时，引出了生产价格，即成本价格+平均利润=生产价格，$K_i + \Pi_i = P_i$（$i=1\cdots\cdots n$）。这个成本价格是不变资本和可变资本之和，$K_i = C_i + V_i$（抽去了资本的周转问题）。另一方面，社会总资本除以社会总剩余价值，便得出一般利润率，成本价格乘这个一般利润率，便得出平均利润率，即 $r = \dfrac{\Sigma M_i}{\Sigma(C_i + V_i)}$，$\Pi_i = r(C_i + V_i)$。这样一来，便得出了生产价格 $P_i = K_i + \Pi_i = (1+r)(C_i + V_i)$。

因此，就生产价格来看，显然，总价值等于总生产价格，总剩余价值等于总利润。马克思于是认为，价值转化为生产价格这种现实形态，价值调节生产价格。他得出结论说："既然商品的总价值调节总剩余价值，而总剩余价值又调节平均利润从而一般利润率的水平……那么，价值规律就调节生产价格。"①

---

* 本文选自中央编译局编《马列主义究资料》1987年第1辑。作者种濑茂系日本一桥大学经济学系教授。

① 《马克思恩格斯全集》第1版第25卷第201页。

不过，马克思发觉，在上述的生产价格的规定中转化还是不充分的。也就是说，他认为，商品的价值虽然转化为生产价格，但是，成本价格却原封未动，仍然是从前那个价值。按说不变资本或可变资本（工人的消费资料）都应按照生产价格进行买卖。关于这一点，马克思认为，不要再追问这个问题了，就是说，对每件商品来说，尽管会发生生产价格同价值的偏离，但如果把成本价格作为一个整体来看，在它们的内部，这种偏离是可以互相抵销的，所以尽管成本价格生产价格化了，但作为总和，仍和价值相等。

就某一资本的不变部分来看，"不变部分本身等于成本价格加上剩余价值，在这里等于成本价格加上利润，并且这个利润又能够大于或小于它所代替的剩余价值"。就可变资本来看，"平均的日工资固然总是等于工人为生产必要生活资料而必须劳动的小时数的价值产品；但这个小时数本身，由于必要生活资料的生产价格同它的价值相偏离又不会原样反映出来。不过这一切总是这样解决的：加入某种商品的剩余价值多多少，加入另一种商品的剩余价值就少多少，因此，商品生产价格中包含的偏离价值的情况会互相抵销"①。因此，"如果我们把全国商品的成本价格的总和放在一方，把全国的利润或剩余价值的总和放在另一方，那么很清楚，我们就会得到正确的计算"②。的确，我们"必须记住成本价格这个修改了的意义"，不过，"对我们现在的研究来说，这一点没有进一步考察的必要"。③ 这就是马克思所得出的结论。

我们必须明确，马克思虽然讲了"必须"，但"对我们现在的研究

---

① 《马克思恩格斯全集》第1版第25卷第180—181页。
② 《马克思恩格斯全集》第1版第25卷第179页。
③ 《马克思恩格斯全集》第1版第25卷第185页。

来说，这一点没有进一步考察的必要"，所以明确提出"成本价格的生产价格化"这一问题。必须特别明确，马克思的价值规律和总价值等于总生产价格，总剩余价值等于总利润这种总和一致的命题之间的关系，而这就是我们在下面就要讨论的所谓"转形问题"。

二、鲍尔特凯维茨所提出的问题及其解法

《资本论》第三卷于1894年由恩格斯编辑出版，出版不久，围绕价值和生产价格之间的关系问题就展开了争论。庞巴维克认为第一卷同第三卷存在矛盾，对价值理论进行了批判，希法亭接着对庞巴维克进行了反批判，而这场争论就成了后来争论的基础。

鲍尔特凯维茨在《马克思价值学说批判》和《关于对〈资本论〉第三卷的马克思的基本理论结构的修正》中对这场争论进行批判探讨后，提出了新的"转形问题"，与这一问题相适应，提出了他特有的解决方法。

他的解法如下：他把总资本分为三个部门，即生产资料生产部门、工人的消费品生产部门、资本家的奢侈品生产部门，并把这三个部门分别称为Ⅰ、Ⅱ、Ⅲ部门。他以简单再生产为前提，采用价值表现的公式，因此产生了简单再生产的平衡条件。

价值公式是：

Ⅰ　$C_1 + V_1 + M_1 = C_1 + C_2 + C_3$

Ⅱ　$C_2 + V_2 + M_2 = V_1 + V_2 + V_3$

Ⅲ　$C_3 + V_3 + M_3 = M_1 + M_2 + M_3$

其次，价值一旦转化为生产价格，生产价格便偏离价值。鲍尔特凯维茨设生产资料的偏离率为 x，工人的消费品的偏离率为 y，资本家的

奢侈品的偏离率为 z，把成本价格生产价格化，这时，生产价格的公式是：

$$\text{I} \quad (1+r)(C_1 x + V_1 y) = (C_1 + C_2 + C_3) x$$
$$\text{II} \quad (1+r)(C_2 x + V_2 y) = (V_1 + V_2 + V_3) y \qquad (1)$$
$$\text{III} \quad (1+r)(C_3 x + V_3 y) = (M_1 + M_2 + M_3) z$$

r 表示一般利润率；涉及这一生产价格公式的是简单再生产的平衡条件。C_i、V_i、M_i（$i = 1$、2、3）价值量为已知数，生产价格体系就是通过由此得出的偏离率 x、y、z 得出的。

在这个联立方程式（1）中，由于有三个方程式，四个未知数（x、y、z、r），这个联立方程式是不可解的。因此，鲍尔特凯维茨又提出总价值等于总生产价格的命题作为第四个方程式，即

$$\Sigma C_i + \Sigma V_i + \Sigma M_i = x \Sigma C_i + y \Sigma V_i + z \Sigma M_i$$

可是该式不能解释这个命题，只能说明用于货币的金是在第Ⅲ部门中生产的，对货币来说，在其转化后也不会产生偏离，在设 $z = 1$ 时，才能求解联立方程式（1）。也就是说，只有求出 x、y、r 的值，才能从这个已知的价值公式中引出生产价格的公式。

鲍尔特凯维茨以表1的数值为例，说明由上述的价值体系向生产价格体系的转化。

表1：价值计算

	不变资本	可变资本	剩余价值	产品价值
Ⅰ	225	90	60	375
Ⅱ	100	120	80	300
Ⅲ	50	90	60	200
合计	375	300	200	875

表2：价格计算

	不变资本	可变资本	剩余价值	产品价值
I	288	96	96	480
II	128	128	64	320
III	64	96	40	200
合计	480	320	200	1000

如把这些数值代进上述的联立方程式（1）中，设 $z=1$，就可得出 $x=\dfrac{32}{25}$，$y=\dfrac{16}{15}$，$r=\dfrac{1}{4}$，

因此，生产价格公式就如表2所示。

鲍尔特凯维茨根据以上计算，说明了以下几点：

第一，在这个解法中，总剩余价值＝总利润虽然是成立的，但是总价值＝总生产价格却不成立。

第二，这是因为作为 $z=1$ 的第Ⅲ部门的资本有机构成同社会的平均有机构成不同。

第三，如 r 从上述的联立方程式（1）中求得，那就会得出这样一个方程式：

$$1+r = \frac{-(f_2 g_1 + g_2) + \sqrt{(f_2 g_1 + g_2)^2 + 4(f_1 - f_2)g_1 g_2}}{2(f_1 - f_2)}$$

但是，不是这样一个方程式：

$f_i = V_i / C_i$，$g_i = (C_i + V_i + M_i)/C_i$

在这个 $1+r$ 的决定性的因素中，不包括第Ⅲ部门的系数，即在利润率的决定中，同第Ⅲ部门（资本家的奢侈品生产部门）的有机构成无关。

三、战后的争论

斯威齐的评价

鲍尔特凯维茨的见解在当时只有少数人论述过。后来,斯威齐的《资本主义发展理论》(1942年)一书详细地介绍了他的见解,并给予了极高评价,但直到五十年代,才以欧美为中心展开了争论。

斯威齐认为,"由于鲍尔特凯维茨的这一研究成果才打开了一条道路,证明构成马克思理论体系的坚实基础的劳动价值学说归根到底是正确的",即由于"转形问题"的解决,"在原理方面才有可能通过价值计算或价格计算发现和分析资本主义生产的运动规律"。而只有通过价值计算,才有可能说明"利润的起源的性质"以及"发现"资本主义"表面现象背后的人与人以及阶级与阶级的关系"。而这一点根据《资本论》第一卷和第二卷的价值所阐明的资本主义规律,在现实中已充分地得到证实。或者毋宁说阐明了这样一点——通过价格运动,已转化为被神秘化了的表现形式。"转形问题"的解决正具有这样一种意义。

温特尼茨和米克的解法

由于斯威齐对鲍尔特凯维茨的介绍和评价在英国引起了反响,并展开了争论。鲍尔特凯维茨的解法是,把价值体系作为已知物,以由此得出的偏离率为媒介,引出生产价格体系。在这种场合,存在这样一个问题——偏离率是怎样被确定的?因此,尽管价值已转化为生产价格,但在转化的前前后后,还要规定不变因素,找出与此相适应的偏离率,使与此相适应的一定的生产价格体系规范化。鲍尔特凯维茨和斯威齐把不

变因素规定为 $z=1$，即在第Ⅲ部门中，在转化的前前后后，价值保持不变。

在这里，问题在于，不变因素并不仅仅限定为 $z=1$。温特尼茨在《价值和价格：对所谓转化问题的解释》（1948 年）中认为，作为第四个追加方程式，采用总价值等于总生产价格，这"在马克思的体系精神上是一个明确的命题"。接下来，他避开了鲍尔特凯维茨的解法中的简单再生产的这一前提，并作了如下一般性解释。

价值体系：

Ⅰ　$C_1 + V_1 + M_1 = W_1$

Ⅱ　$C_2 + V_2 + M_2 = W_2$

Ⅲ　$C_3 + V_3 + M_3 = W_3$

生产价格体系：

Ⅰ　$(1+r)(C_1 x + V_1 y) = W_1 x$

Ⅱ　$(1+r)(C_2 x + V_2 y) = W_2 y$

Ⅲ　$(1+r)(C_3 x + V_3 y) = W_3 z$

这个体系同鲍尔特凯维茨的生产价格体系不同，不是 $(C_1 + C_2 + C_3)x$，$(V_1 + V_2 + V_3)y$，$(M_1 + M_2 + M_3)z$，而是 $W_1 x$、$W_2 y$、$W_3 z$，简单再生产不是前提。一般利润是：

$$1 + r = \frac{W_1 x}{C_1 x + V_1 y} = \frac{W_2 x}{C_2 x + V_2 y}$$

因此，如 $m = x/y$，那么，

$$r = \frac{W_1 m}{C_1 m + V_1} - 1$$

因为不是对比生产价格，而是为了找出绝对值，把总价值等于总生产价格作为第四个追加方程式，即

$$W_1 x + W_2 y + W_3 z = W_1 + W_2 + W_3$$

这样，从四个方程式中得出了四个未知数（x、y、z、r），从价值体系中引出了生产价格体系。

针对这种方法，米克在《关于"转形问题"的笔记》（1947年）中作了如下评价：他的解法同鲍尔特凯维茨的解法在本质上虽然相同，但是更简化了。但他认为，为了正确说明马克思的见解，无论如何需要有在此以上的环节。米克指出了以下几点。不过，在这种场合，他仍援用了温特尼茨的价值体系和生产价格体系。

（1）把总剩余价值等于总利润看做应追加的第四个方程式，即
$$M_1 + M_2 + M_3 = \Sigma r (C_i x + V_i y) \quad (i = 1、2、3)$$

（2）米克进而假定第Ⅱ部门的有机构成等于社会的平均构成，即
$$\frac{C_2}{V_2} = \frac{\Sigma C_i}{\Sigma V_i}$$

米克认为，"总剩余价值转化为利润"的结果，价值便转化为价格，之后$\frac{\Sigma a}{\Sigma V}$比例便必然等于$\frac{\Sigma ap}{\Sigma Vp}$比例，（在这里$a$代表价值——在我们的符号中是$W$——，代表可变资本，$p$代表偏离率）。这一点"在马克思看来是根本的一点"。为了加进这一条件，就要使第Ⅱ部门的有机构成等于社会的平均构成。

米克虽然认为这个条件是"根本的一点"，但对解决转形问题来说是不必要的。塞顿曾对这一点进行过批判。

（1）的总剩余价值等于总利润这一点是解决转形问题所必需的。但是，正如米克在列举的数值中所说的，在这种场合，总价值等于总生产价格的命题是几乎不成立的。由于米克本人考虑到了这一点，所以他指出，与其说这种解法"弥补了马克思的分析的部分不足"，不如说是根据"经济史"提出的。

通过以上介绍可以看到，对转形的前后所假设的不变因素是互相对

立的。就是说，

(1) $z=1$（鲍尔特凯维茨、斯威齐）；

(2) 总价值＝总生产价格（温特尼茨）；

(3) 总剩余价值＝总利润（米克）。

赖布曼在《价值和生产价格——政治经济学中的转形问题》一文中综合地提出了适合于劳动价值学说的不变要素，并根据这一点，除上述（2）、（3）之外，又进一步指出以下两点：

(4) 可变资本不变的场合，即 $y=1$。（萨谬尔逊在《论马克思的剥削概念。兼论马克思主义的价值和生产价格之间的所谓转形问题》一文中举例说明鲍尔特凯维茨的解法时，指出第Ⅰ部门的价值总额不变；另外，厄特韦尔在《剩余价值理论的新旧之争》一文中也是这样理解鲍尔特凯维茨的。托布在《关于转形问题的笔记》中也很重视这一点。）

(5) 附加价值不变的场合（赖布曼的例子）。

塞顿的解法

我们在上面列举了各种对立的不变因素，但是塞顿认为，这些不变因素都符合马克思的见解。同各种不变因素相适应，同一的价值体系会转形为不同的生产价格体系。

因此，塞顿力图找出同时能满足上述（1）、（2）、（3）各种条件的解法。

他采用了里昂惕夫的方法来分析这一问题。

价值体系：

$$\begin{cases} C_1 + C_2 + C_3 + l_1 = W_1 \\ V_1 + V_2 + V_3 + l_2 = W_2 \\ l_3 = W_3 \end{cases}$$

在这里，l_i 是通过价值所表示的资本家的需要，而如果以简单再生产为前提，$l_1 = l_2 = 0$，那么，

$$M_1 + M_2 + M_3 = l_3 = W_3$$

在生产价格体系中偏离率为 p_1、p_2 和 p_3

$$\begin{cases} C_1 p_1 + V_1 p_2 = \rho W_1 p_1 \\ C_2 p_1 + V_2 p_2 = \rho W_2 p_2 \\ C_3 p_1 + V_3 p_2 = \rho W_3 p_2 \end{cases}$$

不过，$\rho = \dfrac{1}{1+r}$。如果进一步设 $r_i = \dfrac{C_i}{W_i}$，$\mu_i = \dfrac{V_i}{W_i}$，那么上面的体系则为：

$$\begin{cases} (r_1 - \rho) p_1 + \mu_1 p_2 = 0 \\ r_2 p_1 + (\mu_2 - \rho) p_2 = 0 \\ r_3 p_1 + \mu_3 p_2 - \rho p_3 = 0 \end{cases}$$

因此，ρ 是作为特殊方程式，即作为

$$0 = \begin{vmatrix} r_1 - \rho \mu_1 & 0 \\ r_2 \mu_2 - \rho & 0 \\ r_3 \mu_3 & -\rho \end{vmatrix} = \rho \begin{vmatrix} r_1 - \rho & \mu_1 \\ r_2 & \mu_2 - \rho \end{vmatrix}$$

的固有值来解的。$\rho = \dfrac{1}{1+r}$ 即平均成本率，一般利润率是 $r = \dfrac{1-\rho}{\rho}$。如把这个 ρ 代入联立方程式，那么就可解开 p_1、p_2 和 p_3 的相互之间的比例。

为求 p_1、p_2 和 p_3 的绝对值，自然要有第四个方程式。这就是塞顿认为他所发现的同时能满足（1）、（2）、（3）的三种条件的场合。他分析了三个部门的各自的有机构成都是社会的平均构成的三种情况。第Ⅲ部门的情况是，

$$C_3 : V_3 : W_3 = \Sigma C : \Sigma V : \Sigma W$$

如把这一方程式代入联立方程式,就成为

$(\Sigma C) p_1 + (\Sigma V) p_2 = \rho (\Sigma W) p_3$

如再把联立方程式也加进来,就成为

$(\Sigma C) p_1 + (\Sigma V) p_2 = \rho \Sigma Wp$

因此:

$\rho (\Sigma W) p_3 = \rho \Sigma Wp$

如果用 $\rho (\Sigma M) p_3$ 除两边,就会得出

$$\frac{\Sigma W}{\Sigma M} = \frac{\Sigma Wp}{(\Sigma M) p_3}$$

其次,由于在简单再生产下 $\Sigma M = l_3 = W_3$,

$(\Sigma M) p_3 = \Sigma Mp$,于是形成下一方程式:

$$\frac{\Sigma W}{\Sigma M} = \frac{\Sigma Wp}{\Sigma Mp}$$

于是,塞顿列举了以下的价值体系的数值。

偏离率为 $p_1 = \frac{6}{5}$, $p_2 = \frac{3}{5}$, $p_3 = 1$,

利润率为 $r = 25\%$,价格体系就如下表所示。

价值体系

	C		V		M	
Ⅰ	80	+	20	+	20	=120
Ⅱ	10	+	25	+	25	=60
Ⅲ	30	+	15	+	15	=60
合计	120	+	60	+	60	=240

价格体系

	Cp_1		Vp_2		Mp_3		Wp
Ⅰ	96	+	12	+	36	=	144
Ⅱ	12	+	15	+	9	=	36
Ⅲ	36	+	9	+	15	=	60
合计	144	+	36	+	60	=	240

总价值 = 总生产价格（240），总剩余价值 = 总利润（60），第Ⅲ部门的 $C_3:V_3:M_3 = 30:15:15 = 120:60:60$，同社会的平均相一致。

塞顿指出："这在一切情况中应当说是一种最令人满意的模式，因为把三种不变的假定有可能一次全部完成。"不过，第Ⅲ部门的有机构成等于社会的平均构成这种情况是"非常有限的一种模式"，可以说"从根本上离开了一般性"。

霍华德在《马克思的政治经济学》一书中对这个问题也作过多种探讨，其结论如下："在鲍尔特凯维茨的解法中，为了使转化获得成功，马克思的条件（即上述的（2）（3）条件）只有在下述情况下才能得到满足，而这一点是不可避免的。这种情况是，（a）第Ⅲ部门的资本有机构成等于社会的平均数；而且（b）第Ⅰ部门和第Ⅱ部门的产出量的价格是通过第Ⅲ部门的价格表现的（即 $z=1$ 的场合）。而如果这两个条件得不到满足，这时就会变成以下某一情况：（a）如果其他部门用做基数，即 z 不等于1，那么，大概利润总数就不等于剩余价值总数。（b）如果第Ⅲ部门的资本有机构成不等于社会的平均数，那么大概价格总额就不等于价值总额。（c）二者必居其一。"

通过以上介绍可以看到，要进一步追问价值向生产价格的转化，成本价格就得生产价格化，不过，为了满足总价值等于总生产价格，总剩余价值等于总利润这种条件，需要采取几乎是非现实的方法。如不这样，上述两条件中的任何一个条件都不能得到满足。可是塞顿根据马克思所论述的两个总计一致的命题同时成立的情况，就为转化问题开辟了一条新的途径。

迪金森的论述

关于上述有关"转形问题"的争论，迪金森在《对米克有关转化问题的注释的评论》中认为，"价值和价格是不同层次的量"，"应用不同单位去测定"，"那种以为价格总额（或一定价格）同价值总额（或一定价值）等值的思考方法是毫无意义的"。因此，关于三个部门的联立方程式，它所求的不是 x、y、z 的绝对值，而是作为它们的比例的相对价格和利润率 r。他认为，在这种情况下，用三个方程式和三个未知数就可解开，而不需要有第四个追加方程式。

他的这种见解的确在明确价值和生产价格具有不同层次这一点上具有一定的意义。但是，在另一种场合，他未能探索作为价值的转化形态的生产价格的展开，甚至还把价值和生产价格的关系作为相对价格由商品交换比率变化决定的问题去理解。他说："意义在于价格比例等于价值比例。"

四、鲍尔特凯维茨的解法的意义

五十年代围绕"转形问题"所展开的争论是以鲍尔特凯维茨的解法为基础的，是按照这一线索展开的。

他的解法的基本特点是，以价值体系为前提，以偏离率 x、y、z 为媒介，引出生产价格体系。根据如何规定这种偏离率这一点，就可引出具有一定特点的生产价格。鲍尔特凯维茨认为，生产价格是用货币测定的，所以规定第Ⅲ部门的偏离率 $z=1$。如果我们从这种说明中去看，就会把第Ⅲ部门解释为基数，产生以为生产价格只是相对价格这种误解，从而不能正确理解转形问题上的偏离率的意义。

关于这一问题，赖布曼在《价值和生产价格》中评论说："鲍尔特凯维茨和斯威齐假定货币商品（金）由第Ⅲ部门生产，认为这一点确定了 $z=1$。不过，这种看法纯粹是一种误解。如果生产价格以货币商品单位表现，另一方面的价值以劳动时间单位表现，那么，在两者之间就不会发生任何量的联系。……偏离率本来是**无名数**（只有把无名数的偏离率同价值单位结合起来才有意义）。如果这样，那么生产价格体系同价值体系就都具有相同的层次，即具有劳动时间单位。"

偏离率在一定的条件下才能从价值体系中引出同这种条件相适应的一定的生产价格体系。把转化前后的不变因素作为这种一定的条件，通过与这种条件相适应的偏离率，就可引出特定的生产价格体系。$z=1$ 所具有的意义，在简单再生产的前提下，与总剩余价值等于总利润这一条件是同一的。在战后的争论中，曾把总价值等于总生产价格等等看做不变因素。这一点可以说是按照鲍尔特凯维茨的基本线索提出的。这是一条能够恰当地解决问题的道路。也就是说，这是因为，如果以价值体系中引出以偏离率为媒介的生产价格体系，就能够在同一层次上比较其生产价格和价值，就能够对其性质进行考察。

正如前节所述，这种解决方向在五十年代的争论的最后，已由塞顿提出。同时满足马克思所提出的总计一致的两个命题的生产价格体系，只有在这样一种情况下，即第Ⅲ部门的有机构成等于社会的平均构成这种被严格限定的情况下，才成立。因此，他开创了解释转形问题的新阶段。这个新阶段由斯拉法在《商品生产商品》中拉开战幕，由塞顿和森岛通夫在《利昂惕夫的总结和劳动价值论》中重新展开，形成了六十年代的争论。

另外，在鲍尔特凯维茨的解法中还有一个问题也成为这场争论的一个焦点，即第Ⅲ部门的有机构成同决定一般利润率无关的问题。对这一点，梅伊持反对态度，托布和萨谬尔逊则作了说明。

(原载日文版《学习〈资本论〉》)

(刘焱 摘译)

七十年代以来国外关于"转形问题"的研究情况[*]

〔日〕高须贺义博

进入七十年代以来,转形问题(价值转化问题)再次成为争论的课题,它发展得极快,达到了极高水平。由于运用了近代经济学的分析方法,这一问题具有以下三个特征:第一,确认了价格体系和数量体系之间的对应关系,并以此为基础,将利润率的决定性的关系严密地公式化了;第二,阐明了剩余价值和利润的关系;第三,与此同时,出现了多种新型的转形理论或对转形理论的批判。下面我们就各个问题分别介绍一下。

一、价值体系和生产价格体系

理论展开的前提

为了说明问题的所在,首先应把价值体系和生产价格体系公式化。在下面的说明中,我们考虑到了以下几种简单情况。

第一,生产是按照"投入产出"型进行的。

第二,生产资料的周转期间等于再生产期间,即流动资本模式。流

---

[*] 本文选自中央编译局编《马列主义研究资料》1987年第2辑。作者高须贺义博是日本一桥大学经济研究所教授。——译者注

动资本的生产期间是一个再生产期间。根据这种假定,我们排除了以下两个问题——一个是从生产期间跨越几个再生产期间所产生的对资本价值的测定问题,另一个是围绕把固定资本看成是某一结合物,按照冯·诺伊曼的处理方式所提出的问题。

第三,假定技术系数是既定的和固定的。本题所用的技术系数有二:

生产品投入系数 $a = \dfrac{K}{X}$

劳动投入系数 $l = \dfrac{L}{X}$

(K 为不变资本(表示物品)的数量,L 为雇佣工人的劳动时间的总和,X 为生产数量)

第四,假定劳动全部是简单劳动,实际工资是已知的,每一时间单位的实际工资为 w,由于工资是在劳动以后支付的,如果持有这笔工资的资本家考虑到要购买工资品,而这些工资品在再生产的初期可作为资本加以利用,那么他就有可能把这些工资品看成是一种投入品。[1] 我们在论述这一问题时就是采取这种立场的。根据这一立场,虽然也有可能把工资分为生存工资和剩余工资,但是按照"传统的工资理论",就会同斯拉法的立场不同,因为他把全部工资都当成了剩余工资。

如果按照上述的简单化的假设,经济的再生产结构可作如下规定:Ⅰ、Ⅱ、Ⅲ部门分别是生产生产品的部门、生产工资品的部门和生产奢侈品的部门,部门间的区别用放在后面的1、2、3表示。各部门投入 K 和 L,产出最为 X。如果用生产函数的形式表示,则是

---

[1] 关于这一问题的详细情况,请看高须贺义博的《价值价格和生产价格》(1974年)一文。

$$F(K, L) = X \tag{1}$$

在这种场合，价值体系和生产价格体系便如下节所述。

价值决定体系

价值体系可以规定为一种交换比例，而这种交换比例是由下面的联立方式决定的。如果某一商品的单位使用价值用 λ_i 来表示，那么，

$$\begin{aligned} \text{I} \quad & K_1\lambda_1 + L_1 = X_1\lambda_1 \\ \text{II} \quad & K_2\lambda_1 + L_2 = X_2\lambda_2 \\ \text{III} \quad & K_3\lambda_1 + L_3 = X_3\lambda_3 \end{aligned} \tag{2}$$

如用该部门的产出量（X_i）除以技术系数，改写（2）的各方程式，就可得以下方程式：

$$\begin{aligned} \text{I} \quad & a_{11}\lambda_1 + l_1 = \lambda_1 \\ \text{II} \quad & a_{12}\lambda_1 + l_2 = \lambda_2 \\ \text{III} \quad & a_{13}\lambda_1 + l_3 = \lambda_3 \end{aligned} \tag{3}$$

这就是价值决定体系。价值体系的特征在于同分配关系无关，因此，用价值概念规定分配关系可能不会遇到什么困难。马克思采用价值概念，把成为分析资本主义的基础的剩余价值率即剥削率规定如下：

一个工人的一天的劳动时间为 T，他和他的家属每天所必需的生活资料即工资品的总和为 B，劳动的价值为 $B\lambda_2$。马克思把 T 时间中的补偿工人的 $B\lambda_2$ 所需要的劳动时间称做必要劳动时间（T^*），把剩余部分称做剩余劳动时间（$T-T^*$），两者之比决定剩余价值率（e），即

$$e = \frac{T - T^*}{T^*} = \frac{T - B\lambda_2}{B\lambda_2} = \frac{1 - w\lambda_2}{\lambda_2} \tag{4}$$

（$w = \dfrac{B}{T}$，根据定义，它等于实际工资率）

我们根据方程式（4）可以知道

$$w\lambda_2(1+e) = 1 \tag{5}$$

如采用这一方程式，那么，价值体系作为使剩余价值平均化的单一的标准价格，可公式化为

$$\begin{aligned} a_1\lambda_1 + wl_1\ (1+e) &= \lambda_1 \\ a_{12}\lambda_1 + wl_2\ (1+e) &= \lambda_2 \\ a_{13}\lambda_1 + wl_3\ (1+e) &= \lambda_3 \end{aligned} \tag{6}$$

生产价格决定体系

生产价格体系是使利润率平均化的价格体系。在使利润率平均化的经济中，必然形成如下一些关系：

$$\begin{aligned} \text{I} \quad & (K_1P_1 + wL_1P_2)\ (1+e) = X_1P_1 \\ \text{II} \quad & (K_2P_1 + wL_2P_2)\ (1+e) = X_2P_2 \\ \text{III} \quad & (K_3P_1 + wL_3P_1)\ (1+e) = X_3P_3 \end{aligned} \tag{7}$$

如用各部门的产出量（X_i）除以技术系数，改写（7）的各方程式，就可得出以下方程式：

$$\begin{aligned} \text{I} \quad & (a_{11}P_1 + wl_1P_2)\ (1+e) = P_1 \\ \text{II} \quad & (a_{12}P_1 + wl_2P_2)\ (1+e) = P_2 \\ \text{III} \quad & (a_{13}P_1 + wl_3P_2)\ (1+e) = P_3 \end{aligned} \tag{8}$$

这就是生产价格决定体系。它们的特点是，价值体系或者生产价格体系，在技术系数既定的场合，同数量体系（各个部门的产出量的构成）无关，有可能被规定为有关单位产品价格的联立方程式体系。

简言之，转形问题明确了价值体系和生产价格体系之间的关系，从既定的价值体系中得出了生产价格体系。

二、利润率的决定

鲍尔特凯维茨

鲍尔特凯维茨论述了成本价格的生产价格化,正式地提出了转形问题,为后来阐明转形问题开辟了道路,在这一点上他作出了很大贡献,而不次于这一点的另一大贡献是,他阐明了利润率只是由基础品(各部应投入的资料)的生产部门决定的,同非基础品(奢侈品)的生产部门无关。而且不仅如此,在鲍尔特凯维茨的解法中,他断言,无论在总价值等于总生产价格中,或是在总剩余价值等于总利润中,尽管偏离率不同,但是利润率却是相同的。这一点说明,利润率被决定是同相对价格无关的,不过明确这一点的是在森岛通夫和塞顿发表的《利昂惕夫的总结和劳动价值论》(1961年)以及斯拉法发表的《用商品生产商品》(1960年)以后的事。

斯拉法的展开

重要的是,斯拉法的《用商品生产商品》以最严密的形式规定了利润率和劳动分配率之间的背离关系,为被称之为斯拉法革命的多种不同议论提供了基础,而且在同转形问题的关系上,还明确了无论在何种相对价格下,都存在着有可能决定利润率的各部门的资料构成。要说明这一点,就决定利润率的两个基本品部门(Ⅰ和Ⅱ)而言,可根据信田强在《斯位法体系说明(再考察)》一文中的观点加以说明。

如在方程式(5)中,改成 $K_i = a_{11}X_i$,$L_i = l_i X_i$,把Ⅰ、Ⅱ两部门合

在一起计算，相对价格为 $m = \dfrac{P_2}{P_1}$，那么就成为

$$\frac{(a_{11}X_1 + a_{12}X_2) + mw(l_1X_1 + l_2X_2)}{X_1 + mX_2} = \gamma \qquad (9)$$

（不过，$\gamma = \dfrac{1}{1+e}$）

在这一方程式中，不管相对价格（m）如何，由于 γ 是一定的，所以如果在产出量之间存在着某种关系，也就便于调整了。因此，不论

$$[\gamma X_1 - (a_{11}X_1 + a_{12}X_2)] + m[\gamma X_2 - w(l_1X_1 + l_2X_2)] = 0$$

同 m 是否有关，所形成的条件这一点是明确的；因此，上面的两个方括号可以是零。也就是说

$$\frac{a_{11}X_1 + a_{12}X_2}{X_1} = \frac{w(l_1X_1 + l_2X_2)}{X_2} = \gamma \qquad (10)$$

这一方程式中的第一项的分子是两部门中的生产品的投入总量，分母是Ⅰ部门的产出量。同样，这一公式中的第二项的分子是两部门中的工资品的投入总量，分母是其供给部门即Ⅱ部门的产出量。方程式（10）说明，在各种基础品的投入总量和其供给部门的产出量之间如果存在一定的比例关系，那么，不管相对价格（m）如何，利润率都是一定的。这表明，斯拉法的标准体系是具有满足这些条件的资料构成的经济，而这种经济总是从现实体系中引出来的。

问题由森岛明确了

把这一论点作为冯·诺伊曼的"黄金时代"的产出量加以明确的，是森岛通夫（《马克思经济学》1973 年）。森岛理论是以价格体系和数量体系之间存在着相互对应的关系为起点的。如果用行列表示Ⅰ和Ⅱ的价格决定公式——因为这一公式决定了方程式（8）的价格决定方程式

中的利润率——那么，

$$\begin{bmatrix} a_{12} & wl_1 \\ a_{11} & wl_2 \end{bmatrix} \begin{bmatrix} p_1 \\ p_2 \end{bmatrix} = \gamma \begin{bmatrix} p_1 \\ p_2 \end{bmatrix} \tag{11}$$

这一方程式中的 γ 是投入行列中的固有值，价格（P_1、P_2）是固有矢量。虽然把固有值和固有矢量中最大数值称为弗罗宾尼斯根和弗罗宾尼斯矢量，但由于利润率经常选择最大数值，所以方程式（11）中的 γ 和价值就是弗罗宾尼斯根和矢量。

另一方面，很明显，投入行列的转置行列的弗罗宾尼斯根是同一的东西。于是，形成下列方程式：

$$\begin{bmatrix} a_{11} & a_{12} \\ wl_1 & wl_2 \end{bmatrix} \begin{bmatrix} x_1 \\ x_2 \end{bmatrix} = \gamma \begin{bmatrix} x_1 \\ x_1 \end{bmatrix} \tag{12}$$

如把这一方程式改成一般方程式，则成为

$$\begin{aligned} a_{11}x_1 + a_{12}x_2 &= \gamma x_1 \\ w(l_1 x_1 + l_2 x_2) &= \gamma x_2 \end{aligned} \tag{13}$$

该方程式中的 x_1 和 x_2，可看做两个部门的产出量。这样一来，价格体系和数量体系就是带来相同的 γ 的两个体系，在这种情况下，可以说两个体系是成双的。

从方程式（13）中可以清楚地看到，

$$\frac{a_{11}x_1 + a_{12}x_2}{x_1} = \frac{w(l_1 x_1 + l_2 x_2)}{x_2} = \gamma \tag{14}$$

以及看到满足方程式（10）的条件。

但是，方程式（12）中的 x_1 和 x_2 指的是什么呢？不用说就知道，它们不同于现实的产出量（X_1 和 X_2）。在这里，如果我们想起我们讨论中的固定资本是不存在的，实际工资率是固定不变的，那么，目前的投入物就等于前期各供给部门的产出量，即

$$a_{11}x_1(t) + a_{12}x_2(t) = x_1(t-1)$$

$$w[l_1x_1(t) + l_2x_2(t)] = x_2(t-1)$$

由此可见,方程式(13)就成为

$$x_1(t-1) = \gamma x_1(t)$$
$$x_2(t-1) = \gamma x_2(t)$$

显然,γ 成为各部门资料的成长率。因此,如果

$$\gamma = \frac{1}{1+g^*} \tag{15}$$

(不过,g^* 是最高成长率)

那么,从价格决定方程式中的 γ 的定义中便得出

$$e = g^* \tag{16}$$

这一重要结论。产出量矢量(x_1 和 x_2)无非就是两部门在利润率相等,并以最大成长率平均成长的场合下的两部门的产出量(正确地说,由于弗罗宾尼斯矢量所具有的比例是既定的,所以是平均成长率 g^* 下的部门构成)。这一点被称为冯·诺伊曼的"黄金路"上的产出量。具体地说,工人没有储蓄,资本家把全部利润用于投资,就是说,在奢侈品为零的情况下,经济总会通向冯·诺伊曼所说的"黄金路"的。

以上的讨论,对转形问题来说,在以下两点上具有决定性的意义。

第一,利润率在既定的技术系数和实际工资率下作为最大的成长率,是从数量体系中求出的。

第二,冯·诺伊曼的"黄金路"上的产出量同相对价格无关,保持着同利润率一致这种美好关系。

以上两点在解决转形问题时起了什么作用呢?关于这一问题,请看下一节。

三、剩余价值率转化为利润率

森岛和塞顿把马克思理论公式化了

马克思指出:"应当从剩余价值率到利润率的转化引出剩余价值到利润的转化,而不是相反。"① 马克思的这一见解没有被重视,长期以来,这一见解的严密的公式化未被采纳。但是森岛通夫和塞顿在《利昂惕夫的总结和劳动价值论》(1961年)以及森岛通夫在《马克思经济学》(1973年)中,把方程式(12)当成一个极重要的因素,并取得了成功,从而为转形问题开辟了一个新领域。

如果用方程式(12)的 x_1 和 x_2 分别乘以方程式(6)的 Ⅰ、Ⅱ 部门的价值决定方程式,然后相加,就成为以下各方程式:

$$\begin{cases} a_{12}\lambda_1 x_1 + w l_1 \lambda_2 (1+e) x_1 = \lambda_1 x_1 \\ a_{11}\lambda_1 x_2 + w l_2 \lambda_2 (1+e) x_2 = \lambda_2 x_2 \\ \lambda_1 (a_{11}x_1 + a_{12}x_2) + w\lambda_2 (l_1 x_1 + l_2 x_2)(1+e) \\ = \lambda_1 x_1 + \lambda_2 x_2 \end{cases} \quad (17)$$

另一方面,如把 λ_1 和 λ_2 分别加在方程式(13)的各方程式上,并考虑到 $g^* = e$ [方程式(16)],那么就可得出以下各方程式:

$$\begin{cases} (1+e)(a_{11}\lambda_1 x_1 + w l_1 \lambda_2 x_1) = \lambda_1 x_1 \\ (1+e)(a_{12}\lambda_1 x_1 + w l_2 \lambda_2 x_2) = \lambda_2 x_2 \\ (1+e)\{(a_{11}\lambda_1 x_1 + a_{12}\lambda_2 x_2) + w\lambda_2 (l_1 x_1 + l_2 x_2)\} \\ = \lambda_1 x_1 + \lambda_2 x_2 \end{cases} \quad (18)$$

---

① 《马克思恩格斯全集》第1版第25卷第51页。

因为两式的右边都是总价值,所以如将两式等置起来加以研究,便可得出森岛和塞顿的如下方程式:

$$e = e\frac{V^*}{C^* + V^*} = e\frac{V_1 x_1 + V_2 X_2}{(C_1 + V_1)x_1 + (C_2 + V_2)x_2} \quad (19)$$

[不过, $V^* = w\lambda_2 (l_1 x_1 + l_2 x_2)$, $C^* = \lambda_1 (a_{11}x_1 + a_{12}x_2)$, $C_i = a_i\lambda_1$, $V_i = w\lambda_2 l_i$]

大家知道,由于森岛和塞顿的方程式把各种资料的每一单元中所包含的不变资本部分(C_i)和可变资本部分(V_i)分别加上冯·诺伊曼所说的"黄金时代"的产出量 x_1 和 x_2,通过价值体系的范畴,成功地给利润率下了定义。这样,便论证了剩余价值率向利润率的转化。

梅迪欧对价值转化为生产价格的研究

梅迪欧在《利润和剩余价值在资本主义生产中的出现和存在》(1972年)一文中,通过另一种方式再一次确认了森岛和塞顿的方程式,说明了总价值等于总生产价格一致的命题也是有可能成立的。

第一,他把冯·诺伊曼所说的"黄金时代"的产出量作了如下特殊规定:

$$l_1 + l_2 = l_1 x_1 + l_2 x_2 = 1 \quad (20)$$

第二,他对比了各部门的价值和生产价格之间的偏离率,而如果把这种对比称为 m,那么

$$m = \frac{P_2/\lambda_2}{P_1/\lambda_1} \quad (21)$$

(P_i 是 i 部门的生产价格)

如果首先用方程式(21)表示生产价格体系,那么就可得出

$$(1+e)(a_{11}\lambda_1 + wl_1\lambda_2 m) = \lambda_1$$
$$(1+e)(a_{12}\lambda_1 + wl_2\lambda_2 m) = \lambda_2 m \quad (22)$$

如果分别用 x_1 和 x_2 乘以这两个方程式，然后相加，便得出

$$(1+e)\{\lambda_1(a_{11}x_1 + a_{12}x_2) + w\lambda_2 m(l_1 x_1 + l_2 x_2)\} = \lambda_1 x_1 + \lambda_2 x_2 \quad (23)$$

如果考虑到方程式（20），从这一方程中便得出

$$e = \frac{\lambda_1 x_1 + \lambda_2 x_2}{\lambda_1(a_{11}x_1 + a_{12}x_2) + w\lambda_2 m} - 1 \quad (24)$$

在冯·诺伊曼的"黄金时代"的产出量（x_1 和 x_2）的条件下，梅迪欧利用了相对价格（m）是任意值、利润率是同一的这种上述论述过的性质，通过 $m=1$，便得出如下方程式：

$$e = \frac{(\lambda_1 - a_{11}\lambda_1)x_1 + (\lambda_2 - a_{12}\lambda_1)x_2 - w\lambda_2}{\lambda_1(a_{11}x_1 + a_{12}x_2) + w\lambda_2} \quad (25)$$

在这一方程式中，$l_1 = \lambda_1 - a_{11}\lambda_1$，$l_2 = \lambda_2 - a_{12}\lambda_1$（根据方程式（3）），但是，如果考虑到方程式（20），通过 $a_{11}\lambda_1 = c_1$，$a_{12}\lambda_1 = c_2$ 用 $w\lambda_2$ 除以子分母，便可得出

$$e = e\frac{1}{\lambda^* + 1}$$

（不过，$e = \frac{1 - w\lambda_2}{w\lambda_2}$，$\omega^* = \frac{c_1 x_1 + c_2 x_2}{w\lambda_2}$） $\quad (26)$

这一点就内容来说，同森岛和塞顿的方程式是一样的。

接着，梅迪欧在他的模式中证明了相对价格（m）通过任意值都能成立的这一性质，正如总价值等于总生产价格的命题一样，研究了价值转化为生产价格的问题，并把这一问题看成是有可能再增加一个使相对价值（m）特定化的方程式，而这个方程式就是

$$\lambda_1 x + \lambda_2 m x_2 = \lambda_1 x_1 + \lambda_2 x_2 \quad (27)$$

而这一点之所以可能，当然是根据这样一点——把通过冯·诺伊曼的"黄金时代"的平均或最大成长率所形成的产出量的构成比例（部

门构成），当成一个极为重要的因素。梅迪欧的贡献在于，他说明了即使没有把各部门的技术构成和"内部构成"特定化，如果采用现实中不存在的冯·诺伊曼的"黄金时代"的产出量，换句话说，在虚构的经济中，转形问题也会得到解决。的确，为了在现实中形成这种经济，资本家必须将全部利润用于投资，工人也必须储蓄，虽然人们对在这种虚构的经济中解决转形问题深表怀疑，但是，冯·诺伊曼的"黄金时代"在现实的价格关系中是潜在地存在的，通过分析将这一点抽出，就会说明价值同生产价格的关系，而要深化经济理论，这样做是不可避免的。

四、马克思转形理论的复活

在引进成本价格生产价格化的情况下，马克思的转形理论只有在所有部门的资本有机构成是均等的这种极为有限的场合下才成立，这一点已成为近代经济学批判马克思的转形理论的常识。但是，也出现了在其他情况下讨论马克思的转形理论的情况，而这是七十年代的一个特点。

有关讨论资本的平均的内在构成的情况

这种情况的一个典型例子就是埃马奴埃尔在《不平等交换》一书、萨谬尔逊在《从马克思主义的价值到竞争价格的转变——排斥和取代的过程》一文以及莱布曼在《价值和生产价格政治经济学中的转形问题》一文中所主张的"资本的平均的内在构成"。这种理论是从以下两个前提出发的：第一，在只有由基础品组成的经济中，生产品和消费品一起，具有同一的资料构成；第二，这些资料的构成同产出量的构成（部门构成）相同。不用说，前提二会满足方程式（10）的条件。在这种情况下，由于前提一的存在，尽管在生产品和生活品之比的意义上资本有机构成是不同的，但是，在两者相加的情况下资料构成之比同所有部门的产出量的构成之比都是相同的。价值向生产价格的转化之所以能够顺利完成，原因就在这里。甲贺光秀在《关于萨谬尔逊等人对马克思的批判》一文中根据这种转化的简单数值作了通俗说明，而莱布曼的说明则是根据两种资料的模式图解。

有关讨论一次从属的情况

森岛通夫在《马克思经济学》中否认这样一种假定，这种假定认为，在"资本的平均的内在构成"理论中，生产品和消费品具有同一构成，同属一种资料。他指出，如果各部门的投入系数只存在"一次从属"的关系，那么马克思的转形理论也就成立了。所谓投入系数的"一次从属"是指这样一种特殊情况，即投入系数虽然不同，但在总和的情况下却成为同一资本的有机构成，在存在两种资料的模式的情况下，等于假定存在着资本的平均有机构成。两者相互制约，而这是不可改变的。

上述种种论点是想探索，在马克思的转形理论中的一次转化上，也存在价值有可能转化为生产价格这种特殊情况，说明在相互制约的极其特殊的条件下，马克思的转形理论依然是成立的。

与此相反，置盐信雄在《马克思生产价格的结束》和A·夏库在《马克思的价值理论和所谓转形问题》、《马克思对转形问题的辩解》中认为，即使在成本价格生产价格化的情况下，马克思的转形理论也存有不足之处，但是如果在总价值等于总生产价格这种限制条件下，按照马克思的方法不断反复计算，也会收到鲍尔特凯维茨的解法在总价值等于总生产价格这种标准化情况下所取得的结果。其次，森岛指出，按照同样的反复计算，逐渐修正产出量，最后会得出冯·诺伊曼的"黄金时代"的产出量，从而在数学上严密地说明了森岛和塞顿方程式的形成。可见，认为马克思所采用的方法是简单的错误的那种批判显然是不妥当的。不过，这些议论在数学上还是有意义的，尽管置盐停留在鲍尔特凯维茨的解法上，森岛停留在再认识森岛和塞顿的方程式上。

另一方面，萨谬尔逊和魏茨泽克提出了"被同时化了的劳动成本"，认为应当把扩大再生产所必需追加的工人工资的部分当做"成本"，从而提出了否定剩余价值理论的一个新问题。

遗留下来的问题

如上所述，转形问题经过了长时间的争论，我们至少可以认为，这个问题在本题中最初提出的前提下得到了解决。留给今后的课题是引进固定资本和技术以及复杂劳动等一些比较次要的前提，通过比较具体的非制约性的研究解决转形问题，不过，这种课题所能作出贡献的领域是相当有限的。转形理论在过去之所以重要，在于对生产价格来说价值具有根源性，以此证明剩余价值率的作用，而这一点经过迄今为止的争论，大体上已经明确了。实际上，转形理论是为了用严密的方法论证剩余价值所必经的媒介领域。因此，遗留下来的第一个问题是进一步展开剩余价值理论，而关于这一问题，已有一些人进行过研究。人们正在讨论，在结合生产的情况下，虽然发生了利润率为正数、剩余价值率为负数这种情况，但是对剩余价值理论来说，这种情况具有何种意义呢？关于这一问题，请看斯蒂德曼的《肯定利润，否定剩余价值》（1975年）、置盐信雄的《投出的劳动量和固定设备》（1973年）、盐泽由美的《耐久资本品及其价值》（1974年）和甲贺光秀的《结合生产、价值、剩余价值》（1976年）等人的著作。

在转形理论固有的领域内所遗留下来的课题是在方法上反省转形理论本身。在这一点上，正如鲍莫尔所尝试的那样，给予作为物化理论一环的转化理论以一定位置的课题，就是如何在政治经济学体系中展开价值、生产价格和市场价格等立体结构的问题。可以说，目前正在向着转形理论本身的新的领域飞跃发展。

(原载《学习〈资本论〉》1978年有斐阁版)

(刘焱 摘译)

图书在版编目(CIP)数据

《资本论》基本理论问题研究/苑洁主编. —北京：
中央编译出版社，2014.5

(马克思主义研究资料/杨金海主编；10)
ISBN 978-7-5117-2111-2

Ⅰ.①资… Ⅱ.①苑… Ⅲ.①《资本论》-马克思
著作研究-文集 Ⅳ.①A811.23-53

中国版本图书馆 CIP 数据核字(2014)第 064573 号

《资本论》基本理论问题研究

出 版 人：刘明清
出版统筹：薛晓源
责任编辑：薛迎春
责任印制：刘 慧
出版发行：中央编译出版社
地   址：北京西城区车公庄大街乙5号鸿儒大厦B座(100044)
电   话：(010) 52612345(总编室)   (010) 52612343(编辑室)
            (010) 52612316(发行部)   (010) 52612346(馆配部)
传   真：(010) 66515838
经   销：全国新华书店
印   刷：河北下花园光华印刷有限责任公司
开   本：787毫米×1092毫米 1/16
字   数：530千字
印   张：47.5
版   次：2014年5月第1版
印   次：2018年7月第2次印刷
定   价：145.00元

网   址：www.cctphome.com   **邮   箱**：cctp@cctphome.com
新浪微博：@中央编译出版社   **微   信**：中央编译出版社(ID：cctphome)
淘宝店铺：中央编译出版社直销店(http：//shop108367160.taobao.com)   (010)55626985

本社常年法律顾问：北京市吴栾赵阎律师事务所律师 闫军 梁勤
凡有印装质量问题，本社负责调换。电话：(010)55626985